THÉRÈSE CASGRAIN

Nicolle Forget

THÉRÈSE CASGRAIN

La gauchiste en collier de perles

FIDES

En couverture : Thérèse Forget-Casgrain [© George Nakash, 1936 / Fonds Thérèse Casgrain, Bibliothèque et Archives Canada, PA-123482]

Conception de la couverture : Gianni Caccia

Mise en pages : Yolande Martel

Catalogage avant publication de Bibliothèque et Archives nationales du Québec et Bibliothèque et Archives Canada

Forget, Nicolle

Thérèse Casgrain : la gauchiste en collier de perles

ISBN 978-2-7621-3516-9 [édition imprimée]
ISBN 978-2-7621-3517-6 [édition numérique PDF]
ISBN 978-2-7621-3518-3 [édition numérique ePub]

1. Casgrain, Thérèse F., 1896-1981. 2. Femmes politiques – Canada – Biographies. 3. Féministes – Canada – Biographies. 4. Activistes – Canada – Biographies. I. Titre. II. Titre : Gauchiste en collier de perles.

FC631.C38F67 2013   971.06'092   C2012-942821-3

Dépôt légal : 1er trimestre 2013
Bibliothèque et Archives nationales du Québec

© Groupe Fides inc., 2013

La maison d'édition reconnaît l'aide financière du Gouvernement du Canada par l'entremise du Fonds du livre du Canada pour ses activités d'édition. La maison d'édition remercie de leur soutien financier le Conseil des Arts du Canada et la Société de développement des entreprises culturelles du Québec (SODEC). La maison d'édition bénéficie du Programme de crédit d'impôt pour l'édition de livres du Gouvernement du Québec, géré par la SODEC.

IMPRIMÉ AU CANADA EN FÉVRIER 2013

À ma petite-fille
Emmanuelle Albert

Tous ne peuvent marcher aussi vite dans la voie du progrès ; il faut une avant-garde dans toutes les idées, c'est elle qui reçoit les coups généralement, qui est tournée en ridicule bien souvent, mais l'idée marche quand même en dépit de tout et finit par triompher lorsqu'elle repose sur la justice et le droit.

GUSTAVE FRANQ,
Le Monde ouvrier,
19 mars 1908

PRÉFACE

Q uel plaisir que de faire revivre par cette biographie la femme exceptionnelle qu'était Thérèse Casgrain! Elle a soixante ans quand je la rencontre pour la première fois, alors qu'elle anime le congrès du CCF-Québec dans une salle du campus de McGill. J'étudie le soir et je gagne ma vie comme secrétaire, ce jour-là en particulier, comme preneuse de notes dans cet auditoire politique. C'est une première pour moi qui n'appartiens à aucun groupe. J'observe une maîtresse femme menant discussions et procédures. Sûre d'elle, déterminée, sérieuse et dynamique, son charme opère chez ses pairs comme chez les plus jeunes. La jeune femme de vingt ans que je suis la trouve terriblement impressionnante alors qu'elle se prononce sur les grands dossiers du monde des hommes : questions économiques, relations constitutionnelles, affaires étrangères.

En 1965, elle m'embrigade pour participer à la célébration du vingt-cinquième anniversaire du droit de vote des femmes au Québec. Nous ne nous connaissions pas, mais elle avait dû entendre mon nom comme nouvelle sociologue ayant commencé à militer pour les droits des femmes, et elle voulait des jeunes. Et puis, tout naturellement, quelques-unes d'entre nous se retrouvent à des réunions fréquentes et régulières chez Mme Casgrain, à Westmount, durant l'année qui suit, à préparer la fondation de la

Fédération des Femmes du Québec. Le reste, comme on dit, fait partie de l'Histoire.

Au début, son côté grande bourgeoise m'irritait profondément, de même que ses façons de travailler — individualistes, indisciplinées et souvent autoritaires. Assez vite, j'ai compris ses origines sociales et la génération de femmes qui était la sienne. Et, changeant ma lunette d'approche, j'ai alors développé pour toujours admiration et affection pour Thérèse Casgrain.

Thérèse n'était pas une personne d'équipe, mais une personne de réseaux. Les pages qui suivent décrivent très bien sa façon d'opérer. Elle avait une idée, un projet, une cause ; repérait les individus qu'elle jugeait appropriés à sa réalisation ; invitait tout ce monde à une réunion ; après discussion, elle annonçait structures, responsabilités, et le reste, avant d'en saisir les médias. Et elle était d'habitude présidente ! Quand j'ai travaillé avec elle dans ma jeunesse, cette manière de faire heurtait déjà les sensibilités de la majorité.

Et pourtant, cette même grande dame, à près de quatre-vingts ans, se rendait seule en autobus de Montréal au Lac-Saint-Jean, à Pointe-Bleue (Mashteuiatsh), voir une fois de plus ses amies montagnaises pour discuter d'une nouvelle stratégie qui redonnerait enfin aux Amérindiennes ayant épousé un Blanc leur statut et leurs privilèges d'appartenance à la réserve — et exprimer sa solidarité avec ces femmes qui venaient d'être chassées de leurs maisons et de la réserve.

Cette remarquable biographie met en lumière l'inimaginable richesse matérielle dans laquelle Thérèse (Forget) Casgrain est née. Son père, qui dirigeait la plus importante maison de courtage du Canada, était le Canadien français le plus riche de l'époque. À lui seul, ce fait rend plus difficile encore la compréhension de l'engagement de Thérèse Casgrain pour la justice sociale. Elle, pourtant, l'attribue à son père, qu'elle a tant admiré. À la vérité, Sir Rodolphe a peut-être été d'un paternalisme bienveillant pour la population de sa région de Charlevoix, mais il était aussi, au dire du journaliste Olivar Asselin, « l'organisateur des coups de bourse qui ruinent en un jour des milliers de familles ».

À vingt-cinq ans, n'ayant jamais parlé en public, elle harangue en plein hiver une foule de deux mille électeurs dans Charlevoix, remplaçant au pied levé son mari Pierre Casgrain, au lit avec une pleurésie. Il a trente-cinq ans et c'est sa deuxième élection, qu'il gagne ; il sera élu huit fois. Thérèse est toujours à ses côtés : elle adore la politique. Elle tentera même, à quarante-six ans, de le remplacer comme candidate libérale indépendante à l'automne 1942, lorsqu'il est nommé juge, mais elle arrive deuxième. Elle sera huit fois candidate aux élections, dont sept sous des bannières de gauche. Huit fois ! Sans jamais gagner.

Car la politique, pour Thérèse, c'est d'abord et avant tout l'instrument des réformes sociales. On verra qu'elle s'était déjà investie dans le mouvement pour le droit de vote des femmes, leurs droits de pratique professionnelle et l'abrogation de leur statut juridique de seconde classe. Puis, en suivant les débuts de la social-démocratie au Canada anglais, elle avait déjà élargi ses horizons aux questions socio-économiques et à la justice sociale. Elle se battra peu après pour les allocations familiales aux Québécoises, puis s'engagera pour la paix dans le monde, ici comme ailleurs.

On trouve en librairie en ce moment un opuscule intitulé *Indignez-vous !* Ce cri du cœur, c'est Thérèse Casgrain, c'est l'essence de sa vie… L'auteur, Stéphane Hessel, ancien résistant français, déporté à Buchenwald, puis secrétaire de la Commission de l'ONU ayant rédigé la Déclaration universelle des droits de l'homme de 1948, est aussi diplomate, écrivain et poète. Il a décidé à quatre-vingt-treize ans, de lancer ce cri d'alarme. En dénonçant l'affaiblissement de l'héritage social et la solidarité des générations, le creusement des inégalités de richesse, le traitement des sans-papiers, il dénonce l'indifférence comme la pire des attitudes et appelle à l'action dans la non-violence. Actuellement, sa « principale indignation » dans le monde est la situation en Palestine. Quelles seraient aujourd'hui les « indignations » de Thérèse Casgrain ?

Elle serait très en colère contre le peu d'améliorations apportées à la réalité quotidienne de la vie des Premières Nations et à leur gouvernance. Elle n'accepterait pas que des disputes et des atermoiements fédéraux-provinciaux soient responsables de ce que cent de nos quelque six cents réserves amérindiennes n'aient pas encore d'eau potable, aux pays des lacs et des rivières. Elle ne pourrait pas ne pas dénoncer le côté violent du capitalisme à tous crins, l'augmentation toxique des inégalités économiques et leurs conséquences sur la santé et sur la vie en général. Elle souscrirait au cri d'alarme de notre rapport soumis à l'OMS : *La justice sociale est une question de vie ou de mort.* Et elle serait chef de l'opposition NPD à Ottawa et, qui sait, future première ministre du Canada.

Bravo Nicolle Forget pour avoir entrepris cette longue et patiente recherche de... 5 ans. Nous n'avions pas de trame complète de la vie de Thérèse, tissant un lien entre ses réalisations légendaires. Et nous n'avons jamais vraiment connu la personne privée. Ses propres Mémoires ne nous la livrent guère. Nicolle Forget a côtoyé Thérèse Casgrain depuis la fondation de la FFQ, dont elle était. Mais elle n'a jamais eu l'occasion de l'interviewer, le projet d'une biographie fouillée n'ayant pris forme que plusieurs années après la mort de Thérèse en 1981. L'auteure, en remontant le temps, s'est ingéniée à découvrir les sources de l'engagement de Thérèse, les personnes et les événements ayant forgé cette incroyable battante, le mystère de cette passionnée de justice, qu'une enfance dorée et une adolescence fleur bleue ne prédisposaient certes pas à courir d'une cause de réforme sociale à une autre.

Nous devons tous beaucoup à Thérèse Casgrain : les Québécoises lui doivent entre autres leur droit de vote provincial et leurs allocations familiales ; les autres Canadiennes et tous les Canadiens, le sens de la simple justice et de la lutte pour la paix dans le monde. Et cette flamme intérieure qui fait la différence.

MONIQUE BÉGIN

INTRODUCTION

Thérèse Casgrain est passée à l'Histoire pour avoir obtenu le droit de suffrage pour les femmes au Québec. Mais son influence sur la société québécoise et canadienne ne se résume pas à cela.

Fondamentalement éprise de justice, elle s'investit dans des causes qui semblent toutes perdues d'avance. Elle y met le temps, son argent, son sens de l'organisation et son vaste réseau de connaissances. Séduisante sans être séductrice, insistante au point d'en être « tannante », elle n'accepte pas facilement qu'on la conteste.

Issue de la grande bourgeoisie canadienne-française du début du XXe siècle, ce dont elle ne s'excusera jamais, Marie-Thérèse Forget aurait pu se contenter de consacrer ses loisirs aux réceptions et aux œuvres pies, comme les femmes de son milieu.

Elle aurait voulu aller à l'université, mais son père n'en voyait pas l'utilité. Une femme de son rang devait apprendre à gérer la maison, c'est-à-dire tenir les comptes, embaucher et diriger les domestiques, savoir recevoir, épauler son mari et s'occuper de quelques œuvres, tout en ayant des enfants.

Elle apprendra. À dix-neuf ans, Marie-Thérèse s'efface pour devenir Mme Pierre F.-Casgrain, mais…

Ce que Sir Rodolphe Forget n'avait pas prévu, c'est que, de tous ses enfants, Marie-Thérèse serait celle qui lui ressemblerait le plus : volontaire, prenant des risques, ne doutant jamais de rien, politicienne au franc-parler, elle devait être ce qu'elle est devenue. Le bonheur domestique ne lui suffisait pas.

Née en 1896, Marie-Thérèse Forget est un formidable personnage qui traverse presque tout le XXe siècle. Nous la verrons s'investir dans des batailles de toutes sortes. Le droit de suffrage pour les femmes, bien sûr, mais les droits et libertés, ici et ailleurs. Elle est à l'origine de grands mouvements dont certains sont encore en activité, bien qu'ayant parfois changé de nom. S'il y a une constante, chez elle, c'est la diversité des engagements ; ses actions s'inscrivent rarement dans la durée, donnant parfois une impression d'éparpillement.

Femme d'influence plutôt que de pouvoir, elle a beau affirmer qu'eut-elle été un homme, elle serait devenue premier ministre, ses choix à partir de 1942 l'en empêchaient. L'époque aussi, certes, mais elle était tellement « libre » dans ses façons de penser et d'agir qu'elle n'aurait pu se plier à une ligne de parti. Ce qu'elle admet, d'ailleurs. Cette belle marginale « joue » les règles quand cela l'arrange, mais les bouscule plus souvent qu'autrement. À contre-courant de son milieu, de sa classe et de son sexe, elle est convaincue qu'elle peut infléchir le cours de l'histoire et elle s'y emploiera jusqu'à la fin. Son aversion pour l'injustice, les injustices de toutes sortes, l'a menée vers l'action politique.

Première femme chef de parti au Québec et au Canada, elle dirige le CCF/PSD et elle sera du comité qui présidera à la transformation de ce parti en ce qui deviendra le NPD, en 1961. Si elle a regretté une chose, c'est bien de n'avoir jamais été élue.

La femme d'action prime sur la « penseuse », aussi a-t-elle laissé peu d'écrits. Ses interventions sont courtes, un peu brouillonnes parfois, sans rigueur intellectuelle ni profondeur d'analyse. Ce ne serait pas elle qui se serait mise à discourir sur une théorie de la justice. Par contre, son habileté à s'abreuver à toutes les sources, à utiliser tous les réseaux, font d'elle au fil des ans une femme avec qui il faut compter.

Intuitive, pragmatique, elle forme des alliances selon l'urgence du moment. Elle est passée maître dans le mélange des genres. Ses dîners de « têtes », dans le style des salons à la française d'un autre siècle, ont fait époque. Son humour, sons sens de la répartie, ses petites phrases assassines font qu'ils sont très courus.

On ne parle jamais de l'intérêt de Thérèse pour les questions internationales et elle en parle peu elle-même. On le verra, le Québec devient rapidement trop petit pour elle et bientôt le Canada ne lui suffira plus. Très tôt mise en contact avec les grands de ce monde, alors que son mari est Orateur de la Chambre des communes, elle cultive les relations qu'elle s'y fait. Mais c'est à partir de son engagement dans le CCF que cela se confirme. Elle représente le parti lors de rencontres de l'Internationale socialiste et porte la voix de son parti en Europe, en Asie et en Israël.

Plus tard, son engagement dans les mouvements pour la paix, contre la guerre au Viêt-nam et la prolifération des armements nucléaires la ramènent constamment sur les grandes places du monde et jusqu'en prison, à Paris! Golda Meir, ministre des Affaires extérieures et bientôt premier ministre d'Israël, la consulte et Indira Gandhi demande à la rencontrer quand elle vient en visite officielle au Canada. Sa campagne en faveur de la reconnaissance de la République populaire de Chine fera qu'elle se rendra dans ce pays, invitée du Chinese People's Institute of Foreign Affairs.

Thérèse ne s'est jamais excusée de ses contradictions. Peut-être même ne les voyait-elle pas, comme faire du piquetage devant une usine pour dénoncer les mauvaises conditions de travail des employés tout en détenant un nombre important d'actions de cette compagnie. Elle était aussi très à l'aise de recevoir un premier ministre à dîner tout en sachant que, le lendemain, elle allait affréter un train pour amener des dizaines, parfois des centaines de personnes, manifester contre les politiques du gouvernement qu'il dirigeait devant le Parlement ou l'Assemblée législative.

Ce livre ne raconte pas tout sur Thérèse Casgrain. Il retrace la plus grande partie de son parcours de même que certains moments de l'histoire politique du Québec et du Canada, Thérèse étant au cœur de quelques-uns d'entre eux. Thérèse est dans tout, aussi ai-je dû laisser de côté certaines de ses activités pour m'attacher à d'autres qui m'apparaissaient plus significatives. Le biographe ne peut tout raconter. D'ailleurs, il arrive que la documentation se fasse avare sur certains sujets et comme Thérèse n'est plus, il ne m'est pas possible de creuser avec elle quelques pans de sa vie qui demeureront à jamais secrets.

J'aurais aimé vous faire découvrir ses bonheurs, ses blessures ; Thérèse n'avait pas tendance à s'apitoyer sur ce qui lui arrivait. J'aurais aimé vous faire connaître la part privée du personnage, vous rendre l'essence même de cette femme hors norme, mais arrive-t-on jamais à dire l'autre ? Ses archives sont muettes sur la partie la plus privée de sa vie — hors quelques pages d'un journal tenu pendant une courte période — et qui pourrait peut-être expliquer son comportement public qui, lui, est davantage documenté. Mais comme tous les gens d'action, Thérèse laisse peu d'écrits. Qui plus est, certains sont rédigés pour elle par d'autres, tels ses mémoires et un manuscrit incomplet qui se voulait une explication de l'échec du CCF au Québec : «Les raisons pour lesquelles le Québec a dit non au CCF».

Un ouvrage de cette envergure n'aurait pas été possible sans l'aide d'un grand nombre de personnes. Je suis redevable à certaines d'entre elles qui l'ont connue et accompagnée dans ses luttes, à ses belles-filles et à quelques-uns de ses petits-enfants qui ont accepté de partager avec moi leurs souvenirs de Thérèse et parfois certains documents et photos. Je suis aussi redevable aux archivistes des nombreux fonds que j'ai consultés de même qu'aux bibliothécaires et libraires dont l'expertise et la grande disponibilité rendent les recherches plus faciles. Les archives de la Ligue des droits de la femme, les Archives nationales du Canada, les archives du Musée McCord de même que divers textes glanés ici et là rapportent de nombreuses activités auxquelles Thérèse a participé et citent des extraits de ses interventions. Malheureusement, il est souvent extrêmement difficile de les situer autrement que par approximation, cette documentation étant la plupart du temps non identifiée et non datée, parfois même s'arrêtant au milieu d'une phrase.

Je dois une reconnaissance particulière à mes premiers lecteurs, André Bolduc, Francine Harel-Giasson, Jacqueline Lamothe, Marie Lavigne et Susan Mann pour leurs commentaires et leurs judicieuses suggestions. À Susan Mann, surtout, qui m'a remis une copie abondamment annotée, ce qui a permis de bonifier ce livre.

Je dois à Monique Bégin d'avoir accepté de rédiger la préface et à Maryse Darsigny le titre de cette biographie et je l'en remercie grandement. Elle m'a gracieusement autorisée à utiliser un sous-titre d'un article publié par elle en 1992.

Enfin, je ne peux passer sous silence l'équipe du Groupe Fides et particulièrement Mmes Guylaine Girard, Jenny de Jonquières, Jeannine Messier, Marie-Claude Bressan et David Sénéchal.

AVANT-DIRE

MONTRÉAL, VENDREDI 6 NOVEMBRE 1981. – Sur le parvis de l'église Saint-Léon de Westmount, des parapluies s'entre-croisent. Il tombe une pluie fine et froide. Une foule nombreuse attend l'arrivée du cortège qui, parti du 3860 boulevard Décarie, s'engage maintenant sur le boulevard De Maisonneuve, précédé d'une escorte policière.

Des centaines de personnes ont déjà pris place à l'intérieur et assistent à l'entrée des dignitaires et des compagnons d'armes de Thérèse Casgrain, les honorables Monique Bégin, ministre, Jeanne Sauvé, présidente de la Chambre des communes, Jean Marchand, président du Sénat, le lieutenant-gouverneur de la province de Québec, Jean-Pierre Côté, et le gouverneur général du Canada, Ed Schreyer, et son épouse. Il y a des personnes debout dans les allées jusqu'à l'arrière, des gens de toutes les couches de la société ayant tous une raison particulière de venir remercier celle qui a mené la lutte en leur nom.

Dehors, les cloches échappent un sanglot. Puis un autre. Et un autre encore alors que le cercueil est porté vers l'escalier. Des hommes enlèvent leur chapeau. Pour la dernière fois, Mgr Léo Blais accueille Thérèse à l'arrière de cette église où elle venait, les dimanches, quand ses activités ne l'amenaient pas aux quatre coins du monde. L'orgue retentit et lentement le cercueil avance suivi des officiants et de la famille.

Durant l'office, l'honorable Jeanne Sauvé prononce l'éloge funèbre de Thérèse[1].

Thérèse Casgrain qui nous a réunis si souvent nous rassemble une fois encore aujourd'hui pour nous dire de façon intime qu'elle nous aimait et qu'elle a travaillé pour chacun et chacune de nous. [...] C'est l'adieu à une femme généreuse et simple qui [...] aura dépensé le meilleur d'elle-même pour que les Québécois et les Canadiens de tous horizons trouvent dans nos institutions la consécration légale de leur rôle et de leur vocation. [...] Elle était de la trempe des femmes héroïques dont notre histoire et notre tradition conservent le vivant souvenir. Comme celles-là [...] avec patience et sérénité, sans vaine parade et toujours sans regret elle a parcouru une longue carrière qui s'achève aujourd'hui dans le témoignage unanime que nous lui rendons. [...] Dans cette église où elle est venue chercher l'ultime bénédiction, nous pensons tous à la fragilité de la vie et au caractère éphémère de notre passage. Mais la foi et l'espérance nous confortent et nous font croire avec Thérèse Casgrain que les vies n'ont de sens que fondées sur des valeurs immuables et sur la conviction que le partage est dans les faits l'achèvement de la charité.

Marie-Thérèse Forget-Casgrain repose au cimetière Notre-Dame-des-Neiges, près de son mari, au numéro 1413 de la section U.

CHAPITRE I

Marie-Thérèse Forget

> Chacun part et se rend en quelque lieu. Il accomplit
> le voyage de sa gloire ou de sa condamnation, mais il
> l'accomplit.
>
> PIERRE VADEBONCOEUR,
> *La ligne du risque*

C'EST LA CANICULE, en ce mois de juillet 1896, et Blanche se traîne sous les arbres, dans le jardin, pour profiter du peu de fraîcheur qui vient avec le soir. Félixine, la gouvernante, l'aide à s'asseoir, pose un tabouret près de ses pieds et lui soulève les jambes qui sont très enflées depuis un mois. C'est que Blanche est enceinte et que l'enfant devrait naître d'un jour à l'autre. Elle se sent énorme et ne trouve aucune position confortable; son sommeil est difficile et les journées ne semblent jamais vouloir finir. À vrai dire, Blanche est inquiète. Elle ne sait pas grand-chose de ce qui l'attend et il y a peu de femmes avec qui en parler. Sa mère n'est plus de ce monde depuis longtemps, sa sœur est à Québec et ce que les femmes se racontent entre elles, lors des thés chez l'une ou chez l'autre, n'a rien pour la rassurer. Inquiète pour elle-même, donc, mais aussi pour le bébé. À cette époque, Montréal affiche un bien triste record de mortalité infantile et maternelle.

Toute la journée d'hier, le ciel était voilé, laissant à peine passer un filet de soleil. Le vent était allé courir ailleurs, l'air était lourd et suffocant. Aujourd'hui aussi, il fait une chaleur écrasante dont Blanche se serait bien passé. Rodolphe, venu la retrouver, demande que l'on apporte de l'eau citronnée à sa femme. Il tente de la rassurer : la sage-femme est arrivée, un coursier sera de faction toute la nuit pour quérir le docteur dès que nécessaire. La nounou, qui s'occupera du nouveau-né, est déjà installée dans la *nursery*, au troisième étage.

Marie-Thérèse naît le 10 juillet. Rodolphe n'en dit mot, mais il aurait préféré un garçon à qui il pourrait laisser ses affaires. En longue robe blanche de soie brodée, Thérèse sera baptisée deux jours plus tard, à la cathédrale Saint-Jacques-le-Majeur, avec pour parrain et marraine le grand-père MacDonald et la grand-mère Forget. Et comme dans toutes les familles de la grande bourgeoisie, à partir de maintenant, celle que l'on appellera indifféremment Marie-Thérèse ou Thérèse, passera le plus clair de son temps dans la *nursery*. C'est d'abord la nounou, puis la gouvernante, qui veilleront à son bien-être et, pour une grande part, à son éducation jusqu'à son entrée au pensionnat.

On considère généralement la période allant de la naissance de Thérèse jusqu'à la Grande Guerre comme l'âge d'or de Montréal. Ainsi, Thérèse naît non seulement dans une famille de la grande bourgeoisie d'affaires, mais aussi dans une ville qui se modernise. La Montreal Water and Power assure l'alimentation en eau potable même aux banlieues, tant dans l'Est que dans l'Ouest. Plusieurs rues sont pavées, l'allumeur de réverbères a été remplacé par l'éclairage électrique et le téléphone est entré dans les commerces et dans de nombreuses résidences. Des boîtes d'appel sont installées aux carrefours les plus fréquentés[1]. Il y a même des débats sur la possibilité d'enfouir les fils électriques[2].

Certes, il faut encore tasser la neige de chaque côté des rues et la rouler ; s'équiper d'une glacière pour conserver les aliments l'été ; aller au marché plusieurs fois la semaine et faire des provisions de charbon. Mais chez les Forget, un personnel nombreux s'occupe de tout cela. Quand Thérèse naît, son père est déjà presque millionnaire.

Des millionnaires, à la fin du XIXe siècle, il y en a peu et, selon Thérèse, son père était l'un des premiers Canadiens d'expression française à faire mentir le diction « *The English for finance, The French for oratory* ».

Pour bien comprendre cette famille, et plus tard Thérèse, il faut remonter jusqu'au premier venu en Nouvelle-France et qui en fait s'appelait Froget[3], Nicolas de son prénom. Après le décès de sa mère, il quitte Alençon pour ce pays qu'on lui décrit rempli d'animaux à fourrure et de sauvages. La traversée est longue et rendue pénible par la promiscuité et l'insalubrité. Plus de deux mois. Et quand le voilier s'engage enfin dans la «Grande Baye», ce n'est encore que de l'eau, à perte de vue. Une voie d'eau capricieuse dans laquelle les vaisseaux avancent difficilement.

Debout sur le pont, le nez au vent, Nicolas Froget scrute les côtes. Pour le moment, rien d'autre que des arbres et des escarpements rocheux. Grandiose, certes, mais inhospitalier. Champlain écrit d'ailleurs : «Depuis Tadoussac jusqu'à sept lieues de Québec, c'est-à-dire Cap Tourmente, le Pays est tout à fait inhabitable, estant trop haut, et tout de roche, et tout à fait escarpé[4].» Aux alentours du cap Tourmente, quelques habitations apparaissent, puis l'île d'Orléans et, au loin, Québec, perché sur un immense rocher.

Au début de la décennie 1650, Québec n'est qu'un bourg où vivent à peine quelques centaines de personnes. Au pied de la falaise se trouvent les comptoirs, les magasins, les auberges, les habitations privées et, sur les hauteurs, protégés par les remparts, le fort, les édifices publics, l'église, la maison des Cent-Associés et la place d'armes qui s'étend entre celle-ci et le fort.

On ne sait trop ce qu'a fait Nicolas jusqu'en novembre 1652. Le 25, il est chez le notaire Guillaume Audouart dit Saint-Germain pour signer un contrat de mariage avec Magdelaine Martin. Marguerite Langlois et Abraham Martin, les parents de Magdelaine, de même que Nicolas déclarent ne pas savoir signer. Magdelaine n'a que douze ans, et Nicolas trente-deux. Leur mariage sera béni par le jésuite Jérôme Lalemant, le 6 février 1653. La mariée est bien jeune[5], mais son père craignait peut-être de ne pas pouvoir caser ses filles : il avait été arrêté pour le viol d'une adolescente et emprisonné en attendant un procès dont on ne connaît pas l'issue[6].

La dot de Magdelaine comprenait des hardes, des ustensiles de ménage, des habits et cent livres, sur demande, après consommation du mariage. Cent livres, c'était peu, mais il semble qu'Abraham n'était pas riche bien qu'il ait tâté de plusieurs entreprises. Outre la terre qu'il cultivait[7], il aurait été un temps « pilote royal », le premier à faire la chasse aux loups-marins, à Tadoussac, et à former une société pour continuer le commerce outre-Atlantique[8].

Les époux Froget ont un premier enfant, une fille, et alors que le contrat de mariage stipule qu'ils vivront chez les Martin leur vie durant, on retrouve Nicolas à Ville-Marie, fin 1655. Il n'est pas homme que l'on attache, même en lui promettant la moitié du versant nord et une partie du plateau sud de la propriété du beau-père en sus de la côte abrupte qui y mène. Le large attire Nicolas et la possibilité d'en tirer profit l'emporte sur les Iroquois qui guerroient dans la vallée du Saint-Laurent. Ces derniers doivent passer par Ville-Marie, au carrefour des routes d'eau, pour aller chasser le castor dans la vallée des Outaouais. Ils attaquent tout autour et, entre 1650 et 1660, ils harcèlent Ville-Marie[9].

Il y a tout juste treize ans que Maisonneuve est débarqué à Ville-Marie avec sa quarantaine de colons. Vers 1655, « quelque cinquante maisons se rangeaient les unes à la vue des autres, depuis le fort de la Pointe Callières jusqu'au bas de la Place d'Armes pendant que plus loin s'élevaient un fortin et un moulin à vent[10] ».

Le 6 août 1654, Nicolas avait formé une compagnie avec Pierre De Launay « pour la traite avec les sauvages de Montréal[11] ». Il semble qu'il fût alors trappeur et négociant, si l'on en juge par ce qu'il doit fournir en vertu du contrat de société. Selon d'aucuns[12], Nicolas serait un des premiers coureurs des bois à se rendre dans les Pays d'en Haut, en 1656, pour en revenir avec cinquante canots chargés de peaux. À cette époque, plusieurs coureurs des bois parcouraient ces territoires, à l'ouest et au nord de Montréal. Pour ces intrépides, les Pays d'en Haut représentaient l'aventure[13]. Certains partent pour six mois, d'autres pour deux ans.

Sauf Françoise, qui semble être née à Québec, les enfants du couple sont baptisés à Montréal et naissent à trois ou quatre ans d'intervalle. Il faut alors imaginer la jeune Magdelaine dans ce petit bourg constamment menacé par les Iroquois protégeant sa fille aînée puis enterrant dès leur naissance les fils qui lui naîtront en mai 1656 et en juin 1659. Les femmes, au début de la colonie, vivent ici dans une constante insécurité, n'étant jamais assurées du retour de leur homme, même ceux qui sont aux champs, tout près. Thérèse dira que l'on a « oublié combien les femmes [ont] contribué à bâtir ce pays dès les débuts de la colonie[14] ».

Jusqu'en 1674, les Froget auront huit enfants dont trois fils. Thérèse descendrait de l'aîné des garçons, Louis. Nicolas finira ses jours dans la seigneurie de Repentigny où il sera inhumé, le 6 avril 1680. Ses descendants s'installeront aux alentours de Montréal : île Jésus, Saint-Janvier, Terrebonne, Lachenaie, Repentigny.

———

Si du côté paternel, Thérèse peut se réclamer d'origines françaises, du côté maternel, elle descend d'Écossais. Un peu d'histoire s'impose ici aussi. De française qu'elle était à l'arrivée de Nicolas, la colonie devient britannique en 1760, après, entre autres, la défaite des troupes du marquis de Montcalm, sur une partie de la propriété de l'ancêtre maternel de Thérèse, l'année précédente. C'est alors la fin de la guerre de Sept Ans, mais aussi la fin de la Nouvelle-France, avec la signature du Traité de Paris (1763). Ce qui amènera Voltaire à écrire à la marquise du Deffand :

> Nous avons eu l'esprit de nous établir en Canada, sur des neiges entre des ours et des castors, après que les Anglais ont peuplé leurs florissantes colonies quatre cents lieues du plus beau pays de la terre et, on nous chasse encore de notre Canada[15].

Le régime militaire s'installe et soumet tout le pays aux troupes anglaises. « L'occupation militaire entraîne la présence permanente, hiver et été, du protestantisme dans la colonie[16]. » S'il y a tolérance de ce côté, au plan politique c'est autre chose. Très tôt, les «gazettes» d'expression anglaise rapportent que les législateurs canadiens-français sont «aussi aptes à diriger les destinées d'un peuple commerçant et progressif que le bedeau de l'église à assumer les fonctions de chancelier de l'Échiquier[17]».

En 1791, l'Acte constitutionnel divise le Canada en deux provinces, le Haut et le Bas-Canada. Depuis cette date et jusque vers 1820, une grande migration de colons américains, suivie d'une immigration massive des Britanniques, va créer des tensions.

La première moitié de la décennie 1830 est pénible. Les récoltes sont ravagées et il faut importer des céréales. La Grande-Bretagne, elle-même aux prises avec de sérieux problèmes dans ses colonies, n'est d'aucun secours. Ici, les difficultés économiques sont amplifiées par la situation politique dans les deux Canadas. Selon certains historiens, la crise atteint un sommet en 1837, ce qui «rendra sans doute les Canadiens plus sensibles aux problèmes politiques[18]». De chaque côté de la rivière des Outaouais, on assiste à une lutte semblable contre les institutions et les régimes en place. Si dans le Haut-Canada, un certain William Lyon Mackenzie a pris la tête des réformistes, dans le Bas-Canada, c'est Louis-Joseph Papineau qui mène le débat.

En mars 1837, Londres refuse de donner suite aux demandes votées par l'Assemblée du Bas-Canada en février 1834. «L'Angleterre était alors effrayée des réclamations autonomistes du Bas-Canada et, en brimant cette colonie, on retardait l'émancipation de toutes les autres[19].» Des assemblées populaires se tiennent, malgré l'interdiction du gouverneur Gosford et les menaces d'excommunication de Mgr Jean-Jacques Lartigue. Malgré le fait que la tête de Papineau et celle de plusieurs patriotes soient mises à prix, et malgré l'arrestation de certains d'entre eux plus tôt, en novembre. Puis, ce fut la répression politique et militaire. Cent huit patriotes sont accusés de haute trahison et traduits devant une cour martiale spécialement instituée pour en juger. Après des procédures plus que sommaires, douze sont exécutés au Pied-du-Courant, le 15 novembre 1839, et cinquante-huit déportés en Australie[20].

Thérèse aime à souligner que ses ancêtres ont participé aux rébellions de 1837-1838. Le 6 décembre 1838, un groupe de patriotes détruit en partie le pont de Sainte-Rose. Mais cela n'empêche pas les « habits rouges » et leurs supporters d'avancer. Ni les patriotes de mourir pour la liberté et l'égalité. Le 14 décembre, Charles Forget et ses neveux Étienne et Jean-Baptiste Forget sont morts dans le presbytère de Saint-Eustache[21].

Il semble que, du côté maternel aussi, Thérèse ait eu un ancêtre qui a été impliqué dans les rébellions de 1837-1838. Depuis que les troubles avaient commencé, les habitants se terraient chez eux ; l'ordre avait été donné de barricader portes et fenêtres. Mais derrière les volets à demi fermés, Archange (Adélaïde) Quévillon ne pouvait s'empêcher de risquer un œil, pour voir défiler un bataillon d'Écossais portant kilt et bonnet poilu. Elle reconnut le bel Écossais à qui elle avait déjà donné à boire, au cours d'une parade, en de meilleurs jours. Selon Thérèse, le bel Écossais serait l'ancêtre de sa mère.

On raconte qu'un certain John McDonald faisant partie des troupes loyalistes aurait été fait prisonnier par les patriotes commandés par le Dr Robert Nelson, à Beauharnois. Amené avec d'autres à Châteauguay, il aurait été relâché, le 13 novembre 1838, après que les patriotes eurent appris la défaite des leurs, à Odelltown[22].

Une fois libéré, le bel Écossais serait retourné chez les Quévillon parler mariage. Mais le père hésitait, bien que sa fille fût majeure. Était-il convenable que, dès la fin des hostilités, un citoyen honorable s'empresse de donner sa fille en mariage à un de ces « habits rouges » qui avaient saccagé la région pour mater la rébellion ? Archange (Adélaïde) tiendra bon et le mariage sera finalement célébré en l'église Saint-Clément de Beauharnois, le 2 mars 1840. Le bel Écossais signe alors Ronald McDonald et déclare être négociant, domicilié à Sainte-Catherine-de-Bedford. Ses parents habitent le Haut-Canada. Était-ce le même ?

Je n'ai pas pu démêler les divers noms utilisés ici et là quand il est question de cet ancêtre maternel de Thérèse. Dans ses mémoires, elle utilise James puis Ronald. Dans les relations rédigées par Globensky, David et Filteau, il est question d'un J. MacDonald ou d'un John, mais le MacDonald dont parlent ces auteurs est un marchand de Châteauguay[23].

Les historiens parlent aussi d'un lieutenant-colonel MacDonald qui dirigeait l'un des deux bataillons de milice Glengarry, mais il n'aurait pas été fait prisonnier. C'est évidemment moins romantique. Les militaires écossais qui sont restés au Canada après la guerre de Sept Ans faisaient partie du 78e Régiment Fraser's Highlanders. J'ai retracé une liste de noms de soldats et d'officiers qui ont été rendus à la vie civile en Amérique. Le soldat Donald McDonald et le sergent Alexander McDonald y sont inscrits[24]. J'aurais tendance à croire que c'est d'Alexander que descend la mère de Thérèse, ce prénom se retrouvant dans la lignée. Quoi qu'il en soit, Thérèse parle d'un des fils d'un bel Écossais, Roderick, comme étant son grand-père maternel, né à Montréal en 1846. Établi plus tard dans la région de Rivière-du-Loup, il travaille pour l'Intercolonial, une compagnie de chemin de fer dont il deviendra le président. C'est à Rivière-du-Loup que naîtra Marie-Louise-Blanche, la mère de Thérèse, le 19 août 1871. Jusqu'à ses études à Halifax, Blanche ne parlera que le français. Selon André Siegfried, « les mariages mixtes (écossais/canadien-français) aboutissent souvent à la francisation paradoxale de gens qui s'appellent MacDonald[25] ».

CHAPITRE 2

Les Forget

Une compréhension adéquate des conditions de la société
exige d'une génération qu'elle connaisse ce que furent les
générations antérieures, leurs succès et leurs échecs, leurs
rêves et leurs désillusions.

LÉON DION,
Les intellectuels au temps de Duplessis

SI L'ON CONNAÎT PEU DE CHOSES de la vie de Blanche MacDonald
avant qu'elle épouse Rodolphe Forget, la vie de ce dernier est
par contre fort documentée. Le deuxième des six enfants, et le seul
garçon de Mᵉ David Forget et d'Angèle Limoges, naît le 10 décembre 1861[1]. Trois de ses sœurs vont décéder en bas âge, deux autres
lui survivront, Adeline-Adélaïde et Charlotte-Elmire.

Rodolphe naît à Terrebonne. Sise sur la rive nord de la rivière
des Mille-Îles, Terrebonne fut longtemps une plaque tournante du
commerce de la fourrure. Ses habitants cultivent la terre ou travaillent dans les entreprises du seigneur Joseph Masson. Vers 1850,
l'activité industrielle dans le secteur du Bas-de-la-Côte entraîne un
déplacement de la bourgeoisie locale qui s'installe alors tout en
haut du talus.

C'est dans une des maisons de pierre du Bas-de-la-Côte, dans
ce qui était alors la paroisse Saint-Louis, que le père de Thérèse est
né. Cette maison construite en 1820 sur ce qui reste de la ferme des

ancêtres acquise par François Forget en 1777 est entourée de peu-
pliers. Elle a aussi vu naître le père et l'oncle de Rodolphe, David
et Louis-Joseph Forget[2].

Rodolphe fera des études au Collège Masson et devra les interrompre le 11 janvier 1875. Ce jour-là, le feu détruisit complètement
cet établissement que la veuve Masson avait fait construire en haut
de la côte de la rue Chapleau. Le jeune oncle de Rodolphe, Louis-
Joseph, y avait aussi fait ses études[3].

Selon Thérèse, c'est après l'incendie que l'oncle Louis-Joseph fit
venir son neveu à Montréal pour en faire son associé. C'est peut-
être ce qui se disait dans la famille, et c'est ce qui s'est écrit, mais
il s'écoulera quelques années avant que cela ne se produise :
Rodolphe vient tout juste d'avoir quatorze ans !

En 1874, Louis-Joseph occupait les fonctions d'agent de change.
Quand la Chambre des agents de change s'est constituée en compagnie, prenant le nom de Bourse de Montréal, il fut le seul
Canadien français à y être admis, bien qu'il fût encore mineur.
Quant à Rodolphe, quel qu'ait été son âge à son arrivée à Montréal,
nul doute qu'il a dû faire ses preuves. Il n'allait pas pouvoir agir à
la Bourse avant d'y avoir été admis selon les règlements en vigueur,
et d'être majeur était devenu une condition essentielle à l'exercice
du métier. Et puis l'oncle n'avait-il pas commencé comme commis
chez Thomas Caverhill ? C'est ce que fera Rodolphe chez Louis-
Joseph, le temps d'apprendre, d'atteindre sa majorité et de mettre
de côté la somme nécessaire à l'achat d'un siège à la Bourse.

Avant la mise sur pied de la Bourse, des valeurs se négociaient
tout de même à Montréal depuis une quarantaine d'années, quoique de façon moins structurée. On se réunissait à l'Exchange
Coffee House, sur la rue Saint-Paul et aussi sur la place Royale,
entre la rue Saint-Paul et la rue des Commissaires. Tout se négo-
ciait : des actions, divers numéraires, du blé, des animaux. Avant
le milieu du XIXᵉ siècle, il n'y avait pas suffisamment de projets
nécessitant une capitalisation élevée pour qu'une bourse, comme
à Londres par exemple, fût nécessaire. Mais dès que les déve-
loppeurs s'intéresseront au rail, à la sidérurgie, à la navigation, une
Bourse viendra répondre aux énormes besoins en capitaux. Même

la prolifération des banques et la diversification des institutions financières n'y auraient pas suffi. Montréal devenait le centre des échanges commerciaux de ce pays né en 1867.

Ville de transit où passent marchandises et immigrants, Montréal est en outre le centre des décisions économiques. Mais ce pays devant compter avec les saisons, il faudra bien un jour le quadriller de routes facilement carrossables et de voies ferrées pour le transport intérieur. L'hiver, le fleuve gèle et rend toute navigation impossible. Alors, quand les premiers froids arrivent, on stocke pour l'hiver. Le port ferme et l'activité économique hiberne. D'ailleurs, plusieurs hommes d'affaires profitent des derniers convois de l'automne pour se rendre en Europe. À Londres surtout. D'autant que la traversée de l'Atlantique est devenue moins périlleuse et les navires plus confortables.

Dans les rues engourdies de froid, la neige crissant sous leurs pas, certains Montréalais se contentent d'aller au marché ou à l'église. Et c'était parfois une expédition. On roulait la neige après chaque bordée, de telle sorte que la rue montait, montait toujours, et que les piétons circulaient dans ce qui paraît être des espèces de fossés, à en juger par les photos de l'époque. Certains jours, au soleil couchant, bravant le froid et le vent, les Montréalais profitent de la montagne pour y pratiquer les sports d'hiver, la raquette, la crosse, le curling. Plus tard, ils érigeront un palais de glace sur le square Dominion, juste devant le nouvel hôtel Windsor.

Lorsque le père de Thérèse s'installe en ville, les habitudes de vie commencent à changer. Les importations de produits de consommation courante, et ceux manufacturés localement, sont offerts en grand nombre dans les luxueux commerces de la rue Saint-James[4]. Vers le dernier quart du XIXe siècle, quand les bureaux ont commencé à fermer le samedi après-midi, c'était la ruée sur cette rue. On y allait pour voir mais aussi pour être vu. En hiver, c'était à qui arborerait les plus belles fourrures. Non seulement les manteaux, mais les chapeaux, les gants, les bottes. Il fallait voir ces dames qui, à certains coins de rue, marchaient tête baissée pour ne pas mettre le pied dans le crottin de cheval. Très tôt, d'ailleurs, on apprenait aux jeunes filles à ramasser leur jupe pour éviter qu'elle ne traîne dans la boue ou ne fasse office de balai. Quelques années plus tard, tout ce beau monde se sera déplacé rue Sainte-Catherine où commencent à s'installer les magasins de nouveautés, Dupuis Frères à l'Est et Ogilvy à l'Ouest. Henry Morgan, lui, s'installera presque en face du bijoutier Henry Birks.

La transformation des moyens de transport, la canalisation du Saint-Laurent, le dragage du port et la construction d'espaces d'accostage de même que de lignes de chemins de fer, vont permettre l'expansion de la base industrielle de Montréal. Mais, même avec l'arrivée des chemins de fer, les voies d'eau seront encore longtemps le moyen le plus économique et le plus accessible pour le transport des marchandises. Et le Saint-Laurent la façon de se rendre dans le Bas-du-fleuve sans avoir à changer de moyen de transport en cours de route. Depuis un des quais du port, on pouvait s'embarquer sur un de ces magnifiques « bateaux blancs », propriété de la Richelieu & Ontario Navigation dont le siège social est à Montréal. Ses principaux actionnaires sont alors Hugh Allan, Louis-Adélard Sénéchal et Louis-Joseph Forget, l'oncle du père de Thérèse. En plus d'être le fondateur de la Merchant's Bank, Hugh Allan contrôle la navigation transatlantique ; la clientèle préfère ses bateaux qui sont plus rapides que ceux de la concurrence.

Dans le port, on procède à la surélévation des quais pour empêcher les inondations qui ravagent régulièrement cette partie de la ville. En fait, presque à chaque printemps la partie sud-ouest de la ville est inondée. On doit même démonter certains hangars à l'automne pour que la débâcle printanière ne les emporte pas. En 1886, l'inondation avait duré une semaine, remplissant la rue Craig et la rue Saint-James de même que le square Victoria, qui fut complètement submergé. Il avait même fallu interrompre le service des tramways et se déplacer en chaloupe dans les parties inondées. En 1896, quelques mois avant la naissance de Thérèse, l'eau se rendit jusqu'au marché Bonsecours et aux filatures du quartier Hochelaga-Maisonneuve[5].

En 1873, lorsque Louis-Joseph Forget ouvre sa maison de courtage, Montréal est durement affecté par la crise économique qui secoue le monde occidental. On assiste à un long glissement entrecoupé de bonds qui se termine en 1896. Plusieurs banques américaines et allemandes font faillite, et le système bancaire autrichien s'effondre[6]. C'est le début d'une longue récession mondiale.

Il y a surproduction partout et, à partir de 1874, l'Angleterre et les États-Unis font du *dumping* au Canada ; les marchés extérieurs canadiens se referment. Alors, les stocks s'accroissent et le crédit se fait rare au point de disparaître. Les faillites sont nombreuses : 678 au Québec, en 1875, dont celles de la Mechanics Bank et de la Banque Jacques-Cartier[7]. L'année 1879 fut une des plus dramatiques de l'histoire bancaire du Québec : la crise touchait toutes les classes de la société[8].

On était à la fin de l'été, Montréal suffoquait de chaleur. Ce vendredi-là, la panique s'était emparée de la foule qui envahissait la rue Saint-James. C'est comme si une course vers les banques avait été organisée, et de partout les gens accouraient. Déjà, on racontait que les banques Exchange, Consolidated et Ville-Marie avaient fait faillite. Ayant perdu confiance, les Montréalais gardèrent leur argent à la maison, ce qui n'a fait qu'aggraver la crise[9].

En cette fin d'été, donc, la vie est difficile pour les Montréalais. Les manufactures, alignées le long du port et du canal Lachine, baissent les salaires quand elles ne jettent tout simplement pas les travailleurs à la rue. Les fabriques de chaussures et les filatures ne produisent qu'une partie de la semaine. Redpath ferme sa raffinerie de sucre. Face au fleuve, les entrepôts des commerçants de gros sont encombrés de marchandises. Le grincement des grues à charbon s'est tu et les bassins où les navires transbordent leurs cargaisons sont quasiment déserts. Sur les places publiques, les charretiers attendent des heures quelques rares clients.

L'oncle Louis-Joseph fait affaire sous le nom de Forget L. J. & Co, Stock Brokers, Members of the Montreal Stock Exchange. Les affaires se font en anglais : les Britanniques dominent l'activité économique. Les ténors de la grande bourgeoisie d'affaires se nomment Stephen, Allan, Holt, Van Horne, Ross, McGill, Molson,

Galt. Ils sont les leaders industriels et financiers. Après le seigneur Masson, il a fallu attendre Louis-Adélard Sénéchal, Charles-Séraphin Rodier, puis les Forget, pour que des noms français apparaissent dans les journaux et les rapports du *Board of Trade*[10]. Ils travailleront en anglais, certes, mais ils s'associeront aussi aux anglophones et, parfois, les prendront de court en leur ravissant le contrôle d'entreprises puis de secteurs industriels tout entier, ayant en cela adopté des comportements et des attitudes économiques tout à fait semblables à ceux des hommes d'affaires anglophones.

Tous ces gens ont leurs bureaux sur les rues Notre-Dame, Saint-François-Xavier et Saint-Paul, dans ce que l'on appelle maintenant le Vieux-Montréal. La maison L.-J. Forget loge d'abord au 104 rue Saint-François-Xavier, puis s'installe au 348 rue Notre-Dame. Elle est la première à utiliser les services d'une sténo-dactylo, Mme Francœur, que le milieu appelle la « *Forget's Madam* ». Elle sera au service de cette maison durant une trentaine d'années[11].

La petite histoire veut qu'au début le rôle du père de Thérèse se limite à frotter la plaque de cuivre à l'extérieur des bureaux de son oncle et que, le soir, il poursuive des études en droit. Aucune preuve de cela nulle part. D'ailleurs, un commentaire publié en 1912 confirmerait plutôt le fait qu'il est peu instruit : « *Had Sir Rodolphe given himself up to books when he was young, he would had never been the wizard of finance he is today*[12]. » Il m'apparaît plutôt que Rodolphe faisait ce que son oncle lui demandait de faire, mais que l'impatience devait le ronger. On le décrit comme un personnage pressé, audacieux, parfois même jusqu'à la témérité, alors que l'oncle est la prudence et la pondération mêmes.

Rodolphe devra s'initier aux dossiers dont l'oncle a la charge et l'accompagner à la Bourse. L'activité y est sans commune mesure avec la fébrilité et l'excitation que l'on observe à New York, à Chicago ou à Amsterdam, à cette époque. Mais, pour Rodolphe, pénétrer dans ce lieu où des centaines de milliers de dollars changent de main, c'est accéder à un autre monde, comme une promesse qu'un jour, comme son oncle, il aura lui aussi un bel équipage et se fera dessiner les plans d'une grande maison sur la rue Sherbrooke. Louis-Joseph et sa femme sont sur le point d'emménager au 951 de la rue Sherbrooke Ouest[13], même si cette rue a plutôt l'air d'un chemin de campagne non pavé et mal éclairé, bordé de rares maisons. En s'y installant, Louis-Joseph suit le mouvement des nantis qui quittent la rue Saint-Paul et la rue Notre-Dame et commencent la migration vers l'ouest et la montagne. L'un après l'autre, les Anglais et les Écossais « font construire sur les pentes du Mont-Royal, dans le quartier Saint-Antoine de somptueuses résidences à l'allure de petits châteaux[14] » sur de vastes terrains dominant la ville.

Pour Stephen Leacock,

> c'est le séjour préféré des lords, des sirs et de la petite noblesse d'argent. Un vrai sanctuaire des vertus victoriennes hypocrites, d'un calme monacal, où les ormes façonnaient chaque rue en cathédrale gothique, où l'été n'avait pas de fin dans les grandes serres privées, où les collections particulières de tableaux faisaient [...] l'envie des Musées du monde[15].

Louis-Joseph fait partie de cette classe fortunée. Déjà, au moment de son mariage, le couple logeait rue Saint-Denis et déclarait une résidence secondaire à La Prairie où l'on se rendait par bateau. C'est plutôt vers la rue Saint-Denis et le tout nouveau square Saint-Louis que se déplaçait alors la bourgeoisie francophone. Les lots à bâtir y sont bon marché. « Les maisons en pierre, avec un toit en pente percé de lucarnes encadrent le square et des jardins les entourent, vestiges des anciennes propriétés de campagnes[16]. » Gustave Drolet vient de faire construire des maisons de rapport à l'angle des rues Saint-Denis et Rachel, et Jean-Baptiste Rolland fait de même sur la rue Saint-Denis au nord de la rue Roy, qui était alors une artère commerciale. Au-delà de l'avenue Mont-Royal, même si les Lefebvre s'y sont fait construire de belles résidences, c'est encore la campagne. Ces messieurs obtiendront tout de même qu'un tramway se rende jusque-là. Les Forget, eux, ne donneront jamais dans la spéculation immobilière.

On a souvent rapporté que dans les quelques rues qui forment le *Golden Square Mile* se concentrent, à la fin du XIXe siècle, les deux tiers de la richesse du Canada, alors qu'une grande partie de la population de Montréal vit dans une pauvreté extrême. Surtout dans les quartiers industriels. Plusieurs rues sont en terre battue, peu et mal entretenues, et traversées par les diligences, les tramways et les trains. Les maisons sont en bois, mal isolées, mal éclairées, entassées les unes sur les autres, souvent même dans des fonds de cour. Les propriétaires de ces tristes maisons sont ceux-là mêmes qui construisent les usines, les églises et les somptueuses résidences[17]. Charles Dickens s'y promenant aurait retrouvé les conditions de vie qu'il a décrites dans ses romans, à la différence toutefois que l'hiver à Montréal est plus rigoureux. La fumée d'une vingtaine de manufactures recouvre constamment la ville de Saint-Henri, que l'on appelle alors « *Smoking Valley*[18] ». Dans ces quartiers industriels, il n'y a ni parcs ni arbres, ou alors très peu, l'espace étant utilisé au maximum. Avant le boom industriel, Saint-Henri était un joli petit bourg où s'étaient installés les tanneurs, situé entre Montréal et le bourg de Lachine, d'où était probablement parti l'ancêtre Nicolas Froget pour ses expéditions vers les Pays d'en Haut, à la recherche de peaux de castor, deux cents ans plus tôt.

Au cours de sa période d'apprentissage, Rodolphe est appelé à rencontrer les hommes d'affaires qui contrôlent les banques et les entreprises commerçantes mais aussi les politiciens et certains membres du clergé. Utilisant la porte arrière, certains d'entre eux viennent même au bureau s'enquérir du cours des actions d'une compagnie de chemin de fer en formation, ou ajouter leur nom à la liste des « parieurs » supputant les chances de leurs concurrents ou alliés de remporter la prochaine élection. On faisait de tout à la maison Forget : des réputations, que l'on démolissait aussi parfois, mais « jamais avec la violence qu'y mettaient les autres à l'endroit de la maison[19] ».

La maison L.-J. Forget est aussi le lieu d'où partent les mots d'ordre au moment des élections, ou les « tuyaux » quand une affaire paraît intéressante. Elle donnait le ton au marché. Et pas juste à Montréal : elle fut la première à ouvrir des succursales en Europe, dont une en Suisse[20], et une autre au 7, rue Auber, à Paris, vers la fin du XIXe siècle. C'était la plus importante maison de courtage de Montréal. Elle tenait « la tête des affaires dans tout le Dominion [...] et donnait le ton au marché [...]. Pendant vingt-cinq ans, la maison Forget fut la seule canadienne-française sur la place. Elle avait des clients jusqu'en Saskatchewan[21]. »

L'oncle Louis-Joseph est habile, fait parler son visiteur, mais parle peu lui-même et lentement, à voix basse. Discret, ce gros homme calme aux lunettes épaisses et à la moustache tombante, tire parti de la plus petite information. Rumilly précise : « Dès qu'il préside une compagnie, elle est à lui. Il scrute les dossiers et conduit les délibérations sans en avoir l'air, et en anglais mieux qu'en français, au point voulu. Il est secondé et quelque fois embarrassé par son neveu, Rodolphe, maigre et jaune [sic] à cette époque, intelligent, hâbleur et généreux[22]. »

Il leur arrive à tous deux de se retrouver, le midi, chez Mme Duper-rouzel. Dans ce restaurant installé sur la côte Saint-Laurent, près de la rue Saint-James, plusieurs messieurs font la cour au premier ministre Chapleau qui y vient régulièrement. Les Forget, eux, se contentent de le saluer et continuent de brasser des affaires. Il n'est pas rare de voir des gens venir à leur table, cherchant à obtenir quelque information privilégiée que certains s'empresseront de répandre sitôt la porte du restaurant passée. On soupçonne d'ailleurs Rodolphe d'avoir délibérément lancé des rumeurs pour faire avancer un projet d'investissement ou encore embêter un compétiteur.

Dès la première moitié de la décennie 1880, la maison Louis-Joseph Forget s'intéresse à des entreprises de transport et suit de près le progrès de l'électrification des rues du Vieux-Montréal[23]. Elle a aussi un œil sur les filatures de coton qui ont contracté de lourdes dettes à l'égard de la Banque de Montréal et auxquelles les filatures de la Nouvelle-Angleterre livrent une forte concurrence. L'oncle a « un œil pour les compagnies en détresse. Son analyse l'amène souvent à conclure que leur potentiel excède leurs difficultés[24]. » Les Forget commencent donc à acquérir massivement des actions de la Montreal City Passenger Railway, qui construit et exploite les voies ferrées dans les rues de la ville, puis de la Royal Electric. Ils feront de même avec les filatures de coton. Ils n'en parlent pas encore, mais ils entrevoient de grandes possibilités de développement dans ces secteurs. Rodolphe, surtout, qui se voit déjà à la tête d'une grande entreprise.

———

Puis Rodolphe se marie, le 12 octobre 1885, en l'église Saint-Jacques de Montréal[25]. Il épouse Alexandra Tourville, fille de l'honorable Louis Tourville, commerçant et propriétaire de scieries, membre du *Board of Trade* et du syndicat formé pour l'achat du chemin de fer Montréal-Sorel, entre autres. Où a-t-il rencontré Alexandra? Depuis quand la connaissait-il? Je n'en sais rien. Ils vivront au 86 rue Cherrier. C'est là que naîtra leur fille, Marguerite, et c'est sans doute là aussi qu'Alexandra mourra, en février 1891. Qui s'occupe alors de la petite Marguerite? On peut penser que, pour un temps, une des sœurs de Rodolphe prendra en charge la maison.

Durant ces années, Rodolphe est absorbé dans son travail, très occupé par les affaires de la maison L.-J. Forget, et il devient actionnaire dans la plupart des compagnies dans lesquelles son oncle détient des intérêts. Il a aussi un siège à la Bourse. Nous verrons de plus en plus souvent l'oncle et le neveu dans les conseils d'administration des entreprises dont ils finissent par prendre le contrôle. En octobre 1890, Rodolphe est devenu associé chez L.-J. Forget et Cie. L'oncle Louis-Joseph et lui sont les deux seuls actionnaires de cette maison de courtage[26]. Rodolphe commence à acheter des actions de la Royal Electric. Louis-Joseph, qui en possède déjà cinq cents, entre au conseil d'administration où siègent deux autres actionnaires importants, le sénateur J.-Rosaire Thibaudeau, qui a fondé cette compagnie, et Me Frédéric-Liguori Béïque, qui la réorganise et achète aussi des brevets américains. Le titre est inscrit en bourse et se négocie 100 dollars l'action.

À cette époque, la Royal Electric distribue l'électricité qu'elle produit à partir du charbon à cinquante-trois établissements dans le Montréal d'alors. Elle fabrique aussi des génératrices et des moteurs, et assure par contrat l'éclairage des rues de Montréal, qui sont à l'époque éclairées au gaz. Maintenant, Louis-Joseph va pouvoir moderniser et transformer le transport public : il veut remplacer les tramways à chevaux par des tramways électriques.

Mais c'est sans compter avec un groupe d'actionnaires qui s'y opposent farouchement. Ils sont convaincus que cette nouveauté mènera la compagnie à la ruine. Certains vendent leurs actions, aussitôt acquises par les Forget. Avec ses alliés au conseil d'administration, Louis-Joseph prend le contrôle et accède bientôt à la présidence de la compagnie, qui prend le nom de Montreal Street Railway, ancêtre de la Société de transport de Montréal.

À l'été 1892, des tramways électriques sont achetés au Missouri et, le 21 septembre 1892, vingt-cinq véhicules électriques étaient mis en circulation sur plusieurs circuits[27]. Deux ans plus tard, la compagnie aura complété sa conversion et, le 27 octobre 1894, ce sera la fin du service de tramways à chevaux sur les soixante-quinze milles du réseau. Grande consommatrice d'électricité, la Montreal Street Railway aura sa centrale de production électrique, rue Notre-Dame, dans le quartier Hochelaga. L'électrification des tramways allait permettre aux ouvriers de trouver à se loger dans des quartiers plus salubres, à la périphérie de leur lieu de travail. Ce sera le début de l'« étalement urbain ».

La maison L.-J. Forget avait fait beaucoup d'argent. L'on surnommait Louis-Joseph « *the King of the Street* », et son neveu le « petit Napoléon de la rue Saint-François Xavier ». « *The Street* », comme on appelait les actions de la Montreal Street Railway, s'échangeaient rapidement et le cours montait. Puis, des investissements plus massifs dans l'actionnariat de la Royal Electric et dans les activités de la Compagnie du Gaz de Montréal ont alimenté des rumeurs de *merger*. Des rumeurs couraient aussi à propos d'une élimination des concurrents dans le transport urbain. Les Forget projettent alors « de former un trust de l'électricité, du gaz et des transports en commun dans la ville de Montréal[28] ». À l'époque, l'oncle préside en outre la Dominion Cotton Mills, née de la fusion de trois filatures[29] du Québec et d'un certain nombre de filatures de l'Ontario et des provinces maritimes. Et bientôt, d'autres rumeurs alimentent les transactions boursières et les discussions d'ordre politique : les Forget sont dans la navigation. En

1894, Louis-Joseph devient président de la Richelieu[30] et le neveu siège aussi au conseil de la compagnie. Cette dernière est alors en très mauvaise situation financière et ne peut payer de dividendes.

Elle n'est pas la seule. Depuis le printemps, les affaires tournent au ralenti. Mais les Forget continuent d'avancer sur tous les fronts, sauf dans l'industrie ferroviaire, bien que Louis-Joseph soit membre du conseil du Canadien Pacifique. Les Anglais et les Écossais y sont trop puissants pour qu'ils puissent songer à manœuvrer contre eux.

Entre-temps, Rodolphe s'est remarié, le 3 avril 1894, avec Marie Louise Blanche MacDonald, en la paroisse Saint-Patrice-de-Rivière-du-Loup. Alexander Rodrick MacDonald, surintendant de l'Intercolonial Railway, conduit sa fille à l'autel, alors que l'honorable Louis-O. Taillon est le témoin du marié[31]. Le 25 mars précédent, les futurs époux avaient signé un contrat de mariage sous le régime de la séparation de biens chez le notaire Jean-Anthime Roy, de Fraserville. Rodolphe s'engageait alors à diverses donations en faveur de Blanche, dont des terrains sur la rue Sherbrooke Est, à Montréal, et une rente annuelle de 600 dollars, de même qu'à souscrire une police d'assurance de 5000 dollars dont il négligera de payer les primes! Blanche signe McDonald mais son père, lui, écrit MacDonald. Sur l'acte de baptême de Blanche, le nom est écrit McDonald.

Blanche est née à Saint-Pascal-de-Kamouraska, en 1872. Quand elle se marie, sa mère, Maria-Alma Blondeau, est décédée. Blanche a fait des études au Mount Saint Vincent, à Halifax, puis au couvent des Ursulines, à Québec. C'est d'ailleurs vers la supérieure de ce couvent qu'elle se tourne après que Rodolphe lui eut fait part de son intention de l'épouser.

> La rumeur de mon prochain mariage vous est peut-être déjà parvenue mais je tiens tout de même à vous en faire part. [...]
>
> Vous dirai-je, ma Mère, que celui que j'ai choisi pour le compagnon de ma vie m'était inconnu jusqu'au 5 janvier, et 10 jours après nous étions fiancés.
>
> La date de mon mariage est fixée au 3 avril. Le nom de mon fiancé est Rodolphe Forget. Il est agent de change, Stock Brocker, à Montréal

et selon ma sœur (madame Dumont Laviolette), réside dans cette ville, je ne puis assez remercier la Providence de m'avoir rapprochée de la seule sœur que j'ai.

Au moment d'embrasser mon nouvel état, je sens combien m'est utile et indispensable le secours d'en Haut. Avec l'aide de vos bonnes prières, ma Mère, je me sentirai plus rassurée en le demandant. [...]

Si vous me le permettez bien, je vous présenterai mon mari à notre prochain voyage à Québec après notre voyage de noces. J'aurai beaucoup de bonheur de vous revoir, et de vous remercier de toutes vos bontés à mon égard. [...]

Votre respectueuse petite fille
Blanche McDonald
Rivière-du-Loup, 21 février 1894[32]

Grand mince aux yeux pers, Rodolphe porte beau avec sa moustache fournie. À ses côtés, Blanche est courte et menue, avec une carnation pâle et des yeux d'un bleu que met en valeur son ensemble d'un bleu plus soutenu. De retour à Montréal, Rodolphe installe Blanche chez lui au 86 de la rue Cherrier. Selon Louise MacDonald Provost, « il l'a mariée pour s'occuper de sa fille[33] ».

Rodolphe est très occupé par ses affaires, mais quand la Bourse ferme, l'été, il prend le large avec Blanche et Marguerite. Comme tous les gens de son milieu, il installe sa famille pour quelques semaines dans un lieu de villégiature. La mode d'aller aux eaux amène les citadins aussi loin que Tadoussac, et Rodolphe a retenu de spacieuses cabines sur un des luxueux bateaux à vapeur de la Richelieu. Avec le vapeur, on n'a plus à attendre que le nordet se lève ni à risquer d'être bloqué sur le lac Saint-Pierre, faute de vent.

Au majestueux Hôtel Tadoussac, surplombant la baie du même nom, et au cours d'une excursion dans la région, Rodolphe échafaude des projets. Ainsi, il voit un grand hôtel à Murray Bay, d'autant que les Chamard doivent se départir du Chamard's Lorne House, longtemps « la coqueluche de toutes les notoriétés du jour[34] ». Rodolphe voit aussi des moyens de transport plus efficaces pour y amener les villégiateurs. Comme un chemin de fer depuis Québec, par exemple, et de plus grands et plus confortables bateaux depuis Montréal. Et même jusqu'à New York. Depuis un bon moment déjà, de nombreux Américains prennent le bateau à

Montréal pour se rendre dans leur lieu de villégiature. William Howard Taft, le vingt-septième président des États-Unis, vient au Québec tous les étés et finit par se faire construire une résidence sur le boulevard des Falaises, à Pointe-au-Pic.

Rodolphe songe aussi à s'installer dans la région pour ne pas avoir à vivre à l'hôtel chaque été. Ceux qui passaient leurs vacances d'été à l'hôtel étaient snobés par ceux qui les passaient dans un cottage. Et même à l'hôtel, il y avait un clivage dans l'attribution des chambres et des tables à la salle à manger selon le rang social des vacanciers. Dans la plupart des hôtels, on ne voulait pas de Canadiens français[35]. Rodolphe n'était pas du genre à se faire traiter ainsi. Et puis les Montagu Allan sont à faire construire leur résidence d'été à Cacouna. De la véranda, ils pourront ainsi voir aller et venir leurs bateaux transportant la marchandise depuis et vers l'Europe. Il n'est pas dit que Rodolphe n'aura pas sa résidence de laquelle il pourra voir ses bateaux blancs amener les villégiateurs vers d'autres rivages.

Mais avant cela, en 1896, il installe sa famille dans une magnifique maison de trois étages en pierre grise, qu'il a fait ériger au 361 de la rue Sherbrooke, près de la rue Berri, à Montréal. Une lettre du 23 mai 1919 prouve que c'est Blanche qui signe les chèques au moment de la construction non seulement de la maison, mais aussi des dépendances[36]. Louis Fréchette, lui, s'est installé à l'ouest, au 306 Sherbrooke. Bien que la rue Dorchester compte de belles résidences, c'est la rue Sherbrooke qui devient la rue élégante par excellence. Pendant un siècle, les plus riches familles de Montréal y auront leur adresse. De magnifiques demeures s'y érigeaient de chaque côté jusqu'à la rue Guy, à l'ouest. Il n'y a pas si longtemps encore, il y avait un *toll gate* au coin de la rue Sherbrooke et de l'avenue Greene. Et le chemin de la Côte-des-Neiges était utilisé par les fermiers pour mener leur bétail aux abattoirs et aux usines de conserverie du quartier Griffintown, près du fleuve. Ainsi, jusqu'au début des années 1920, il n'était pas rare de voir les animaux traverser la rue Sherbrooke, à l'extrémité ouest de la ville[37].

À l'est, la rue s'arrêtait à Papineau où s'élevaient les fours à chaux Limoges. À l'époque, la rue Sherbrooke était l'avenue de parade inspirée par le Second Empire en France[38], une voie bordée d'arbres, bien éclairée, qui allait en s'élargissant vers l'ouest et que certains surnommaient «la Cinquième Avenue» ou encore les «Champs Élysées de Montréal». Quel contraste avec les anciennes rues étroites et sinueuses du Vieux-Montréal. Ici, les pas des chevaux claquaient sur l'asphalte pour s'éteindre sur les parties en terre au-delà du Collège de Montréal. Les trottoirs de pierre remplaçaient les trottoirs de bois, comme d'ailleurs sur les rues Saint-Denis, Sainte-Catherine et Dorchester.

———

L'oncle, lui, fait reconstruire sa résidence de campagne, détruite par un incendie en 1896. L'on pénètre dans le domaine du Bois-de-la-Roche, à Senneville, par une longue allée bordée d'érables murs. Tout au bout, le manoir inspiré des châteaux de la Renaissance française s'ouvre sur une pelouse qui mène au lac des Deux-Montagnes. Le domaine de quatre cent soixante acres compte une quinzaine de constructions situées de chaque côté du chemin Senneville: une chapelle, une salle de pompage, deux glacières, une grange, deux écuries, un poulailler, une remise, un atelier, quatre maisons de dimensions variées dont l'une a été habitée jusqu'en 1986 par un des petits-fils de Louis-Joseph Forget[39]. Si Rodolphe aura des chevaux de course, à Saint-Irénée, Louis-Joseph se serait contenté d'élever ses chevaux pour la chasse dans ses boisés.

CHAPITRE 3

L'enfance de Marie-Thérèse Forget

L'enfance d'un être ne se raconte pas. Seul se prête au récit ce qui l'a environnée […] sans que l'on sache jamais si cet environnement l'a vraiment marquée, et de quelle manière.

FRANÇOIS RICARD,
Gabrielle Roy. Une vie

QUAND MARIE-THÉRÈSE NAÎT, ses parents venaient de s'installer dans une grande et magnifique maison que Rodolphe avait fait construire, sur la rue Sherbrooke au coin de la rue Berri. On peut facilement l'imaginer, le personnel domestique était nombreux, chez les Forget, et logeait pour la plupart au dernier étage.

On sait peu de choses de Thérèse jusqu'à son entrée au pensionnat, en 1905. Durant les années de sa petite enfance naîtront deux frères : Gilles, le 5 décembre 1897, et Maurice, le 28 mars 1899. Le peu que nous savons de son enfance nous vient des mémoires de Thérèse ou de quelques confidences faites à des journalistes. Ainsi, elle n'aurait pu résister à l'envie de sauter dans une flaque d'eau peu avant une sortie quotidienne, ce qui lui aurait valu de passer l'après-midi en pénitence. Une autre fois, elle aurait craché sur la tête de la gouvernante, du haut du monte-plats, à l'étage de la *nursery*. « Le soir, écrira Thérèse, papa avait réuni la maisonnée au salon et, à genoux, je dus demander pardon à cette brave Félixine de l'avoir insultée[1]. » À la journaliste Bee MacGuire, elle dira que son père lui avait enjoint de respecter tout le monde et qu'elle n'avait jamais oublié cette leçon[2]. Du haut de ses quatre ans, Thérèse trouvait cette «bonne» antipathique, d'autant plus que Félixine trouvait toujours le moyen de la faire gronder. La discipline et le contrôle de soi devaient régner au troisième étage, et ce n'est pas Rodolphe qui allait remettre en question les méthodes utilisées par la gouvernante pour les maintenir.

L'événement que rapporte Thérèse suit de près une autre cause de punition. Lors d'une de ses fréquentes visites, le grand-oncle Louis-O. Taillon, ex-premier ministre du Québec, avait assis Thérèse sur ses genoux. Il portait une longue barbe blanche, et Thérèse était bien tentée d'y glisser la main et d'en faire une tresse. Mal lui en prit. Son père l'a ramassée d'une main, lui a administré une fessée et hop à la *nursery*. Selon Thérèse, son père était sévère et très strict. Mais quand elle en parle, ce n'est toujours que par rapport à elle-même. On ne sait rien de l'attitude de son père à l'égard de ses frères ou de sa demi-sœur Marguerite. Et rien non plus des peurs et des chagrins de son enfance, mais, dans cette petite fille capable d'affronter la domesticité et d'encourir les foudres de son père se dessinait déjà la Thérèse dont l'Histoire garde trace.

> Nous étions à la maison deux filles et trois garçons. Je réussissais bien au jeu et dans mes études, et je voulais tout faire comme les garçons. Mais à chaque instant on m'arrêtait: «Tu ne peux pas faire cela. Pourquoi? Parce que tu es une fille». Cela m'horripilait[3].

Au moment de fêter ses quatre-vingts ans, Thérèse confie à la journaliste Marie Laurier que «son père a eu une influence déterminante dans sa vie. Il était bon et savait créer un climat d'extraordinaire affection dans notre grande maison de la rue Sherbrooke, l'ancien Cercle universitaire malheureusement démoli[4]. » À la journaliste du *Star*, elle avouera souvent se demander quelle aurait été sa vie si son père lui avait permis d'obtenir un diplôme universitaire. «Je serais peut-être devenue une professionnelle. Le seul diplôme que j'ai est B.B. pour "busy body"[5]. »

Veuf sans enfants, le grand-oncle Taillon était le demi-frère de la grand-mère Forget, et, tout comme elle, il avait pris pension chez les sœurs de la Providence, où la mère de Thérèse faisait du bénévolat. Thérèse raconte que les sœurs à l'Institut des Sourdes-Muettes[6] lui avait attribué une filleule qu'elle visitait quand sa mère y faisait son bénévolat. Je n'ai aucune idée de l'âge que pouvait avoir alors Thérèse mais « sa filleule », Ludivine Lachance, avait dix ans.

Jusqu'à son arrivée chez les sœurs, cette enfant sourde, muette et aveugle avait été gardée dans une cage où ses parents lui donnaient à manger comme à un animal. Elle ne s'exprimait que par des grognements. « Une espèce d'angoisse m'étreignait toujours lorsqu'elle passait ses mains sur mon visage », écrira Thérèse dans ses mémoires. Ludivine est décédée à dix-huit ans, et je suis portée à croire que Thérèse a continué de la visiter jusqu'à son décès : l'œuvre des Sourdes-Muettes était une œuvre chère à la famille Forget et longtemps à distance de marche de leur demeure.

Les femmes de la bourgeoisie, que la littérature appelle « dames patronnesses », avaient leurs œuvres de prédilection, mais, selon Thérèse, elles s'interrogeaient fort peu sur les causes de la pauvreté et de la maladie qui touchaient les milieux qui n'étaient pas les leurs. Elles visitaient les « familles nécessiteuses » à qui elles remettaient des paniers, à l'occasion de Noël ; elles organisaient des bazars pour amasser des fonds ou encore, comme à l'Institut des Sourdes-Muettes, un dîner aux huîtres, chaque automne. « Pour 1.50 $, on pouvait se régaler de pâtés aux huîtres, d'huîtres sur écailles, etc. [...]. Des jeunes filles en toilettes blanches servaient aux tables, d'autres vendaient du vin à 0.75 $ la bouteille et des roses à 0.10 $ chacune[7] ! » Les dames patronnesses faisaient « la charité », mais, une fois chez elles, traitaient souvent leurs domestiques comme des moins que rien. Ce qui ne semble pas avoir été le cas chez les Forget. Dans ses mémoires, Thérèse écrit qu'ils étaient presque tous logés chez eux et que certains d'entre eux ont été plus de quarante ans à leur service. Quelques-uns même étaient encore au service de la famille à l'époque où Thérèse a eu ses enfants.

Selon Thérèse, quand son père rentrait du travail, il venait les voir dans la *nursery* et leur racontait ce qui se passait dans le monde. En 1979, elle disait avoir encore un souvenir précis du moment où il leur a parlé du début de la guerre des Boers. Elle avait à peine trois ans et ses frères étaient encore bébés. Alors, je ne sais ce que Rodolphe pouvait bien raconter sur cette guerre qui eût pu retenir un tant soit peu leur attention. Peut-être a-t-il expliqué ce qui s'est passé, les premiers jours de mars 1900 à Montréal?

Ayant appris que l'Angleterre avait délivré la garnison de la ville de Ladysmith assiégée par les Boers, des étudiants de McGill manifestent dans les rues de Montréal, le 1ᵉʳ mars au matin. D'autres anglophones se joignent à ce bruyant défilé qui se transforme rapidement en manifestation contre les francophones. Ces derniers, fortement opposés à l'envoi de contingents canadiens en Afrique du Sud, étaient régulièrement pris à partie par les journaux anglophones et en particulier par le *Montreal Daily Star*. Selon Rumilly, sur le chemin qui les conduit à l'Université Laval à Montréal, les manifestants arrêtent des tramways et les renversent, puis fracassent les vitres de l'Université et en saccagent le mobilier. Comble de l'outrage, ils hissent le drapeau britannique sur l'immeuble. Dans la soirée, les étudiants francophones répliquent par des jets de boyaux à incendie malgré le froid qui sévissait et la tempête de neige qui s'était levée. Il faudra l'intervention de l'archevêque de Montréal, Mᵍʳ Bruchési, et du recteur de l'Université McGill pour que l'ordre revienne dans le Quartier Latin.

Bien au fait des questions politiques, même internationales, et ne se scandalisant pas pour une frasque d'étudiants, je crois que c'est davantage l'attaque contre les tramways qui importait alors à Rodolphe. Son oncle et lui détenaient encore de gros intérêts dans la Montreal Street Railway, et le service avait été interrompu durant une cinquantaine d'heures.

——————

Dans les beaux quartiers de Montréal à cette époque, l'après-midi après la sieste, de jolis équipages avec laquais en livrée amenaient en promenade les enfants des bourgeois, accompagnés de la gouvernante. Dès le printemps, on attelait Tom et Jerry, les poneys que Rodolphe avait achetés pour les enfants. C'était alors la promenade sur la rue Sherbrooke jusque dans les faubourgs remplis de vergers en fleurs, puis les parcs et le mont Royal.

L'hiver, les chevaux remplaçaient les poneys. Enfouis sous d'épaisses couvertures de fourrure et habillés de chauds vêtements, Thérèse et ses frères se calaient dans le traîneau qui glissait sur la neige et filait vers la montagne entre des amoncellements de neige. Il y avait une glissoire, sur le mont Royal, et les toboggans en descendaient à une vitesse folle. Et tout en bas, sur le Fletcher's Field, s'élevait le palais de glace. Mais on dévalait aussi en traîneau la rue Peel, la rue de la Montagne et le Chemin de la Côte-des-Neiges.

Au retour, surtout au moment du carnaval, le traîneau des Forget croisait de fringants équipages qui conduisaient de jolies dames aux *high teas* tenus dans quelques salons huppés, avant de les ramener chez elles se préparer pour le bal. De Noël jusqu'à la mi-mars, les grandes artères s'emplissaient du martèlement des chevaux sur la neige, du son des grelots et des rires de ces belles élégantes.

Bientôt, les beaux équipages auront de la concurrence. On raconte qu'une première automobile sera expédiée de Boston à Montréal, en novembre 1899. Une Waltham à vapeur qui pouvait filer quarante milles à l'heure, mais n'en fit rarement plus de sept. N'empêche, le propriétaire, l'agent d'immeubles Ucal-Henri Dandurand, n'était pas peu fier d'avoir convaincu le maire Préfontaine d'y monter pour une randonnée sur la rue Sherbrooke Est, dès les beaux jours revenus. C'était tout un spectacle que de voir Dandurand portant cache-poussière, casquette de cuir, gants et grosses lunettes, monter dans cette voiture sans cheval devant sa spacieuse maison de la rue Sherbrooke, qui deviendra plus tard le Club Canadien et qui est située à quelques pas de chez Thérèse. Personne ne soupçonnait alors que cet objet de curiosité allait bouleverser le monde des transports. C'est aussi à Dandurand que l'on doit le lotissement d'un nouveau quartier près des usines du Canadien Pacifique, qu'il nommera Rosemont en l'honneur de sa mère, Rose Philips[8].

Blanche, comme les grandes bourgeoises de l'époque, recevait. Et selon le genre de réception, portait la tenue de circonstance : robe d'avant-midi pour les courses et la supervision du personnel, robe d'après-midi jusqu'à l'heure du thé, robe de réception si on a quelques invités, robe de soirée pour le dîner ou le bal. « À mesure que la journée avançait, les robes étaient d'un tissus plus dispendieux, décorées plus élégamment, et plus décolletées. Seules les robes de soirée et les robes de bal pouvaient être décolletées et sans manches. Toutes les autres devaient avoir une haute encolure et des manches longues, au moins jusqu'au coude, même en été[9]. » Blanche organisait souvent un 5 à 7 musical. Dames et messieurs se rencontraient pour boire du thé et grignoter des petits fours tout en écoutant des artistes connus. Marguerite, plus âgée que Thérèse, était autorisée à assister à ces réceptions quand elle n'était pas au pensionnat du Sault-au-Récollet. Quand elle sera un peu plus grande, Thérèse pourra y venir entendre la soprano ou le baryton, en récital, mais devra regagner la *nursery* tout de suite après, non sans avoir salué les invités.

La veille de Noël, on installait l'arbre, mais ce n'est qu'au réveil que les enfants le voyaient, décoré de centaines de bougies que l'on allumait alors, gardant tout près un seau d'eau, en cas d'incendie. Les bas suspendus à la cheminée du grand salon étaient remplis et les enfants pouvaient en regarder le contenu avant le déjeuner pris exceptionnellement dans la petite salle à manger, avec leurs parents. Dès après, la gouvernante les ramenait à la *nursery*. Rodolphe s'allumait un cigare et se versait un verre de porto en attendant que Blanche vienne le retrouver dans une somptueuse robe de taffetas : ils attendent la mère de Rodolphe et l'oncle Louis-O. Taillon.

Le jour de l'An, les hommes rendaient visite à leurs relations, ce qui pouvait prendre plusieurs heures durant lesquelles les femmes jouaient à l'hôtesse, servant sherry et petits gâteaux. Je ne vois pas que, chez Thérèse, il y ait eu la tradition de la bénédiction paternelle, tradition qui perdure de nos jours encore dans certaines familles de souche française.

Le jour des Rois, le grand-oncle Taillon recevait la famille à l'élégant Hôtel Viger, en face du parc du même nom. Thérèse se souvient que, au cours de ce dîner, le grand-oncle, qui avait une belle voix, finissait toujours par chanter. Sans doute aussi que l'on couronnait un roi et une reine, comme c'était la coutume. Louis-Joseph ne semble jamais prendre part aux réjouissances familiales. Il traitait peut-être Rodolphe comme un fils au bureau, mais je ne vois pas que l'oncle et le neveu aient eu des relations autres que d'affaires. Thérèse ne mentionne pas que l'oncle soit venu chez ses parents ni que ces derniers soient allés lui rendre visite.

Blanche avait aussi son jour. On verra plus tard que Thérèse aura le sien, au grand dam du premier ministre Taschereau. Quand on voulait être invité, on laissait sa carte au majordome en espérant que l'hôte nous ferait savoir quand on pourrait se présenter. Les parents de Thérèse recevaient beaucoup, et il arrivait à Rodolphe de ne pas être là pour accueillir ses invités. Au dire de Thérèse, il était peu mondain, contrairement à sa mère. Il lui arrivait même de ne pas honorer des invitations. Je ne saurais quand situer l'événement, mais Thérèse raconte que Sir Hugh Montagu et Lady Allan avaient invité ses parents à un dîner dansant. Sa mère, vêtue d'une magnifique robe de velours bleu nuit, attendait que Rodolphe vienne la chercher pour se rendre à la soirée, mais en vain : une affaire importante, semble-t-il, l'avait retenu ailleurs. Thérèse écrira : « Quelques jours plus tard, maman trouvait devant elle, à table, un écrin contenant un collier de perles. »

Quand elle ne faisait pas du bénévolat, qu'elle n'était pas invitée ou qu'elle ne tenait pas salon, Blanche accompagnait Rodolphe dans ses voyages d'affaires. Ainsi, jusqu'à son entrée au pensionnat, Thérèse a peu vu ses parents, sauf durant les étés à Saint-Irénée. Quoique, même là, les domestiques les prenaient en charge.

———

À partir de la naissance de Thérèse, les affaires de Rodolphe et de la maison L.-J. Forget sont très florissantes. La Maison compte près de trois cents clients. Passionnés de restructurations d'entreprises et de montages financiers, l'oncle et le neveu entreprennent de fusionner la Montreal Gas, la Royal Electric, dont Rodolphe préside le conseil, et deux autres compagnies d'électricité. Ils décident aussi de construire des hôtels dans les endroits de villégiature où les «bateaux blancs» de la Richelieu amènent la clientèle. En 1898, la Richelieu achète toutes les propriétés des Chamard pour y faire construire le premier Manoir Richelieu. La compagnie a déjà l'Hôtel Tadoussac dont Rodolphe a conçu le projet et dirigé la construction. Il s'occupera aussi de celle du Manoir Richelieu.

Alexander Redford écrit que Rodolphe financera cette construction; c'est peut-être la maison Forget qui le fera. Le manoir, première version, comptera deux cent cinquante chambres dotées des plus récentes commodités. Le parc, lui, avait été aménagé pour le tennis sur gazon[10]. Le manoir emploie trois cents personnes, et l'électricité nécessaire à son fonctionnement provient de la mini-centrale de la chute Nairn, dirigée par la East Canada Power. Cette compagnie dans laquelle Rodolphe a des intérêts fournit aussi l'électricité à Saint-Irénée.

Rodolphe brassait des affaires de plus en plus grosses. Le 25 avril 1901, naît la Montreal Light, Heat & Power, quasi monopole de services publics à Montréal, ancêtre de la société Hydro-Québec. On chuchote qu'il s'agit là d'une affaire de 17 millions de dollars orchestrée par l'oncle Louis-Joseph, James Ross et Herbert Holt[11]. Ce dernier ressemble à l'oncle Louis-Joseph. Il est très fermé, n'accorde jamais d'entrevue, ne communique jamais ses plans. Louis-Joseph planifie ses acquisitions, est peu loquace et ne touche à son capital qu'en cas d'absolue nécessité[12]. La loi constituant la nouvelle compagnie, qui aura ses bureaux sur la rue Craig (aujourd'hui Saint-Antoine), nomme onze administrateurs dont, outre les trois personnes mentionnées plus haut, Rodolphe Forget, qui sera élu deuxième vice-président. Pour plusieurs, le gouvernement de la province livrait Montréal au «trust» des Forget et Holt. Selon les auteurs de *Québec, Un siècle d'électricité*[13] :

La rapidité avec laquelle les Forget ont agi semble démontrer qu'en s'emparant de la Royal Electric Co, en juillet 1899, ils voyaient loin et grand. À peine en selle, en effet, ils avaient prévu le besoin de nouveaux capitaux en faisant doubler à trois millions de dollars le capital autorisé. Ils avaient nettoyé la situation en un tournemain en faisant acheter par la Royal Electric Co toutes les actions de la Manufacturing Co. Enfin, ils avaient cédé à bon prix la partie industrielle de la Royal Electric Co à Canadian General Electric. Il devenait plus facile de parler affaires.

Et c'est ce qu'ils entendaient faire avec Montreal Gas et Rapids Hydraulic and Land. Ultimement, leur objectif est d'éliminer la concurrence. Fin 1899, la maison L.-J. Forget achète massivement des actions de ces compagnies pour leurs clients, mais aussi pour Louis-Joseph et Rodolphe. Pendant que l'oncle est en Europe pour l'hiver, Rodolphe accélère la cadence. L'oncle mis au courant conseille la prudence, mais quand les recommandations arrivent, elles ne sont déjà plus utiles. L'Europe, c'est loin. Et l'oncle était peu fait pour la « cuisine », alors que Rodolphe, jamais à bout de ressources, s'y adonnait comme à un véritable sport[14]. Mais Holt est aussi avisé et retors qu'eux et n'entend pas laisser facilement partir la Montreal Gas. Au printemps, quand Louis-Joseph revient, il était temps : « l'artillerie lourde était devenue nécessaire ». Ross veut beaucoup d'argent, certes, mais il exige aussi la présidence de la compagnie. « Plus intéressés aux projets financiers qu'à la routine administrative, les Forget y consentent d'autant plus facilement que Holt est un bon administrateur[15]. »

La maison Forget va rapidement mettre les titres de la Montreal Light, Heat & Power sur les marchés européen et américain. Et comme la Maison et les Forget détiennent autour de 70 % des titres, il est facile de déduire qu'ils en tireront rapidement un grand profit. Louis-Joseph passait alors pour une sorte de génie financier, alors qu'une petite cour entourait son neveu Rodolphe[16], qui est au conseil d'administration de la Labrador Electric & Pulp et secrétaire-trésorier de la Bourse de Montréal dont il voit à l'érection du nouvel édifice rue Saint-François-Xavier[17].

On a, à l'époque, attribué cette fusion à Rodolphe. C'est pour la plus grande part son œuvre, mais, sans l'appui de son oncle, il est permis de douter qu'il y serait parvenu. Selon Madame Francœur, « si Rodolphe Forget a pu réaliser certains vastes projets germés dans son cerveau fertile, c'est que l'on voyait derrière lui l'appui de l'oncle, dont on disait dans les sphères bancaires : « *His word is his bond*[18]. » Les deux ensemble étaient redoutables. « À la fin du siècle, écrira Gérard Parizeau, c'est dans le bureau des Forget que se dessine et réalise la concentration des entreprises[19]. » En 1909, Holt devient le maître quasi absolu de la Montreal Light, Heat & Power. « Les Forget ont lentement liquidé leurs actions à mesure que le taux de dividende a augmenté et que les cours se sont élevés[20]. » Cela n'exclut toutefois pas le fait qu'ils aient été pour beaucoup dans l'augmentation des cours.

Ceux qui les critiquent n'iront toutefois pas jusqu'à soutenir que, s'ils sont si généreux, c'est pour se faire pardonner de charger des prix exorbitants pour la fourniture des services d'électricité ou de gaz. Parce que généreux, ils le sont, Louis-Joseph de façon plus discrète que son neveu, toutefois. Rodolphe donne constamment aux œuvres pies. Dès le début du siècle, il est au bureau d'administration de l'Hôpital Notre-Dame, qui est alors installé dans l'ancien Hôtel Donegana, dans le Vieux-Montréal. Il s'affaire au déménagement de l'établissement rendu nécessaire à cause de l'état de délabrement des lieux et de la cohabitation des rats avec les malades.

À l'automne 1901, Rodolphe demande au bureau d'administration de choisir un terrain convenable, de préparer le plan d'un nouveau bâtiment et de bien vouloir lui dire combien le tout coûterait. Il s'engage alors « avec les amis de l'institution à trouver l'argent nécessaire[21] », et son rôle « a été déterminant dans la réalisation du projet ». Il achète un terrain rue Sherbrooke Est, en face du parc Lafontaine, qu'il paie 28 000 dollars. En 1904, il en fera cadeau à l'Hôpital pour soulager l'établissement de ses charges financières. L'année suivante, il va aussi garantir un emprunt de 100 000 dollars et, en 1906, il prend la tête d'une levée de fonds qui rapporte 93 000 dollars ; il avait lui-même versé les premiers 50 000 dollars. Et quand l'Hôpital devra émettre des débentures, Rodolphe en couvrira les frais d'émission de même que ceux des intérêts. Puis, en septembre 1909, constatant « l'urgence absolue de régler le plus tôt possible certaines dettes criantes, dont le règlement ne saurait être différé davantage », Rodolphe offre d'avancer 15 000 dollars à condition que les administrateurs s'engagent à lui transférer certaines créances dues à l'Hôpital[22].

En 1910, le bureau d'administration de l'Hôpital, dont la construction n'est toujours pas terminée, annonce la liquidation de la corporation[23]. Rodolphe viendra encore à la rescousse en assumant 100 000 dollars de la dette hypothécaire. En 1918, l'Hôpital cherche à lever un fonds de secours de 150 000 dollars. Rodolphe s'engage de nouveau. « Si cette somme de $150,000 est souscrite, je vous donnerai une souscription de $100,000 pour être appliquée à l'hypothèque du même montant[24]. » La levée de fonds rapportera 170 000 dollars et Rodolphe donnera suite à son engagement[25]. Il convertira l'hypothèque en « don », le 21 octobre de la même année.

Blanche est aussi très présente chez les dames patronnesses : elle s'occupe du Montreal Day Nursery, de l'Hôpital Notre-Dame et de l'Institut des Sourdes-Muettes et son mari donne toujours généreusement aux œuvres qu'elle soutient. D'ailleurs, en 1903, l'archevêque Bruchési obtient pour eux le privilège d'un oratoire privé dans leur résidence. Ainsi, une messe pourra y être célébrée tous les jours de l'année, sauf à la fête de Pâques. « C'est le privilège le plus étendu que Rome accorde », écrira l'archevêque[26]. Mais je ne vois nulle part que Rodolphe et sa famille vont y prier. Thérèse n'en parle jamais non plus. Ça faisait très aristocrate européen que d'avoir sa chapelle privée sur son domaine ; faute d'avoir un domaine montréalais, Rodolphe avait son oratoire !

En 1903, plusieurs grèves pèsent sur la vie des Montréalais et l'activité économique : en février, les employés des tramways, les débardeurs à l'ouverture de la navigation, puis les camionneurs, par sympathie pour les débardeurs et les employés de la Montreal Light, Heat & Power par sympathie pour tout ce beau monde. Fils coupés, vitres brisées, tramways renversés, les entreprises des Forget sont fortement touchées et leurs propriétaires n'ont pas la sympathie du public. Ils n'ont d'ailleurs pas la réputation de bien traiter leurs ouvriers. Et « comme la plupart des grands patrons, [ils] combattent les syndicats ouvriers. [...] c'est une raison pour faire la grève[27] ». Mais au-delà des piètres conditions de travail, c'est une bataille pour le contrôle syndical qui se joue. Tout finira par rentrer dans l'ordre, le 27 mai au soir : des employés de la Montreal Light, Heat & Power se réunissent et décident d'adhérer à une « union » nationale plutôt qu'internationale, et de rentrer au travail le lendemain.

Thérèse écrit dans ses mémoires : « Très jeune encore [...] j'entendais beaucoup parler de malaises dans le monde ouvrier causés par une menace de grève des employés de la compagnie des tramways. Or, ce fut mon père qui réussit à résoudre ce conflit, succès qui m'impressionna fortement. » Je n'ai rien trouvé dans mes recherches qui me confirme cela. Thérèse fait remonter à cet événement son intérêt pour les causes sociales, alors que, dans une entrevue qu'elle a accordée lors de son départ du Sénat, elle a fait état de la crise des années 1930. « C'est là que j'ai commencé à m'éveiller, quand des institutrices me priaient de les prendre comme bonnes pour 10 $ par mois[28] ! » L'engagement de ses parents dans diverses œuvres et le fait que sa mère l'ait amenée avec elle, jeune, l'ont sans doute aussi sensibilisée aux injustices et aux problèmes sociaux de l'époque. Bien que l'on s'attende à ce que les filles de la grande bourgeoisie épousent des causes, c'est une façon de les occuper, entre les thés, les bals et les voyages en attendant le mariage.

L'année suivante, les Forget sont dans le « coup » de la Dominion Textile. Mêmes gros joueurs : Holt contrôle la Colonial Bleaching and Printing, et Louis-Joseph, la Dominion Cotton Mills. Ils tentent de fusionner leur entreprise respective avec la Merchants Cotton, la Montmorency Cotton Mills et la Montreal Cotton. Ils vont alors contrôler la moitié de toute l'industrie textile au Canada. De cette fusion naît la Dominion Textile. Selon Rumilly, « longuement préparé, hardiment exécuté, le "coup" de la Dominion Textile reproduisait en somme [celui] de la Montreal Light, Heat & Power. Même principe : le contrôle de l'industrie et des services publics par les financiers. Et même personnel[29]. » Dans l'usine de briques rouges, à l'ouest du marché Atwater (aujourd'hui le Château Saint-Ambroise), des milliers d'ouvriers défileront jusqu'en

1960, actionnant des centaines de métiers à tisser dans le bruit et la poussière de coton qui flotte dans l'air.

Peu avant l'entrée de Thérèse au pensionnat, la rumeur veut que «les intérêts des Forget, sans parler du futur candidat Rodolphe Forget lui-même, mettent fin aux attaques de *La Presse* par un procédé radical: l'achat du journal[30]». Bien que démentie par *La Presse* et les intéressés, la rumeur s'avère à demi vraie: Rodolphe sera candidat dans Charlevoix et le quotidien sera vendu, mais pas à la maison L.-J. Forget.

Rodolphe député. Thérèse ne parle pas de cet événement ni comment la campagne électorale et l'entrée de son père au Parlement fédéral a pu changer la vie de la famille à l'époque. Et si Blanche a été consultée avant que Rodolphe ne se commette, je ne sais quel était son avis. Rodolphe s'était porté candidat comme un coup en Bourse. Et comme il l'aurait fait pour une mauvaise affaire, l'oncle avait tenté de le détourner de ce projet, d'autant que Rodolphe allait accéder à la présidence de la Richelieu, mais rien n'y fit.

Il était joueur, le beau Rodolphe. Habitué à parier sur l'élection des autres, cette fois il fallait tout miser sur la sienne. Son programme? Un chemin de fer qui longerait le fleuve depuis Saint-Joachim jusqu'à La Malbaie. Ensuite? Ensuite, on verrait. Il dépose sa candidature sous la bannière conservatrice bien qu'il ait toujours revendiqué le droit de se prononcer «au mérite». Thérèse, quand elle acceptera d'entrer au Sénat, réclamera d'y siéger comme indépendante.

L'adversaire de Rodolphe, Charles Angers[31], est député libéral de Charlevoix depuis huit ans. Il habite le comté et pratique le droit à La Malbaie. Ses organisateurs tirent dans toutes les directions contre le candidat Forget. Aux braves fermiers qui conservent précieusement leur «vieux gagné», amassé sou par sou, on raconte que Forget a fait fortune «en dépouillant les veuves et les enfants orphelins à Montréal» et que son chemin de fer dans une région aussi accidentée, il vaudrait aussi bien le construire sur la lune! Mais Rodolphe promet qu'il le construira, ce chemin de fer, et avec son argent. Et c'est «dans un carrosse tiré au galop par six magnifiques chevaux, [qu']il quitte le château et monte vers Pointe-au-Pic ou La Malbaie sans jamais ralentir l'allure des bêtes, même dans les pentes les plus abruptes[32] ». Thérèse parle plutôt de quatre chevaux, mais peu importe, son père ne passe jamais inaperçu.

Circulant dans les villages du comté, Rodolphe note au passage qu'une ferme modèle serait bien utile à Baie-Saint-Paul ; il y verra. Dans les paroisses, il n'attend pas d'être élu pour verser de l'argent pour réparer l'église ou le presbytère. *La Presse* accuse le candidat Forget de vouloir acheter le comté de Charlevoix tout entier. Selon Rumilly[33], le gin est largement distribué. Depuis longtemps, d'ailleurs, « la boisson s'avère le boniment le plus efficace pour préparer les esprits à la discussion des grands problèmes politiques[34] ». En outre, les électeurs influents profitent de croisières gratuites sur les bateaux de la Richelieu : Rodolphe a toujours été reconnu pour ses largesses, alors… Puis, chacun sait que des élections, ça ne se gagne pas avec des prières ni avec de l'eau bénite !

Aux côtés du candidat Angers, dénonçant Rodolphe, le journaliste Olivar Asselin claironne de sa voix fluette :

> Combien le comté, messieurs ? Je vous achète. J'ai besoin de vous pour MES AFFAIRES ! J'ai encore des compagnies à lancer, des monopoles à créer, des rivaux à étrangler, des moutons à tondre, des yeux à faire pleurer, des bourses à vider[35].

Cet été-là, à Saint-Irénée, se succèdent plein d'invités de marque dont Mgr Bruchési. C'en est trop pour Asselin, le directeur du *Nationaliste*. C'est tout juste s'il n'accuse pas l'archevêque de Montréal, arrivé à bord du *Québec*, de pactiser avec le diable. Le 3 novembre 1904, Rodolphe est élu député de Charlevoix par 99 voix de majorité.

———

Le 9 janvier 1905, Blanche et Rodolphe conduisent leurs filles au Sault-au-Récollet. Pour Marguerite, c'est le retour après le congé des fêtes, mais pour Thérèse, c'est le début d'une autre vie[36]. Elle dira que huit ans c'était bien jeune pour être pensionnaire, mais que cela ne l'avait pas affectée parce qu'elle avait déjà le caractère et la discipline qu'il fallait pour faire face à cette nouvelle vie[37]. Élevée par une gouvernante qui ne lui passe rien, Thérèse savait que c'était le lot des filles de son milieu d'être soumises à la règle du pensionnat.

Situé à six milles de Montréal, le Sault, comme on l'appelle familièrement, est dirigé par les Dames du Sacré-Cœur[38]. Cette congrégation dont les membres se font appeler «Madame» s'est d'abord installée à Saint-Jacques-de-l'Achigan avant de construire, en bordure de la rivière des Prairies, le magnifique pensionnat dans lequel Thérèse vivra près de dix mois par année jusqu'en 1914.

Le pensionnat de quatre étages, construit dans ce calcaire gris de la région de Montréal, est entouré d'arbres et de dépendances avec, à côté, un externat. La propriété des Dames, outre une grande cour à l'arrière, offre des jardins, des allées ombragées le long de la rivière, un court de tennis et Jill, un chien que les élèves peuvent caresser et promener. L'hiver, une glissoire et une patinoire sont installées sur le terrain. Un train, le Sault-au-Récollet, amène les voyageurs à la petite gare du «Sacred Heart Convent[39]». Tout autour de cette propriété, des fermes, avec ici et là des résidences devenues places de villégiature, l'été, pour les Montréalais qui ne veulent pas trop s'éloigner de la ville.

L'objectif poursuivi par les Dames: l'éducation et l'instruction des plus hautes classes de la société[40]. La clientèle provient d'un groupe privilégié et les Dames se sont donné comme mission de rendre ces demoiselles conscientes du fait qu'elles doivent avoir des manières et un comportement qui soient un exemple pour la société. Y manquer équivaut à compromettre sa position sociale. Au fond, noblesse oblige. Les pensionnaires viennent d'un peu partout en Amérique du Nord et des catholiques y côtoient des protestantes. L'enseignement s'y donne en français et en anglais de sorte que les élèves y graduent dans les deux langues. Selon sœur Leonard, au cours des récréations, des repas et dans toute la vie du couvent, on parlait les deux langues.

Thérèse, comme toutes les pensionnaires, doit arriver avec son « trousseau » de couventine, lequel comprend, à l'époque de son admission :

> deux voiles en bobinet fleuri, un noir et un blanc, deux uniformes noirs et un blanc que l'on peut acheter au couvent, six chemises, six pantalons, six paires de bas de coton et six de laine, quatre chemises de nuit, trente-six mouchoirs, un « balmoral » pour l'hiver et un pour l'été, deux paires de drap, quatre taies d'oreiller, six serviettes de toilette, huit serviettes de table, un couteau, une fourchette, une cuiller à table et une à dessert, une tasse en argent, une boîte à ouvrage et un nécessaire de toilette[41].

Il va sans dire que tout doit être marqué au chiffre de l'élève. Je ne sais si, au moment de l'entrée de Thérèse au pensionnat, l'uniforme devait être porté tous les jours, mais en 1910, c'était le cas, et les deux robes noires étaient remplacées par des bleues. On y ajoute un tablier, une paire de manches, deux paires de gants et deux paires de caoutchouc. À cette époque, la pension coûte 300 dollars par an et les leçons en langues étrangères, de piano, de dessin et d'aquarelle, sont en sus. Thérèse apprendra le chant et le piano. Elle dira qu'elle avait une belle voix de contralto. La plupart des jeunes filles de cette époque avaient des connaissances en musique et, même à la campagne, plusieurs familles disposaient d'un harmonium ou d'un piano autour duquel on se réunissait les soirs d'hiver ou lors de fêtes de famille.

Thérèse a très peu parlé de ses années au pensionnat sinon pour dire qu'elle était contente de sa chambre privée, près de celle de Gladys Wilson — devenue comtesse de San Miniato — et près de celle de Grace Timmis, qui a reçu une bague à diamants pour ses douze ans !, ce qu'elle raconte à la journaliste Bee MacGuire. Elle ajoute qu'elle se croyait alors quelqu'un de très spécial et que la mère générale (*mistress general*) lui avait dit : « *Will you stop thinking of Thérèse Forget and just behave yourself!* » Cela m'a fait grand bien. À cette journaliste, Thérèse dira aussi qu'elle était une fille sérieuse qui aimait les sports[42].

Selon les prospectus que j'ai pu consulter, l'établissement fournissait l'enseignement de base et l'instruction religieuse, et, suivant leurs niveaux d'études, les élèves suivaient des cours de littérature ancienne et moderne, de mathématiques, de sciences naturelles et de latin. À la fin du cycle régulier, certaines élèves pouvaient s'inscrire à deux années supplémentaires. Les Dames offraient ces cours pour compenser le fait que les filles n'étaient pas admises aux études universitaires. Thérèse suivra ces «classes supérieures» où l'on enseignait entre autres l'histoire contemporaine, les principes de l'éloquence, la littérature étrangère, des notions de droit usuel et d'archéologie, l'algèbre et la géométrie, la physiologie et la chimie[43].

Les examens étaient à la fois écrits et oraux, ces derniers se passant en public. Il y avait en outre une évaluation du comportement et du caractère de l'élève. Les bonnes notes valaient des prix. Je n'ai retrouvé aucun bulletin de Thérèse. Et comme le Sault-au-Récollet a été complètement ravagé par un incendie en 1929, il reste peu de choses dans les archives de la Congrégation. Il est donc impossible de savoir comment ses professeurs l'évaluaient, si elle a gagné des prix ou si elle s'est vu attribuer certaines tâches spéciales dans les classes qu'elle a fréquentées.

J'aime à penser que Thérèse était comme celle que j'ai connue, déjà meneuse, organisant, dirigeant. À la tête des Enfants de Marie? Je ne m'avancerais pas là-dessus, mais défendant tel besoin exprimé par ses consœurs ou tentant de faire corriger ce qu'elle considérait comme une injustice, oui. Je la vois plaidant pour l'organisation de tel comité ou de joutes oratoires sur les problèmes de l'heure. Et à son retour d'Europe, épiloguant sur le naufrage du *Titanic*!

Elle qui avait déjà du tempérament, il devait lui être difficile de ne pas répliquer ou contester. Mais contester l'autorité, c'était signe de «mauvaise tête» et cela entraînait souvent l'expulsion. Sans compter que la «mauvaise tête» avait d'abord été privée de ruban, de médaille, de couronne. Les rubans étaient accordés aux méritantes par un vote des élèves ratifié par celui des maîtresses[44].

Ce devait lui être difficile aussi de garder le silence. Et le silence était obligatoire dans bon nombre d'endroits: au dortoir afin de se préparer à la prière du soir; au réfectoire, pendant les lectures de la vie de saints, juste avant que ne retentisse le claquoir, signal que le silence était rompu le temps de laver son couvert et de le ranger dans le tiroir à la place assignée à chacune, à la table du réfectoire. Puis, le claquoir à nouveau et le silence se réinstallait jusqu'au moment d'entrer dans la chapelle. Dans les salles de classe aussi, le silence était de rigueur, sauf au moment des travaux d'aiguille ou dans les cours optionnels. Puis, dans les corridors où, de surcroît, il fallait marcher sans traîner les pieds ni faire claquer les talons.

On peut penser que Thérèse s'y est rapidement conformée, convaincue que son père ne l'aurait pas retirée du pensionnat. Sa demi-sœur Marguerite y était déjà depuis quelques années. Sa mère avait terminé ses études au couvent des Ursulines de Québec. Je ne vois pas comment elle aurait pu y échapper. C'était d'ailleurs le lot des filles de familles bourgeoises. Même pour celles qui avaient eu des professeurs à la maison pour apprendre à lire et à écrire, un jour venait où le pensionnat s'imposait. Il était vu comme le meilleur lieu de formation des futures épouses et mères de famille. Et chez les Dames du Sacré-Cœur, des futures femmes du monde que la plupart deviendraient. Ainsi, apprendre à commander à la domesticité faisait partie de la formation dans certains de ces pensionnats. Selon Louise MacDonald-Prévost, c'est chez les Dames du Sacré-Cœur que Thérèse a acquis « cette façon de parler en public, son assurance. Elles ont formé des femmes extraordinaires. Dans bien des couvents, c'était plutôt l'humilité qui était valorisée. »

Thérèse fait sa confirmation le 1er mai 1906. Sa marraine est sa demi-sœur, Marguerite, et l'officiant Mgr Paul Bruchési. Elle fera sa première communion le 14 juin de la même année. Jusqu'en 1910, l'âge réglementaire pour faire la première communion, c'était dix ans.

CHAPITRE 4

Saint-Irénée-les-Bains

Ce n'est pas une raison parce que les hommes sont dispa-
rus et que le récit s'écrit longtemps après, pour changer la
teinte et l'air du temps où nous avons vécu.

GEORGES-ÉMILE LAPALME,
Le bruit des choses réveillées

THÉRÈSE ÉCRIT, DIT ET REDIT que ses plus beaux souvenirs
proviennent de Saint-Irénée. À l'automne 1900, son père obtenait de Hermel Perron qu'il lui vende ses terres : « trois arpents de
front sur dix de profondeur plus ou moins, situées à St-Irénée et
bornant par devant au fleuve St-Laurent étant le n° 81 du cadastre
de ladite paroisse avec ses bâtisses, circonstances et dépendances.
2000 $[1] ».

Sur cette propriété, Rodolphe voyait déjà un grand manoir en
haut de la côte, avec un escalier descendant jusqu'au fleuve, un
cottage pour les invités, une maisonnette pour le gardien, une
écurie pour les chevaux qu'il rêve d'acquérir, un court de tennis et
plein d'autres choses. S'il n'en tient qu'à lui, ce domaine sera le
plus majestueux des environs, ceux des Anglais, surtout, parce que
peu de francophones se sont fait construire des résidences d'été
aussi imposantes que celle dont il rêve. Même « Hauterive », le
manoir du juge Adolphe-Basile Routhier[2], maintenant son voisin,
ne pourra l'égaler. Plus tard, le juge Joseph Lavergne, père du

député Armand Lavergne, fera construire « Les Sablons », demeure plutôt modeste.

Situé à flanc de montagne, le petit village de Saint-Irénée accueille l'été des touristes que les « bateaux blancs » ramènent depuis quelques années. La Richelieu, en partance de Montréal et de Québec, fait escale à Baie-Saint-Paul et, bien sûr, à Pointe-au-Pic et continue jusqu'à Tadoussac, au Petit Saguenay et à la Baie des Ah! Ah!. Les bateaux, somptueux châteaux flottants, offrent un service attentionné dans un décor victorien et une ambiance propre à satisfaire les plus difficiles. De grands escaliers, aux marches recouvertes de tapis mènent à la salle à manger ou aux divers salons qui permettent aux passagers de se détendre même par mauvais temps. Les murs sont recouverts de riches tapisseries et de papiers peints où s'accrochent des œuvres d'art. Luxe, confort et volupté, quoi! Et tout s'y passe en anglais. Armand Lavergne dénoncera ce fait dans *Le Devoir* :

> Comment nous étonner maintenant du mépris qu'ont les compagnies anglaises pour notre langue, lorsqu'on constate le dédain des nôtres à son endroit, dans les affaires qu'ils commanditent ?
> [...] j'attends que la loi du français entre en vigueur dans six mois.
> [...] Un peuple qui méprise sa propre langue mérite d'être appelé « une race de vaincus »[3].

Certains passagers se contentent d'une croisière de trois jours au Saguenay, mais la plupart descendent dans l'un ou l'autre de ces petits villages échelonnés le long de la côte. Ils logent à l'hôtel bien que plusieurs préfèrent loger chez l'habitant, « les familles charle-voisiennes se retranchant dans la cuisine d'été, jouant le rôle de domestiques plutôt que d'hôtes[4] ».

Rodolphe, lui, aura poussé plus loin, à l'intérieur des terres. Dans ses pérégrinations, il aura décelé le potentiel hydroélectrique qu'offre la chute Nairn[5]. D'ailleurs, un petit barrage alimente déjà les environs en électricité. Quand il prendra le contrôle de la Labrador Electric & Pulp Co, en décembre 1903, c'est avec l'intention d'opérer une usine de pâtes et papier à cet endroit. En 1906, il fonde la East Canada Power and Pulp. Ainsi sont mis en place les structures et les acteurs qui conduiront à la création de ce qui sera plus tard la Donohue.

Pratiquement tout ce qui s'est écrit et dit à propos du Domaine Forget est que la famille s'installe au «château», comme les gens de la région appellent le bâtiment principal dès 1901. Or, Rodolphe acquiert les terres le 12 novembre 1900. À cette date, il est impossible de construire pour l'été 1901 l'immense demeure de seize chambres à coucher. Au surplus, les routes sont impraticables à cette époque de l'année, il n'y a pas de chemin de fer reliant Québec à Saint-Irénée et toute navigation sur le fleuve cesse l'hiver venu. Et puis, Rodolphe a toujours fait construire ses résidences à partir de plans fournis par des architectes, ce que confirme Thérèse dans ses mémoires. Au mieux, il m'apparaît que la famille a passé l'été 1901 dans la région de Charlevoix. Cela permettait à Rodolphe de surveiller les travaux de construction et l'aménagement de la propriété.

«Les plus beaux souvenirs que je garde en mon cœur remontent au pays de mon enfance, Charlevoix, où j'ai passé des jours si heureux[6]», dira Thérèse. Les vacances scolaires venues, elle retrouvait sa famille, et tout le monde, domestiques compris, prenait la route vers la Pointe-au-Pic où faisaient escale les «bateaux blancs».

Le domaine sera nommé Gil'mont, d'après le prénom de l'aîné des fils Forget, Gilles. *Le Guide de Charlevoix* reproduit une description qu'en aurait faite Thérèse: ce domaine est «bâti face au fleuve. La maison et les divers pavillons et communs se trouvaient à des niveaux différents […] la famille habitait la grande maison […] Haut de deux étages, le living-room ouvrait sur les vérandas et occupait presque tout le balcon […] on nageait, soit dans le fleuve, soit dans la piscine intérieure, remplie d'une eau de mer glacée […] Tandis que les bridgeurs invétérés occupaient le salon japonais du pavillon […][7].»

Ce pavillon dit «des loisirs» comprenait en outre une salle de billard et une salle de quilles. Selon Redford, il y avait un salon turc avec une ornementation raffinée, aux lambris d'acajou, avec tapis persans et meubles incrustés d'ivoire[8]. Jacques Parizeau a d'ailleurs gardé souvenir d'un de ces salons: «Je ne sais si c'est dans mon imagination mais j'ai un souvenir extraordinaire du Manoir et en particulier d'un salon japonais[9]. » Ses parents, Gérard Parizeau et Germaine Biron, étaient des amis de Thérèse et Pierre Casgrain. Ils allaient souvent les visiter, l'été, à l'époque où Thérèse avait entraîné Germaine dans les mouvements féministes. Les enfants Parizeau les accompagnaient.

Léo Simard, qui a visité le « château » en 1951, en fait la description suivante :

> Si vous arriviez par l'entrée principale, elle donnait directement dans un immense hall, imposant tant par son ampleur que par sa hauteur, favorisée par une mezzanine.
>
> En quittant le hall, on pénétrait dans la salle à manger. Superbe pièce et quel ameublement que faisait ressortir un éclairage aux lustres somptueux.
>
> […] Limitons-nous à énumérer quelques autres pièces du premier étage : le salon turc, la bibliothèque et les cuisines à l'arrière.
>
> […] La chambre des maîtres était aussi au rez-de-chaussée. Quant aux quatorze chambres, elles étaient toutes situées au deuxième étage[10].

Selon Thérèse, les diverses constructions, érigées à des niveaux différents, étaient reliées entre elles par des sentiers ou des escaliers, pour tenir compte du terrain accidenté. On accédait au domaine par un chemin bordé d'érables à l'entrée duquel la maison du gardien servait de barrière aux indésirables. Posé au milieu de la falaise, le « château » était entièrement recouvert de bardeaux et construit selon les plans d'Édouard Maxwell, l'architecte du premier Manoir Richelieu[11]. L'architecte paysager serait probablement Frederick Todd, à qui l'on doit l'aménagement du terrain du Manoir Richelieu. Il y avait aussi un verger, un potager, un poulailler, des écuries et un pigeonnier. Un réservoir, alimenté par l'eau de source venant de la montagne, assurait l'approvisionnement en eau douce et, tout en haut, un grand parc accueillait les cerfs.

La propriété, gardée toute l'année, était remise en état dès le printemps par quelques domestiques locaux. Certaines années, Blanche y vivait de mai à octobre, avec un personnel plus local à partir de la mi-août, les autres domestiques retournant à Montréal s'occuper de Monsieur. Les filles regagnaient le pensionnat et les garçons restaient avec leur mère jusqu'au retour, plus tard à l'automne. Quand les garçons seront d'âge scolaire, la famille entière prendra le chemin de Montréal dès les premiers jours de septembre. Quand ils seront à leur tour pensionnaires, Blanche prolongera son séjour le plus possible. Le «château», c'était là où elle se sentait le mieux. Elle y aurait vécu toute l'année cela eut-il été possible.

La région est vaste et accidentée. Les escarpements de la côte viennent mourir dans la mer ou dans ces échancrures que forment les baies et les anses au pied des caps ou sur des longueurs de sable blanc. Le petit village, que l'on surnommera Saint-Irénée-les-Bains, attire particulièrement les villégiateurs. C'est la mode d'aller aux eaux, les bains d'eau froide et salée étant réputés curatifs. Et à Saint-Irénée, «l'eau est saumâtre et glacée, là s'opérant la dernière transition entre les eaux douces fluviales et les eaux salées marines[12]». Pour les Montréalais qui n'en ont pas les moyens, c'était l'île Sainte-Hélène, le dimanche, ou Pointe-aux-Trembles.

———

Au cours de sa campagne électorale, Rodolphe avait promis un chemin de fer reliant Saint-Joachim à La Malbaie. Il fallait maintenant voir à sa réalisation. Début 1905, il met sur pied la Quebec & Saguenay Railway[13] dont c'est la raison d'être. À l'époque, il fallait une longue journée et plusieurs relais pour faire ce trajet par la route des Caps. Quelques décennies plus tôt, le journaliste Arthur Buies écrivait:

> Ce sont des côtes continuelles; l'une de ces côtes a trente arpents de longueur, je veux dire de hauteur. Il faut pour les gravir des chevaux faits exprès, des chevaux qui aient des sabots comme des crampons et des muscles en fil de fer[14].

Un chemin de fer desservant les principaux villages du comté aiderait au développement économique, aux pâtes et papiers et à la mine de fer entre autres, en plus d'assurer les communications entre Québec et la région toute l'année.

Depuis un certain temps, le père de Thérèse s'intéressait aussi à des compagnies de services publics dans la région de Québec et avait acquis des titres dans quelques-unes d'entre elles. Il tentait de reproduire la fusion de ces compagnies, comme il l'avait fait avec son oncle et quelques autres, à Montréal. Son but ultime : contrôler la Quebec Railway, Light & Power, qui possède le chemin de fer allant de Québec à Saint-Joachim. Dès lors, une vaste opération financière est montée regroupant huit entreprises dont la sienne nouvellement formée[15]. De cette fusion naîtra la Quebec Railway Light, Heat & Power, dont Rodolphe assumera la présidence. Souvent appelée « le Merger », la compagnie prendra le nom de Quebec Power en 1923. En difficulté financière en 1959, Quebec Power vendra un de ses secteurs d'activité, la compagnie Québec Autobus, à Paul Desmarais[16].

Mais on est loin de la construction d'un chemin de fer. À ceux qui se moquent de son idée, Rodolphe avait coutume de répondre : « Si mon chemin de fer ne peut passer sur les montagnes, il passera en dessous[17]. » D'ailleurs, les ingénieurs dresseront des plans exigeant le creusage de deux tunnels, l'un au cap Tourmente et l'autre à Cap-aux-Oies, près de Saint-Irénée. Mais si Rodolphe voyait son chemin de fer filer le long de la rive nord du Saint-Laurent, et même traverser le Labrador jusqu'au cap Saint-Charles, personne d'autre que lui n'imaginait le jour où les « gros chars » arriveraient à La Malbaie. C'est dire la tâche à laquelle il allait devoir s'attaquer.

L'a-t-on dit ? Rodolphe aime risquer. Selon Rumilly, « il mettrait bien des chimères en actions, obligations et parts de fondateurs. [...] S'il échoue, il joue quitte ou double[18]. » Il gagne souvent, mais les années qui viennent lui rendront la vie de plus en plus difficile. Déjà décrié dans les journaux pour ses pratiques financières, il devra maintenant composer avec la critique de son activité politique. Il est député. À cette époque, Thérèse est sans doute trop jeune pour mesurer ce qu'il faut d'investissement personnel quand on se lance en politique. Son père est peu présent, mais il ne l'était pas davantage avant, ses affaires le retenant à Montréal, à Québec ou en Europe. Et puis les enfants sont tenus à l'écart, même à Saint-Irénée.

Chaque été ramène Rodolphe dans son comté dès que ses affaires lui en laissent le loisir. Il inonde la région de ses largesses. Avant d'être élu, il avait déjà donné. Lors de la campagne électorale, on l'avait surnommé le «père Noël» de Charlevoix. Il laisse ici une vache, paie là le double de la valeur pour un lièvre ou des petits fruits. Olivar Asselin continue de le poursuivre de ses attaques. Selon sa biographe, les Forget sont les ennemis de prédilection du journaliste et directeur du *Nationaliste*.

> Ce qu'Asselin ne pardonnera jamais aux Forget, c'est de tenir ces gagne-petits captifs de leurs monopoles en matière de nécessités aussi vitales que celles de l'éclairage et du chauffage de leurs pauvres logis[19].

Les étés à Gil'Mont sont une fête perpétuelle. Les cousins MacDonald y viennent. La famille de Ronald MacDonald surtout. Ce dernier avait épousé Blanche Juchereau-Duchesnay, la laissant veuve assez tôt. Rodolphe, qui était tuteur des enfants, leur réservait la maison des invités. Marguerite MacDonald, de trois ans la cadette de Thérèse, et leur autre cousine seront ses compagnes de jeu. Elles resteront proches leur vie durant. Marguerite, que les enfants surnommeront «cousine Vitamine», a été comme une sœur pour Thérèse. En fait, je la soupçonne de l'avoir de beaucoup préférée à sa demi-sœur, aussi prénommée Marguerite.

Par beau temps, les enfants s'amusent sur la pelouse du domaine avec les deux saint-bernard que Rodolphe a achetés et qui vivent là toute l'année. Il faut entendre les rires et les cris lors des parties de cache-cache dans les jardins, derrière les massifs fleuris ou au bout des allées. Les enfants vont souvent en pique-nique sur la plage de sable blanc «où l'on se rendait en chantant dans une cahotante charrette à foin décorée de branches d'aulnes», comme l'écrira Thérèse dans ses mémoires. Les domestiques préparaient le nécessaire et la gouvernante, Mme Dionne, partait avec les enfants jusqu'en fin d'après-midi. Au retour, c'était la toilette pour être présentable aux invités.

Il y avait toujours beaucoup de monde à Gil'Mont. Certaines personnes partageaient la vie de la famille pendant plusieurs jours. D'autres venaient saluer Blanche et prendre un rafraîchissement.

D'autres encore, les femmes en robe du soir, les hommes en habit de lin blanc, étaient attendus pour le dîner servi dans la salle à manger principale, qui pouvait asseoir vingt-quatre personnes. Les enfants mangeaient dans la cuisine avec Mme Dionne. Quand ils étaient plus vieux, ils étaient admis dans la petite salle à manger et parfois même dans la grande. C'était impressionnant, surtout que Rodolphe s'amusait de la gêne qu'éprouvaient les cousins MacDonald. La mère de Louise et de Robert, entre autres, qui rougissait dès qu'on la regardait. Elle espérait que Mme Dionne revienne vite la chercher[20].

Comme en ville, un livre d'invités est ouvert sur une crédence, dans le grand hall, pour que chacun y laisse un mot et une date. De ce qui nous est parvenu du livre d'invités, le poète Louis Fréchette est à Gil'mont, en 1902. Le 1er juin, il inscrit ces vers dans ce livre relié en cuir rouge qui n'a pas été retrouvé[21] :

> Cette villa qui brille au soleil et dessine
> Sur le fond vert des bois ses paradis rêvés,
> Cette villa qui tient les regards captivés
> Vous fait bien des jaloux, ma chère cousine.
> On dit qu'un jour, au fond de la forêt voisine,
> Pour orner ce palais féerique, vous avez,
> Précieux talisman par vos soins retrouvés,
> Acheté les secrets de quelque mélusine.
> On prétend, à l'appui, qu'autour du gai manoir,
> Une baguette en main, sitôt que vient le soir,
> Une femme apparaît de longs voiles coiffée.
> Mais, moi qui vous connais, je sais même de loin
> Que pour charmer ainsi vous n'avez eu besoin
> Du secours de personne, et que c'est vous la fée.

Quantité d'autres invités se succéderont au « château », même longtemps après le décès de Rodolphe, et cela, même quand Thérèse prendra en charge la propriété pour soulager sa mère.

Quelque temps après l'élection de Rodolphe et l'entrée de Thérèse au pensionnat, l'atmosphère de la maison L.-J. Forget change. Certains jours, l'oncle n'en peut plus des frasques du neveu. Malgré leurs différences de tempérament et leurs divergences de vues dans la manière de mener les opérations boursières, Louis-Joseph affectionnait son neveu. Dès le début, il l'avait traité comme un fils, le sien, Raymond, étant décédé très jeune. Or, un jour, Rodolphe ridiculisa un groupe de jeunes gens qui avaient décidé de jouer à la bourse contre les « *Kings of the Street* ». L'occasion était trop belle pour le joueur qu'il était. Rodolphe les tint en échec, leur faisant perdre une rondelette somme dans l'aventure en les traitant de « *Kindergarten pool* ». Il savait pourtant que ce groupe était mené par le fils unique d'un associé et vieil ami de son oncle, James Ross.

Ce dernier, fort vexé, demande à rencontrer Louis-Joseph. L'explication qui s'ensuivit fut déchirante pour les deux. À la fin, Ross somma Louis-Joseph de choisir entre lui et son neveu.

> Si je vous demandais de choisir entre votre fils et moi,
> quelle serait la réponse ?
> La question ne se pose pas, avait répondu l'autre.
> Eh bien ! ce que Jack est pour vous, Rodolphe l'est pour moi : je ne puis m'en séparer.
> Très bien, avait dit Ross, c'est entre nous la guerre au couteau.
> Et ce fut la guerre. Une guerre sans merci[22].

Chacun d'eux contrôlait une grosse entreprise dans le domaine de la sidérurgie. Ross fit tout pour évincer Louis-Joseph de la Dominion Steel de Sydney. En vain. Alors, par la Dominion Coal de Halifax qu'il contrôlait, Ross s'assura que son rival ne recevrait pas la qualité de charbon prévue dans les contrats qui liaient les deux compagnies. Dans la bataille juridique qui s'engage, les tribunaux donnent raison à la Dominion Steel, contrôlée par Louis-Joseph. Ross, insatisfait, porte cette décision en appel jusque devant le Comité judiciaire du Conseil privé, à Londres, où les lords donnent raison à Louis-Joseph. Mais Ross ne s'avouera pas vaincu et continuera de venger l'affront fait à son fils par Rodolphe. Il ne sera satisfait qu'après avoir réussi à faire évincer Louis-Joseph de la Montreal Street Railway, en 1909[23].

Ce fut le commencement de la fin de la grande époque des Forget. À l'été 1907, la rupture était consommée, tout cela sur fond de crise financière qui dura toute l'année et que l'on a appelée la «panique des riches». Elle entraîna une baisse considérable de la Bourse et des ruines colossales, à New York surtout. Cet été-là, Rodolphe n'a pas dû passer beaucoup de temps dans son comté ni même à son «château». Le 1er août, la maison L.-J. Forget était légalement dissoute[24].

L'a-t-on assez répété et écrit, l'oncle et le neveu «se complétaient absolument. Tout ce qui manquait à l'un abondait chez l'autre [...] les deux réunis commandaient au succès[25].» Rodolphe allait maintenant naviguer seul, toutes voiles au vent, donnant parfois tout droit sur un écueil que, dans son emballement, il n'avait pas imaginé possible ou dont il a mal mesuré l'impact.

Pendant ce temps, la famille est à Saint-Irénée. Rien nulle part ne m'indique que la vie y a changé sauf l'arrivée de Jacques. Le 5 juin, Blanche avait donné naissance à un garçon. S'ajoutera alors au personnel la nounou qui s'occupera du dernier-né. Nous n'avons pas la réaction de Thérèse à l'arrivée de ce petit dernier, pas plus d'ailleurs que de ses frères Gilles et Maurice. Selon Rodolphe Forget, fils de Gilles, Jacques aurait été le «chouchou» de Blanche. Ce cousin m'a raconté avoir passé plusieurs étés au «château»[26].

Les bateaux de la Richelieu amènent régulièrement des visiteurs et les vacances des enfants s'écoulent trop vite, les journées étant toujours bien remplies. Beau temps, mauvais temps, des jeux étaient organisés pour tenir ce petit monde occupé. Les grands, eux, menaient la vie de château : conversations animées autour d'un rafraîchissement, parties de cartes, golf à Murray Bay, tennis ou croquet sur les terrains du domaine quand il faisait beau, suivis d'un dîner en tenue de soirée, puis, souvent, d'un mini-concert que les enfants entendaient de leur chambre, à l'étage.

Puis septembre revenait. Les cousins MacDonald rentraient à Québec. On préparait les malles pour les pensionnaires et Marguerite et Thérèse retournaient au Sault-au-Récollet. Là, fini l'insouciance. La vie y était réglée au quart de tour. Les pensionnaires vivaient au Sault-au-Récollet jusqu'aux vacances de Noël et de Pâques. Il fallait un événement spécial pour obtenir la permission d'aller dans sa famille en d'autres temps. Par contre, des visites au parloir étaient prévues en après-midi, les jeudis et dimanches.

Thérèse se souvient de ces années-là comme des années heureuses. Elle est toujours restée en contact avec Corinne Dupuis, sa rivale en classe, comme elle l'écrira. Corinne était la fille d'Armand Dupuis, propriétaire des magasins Dupuis et Frères ; elle épousera Roger Maillet, fondateur du *Matin Petit Journal,* entre autres, et ami du maire de Montréal, Camillien Houde. Selon un biographe de Duplessis, c'est au mari de Corinne que l'on doit le *Catéchisme des électeurs* qui se répandra rapidement fin juillet 1936[27]. Corinne était peintre. Elle dirigera longtemps la revue *Amérique française.*

———

En 1908, Rodolphe, qui est aussi président de la Bourse de Montréal, est à nouveau en campagne électorale. Il passe une partie de l'été à sillonner le comté. Cette fois, il doit expliquer pourquoi le chemin de fer promis n'est pas encore commencé. Le tracé n'est même pas « effardoché », c'est bien là la preuve qu'il s'agit d'une promesse de politicien ! Rodolphe a beau dire et répéter que ce sera fait sous peu, les « rouges » continuent d'affirmer qu'il ne sera jamais construit.

Et un de ses farouches adversaires était Joseph-O. Perron, le curé de Saint-Irénée. Rodolphe avait offert à la fabrique et au curé de payer les rénovations de l'église. Le curé avait refusé net. Même une pétition des citoyens et l'intervention de l'évêque n'avaient pas ébranlé sa décision. Il faut savoir qu'il était libéral « teindu rouge » comme disaient certains, et la fabrique s'était rangée à son avis.

Mais d'autres sauront apprécier les largesses du philanthrope député. Ainsi, à Baie-Saint-Paul, où le tremblement de terre de 1906 avait entraîné le remplacement de l'église, Rodolphe offre un carillon de trois cloches, un orgue Casavant de même qu'une peinture de la Vierge qui sera réalisée au-dessus du maître autel. Il fera aussi des dons à l'Hospice Sainte-Anne.

Un peu plus tôt, Rodolphe avait fait venir de France des religieuses enseignantes, les Sœurs de la Charité de Saint-Louis, qu'il avait chargées de s'occuper de l'école qu'il voulait ouvrir à Saint-Irénée, le Couvent Sainte-Marie. Cette école, non seulement il la fait bâtir, mais il en paie tous les frais. Les élèves n'ont pas à payer les livres et même la pension est gratuite. Chaque année, toujours à ses frais, il envoie dans un collège ou un couvent les dix élèves qui ont obtenu les meilleures notes. C'est ce qui a permis à l'homme de lettres Jean-Charles Harvey de faire des études classiques et de mener la carrière qui fut la sienne.

En fin d'année, c'était les examens auxquels assistaient généralement Blanche et Rodolphe dans «cette école blanche où viennent mourir les vagues bleues du grand fleuve», comme l'écrit un journaliste de *L'Événement Québec*. Ce même journaliste précise que

> vers trois heures de l'après-midi, enfants, parents, amis se rendaient dans les magnifiques salons de la villa Gil'Mont où 300 personnes environ se réunissaient pour assister à une délicieuse séance préparée par les religieuses et admirablement exécutée par les élèves de l'école.

Cet article non signé est daté du 27 juin 1912. L'année suivante, le couvent fermera ses portes suite aux pressions du curé Perron, «qui voit d'un mauvais œil l'école de Sir Rodolphe et fait surgir des obstacles qui ont fini par lasser le député de Charlevoix[28]». Les religieuses ont alors quitté la région.

En 1979, Thérèse disait penser à Charlevoix avec mélancolie et attendrissement[29]. Pour elle, c'était le lieu de l'enfance dont les étés se déroulaient dans une atmosphère remplie de randonnées dans la campagne ou au bord de la mer, de plaisirs de toutes sortes avec les cousins et les amis de leur âge que ses parents invitaient pour quelques semaines.

On y célébrait aussi les anniversaires, le sien en juillet et celui de sa mère, en août. Angéline, la fille du juge Routhier, organisait la soirée à laquelle elle conviait les villégiateurs de même que la population locale. Il s'agissait d'une représentation théâtrale à laquelle même les enfants participaient. Dans le Fonds Thérèse Casgrain, à Bibliothèque et archives du Canada, il y a des programmes de soirées tenues à Gil'Mont. Un 19 août dont on n'a pas l'année, on rend «Hommage à la gracieuse Châtelaine». Au programme : piano et comédie en un acte dans laquelle joue Alexandre Lacoste et sa sœur Thaïs, Gabrielle Renaud-Lavergne et Angéline

Routhier. Le régisseur est Armand Lavergne, député provincial. On trouve aussi une gavotte pour piano, *La Charmante,* de Gilles R. Amiot. Cette pièce est «Respectueusement dédiée à Madame Rodolphe Forget et vendue à Montréal, au prix net de 0.50 cents».

Puis revient le temps du pensionnat. En cette année 1910, du 6 au 11 septembre, le Vingt et unième Congrès eucharistique international a lieu à Montréal, le premier à se tenir en Amérique du Nord. On peut imaginer que, dans toutes les écoles, on a suivi le déroulement de cet événement important pour les catholiques et leur Église. Ce sont six jours d'apparats et de cérémonies. Plusieurs personnes devaient prendre la parole à l'église Saint-Patrick, à l'Université Laval à Montréal et à la basilique Notre-Dame. Le soir du 10, à la basilique Notre-Dame, Mgr Francis Bourne, archevêque catholique de Westminster, ose demander que, dans l'intérêt des catholiques, les francophones fassent de l'anglais «l'idiome habituel dans lequel l'Évangile serait annoncé et prêché au peuple». Le sang d'Henri Bourassa ne fait qu'un tour. Lorsqu'il monte en chaire, il passe outre une partie du discours qu'il devait prononcer pour s'adresser directement à l'archevêque:

> Sa Grandeur a parlé de la question de la langue. Elle nous a peint l'Amérique tout entière comme vouée dans l'avenir à l'usage de la langue anglaise; et au nom des intérêts catholiques elle nous a demandé de faire de cette langue l'idiome habituel dans lequel l'Évangile serait annoncé et prêché au peuple.
>
> [...]
>
> De cette petite province de Québec, de cette minuscule colonie française, dont la langue, dit-on, est appelée à disparaître, sont sortis les trois quarts du clergé de l'Amérique du Nord.
>
> [...]
>
> Nous ne sommes qu'une poignée, c'est vrai; mais nous comptons pour ce que nous sommes, et nous avons le droit de vivre[30].

L'assistance, sous le choc, met un temps avant de réagir. Puis, la clameur s'enfle jusqu'à envahir la place d'Armes où s'entassent ceux qui n'avaient pu prendre place à l'intérieur de la basilique. Des applaudissements nourris suivent l'intervention de Bourassa.

Le lendemain, à la clôture du congrès, dix mille prêtres et reli-gieux, et plus de cinquante mille hommes vont défiler de la basi-lique Notre-Dame jusqu'aux champs Fletcher (aujourd'hui, le parc Jeanne-Mance) où une messe sera célébrée en plein air. Partout, les rues sont pavoisées aux couleurs pontificales. De grandes célébra-tions comme seule l'Église catholique savait alors en faire.

Thérèse aime à penser, et elle l'écrit, que son père partageait son temps entre son comté, ses affaires et le Parlement, mais selon les journaux de l'époque, il y va très peu. En fait, il s'y rend surtout lorsque ses affaires sont en cause ou qu'un projet de loi pourrait les affecter. Quand il est à Ottawa, il fait du lobby, entre autres, pour s'assurer de l'obtention d'un permis pour son chemin de fer ou d'une licence l'autorisant à ouvrir une banque. Ce sera peine per-due sous l'administration libérale de Wilfrid Laurier.

En 1910, Rodolphe va s'allier à un anglophone pour réaliser une autre fusion. Max Aitken, de la Royal Securities Corporation, est un jeune et brillant financier. Il regroupera une douzaine de fabri-ques de ciment au Canada sous le nom de Canada Cement, au coût d'environ quinze millions de dollars. Selon Thérèse, Sir Max Aitken dira de son père : « *What Forget cheerfully undertakes on the stock market would leave the average brooker aghast*[31]. » Aitken sera plus tard connu comme Lord Beaverbrook. Rodolphe participera aussi au financement de la Wayagamack avec J. N. Greenshields. En 1913, le *Free Press* rapportera qu'ils en sont les têtes [32]. Et maintenant qu'il a réussi à faire inscrire la Quebec Power à la Bourse de Paris, il voudrait que les Français le suivent dans son projet de moulin à pâte, à la chute Nairn, et de sa banque, la Banque du Canada.

Il s'embarque pour l'Europe. On ne mentionne nulle part que Blanche accompagnait Rodolphe, mais c'était généralement le cas. Marguerite aussi, depuis qu'elle a terminé ses études. D'ailleurs, ces voyages permettaient aux parents de la présenter dans leur cercle de connaissances avec l'espoir de lui faire faire un bon mariage, mais il est probable que, cette fois, Rodolphe y soit allé seul, les négociations pour lever du capital français s'annonçant difficiles. Mais à son retour, le gouvernement Laurier n'entend toujours pas accorder la licence qui permettrait à Rodolphe d'ouvrir sa banque, le nom Banque du Canada pouvant induire les investisseurs en erreur. Rodolphe a beau changer pour Banque Internationale du Canada, rien n'y fait.

Le spécialiste des fusions, « le roi des faiseurs de marchés au Canada, comme le décrit le *Montreal Financial,* quand il veut quelque chose, il le veut désespérément et il est prêt à en payer le prix[33] ». Cette banque et son chemin de fer, il y tient. Et il y laissera une partie de sa fortune.

L'oncle Louis-Joseph, lui, est décédé à Nice, le 7 avril. Il y était depuis l'automne, avec sa famille, pour soigner une santé qui n'avait cessé de se détériorer depuis l'incident Ross et la rupture avec son neveu. Une première attaque l'avait laissé partiellement paralysé ; cette fois, il a été emporté dans son sommeil. *The Gazette* parle alors de lui comme

[d']un de ces colosses contre lesquels se brisent les vagues et les courants de la finance canadienne.[…] Dans toute l'effervescence et la confusion des marchés boursiers, au milieu des tricheries qui parfois accompagnent le milieu de la haute finance et la déception et la duplicité qui pave la voie au succès partout, son honnêteté n'a jamais été mise en doute[34].

Nulle part Thérèse ne parle de la réaction de son père à la suite du décès de celui qui lui avait ouvert les portes de son cœur et livré ses secrets d'affaires. Elle non plus ne semble pas avoir de sentiments particuliers envers ce grand-oncle.

———

Dès le début de mai, c'est le retour à Saint-Irénée pour ceux que les affaires ou les études ne retiennent pas en ville jusqu'à la Saint-Jean. Les très rares lettres qui nous sont parvenues de cette époque nous révèlent une Thérèse enjouée, pleine d'humour. Le premier juin 1911, elle écrit à sa chère gouvernante, Antoinette de Saint-Mars Dionne :

Je sais quelle sera la date des prix — c'est le 20 juin et le 24 j'aurai le plaisir de vous sauter au cou. Qu'est-ce que vous faites de bon à Saint-Irénée ce doit être plus gai qu'à l'automne, car vous avez maître Jacques avec vous pour vous distraire malgré cela je suis sûre que vous pensez toujours à votre petit lutin de Thérèse qui vous aime tant. Il faut que le jour de mon arrivée vous soyez au bateau sans cela je me brouillerez [*sic*] à mort avec vous Madame, je tiens à vous prévenir... Pauline Bertrand descend avec moi ce qui veut dire pour vous une double dépense de baisers dont vous aurez soin de faire provision, s.v.p. Je vous assure qu'il faut vous aimer beaucoup pour vous écrire car (riez si cela vous plaît) j'ai du travail par-dessus la tête [...] Écrivez-moi donc pendant les veillées solitaires où personne ne vous crie le «bateau est dans les arbres, vite, vite». Sur cette péroraison je vous quitte en vous chargeant d'amitiés pour tous et en vous embrassant, Jacques et vous, autant de fois que vous pouvez le supporter.

Votre espiègle et taquine Marie-Thérèse

Quelques jours plus tard, elle lui écrit de nouveau pour lui demander de souhaiter bon anniversaire

à son excellence le prince Jacques et je vous charge de l'embrasser bien fort pour sa grande sœur qui avait le cœur bien gros dimanche en pensant qu'elle était seule dans la grande ville de Montréal — encore deux semaines et je serai à Saint-Irénée quel bonheur! [...] je m'ennuie beaucoup[35].

Thérèse aura bientôt quinze ans. Les étés sont maintenant bien différents. Elle joue au tennis, s'initie au golf, fait de l'équitation, va en excursion parfois jusqu'à l'île aux Coudres sur le *Margota*, un yacht baptisé du nom de sa demi-sœur Marguerite. Il arrive aussi que des pique-niques soient organisés le soir, que l'on termine par un grand feu sur la rive. S'il y a des jeunes garçons — et il y en a pratiquement toujours —, ces sorties se font en compagnie d'un chaperon, convenances obligent! D'autant que, certaines fois, l'excursion les mène au «trou de Snigoll», à la chute Nairn[36].

C'était aussi l'époque où les demoiselles en âge de se marier se promenaient en robe de mousseline blanche, leur visage protégé par un grand chapeau et l'ombrelle à la main. Quand ils les croisaient, les jeunes hommes les saluaient, en soulevant légèrement leur chapeau de paille. Certains après-midi d'été, la rue principale était remplie de cette jeunesse qui allait et venait, jetant un œil furtif sur les façades des maisons à demi cachées par les arbres. Le moindre frémissement de l'air, le chant des cigales, le parfum s'échappant des roseraies, puis, au bout de la rue, le ciel sans limite sur la mer, comme si ce moment n'allait jamais finir...

Dans la touffeur de certains après-midi écrasés de soleil, tout ce beau monde descendait à la plage. On se baignait tout habillé, pour ainsi dire. «Un ample costume [...] enveloppait [les baigneuses] de la cheville au cou ne laissant à découvert, par crainte du soleil, que les avant-bras[37].» Ce qui n'empêchait pas certains religieux et leurs disciples de traiter les baigneuses de «vaches des grèves [...] ces femmes qui vont sur les plages dans des costumes plus ou moins modestes[38]». Des années plus tard, le cardinal Villeneuve exigera que

> les costumes de bain pour personnes du sexe féminin (soient) suffi-samment haut sur la poitrine et les épaules pour éviter tout semblant de provocation. [...] Le maillot (doit) être recouvert d'une jupe qui aille jusqu'aux genoux. Il serait même à souhaiter que tel costume vînt à accompagner comme autrefois une sorte de large manteau qui voile le relief des formes du corps[39].

Puis, c'est à nouveau les élections fédérales. Cette année 1911, Rodolphe se présente dans deux comtés, comme le permet alors la loi : Montmorency et Charlevoix. Tout l'été, il fait campagne. Dans une rutilante et bruyante décapotable, il sillonne son comté de Charlevoix. Quand il dévale les côtes, la poussière lève, faisant fuir les enfants. Les chevaux se cabrent, avant même de croiser la Darracq rouge (quelle ironie pour un député bleu!), et les villégia-teurs de Pointe-au-Pic ou de Baie-Saint-Paul bénissent de tous les noms ce Forget qui vient troubler la quiétude des lieux. Mais pour Thérèse, qui a participé à certaines de ces randonnées, c'était un événement joyeux : «Quand nous partions, les dames, enveloppées de voilettes et de cache-poussière, nous avions l'impression d'entre-prendre de véritables expéditions.» On est loin de la charrette à foin pour les pique-niques de l'enfance! On est loin aussi des cam-pagnes qu'elle fera avec son mari en hiver, ni sa campagne en 1942.

C'est sans doute lors de cette campagne que Thérèse a pris goût aux assemblées politiques. Peut-être que le fait de voir son père, cheveux au vent, les mains enfoncées dans les poches de son pantalon, défendre ses projets de développement pour la région, ou de l'entendre énumérer ses réalisations, l'a convaincue qu'il était possible de changer le cours des choses. Même si les auditoires parfois chahutaient cet homme qui lui en imposait. Durant cette campagne, Thérèse aura l'occasion de voir à l'œuvre Lucien Cannon, l'adversaire de son père dans Charlevoix. Elle le retrouvera lors de ses batailles pour les droits des femmes.

Léo Simard raconte que Rodolphe se faisait aider par un aide de camp, Alex Girard de Saint-Irénée, lequel était généralement accompagné «d'un groupe qui aimait le *brouillard*, la chicane, autrement dit[40]». Girard organisait les assemblées contradictoires, qui étaient courues et fort prisées à cette époque. Elles se tenaient la plupart du temps à l'extérieur, souvent sur le parvis de l'église, mais sans doute pas à Saint-Irénée, vu l'opposition du curé Perron à tout ce que faisait Rodolphe Forget.

Le soir du 21 septembre 1911, Rodolphe est élu dans les deux comtés. Il est fêté par ses électeurs à Saint-Irénée et, quand il rentre à Montréal, il est attendu à la gare Viger par des amis et des admirateurs. Thérèse avait eu la permission des religieuses pour aller chez elle célébrer l'événement. Selon ce qu'elle raconte, les parents de plusieurs de ses compagnes ont joué un rôle actif dans ces élections. Le jour du vote, avec son amie Corinne Dupuis, elle avait allumé des lampions bleus — couleur des conservateurs — devant l'autel de la Vierge, alors que les filles Lemieux et Belcourt en avaient fait brûler des rouges — couleur des libéraux — devant l'autel du Sacré-Cœur.

Non seulement Rodolphe est élu, mais les conservateurs fédéraux se retrouvent au pouvoir. Dans ses mémoires, le premier ministre Robert Borden affirme avoir accordé beaucoup d'attention à la sélection des ministres venant du Québec. «Il y avait un mouvement en faveur de Rodolphe Forget mais pour certaines raisons, j'ai pensé qu'il n'était pas souhaitable qu'il entre au Gouvernement[41].» Par contre, Rodolphe obtiendra l'autorisation de faire affaire sous le nom de Banque Internationale du Canada. On écrit que le capital de cette banque dépendait largement de sources européennes et que, sans les fonds français, cette banque n'aurait jamais vu le jour. Quoi qu'il en soit, un billet de cinq dollars, numéroté 000094, avec la photo de Rodolphe et daté du 2 octobre 1911, est reproduit dans les mémoires de Thérèse. Rapidement, les opposants politiques de Rodolphe vont tenter de lui bloquer l'accès à d'autres capitaux européens, mettant en péril le « merger » *Quebec Power* et le chemin de fer de Charlevoix.

En 1912, dès que la navigation le permet, Rodolphe retourne en Europe. Son voyage a plusieurs objectifs : à Paris, d'abord, sécuriser les investissements français dans son chemin de fer, acheter des tissus et du mobilier pour la nouvelle résidence qu'il fait construire avenue Ontario[42], à Montréal, et faire découvrir à ses filles les merveilles de la Ville lumière. Plus tard cette même année, Rodolphe sera fait chevalier de l'ordre de Saint-Michel et de Saint-Georges par le roi George V, à Londres. Désormais, Rodolphe et Blanche seront Sir Rodolphe et Lady Forget.

Thérèse a raconté à Réal Bertrand[43] que Paris était alors magnifique, au printemps. La famille logeait au Continental, face au jardin des Tuileries. Partout les marronniers étaient en fleur. Quelques rares automobiles roulaient entre de somptueux équipages sur les Champs-Élysées. Avec sa demi-sœur Marguerite, le poète Paul Morin et le futur gouverneur général Georges Vanier, elle visite le grand parc d'attractions Magic City. À la fin de la décennie 1970, Thérèse racontera aux membres de la Société des écrivains canadiens que Paul Morin avait aussi un grand talent de pianiste et était un compagnon de collège de Pierre Casgrain.

Pour le retour, Rodolphe avait réservé une série de cabines sur le *Titanic,* mais ses affaires n'allant pas comme prévu, début avril, il leur était impossible de se trouver à Southampton pour l'embarquement. Il annula. On connaît la suite. À 23 heures, le dimanche 14 avril, le Titanic heurte un iceberg au large de Terre-Neuve. À 2 h 20, au matin du 15, il coule, entraînant avec lui près de mille cinq cents personnes. Dans ses mémoires, Thérèse écrit que, « le soir, à l'hôtel, mes parents avaient remercié le Seigneur de leur avoir évité une mort presque certaine ». Au retour, Thérèse retrouve le Sault-au-Récollet pour terminer son année ; Marguerite, Blanche et la domesticité partent pour Saint-Irénée.

Rodolphe a beau être classé dix-huitième de vingt-trois sur une liste de ceux qui contrôlent pour quatre milliards de dollars dans le transport, la finance et le commerce au Canada[44], ce sera un été difficile pour lui, mais il n'en est fait mention nulle part dans les archives de Thérèse. Peut-être son père évitait-il de leur parler de ses difficultés financières, mais il ne pouvait sûrement pas les empêcher de lire les journaux, revues, magazines qui arrivaient à Saint-Irénée par bateau ni de surprendre des conversations ici et là. Thérèse ne parle pas davantage d'un certain Bernard qui est au « château », du 3 au 10 septembre, donc, juste avant le retour en classe. Dans une lettre à Mme Dionne, Bernard parle d'ennui : « Moi, je m'ennuie ici à Montréal, tout seul moi aussi au milieu de la foule, et vous savez pourquoi. » Mme Dionne est seule à Gil'Mont, sans doute s'occupe-t-elle de la fermeture du « château » pour l'hiver. Il répond à une lettre qu'elle lui a adressée : « Je comprends si bien, pour en avoir souffert moi-même, ce qu'est l'ennui, surtout lorsque causé par l'isolement des personnes aimées. Quant au silence de Thérèse, je ne puis l'expliquer que par supposition, car elle ne m'a pas donné de raisons[45]. »

L'économie se dégrade et la crise va se poursuivre jusqu'en 1915. Les derniers jours de mai, c'est la réorganisation de la Richelieu avec des capitaux britanniques[46]. Le 13 août, ce devait être l'assemblée annuelle de la Banque Internationale du Canada et celle de la Quebec Railway Light Heat and Power, elles seront reportées au 3 septembre 1912. Les rumeurs vont alors bon train : Forget va perdre le contrôle de la Banque, il n'a plus d'argent pour payer les ouvriers qui travaillent sur la ligne de chemin de fer — dont la compagnie est poursuivie —, les intérêts sur les « bonds » de la East Canada n'ont pas été payés, etc.[47]

Le 30 octobre, Le Soleil commence une campagne exigeant une commission royale d'enquête sur les pratiques d'affaires de Sir Rodolphe et sur leur légalité. Selon ses adversaires, le « Napoléon de la finance » venait de frapper son Waterloo et celui qui était connu pour ne jamais compter son petit change allait devoir commencer à le faire.

Rodolphe va tout de même amener sa famille dans la nouvelle résidence dessinée par l'architecte J.-Omer Marchand, premier Québécois francophone diplômé de l'École des beaux-arts de Paris. La maison est l'une des rares demeures de ce genre au Canada. Selon François Rémillard[48], cette maison s'apparente aux hôtels particuliers de Paris ou de New York construits à la même époque. Son ornementation sobre et ses proportions harmonieuses s'inspirent du style Louis XV. Sa façade en pierre grise est d'une rare élégance, agrémentée de sculptures délicates, de petits balcons en fer forgé et de quatorze fenêtres en façade fait soixante-neuf pieds de front sur cent neuf pieds de profondeur. Les Forget seront en belle compagnie. À deux pas plus bas, près de l'avenue McGregor (aujourd'hui Docteur-Penfield), les Herbert Molson et, entre eux et les Forget, les Hart et les MacDougall et la demeure des Lafleur, transformée en forteresse par l'URSS dans les années 1950. Les Russes ont aussi acquis de Mme Donat Raymond[49] la maison où Thérèse a vécu de 1913 jusqu'à son mariage, en 1916. Cette maison portait le numéro 71 de l'avenue Ontario (plus tard le 3685 avenue du Musée). Blanche ne l'aimait pas. En 1925, de l'Hôtel Plaza Athénée où elle est descendue à Paris, elle écrit à son gendre, Pierre Casgrain : « Je ne puis me faire à l'idée qu'il me faudra retourner vivre là. [...] Tâchez d'avoir un bon mouvement et de me vendre cette institution d'ici à mon retour [...][50]. »

Les attaques continuent contre Rodolphe durant les premiers mois de l'année 1913. Les médias reproduisent largement les échanges qui ont cours durant les débats à la Chambre des communes. Cela a bien dû affecter la famille et, entre autres, Thérèse qui est au Sault-au-Récollet avec une des Lemieux dont le père a déposé trois motions concernant les entreprises de Rodolphe, le 27. Le lendemain, Rodolphe réfute les allégations du député de Rouville non sans dénoncer au passage les attaques de ces journalistes autant en France qu'au Québec qu'il considère comme des « *jail-birds, morphine-eaters, blackmailors and men without respect for mariage laws*[51] ». Et, avant de se rasseoir, Rodolphe ne peut s'empêcher de *challenger* le député de Rouville. «Je suis prêt à laisser mon siège dans Montmorency et dans Charlevoix si le député de Rouville fait de même dans son comté et à me présenter contre lui dans n'importe laquelle des trois circonscriptions sur cette question[52].» Sorte de duel des temps modernes, mais qui n'aura pas de suite.

Je ne m'explique pas le silence de Thérèse sur cette période de sa vie. Sur d'autres non plus. Ses mémoires sont aseptisées et ne rendent pas l'image de cette femme pleine d'humour, à la phrase assassine et aux remarques qui ont du mordant. L'amnésie complète sur certains pans de sa vie ne s'explique pas autrement que par le désir des descendants de ne rien laisser voir qui pourrait montrer des failles, détruire le mythe.

En février, Rodolphe laisse la présidence de la Richelieu à l'assemblée annuelle du 19, non sans avoir fait le bilan de son administration depuis son entrée au conseil, en 1894[53]. Sagesse? lassitude? épuisement? Quoi qu'il en soit, il y a longtemps que Furness et Withey tissaient la toile qui mène la Richelieu vers ce qui deviendra la Canada Steamship Line.

L'été 1913 est plein d'événements qui bouleversent la vie du «château» et de Saint-Irénée. Au début de juillet, le domaine est transformé en campement militaire. Le 65e Régiment procède à des manœuvres dans la région, à l'invitation de son lieutenant-colonel honoraire, Sir Rodolphe Forget. Une partie du régiment avait établi son quartier à cinq milles de Saint-Irénée et devait marcher vers le domaine que le reste du régiment était censé défendre. Le terrain était couvert de tentes blanches. L'exercice dura trois jours, au grand plaisir des frères de Thérèse. Le son du clairon appelant la troupe, l'artillerie tonnant du haut de la colline, les coups de feu retentissant durant la mêlée générale, le transport des (faux) blessés, la capture d'un (faux) prisonnier, comme dans une vraie guerre, quoi! Et la possibilité de poser plein de questions aux officiers, en tenue d'apparat, avant qu'ils n'assistent au banquet donné par Sir Rodolphe, au «château». Auparavant, il y avait eu la messe en plein air, sous le soleil, avec la chorale militaire dont les voix dévalaient la colline pour se perdre en bas, près de la mer. Et puis, l'inspection des réservistes par le ministre de la Milice, Sir Sam Hugues, Sir Ian Hamilton et le major Édouard Panet[54]. Thérèse raconte que, de la suite de ces importants personnages, un jeune officier des Grenadier Guards, John Basset, s'était détaché pour lui donner le plumet rouge qui ornait son schako. Ce jeune officier Basset deviendra directeur de *The Gazette*.

En ce mois de juillet 1913, il fait beau et chaud. Les amis et relations des Forget se succèdent au domaine. C'est un flot ininterrompu et Marguerite et Thérèse servent d'hôtesses pour soulager Blanche qui en a plein les bras. La domesticité aussi est surchargée. Toute cette nourriture à préparer et tout ce linge à blanchir. Tom, le Chinois, est à l'œuvre du lever au coucher du soleil. Il habite au-dessus de la buanderie et il parle anglais. Les parents de Thérèse ont pratiquement toujours logé ceux que cette dernière appelle « nos serviteurs ». Dans ses mémoires, elle parle de Marc Gauthier et de sa femme qui furent plus de quarante ans à leur emploi. D'abord cocher et chargé du soin des poneys, Gauthier s'est occupé par la suite de l'entretien de la propriété. « On a eu jusqu'à quatorze serviteurs mais, maintenant, je fais mon lit et ça ne me dérange pas le moins du monde, dira-t-elle en entrevue, en décembre 1972[55]. Il y avait d'ailleurs longtemps qu'elle faisait son lit et cuisinait. Thérèse n'a eu que périodiquement des « serviteurs » et peu d'entre eux l'ont « servie » à plein temps, une fois ses enfants élevés.

Certains invités descendaient à l'Hôtel Charlevoix situé près de la place, à Saint-Irénée. C'était un établissement recherché. Durant la journée, les invités des Forget venaient jouer au tennis sur les terrains du domaine ou se joignaient aux excursions organisées par leurs hôtes. En fin d'après-midi, ils retournaient à l'hôtel se rafraîchir et enfiler la tenue de soirée, de rigueur pour les dîners au « château ».

Les manœuvres du 65e Régiment n'avaient été pour Thérèse qu'un intermède pour tromper l'attente. Parmi les invités, cet été-là, il y avait Bernard Panet-Raymond, vers qui allaient toutes ses pensées. Elle guettait chaque arrivée du bateau et se rendait à la poste pour chercher la «malle par eau» que son beau Bernard lui adressait tous les deux jours. Quelle déception quand la mer était mauvaise ou qu'une épaisse brume retardait l'arrivée du bateau blanc! Le journaliste Arthur Buies parle des «fréquentes furies» du fleuve dans cette région, puis de ses «apaisements réparateurs»[56]. Un brouillard opaque s'installe souvent pour quelques jours, pénétrant dans les terres, traversé par les plaintes des navires qui signalent leur présence et accompagné d'une pluie qui vous glace jusqu'aux os. Puis, le fleuve redevient serein avant de rebondir à nouveau, couvert d'écume comme de la mousseline qui vient s'effilocher sur les falaises avant de mourir, verdâtre, sur les galets. La vague, même inlassablement répétée, ne dit jamais la même chose. Mais à Thérèse, elle annonce toujours que son bel amour est en route.

Thérèse ne parle jamais de ce Bernard, employé à la banque de son père, de six ans son aîné et dont les familles ne veulent pas annoncer les fiançailles, les trouvant trop jeunes pour se marier. N'étaient quelques lettres que j'ai retrouvées dans les archives de Thérèse, je n'aurais jamais pu reconstituer cet épisode de sa vie. Arrivé à Saint-Irénée le 18 juillet, Bernard descend à l'Hôtel Charlevoix, convenances obligent, mais il passe ses journées et ses soirées avec Thérèse et les jeunes gens de leur âge qui sont aussi invités au «château». Les activités habituelles les occupent, surtout le tennis dont les deux sont de fervents adeptes et où Bernard se révèle un redoutable adversaire.

Le mardi 29 juillet, après dîner, Thérèse et Bernard empruntent le sentier des amoureux pour une longue promenade. Ils font un premier arrêt au banc, sous le bouleau. Les chants d'oiseaux se sont tus, l'air est doux, et le temps comme suspendu. La lune rousse joue à cache-cache entre les arbres et, un moment, semble sortir dans la mer. Plus bas, la marée monte lentement, couvrant les estrans vaseux mais sans rejoindre les foins salés.

Ont-ils réussi à déjouer le chaperon ou est-ce avec sa complicité qu'ils peuvent alors, main dans la main, bifurquer et descendre seuls vers la mer? Ils passent ainsi plus d'une heure dans le jour finissant. Puis, Bernard veut plonger dans la mer. Thérèse l'en décourage étant donné l'heure tardive. Il la supplie mais elle tient bon et ils finissent par reprendre le sentier jusque vers le « château » où Bernard prend congé. Selon *La Patrie,* « il rentre dans ses appartements à l'Hôtel Charlevoix, vers les onze heures[57] ».

Tôt dans la nuit, Bernard, pris d'une attaque de somnambu-lisme (écrit sa mère[58]), de cauchemars (rapportent les journaux[59]), marche vers une fenêtre fermée et s'élance à travers, du troisième étage, « dans l'attitude d'un plongeur ». Il aboutit tête première sur le toit d'une petite construction attenante à l'hôtel, avant de terminer sa chute par terre. Gravement blessé, saignant abondam-ment, ses plaintes attirent l'attention de pensionnaires de l'hôtel, dont son ami Victor Béïque et le Dr Walsh qui lui prodigue les premiers soins. Puis Victor s'empresse d'aller chercher un prêtre qui aurait administré les derniers sacrements à Bernard. Conscient jusqu'à la fin, selon Francine Panet-Raymond, Bernard aurait expliqué que, la veille au soir, il avait dit à Thérèse qu'il voulait aller chercher quelque chose à la mer, qu'elle lui avait répondu qu'il était trop tard, qu'il faisait noir, d'attendre au lendemain[60]. Dès que la nouvelle arrive au « château », Sir Rodolphe fait trans-former le hall pour accueillir la dépouille de Bernard qui y sera exposée en chapelle ardente, le temps d'organiser son transport vers Montréal.

On peut imaginer Thérèse, le cœur en charpie, retenant les larmes que les convenances l'empêchent de laisser couler en public, revivant dans sa tête les dernières heures passées avec Bernard. A-t-elle regretté de l'avoir empêché de se jeter dans la mer alors que la nuit s'installait ? Elle l'entend la supplier de l'y laisser aller, et son cœur se noie dans le mouchoir qu'elle porte à sa bouche.

Dans le hall, les tentures sont tirées, deux torchères à chaque bout du cercueil répandent une lumière diffuse dans la pièce. Le cercueil est fermé, posé sur une table recouverte d'un des tapis de table du salon turc. Des voisins, et les amis de la famille en villé-giature dans la région, se signent en passant devant le cercueil dans lequel repose le corps du jeune homme. Une dame commence une prière : « Notre Père qui êtes… » et tout le monde s'agenouille.

Au bout de plusieurs heures, on annonce que le *Champlain* est en vue, derrière les arbres. C'est ce navire que le gouvernement a expédié à la demande de Sir Rodolphe. Un prêtre, en visite chez le juge Routhier, récite une dernière prière : « Que l'âme de Bernard repose en paix. Amen. » Il bénit la dépouille, avant que l'on amène le cercueil et que commence sa descente vers le bateau qui le mènera à Rivière-Ouelle, d'où l'amènera un train spécial à Montréal. Un service solennel sera célébré en l'église Saint-Louis du Mile-End. Bernard repose au cimetière Notre-Dame-des-Neiges.

Une fois tout ce monde parti, c'est vers Mme Dionne que Thérèse se tourne, celle qui l'a vue grandir, témoin de ses rires en été lors de courses avec les chiens ou de grandes peines pour un genou écorché ou une punition infligée par un père exigeant, sévère parfois jusqu'à l'intransigeance. Elle n'avait même pas pu voir une dernière fois l'objet de son amour ni embrasser le front lacéré et bleu de son Bernard. Hormis le cercle des intimes, personne ne devait savoir les liens qui unissaient ces deux jeunes promis à vivre heureux et à avoir beaucoup d'enfants, ainsi que se terminent les contes de fées. Mais la nuit dernière, celui de Thérèse s'est fracassé sur le toit d'une mansarde jouxtant l'Hôtel Charlevoix.

Le temps qu'il fait est un outrage à sa douleur. Le chuchotement des feuilles dans les arbres, le chant des cigales, l'odeur des roses… S'il avait plu, si le vent s'était lamenté en faisant plier les branches des arbres le long du sentier des amoureux, si la mer avait battu rageusement la côte, peut-être se serait-elle sentie moins trahie par la vie. Mais ce soleil qu'en d'autres jours elle aimait tant était aujourd'hui d'une insolence qu'elle prend comme une insulte à son chagrin. Saint-Irénée perd de son attrait pour Thérèse. Les aurores boréales ont beau venir s'abîmer derrière les massifs, plus rien n'a d'intérêt pour elle. Sa peine prend ses aises, comme pour durer indéfiniment.

De retour au Sault-au-Récollet, elle s'ennuie. Elle envoie un mot à sa mère, rédigé de la haute écriture qui sera celle qu'on lui connaît.

Maman chérie,

Je vais peut-être à Québec, demain, papa a dit aujourd'hui. En tout cas laisse-moi t'assurer du bon état de ma santé. J'espère qu'il en est de même pour vous tous. J'ai reçu le sucre de Madame Dionne il était délicieux veux-tu la remercier pour moi. Ta lettre a été un rayon de soleil dans ma vie de pensionnaire.

Au revoir maman bien aimée.

Le 14 septembre, elle écrit une longue lettre à Madame Dionne.

Chère Madame Dionne,

[…]

Vous ne sauriez croire combien j'ai hâte de vous revoir, je me sens si seule et si triste, vous savez chez nous j'avais tout le monde près de moi mais ici. Je vous dis cela à vous toute seule mais n'en parlez pas à maman cela lui ferait de la peine. […]

Puis, ses parents s'étaient assurés qu'elle soit parmi les invités au banquet qui sera donné en l'honneur de Sir Rodolphe à Saint-Anne-de-Beaupré, le samedi 20 septembre. C'est sans doute pour cela qu'elle annonce à sa mère qu'elle ira peut-être à Québec.

Cet événement est organisé par les électeurs des comtés que Rodolphe représente au Parlement fédéral pour souligner le « deuxième anniversaire de la mémorable victoire de Sir Rodolphe Forget[61] ». Les journaux rapportent que les salons de l'Hôtel Regina ne pouvant asseoir que deux cent cinquante personnes, les autres sont priés d'aller « écouter les discours en plein air[62] ». Au total, il y avait près de deux mille personnes, selon les journaux de l'époque.

Dans ses mémoires, parlant de cette soirée et de son père, Thérèse écrit :

C'est sûrement grâce à son prestige qu'aux élections de 1911, les conservateurs réussirent à s'emparer de vingt-sept sièges et on peut se demander pourquoi il n'a jamais fait partie du cabinet Borden. Il voyait loin dans l'avenir et sa largeur de vues effrayait sans doute beaucoup de gens dont les idées n'étaient pas aussi avancées. […] De plus, son franc-parler — trait inusité chez les politiciens — ennuyait plusieurs d'entre eux.

On croirait entendre Thérèse parler d'elle-même : largeur de vues effrayant beaucoup de gens, franc-parler, trait inusité chez une femme de son milieu et de son époque, traits de caractère qu'elle a hérités de son père.

Cette fin de semaine de réjouissances n'empêche pas Thérèse de porter son cœur en écharpe. En public, elle affiche la tenue de circonstance, mais revenue au Sault-au-Récollet, la tristesse la submerge. Et elle peut pleurer à loisir, du moins quand elle se retire dans sa chambre. Elle écrit à Mme Dionne:

> Mon voyage à Québec a été très agréable et cependant j'étais contente de revenir à Montréal. Vous savez, j'étais fatiguée des attentions galantes de certains jeunes gens. [...] quelle différence avec mon Bernard. Plus que jamais je réalise la perte que j'ai faite je m'ennuie de lui, Madame Dionne, voilà bientôt deux mois qu'il est parti pour toujours. À Saint-Irénée il me semblait qu'il m'attendait en ville et je me sentais moins triste mais à présent hélas je n'ai plus envie de passer devant la banque ni d'aller chez Beauchamp, maintenant mon cœur se dirige vers la Côte des Neiges. Ne vous inquiétez pas de moi, bonne amie, je ne suis pas malade, mais je me sens horriblement lasse et triste oh! si triste. Je vous dis cela à vous, car devant maman je fais mon possible pour être brave elle qui est si bonne pour sa grosse Thérèse. En vous écrivant, je pleure, cela me fait du bien, car j'ai un poids qui m'étouffe, une sensation d'écrasement, je suis brisée enfin. La réaction de mon été commence à se produire. Je ne devrais pas vous attrister en vous parlant ainsi mais ça me fait du bien car je sens que vous me comprenez. Écrivez-moi souvent, longuement, grondez-moi si vous voulez. [...]
>
> Votre pauvre petite Marie-Thérèse, E. de M.
>
> je ne relis pas de peur de déchirer. Soyez indulgente[63].

Deux jours plus tard:

> 8.30 p.m. Chère Madame Dionne
>
> Je suis seule dans ma chambrette de pensionnaire [...] Ce soir, chérie j'ai bien pleuré, je sais bien que les larmes ne servent à rien mais enfin c'est comme ça. Je fais mon possible pour être courageuse mais [mot illisible] c'est affreusement difficile surtout quand on est seule, sans avoir personne auprès de soi, à Saint-Irénée au moins j'allais à vous, mais ici, je reste seule entre les quatre murs de ma chambre et en face du portrait de mon Bernard tant aimé [...] Jeudi Margot et Madame Kent et aussi maître Jean sont venus me voir, leur visite m'a fait plaisir. Mais le soir j'ai pleuré longtemps longtemps, puis j'ai relu

ses chères lettres et son Journal comme il m'aimait Madame Dionne. Et maintenant, moi aussi je réalise à quel point il m'était cher. Les autres jeunes gens sont gentils pour moi, je le veux bien, moi je les trouve aimables mais tout à coup je fais des comparaisons, je me sens dégoûtée et je voudrais fuir loin, bien loin. Grand mère McDonald m'écrit une lettre de sympathie et m'envoie deux images pieuses. Écrivez-moi longuement racontez-moi toutes vos journées tout enfin. De plus encouragez-moi afin que mes parents chéris ne se rendent pas compte de mon état moral ça leur ferait de la peine ils sont si bons pour moi.

Bonsoir ma chérie, je vous embrasse fort, oh! bien fort.

Votre pauvre grosse Marie-Thérèse — E. de M.

Amitiés à tous[64].

Une lettre de sympathie. Cette information, à elle seule, confirme les fiançailles. Autrement, pourquoi offrir ses sympathies à sa petite-fille? Et pourquoi Thérèse aurait-elle pu avoir avec elle le journal de Bernard? Les lettres qu'il lui écrivait, je comprends, mais son journal? Sans doute était-il dans ses effets à l'hôtel, lesquels s'étaient retrouvés chez les Forget avec la dépouille du défunt.

Le 2 octobre, Thérèse écrit encore à Mme Dionne.

Chère grande amie,

Je profite d'une petite demi-heure de récréation pour venir vous remercier de votre lettre. Vous ne sauriez croire quel bien cela m'a fait de voir comme vous me compreniez bien. J'avais peur que vous disiez: Oh! ce n'est rien ça lui passera. Au lieu de cela j'ai trouvé une sympathie chaude et surtout sincère. Pauvre vous, vous êtes bien seule là-bas n'est-ce pas que ce serait charmant d'être avec vous, nous causerions, nous jouerions à la crapette, au rhum etc. Quand je pense que l'an prochain, si Dieu me prête vie, je pourrai réaliser tous ces beaux projets.

[…]

Chérie pardonnez-moi de vous avoir fait pleurer par mes tristes lettres, je vais m'arranger pour que cela n'arrive plus. Quoique ce soit bien dur oh! si dur d'être ici je prends mon courage et je me sermonne mais souvent le cœur étouffe la raison et alors bref ce n'est pas drôle. […]

Il y a deux mois qu'il est parti et je m'ennuie tant de lui quand je pense que c'est pour toute la vie.

Écrivez-moi souvent et longuement.

M. Thérèse, E. de M.[65]

Ces lettres sont tout ce qui reste de ce grand amour de Thérèse. Les jeunes gens qu'on lui présente ne sont jamais à la hauteur de ce Bernard dont elle ne se séparera vraiment qu'à quelques semaines de son mariage avec Pierre Casgrain, en 1916. Après l'automne 1913, Thérèse n'a plus de ces épanchements. C'est comme si elle s'était forgé une carapace pour ne plus avoir à souffrir autant. «Elle était froide, Thérèse», m'a dit Monique Bégin[66].

Après sa signature, Thérèse ajoute «E de M», «enfant de Marie». La cérémonie de la «prise de ruban» avait habituellement lieu durant le mois de mai. Selon sœur Leonard,

> c'était très important quand on prenait le ruban. Il fallait être mature et promettre de se conduire selon les règlements de la confrérie pour le reste de sa vie. Thérèse a probablement été encouragée à faire quelque chose de spécial de sa vie. Les religieuses ont toujours dit qu'elle a vécu selon ce que nous lui avons enseigné.

Thérèse a-t-elle été nommée «rosière», c'est-à-dire l'élève désignée comme la plus digne de couronner la madone le dernier jour du mois de Marie? Je n'en sais rien, mais elle a dû réciter, comme ses compagnes, l'acte de consécration:

> Ô Vierge sainte, pure et immaculée,
> nous venons nous prosterner à vos pieds;
> daignez, nous vous en supplions, ô Marie,
> nous regarder toujours comme vos enfants chéries
> et nous obtenir la grâce d'imiter vos vertus,
> surtout cette modestie virginale qui vous caractérise toujours.
> [...]
> Conduisez-nous à Jésus;
> apprenez-nous à l'aimer et à le servir de tout notre cœur
> afin que nous soyons réunies à vos pieds dans la Jérusalem céleste.
> Ainsi soit-il[67].

Au printemps, Blanche est à Paris avec Thérèse et Gilles. Du moins, c'est ce que les journaux indiquent. Ils rapportent aussi que la famille Forget assiste aux fêtes entourant les noces d'argent des Petites Sœurs franciscaines de Marie, à Baie-Saint-Paul: «Sir Rodolphe rappela qu'il avait tenu à venir parce qu'il a en très haute estime les Petites Sœurs [...]. Tout le monde a remarqué la bonne grâce avec laquelle Mlle Thérèse avait voulu servir à l'une des tables du banquet[68]. »

———

Les classes terminées, le « château » se remplit à nouveau de rires, de discussions animées et d'invités nouveaux : les enfants ont grandi et leurs amis viennent maintenant du collège, pour Gilles et Maurice. Outre quelques compagnes de pensionnat, Thérèse voit aussi Pauline, la fille du juge Archer, qui épousera Georges Vanier. Les Archer habitent, rue Sherbrooke Ouest, une grande maison de grès. Ils ont aussi une résidence d'été à Saint-Irénée.

CHAPITRE 5

Madame Pierre Casgrain

De rares individus survivent à l'oubli mais on les mentionne souvent sans connaître leur œuvre, sans avoir approfondi leur action et sans se souvenir des contraintes que leur imposait leur époque.

LÉON DION,
Les intellectuels et le temps de Duplessis

LE DIMANCHE 28 JUIN 1914, l'archiduc François-Ferdinand d'Autriche est assassiné à Sarajevo. Cela ne crée pas grand émoi sur la plage de Saint-Irénée-les-Bains. Les belles continuent de profiter de l'air marin et des jours sans brouillard pour assister à l'accostage des bateaux blancs. Et de prendre des marches, dans le village, puis d'aller au bureau de poste pour y prendre la « malle par eau ». Mais Thérèse ne voit aucune raison de s'y précipiter : elle n'attend plus de lettres de personne. Elle évite encore d'emprunter le sentier des amoureux et la descente vers la mer, tout au bout du domaine, ou de passer devant l'Hôtel Charlevoix.

La famille fait tout ce qu'elle peut pour lui faire oublier Bernard. Ainsi, le hall a été repeint. On lui présente de jeunes hommes, que les familles amies des Forget croient être de bons partis, mais Thérèse ne montre aucun intérêt pour eux, c'est parfois plutôt de l'agacement qu'elle ne peut s'empêcher de manifester.

Rodolphe, lui, est demeuré en ville. De curieuses rumeurs menacent les marchés et il préfère veiller au grain. Puis, fin juillet, les menaces de guerre se précisent et la Bourse s'énerve. Le 28 juillet, craignant la panique qui mènerait plusieurs investisseurs à la ruine, la Bourse ferme à 13 h 55. Elle ne rouvrira qu'en septembre[1]. Déjà que, depuis le début de l'année, l'économie ne se portait pas très bien : les valeurs en Bourse avaient chuté et la cherté de la vie mécontentait la population[2]. S'il fallait qu'il y ait la guerre en Europe, plusieurs marchés fermeraient.

Puis, tout se déroule très vite. Il ne faudra que quelques heures après que l'Allemagne eut envahi la Belgique pour que l'Angleterre lui déclare la guerre. L'Empire britannique suivra et, quand l'Angleterre est en guerre, le Canada l'est. D'ailleurs, « dès le premier août, Ottawa avait assuré Londres que le peuple canadien n'hésiterait devant aucun effort ni aucun sacrifice pour défendre l'intégrité et soutenir l'honneur de notre empire[3] ». Le 4 août, la Grande-Bretagne est en guerre. Les Canadiens étant sujets britanniques, un arrêté en conseil suit, qui décrète la censure, réglemente la circulation de la monnaie et l'exportation et autorise l'arraisonnement des navires ennemis.

Rodolphe rejoint ses collègues à la Chambre des communes, où est votée la *Loi des mesures de guerre*. À la fin du mois d'août, Gilles et Maurice, accompagnés de quelques domestiques, retournent à Montréal. La Bourse reprend timidement ses activités.

Quand elle revient en ville, Thérèse apprend à tenir maison. Elle l'a souvent répété, elle aurait aimé faire des études universitaires. Non seulement peu de femmes étaient admises dans les universités, mais, pour son père, il n'en était pas question. « Mon père a ri et m'a dit : va à la cuisine voir la cuisinière si elle peut t'enseigner comment cuisiner[4]. » Selon certains, « lorsqu'elle exprime le désir de poursuivre des études de droit, [son père] lui rappelle que sa place est dans la cuisine[5] ». Je ne crois pas que Sir Rodolphe ait répondu à sa fille que sa place était dans la cuisine, mais, comme Thérèse l'explique à Hilda Kearns, il « s'attendait à ce que j'aie une cuisinière à diriger, il lui semblait que je doive connaître la base de la cuisine[6] ». D'ailleurs, comme toutes celles de « son rang »,

Thérèse devait parfaire son éducation en faisant des «stages», pour ainsi dire, auprès de certains domestiques, de la cuisinière, entre autres. Cette dernière, rapporte Thérèse, n'apprécia pas du tout son intrusion dans son domaine : «Mademoiselle, j'ai assez de choses à faire, laissez-moi travailler en paix.»

Les jeunes filles de la bourgeoisie allaient aussi faire les courses pour se familiariser avec les achats nécessaires au fonctionnement de la maison. On allait ainsi place Jacques-Cartier ou encore au marché Bonsecours, rue des Commissaires. On allait aussi sur la rue Sainte-Catherine; à cette époque, cette rue a définitivement supplanté la rue Saint-Paul comme principale artère commerciale de la ville. Scroggie, Morgan, Ogilvy, Murphy et Hamilton offrent leurs marchandises dans l'Ouest, alors que Dupuis Frères et Au bon marché sont installés dans l'Est[7]. Les jeunes filles comme Thérèse devaient en outre apprendre à recevoir et à commander à la domesticité. Plus tard, les instituts familiaux et les écoles ménagères se chargeront de cette formation.

Les demoiselles assistent à des conférences ou vont au théâtre, le soir, ou à des thés dansants, en après-midi, mais toujours accompagnées d'un chaperon ou d'un couple de confiance. En saison, elles se montrent aux concours hippiques. Et comme il faut aussi être une épouse accomplie et cultivée, les parents s'ingénient à faire suivre à leurs filles des cours qui viennent compléter la formation reçue au pensionnat. Thérèse apprendra alors l'italien. Pendant toute une année, un Florentin, le professeur Giuseppe Nelli, viendra à la grande maison de l'avenue Ontario lui donner des leçons.

Avec sa mère et Marguerite, Thérèse donne du temps aux différents ouvroirs qui se sont organisés à la faveur de la guerre, sans toutefois négliger le fameux souper aux huîtres au profit de l'Institut des Sourdes-Muettes. Comme l'automne précédent, Thérèse y sert les convives. Elle y revoit Pierre Casgrain, jeune avocat dont on vantait le charme et le sérieux. Je ne sais où Thérèse l'a rencontré la première fois, peut-être bien à Saint-Irénée, puisqu'elle raconte que c'était durant les vacances et qu'elle était encore pensionnaire. Elle se souvenait des propos badins et indifférents qu'il lui avait alors tenus. Mais cette fois, la rencontre était peut-être un peu arrangée. Le lendemain, Thérèse reçoit deux douzaines de roses pour lesquelles elle le remercie, le 18 novembre 1914. Et il m'apparaît que c'est à partir de ce jour que Pierre lui fera une cour assidue.

L'automne, c'était aussi la saison des bals. Plusieurs jeunes filles y faisaient leur début. J'imagine Thérèse en longue et vaporeuse robe blanche, descendant l'escalier dans le hall de la grande maison de l'avenue Ontario. Comme c'est la coutume, son père lui fera l'honneur de la première valse dans le grand salon où trône ce magnifique Steinway sur lequel Blackmore a peint des vues de Gil'Mont et des miniatures des enfants Forget. Eh bien non! il n'y aura pas de bal pour Thérèse. Sir Rodolphe n'est pas mondain bien que Blanche le soit pour deux. Mais non, Marie-Thérèse Forget ne fera pas ses débuts. Pourtant, dans cette société, une fille qui ne faisait pas ses débuts, c'était mal vu. Ça faisait jaser.

S'il n'y avait eu la guerre, Thérèse serait retournée en Europe. Mais les voyages par mer sont périlleux et restreints pour les civils. On ne sait à quoi elle occupe son temps durant les premiers mois de 1915. Ce que l'on déduit du peu de lettres qui ont été conservées, c'est que Pierre continue de la fréquenter et que Gilles chaperonne sa sœur au cours de plusieurs sorties en ville. Dans ses mémoires, elle raconte qu'un jour ils étaient «au Saint-Régis, restaurant fameux où je rêvais d'entrer depuis longtemps. Intimidée, j'avais déjà refusé plusieurs mets quand Gilles, d'un coup de pied sous la table, me fit enfin accepter une certaine glace aux cerises.»

J'ai de la difficulté à imaginer Thérèse à ce point intimidée! D'autant que, lorsqu'elle quitte Montréal pour Saint-Irénée, le 23 juin, elle fait promettre à Pierre de faire ses premiers vendredis du mois, en son absence. La religion, jusqu'au milieu du siècle dernier, imprégnait toute la vie des catholiques et, en particulier, celle des jeunes filles futures reines du foyer mais aussi gardiennes de la foi et des vertus familiales.

Le 24 juin, elle écrit à Pierre Casgrain, à son bureau du 107 Saint-Jacques, à Montréal.

> Cher ami, enfin me voilà arrivée après mon voyage de misère noire causé par une grosse tempête qui après nous avoir rendus tous malades nous a fait échouer à la Malbaie d'où nous ne sommes partis que ce matin.

Votre chère dépêche a seule été capable de soutenir ma bonne humeur à travers tout [mot illisible].

Bonsoir et à bientôt, j'espère. M-T. F.[8]

Comme chaque année, plusieurs personnes sont invitées au «château». Thérèse y reçoit une amie, Aline Dorion, dès le lendemain de la Saint-Jean. Elles vont se promener à pied, un peu à l'aventure, jouent au tennis, se baignent dans la piscine intérieure. Elles se rendent aussi à la poste d'où, à nouveau, Thérèse espère rapporter une lettre ou des bonbons...

Le 27, Thérèse écrit à Pierre :

Malgré toute ma joie de vivre depuis quelque temps, je redeviens à certains moments l'incrédule et sceptique petite Thérèse [...] Je me surprends à douter et à regretter la trop franche amitié que je vous ai vouée. [...]

Quelle ironie dans ces lignes : «je vous écris plus longuement ici qu'au bureau». Vous vous seriez borné à une simple carte poste? Mais votre douce petite peut devenir une tigresse à ses heures; ainsi pour se venger a-t-elle remis à aujourd'hui la lettre qu'elle aurait dû vous écrire hier.

[...], je suis bien tentée de mesurer ma lettre à la vôtre et de la terminer ici. Espérant vous voir persévérer en la compagnie des hommes mariés, respectueusement à vous, cher! M. Thérèse

Le 30, elle lui écrit :

Mon cher ami,

Si ce n'était qu'il me faut vous rappeler votre promesse au sujet du premier vendredi, je vous laisserais certainement aussi longtemps sans nouvelles que vous m'avez laissée [...]. Aujourd'hui, après la réception de votre lettre, j'ai procédé à une exécution en règle. J'ai fait un gros paquet de tous mes doutes et je les ai jetés à l'eau, maintenant, advienne que pourra.

Dans une lettre non datée, Pierre répond :

Ma chère petite,

[...]

Vous allez être grandement surprise parce que je sais que je ne doute pas. Ne regrettez pas votre trop franche amitié à mon égard : elle m'a fait trop de bien. J'en ai trop de bonheur à vous connaître et à vous aimer. Vous voudriez que je puisse vous en vouloir. Je ne le puis pas « tigresse » car je sais ce que c'est que d'être susceptible je le suis quelque peu. Seulement, j'ai plus confiance en vous que vous n'en avez en moi. Je persévère dans la compagnie des hommes mariés.

Thérèse souffre du rhume des foins et les maux de tête qui l'accompagnent l'empêchent de « tenir les yeux ouverts ». C'est du moins ce qu'elle écrit à Pierre, début juillet. Cette correspondance nous apprend aussi que, avant de quitter Montréal pour Saint-Irénée, « il y a deux semaines à pareille heure [elle s'était] préparée à descendre [le] rejoindre au Ritz ». Elle ne parle pas de chaperon, cette fois, et il ne semble plus qu'elle soit intimidée ! Elle continue : « je ne me reconnais plus, Pierre. Je deviens d'une douceur extra-ordinaire, mon indépendance est allée rejoindre mes doutes au fond du Saint-Laurent. » Et à l'occasion, elle lui demande de faire « bien attention à votre chatonne ».

Dès le 7 juillet, le château commence à se peupler. Selon Thérèse, ce jour-là, une dizaine de personnes sont arrivées et, le 9, Pierre lui offre ses vœux d'anniversaire.

> Ma chère grande et douce amie,
>   C'est demain l'anniversaire de votre naissance. Je vous souhaite une joyeuse et heureuse fête. Gardez bien longtemps encore tout l'éclat et toute la jovialité de votre franc caractère. Et puissions-nous dans l'avenir recueillir ensemble et savourer en paix les fruits de nos cœurs que nous nous sommes donnés. Merci pour toute votre sollici-tude à l'égard de ma précieuse personne. J'y ferai bien attention car elle vous appartient à vous aussi. Je vous écrirai encore.

Le 10, dans l'après-midi, Thérèse le remercie pour la lettre et les fleurs qu'elle a reçues le matin. « Non pas un merci du bout des lèvres mais un merci du plus profond du cœur. » Quelques jours plus tard, son amie Aline Dorion quitte Saint-Irénée et Thérèse avoue se sentir « un peu isolée parmi tous les gens mariés. [...] Après-midi, nous allons faire une promenade en auto, mais pour moi elle ne vaudra pas celle d'un certain dimanche il y a déjà trois longues semaines, vous en rappelez-vous mon ami ? » Elle demande à Pierre :

Comment connaissez-vous Onésime? (s'appeler Onésime, quelle horreur!). Onésime Gagnon de la Société Maurice Dupré[9]. Il a passé la
fin de semaine chez nos voisins. J'ai eu l'honneur de jouer avec lui.
[…] En après-midi, longue excursion en automobile puis descente au
quai pour accueillir des visiteurs et ramasser la «malle».

À 23 heures, Thérèse continue cette lettre. C'est une des plus
longues de celles que j'ai pu consulter. Il faut imaginer Thérèse à
son secrétaire, le portrait de Pierre juste en face de son écritoire.

C'est encore moi, Pierre. Tout le monde dort. Je n'ai pas sommeil et
je viens jaser un peu avec vous. En arrivant de ma longue excursion
en automobile j'ai trouvé votre lettre attendue avec tant d'impatience.
Ce soir au bateau [une] personne ayant regardé l'adresse a commencé
par me dire qu'il y avait chez vous plus de qualités que de défauts, ce
que j'ai admis. Je n'en ai jamais douté. Puis, voici quelques traits plus
particuliers qu'elle m'a signalés […].

Beaucoup de jugement chez vous — la tête l'emporte sur le cœur
faut-il écrire hélas! Très susceptible mais ne le laissant pas voir. Très
idéaliste, très sentimental. Porté au «bleu» et à un très grand degré
vous vous découragez. Assez d'ambition. Enfin, une petite dose de
vanité.

Comme trait dominant chez vous, elle a donné la franchise et
plusieurs fois elle a insisté sur ce dernier point. […].

[…] monsieur, la personne en question a terminé en disant que
vous étiez un peu orgueilleux. M'en voulez-vous de vous disséquer
comme un pauvre papillon? […] Pauvre Pierre. J'allais dire «pauvre
vieux» […]

Bonsoir mon ami. Je bavarde comme une pie et j'oublie que je dois
me lever à bonne heure pour aller à la messe.

[…] Thérèse

Le lendemain soir, Thérèse préfère rester au château alors que
ses parents et quelques invités se rendent à l'Hôtel Charlevoix. Elle
écrit à Pierre:

Mon cher grand ami.

Ce soir encore je suis seule dans mon petit coin et j'en profite pour
vous remercier de votre dernière lettre. Je vous adresse ces lignes dans
le living room à la lueur très douce d'une jolie lampe. Le phonographe
joue «Mon cœur s'ouvre à ta voix» de Samson et Dalilha. Vos roses

répandent un parfum très subtil et très agréable. Impossible de rêver quelque chose de plus cosy, cependant l'essentiel y manque. Comme vous pouvez en juger, je suis un peu sentimentale dans le moment mais une fois de temps en temps cela peut s'excuser, n'est-ce pas mon ami ? […].

Gilles et Maurice voulaient que je descende à l'hôtel mais je préférais 100 fois mieux causer avec vous.

Pauvre Pierre, cela me désole de voir combien il fait chaud en ville. Hâtez-vous de nous arriver, vous verrez quel délicieux pays est Saint-Irénée. Ici, plus de soucis. Il vous faudra jouir de vos vacances le plus possible. Je vous assure que je suis prête à vous les rendre très agréables. Samedi, je vais tout de même vous attendre un peu quitte à être aussi désappointée que la semaine dernière. Savez-vous que j'apprécie vos lettres de plus en plus depuis que j'ai su que vous n'aimiez pas écrire, je finirai cette longue causerie demain car voici papa et maman qui reviennent.

Bonsoir mon cher Pierre.

Le 16 juillet, Thérèse écrit :

[…] J'arrive de l'hôtel où j'ai joué deux sets de tennis […].

Demain matin, Pauline Bertrand, le père Bournival et Alex arriveront. Je descendrai au bateau, Pierre, avec le rêve fou de vous voir aussi […]. Je ne serai pas contente tant que vous ne serez pas ici. Cher Pierre, il me semble que cela ne viendra jamais.

Déchirez-vous mes lettres ? Il y a plusieurs jours que je me demande cela. Je garde les vôtres bien précieusement et presque chaque soir avant de m'endormir je les relis de sorte que je les sais à peu près par cœur. Et maintenant, mon ami, au revoir, je voudrais bien continuer, quitte à passer pour une bavarde, mais voici le bateau et je veux que vous ayez cette lettre demain. C'est la quatrième cette semaine si je ne me trompe pas, ce que je m'émancipe ! […] Sincèrement vôtre, M. T.

Le 17 juillet, à Montréal, il fait très chaud. Même à 11 heures du soir, Pierre est allé se promener au parc Sohmer. À cette heure-là, le bourdonnement de la journée fait place aux pas lents des promeneurs, aux claquements des sabots de quelques chevaux encore au travail, à la respiration régulière du fleuve. Pierre assure Thérèse :

Je fus très sobre, je vous l'assure. Il fait encore très chaud : la pluie qui est tombée il y a quelques instants n'a pas rafraîchi la température peut-être parce qu'il y a beaucoup d'humidité et peu de vent. J'ai travaillé d'arrache-pied toute l'avant-midi au bureau [...] je dois rester en ville pour plusieurs affaires absolument urgentes.

Le château est plein de monde et Thérèse est très occupée, mais cela ne l'empêche pas d'attendre Pierre, qui n'arrive toujours pas. Il téléphone, puis envoie des bonbons. Thérèse remercie : « [...] vous me gâtez trop [...]. Je vais devenir absolument insupportable ! » Elle lui parle d'une

promenade en canot au clair de lune. Parlant de Saint-Irénée, elle sera pleine le 26. Vous verrez donc Saint-Irénée sous un aspect des plus enchanteurs. Il y a un grand tournoi de tennis, cette semaine. Descendrez-vous à temps pour y prendre part ? [...]. Vendredi, votre téléphone est arrivé juste à temps pour me consoler d'un gros chagrin, que je me faisais à tort d'ailleurs.

La vie au château commence à peser à Thérèse.

Plusieurs personnes nous arrivent de la Malbaie, ça m'ennuie beaucoup car il va falloir rester avec et faire des frais d'amabilité. Mais je vous assure que la semaine prochaine, quand même George V viendrait, je ne m'en occuperais pas. Quand je pense que vous n'êtes pas ici pour la fin de semaine, j'y comptais tant.

Elle se fait de plus en plus pressante. Le 24 juillet, elle écrit :

Je suis si contente de penser qu'il ne me reste plus que trois jours à vous attendre [...].

Hier, après avoir passé la soirée au clair de lune j'avais une folle envie de vous écrire pour vous dire un peu de tout ce que je ressens. Mais après mûre réflexion j'ai pensé qu'il valait mieux me coucher tout de suite. Je ne tiens pas à ce que vous me preniez pour une grande sentimentale outrée ou quelque autre chose de ce genre. Vous êtes, en apparence, si calme, si posé que vous n'aimeriez peut-être pas cela et pour des raisons à moi je préfère ne pas baisser dans votre estime. Écoutez maintenant je suis très sérieuse, mercredi matin, rain or shine, je descends au Saguenay pour vous souhaiter la bienvenue. Si vous n'êtes pas à bord je ne sais trop ce qui arrivera. C'est ce bateau que vous comptez prendre, n'est-ce pas ?

> Il faut absolument que vous soyez ici mercredi, Pierre, nous avons en vue une belle excursion en auto pour jeudi et la partie serait absolument manquée si vous n'y étiez pas.

Il était là. A-t-il interprété la lettre de Thérèse comme un ultimatum ? Je ne sais, mais, à partir de là, tout est allé très vite. Les fiançailles sont décidées de même que l'époque du mariage. À preuve, cette carte où Thérèse dessine trois têtes d'enfants. À cette époque, toutes les jeunes filles envisagent d'avoir des enfants. On se marie, alors, pour accueillir tous les enfants que le bon Dieu voudra bien nous envoyer. Ce qui surprend ici, c'est que Thérèse en fixe par avance le nombre. En fin de compte, les Casgrain en auront quatre. Dans ses mémoires, Thérèse rapporte que son père trouvait la différence d'âge importante entre sa fille et Pierre et qu'il avait fait remarquer à celui-ci que cela pourrait entraîner des problèmes dans le couple. Ce à quoi le futur gendre aurait répondu « que cela ne l'effrayait nullement et qu'il avait hâte d'avoir son propre foyer ».

Non sans avoir promis de revenir bientôt, Pierre rentre à Montréal où son travail l'attend. Il doit aussi se mettre à la recherche d'un appartement. Le 7 septembre, Thérèse lui demande d'attendre « à la semaine prochaine ». Elle a oublié de lui parler de « certaines petites choses ». Puis, elle se ravise : « Néanmoins, je ne voudrais pas vous faire manquer une occasion favorable. Je laisse le tout à votre discrétion Pierrot [...]. » Elle avait commencé sa lettre en avouant se sentir « absolument désemparée » depuis son départ.

> Je m'étais tellement habituée à vous avoir près de moi. Une fois le bateau parti je suis allée au bureau de poste chercher la gazette. À mon retour à la maison, je me suis installée dans la balançoire afin de regarder le Champlain qui emportait la plus grande partie de mon bonheur. Maman et Madame Dionne sont venues causer avec moi et ont fait votre éloge à qui mieux mieux. Après avoir fait un peu de musique et dit mon chapelet, je suis montée dans ma chambre. [...] À 1 hre am je me suis réveillée et j'ai pensé longtemps à vous. Pauvre vieux, j'espère que le long voyage ne vous a pas trop fatigué.

Ce jour-là, la famille part en excursion à Baie-Saint-Paul. Il fait superbement beau, mais un peu trop chaud au goût de Thérèse. Elle termine sa lettre en « déposant un baiser respectueux sur votre beau front » et elle signe : « Votre petite qui vous aime tant. M.T. » Parlant de baiser, Thérèse raconte dans ses mémoires que Pierre avait osé l'embrasser « derrière papa qui lisait son journal ; celui-ci ne manqua pas de révéler à ma mère qu'il avait vu la scène dans ses lunettes ».

———

Depuis quelque temps, le père de Thérèse n'est pas bien, mais il décide tout de même de partir pour Montréal, malgré le temps qui se gâte. « Le bateau qui devait passer ici à 9 pm hier vient seulement de partir. (3 pm) C'est que depuis deux jours, un brouillard intense s'étend sur le fleuve, en ce moment je ne vois même pas le quai […]. Papa est un peu mieux, lui aussi nous a quittés tout à l'heure. Il ne redescendra pas pour la fin de la semaine. N'oubliez pas que je vous attends samedi. »

Saint-Irénée se vide. Rodolphe ne reviendra pas avant deux ou trois semaines et Gilles retourne à Montréal dans quelques jours. Blanche et quelques domestiques du coin sont encore au château, de même que Thérèse qui ne sait pas encore quand elle retournera à Montréal. Elle en profite pour faire le ménage dans les lettres et les cadeaux reçus d'ex-soupirants, comme elle en informe Pierre : « Ce matin, j'ai brûlé les tendres missives de mes anciens chums, j'ai procédé à cette exécution avec un sang froid qui aurait fait bondir ces pauvres garçons. » Cela expliquerait pourquoi l'on n'a pas retrouvé la correspondance avec Bernard, non plus que son journal. Mais, en ce qui le concerne, elle attendra encore un peu. Elle continue : « Demain je brûlerai toutes les lettres de Bernard car maintenant Pierre, je suis entièrement à vous et rien ne doit se dresser entre nous, pas même un souvenir du passé. »

Le 10 septembre, le brouillard s'est levé et le *Champlain* est enfin arrivé au quai.

Je prie tous les saints du ciel pour que cette affreuse brume disparaisse une bonne fois. S'il fallait que vous ne puissiez traverser, je pense que je pleurerais toutes les larmes de mes yeux. Et ça n'est pas peu dire [...]
J'ai bien hâte de me blottir près de vous pour écouter votre chère voix qui me rend si heureuse [...]. Je serai au bateau rain or shine. Do you know why ?
Papa vient de téléphoner à maman, il vient d'arriver à Québec après un voyage de misère. Pas de quoi manger à bord ni de chambre, les femmes pleuraient enfin tout à l'avenant. Le Saint-Irénée était parti de Québec depuis mardi matin.

Pierre est venu et, après son départ, Thérèse lui écrit une longue lettre. « J'ai passé l'avant-midi assise sur le lit de maman, notre cause est gagnée, elle comprend que pour notre bonheur il est préférable que nous ayons notre "chez-nous". » Je ne sais qui, de Blanche ou de Rodolphe, tenait tellement à ce que le jeune couple s'installe avenue Ontario. Déjà qu'il y avait Marguerite, son mari Alexandre et leur fille ainsi que les trois frères de Thérèse.

Avec sa mère, elle prépare le retour en ville. Les malles sont descendues du grenier et les préparatifs commencent. Thérèse voulait rentrer pour la fin de semaine, mais son père s'y est opposé. Le lendemain, il fait une chaleur écrasante et à l'heure du souper, les nuages se font menaçants. On craint un gros orage « et moi qui ai peur du tonnerre », écrit Thérèse à Pierre. En digne fille des Dames du Sacré-Cœur, elle ajoute en post-scriptum à sa lettre : « n'oubliez pas que mercredi, vendredi et samedi sont des jours maigre et jeûne [sic], car ce sont les quatre-temps. Ainsi soit-il ! »

De retour à Montréal, les préparatifs du mariage et l'installation du couple préoccupent tout le monde. Il faut trouver la toilette de la mariée et du cortège et constituer le trousseau. Dans certaines familles, les filles le fabriquaient avec leur mère et la literie était marquée du chiffre brodé des futurs époux. Mais je ne vois pas Thérèse, non plus que Blanche, broder les taies d'oreiller au point de Richelieu ni un T et un P entrelacés sur un faux drap. Tout sera acheté à New York plutôt qu'à Paris, à cause de la guerre. Pendant que Thérèse y magasine avec sa mère, début décembre 1915, Pierre lui écrit au Vanderbilt Hotel.

Hier soir en rentrant chez nous [chez vous] après avoir laissé votre père, je me suis senti absolument seul [...]. J'étais pensif et triste à pleurer [...]. Le dernier meuble de notre chambre à coucher est arrivé. Tout cela me fait penser à vous et souhaiter que les semaines se changent en jours et les jours en heures! Je suis allé luncher au Club de Réforme avec Sir Wilfrid [Laurier] et Sir Lomer [Gouin]. Ce soir, j'ai assisté à l'assemblée au Monument National pour le discours de Sir Wilfrid. [...] J'espère donc pouvoir vous serrer bientôt dans mes bras dimanche prochain. Dites-moi quand vous arriverez et je serai au train.

Leurs lettres se croisent. À New York, il fait un sale temps, de la neige et de la pluie. La veille, Thérèse avait laissé sa mère entre «les griffes d'une couturière» et, comme tout semble bien aller depuis, leur retour est prévu pour le dimanche 12 décembre, «de sorte que je serai dans vos bras Pierrot chéri vous devinez combien j'ai hâte n'est-ce pas?». Mais Blanche ne veut pas que la date de leur retour soit connue parce qu'elle ne tient pas «à aller au Windsor lundi soir». Et Thérèse d'ajouter en post-scriptum : «si vous êtes blood vous viendrez à la gare dimanche matin puis nous irons entendre la messe ensemble. Tu veux chou?»

———

Pierre-François Casgrain est né à Montréal le 4 août 1886, où son père François pratique la médecine. Sa mère, Adèle Berthelot, décède alors qu'il n'a que trois ans. Élevé par sa grand-mère, Georgiana Morrison, Pierre veillera sur elle jusqu'à son décès. À vingt ans, Pierre perd aussi son père.

Selon Thérèse, l'ancêtre de son mari, Jean-Baptiste Casgrain, serait arrivé de France vers 1750 pour d'abord s'installer dans la basse-ville de Québec et y tenir auberge. Ayant fait fortune rapidement, il se serait fixé à Rivière-Ouelle avec Marguerite Cazeau, et sa nombreuse famille s'y est ensuite installée. Le fils aîné, Pierre, aurait acheté la seigneurie de la Bouteillerie, en 1813. Après son décès, cette seigneurie fut transmise à l'aîné, Pierre-Thomas Casgrain, arrière-grand-père de Pierre-François Casgrain. Ce dernier fera ses études chez les Jésuites, au Collège Sainte-Marie, puis à la Faculté de droit de l'Université Laval à Montréal. Au moment de sa rencontre avec Thérèse, il est associé dans le cabinet Casgrain, Mitchell, McDougall. Il est actif aussi dans l'organisation du Parti libéral fédéral, pour le Québec.

À trois semaines du mariage, Thomas-Chase Casgrain, alors ministre des Postes à Ottawa, écrit à Pierre :

> La nouvelle année qui va bientôt s'ouvrir te verra associer à ton sort dans la vie celui d'une compagne dont tout le monde dit le plus grand bien […]. N'oublie jamais ce que tu dois au nom que tu portes : il est synonyme de probité, d'honneur et de vertu critique[10].

Le 16 janvier 1916, les futurs époux sont chez le notaire A. Écrément pour la signature d'un contrat de mariage en séparation de biens et, tôt le matin du 18, les domestiques s'affairent aux derniers préparatifs dans la grande maison de l'avenue Ontario. Quelques parents sont arrivés depuis la veille au soir. Heureusement, parce que maintenant la neige tombe à plein ciel. Thérèse est avec sa mère à revoir les plans de table pour la réception qui suivra la cérémonie religieuse. Au réveil, le mercredi 19, la ville est toute blanche et les branches des arbres qui ploient sous la neige brillent de mille feux. « J'avais l'impression que toute cette beauté était une gâterie du ciel et un présage de bonheur pour moi », écrira Thérèse dans ses mémoires.

Sir Rodolphe s'était assuré que l'avenue Ontario serait bien déneigée, de même que les rues qu'allait emprunter le cortège pour se rendre à la cathédrale Saint-Jacques et en revenir. C'est l'archevêque de Montréal, Mgr Paul Bruchési, qui va recueillir les engagements des futurs époux.

À 10 heures, les invités ont déjà pris place dans la cathédrale. Thérèse arrive au bras de Sir Rodolphe, mais Pierre n'est pas là. Tout le monde connaît une histoire où le promis ne se présente pas, au grand désespoir de la future épouse, mais Thérèse ne peut imaginer que Pierre puisse agir de la sorte. Les minutes passent, qui lui paraissent une éternité et, finalement, il passe les portes de la cathédrale avec son témoin, le ministre des Postes Thomas-Chase Casgrain. Au cours de la réception, ce dernier expliquera que la tempête de neige a retardé son train.

Durant la cérémonie, l'archevêque de Montréal lira un passage de l'épître de saint Paul aux Éphésiens : « Femmes, soyez soumises à vos maris comme au Seigneur ; car le mari est le chef de la femme, comme le Christ est le chef de l'Église qui est son corps[11]. » Des générations de femmes se seront fait servir ce verset au moment de leur mariage. En 1977, dans une conférence à Regina, Thérèse dira qu'elle n'a « jamais pu digérer les épîtres de Saint-Paul qui était sûrement un misogyne[12] ».

Le soir, Thérèse et Pierre prennent le train pour New York où ils passeront quelques jours avant de se rendre à Cuba pour la suite de leur voyage de noces. Là, Thérèse découvre « la saveur des fruits mûris au soleil », mais c'est aussi la première fois qu'elle est « frappée par le spectacle d'une pauvreté lamentable voisinant la grande richesse ». C'est dire comment elle était coupée de la réalité à Montréal. Elle avait beau fréquenter les ouvroirs et les œuvres de bienfaisance, elle ne se promenait sans doute pas dans les quartiers ouvriers, à Saint-Henri ou à Griffintown, par exemple.

À leur retour, le couple s'installe rue Bishop et Thérèse commence sa vie de femme, mariée à un professionnel évoluant dans un milieu moins riche et moins flamboyant que celui qui a été le sien jusqu'alors. Pierre a un peu de biens, est associé dans un cabinet d'avocats, mais il a charge de sa grand-mère et, maintenant, d'une femme.

Je n'imagine pas Thérèse occupée à remplir son « coffre d'espérance » de layettes faites à la main, non plus que de l'ensemble de baptême confectionné à partir de sa robe de mariée, comme c'était la coutume. Et je ne vois nulle part qu'elle soit active à la Fédération nationale Saint-Jean-Baptiste (FNSJB) ou dans les groupes de femmes qui existent alors à Montréal. Il est vrai qu'elle est enceinte assez tôt et qu'il était inconvenant pour une femme dans un « état intéressant » de se montrer en public, mais, selon sa belle-fille, Claude Loranger-Casgrain, « c'était pas une personne qui pouvait rester chez elle à tricoter[13] ».

Je ne vois pas non plus qu'elle ait plusieurs domestiques à son service, peut-être bien une bonne à tout faire et quelqu'un pour l'aider, lors des réceptions. À l'époque, le personnel domestique féminin fait l'objet de constantes récriminations chez les dames de la « haute » de sorte que la FNSJB avait fini par mettre sur pied un comité dont s'occupaient Lady Lacoste et Caroline Béïque. Il s'agissait alors bien plus de former ces jeunes filles arrivant la plupart du temps de la campagne que de modifier leurs conditions de travail : au service des maîtres et de leurs enfants jour et nuit, certaines ne bénéficiaient que d'une demi-journée de congé par semaine. Et encore.

Le lundi 5 mars, grand branle-bas sur l'avenue Ontario. Sir Rodolphe et Lady Forget donnent un bal au bénéfice du 150ᵉ bataillon d'Outremer. Thérèse écrit que c'était son premier bal. Cela m'apparaît une anomalie dans son milieu, mais on a vu qu'elle n'avait pas fait ses débuts. On organisait des bals pour présenter les filles à marier. Était-ce qu'elle s'y serait opposé ? Il faut rappeler que, dès ses dix-sept ans, elle et Bernard se fréquentaient, et qu'il s'est écoulé peu de temps avant que Pierre Casgrain ne se manifeste. Quoi qu'il en soit, dans les salons de l'avenue Ontario, les dames valsent dans les bras d'officiers en tenue d'apparat. Mais ni l'orchestre, ni la profusion d'arrangements floraux, ni le scintillement du cristal des lustres ne peuvent faire oublier que certains de ces militaires vont bientôt se retrouver au front. Le Canada est en guerre, et quelques-uns de ces beaux cavaliers ne reverront pas leur pays.

Deux jours avant cette soirée, Rodolphe avait reçu

une lettre lui annonçant que les Allemands feraient sauter sa maison durant le bal. Au début, ce fut une panique, mais on se ressaisit vite et les préparatifs de la fête continuèrent. La nouvelle s'ébruita mais cela n'empêcha personne de se rendre avenue Ontario où lady Forget recevait très gracieusement. Les uns ajoutaient foi aux sinistres racontars et étaient un peu émus, les autres étaient sceptiques mais tout le monde dansait ou jouait aux cartes comme si de rien n'était. La bombe n'est jamais venue[14].

Il y avait à cette réception près de trois cents personnes, dont Sir Wilfrid Laurier, Sir Lomer et Lady Gouin, Sir Herbert et Lady

Ames, Sir Hugh et Lady Graham, l'honorable Thomas-Chase Casgrain et son épouse ainsi que de nombreux notables et gradés de l'armée. Une bombe aurait alors fait un beau carnage.

La guerre, si on n'avait pas un proche au front, ne semblait pas trop atteindre certains milieux. Certes, il était plus difficile de faire avancer les projets, les fonds étant affectés aux industries de guerre. Rodolphe se débattait encore pour assurer ses électeurs de Charlevoix d'un lien ferroviaire avec Québec. Avec la Chambre de commerce de Québec, il menait campagne pour éviter que, l'hiver prochain, les patates ne s'entassent jusqu'au faîte dans les caves des cultivateurs de son comté. Les habitants de la ville de Québec avaient déjà de la difficulté à s'en procurer et, quand ils en trouvaient, c'était au prix fort[15]. Mais l'industrie ferroviaire tout entière est en grande difficulté.

Pendant ce temps, à Ottawa, d'autres mènent campagne pour assurer un ministère à Rodolphe, à la suite du décès de Thomas-Chase Casgrain. Selon Borden, « il y avait des pressions des amis de Forget. Celui-ci est venu m'expliquer pourquoi il voulait devenir ministre sans portefeuille tout en conservant toutes ses entreprises. Je lui ai dit que c'était impossible ; et j'ai entendu dire qu'il est sorti grandement insatisfait de notre rencontre[16]. »

Puis, le gouvernement Borden décide d'imposer les profits des entreprises. Bien qu'il continue de soutenir le gouvernement dont il fait partie, Rodolphe n'aime pas cette mesure qui ne l'aide en rien dans ses affaires. Elle a d'ailleurs un effet instantané sur les prix. Ceux des aliments montent rapidement. L'année suivante, Borden imposera aussi le revenu des particuliers en affirmant toutefois bien haut qu'il s'agit d'un impôt temporaire dû à la guerre. Et les prix augmentent à nouveau. De 1913 à 1918, le coût de la vie avait augmenté de 60 %, mais les salaires continuaient d'être très bas.

Sous les pressions de l'Europe, le premier ministre canadien commence à parler d'imposer une mobilisation des hommes en état de servir. On parlera d'abord de service national. Comme l'écrira Gérard Filion, « c'est avec la conscription de 1917 que la guerre éclatera au village[17] ». Et les Canadiens français ne s'y trompent pas : le Service national n'est que le prélude à une conscription des jeunes hommes, malgré tous les démentis apportés par les ministres conservateurs et toutes les garanties données à Mgr Bruchési, l'année précédente. Avec réticence, ce dernier avait fini par écrire une lettre aux fidèles de son diocèse le 3 janvier 1917. Après entente avec l'archevêque de Québec, cette lettre allait être lue dans toutes les églises, à toutes les messes, le dimanche 7 janvier.

> Les journaux ont déjà porté à votre connaissance la direction que nous avons cru devoir donner au clergé et aux religieux des divers Instituts de notre diocèse, relativement à la question dite du «service national». Cette direction, nous venons vous la donner également, persuadé que nous servons ainsi les meilleurs intérêts de toute notre population.
>
> [...]
>
> Pour des raisons sérieuses et très sages, [...] le gouvernement désire faire en quelque sorte l'inventaire de toutes les forces et de toutes les ressources dont notre pays peut disposer [...]. Les renseignements qu'il sollicite seront précieux durant la guerre. Ils le seront également après.
>
> À cette fin, un certain nombre de questions sont posées à tous les citoyens, âgés de seize à soixante-cinq ans. Il est de haute convenance que nous y répondions. [...] Ces réponses vous les écrirez, nos très chers frères, en toute liberté, sincèrement et loyalement [...][18].

Au sortir de la messe, sur les perrons des églises du Québec, la rumeur enflait: même l'Église catholique française appuyait les Orangistes! Il ne faisait maintenant aucun doute que la conscription allait être instaurée. Alors, quelques-uns ont commencé à préparer leur «cache». D'autres n'ont pas attendu: ils ont fui.

Puis, des manifestations seront organisées un peu partout à la suite du discours de Borden, le 18 mai. En Chambre, le premier ministre admettait maintenant que le «volontariat» ne suffisait plus à répondre aux immenses besoins de l'Empire et qu'il fallait envisager d'ajouter cinquante mille, mais plus probablement cent mille hommes. Certains ont même écrit que Borden avait promis un demi-million de soldats à l'Angleterre, ce qui dépassait largement les possibilités de recrutement[19].

Le 11 juin, le gouvernement Borden dépose un projet de loi sur la conscription. À Montréal, les 20, 21 et 27 juin, des assemblées anti-conscriptionnistes se tiennent durant lesquelles Henri

Bourassa exhorte les Canadiens français au calme. Lors de la guerre des Boers, Bourassa avait déjà dénoncé les velléités du gouvernement de l'époque, pour les mêmes raisons. « Dans les fermes, on donnera le nom de "Borden" à un chien méchant ou à un taureau dangereux[20]. »

Le 24 juillet, la loi est adoptée. Les libéraux de Laurier et quelques Canadiens français votent contre, dont Sir Rodolphe Forget. Il quitte la vie politique. La nouvelle, qui se répandit comme une traînée de poudre, jeta la consternation dans Charlevoix[21]. Puis, le 28 août, Montréal est la scène d'émeutes. L'été 1917 n'est qu'une suite de manifestations à Montréal et à Québec, ailleurs aussi dans la province, et elles se terminent généralement par de la violence. En fait, le Québec est en guerre contre la guerre. Sauf les anglophones qui, pour la très grande majorité, tiennent à la défense de l'Empire à n'importe quel prix.

Les rumeurs d'élections se font pressantes, mais avant de les déclencher, Borden fait voter la *Loi des élections en temps de guerre*[22]. Un article de cette loi stipule que les épouses, les veuves, les mères, les sœurs et les filles de ceux qui ont fait ou font partie de la force expéditionnaire sont admises à voter lors d'une élection en temps de guerre. Mais en même temps, cette loi enlève le droit de vote à tous les Canadiens nés en Allemagne, en Pologne, en Serbie et en Ukraine, qu'ils soient de sexe masculin ou féminin[23].

Le mari de Thérèse, depuis longtemps militant et organisateur libéral, décide de remplacer son beau-père dans le comté de Charlevoix. Laurier le soutient puisqu'il se déclare contre la conscription. Pour Rumilly, Pierre Casgrain est un « jeune homme de jolie tournure, un peu timide, un peu inquiet mais surtout gendre de Rodolphe Forget[24] ». Il sera aidé dans sa campagne par Alexandre Taschereau.

Thérèse fera campagne avec son mari, laissant sa mère s'occuper du premier enfant né du couple, Rodolphe[25]. C'est l'automne. Il y a la pluie, la neige mêlée de pluie, les vents, le froid, puis la brume et les marées. De Baie-Saint-Paul à l'île aux Coudres, la navigation est difficile. Thérèse a dû être attachée au fond d'une barque pour ne pas être projetée par dessus bord. Il fait très froid, et c'est ensevelis sous un amas de couvertures de fourrure qu'ils font la traversée. Il n'y a que cinq milles, voire six, entre la côte de Charlevoix et l'île, mais la traversée est périlleuse en raison des glaces mouvantes et des courants rapides. Sur place, ils rencontrent les organisateurs de Pierre et, comme le veut la coutume, Pierre s'adressera aux paroissiens au sortir de la messe.

Je ne sais de quel bord penchaient les curés de l'île aux Coudres, mais, le soir du 17 décembre, Pierre Casgrain succédera à son beau-père comme député de Charlevoix. Avec lui, le comté retournait aux libéraux. Le lendemain, Thérèse et Pierre quittent Baie-Saint-Paul et rentrent à Montréal. C'est en carriole et enveloppés de couverture de peaux de buffle qu'ils traversent les bois et les caps de Charlevoix, sur une route très étroite bordée d'énormes bancs de neige, car, comme le disait le curé Léonce Boivin, « quand il neige dans les caps, c'est à pochetées[26] ». Ils font halte au relais La Barrière pour se réchauffer et manger avant de reprendre la route vers Québec où ils arrivent peu avant minuit.

———

Curieusement, Thérèse ne parle pas de la naissance de Rodolphe ni non plus de celle de ses autres enfants. À l'époque, pourtant, la maternité représentait le destin de la femme, son devoir, sa vocation. Même dans le milieu dont elle est issue. Les mères gardaient le lit une dizaine de jours et la plupart allaitaient. La formule Nestlé, qui a longtemps eu cours, ne convenait pas à tous les enfants. Le biberon se répandra avec la pasteurisation du lait de vache. Je ne vois nulle part que Thérèse ait eu la fibre maternelle très développée.

Ils habitent maintenant rue Elm, à Westmount. Westmount leur rappelle la campagne. Les rues y sont petites, avec de la verdure, des arbres, des champs plein d'oiseaux. Les tramways traversent la ville, mais sur les plus grandes artères seulement. De vieilles dames s'y promènent tous les jours, qui pour aller à l'office religieux, qui pour se dépenser auprès de « leurs pauvres ». Mais au début du siècle, Westmount s'est développée comme un quartier riche, typiquement anglophone. D'ailleurs, l'église Saint-Léon aurait été construite au coin des rues Clarke et Western (devenue boulevard de Maisonneuve) parce que « les Anglais voyaient d'un mauvais œil que les Canadiens français puissent entrer un peu dans Westmount[27] ». Les millionnaires juchent toujours plus haut, sur la montagne, mais ils seront bientôt rejoints par la petite bourgeoisie. Autrefois, ce territoire était habité par les Amérindiens. C'était avant que les Sulpiciens en deviennent les seigneurs et maîtres et qu'ils le fassent défricher par des colons venant de Bretagne et d'Anjou.

La grogne est partout au Québec. L'armée continue de faire la chasse aux « déserteurs », aidée en cela par le versement d'une prime à quiconque facilite leur arrestation. Dans la ville de Québec, la veille de Pâques, une manifestation monstre devant le Manège militaire s'étend jusque sur les terrains de l'Hôtel du gouvernement. Des cavaliers et des fantassins, baïonnettes au canon, foncent sur les manifestants. Le maire Lavigueur, hésitant, essaie de lire l'*Acte d'émeute*. La foule, d'abord incrédule, finit par se disperser. Certains manifestants sont blessés et quatre sont tués. Le jour de Pâques, du haut de la chaire, les curés du diocèse de Québec liront un mot du cardinal Louis-Nazaire Bégin exhortant les fidèles au calme et à la modération : sept cents soldats anglophones venaient d'arriver de Toronto.

Thérèse accompagnera son mari à Ottawa pour l'ouverture de la session, au printemps 1918. Elle écrit dans ses mémoires : « Ce fut lors de cette première session que l'on accorda le vote à un nombre limité de femmes canadiennes. » Elle se trompe. On l'a vu plus tôt, cette loi avait été votée en septembre, donc avant le déclenchement des élections. Thérèse assiste aux rudes échanges depuis les galeries d'un musée où les élus siègent à la suite de l'incendie qui a ravagé certaines parties du Parlement, au printemps 1916. Avec Pierre, elle va dîner chez Sir Wilfrid et Lady Laurier. Sir Wilfrid, bilingue, courtois, éloquent, fin politicien à la longue chevelure blanche, recevra souvent le couple.

Quand les Casgrain sont reçus chez les Laurier, les femmes sont tenues à l'écart des conversations des hommes, d'autant qu'ici on discute de stratégies électorales, d'organisation de comté et de sujets hautement politiques. Toutes choses dont on doit tenir loin les femmes! Mais Thérèse peut se rendre écouter les élus «parlementer». Dès le début, cela la fascine; très rapidement, elle se rend compte du parti que les femmes pourraient en tirer si elles pouvaient voter et être élues.

Thérèse dira à la journaliste Bee MacGuire qu'Ottawa avait été pour elle toute une révélation et que c'est à partir de ce moment qu'elle a commencé à s'intéresser à ce qui arrivait aux femmes dans le reste du Canada[28]. Nul doute que sa fréquentation du milieu politique lui ait ouvert des horizons que les conversations légères et les mondanités des étés à Saint-Irénée ne pouvaient laisser soupçonner.

C'est à Ottawa qu'elle prendra conscience de la valeur du droit de vote et qu'elle se familiarisera avec les organisations féminines canadiennes déjà fort actives depuis la fin du siècle précédent. Il y avait aussi de ces organisations au Québec, mais c'est comme si l'entourage de Thérèse n'en était pas conscient. Blanche accompagnait Rodolphe, mais on ne lui connaît pas d'avis ou de commentaires particuliers sur la question de l'engagement des femmes dans la vie publique. Rodolphe, on l'a vu, est d'abord tout entier pris par ses affaires, l'engagement politique devant nourrir celles-ci. Chez les Forget comme chez bien d'autres familles de ce milieu, les enfants ne se mêlaient pas aux conversations «sérieuses», et même quand ils y seront admis, les femmes se réuniront dans une autre pièce pour ne pas entendre des propos qui puissent les offenser. En outre, la place des femmes était à la maison, à côté de leur mari, ou dans des œuvres de bienfaisance. Pas à disserter sur les questions politiques ni non plus à intervenir pendant les campagnes électorales.

Plus tôt cette année, le gouvernement fédéral avait réuni des femmes de partout au Canada afin de s'assurer du soutien des Canadiennes à l'effort de guerre. Les participantes profitent de cette rencontre pour réclamer, par résolutions, un salaire mini-mum pour les femmes, un salaire égal pour un travail égal et une formation technique[29]. Thérèse suit avec grand intérêt ce qui sort de cette rencontre. D'autant qu'elle vient de prendre conscience qu'au Québec aussi la condition des femmes et le féminisme font l'objet de vives discussions. Le clergé, puis certains journalistes, combattent toute velléité de vouloir remettre en cause le rôle et le statut juridique des femmes dans la société. Alors qu'à Ottawa le gouvernement Borden a déposé, pour étude, le *Women's Suffrage Act*, un projet de loi qui accorderait le droit de vote à toutes les Canadiennes aux prochains scrutins fédéraux.

Dans *Le Devoir*, Henri Bourassa se déchaîne. Il signe trois éditoriaux. Dans le deuxième, il écrit : « C'est une reculade de 20 siècles. » Pour lui, accorder le droit de vote aux femmes, ce serait laisser « avilir nos femmes », faire « le plus possible de femmes-hommes, ou hommasses », les amener « à patauger dans le purin électoral ». Plus loin, il ajoute que « les insanités du féminisme ont déjà troublé bien des cervelles féminines et masculines, éveillé chez une foule de femmes un tas d'idées baroques, d'instincts pervers, d'appétits morbides[30] ».

Dans le troisième article, Bourassa ne croit pas, comme le pre-mier ministre Borden le dit, que « l'influence des femmes [...] apporterait à la vie publique une diversion bienfaisante et morali-satrice. [...] ». Au contraire :

> Soustraite aux salutaires contraintes de la vie religieuse et de la mater-nité, ou déchue de sa réelle royauté familiale et sociale, la femme, plus délicatement mais plus aveuglément passionnée que l'homme, arrive plus vite que lui aux pires injustices, aux plus mesquines étroitesses, à la plus complète immoralité cérébrale, aux égarements les plus pervers du jugement[31].

Olivar Asselin, pour sa part,

> [...] favorise le suffrage féminin, non pas tellement parce que je crois à l'égalité des droits [entre l'homme et la femme] mais parce que je demeure persuadé que le vote des femmes contribuerait à sortir la politique de la fange où les appétits personnels et la cupidité des grandes compagnies l'ont fait tomber[32].

Mais en 1922, Asselin aura changé d'idée[33].

Lors du débat en Chambre, en 1918, Wilfrid Laurier en fera une question d'éducation et de tradition. Ainsi, certaines provinces seraient plus avancées que d'autres et auraient accordé le droit de suffrage aux femmes. « L'Île du Prinde-Édouard, le Nouveau-Brunswick et le Québec n'ont pas encore atteint ce degré ; mais ils s'efforceront, je n'en doute pas, de se mettre bientôt au niveau des autres[34]. » Le 24 mai 1918, toutes les Canadiennes âgées de vingt et un ans et plus obtiennent le droit de vote au fédéral, où qu'elles résident. Il faudra attendre juillet 1919 pour qu'elles aient aussi le droit de se présenter sur la scène fédérale[35].

Pierre Casgrain siégeant à Ottawa, Thérèse n'a pas pu ne pas lire les articles concernant le droit de vote. Et en discuter, d'autant qu'ils sont écrits par des collègues de son mari ou rapportant les propos de ces derniers ou encore de gens qui ont fréquenté ses parents quand elle était plus jeune. Thomas Chapais, par exemple, qu'elle retrouvera dans ses batailles au Québec. Au printemps, il signe un article dans *La Revue Canadienne* contre le droit de vote au niveau canadien. Il rappelle qu'il s'y oppose depuis Sir John MacDonald. C'était en 1884, est-ce utile de le rappeler. À l'époque jeune journaliste, Chapais écrivait qu'il « s'agissait d'une concession déplorable au mouvement américain et à l'idée moderne de l'émancipation sans frein […] ». Aujourd'hui, il soutient que « le suffrage féminin est une erreur grosse de conséquences funestes. […] constituant le renversement et la perversion de l'ordre établi par Dieu dès le commencement du monde[36] ».

———

Puis, ce fut la grippe espagnole. Georges-Émile Lapalme écrit :

> Elle vint comme une inondation, lentement d'abord, puis irrésistible dans sa course de plus en plus rapide. S'insinuant partout, elle couvrit l'univers. On en parla un peu, on en parla beaucoup, on ne parla plus que d'elle[37].

Partie d'Espagne au printemps 1918, quoique certains pensent qu'elle est venue de Chine à la suite des débarquements de renforts américains[38], elle arrive ici à la fin de l'été avec les soldats démobilisés. Voyant cela, Rodolphe et Blanche partent pour Saint-Irénée avec le Dr Lanoie. Rodolphe fait venir des médicaments de Montréal et, pendant plusieurs semaines, avec Blanche et quelques domestiques, il prend soin des plus mal pris de son comté[39]. Il veille aussi à ses affaires et ne perd pas de vue ses détracteurs. Le 20 mars, il écrit à son gendre :

> On me dit que « Le Soleil » d'hier [mardi le 19 mars] a un article terrible contre le Quebec Saguenay et le Quebec Railway.
>
> Edmond Taschereau, le Président, m'avait promis que rien ne serait dit. Vous devriez voir vos amis pour que cela cesse immédiatement car ce sera loin de vous faire du bien dans votre comté. Vous savez que le Quebec Montmorency traverse Montmorency et le Saguenay Charlevoix.
>
> Le Directeur du « Soleil » est d'Hellencourt, un cochon de français. Vos amis vont probablement vous dire que c'est la faute d'Hellencourt, mais vous pourrez leur répondre que ce n'est pas lui qui est responsable mais eux, propriétaires du journal. Vous pourrez également leur dire que vous n'entendez pas être traité de la sorte par l'organe officiel du parti libéral[40].

Thérèse avait aussi cette façon d'agir, dictant par téléphone à plein de gens quoi faire, comment faire, pourquoi le faire. Et l'urgence de le faire. Et elle revenait à la charge.

Durant ce temps, à Montréal, des comités s'organisent pour aider les malades et leur famille. Idola Saint-Jean, que l'on retrouvera plus tard, dirige le Comité de secours français[41]. Selon l'historienne Magda Fahrni : « Il y avait toute une armée féminine d'infirmières, de religieuses, de bénévoles qui faisait des visites à domicile. Ces femmes ont soigné Montréal[42]. »

Le 11 octobre, le Bureau de Santé de la cité de Montréal impose la mise en quarantaine de presque toute la ville. Pendant un mois, les cinémas, les théâtres, les salles de danse et les bains publics de même que les écoles et les universités doivent fermer. Mgr Bruchési suspend la célébration des messes et des offices religieux, y compris celui de la fête des morts, le 1er novembre. Les réunions de plus de vingt-cinq personnes sont interdites. L'épidémie entraînait bien des misères, la mort était partout, dans les collèges, les familles, les casernes. Ce fut la panique. On suspendra même l'appel des conscrits et la chasse aux insoumis[43].

Puis, le 11 novembre 1918, les cloches de toutes les églises sonnent : c'est la fin de la guerre. Les gens se précipitent dans les rues, certains pleurant de joie. Ils entrevoient maintenant le retour de leurs proches. Des papiers jonchent les rues commerciales lancés depuis les fenêtres des bureaux, comme autant de confettis. La fin de la guerre, c'est aussi, croit-on, la fin des privations, des prix élevés, d'une vie entre parenthèses. Et à nouveau, le droit de faire la grève.

C'est la fin d'autre chose, aussi. En 1914, les Canadiens anglais se considéraient comme faisant partie de la Grande-Bretagne. Les Canadiens français n'ont jamais adhéré à cette conception du Canada. Déjà, leur nation, c'est le Canada mais un Canada plus autonome avec la reconnaissance de leur spécificité. En 1918, les Canadiens anglais sont devenus Canadiens. Une nouvelle identité nationale est née qui recouvre diverses tendances, diverses attentes, selon que l'on est francophone ou anglophone. Selon l'historien Desmond Morton, « le Canada est [alors] devenu un pays formé de deux nations[44] ».

Dès après les célébrations du temps des fêtes, Blanche et Rodolphe partent pour Baie-Saint-Paul. Rodolphe veut s'assurer sur place de l'état d'avancement des travaux sur la ligne de chemin de fer de la Quebec and Saguenay. A-t-on idée de voyager en plein mois de janvier, par la route des caps ? Cette route ne sera adéquatement entretenue, en hiver, qu'à la fin des années 1940[45]. Ce n'est pas l'hiver de la « grande neige », mais le nordet venant du golfe en a tellement entassé ici et là que les chevaux peinent à tirer le traîneau. Depuis qu'ils ont quitté Québec, c'est le noroît qui souffle, sec et froid. Pas âme qui vive sur cette route jusqu'au premier relais. Après un changement d'équipage, Blanche et Rodolphe reprennent la route, mais peu après leur arrivée à Baie-Saint-Paul, Rodolphe ne se sent pas réellement bien et Blanche le ramène à Montréal aussi vite que la route le lui permet. Emmitouflés dans des couvertures de fourrures, des bouillottes au pied, les relais leur semblent bien espacés. Quand ils finissent par arriver à Québec, ils dorment sur la Grande Allée, dans la maison des MacDonald.

Le train du lendemain les ramène à la gare Viger où le fidèle Marc Gauthier les attend. Avenue Ontario, Rodolphe prend le lit, et c'est de sa chambre que, pendant onze jours, il continue de mener ses affaires. En fait, c'est de là qu'il commence à mettre de l'ordre dans ses affaires, comme le lui a fortement conseillé son médecin. Il dicte son testament, qu'il signera le 22 janvier[46]. Selon Thérèse, il complète aussi les derniers arrangements en vue de la vente du chemin de fer Quebec and Saguenay au gouvernement et il convoque à ce sujet les directeurs de la compagnie, le 8 février.

Son père se meurt, mais Thérèse ne parle pas de ce qu'elle ressent, non plus que de l'atmosphère qui régnait à la maison. Elle raconte les derniers jours de son père comme s'il s'agissait de la mort d'un voisin. Pourtant, elle écrira plus tard que «plus que tout autre [il] eut une influence prépondérante dans [sa] vie». Peut-être son éducation lui interdisait-elle de manifester quelque émotion? Ou alors, depuis la mort de Bernard, elle s'est forgé une carapace, question de s'immuniser contre la perte d'êtres chers. On ne la voit pas pleurer, non plus. Comme si toute émotion l'avait quittée à jamais.

Imaginons un moment la semaine du 16 février. Selon les médecins, Rodolphe n'en a plus pour longtemps bien qu'il soit parfaitement lucide. Comme c'est la coutume, les amis et connaissances de la famille viennent déposer une carte de visite. Les parents éloignés commencent à arriver. Ainsi, malgré leur grand âge, les parents de Rodolphe s'amènent au chevet de leur fils, et ses enfants, tour à tour, prennent la relève de Blanche auprès de leur père.

Le lundi 17 février, la nouvelle du décès de Sir Wilfrid Laurier se répand. On hésite à en informer Rodolphe, mais comme il demande encore à voir les journaux sur lesquels il jette un œil, il l'apprendra. Alors, aussi bien le lui dire. Étant donné l'état de Rodolphe, Pierre Casgrain n'aura pas à se rendre à Ottawa pour la veillée en chapelle ardente, non plus que pour les funérailles officielles de celui qui lui a permis de succéder à son beau-père dans Charlevoix.

Le 18 en après-midi, Rodolphe demande à voir Mgr Bruchési, qui lui administre les derniers sacrements et, avec la famille, récite la prière des agonisants :

> [...]
> Ne vous souvenez plus, Seigneur, des fautes de votre serviteur ; ne vous vengez pas de ses péchés. [...] et accordez-lui votre pardon.
> [...]
> Dieu de miséricorde, Dieu très bon, [...] jetez un regard bienveillant sur Rodolphe votre serviteur, et puisqu'il vous demande de le pardonner de tous ses péchés dans la pleine sincérité de son cœur, exaucez sa prière.
> [...]
> Ayez pitié, Seigneur, de ses gémissements, ayez pitié de ses larmes ; et puisqu'il n'a d'espoir qu'en votre miséricorde, admettez-le dans votre mystère de réconciliation.
> Par le Christ, notre Seigneur. Amen[47].

À 10 h 30, dans la soirée de mercredi, Rodolphe s'éteint. Il avait cinquante-sept ans. Le lendemain, un crêpe est accroché à la porte des bureaux de sa compagnie. La Bourse souligne son décès, de même que tous les grands quotidiens, contrairement à ce qu'écrit Robert Rumilly. Pour lui, la mort de Rodolphe est passée inaperçue[48]. Pourtant, *La Patrie* rapporte ce qui suit :

> Comme sir Wilfrid Laurier qu'il suit dans la tombe à quelques heures d'intervalle, mais dans une sphère différente, il a atteint les sommets. Laurier a dominé pendant trente ans la scène politique. Forget a été depuis sa jeunesse la plus brillante figure du monde financier, non seulement de notre province mais du pays tout entier[49].

Tous les journaux rappellent sa carrière et ses grandes réalisations en affaires, son action politique et sa très grande générosité. Selon *La Presse,* « ses dons à l'hôpital Notre-Dame, en particulier, que l'on estime à 400,000 $ en sont une preuve suffisante[50] ». Mais il y a aussi certaines mauvaises langues qui laissent « croire que Forget aurait été assassiné ou se serait suicidé en constatant sa ruine personnelle[51] ».

Il y a tempête de neige à Ottawa, et Montréal ne sera pas épargnée. On procédera rapidement au déblaiement de l'avenue Ontario, le 23 janvier, et le lendemain, dès 9 heures, le cortège funèbre se met en branle. *La Patrie* publie en deux photos une vue de ce moment : sur l'une, le cercueil qui sort de la résidence de Sir Rodolphe et, sur l'autre, le très long cortège de carrioles et de traîneaux avançant vers la cathédrale depuis le 71 de l'avenue Ontario. De chaque côté de l'avenue, une grande foule, malgré le froid. Les hommes soulèvent leur chapeau au passage du corbillard vitré sur les côtés et tiré par de magnifiques chevaux.

Les fils et les gendres de Sir Rodolphe conduisent le cortège, suivis des beaux-frères, cousins et oncles du défunt. Son secrétaire particulier y est aussi. Mais les journaux ne mentionnent pas Blanche non plus que Marguerite ni Thérèse. Selon la coutume, les femmes ne font pas partie du cortège. Reléguées dans une des carrioles, elles se rendent à la cathédrale vêtues de noir, la tête et le visage recouverts d'un voile de deuil. Il fallait suivre à pied le cercueil et il y avait long à marcher dans la neige et le froid jusqu'à la cathédrale Saint-Jacques. Et puis, Thérèse est enceinte.

Les témoignages de sympathie vont affluer de partout et durant plusieurs semaines. Dans ce qui a été conservé par Thérèse, une curieuse lettre d'Adolphe-Basile Routhier, leur voisin de Saint-Irénée. La lettre, très longue et d'une écriture pointue est adressée à Blanche.

Ma très chère amie

[…] en vous communiquant mes pensées je vous apporterai peut-être quelque soulagement. Permettez-moi de vous le dire : votre regretté mari et vous-même, vous avez mal compris la vie, et votre erreur vous a causé bien des déboires imprévus. Vous avez mal placé votre idéal ; et quand vous avez réalisé, vous vous êtes aperçus que ce n'était pas le bonheur cherché, et que c'était plutôt cet idéal rêvé et réalisé qui vous apportait la souffrance. Aujourd'hui, vous la comprenez mieux sans doute, et je suis convaincu qu'après avoir eu la soif des honneurs et des richesses, vous avez maintenant soif d'oubli et d'isolement et que vous ne désirez pas plus de la fortune qu'il n'en faut pour élever convenablement vos enfants. C'est la terrible épreuve imposée par Dieu qui vous a remise dans le droit chemin. […] je n'ignore pas qu'il a commis bien des fautes comme nous tous, mais je sais aussi qu'il a fait bien des bonnes œuvres, et que la miséricorde divine est infinie […].

Ma chère amie, souvenez-vous de notre vieille amitié. Elle a été soumise à une rude épreuve, il y a quelques années. Mais elle a triomphé finalement. […] Ah! Qui nous rendra les premiers beaux jours de Saint-Irénée? Chanterons-nous encore comme autrefois «Quand les lilas refleuriront»? Non, sans doute, mais nous y retrouverons le calme et la sérénité […][52].

Un brouillon de réponse est attaché à cette lettre:

J'ai bien reçu votre lettre si amicale du trois courant et je vous prie de croire qu'elle m'a été bien sensible. Elle m'invite à méditer sur la fragilité des choses humaines: hélas! les événements de ces dernières années avaient déjà présenté à mon esprit ce grave sujet de méditation. Mon mari adorait l'activité, c'était chez lui un besoin irrésistible [les succès qu'il a obtenus pendant de longues années l'on rendu confiant et hardi]. Comme de raison, quand il entreprenait une affaire il désirait réussir; mais ce n'était pas pour le plaisir d'amasser des trésors. Il n'a pas connu l'égoïsme. Je ne crois pas me tromper en disant qu'il était charitable et généreux. Les succès qu'il a obtenus pendant de longues années l'ont peut-être rendu trop hardi et trop confiant. Le malheur de sa vie a été de vouloir procurer au comté de Charlevoix, à ses électeurs, les avantages d'un chemin de fer. Il s'est fait mourir pour le mettre au monde.

Heureuse de savoir que je peux compter sur votre amitié[53].

Routhier écrit à Blanche comme le faisaient les directeurs de conscience jusqu'aux années 1960. Il était alors de bon ton de rappeler qu'il «est périlleux pour un peuple catholique de rechercher la richesse: ses énergies doivent être ordonnées à des fins plus hautes[54]». Reste que Rodolphe a partagé sa richesse avec ceux qui n'en avaient pas, s'est efforcé de mettre sur pied des services publics (santé, énergie, transport, éducation), alors qu'il n'y en avait pratiquement pas. Et dans son métier, comme l'écrit Madame Francœur, «les prestigieuses opérations de Rodolphe Forget, de 1882 à 1907, sur une place qui comptait à peine vingt-cinq membres, et guère plus de quarante lorsqu'il quitta la maison-mère, resteront parmi les hauts faits de la Bourse de Montréal[55]».

Le 1er juillet, « jour solennel par excellence s'il en fut un, [...] marquait le premier voyage [du train] Saint-Joachim-La Malbaie : le grand rêve caressé depuis vingt-cinq ans par l'ex-député conservateur de Charlevoix aux Communes, Sir Rodolphe Forget[56] ». Des invités de marque avaient pris place dans l'un des wagons bondés de voyageurs. Entre autres, le premier ministre du Canada, Robert Borden, et sa femme de même que certains de ses ministres et leurs épouses et, bien sûr, les curés et les maires des paroisses où passait le chemin de fer. Ni Blanche ni ses enfants n'y étaient : la famille est en grand deuil. Selon Simard, « ce jour-là, le cœur serré, ils regardèrent passer ce premier train qui représentait tant de luttes et tant d'efforts[57] ». C'est d'ailleurs ce qu'écrit Thérèse dans ses mémoires.

Cet été-là, Gil'Mont reçoit, mais moins qu'avant. Tout de même, William Lyon Mackenzie King y vient. Cela fait d'ailleurs jaser : certains voudraient le voir épouser Lady Forget[58]. Mackenzie King est le petit-fils de William Lyon Mackenzie, qui dirigeait les Réformistes, dans le Haut-Canada, contre la Couronne britannique, en 1837. Il est assez souvent au Québec. En janvier, il avait donné une conférence au Club de réforme, à Montréal, à laquelle avait assisté Pierre Casgrain. Ancien sous-ministre du Travail, King, docteur en économie politique, était un spécialiste des questions ouvrières. Depuis la mort de Laurier, il est le chef du Parti libéral. En juillet 1921, il sera aussi l'hôte de Gil'Mont, et les Casgrain en profiteront pour lui faire visiter Les Éboulements, Baie-Saint-Paul, Murray Bay et, bien sûr, Saint-Irénée. Dans sa lettre à Pierre, il rappelle la gentillesse de Lady Forget, de Thérèse et aussi de tout le personnel du château, sans oublier monsieur le curé ! Il remercie Pierre de tout ce qu'il a fait pour rendre cette visite politiquement et socialement mémorable[59]. Jusqu'au milieu des années 1940, nous le retrouverons régulièrement dans la vie de Thérèse. Le couple Casgrain sera un habitué des réceptions chez Mackenzie King lorsqu'il sera devenu premier ministre. Ce célibataire aimait recevoir et demandait à Thérèse ou à Odette, la fille d'Ernest Lapointe, d'agir comme hôtesse.

CHAPITRE 6

L'engagement

> La femme naît libre et demeure égale à l'homme en
> droits. Les distinctions sociales ne peuvent être fondées
> que sur l'utilité commune.
>
> OLYMPE DE GOUGES,
> *Déclaration des droits de la femme et de la citoyenne*

D EPUIS LA FIN DU XIXe SIÈCLE, les femmes canadiennes avaient commencé à se regrouper, suivant en cela ce qui se passait en France, en Allemagne et en Angleterre. Au Canada, Lady Isabel Marjoribanks Gordon, comtesse Aberdeen, a fondé le Conseil national des femmes. Rapidement, des sections locales se sont constituées, dont une à Montréal, le Montreal Local Council of Women (MLCW). Cette section recrute des femmes, qu'elles soient francophones ou anglophones, catholiques ou protestantes. Ces femmes font la promotion de l'éducation supérieure des filles, de l'accès aux professions libérales, du droit de suffrage pour les femmes et de l'abolition de la discrimination à l'égard des femmes.

Mais le MLCW est le reflet des valeurs protestantes et britanniques, ce qui amène les Marie Lacoste-Gérin-Lajoie, Caroline Dessaules-Béïque et Joséphine Marchand-Dandurand à le quitter pour former, le 26 mai 1907, la Fédération nationale Saint-Jean-Baptiste (FNSJB). À cette date, Thérèse vient à peine de commencer ses études au Sault-au-Récollet. Alors, comment en vient-elle à s'engager dans le mouvement des femmes?

Thérèse raconte que, lors de la campagne électorale fédérale de 1921, Pierre est confiné à sa chambre d'hôtel, à Baie-Saint-Paul. Souffrant de pleurésie, les médecins ne veulent même pas le transporter à l'hôpital. Il était donc hors de question qu'il se présente à une assemblée publique en plein air. Thérèse appelle le député fédéral Ernest Lapointe qui, bien conscient de l'enjeu, arrive d'urgence de Québec. La rumeur courait que Casgrain se cachait de peur d'affronter son adversaire, le ministre des Postes, l'honorable Louis de Gonzague Belley. Louis-Alexandre Taschereau, dont c'était le mandat de faire campagne avec Pierre Casgrain dans Charlevoix, n'était pas disponible ce jour-là.

À Baie-Saint-Paul, Lapointe convainc Thérèse d'expliquer aux centaines de personnes entassées dans la cour de l'hôtel pourquoi son mari est absent. Le moment venu, Ernest Lapointe s'adresse à la foule : «Mes bien chers amis, il y a quelqu'un ici qui va vous expliquer l'absence du candidat Casgrain.»

Et Thérèse de s'avancer sur la galerie arrière de l'hôtel de Baie-Saint-Paul, enveloppée dans un manteau de fourrure, gantée et chapeautée, comme il se doit. «Il y avait près de deux mille personnes et je fus prise de panique un moment[1].» Après les salutations d'usage, elle dit :

> C'est vrai que mon mari est malade. Il a choisi de vous envoyer, pour vous offrir ses excuses, ce qu'il a de plus cher après son comté : sa femme. Il compte sur votre appui dans l'élection en cours.

Quelqu'un crie quelque chose qu'elle n'a pas vraiment compris mais elle répond :

> Qu'avez-vous contre mon mari?

Quelqu'un crie quelque chose qu'elle n'a pas compris non plus.

> On ne le voit jamais.
> Moi non plus, mais je vais quand même voter pour lui[2].

Lapointe avait eu une idée brillante, surtout que c'était la première élection générale à laquelle toutes les Canadiennes en âge de voter pouvaient le faire et poser leur candidature. La campagne était dure au Québec. Les journaux clamaient que, avec le nouveau chef conservateur Meighen, ce serait à nouveau la conscription. Une première femme sera élue, Agnes Macphail ; Pierre Casgrain aussi, de même que le Parti libéral de King. Mais ce sera un gouvernement minoritaire — une autre première depuis la Confédération —, avec soixante progressistes de l'Ouest. Soixante-cinq des cent-dix-huit libéraux proviennent du Québec. Soixante-cinq sur soixante-cinq sièges !

Thérèse écrira dans ses mémoires que « son amour pour Pierre [lui] avait donné le courage de poser ce geste considéré à l'époque comme très audacieux ». La nouvelle s'est répandue, bien sûr ; on en a fait des gorges chaudes dans certains milieux. Les femmes ne prenaient pas la parole en public, alors, et encore moins sur les *hustings,* ce lieu de toutes les souillures. Qu'on se rappelle Henri Bourassa qui parlait de « purin électoral » !

Mais pour Lady Drummond (Julia Parkers) et Marie Lacoste-Gérin-Lajoie, Thérèse se révèle une recrue intéressante pour l'organisation bilingue qu'elles sont à mettre sur pied. S'ajouteront Carrie Mathilda Derrick[3], Grace Ritchie-England[4], Mme Walter Lyman (Ann Scriver), Mme John Scott et Mlle Idola Saint-Jean[5]. Après quelques rencontres, ce groupe de femmes prend le nom de Comité provincial pour le suffrage féminin (CPSF)/Provincial Franchise Committee.

Il s'agit d'un regroupement apolitique dont l'objectif est de mener une campagne d'éducation afin de persuader le public et le gouvernement du Québec que les femmes désiraient le droit de vote non pas pour changer leur sphère d'action dans la vie, mais plutôt pour élever et améliorer le niveau social en général[6].

L'assemblée de fondation du CPSF a lieu le 16 janvier 1922. Environ trente-cinq femmes, anglophones et francophones, sont présentes. Il y est décidé que la présidence serait assumée conjointement par Mme Marie Lacoste-Gérin-Lajoie, pour la section française, et Mme Ann Scriver-Lyman, pour l'anglaise. Thérèse, elle, sera vice-présidente. Il est aussi décidé à cette assemblée d'organiser une délégation qui se rendrait à Québec pour demander au gouvernement d'accorder le droit de suffrage aux femmes de la province. Selon Catherine Lyle Cleverdon[7], le conseiller législatif Henry Miles les avait assurées que le nouveau premier ministre Taschereau allait bien accueillir leur demande. En un rien de temps, le voyage à Québec s'organise pour le jeudi 9 février. La nouvelle s'étant propagée, une requête commence à circuler dans la ville de Québec, contre le droit de vote[8]. Elle est adressée au lieutenant-gouverneur et au gouvernement de la province de Québec. Une autre requête provient d'un groupe de femmes et de filles de Hull[9].

Le matin du 9 février, malgré le froid, soixante-quinze femmes attendent à la gare Windsor le train spécial pour Québec[10]. Elles rejoindront quelques trois cents autres femmes venues d'un peu partout au Québec. Thérèse parle d'une délégation de quatre cents femmes qui se retrouvent au Parlement, Rumilly et les journaux, deux cents[11]. Mais peu importe leur nombre, le fait que des femmes envahissent l'Hôtel du Parlement est une révolution en soi. Et suffisante pour créer tout un branle-bas. Où allait-on recevoir ces dames? Il n'y avait, semble-t-il, que le Café du Parlement qui fût assez grand pour y asseoir deux cents personnes. Selon *Le Devoir*, des garçons disposaient les chaises

> en hémicycle autour d'une table recouverte d'un vilain tapis de peluche bigarrée. Toutes ces chaises regardaient cette table derrière laquelle devait s'asseoir, un moment plus tard, sans autre rempart qu'une carafe et un verre d'eau, le Premier ministre[12].

Thérèse raconte «que l'endroit choisi s'accordait avec la mentalité de nos hôtes puisque la salle à manger avoisinait la cuisine, endroit où l'on relègue généralement ces dames». Quoique, dans le milieu de Thérèse, ces dames sont au salon, alors que la cuisine est réservée aux domestiques!

Elle écrit aussi qu'elle «tremblait littéralement de peur au moment où [elle] allait parler». Cela m'apparaît pour le moins curieux considérant le fait que Louis-Alexandre Taschereau était membre du conseil d'administration d'une des compagnies de son père, qu'il avait fait campagne pour son mari l'année précédente, que sa mère et son épouse étaient des compagnes de pensionnat et qu'elle le voyait fréquemment. Mais j'admets qu'il s'agissait d'une rencontre fort différente et dans un contexte où toutes celles qui devaient intervenir pouvaient se sentir intimidées. Taschereau appartient à l'une des plus illustres familles de la bonne bourgeoisie canadienne-française qui a donné au pays un cardinal, un ministre, sept juges, dont un siège à la Cour suprême. Selon Jean-Louis Gagnon, Taschereau était un « seigneur qui se voyait comme le gardien des traditions et des valeurs typiques d'une société où la paroisse avait une importance égale à la municipalité[13] ». Le premier ministre affiche un air condescendant et des manières aristocratiques. Distant, seuls ses proches l'appellent par son prénom. D'après divers auteurs, c'est un pauvre orateur ; son débit est saccadé, mais il a l'esprit vif et même un peu cynique. Physiquement, il est long, osseux, anguleux.

Tenant parole, le député Henry Miles s'est levé pour présenter les porte-parole de la délégation et expliquer au premier ministre la raison de cette rencontre toute spéciale. Thérèse raconte que, au moment de se rasseoir, des députés du camp adverse tirent la chaise du député Miles et qu'il se retrouve par terre. Elle écrira que « nos illusions et nos espérances tombaient en même temps ». Mais Thérèse confond deux événements. Ce dernier a lieu le 9 mars, le député Miles plaide alors à nouveau la cause des féministes. Selon *The Gazette*[14], les collègues de chaque côté du député ont tiré sa chaise pour l'aider à se lever. Au moment de s'asseoir, il n'a pas songé à l'approcher et en tombant, sa tête a heurté son bureau, ce qui aurait fait dire à Idola Saint-Jean : « La lutte des droits de la femme se livre dans le sang[15]. »

Thérèse ne parle pas de ses compagnes ni non plus de ce qui a été dit ce 9 février au sujet du droit de suffrage. Les quotidiens rapportent pourtant l'événement, certains résumant même les interventions de tous ceux qui ont pris la parole.

Le journaliste Louis Dupire décrit l'entrée de la délégation :

La délégation prend séance avec plus d'ordre et d'exactitude que n'aurait fait une assemblée masculine. Les dirigeantes de la délégation brillent, comme il sied, au premier rang. Ce sont lady Drummond, très grande, dont les traits fortement accusés s'estompent sous un chapeau autour duquel pleurent une profusion de plumes noires; Mme T. de G. Stewart, de Montréal, comme la précédente, de taille au-dessus de la moyenne, habillée de couleurs provocantes; Mlle Carrie Derrick, vêtue de sombre, portant d'amples lunettes, Mme James Geggie de Québec, qui parle en français, Mme Gérin-Lajoie, bien connue à Montréal, présidente de la Fédération nationale, habillée de sombre, Mlle Saint-Jean, qui a l'habitude du public et parle d'une voix posée, mais sans pose; Mme Pierre Casgrain, svelte, élancée, qui met une note de jeunesse au milieu de cette assemblée où les cheveux gris ou blancs dominent[16].

Plus loin, dans le même article :

Taschereau a soufflé sur les beaux espoirs de ces dames. Il ne s'est point laissé attendrir même par le plaidoyer spirituel de Mme Casgrain qui avait pourtant soulevé parmi les députés, disséminés derrière la délégation, des salves d'applaudissements auxquels s'étaient associés les ministres, y compris M. Taschereau.

Le journaliste ne parle pas du plaidoyer de Thérèse. *L'Action catholique,* dans un article dont je ne retrouve pas l'auteur, parle de Thérèse en ces termes :

Madame J.-P. Casgrain [sic], épouse du Député fédéral de Charlevoix, ajoute aussi quelques remarques qui font rire les personnes présentes. Elle ne croit pas que le fait de voter engendre des chicanes dans les familles, car s'il fallait attendre à tous les cinq ans pour se chicaner les ménages seraient des plus heureux[17].

Le même journal cite une partie de l'intervention d'Idola Saint-Jean :

[…] le courant féministe est un courant mondial que personne, qu'aucune force ne pourra arrêter. […] Mademoiselle St-Jean a pris part à vingt-neuf assemblées politiques au cours de la dernière élection fédérale et elle affirme que la présence des femmes à ces assemblées leur a donné un charme spécial, un cachet jusqu'alors inconnu.

Le journaliste poursuit :

Elle termine ses remarques en disant que les féministes ne veulent pas que la femme se masculinise mais elles veulent que les qualités féminines rayonnent dans la politique.

Selon *L'Événement,* la rencontre dura « un peu plus d'une heure et Mme Pierre Casgrain en eut presque tous les honneurs, car son discours ne fut pas trop sérieux[18] ». *The Gazette* rapporte, par contre, que Thérèse se demandait si les objections au droit de vote ne venaient pas du fait que l'on croyait les femmes ignorantes. Thérèse disait avoir été « en politique depuis sa jeunesse et avoir noté que les femmes étaient plus instruites que les hommes. Parce que les garçons étaient retirés plus tôt de l'école que les filles. » Thérèse affirmait connaître « des municipalités où des femmes sont secrétaire-trésorier et il n'y a pas de plaintes […]. Ceux qui sont contre le droit de vote invoquent les conflits potentiels dans les familles. Si une femme veut créer des problèmes à son mari, elle ne va pas attendre cinq ans pour le faire. Il y a suffisamment d'autres questions qui peuvent entraîner des disputes[19]. »

Rumilly reconstitue cette journée, des années plus tard. Il y parle des « plaideuses qui peuvent se comparer avantageusement à plusieurs députés […]. Thérèse, la fille de Forget, mondaine et spirituelle ; Idola Saint-Jean, robuste et décidée[20]. » Pour Thomas Chapais, il s'agit de « certaines agitatrices catholiques, réfractaires à la tradition et à la saine philosophie[21] ».

Si l'on excepte la courte intervention de Thérèse en faveur de son mari, l'année précédente à Baie-Saint-Paul, c'est la première fois que l'on entend parler d'elle. Ce qu'en rapportent les journaux montre une oratrice née, qui utilise l'humour avec habileté pour défaire les arguments de l'adversaire. Elle n'en est pas encore aux phrases assassines, mais cela viendra. Il est tout de même curieux de l'entendre dire, en 1922, qu'elle a été en politique depuis sa jeunesse ! Il est bon de rappeler que son père a été député de 1904 à 1917 et que, chez les Forget, des ministres et des premiers ministres étaient parmi les invités, peut-être même plus nombreux que les financiers.

Marie Lacoste-Gérin-Lajoie, Lady Drummond, Idola Saint-Jean, Thérèse et quelques autres auront beau dire et faire, la cause est entendue d'avance. Le premier ministre affirmera qu'il est contre le suffrage féminin, mais que ses ministres et députés pourront « trancher [la question] comme ils l'entendront ». Quant à lui, il ne voit pas ce que la femme aurait à y gagner.

Elle a un ministère d'amour et de charité à remplir, auquel l'homme est absolument impropre ; elle est appelée à une mission plus haute et très différente de la sienne. La réduire à son égal, ce serait en quelque sorte la détourner de sa mission, la faire déchoir un tant soit peu de la situation élevée où l'a placée Dieu lui-même ; pour rien au monde le Premier ministre ne voudrait cela[22].

Dans son édition de dernière heure, *L'Action catholique* conclut :

Les partisans de la mesure [...] avaient bien choisi leurs interprètes, car rarement cause a été soutenue avec plus de finesse, de grâce et d'à propos. Le mérite du Premier ministre n'en est que plus grand d'avoir résisté à pareil assaut, et crânement, à la française, sans retards, et sans faux-fuyants[23].

Thérèse écrira que Taschereau aurait déclaré en aparté, le jour même : « Si jamais les femmes du Québec obtiennent le droit de vote, ce n'est pas moi qui le leur aurai donné[24]. »

Faut-il s'en surprendre ? Dès son élection, en juillet 1920, Taschereau était allé s'incliner devant le cardinal Bégin. Le 17 avril 1921, aux membres de la FNSJB, il avait dit :

Je ne saurais hautement proclamer que la meilleure influence de la femme, sur nos destinées nationales, doit s'exercer au sein de la famille qui est l'âme de notre race comme elle est la base de notre société.

[...] La vraie mission de la femme [...] est de rester fidèle aux traditions ancestrales, à son titre de reine du foyer, à ses œuvres de charité et de philanthropie, à ses labeurs d'amour et d'abnégation. Les incursions dans le domaine jusqu'ici réservé à l'homme n'ajouteront rien à la sublimité et à l'utilité de cette mission[25].

D'ailleurs, avant même que ne soit présentée la requête du CPSF, l'épiscopat québécois avait demandé que « la Législature de notre Province s'abstienne d'accorder aux femmes le droit de suffrage politique[26] », ce à quoi le premier ministre avait répondu :

Personnellement, je suis opposé au suffrage féminin. Plusieurs de mes collègues partagent cette manière de voir, d'autres y sont favorables. La députation est divisée à ce sujet, et si j'ai bien compris les opinions exprimées dans les journaux, les théologiens eux-mêmes sont loin d'être d'accord[27].

Les femmes retournent chez elles, certaines se demandent quoi faire maintenant. Mais Mme Gérin-Lajoie et quelques autres ont rendez-vous le soir même à l'hôtel de ville, où doit se tenir une réunion publique pour parler droit de suffrage féminin[28]. Comme l'écrira *The Gazette* :

> Les premières tentatives sont souvent vaines. L'homme prend position et défend sa place. Les femmes ont encore à faire la preuve de celle qui est la leur quant au droit de vote dans la Province de Québec. Il ne serait pas surprenant de voir les démarches à l'Assemblée législative reprises sous peu et sur une base élargie[29].

Pour les femmes du CPSF, pas question de baisser les bras, d'autant qu'une requête circule maintenant dans toute la province. On soupçonne l'Église catholique d'en être à l'origine et avec raison. Luigi Trifiro affirme qu'un « comité de propagande contre le suffrage féminin est mis sur pied, encouragé par Mgr Paul-Eugène Roy[30] ». Dans toutes les paroisses, on invite les femmes à venir signer la requête contre le droit de suffrage féminin. Selon *L'Action catholique,* une fois signée, cette requête sera envoyée « aux membres du gouvernement afin de leur démontrer que la grande majorité des femmes de cette province sont opposées au suffrage féminin[31] ». Toujours selon ce même quotidien,

> le comité qui s'est chargé de cette tâche accuse réception de requêtes (provenant de onze comtés), douze-mille-cinq-cents signatures ce qui forme avec les requêtes déposées jeudi dernier à l'Honorable Louis-Alexandre Taschereau, Premier ministre, un total de trente-sept-mille-cinq-cents signatures[32].

Certains auteurs parlent même de quarante-quatre mille deux cent cinquante-neuf signatures. Outre cette requête, qui sera suivie de celles provenant de groupes pour le suffrage, une campagne de presse menée par J.-Albert Foisy pour *L'Action catholique* et Henri Bourassa pour *Le Devoir* s'intensifie. Les publications religieuses aussi sont de la partie. Ainsi, dans *La Semaine religieuse* du 23 février, Mgr Paul-Eugène Roy, publie une lettre pastorale contre le suffrage féminin.

[...] Une législation qui ouvrirait la porte au suffrage des femmes serait un attentat contre les traditions fondamentales de notre race et de notre foi ; les législateurs qui mettraient la main à une telle législation commettraient une grave erreur sociale et politique[33].

Le clergé ne s'est pas mépris sur les effets de cette campagne. Comme toujours au Québec, une lettre pastorale est perçue comme un mandement. Il suffisait de faire de la question du droit de suffrage des femmes une question religieuse pour qu'elle devienne taboue : personne n'osait plus y toucher[34]. Ainsi, l'ordre ancien serait-il préservé pour un temps. À cette époque, la toute-puissante Église catholique romaine craignait l'influence d'idées nouvelles venues d'ailleurs. Certains pensent, et ils l'écrivent parfois, que les idées de droits politiques des femmes, le droit de suffrage surtout, viennent directement des Américaines.

Le 19 mars, le supérieur de Mgr Roy, le cardinal Louis-Nazaire Bégin, lui écrit de Rome :

L'entrée des femmes dans la politique même par le suffrage, serait, pour notre province, un malheur. Rien ne la justifie, ni le droit naturel, ni l'intérêt social. Les autorités romaines approuvent nos vues qui sont celles de tout notre épiscopat[35].

Des milliers de femmes signifièrent leur opposition au droit de vote, comme si Dieu venait de leur commander de le faire ! Comme en France à la même époque, les femmes sont trop assujetties au clergé[36]. Peut-être Marie Lacoste-Gérin-Lajoie s'attendait-elle un peu à tout cela. Début février, elle avait échangé de la correspondance au sujet du droit de suffrage des femmes avec l'archevêque de Québec, Mgr Roy. Le 10 février, il lui écrivait :

[...] toute discussion sur le suffrage féminin entre nous serait plutôt désagréable et parfaitement inutile. J'ai là-dessus des idées que vous ne modifierez pas, et, d'autre part, je ne crois pas pouvoir modifier les vôtres. [...] l'Épiscopat de la province a pris là-dessus une attitude bien définie[37].

En mai, Mme Marie Lacoste-Gérin-Lajoie et Mlle Lemoyne, respectivement présidente et secrétaire de la FNSJB, sont à Rome pour assister à une rencontre de l'Union internationale des ligues catholiques féministes (UILCF). Mais auparavant, Marie Lacoste-Gérin-Lajoie avait rencontré le délégué apostolique au Canada, Mgr Pietro di Maria, qui lui avait recommandé de rédiger un texte sur la question du droit de suffrage. Il lui a aussi expliqué comment procéder pour que ce document arrive jusqu'au Souverain Pontife et pour s'assurer que les deux organismes les plus influents en reçoivent copie.

À Rome, Marie Lacoste-Gérin-Lajoie participe aux travaux de la quatrième Commission d'études qui se penche sur la formation de la femme à ses devoirs civiques. Quelle n'est pas sa surprise de réaliser, lors de la présentation à toutes les déléguées des résolutions adoptées en « séance close », qu'une troisième résolution a été ajoutée, qui se lit comme suit :

> Que toute nouvelle initiative, sur le terrain du suffrage féminin, soit soumise d'avance dans chaque pays à l'approbation de l'Épiscopat[38].

Elle ne comprend pas. Elle rentre à Montréal bien résolue à tirer cette affaire au clair. La correspondance qu'elle échange avec la présidente de l'UILCF, la comtesse polonaise Wodzocka, lui confirme les conclusions auxquelles elle en était venue, que l'épiscopat ne peut se limiter à un diocèse et qu'il englobe les évêques de tout le pays.

> C'est l'affaire de l'évêque diocésain de décider s'il a le droit de conclure au nom de l'Épiscopat tout entier de son pays […][39].

Mais qui avait bien pu faire pression pour que ce paragraphe soit ajouté ? Ce serait le cardinal Merry del Val, sans que l'on sache s'il l'avait fait de sa propre initiative[40]. Quoique Luigi Trifiro rapporte que Henri Bourassa ne se serait pas contenté d'arpenter les couloirs du Vatican, mais qu'il aurait aussi fait des démarches personnelles auprès de la présidente de l'UILCF. Le directeur du *Devoir* entretient depuis longtemps des relations avec Mgr del Val. Trifiro se demande d'ailleurs s'il n'aurait pas reçu mandat de certaines autorités religieuses du Québec[41]. Pourtant, dès juillet 1919, Benoît XV avait déclaré à des suffragettes britanniques de la Ligue catholique des femmes : « Oui, Nous approuvons ! Nous aimerions voir des électrices partout[42]. »

Comment l'Église catholique pouvait concilier le fait qu'au fédéral les Québécoises se devaient en toute conscience d'exercer leur droit de vote et qu'il serait contraire à leur religion de l'exercer au niveau provincial? L'Église conseille donc «aux électrices d'user de leur droit légal ou de remplir leur devoir civique avec la réserve qui sied à la femme chrétienne et en se donnant le moins possible à la passion politique[43]», lors des élections à l'autre niveau de gouvernement!

Thérèse déclarait en 1968: «Des préjugés soigneusement entretenus contre le suffrage féminin par certains membres du clergé et certains laïcs catholiques dans la province ont longtemps contribué à détourner les femmes des préoccupations d'ordre public, et aujourd'hui encore, les incitaient à les laisser aux hommes[44].» De fait, pendant longtemps, les élites civiles et l'épiscopat avançaient les mêmes arguments contre le suffrage féminin, quoique pour des raisons différentes. L'Église craignait que les femmes ne s'éloignent de leur rôle de gardienne de la foi dans les familles, alors que Taschereau croyait que les voix des femmes iraient à ses adversaires politiques[45].

À la fin de 1922, Marie Lacoste-Gérin-Lajoie quitte la coprésidence du Comité du suffrage féminin[46]. La croyante qu'elle est ne peut se résigner à passer outre aux directives de l'Église à laquelle elle appartient. Si elle est réduite au silence sur la question du droit de vote des femmes, d'autres prendront la relève. Et celles-là ne se soucieront pas d'obtenir la permission de l'Église du Québec avant d'agir. Toutefois, la FNSJB continuera d'offrir de la formation politique aux femmes jusqu'en 1927[47]. Les cours se donneront au Monument national, qui sert alors de foyer au féminisme canadien-français.

Le Monument national, situé sur le boulevard Saint-Laurent, a été construit par la Société Saint-Jean-Baptiste en 1893. Construit sur la *Main,* c'est le plus vieux lieu de spectacle encore en activité au Canada. À l'époque, cette partie de la ville est habitée par des Italiens. À quelques pas de là, un quartier juif s'étalait dans ce qui est aujourd'hui le quartier chinois. Au moment de sa construction, la SSJB «avait décidé de faire de la Main un grand boulevard français. [...] Mais, loin de métamorphoser la Main, le Monument National a été absorbé par elle, puis a sombré avec elle[48] » avant de renaître vers la fin du XXe siècle.

Quant à Marie Lacoste-Gérin-Lajoie, elle se consacrera surtout à la publication de *La Bonne Parole,* mais cette revue de la FNSJB ne participera pas aux grands débats sur le droit de vote des femmes.

———

Et Thérèse, à quoi s'est-elle occupée tout ce temps? À tenir maison, sûrement. Et à suivre son mari dans les multiples événements publics auquel son rôle de député l'amène à participer. Entre autres, la campagne électorale de 1923. Une autre campagne en plein hiver dans le comté de Charlevoix. Le temps y est neigeux, un vent glacial entasse la neige entre les caps où les balises de sapinage disparaissent dès que la poudrerie se lève. Sauf en cas de grande nécessité, l'on ne s'aventure pas sur cette route en hiver, et il arrive que Thérèse et Pierre trouvent peu de gens pour les entendre. Parfois, hors les organisateurs locaux, seule une poignée de convaincus ou de curieux viennent profiter du « petit blanc » qui est généreusement servi. Dans certains villages, le jour du Seigneur, Pierre assiste avec Thérèse à la grand-messe, puis dès la fin, ses organisateurs retiennent les hommes sur le perron de l'église. Alors, si le froid n'est pas trop vif, il leur parle des intentions de Mackenzie King pour le comté. Et il s'engage à porter leurs demandes au premier ministre dont il rappelle qu'il vient régulièrement au château, l'été. Quand le froid est trop intense, c'est au magasin général que tout le monde se rassemble, ce que n'aiment pas tellement les femmes : les hommes seront « réchauffés » quand ils rentreront à la maison.

Thérèse s'occupe aussi à jouer son rôle de mère, j'imagine. Mais elle n'en parle pas souvent. À l'époque, on la décrit comme une épouse et une mère dévouée. Elle a alors deux enfants, Rodolphe et Hélène[49]. Quand elle sera grand-mère, elle aura un mot de temps à autre pour ce rôle. Et pour ses enfants et petits-enfants. Mais ce ne semble jamais être sa préoccupation première. Son emploi du temps, ses nombreux déplacements empêchent Thérèse d'être vraiment présente et de leur offrir une attention soutenue. En outre, elle est une femme d'extérieur. Même si cela n'influe en rien sur l'affection qu'elle éprouve pour ses enfants, ils souffriront de ses absences, de son engagement dans toutes sortes de causes. Et, sauf Paul, ils seront plus que réticents à l'aider dans ses nombreuses activités, plus tard.

Le 3 janvier 1923, *L'Événement* titre «Le Suffrage féminin et la session : M. Miles reviendra à la charge avec sa proposition, cette année». Les députés ont été rappelés en Chambre pour le 10 courant et les grandes lignes du programme sont exposées dans ce quotidien de la ville de Québec.

> La question la plus intéressante de la session sera, sans aucun doute, celle du suffrage féminin. Il sera intéressant de voir quelle attitude les ministres prendront sur cette question […]. Ont-ils modifié leur opinion à la suite des dernières élections ?

Ils n'auront pas le temps de s'exprimer là-dessus puisque des élections seront déclenchées pour le 5 février.

Cette année, Thérèse perd deux membres de sa famille. Le 25 avril, le grand-oncle Louis-O. Taillon décède, celui dont elle avait voulu tresser la barbe, puis, le 29 novembre, la grand-mère Forget, qui avait quatre-vingt-douze ans. Je ne sais si Thérèse les voyait encore régulièrement. Ils résidaient toujours à l'Institut des Sourdes-Muettes dont Blanche continuait de s'occuper.

À l'automne 1923, Thérèse assiste au dévoilement d'un monument en hommage à son père, à Saint-Irénée. Depuis le décès de ce dernier, l'idée même d'un monument a soulevé bien des passions dans la région, tout comme Rodolphe, de son vivant. Dès février 1920, *L'Action catholique* en parlait :

> Sir Rodolphe, en effet, n'a rien ménagé de son temps, de sa personne, voire même de sa fortune pour promouvoir l'avancement du comté de Charlevoix. N'y eût-il que la construction désirée depuis longtemps du chemin de fer Québec et Saguenay, que déjà ce serait beaucoup. S'il arrive que trop souvent ici-bas, l'homme paie d'ingratitude, nous voulons par des actes prouver notre reconnaissance à cet homme qui nous a fait du bien[50].

Mais Félicité Angers (Laure Conan) ne l'entend pas ainsi. Elle voue une haine tenace à celui qui a délogé son frère Charles de son siège de député à Ottawa. Elle s'oppose farouchement à l'érection d'un monument à Sir Rodolphe. Elle écrit à Mgr Eugène Lapointe :

> On veut ériger un monument à Rodolphe Forget. M. le curé de la Malbaie a présidé à l'assemblée tenue à ce sujet et on veut que tous les curés s'emploient à la réussite du projet. Un monument à un homme déshonoré, frappé d'une condamnation infamante, dont on travaillait à obtenir l'extradition quand il est mort. […] Mgr Bruchési lui-même m'a dit que Forget était un grand ivrogne. C'est parfaitement connu […]. L'or ne suffit pas à tout acheter[51].

Elle écrit encore au même, le 15 février, puis le 20, après avoir lu le compte rendu d'une assemblée tenue à La Malbaie dans *L'Action catholique* :

> Un monument à M. Forget par souscription populaire […]. L'apothéose d'un escroc, d'un homme frappé d'une peine infamante est une terrible immoralité, un *très grand scandale* pour dire le vrai mot. […] Je vous conjure, Monseigneur, ne laissez pas notre comté s'avilir, que notre Malbaie si belle ne soit pas déshonorée par un monument à ce pauvre Forget[52].

Il y eut aussi désaccord sur le lieu où devait être installé le buste de bronze réalisé par Henri Hébert et moulé à Paris. La Malbaie et Baie-Saint-Paul tirant chacune de leur côté, c'est finalement à Gil'Mont que le monument se dresse. La famille a cédé une partie du terrain, au bas du domaine, près de la route.

À trois heures, en cet après-midi d'un beau dimanche de septembre, la famille au grand complet est réunie avec quelques amis. De nombreux discours sont prononcés, rappelant les qualités de Sir Rodolphe : « Homme tout d'une pièce, ne se laissant rebuter par aucune difficulté, et aucun obstacle[53]. »

Selon les journaux, une foule considérable a assisté à la cérémonie présidée par Charles Donohue. C'était pour lui « remplir un devoir d'amitié, de reconnaissance et d'admiration […]. Permettez-moi de m'incliner profondément devant sa statue et de saluer encore une fois le grand Canadien[54]. » L'ex-associé de Sir Rodolphe avait d'ailleurs mis sur pied le comité chargé de l'érection du monument. Puis, Pierre Casgrain, le mari de Thérèse, a clôturé la cérémonie. À côté du monument, il parle de son beau-père :

> Vous le voyez, ici tel que vous l'avez connu, sous un extérieur peut-être sévère, se cachait un cœur franc, une exquise sensibilité, un caractère énergique, une grande volonté. [...] Passant qui viendrez ici, pensez à lui, ayez pour lui un souvenir, homme public, voyez son œuvre, continuez-la[55].

Le Comité provincial pour le suffrage féminin (CPSF) s'étiolait depuis l'échec de 1922, et très peu de femmes osaient ramener le sujet sur la place publique. Toutefois, certaines continuent la campagne, mais par d'autres moyens. Idola Saint-Jean rédige des articles et alimente, avec Mme Scott et quelques autres, l'émission radiophonique *L'actualité féminine*. Elles investissent d'autres lieux et commencent à utiliser les journaux et la radio. Ainsi, tous les lundis, le poste CHLP laisse quinze minutes d'antenne au CPSF. Le 4 février, Mme John Scott fait le commentaire suivant à la radio :

> Les femmes du Québec n'oublieront pas comment elles ont été tournées en dérision et insultées par les députés de réputation douteuse dans notre Assemblée législative et, quand le jour viendra, parce qu'il viendra, quand leur righteous indignation va se transformer en action, nos opposants vont subir le même sort, dans l'isoloir, que l'ex Premier ministre de Grande-Bretagne. Les femmes ont bonne mémoire[56].

À Ottawa, la question du mariage civil est discutée. Et Henri Bourassa reprend du service contre le féminisme. Le 5 mars 1925, il s'acharne sur Agnes Macphail, la première femme députée au fédéral. «Notre unique député-femelle», comme il l'appelle, «espère pourtant que le jour viendra où ce type perfectionné de la femme remplacera ce qu'elle appelle dédaigneusement l'ange du foyer[57]». À cette époque, le Parlement fédéral discute des motifs de divorce et, entre autres, de l'imposition de critères identiques comme preuve d'adultère chez l'homme et chez la femme. Le député de Bellechasse aux Communes, Charle-Alphonse Fournier s'emporte :

« [...] un adultère consacré par la loi [...] dont les effets délétères
s'élèvent comme les exhalaisons d'un bourbier fétide qui répand à
tous les vents la peste croissante qui empoisonne la nation[58] ».
Bourassa plaide plutôt pour l'abolition de tous les tribunaux de
divorce au Canada, fidèle en cela à la position de l'Église catholique
québécoise[59].

⸻

Blanche, elle, dès qu'elle le peut, part pour l'Europe. Au printemps, elle prépare à Paris le trousseau de sa future belle-fille,
Suzanne Morin, que Maurice doit épouser, le 5 mai. De son hôtel,
elle écrit à son gendre, Mᵉ Pierre Casgrain. Elle parle de Rodolphe,
le premier-né de Thérèse et Pierre.

> Je ne sais pourquoi, mais il me tient au cœur plus que tout autre. Il
> me semble qu'il deviendra un grand homme avec les qualités de son
> père et son grand-père, sans oublier celles de Madame Thérèse.

Blanche appelle sa fille « Madame Thérèse » ! Plus loin, dans
cette lettre, elle enjoint son gendre de vendre la propriété du 71 de
l'avenue Ontario, où elle ne veut plus habiter[60].

La succession de Sir Rodolphe est très complexe et ne se réglera
définitivement que durant la décennie 1970. Sir Rodolphe a créé
une fiducie testamentaire, qui est administrée par son fils aîné,
Gilles, son gendre Pierre Casgrain et Blanche. À son décès, en 1919,
il laisse des propriétés et une quantité incroyable de participations
dans toutes sortes d'entreprises. Rapidement, son fils Gilles et plus
tard Maurice, de même que son gendre le remplaceront comme
membre du conseil d'administration de diverses entreprises. Gilles
est en outre surintendant de la Nairn Falls Power Pulp. Mais
aucun d'eux n'a le génie de Rodolphe ni ne connaît comme lui le
milieu des affaires. À partir de 1921, Gilles se lance dans le courtage, son frère Maurice est avocat de même que Pierre Casgrain,
qui est aussi député à Ottawa. Cette même année, quand la Nairn
devient la Donohue Brothers, le mari de Thérèse est actionnaire
pour un tiers des actions émises. Je ne sais s'il les détient au nom

de la fiducie, au nom de Thérèse ou en son nom propre. En 1926, il transfère ses actions en parts égales à chacun des frères Donohue[61].

Au printemps 1925, l'imposante maison de pierre où Thérèse est née et a vécu ses années d'enfance et d'adolescence devient le Cercle universitaire. Propriété de Sir Rodolphe, elle était occupée par le Dr Émile Ostiguy au moment de la vente au Cercle. C'est maintenant un hôtel qui s'élève au coin des rues Sherbrooke et Berri, avec la station de métro Sherbrooke à l'arrière[62].

———

Au printemps, Thérèse fonde la Ligue de la jeunesse féminine. À l'époque, peu de jeunes filles pouvaient aller à l'université, et le travail rémunéré était mal vu dans les classes « aisées ». Il fallait donc occuper ces demoiselles en attendant le mariage. La Ligue « leur offrirait l'occasion de s'entraîner à une action sociale devenue de jour en jour plus impérieuse ». Les objectifs sont les suivants :

> Organiser une aide pratique en faveur de quelques institutions de bienfaisance ;
> Intéresser les membres de la Ligue aux conditions sociales et industrielles concernant la femme et la jeune fille ;
> Offrir à ses membres une occasion de développer leurs aptitudes et leurs talents de façon utile et efficace[63].

En juin, une première rencontre se tient au Ritz ; elle rassemble cent vingt-cinq jeunes femmes et jeunes filles. Elles adhèrent toutes à l'organisation, s'engageant du même coup à consacrer trois heures par semaine à une œuvre de leur choix. C'est la condition sine qua non pour faire partie de la Ligue. En septembre, ces jeunes personnes élisent un comité exécutif qui ébauche un programme. Dès la première année, sept comités sont formés : comité de couture et assistance maternelle (Sainte-Justine), comité de service d'hôpital (Sainte-Justine), comité de braille, comité de bibliothèque, comité de service social, comité d'étude des conditions sociales et industrielles concernant la femme et la jeune fille et comité récréatif. Pour faire partie de ce dernier comité, il faut servir dans un des six autres, car, avant de se divertir, il faut travailler !

Rapidement, Thérèse subira des pressions pour que cette organisation se dote d'un aumônier. Elle refusera. Cette fois et toutes les autres fois où elle mettra sur pied des organisations. Jusqu'à la fin des années 1960, la moindre petite association se devait d'inclure le mot « catholique » dans son nom, et d'être chapeautée par un aumônier, au risque de s'attirer la condamnation de l'Église, ce qui signifiait, à l'époque, la fin à plus ou moins court terme. La condamnation ne viendra pas. De la même façon, tous les organismes dont elle est à l'origine seront apolitiques. Dans le cas de la Ligue[64], elle précise dès le début du texte : « Il est clairement spécifié que les questions politiques seront complètement exclues du programme de la Ligue. » Tout comme son père, Thérèse affiche une liberté d'esprit et de mouvement qui était peu habituelle à l'époque, et encore moins chez les femmes de son milieu. Selon Susan Mann, Thérèse « affirme avoir été moins obéissante que les autres femmes dans les débuts du mouvement féministe[65] ».

Je ne sais si la Ligue est pour elle un moyen d'amener les femmes à prendre conscience du rôle qu'elles peuvent jouer dans la société ou si c'est parce que Thérèse s'ennuie à la maison, que le bonheur domestique ne lui suffit pas. Reste que, ultimement, ces femmes finiront peut-être par réaliser qu'il faut beaucoup d'efforts pour changer la société et qu'elles disposent de peu de pouvoir pour le faire. Qui sait, alors, si elles ne s'engageront pas dans des luttes qui mèneront à des transformations plus profondes et plus durables.

Pendant ce temps, à Saint-Paul-de-Kamouraska, l'abbé Philippe Perrier disserte sur « la jeune fille d'aujourd'hui[66] » dont il craint qu'elle devienne un garçon manqué et mal élevée.

> Elles se rasent les cheveux comme des hommes, raccourcissent en haut et en bas des robes déjà courtes, quand elles ne les troquent pas dans les sports pour la culotte. Elles fument, renversées en un fauteuil, comme les hommes [...]. Elles jouent aux cartes et boivent comme des hommes.

Quelques années plus tôt, l'abbé Victor Germain écrivait que le « décolletage même, [...] constitue un scandale bien caractérisé », que «la mesure du décolletage, autrement dit que l'incitation à pécher est en raison directe de la dénudation[67] ». Il faut dire que ce sont les années folles, que l'on assiste à un développement économique sans pareil et qu'une certaine insouciance s'installe. Et puis, les femmes remontent l'ourlet de leur jupe et se débarrassent des corsets qui entravaient leurs mouvements.

À l'été, King déclenche des élections, non sans avoir consulté Mme Bleaney. On raconte qu'il prenait l'avis de cette «diseuse de bonne aventure» à Kingston. Durant la campagne, les libéraux tiennent un grand rassemblement au Forum de Montréal : Mackenzie King y est accompagné d'Ernest Lapointe, de George Marler et de Pierre Casgrain. Idola Saint-Jean ouvre l'assemblée et, selon Robert Rumilly, elle est bien accueillie par une foule d'une quinzaine de milliers de personnes. Thérèse est chez elle, enceinte. Le 26 octobre, elle donnera naissance à Marie Louise Adeline, Renée, Alexandra. Thérèse racontera souvent, et l'écrira dans ses mémoires, que, lors d'un des dix-sept pèlerinages à Québec pour obtenir le droit de suffrage des femmes, elle était enceinte de son quatrième enfant. «Et je me souviens du Premier ministre Taschereau me disant, Thérèse, si c'est un garçon on en fera un évêque, si c'est une fille, elle deviendra suffragette : Renée n'est ni l'un ni l'autre. Elle est mère de sept enfants et M. Taschereau est son parrain[68]. » C'est une belle anecdote, mais, en 1925, les femmes ne vont pas à Québec !

Le 29 octobre, le gouvernement King sera réélu mais minoritaire. Il survivra grâce au support circonstancié de J. S. Woodsworth, député travailliste de Winnipeg, qui, en retour, gagnera quelques «*specific pieces of legislation*[69] ». Selon un biographe de King[70], Woodsworth le préférait à Meighen, moins progressiste en matière sociale. Thérèse raconte que King aurait offert le poste de ministre du Travail à Woodsworth. Ce dernier aurait refusé, mais aurait offert le soutien de son parti aux libéraux à la condition expresse que le premier ministre s'engage par écrit à doter le Canada d'un programme de pensions de vieillesse. La lettre scellant l'engagement et signée par King en 1926 a été affichée dans le hall de Woodsworth House, malheureusement démolie depuis. En 1927, la loi donnant effet à cet engagement sera votée, mais le Québec n'y adhérera qu'en 1936, Taschereau invoquant l'autonomie provinciale comme motif de son refus.

La session commence le 25 novembre, mais King ne pourra longtemps gouverner dans des conditions si précaires. En fait, il tiendra jusqu'à l'été suivant. Le 26 juin, en après-midi, il se rend chez le gouverneur général Byng de Vimy pour lui demander d'accepter la dissolution de la Chambre. Ce dernier refuse. Deux jours plus tard, dès l'ouverture de la Chambre en après-midi, King se lève et annonce que, « dans l'intérêt public, une dissolution des chambres s'imposait mais que le Gouverneur général avait refusé de se rendre à sa requête. En conséquence, il se voyait dans l'obligation de remettre sa démission[71]. » Inutile d'ajouter que ce fut la consternation aux Communes !

Arthur Meighen, qui le remplace, ne tiendra pas le coup. Le 1er juillet, un débat s'engage sur la légalité de son cabinet, six ministres étant sans portefeuille. Ce gouvernement tiendra trois jours. Le 2 juillet, aux petites heures du matin, le gouvernement Meighen est renversé par une voix. Dans le public, on accréditera la thèse que Lord Byng de Vimy s'était immiscé dans les affaires intérieures du Canada, et, selon Saint-Aubin, cela eut « pour effet de susciter une réaction nationaliste aussi bien chez les anglophones que chez les francophones[72] ». D'ailleurs, « la propagande faisait passer King pour un ami des Canadiens français. N'avait-il pas aux jours sombres supporté Laurier ? N'avait-il pas été désigné par Laurier lui-même[73] ? » Et puis, il faisait équipe avec Ernest Lapointe, un ministre apprécié au Québec. En outre, Meighen était antipathique et, au Québec, il passait pour un froid fanatique[74].

Et on est à nouveau en campagne électorale. Mais cette fois, c'est l'été et c'est de Saint-Irénée que rayonne l'organisation de Pierre Casgrain. Thérèse a pratiquement fait du château le quartier général de son mari, qu'elle accompagne dans toutes les assemblées. C'est à peine si elle a un moment pour voir ses amis, Pauline et Georges Vanier, qui sont installés dans la propriété du juge Archer, le père de Pauline. Blanche aussi met la main à la pâte. On a toujours ce qu'il faut pour que mange et boive tout ce monde qui fourmille autour de son gendre certains jours.

Le 27 août, au cours d'une assemblée contradictoire au Bic, les cloches de l'église se mettent à sonner pendant le discours de Pierre Casgrain.

> Tais-toi, dit un électeur, c'est l'*Angelus* qui sonne. Pierre Casgrain, ancien élève des Jésuites, ne se laisse pas démonter. Messieurs, enlevez vos chapeaux, nous allons réciter l'*Angelus*[75].

Pierre récite donc l'*Angelus* et l'assemblée répond pieusement. Rumilly rapporte en outre que Alexandre Taschereau vient aussi prêter main forte à Pierre Casgrain. Depuis qu'il est le parrain de la dernière-née, peut-être se fait-il un peu plus présent sur le terrain ? Qui plus est, cela lui donne l'occasion de revoir Lady Forget au château, ce qui lui a toujours plu.

Le 14 septembre, à l'élection générale, Meighen sera battu dans son comté et King reprendra le pouvoir avec cette fois un gouvernement majoritaire après cinq ans d'instabilité politique. Le mari de Thérèse sera réélu. Il était jusque-là whip du caucus du Québec, il devient maintenant whip en chef du caucus du Parti libéral du Canada.

Maintenant, Thérèse sera de plus en plus souvent à Ottawa. On imagine que sa maison à Montréal est très organisée, avec un personnel en qui elle a confiance. L'aîné est pensionnaire dans un collège, mais je ne sais si Hélène et Paul le sont. Quant à Renée, sans doute qu'une nounou s'en occupe. Thérèse racontera à Elspeth Chisholm[76] que, du haut des galeries du Parlement, elle verra souvent MM. Bourassa et Woodsworth converser — leurs pupitres étaient voisins — et que, parfois, à l'heure du dîner, les deux hommes marchaient côte à côte sur la colline, Henri Bourassa, les mains croisées derrière le dos. À l'époque, les deux portaient la barbe.

Thérèse rapporte aussi qu'un été, Henri Bourassa s'est présenté au château non invité, à un moment où Lady Forget recevait et qu'il avait causé à cette dernière tout un choc. Anne Bourassa se souvient de l'événement. Les Bourassa étaient allés visiter Angéline

Routhier, qui passait l'été avec sa sœur dans la résidence de leurs parents. Cette propriété est voisine de Gil'Mont, et un sentier privé permet d'y accéder rapidement. S'étant fait répondre que Mlle Routhier était chez Lady Forget, Bourassa s'y rend avec ses filles. On peut comprendre la surprise de la châtelaine quand on sait que les Forget et les Bourassa ne se sont jamais fréquentés et que, ce jour-là, Gil'Mont recevait pratiquement tous les estivants de Saint-Irénée. Anne Bourassa écrira à Elspeth Chisholm : « Comme ce sont des gens bien élevés, ils nous ont bien reçus[77] ».

À l'automne 1927, Thérèse part pour Londres avec sa mère. Elles assisteront à quelques réceptions dans le cadre de la Conférence impériale du Dominion et des Indes. Sur l'*Empress of Scotland*, Thérèse fait signer un carnet de voyage à quelques personnes dont Vincent et Alice Massey, Pauline Lemieux, Aimé Geoffrion. Louis-Alexandre Taschereau est aussi du voyage, avec son épouse. À leur retour, il écrit à Blanche :

[...] je garde toujours le meilleur souvenir de notre voyage en Europe. Vous et Madame Casgrain êtes des compagnes de route rares et si vous voulez recommencer, j'en suis. Ne manquez pas de m'inviter à aller voir vos meubles, quand ils seront arrivés, j'ai hâte de constater s'il est possible de faire un bon choix au milieu de tant de distractions ! Merci encore[78].

Thérèse et sa mère ont toujours aimé magasiner et se ménageaient du temps pour le faire lors de voyages officiels.

Thérèse, qui n'a pas perdu contact avec le CPSF, reprend le flambeau pour le droit de vote, avec Idola Saint-Jean. Mais très tôt, des divergences de vues se font jour et, lors de l'élection de l'exécutif, le 24 janvier, Idola quitte le groupe et forme l'Alliance canadienne pour le vote des femmes du Québec (l'Alliance). Thérèse écrira dans ses mémoires que « Mlle Idola St-Jean, mécontente du peu de zèle du Comité provincial, s'en sépara pour former l'Alliance canadienne pour le droit de vote des femmes du Québec » et qu'elle donna plus tard comme raison de sa défection en 1927 « l'inactivité du Comité provincial et son insuccès apparent d'atteindre les classes laborieuses ». À l'époque, Idola est la mal-aimée de cette lutte pour le droit des femmes. Même Gérard Parizeau dira d'elle que cette

« vieille fille, parfois maladroite, avait le don de mettre les hommes en boule par ses propos irritants[79] ».

J'ai retracé dans le Fonds de la Ligue des droits de la femme une lettre du 8 janvier 1929 adressée à Thérèse, à sa résidence. Il y est question d'une rencontre à l'hôtel de ville de Montréal organisée par l'Alliance et à laquelle Thérèse participait en tant que présidente du CPSF. L'échevin Joseph Mercure, le 12 décembre précédent, aurait demandé au Comité de législation de « retarder leur vote, car il y a une autre délégation de femmes qui attend pour être présentée ». La secrétaire de l'Alliance écrit :

> Les membres de l'Alliance, réunies en assemblée générale, m'autorisent de vous écrire, vous demandant si vous aviez connaissance de telle délégation ? Votre comité devait-il s'unir à cette délégation ? Nous vous serions bien reconnaissante, Madame, si vous nous le laissiez savoir au plutôt [sic] possible. Croyez-moi Madame, que cette association, ne s'arrêtera à rien pour régler jusqu'au fond cette question ; car, trop de fois déjà a-t-elle souffert des injustices d'autres groupements plus ou moins en faveur du suffrage[80].

Premiers accrochages ou délimitation du territoire de chaque groupe ? Cela n'empêchera pas les femmes de rencontrer le premier ministre Taschereau à Montréal, le 19 février. Les présidentes francophone et anglophone, Mmes Léger et Sampson interviennent, de même que Marie Lacoste-Gérin-Lajoie. Le 24, le Comité exécutif du CPSF décide d'envoyer une lettre aux membres de l'Assemblée législative expliquant les raisons pour lesquelles leur organisme réclame le droit de suffrage. Le Comité décide aussi d'envoyer une délégation à Québec lors du dépôt du Bill 176. C'est le député de Jacques-Cartier, Victor Marchand, qui le défendra.

> Lors des débats, le député de Dorchester, M. Ouellet, soutient que l'expérience nous enseigne que l'homme est supérieur en politique et que la femme est supérieure au foyer. Pour que chacun garde sa supériorité, il faut qu'ils tiennent tous les deux leur place[81].

L'honorable député Ouellet, aussi à l'exécutif de l'Union catholique des cultivateurs (UCC) dans son comté, avait ainsi reformulé la maxime ayant cours à la campagne : « À chacun son métier et les vaches seront bien gardées!» Il voulait toutefois que l'Assemblée législative donne son coup de grâce à cette mesure qui, «comme certaines plantes nuisibles que l'on croyait mortes, ne cessent de renaître». Ce même honorable député proposa un amendement au Bill Marchand pour que la deuxième lecture soit reportée de six mois. Quelle courageuse façon de dire non! Peu avant Noël 1917, il avait été plus osé en appuyant la motion Francœur qui demandait à la Chambre de déclarer «que la province de Québec serait disposée à accepter la rupture du pacte fédératif de 1867 si dans toutes les autres provinces on croit qu'elle est un obstacle à l'union, au progrès et au développement du Canada[82]».

Dans *Le Soleil,* Alphonse Gagnon salue la sagesse du législateur qui,

> en écartant la femme de l'arène politique, n'a fait que sauvegarder les intérêts bien compris de la province et ceux de la femme elle-même. [...] Son sexe même où vibrent les généreux instincts de notre nature, et où s'incarnent la douceur aimable et la bonté pacifiante, l'éloigne des querelles de la tribune et du tumulte de la place publique[83].

Cet hiver-là, Thérèse a plusieurs fers au feu. La Ligue de la jeunesse, dont elle surveille la bonne marche, le droit de vote, l'admission des femmes à la pratique du droit et le salaire minimum des femmes au travail. En 1925, le gouvernement avait modifié la loi du salaire minimum des femmes et avait nommé les membres de la Commission créée en 1919 et présidée par Gérard Francq. Cette loi prévoyait que l'un des membres de la Commission pouvait être une femme. Malgré les pressions de la FNSJB auprès du ministre, les commissaires sont tous des hommes.

En janvier 1927, le président Francq profite d'une rencontre annuelle avec Taschereau pour y amener une délégation dirigée par Thérèse, qui vient réclamer le droit de vote. Selon le biographe de Francq, le premier ministre lui aurait demandé, en aparté, «s'il était nécessaire d'amener son poulailler avec lui[84]». Francq, militant syndical influent dans le mouvement ouvrier québécois et favorable au droit de vote des femmes, avait son idée. Il sait bien qu'il ne pourra faire nommer une femme au poste de commissaire, mais il s'organise pour que, lors de conférences conjointes, il y ait une femme. À partir de 1927, Thérèse y jouera un rôle de premier plan en tant que représentante du public. En 1930, Idola Saint-Jean sera aussi représentante du public, mais elle sera rapidement remplacée après être intervenue très fermement pour la réduction de la semaine de travail à 55 heures[85].

C'est à partir de cette année 1927 que Thérèse commence à jouer un rôle actif dans le Club des femmes libérales de Montréal. Elle y fera pression pour l'admission des femmes à la pratique du droit. Elle croisera alors Me Lucien Cannon, adversaire de son père autrefois, et Me Amédée Monet. Cannon sera le premier à défendre cette cause, en 1916. Le Bill 177 sera étudié, le 29 février 1916, au comité des bills publics et défait, le 10 mars : « Aucun des membres du comité n'ayant jugé bon de répondre aux arguments présentés par les témoins. La presse associera à une marque de courtoisie cette mort sans phrase[86] ! » Le député Monet, lui, n'a pas plus de sympathie pour l'admission des femmes au barreau qu'il n'en a pour leur éventuel droit de vote et d'éligibilité[87].

En 1928, le CPSF se réorganise. Il est alors décidé qu'une seule personne en assumerait la présidence, et le comité de nomination propose Mme Pierre Casgrain. Ainsi, à partir du 20 avril et jusqu'à l'obtention du droit de vote en avril 1940, Thérèse dirigera la lutte des femmes au Québec. Les archives de la Ligue contiennent une abondante documentation sur cette période.

L'année précédente, plusieurs rencontres avaient regroupé des femmes de divers milieux[88]. Des conférencières étaient alors invitées, par exemple Suzanne Gingras, avocate à la Cour d'appel de Paris, le 31 mars, ou Mme Tourin Furness, professeur à McGill ou encore Agnes Macphail, députée à Ottawa. Ces déjeuners-rencontres tenus à l'Hôtel Mont-Royal ou au Windsor ont accrédité l'étiquette de bourgeoises attribuée à ces femmes et creusé le fossé avec l'Alliance, quoique Idola Saint-Jean y participa souvent.

Pour Cleverdon,

> quelles que soient les raisons de la division, il n'y a aucun doute que l'organisation de Mlle St-Jean a ses racines plus profondément dans la

classe ouvrière et est davantage une organisation féministe strictement francophone[89].

Au sujet de la scission dans le camp des suffragettes, Maryse Darsigny écrit que

la documentation concernant cette scission [...] nous permet difficilement de savoir si elle est à l'origine de malentendus notamment, entre Idola St-Jean et Thérèse Casgrain. Léa Roback dit à ce sujet, que les divergences d'opinions entre ces deux femmes se sont déroulées discrètement[90].

Rien ne permet d'affirmer que la classe ouvrière est alors plus du côté d'Idola que des francophones. Les rencontres des deux organisations se tiennent dans les salons des hôtels, la correspondance est dans l'une ou l'autre langue, les interventions publiques de même. Toutefois, il est exact de dire qu'Idola offre une réflexion plus articulée, mais, pour ce qui concerne l'organisation et les contacts, Thérèse l'emporte. Cette dernière est d'abord une femme de réseaux. Elle a un sens politique hors du commun, une énergie à revendre et le soutien affectif de son mari, quoique, plus tard, ce dernier ait été parfois un peu dépassé par les événements et agacé par certaines initiatives de sa femme à l'occasion mais peut-être davantage par les commentaires qu'on lui tient à ce propos. Selon Claude Loranger-Casgrain, son beau-père se faisait demander : « Veux-tu me dire pourquoi t'envoie pas ta femme dans la cuisine, à ses chaudrons ? Elle dérangeait, Madame Casgrain, et les autres avaient peur que leur femme fasse pareil. C'est sûr que ce n'était pas une femme traditionnelle. »

Le 17 février 1928, le député conservateur de Maisonneuve, William Tremblay, propose un bill qui accorderait aux femmes, outre le droit de suffrage, le droit d'éligibilité. « C'était audacieux », écrit Irénée Masson dans *Le Soleil*[91]. Effectivement. Non contentes de vouloir voter, ces femmes voulaient maintenant aussi être élues. Nos Seigneurs les évêques ont dû s'étouffer d'indignation en lisant cela. Selon Thérèse, « ce fut une assemblée mémorable. Les galeries étaient bondées et il y avait surtout des femmes ; du parquet de la chambre fusaient rires et plaisanteries. [...] Tant et si bien que le président de l'Assemblée fut obligé de rappeler tout le monde à l'ordre. »

Ce que voyant, M. Tremblay tente de retirer son projet, mais la Chambre refuse et, comme l'année précédente, un valeureux député propose le renvoi à six mois et l'enterrement a lieu. Non sans de grands discours, toutefois, comme celui du député de Québec, Éphraïm Bédard, pour qui « le rôle de la femme, c'est la maternité ; c'est son plus beau rôle en ce monde ; tant pis pour celles qui ne le comprennent pas[92] ». Au moment du vote, la Chambre est désertée par environ le tiers des députés. Et, « spectacle peu banal, conclura Thérèse, le Premier ministre et le chef de l'opposition votent du même bord. L'antiféminisme n'a pas de couleur. » Thérèse aurait pu dire comme Louise Michel, à la fin du XIXe siècle : « Je n'ai jamais compris qu'il y eût un sexe pour lequel on cherchât à atrophier l'intelligence comme s'il y en avait déjà trop dans la race[93]. »

Le 16 mars 1928, Agnes Macphail est invitée par le Women's Club de Montréal. La première femme à avoir été élue à Ottawa profite de sa conférence pour blâmer le « Parlement québécois qui n'a pas encore daigné accorder le droit de vote aux femmes de la province ». Taschereau, que les journalistes interrogent au sujet des propos de la députée fédérale, tourne en dérision les propos d'une jeune fille qui ne saurait guider nos bonnes mères canadiennes. La secrétaire du CPSF, présente à cette conférence, répond au premier ministre :

> S'imaginer qu'il a de l'esprit en tentant de ridiculiser une femme distinguée, qui a fait de sa vie un éclatant succès, c'est de la part d'un raté étaler une pitoyable prétention et le dépit digne des maîtres qu'il sert[94].

Thérèse écrira d'Agnes Macphail qu'elle « était une personne extrêmement éloquente et qu'en dépit de [leurs] allégeances politiques différentes [elles partageaient] les mêmes intérêts pour les problèmes sociaux ».

Thérèse est aussi très présente aux activités politiques de son mari. Et, comme ce le sera toujours, sa maison est ouverte aux amis, à ses collaboratrices et aux collègues de Pierre. Début mars, les Casgrain reçoivent Ernest Lapointe à Montréal. Il est un poids lourd dans le cabinet King. À son retour à Ottawa, Lapointe écrit à Thérèse pour la remercier du week-end passé chez elle[95].

Thérèse utilise tous les contacts utiles à ses causes. Avec les membres de l'exécutif du CPSF, elle écrit aux membres de l'Assemblée législative pour les inciter à se prononcer sur le droit de vote des femmes. Nous sommes à l'automne 1928. La plupart répondent qu'ils n'ont pas changé d'idée depuis l'année précédente.

Honoré Mercier ne voit

[...] aucune raison dans le moment de modifier l'opinion que j'ai toujours eue et entretenue dans le passé à ce sujet, et à moins que vous me démontriez que j'ai tort, je ne me propose pas de la changer[96].

Il demande que sa lettre soit gardée confidentielle. Quelle vaillance! Certains promettent: « Je consulterai les gens de mon comté et je me laisserai guider par l'opinion de ceux que j'ai l'honneur de représenter[97]. »

Plus habilement, Maurice Duplessis écrit qu'il « est difficile de [se] prononcer sur un projet de loi qui n'a pas encore été soumis à la chambre ». Mais il assure Thérèse:

J'étudierai ce projet et je donnerai un vote consciencieux, juste et conforme aux désirs de la population que j'ai l'honneur de représenter, et aux intérêts de la Province en général.

[...]

Je sais que vous portez un intérêt tout spécial aux droits de la femme [...] je me permets de vous signaler les injustices criantes dont les épouses sont victimes en vertu de la dernière Loi des Accidents du Travail[98].

L'orateur suppléant, T.-D. Bouchard, répond:

J'écouterai avec attention les discours qui seront prononcés par ceux qui sont en faveur du projet que vous préconisez et si je juge qu'il y a lieu de le faire, je modifierai mes vues actuelles sur le suffrage féminin[99].

Certains, pour ne pas avoir à se commettre, invoquent le fait que les femmes elles-mêmes ne veulent pas du droit de vote.

> Le jour où je croirai que la majorité des femmes de notre province désirent obtenir le droit de voter aux élections municipales ou parlementaires, je n'hésiterai pas à voter suivant leur désir[100].

Le seul qui se soit favorablement commis parmi ceux dont je connais la réponse est Irénée Vautrin[101], le ministre de l'Agriculture dans le gouvernement Taschereau.

Je ne sais si le Comité provincial avait aussi écrit au premier ministre, mais Louis-Alexandre Taschereau, dans une lettre à Blanche lui annonçant une prochaine visite chez elle avec sa femme, ajoute sous sa signature «Bons souvenirs à notre féministe![102]». Si Thérèse n'a pas écrit au premier ministre, son mari avait pris la défense de ce dernier lorsque critiqué :

> Monsieur Taschereau est le digne successeur des plus grands Premiers ministres de la province Québec [...] Monsieur Taschereau est sans contredit l'un des premiers citoyens de ce pays. Parmi tous les Premiers ministres des provinces canadiennes, il n'y en a pas de plus grand[103].

Je ne crois pas que Thérèse aurait dit la même chose au sujet du premier ministre, mais l'envolée du whip du caucus du Parti libéral à la Chambre des communes ne pouvait pas nuire aux causes qu'elle défendait.

Début mars, Thérèse envoie un télégramme à Thibaudeau Rinfret, alors juge à la Cour suprême du Canada, au sujet de la référence faite par le gouverneur en conseil concernant l'éligibilité des femmes au Sénat. Il faut rappeler que toute l'affaire «Personne» avait pour ainsi dire commencé en Alberta, en 1918. Un avocat avait contesté la légalité des jugements rendus par la juge Emily Murphy, première femme juge de tout l'Empire britannique. Il soutenait qu'elle n'était pas «une personne» au sens du droit coutumier britannique et que cela la disqualifiait pour exercer les fonctions de juge.

Il faut savoir que la juge Murphy menait aussi campagne pour l'admission des femmes au Sénat, mais sans grand succès. Dès

1919, les Federated Women's Institutes of Canada avaient demandé à Sir Robert Borden, alors premier ministre, de permettre aux femmes de siéger au Sénat et le National Council of Women avait fait de même, sans succès. En 1921, Mme John Scott, du Montreal Women's Club, suggère au premier ministre Arthur Meighen de nommer la juge Murphy au Sénat. Il aurait promis de le faire, mais comme il a été battu par Mackenzie King, il fallait reprendre les démarches avec le nouveau premier ministre. Non seulement King se montre sympathique, mais selon ce que Thérèse écrit dans ses mémoires, il va jusqu'à proposer d'amender l'Acte de l'Amérique du Nord britannique (AANB) si nécessaire.

En 1927, cinq femmes de l'Alberta entreprennent une longue bataille devant les tribunaux canadiens : la juge Emily Murphy, l'auteure et journaliste Nelly McClung, la députée albertaine Louise McKinney, l'honorable Irène Parlby, ministre à la législature de l'Alberta et l'auteure Henriette Muir Edwards. Elles adressent une requête au Gouverneur en conseil lui demandant qu'il en réfère à la Cour suprême pour une interprétation de la question de l'admission des femmes au Sénat. Le 27 août 1928, le Gouverneur en conseil demande à cette Cour de déterminer si le mot « personne », à l'article 24 de l'AANB de 1867, inclut également les femmes. Saisie de la question le 14 mars 1928, la Cour répond le 24 avril. Rendant jugement au nom de ses collègues, le juge en chef Anglin déclare que la Cour « partageait l'optique historique selon laquelle les femmes n'étaient pas éligibles au poste de sénateur à cause de leur incapacité face au droit commun en 1867[104] ».

Entre-temps, le juge Rinfret répond à Thérèse :

> La question qui a été posée à la Cour Suprême du Canada ne soumet pas le vrai point en discussion ou, du moins, ne le fait pas dans le langage qu'il eût fallu. La véritable discussion est : « La femme est-elle une personne qualifiée au sens de la Loi du Sénat ? » C'est là tout ce que la Cour Suprême aura à décider.

Ce sera finalement le Comité judiciaire du Conseil privé de Londres qui réglera le litige. Le 18 octobre 1929, le lord Échiquier Sankey déclare :

The exclusion of women from all public offices is a relic of days more barbarous than ours. The BNA Act was planted in Canada, a living tree capable of growth and expansion within its natural limits.

[...]

Their lordships have come to the conclusion that the word «person» includes members of the male and female sex, and that therefore the question pronounced by the Government must be answered in the affirmative, and that women are eligible to be summoned and become members of the Senate of Canada[105].

Il y avait treize ans que, dans une Cour de la ville d'Edmonton, la juge Emily Murphy s'était fait dire par un avocat qu'aux yeux de la loi elle n'était pas une personne. Maintenant, elle l'était. Et elle pouvait aspirer à siéger au Sénat. Mais la bataille qu'elle vient de livrer ne suffira pas pour l'y faire accéder. D'ailleurs, aucune de celles qui ont porté cette lutte n'y accédera. Mackenzie King leur préférera Cairine Wilson, en 1930.

Pendant tout ce temps, au Québec, les adversaires du droit de vote — l'Église en tout premier lieu — ne ratent pas une occasion de faire valoir leurs points. Ainsi, au cours de la Semaine sainte, Mgr Gauthier est invité à s'adresser aux membres de l'Assistance maternelle réunies en assemblée annuelle. Il en profite pour combattre à nouveau le féminisme qu'il associe à «une maladie qui a besoin d'être guérie par d'autres œuvres que celles de la politique ; quand vous aurez une femme député de plus, vous ne réglerez rien[106]».

Le 19 avril, la Ligue reçoit le journaliste Louis Francœur à l'Hôtel Mont-Royal. Thérèse le présente à l'assemblée. Selon *La Presse,* pour Francœur,

les législateurs sont opposés au féminisme parce qu'ils sont élus par des électeurs masculins dont ils reflètent les opinions et les préjugés. [...] La masse de ces électeurs est composée de machines à voter dont les noms sont inconnus des journalistes. [...] Dix femmes députés à Québec feraient plus pour réprimer la tuberculose et la mortalité infantile que tous les beaux discours des députés et les votes de ceux qui dorment durant les séances[107].

Les hommes d'ici viennent pratiquement tous du même moule et les élites de l'époque, de milieux peu différents. Georges-Émile Lapalme écrira qu'ils sont «porteurs des mêmes diplômes et imbus des mêmes idées […] ces produits de nos collèges ont façonné une certaine structure sociale[108]».

Puis, Taschereau annonce à Thérèse qu'il a nommé le juge Dorion à la tête d'une commission chargée d'étudier les régimes matrimoniaux, commission à laquelle siégeront aussi le magistrat en chef F. Roy et les notaires Victor Morin et Joseph Sirois. «Inutile de vous dire que je leur donnerai instruction d'entendre toutes les représentations que les femmes voudront bien leur faire[109].»

Si on a fini par créer cette commission, c'est peut-être pour distraire les féministes de la question du droit de vote. Peu avant, le Comité des bills publics avait reçu la FNSJB et la Ligue, représentées par leur présidente respective. Ces organismes réclamaient une loi sur le salaire de la femme mariée, un amendement au Code civil du Bas-Canada permettant aux femmes d'exercer une tutelle et de participer au conseil de famille, et un autre amendement, cette fois à l'article 1422, pour protéger la femme mariée contre la dilapidation des biens de la communauté par le mari.

Dans ses mémoires, Thérèse rapporte que le plaidoyer de «Mme Gérin-Lajoie fut remarquable […]. Impressionné par le sérieux des arguments invoqués et la complexité du sujet, Monsieur Taschereau décida enfin de former une Commission.» Pour préparer le mémoire de la Ligue, Thérèse avait fait appel à un protestant, Me Eugène Lafleur, qui a travaillé bénévolement et qui, selon elle, «impressionna les Commissaires qui écoutèrent son plaidoyer avec grande attention». Me Lafleur jouissait d'une très grande réputation non seulement au Canada, mais aussi aux États-Unis et en Angleterre. Et il plaide aussi en faveur de l'admission des femmes à la pratique du droit devant le Conseil du Barreau.

Gérard Parizeau et son épouse, installés pour l'été aux Éboulements avec leurs trois fils et la bonne Sarah, rendent visite à Lady Forget et à Thérèse. Avec cette dernière, Gérard joue au golf et s'amuse à la déconcentrer en parlant de politique. Cela marchait à chaque fois. Thérèse s'enflammait et ratait son coup, selon ce que m'a raconté Robert Parizeau. Sa mère, Germaine Biron-Parizeau, est active dans diverses œuvres et dans plusieurs mouvements féministes. Selon ce qu'écrit son mari, elle était engagée pour « les droits de la femme, le droit de vote, les modifications au Code civil, le salaire des institutrices, les conditions de travail de la femme ». Gérard Parizeau ajoute que « c'est Thérèse qui conduisait la bataille. Germaine et quelques autres femmes de bonne volonté la secondaient[110]. » Thérèse avait l'habitude de « conscrire » les gens pour certaines de ses causes. Et malheur à qui refusait : elle avait la mémoire longue.

Fin octobre 1928, le CPSF organise un grand dîner à Montréal en l'honneur d'Ernest Lapointe. Usant de tous ses contacts, Thérèse profite de cet événement pour faire avancer la cause du droit de vote. Peut-être aussi est-elle en campagne pour un poste au Sénat, ce qui ne lui déplairait pas. Le maire de Montréal, Camillien Houde, et sa femme seront là, de même que le député Victor Marchand et madame et Fernand Rinfret, le secrétaire d'État, à Ottawa.

Fin décembre, le CPSF devient officiellement la Ligue des droits de la femme. Mais l'Église ne lâche pas. Et du haut de la chaire de la cathédrale de Montréal, au cours de la messe de minuit du Nouvel An, Mgr Gauthier proclame que « le suffrage est le contraire et l'antithèse du véritable féminisme bien compris[111] ».

———

On ne retiendra souvent de cette décennie que la légèreté, les extravagances, le charleston et les vêtements féminins plus fluides sur lesquels tressautent de grands sautoirs de perles, mais la croissance économique y aurait été spectaculaire, bien que le chômage ait continué et que tout augmente, sauf les salaires.

À Montréal, la principale artère commerciale est alors la rue Sainte-Catherine. Elle est « bordée d'arbres touffus, dont les branches en arceau se rejoignent pour envelopper les hommes et les choses d'une pénombre apaisante[112] ». Elle traverse l'île d'est en ouest pour mourir à Westmount. On y trouve de tout : des aliments, des vêtements, des meubles et même des voitures dont les conducteurs doivent actionner le klaxon à tous les coins de rue : il n'y a pas encore de feux de circulation.

Mais déjà, la Ville autorise « la commercialisation limitée et contrôlée : boutiques, hôtels, clubs, banques, musées de la rue Sherbrooke qui, jusque-là, était exclusivement résidentielle. Le *Mille carré* commençait à se désintégrer[113] » au profit de Westmount, Senneville, Outremont.

C'est la fin d'un style de vie.

CHAPITRE 7

Les grandes manœuvres

> Dans notre législation telle qu'elle est, la femme ne possède pas, elle n'este pas en justice, elle ne vote pas, elle ne compte pas, elle n'est pas. Il y a des citoyens, il n'y a pas de citoyennes. C'est là un état violent : il faut qu'il cesse.
>
> VICTOR HUGO,
> *Écrits politiques,* Paris, 18 juin 1872

EN SEPTEMBRE 1929, les stocks s'accumulent aux États-Unis et, en quelques semaines, les prix vacillent. On parlait alors de réajustement du marché. L'abus du crédit et l'attrait pour la spéculation, dès la fin de l'année précédente, auraient dû sonner l'alarme, même si les indices étaient encore favorables. Mais non : on continuait d'acheter. Puis, peu après midi, le 23 octobre, l'inquiétude commence à gagner les investisseurs américains et, le lendemain, la cote s'affaisse. À la fermeture des bourses à 15 heures, les courtiers savent que c'est le désastre, mais ce n'est pas avant 19 heures qu'ils en constatent l'ampleur : cinq milliards de dollars. Ce jour sera connu comme le jeudi noir à la Bourse de New York.

À Montréal, dès que la nouvelle de la chute des cours s'est répandue, les investisseurs inquiets ont commencé à envahir la rue Saint-François-Xavier, les appels de marge croisant les ordres de vente, chacun voulant liquider le plus rapidement possible. Mais les acheteurs ne sont pas au rendez-vous. Le lendemain, on en saisit toute la signification. Jusqu'à la mi-novembre, les cours vont dans tous les sens, et c'est la panique dans toutes les Bourses du monde. Puis, c'est la fin des espérances. Des gens qui avaient été très riches découvrent qu'ils n'ont plus rien. Adieu, grandes demeures, voitures avec chauffeur, domestiques. C'est la fin de la grande bourgeoisie montréalaise. Les héritiers Forget, eux, viennent de perdre une bonne partie de la fortune amassée par leur père. Bien qu'ils fussent dans le courtage, les frères de Thérèse, Gilles et Maurice, n'ont pas réussi à endiguer la vague. Selon Robert Rumilly: «Au printemps précédent, il s'échangeait jusqu'à cent-milles actions à la Bourse de Montréal [puis] certains jours d'octobre, deux-cent milles. Voilà qui dépasse les plus fortes chimères de Rodolphe Forget[1].»

À la différence de celles d'autres pays, les banques canadiennes ne font pas faillite, mais elles resserrent le crédit. Et inexorablement, le contrôle qu'exerçait la bourgeoisie anglophone sur l'économie montréalaise va glisser vers Toronto; les relations avec la Grande-Bretagne seront remplacées au fil des décennies par des échanges avec les grandes entreprises américaines.

Et comme pour ajouter au choc, l'automne est froid et venteux. Les marchés ne se redressent pas, et quantité de petites gens travaillent moins d'heures quand ils ne sont tout simplement pas sans emploi. À l'époque, il n'y a que la charité privée; les programmes de sécurité sociale viendront bien plus tard. L'année 1930 commence dans l'inquiétude; la rareté d'abord artificielle deviendra réelle, puis s'installera à demeure.

Sur le front du droit de vote des femmes, les luttes reprennent. Cette fois, Idola Saint-Jean, au nom de son association, demande au premier ministre King d'examiner la constitutionnalité de l'article 29 de la Loi électorale du Québec qui se lit comme suit: «Aucune personne n'aura droit de voter, si elle n'est pas de sexe masculin.»

Thérèse, elle, continue de s'occuper simultanément des dossiers du droit de vote et de l'admission des femmes à la pratique du droit. Sur cette question, le député de Québec-Est, Oscar Drouin, propose le 6 février la première lecture du Bill 186. Selon le *Montreal Daily Star*, Thérèse agit comme une égérie auprès de lui.

Les journalistes remarquent sa présence dans les tribunes et ne manquent pas de l'interviewer. Elle avoue qu'elle tient à exercer une pression discrète et constante pour rappeler aux députés qu'ils sont porteurs de l'avenir des femmes et de leur promotion sociale[2].

Le Devoir rapporte que les députés ont tenu la veille une «Cour d'Amour». Selon le quotidien, le Parlement serait envahi par les féministes québécoises depuis trois jours.

> Vigilantes et alertes, elles montaient la garde dans tous les corridors, pendant qu'une équipe de spéciales [*sic*] allait relancer ministres et députés dans les salles. Dès qu'un député s'aventurait dans un couloir, une dame à lunettes surgissait, implacable et austère comme le sacrifice. [...] Et un député féministe qui voyait passer une bonne grand'mère à l'air déterminé dont la noble figure portait l'emblème d'une conviction guerrière, s'écria d'une voix dramatique «Est-il, hélas! de preuve plus manifeste que nous votons pour un principe[3]!»

Le premier ministre Taschereau, que *Le Devoir* appelle «Alexandre-le-Petit-empereur[4]», était contre l'admission des femmes au Barreau. À son fils Robert, député lui aussi, il a fait passer un billet: «Vote contre, il y a assez d'avocats!» Thérèse raconte qu'elle a longtemps eu ce billet en sa possession.

Le 21 février 1930, T.-D. Bouchard, qui vient d'être désigné président de l'Assemblée législative, fait part à Thérèse de son analyse des Statuts de la province, eu égard à la Loi du Barreau et à celle du notariat. Il en conclut que, pour ce qui est du Barreau, «il n'y a absolument rien qui empêche les femmes de pratiquer le droit». Il attire son attention sur l'article 57, «qui a trait aux qualités requises pour être admis à l'exercice de la profession», lequel doit être lu en relation avec l'article 53, qui stipule que «le genre masculin comprend les deux sexes, à moins que le contexte n'indique le contraire». Pour ce qui est du notariat, c'est autre chose. L'article 208 de la loi énonce clairement: «Ne peuvent être admis à l'étude du Notariat que les sujets britanniques de genre masculin.» T.-D. Bouchard termine sa lettre en suggérant à Thérèse de faire «étudier le cas par un avocat éminent et lui demande de ne pas mentionner [son] nom publiquement comme [vous] ayant donné l'opinion présente[5]».

Selon Thérèse Fournier, «le Barreau appuie son refus sur la situation d'incapable reconnue à la femme de notre province dans les Statuts refondus et approuvés par le Parlement du Québec[6]». Si tel était le cas, pourquoi les femmes célibataires se voyaient-elles refuser ce droit? Au fond, l'admission des femmes à la pratique du droit, le droit de vote et d'éligibilité des femmes et l'incapacité juridique de la femme mariée étaient traités de la même façon, comme une seule et même question, parce que, pour les décideurs de l'époque, la place de la femme est à la maison, sous la protection du père d'abord, du mari ensuite. Point final! Pour eux, tout ce bruit autour des droits réclamés par les féministes nous vient des Anglaises et des Américaines, et l'importation de mesures semblables dans notre belle province va mener à la désintégration de nos bonnes familles canadiennes-françaises. Et de cela, il ne saurait être question.

Quelques jours plus tard, Thérèse reçoit le premier volet du Rapport des commissaires sur les droits civils de la femme au Québec. Lui annonçant qu'elle en recevra quelques exemplaires, Taschereau écrit: «Je suis sûr que vous conviendrez que nos commissaires y ont mis beaucoup de science et d'étude et j'espère que, dans l'ensemble, il vous donnera satisfaction[7].»

Ce rapport tient dans vingt-trois courtes pages. Adressé au premier ministre, il rend d'abord hommage à celles qui sont venues témoigner et ensuite expose les «raisons propres qui nous empêchent de tomber d'accord avec elles sur certains points[8]». Les commissaires admettent que les raisons invoquées étaient de qualité, mais elles ne les ont pas convaincus de changer ce qui est «l'expression fidèle de notre droit coutumier». Ils suggèrent donc de n'effectuer «parmi les réformes législatives que celles qui laissent intact l'ordre familial tel que notre peuple l'a toujours conçu, tel qu'il continue de le concevoir[9]». Le rapport se termine sur cette phrase: «On peut en adapter certains textes à des conditions de vie qui se sont modifiées; on devrait veiller, suivant nous, à ce que, au fond, il reste ce qu'il est[10].» En somme, au pays de Québec, rien ne doit changer! Comme l'écrira plus tard Me Jacques Perrault, «les privilégiés s'attachent au droit traditionnel, sauvegarde de leurs intérêts, et combattent âprement aussi bien les réformes sociales, économiques et politiques que les lois nouvelles qu'exigent les transformations de la société[11] ».

Il y a aussi dans ce rapport un rappel des campagnes livrées par les organisations féminines sur le droit de suffrage. Les commissaires écrivent :

L'émancipation de la femme est un mot qui s'associe à la fois à la question des droits civils et à celle des droits politiques de la femme. [...] Et il est bien possible que le rappel en public de certaines interprétations du droit civil ait pour résultat, sinon pour but, d'attirer sur la question du suffrage féminin une attention féminine qui s'obstine à ne pas s'y intéresser[12].

Un deuxième rapport suivra, en mars. Il comprend soixante et une pages de même format. Thérèse rappelle que, des seize recommandations faites au gouvernement par la Commission, seulement quelques-unes mèneront à des modifications du Code civil du Bas-Canada. Une des recommandations les plus importantes concerne le salaire de la femme mariée et s'applique sous tous les régimes. Dorénavant, la femme mariée pourra garder son salaire et, sans autorisation de son conjoint, « réclamer en justice les biens ainsi réservés et les aliéner à titre onéreux[13] ». Jusque-là, la femme mariée en communauté de biens devait remettre son salaire à son époux qui pouvait en disposer à sa guise (l'investir mais aussi le boire, le jouer, entretenir une maîtresse, etc.). Mais pour le reste, la femme mariée demeure une incapable au sens de notre corpus législatif.

Même les demandes de modification des articles 187 et 188 seront refusées. Ces derniers se lisent comme suit :

187 - Le mari peut demander la séparation de corps pour cause d'adultère de sa femme.
188 - La femme peut demander la séparation de corps pour cause d'adultère de son mari, lorsqu'il tient sa concubine dans la maison commune.

Les Commissaires invoquent au soutien de leur refus que,

quoi qu'on dise, on sait bien qu'en fait la blessure faite au cœur de l'épouse n'est pas généralement aussi vive que celle dont souffre le mari trompé par sa femme. Il peut être mal aisé d'expliquer, en raison pure, cette différence de sentiment, mais c'est justement que «le cœur a ses raisons» [...][14].

Pour les Commissaires, la femme d'ici

est de santé morale trop robuste pour donner autre chose qu'une attention distraite aux revendications que l'on élève en son nom. Notamment contre la puissance maritale[15].

Dans ses mémoires, Thérèse juge «l'attitude des commissaires et de l'élite masculine du Québec à l'époque de méprisante et orgueilleuse vis-à-vis des femmes que l'on traitait en inférieures même dans la famille». Elle aurait pu ajouter l'attitude de l'Église ; les confesseurs tiennent les femmes responsables des «faiblesses» de leur mari. Si une épouse repousse un mari trop entreprenant peu après un accouchement, par exemple, elle se fait faire la morale. S'il va chercher ailleurs ce qu'elle lui refuse, elle n'a qu'à s'en prendre à elle-même. Et elle est responsable des fautes du mari. Ainsi, ce dernier pouvait «sauter» la bonne, ce serait la faute de sa femme. Et aussi de la bonne, toujours à portée de main et sous les ordres de Monsieur !

Mais il en fallait davantage pour amener Thérèse à baisser les bras. Le 5 mars, avec une délégation de femmes, elle est à Québec pour entendre le député de Montréal-Saint-Jacques et parrain du bill, Irénée Vautrin. Deux semaines plus tôt, Taschereau avait avisé Thérèse qu'il s'était entendu avec Vautrin pour que soit discutée la question du droit de vote.

Selon *Le Devoir*[16], la Chambre a passé agréablement le Mercredi des cendres à parler des femmes qui se disputaient les chaises et le moindre espace disponible dans les galeries surchargées. D'après le journaliste Alexis Gagnon,

ce fut une belle séance où tout le monde sortit content. Les féministes [...] d'avoir obtenu vingt-quatre voix au lieu du maximum de seize atteint jusqu'ici ; les antiféministes [...] d'avoir immolé le bill ; les orateurs avaient fait de beaux discours [...] copieusement applaudis réclamant les droits de la femme avec une éloquence ruisselante de trémolos. Les adversaires du projet [...] paraissaient demander grâce à l'Olympe en jupons de leurs sacrilèges propos. Seuls les cantonniers paraissaient froids à tant de beauté.

Et comme c'était le soixante-troisième anniversaire du premier ministre, il y eut à nouveau des discours, des éloges, des remerciements et des remises de fleurs, dont une gerbe qui vient de Thérèse[17]. Le lendemain, Taschereau la remercie. «Vous êtes "a good sport" et je ne méritais pas de fleurs. […] Je veux aussi vous féliciter de votre succès tout personnel. Vous avez fait une trouée dans nos rangs et il va falloir les resserrer[18]!» Ce qu'il fera.

Les femmes feront tout de même une percée: elles seront admises à la pratique de la comptabilité, la Société des comptables ayant décidé de passer outre au refus de l'Assemblée législative de les y autoriser. C'est aussi à cette époque que Thérèse, au nom de la Ligue, fait pression sur le gouvernement fédéral pour que les femmes canadiennes soient représentées à la Conférence de la Société des Nations qui se tiendra à La Haye, l'année suivante. Le Secrétaire d'État, Fernand Rinfret, répond qu'il prend bonne note de cette demande, mais il ne fera que prendre note[19]. Pendant ce temps, l'Église fait campagne contre le mauvais féminisme et les tribunaux du divorce qui, selon Mgr Gauthier, compromettent l'intégrité du foyer. «Le bon féminisme, au contraire, permet à la femme d'exercer son action bienfaisante dans les œuvres de charité et sociales[20].» Il ne faudrait donc pas confondre le féminisme catholique et le suffrage féminin, ce dernier ne pouvant que détourner la femme de la sublime mission de gardienne du foyer et de la foi!

———

Puis, le Canada est en campagne électorale. King avait à nouveau consulté Mme Bleaney, qui lui avait indiqué que l'année 1930 serait une meilleure période que 1931. Le château, circonstances obligent, sera converti en quartier général du candidat Casgrain, tout en continuant d'accueillir les clans Forget et MacDonald et quelques invités. Thérèse est en campagne pour Pierre, bien sûr, et se charge de rencontrer les électeurs autour de La Malbaie pendant que son mari courtise Havre-Saint-Pierre et Sept-Îles. Au cours d'une assemblée publique au Collège de La Malbaie, Paul Gouin, dont c'était les premières expériences en politique, dit qu'il rentrait d'Europe. « Retournes-y », qu'on lui crie. Et la salle se mit à chahuter, l'empêchant de continuer son discours. Thérèse se retrouva rapidement debout sur une table. « Mes amis, puisque vous ne voulez pas écouter des discours, nous allons chanter. » Et elle entonne l'*Ô Canada*.

Selon ce qu'elle raconte dans ses mémoires, aux dernières notes, le tapage reprit, quelqu'un coupa l'électricité et ce fut la fin de l'assemblée. C'est Calixte Cormier qui avait organisé cette assemblée, bien qu'on l'ait prévenu que ce ne serait peut-être pas une bonne idée. La crise économique rendait les gens impatients, intolérants, et amplifiait les mouvements d'humeur.

À Montréal, le 6 mars, une vingtaine de policiers avaient dispersé quelques centaines de manifestants devant l'hôtel de ville. Des sans-travail avaient aussi manifesté au Champ-de-Mars. Même dans les régions rurales, les gens avaient peine à nourrir leur famille. À cette élection, Idola Saint-Jean se présentait dans Dorion-Saint-Denis. Pour la première fois, une Canadienne française se présentait à une élection fédérale. Non élue, elle recueillera tout de même trois mille voix et démontrera qu'elle aurait pu représenter les électeurs à la Chambre des communes. Pierre sera réélu député de Charlevoix, mais le parti de King perdra.

Le 7 août, Richard Bedford Bennett présente son cabinet. Riche avocat de Calgary, célibataire, honnête mais têtu, et porté à faire des colères quand les choses ne vont pas à son gré, il arrive au pouvoir à un bien mauvais moment. La crise n'était pas la faute de son prédécesseur, et il ne pourra pas faire grand-chose pour l'endiguer. Pour certains, cette crise a « ses racines dans l'instabilité politique et le développement économique inégal qui marque la première décennie de l'après-guerre[21] ».

Un mois plus tard, Bennett convoque une session d'urgence sur le chômage. En campagne électorale, il avait répété : « Mackenzie King vous promet des conférences, je vous promets des actes. Il vous promet qu'il étudiera le chômage : je vous promets d'y mettre fin[22].». Il fera bientôt voter 20 millions de dollars, sur un budget de 500 millions, pour le secours direct, pour la réduction de la pauvreté durant les mois d'hiver. Cette décision visant à aider les Canadiens à survivre jusqu'à la fin de la crise est le début de l'intervention du fédéral dans des champs jusqu'alors reconnus de compétence locale, voire du domaine privé.

Mais d'ici à ce que les millions aient un impact, à Montréal les activités liées au commerce international ralentissent. C'est à Montréal qu'aboutissent les voies ferrées apportant le blé de l'Ouest. D'abord, faute d'acheteurs, il s'entassera dans les silos, le long des quais. Plus tard, la sécheresse qui sévit dans les Prairies fera que les trains n'en transporteront plus, que les bateaux ne viendront plus s'approvisionner. Le port vivotera, comme tous ceux qui s'y affairaient il y a quelques mois encore.

Une voix s'élèvera alors pour raconter la vie des petites gens durant la crise. Habitant la rue Panet à Montréal, Mary Travers, devenue Mme Édouard Bolduc, se fait l'interprète des sans-voix, de ceux qui vont en file raconter leurs malheurs à l'hôtel de ville. Le soir du 6 octobre, au Monument national, elle chante : « Ça va v'nir pis ça va v'nir mais décourageons-nous pas. » La Bolduc était née.

Dans le temps des fêtes, les familles font l'impossible pour conserver un peu de merveilleux pour les enfants. Chez les Forget, ce n'est pas la pauvreté mais ce n'est plus le luxe d'antan non plus. Pierre Casgrain ira chercher Lady Forget pour le dîner du jour de l'An. Comme chaque année, des amis proches viendront offrir leurs vœux : au lieu de champagne, un *high tea* sera servi, avec le meilleur sherry sur le marché. Les frères et la demi-sœur de Thérèse ne semblent jamais avoir été invités, bien qu'ils soient souvent à Saint-Irénée, l'été. Surtout leurs enfants.

En ce début de l'année 1931, Thérèse est encore au front pour le droit de vote des femmes et pour l'admission de ces dernières à la pratique du droit. Et cette année encore, les projets de loi s'y rapportant seront défaits, après les péroraisons dont les femmes ont l'habitude, ponctuées de remarques parfois à la limite de la grossièreté. Mais cette année viennent s'ajouter les réformes du rapport

Dorion. Selon Gallichan, il s'agit de «minces progrès [...] destinés davantage à calmer l'ardeur des revendications que de trouver une solution à un problème de justice sociale[23]».

Les élus ont manqué une belle occasion de répondre à des problèmes réels vécus par d'innombrables femmes mariées, au Québec. La crise économique perdurant, de plus en plus de pères de famille sont au chômage. Et certains partent un matin sans laisser d'adresse. La mère reste alors avec les enfants, gérant seule la famille malgré son incapacité juridique. On sait qu'il faut la signature du père pour tout, alors comment faire quand un enfant est malade et nécessite une hospitalisation? Et quand la femme ainsi délaissée réclame l'aide du secours direct, «on tentera de rejoindre le mari pour le contraindre, s'il a du travail, à prendre ses responsabilités. Des organismes de charité se chargent de repérer les récalcitrants et de les amener devant la Cour du recorder[24].» En février 1931, en un seul matin, vingt-quatre pères de famille comparaissent.

En outre, si la femme va travailler à l'extérieur, on l'accuse de laisser ses enfants ou, pire, de voler un des rares emplois à un père de famille. En ces années de crise, cette accusation porte davantage, même si, la plupart du temps, la femme n'a pas le choix de travailler pour nourrir les siens. On lui rappelle que sa place est au foyer. Et l'Église d'en rajouter, confortant en cela les élus dans leur refus de donner aux femmes accès à l'éducation supérieure, à la pratique des professions libérales.

À nouveau, Irénée Vautrin présentera un bill pour accorder aux femmes le droit de vote. Et à nouveau, ce bill sera défait. À la suite de quoi, Ernest Lapointe écrit à Thérèse après l'avoir entendue à la radio. Il ne peut pas «comprendre qu'il reste encore des gens à convertir à sa cause[25]». C'est un bien petit réconfort. Thérèse n'est pas découragée, mais, en ces années difficiles, se battre pour le droit des femmes est perçu par plusieurs comme une perte de temps. Les effets de la crise sont visibles partout. Le chômage monte en flèche, alors que la femme ait ou non le droit de gérer ses biens quand personne n'a de biens, c'est plutôt futile. Sauf que Thérèse ne lâche pas.

Elle s'intéresse à la campagne électorale en cours au Québec, à l'été, parce qu'elle est consciente que toute décision du gouvernement a un effet sur la vie des femmes. Le 24 août, les Canadiens français vont reconduire l'équipe de Taschereau, bien qu'il remporte plusieurs comtés par une faible marge. Si encore cela amenait une lueur d'espoir, mais l'opposition n'est pas davantage favorable aux changements que réclament les groupes de femmes.

En 1929, le Québec affichait des surplus budgétaires, mais en 1932, la situation économique est tellement grave que le budget de la province est complètement déséquilibré. Ni le secours direct ni les œuvres de bienfaisance ne suffisent, d'autant que là aussi l'argent se fait rare. La solidarité améliore un peu la situation dans les campagnes, mais, dans les villes où vit la majorité de la population de la province, la misère est partout. Et les travaux publics ne peuvent occuper tous les hommes en chômage. Au plus fort de la crise, de trente à quarante mille chefs de famille sont sans emploi, à Montréal. On les retrouve souvent, faisant la file pour la «soupe populaire» ou sur les bancs des parcs, attendant que les heures passent. Pour les hommes sans domicile, il y a bien le Refuge Merling et quelques autres œuvres qui ouvrent leurs portes, la nuit, mais cela ne peut suffire. Dans certains quartiers, choqués par le comportement des propriétaires qui vident les appartements de locataires en défaut, les voisins barrent le chemin aux huissiers. D'ailleurs, le meurtre par la police d'un résidant du quartier Saint-Louis qui a refusé de quitter l'appartement qu'il habite provoque une vaste manifestation populaire. Rapidement, la foule est invitée à lutter contre l'expulsion des chômeurs. Et le fera.

Des municipalités sont mises en tutelle et même des fabriques font faillite. Les écoles sont incapables de payer les professeurs. Les entreprises coupent des emplois pour finalement fermer. En octobre, le Canadian Pacifique ferme les usines Angus, dans Rosemont. Dix mille personnes se retrouvent au chômage; c'est le tiers de la population du quartier. Le gouvernement fédéral réduit de 10 % le salaire des ministres, sénateurs, députés, fonctionnaires, le 1er avril 1932. Le 6, une hausse considérable des impôts fédéraux entre en vigueur — ce qui n'est pas pour contenir le mécontentement populaire — et, le 9, commence une conférence fédérale provinciale sur le chômage à la suite de laquelle Québec accepte le plan fédéral qui vise à installer un million de chômeurs sur des terres de la Couronne.

Cette crise n'est pas simplement une étape d'un cycle économique. Son ampleur et sa durée annoncent plutôt le basculement du monde ancien vers un monde que personne n'arrive à prévoir. Elle force les gouvernements à intervenir, remettant en cause le fonctionnement « libéral » de l'économie. Et Borden aura beau décrier le socialisme, son gouvernement n'aura pas le choix de s'éloigner d'une politique de laisser-faire économique et de proposer des programmes de sécurité sociale aux Canadiens.

Mais pour l'heure, le mercredi 20 janvier 1932, à Québec, les femmes sont encore nombreuses au Parlement et envahissent rapidement les deux galeries qui leur sont réservées. Après que les représentants du peuple sont rappelés à l'ordre, le parrain du bill, le Dr Anatole Plante, commence sa plaidoirie :

> Il semble étrange, qu'après les preuves multiples que la femme a données de son intelligence et de son entente des questions sociales et politiques, il soit nécessaire d'argumenter sur ses qualifications comme électrice[26].

Suivront MM. Dillon et Smart, puis le député Arthur Bélanger dont c'était le premier discours en Chambre :

> Il vaut mieux que la femme reste la Reine du Foyer que de devenir « trotteuse » de hustings. […] La femme qui conduit son mari par le bout du nez est assez intelligente pour comprendre que ce privilège vaut bien un vote !

Et il termine en suggérant d'électrifier

> les campagnes pour permettre aux femmes de mécaniser le lavage, le repassage etc. Ce serait un meilleur moyen de [leur] venir en aide que de leur permettre d'exercer un droit dont elles ne veulent pas[27].

Des protestations dans les galeries forcent le président de l'Assemblée à réclamer l'ordre : « Je rappellerai aux dames qu'elles n'ont pas le droit de manifester. Cela serait plutôt nuisible qu'utile à leur cause.» Selon le journaliste Georges Léveillée, le député Bélanger fut spirituel et mordant!

> Après avoir été adorées à genoux ou lapidées d'épithètes pendant près de trois heures, les suffragettes sont reparties laissant derrière elles, avec leurs plus chères espérances, quelques-uns de leurs gains de l'an dernier, car si le vote d'hier leur donne 23 partisans contre 52 qui ne le sont pas, celui de l'an dernier leur en donnait 21 contre 47[28]!

Thérèse rapporte dans ses mémoires que les débats ont pris une tournure désagréable, marquée par «une véritable vulgarité». «Deux députés se signalèrent particulièrement dans l'art de la goujaterie, celui de Lévis et celui de Laval, ce dernier allant jusqu'à offrir à Mlle Saint-Jean de lui passer son pantalon.»

Qu'est-ce qui avait fait défaut dans les organisations féministes pour que l'option ait perdu du terrain? Pourtant, comme l'année précédente, les femmes avaient arpenté les corridors du Parlement depuis le début de la semaine pour rallier les récalcitrants à leur cause. Mais il fallait plus que cela. Il fallait convaincre les femmes elles-mêmes, en-dehors des cercles avertis. C'est probablement de là qu'est venue l'idée d'une émission régulière à la radio. Les dossiers de la Ligue contiennent des lettres que Thérèse reçoit dès janvier 1932, comme celle qui suit. Elles suivent de peu le rejet du Bill Plante.

> Continuez, Madame, par vos conférences, à faire l'éducation des canadiennes de la province sur les droits civils. Vos paroles ne tombent pas en terre stérile et si une bonne partie de la population féminine paraît se désintéresser de la question c'est qu'elle n'est pas suffisamment renseignée; mais soyez assurée que malgré l'échec apparent, le féminisme fait des progrès et qu'une plus grande partie encore apprécie les louables efforts de celles qui sont à la tête du mouvement, et qui font pression auprès de nos législateurs, pour revendiquer les droits de ces femmes vaillantes et courageuses que sont les Canadiennes[29].

Il y avait depuis un bon moment des revues «féminines» qui traitaient du sujet, mais il fallait atteindre au plus vite le plus grand nombre de femmes, là où elles sont, pendant qu'elles s'occupent de leur foyer. Pratiquement tous les foyers qui avaient l'électricité possédaient un appareil radiophonique. Les femmes allaient utiliser ce médium pour propager leur message, tout comme le faisait l'Église avec son *Heure catholique* hebdomadaire à CKAC, et investir les ondes.

À CKAC, tous les vendredis ou presque, Thérèse est en ondes. Elle fait intervenir de jeunes avocats et des hommes d'affaires. Se présenteront au micro, à son invitation, Roger Ouimet, Claude Prévost, André Montpetit, Édouard Rinfret et plusieurs autres. Selon elle, «plusieurs d'entre eux, devenus plus tard de savants juges, défendirent la cause du suffrage féminin qu'ils considéraient comme un apport nécessaire dans une véritable démocratie». Elle reçoit des lettres de tous genres.

> Portez une grande attention à votre voix (non à la prononciation qui est parfaite). Ajoutez-y de la chaleur, de l'ardeur, une vibration pénétrante qui attire d'abord l'oreille pour mieux capter l'attention. Les idées sont merveilleuses. Il faut découvrir les secrets de l'éloquence[30].

> J'ai écouté au Radio avec une attention soutenue, votre discours retour de Québec, empreint d'une tristesse légitime. Je n'ai aucune opinion sur le vote des femmes, mais j'ai été très peiné de voir avec quel manque d'égards votre requête a été repoussée et je comprends votre état d'âme[31].

Je ne sais si Thérèse affichait les états d'âme que cet auditeur lui attribue, mais on constate de plus en plus dans les lettres adressées à la Ligue que des citoyens sont choqués par la façon dont les femmes sont traitées par les élus. Reste qu'il y a encore beaucoup de travail à faire pour amener les élus à faire plus que simplement répéter les sermons des curés. Et puis, c'est maintenant le chômage qui monopolise les discussions et le fait que l'on veuille retourner les femmes à la maison.

Pendant que l'on discute de mesures sociales propres à soulager la misère qui s'installe au Canada, en Europe, Adolf Hitler prête serment sous un ciel blême, alors que le svastika noir sur fond rouge et blanc flotte à l'infini sur Berlin. Ce lundi 30 janvier 1933 marque le début de grands bouleversements qui mèneront au deuxième conflit mondial.

Plus tôt, le 4 janvier, Québec avait organisé les démarches des provinces pour amener le gouvernement fédéral à instaurer un système d'assurance-vieillesse contributif et obligatoire. Les seules interventions de Thérèse, à cette époque, se rapportent à l'idée que l'on ne doit pas profiter de la crise pour retourner les femmes à la maison.

Puis, les femmes repartent pour Québec. C'est la septième fois. Et encore, elles se voient refuser le droit de vote malgré les efforts du Dr Anatole Plante. Selon *Le Soleil,* les femmes s'étaient rendues au Parlement en plus grand nombre que l'année précédente. La police provinciale veillait à ce que seules les femmes aient accès aux galeries, lesquelles, au dire du journaliste Georges Léveillée, furent bientôt « saturées de toutes les essences de fleurs dispensées par les pharmacies[32] ». Robert Rumilly écrit qu'Idola Saint-Jean et Mme Pierre Casgrain « entendent une fois de plus des députés qui ne les valent pas, en qualité d'esprit, ironiser lourdement à leur adresse ». Il ajoute : « Il y aurait de quoi pleurer si les larmes ne gâtaient pas le teint[33]. »

Le parrain du bill, et député de Mercier, rappelle que, d'un côté, on loue le rôle de « reine du foyer (de la femme) et de l'autre, on lui refuse le droit de protéger son royaume en ayant son mot à dire sur le choix des législateurs qui le gouvernent ». Il rappelle aussi que les femmes du Québec peuvent être déléguées du Canada à Genève, sénateurs et députés à Ottawa, mais ne peuvent voter aux élections provinciales. De fait, Thaïs Lacoste-Frémont a été l'année précédente la première déléguée canadienne à la Société des Nations, à Genève, et cette année, elle représentera le Canada à la cinquième Conférence biennale de l'Institut des relations du Pacifique, à Banff[34].

Parmi les députés qui prennent la parole, le député de Dorion, J.-A. Francœur, déclare que la femme n'a pas à voter puisque « son mari représente absolument son opinion quand il s'agit d'aller déposer son vote[35] ». Les députés Édouard Fortin et le Dr Ernest Poulin se lèvent ensuite pour demander la tenue d'un référendum sur la question. Le Dr Poulin propose que « toutes les femmes de la province votent. Qu'elles-mêmes la règlent, cette question[36]. » Au début de son intervention, le Dr Poulin avait « noté les beaux dis-cours faits à la radio par Mme Casgrain », à qui il adresse « des compliments au passage », mais l'ensemble des interventions, comme les années précédentes, reflète plutôt l'ignorance et le conservatisme du temps.

Le chef de l'opposition, lui, souhaiterait entendre les femmes. Il reconnaît que les règlements l'interdisent, mais il soutient la proposition de M. H. Béïque parce que « nous ne voulons simple-ment pas laisser ces dames retourner chez elles sans les avoir enten-dues. Nous le leur devons[37]. » Maurice Duplessis a beau faire, c'est peine perdue. Le renvoi à six mois est voté, comme chaque année. Rendez-vous, donc, à l'année prochaine.

Ernest Lapointe, qui suit les dossiers de Thérèse, lui écrit parce qu'il n'arrive pas à la joindre : « Votre téléphone est le plus engagé de la cité de Montréal. J'ai essayé de vous parler hier entre 6 h 30 et 7 h et j'avais eu la même expérience il y a une dizaine de jours[38]. » Le téléphone sera toujours occupé, chez Thérèse. Il est son outil de travail. Monique Bégin raconte que, à l'époque où elle était elle-même ministre, Thérèse pouvait lui téléphoner très tôt le matin l'enjoignant de régler au plus vite tel ou tel problème. Et Philippe Casgrain se souvient que, même lorsqu'elle faisait la cui-sine, son téléphone sonnait constamment. Et qu'elle y répondait. Solange Chaput-Rolland a écrit que « Thérèse n'hésitait pas à télé-phoner à toute heure du jour ou de la nuit quand une cause lui paraissait urgente à régler[39] ».

Le téléphone a été aussi le principal outil d'autres personnages connus. Paul Sauvé a raconté à Georges-Émile Lapalme que, lorsqu'il a remplacé Maurice Duplessis en 1959, il a réalisé que ce dernier gouvernait la province par téléphone. « Dans les dossiers que je me fais apporter, il y a des lettres qui entrent ; il n'y en a pas qui sortent. Il ne répondait pas, il téléphonait. Quand on vient me dire qu'il a accepté une demande, j'ouvre le dossier : la demande y est, mais c'est tout[40]. » Thérèse avait la même façon de régler les dossiers, ce qu'on lui reprochait d'ailleurs.

Entre-temps, Thérèse s'est engagée dans un autre dossier : celui du salaire des institutrices. Le 20 janvier, elle avait écrit au surintendant de l'Instruction publique lui faisant maintes suggestions pour améliorer l'enseignement primaire au Québec, incluant une augmentation du salaire des institutrices, surtout en milieu rural. Le surintendant, Cyrille Delage, assure Thérèse que non seulement sa lettre sera déposée à la prochaine réunion, mais également qu'elle sera prise en considération[41]. Le 9 février, la question est mise à l'étude par un sous-comité du Comité catholique du Conseil de l'Instruction publique et, le 10 mai, le surintendant expédie à Thérèse une copie du procès-verbal de la réunion de ce sous-comité traitant «des améliorations qu'il faudrait apporter à notre système d'enseignement, y compris le traitement des institutrices et, à la page quatre, vous verrez ce que le comité catholique a décidé concernant la communication que vous lui avez transmise[42]». Je n'ai pas retrouvé le procès-verbal en question, mais le dossier du salaire des institutrices mettra encore un temps avant d'être réglé.

Durant l'été, Thérèse participe à la rencontre des libéraux fédéraux au Trinity College, à Port Hope. Dans ses mémoires, l'ex-gouverneur général Vincent Massey précise que le Parti libéral avait besoin d'être revitalisé après la défaite dévastatrice de 1930 et que, parmi les participants les plus actifs «qui deviendront plus tard connus au Canada, soit en politique soit dans le service public, se trouvaient Mme Pierre Casgrain, Léon Mercier-Gouin, Paul Martin». Il souligne aussi que cela devenait plus «*challenging*» depuis l'arrivée du CCF. Il craint ce parti qui pourrait «obtenir la balance du pouvoir lors d'une prochaine élection fédérale. Cela voudrait dire qu'un groupe de socialistes radicaux pouvait avoir l'opportunité de gouverner ce pays en dictant ses politiques au gouvernement du jour sans avoir l'obligation de répondre à l'électorat[43].» Je ne sais ce qu'il a pensé lorsque Thérèse joindra les rangs de ces «socialistes radicaux».

En octobre, le comité exécutif de la Ligue des droits de la femme demande que les syndicats catholiques réunis en congrès incluent dans leur programme «la législation en faveur du suffrage féminin en cette province; la lutte contre les tentatives de législation qui attaquent le travail féminin et ont comme but le renvoi en masse des femmes astreintes au travail[44]».

Dans sa réponse, Alfred Charpentier, le secrétaire général intérimaire de la Confédération des travailleurs catholiques du Canada
(CTCC), avise Thérèse du dépôt de la résolution au dernier
congrès. Il l'informe aussi du fait que «fut lue votre prière d'être
entendue au cours de ce congrès», mais que, «comme l'an dernier,
notre Confédération n'a pas voulu se prononcer sur la législation
du suffrage féminin attendant de connaître ce que pense l'épiscopat sur la question[45]».

L'épiscopat. Encore et toujours l'Église. Et qui ne semble pas
toujours parler d'une même voix. Rodrigue Villeneuve, archevêque
de Québec et depuis peu cardinal, écrit à Mme Charles Frémont
(Thaïs Lacoste) :

> Sur la question de savoir si des organisations féminines au point de
> vue politique sont opportunes ou non, je laisse donc la pure théorie
> pour constater que les femmes, ayant droit de vote dans l'arène fédé-
> rale, doivent exercer ce droit avec intelligence et courage, et qu'il est
> loisible à celles qui le jugent utile, de se grouper en cercles ou associa-
> tions. Dès lors qu'en ces groupements rien ne s'oppose à la morale
> chrétienne, l'Église n'a pas à intervenir[46].

Lors d'un de ses voyages à Québec, Thérèse rencontre le cardinal Villeneuve. «Petit de taille, brillant et décidé, cultivé, [d'un]
charme indiscutable», selon le père Georges-Henri Lévesque, le
cardinal a été «trop souvent présenté comme une sorte de paon
risible, [...] ses mouchoirs de soie écarlate avec lesquels il se tam-
ponnait le bout du nez en public, tout le monde les a vus[47]».
D'après la lettre que Thérèse adresse au cardinal, le 30 novembre,
elle a discuté avec lui du droit de vote des femmes et du rôle de ces
dernières dans la société. Il lui a probablement suggéré de demander audience auprès de l'archevêque de Montréal, puisqu'elle lui
parle de cette rencontre.

> À mon retour à Montréal, j'ai rencontré Monseigneur l'archevêque et
> je lui ai dit combien nous étions peinées de nous sentir si peu com-
> prises sur la question féministe. Je lui ai également parlé de notre
> projet d'un congrès. Il m'a demandé de lui soumettre nos idées par
> écrit. Et voilà qu'au moment de le faire je n'ose plus. Je sais à quel
> point cela lui déplaît de voir les femmes s'occuper de politique. Pour

nous, nous ne doutons pas que notre participation pourrait produire d'excellents effets. [...] Nous voudrions tant qu'il y ait une élite en mesure de participer activement aux initiatives qui ont pour but le bien général et l'amélioration de la vie publique.

Alors, Éminence, dois-je écrire à mon évêque ou laisser faire[48] ?

Elle joint une copie de la lettre qu'elle a l'intention d'envoyer à Mᵍʳ Gauthier et offre au cardinal de se rendre à Québec pour recevoir de vive voix sa réponse s'il trouve trop délicat de la lui donner par écrit. Cette lettre est longue et commence ainsi : «À votre bienveillante suggestion, je me permets de vous écrire.» Elle explique la situation de la femme dans les domaines social, légal et politique. Elle rappelle les longues années de lutte pour «peu de choses dans le domaine des réformes désirées et que la Ligue considère être celui de l'action sociale». Elle continue en disant : «Nous en sommes venues à la conclusion que, si nous ne votons pas, nous ne comptons pas.» Et plus loin :

> Que cela plaise ou non, nous votons au fédéral, au municipal. Comment pourrons-nous accomplir ce devoir, car c'en est un, quand de tous côtés nous nous faisons dire et redire qu'il vaut mieux ne pas nous mêler des choses dangereuses de la politique [...].
>
> Puisque la femme est l'éducatrice par excellence, comment pourra-t-elle inculquer au cœur de son enfant l'importance de son devoir de citoyen si elle ne le comprend pas elle-même ?

Et elle expose le projet de la Ligue d'organiser un congrès autour d'une foule de questions intéressant directement la femme.

> La campagne violente, j'ajouterai même injuste, qui se poursuit en ce moment contre le travail féminin nous prouve une fois de plus la nécessité de jeter une vive lumière sur tous ces problèmes complexes auxquels la femme d'aujourd'hui est appelée à faire face [...].
>
> La formation de groupements poursuivant la tâche de l'éducation sociale et civique de leurs membres en même temps que réclamant des réformes nécessaires est, il me semble, très importante puisque la femme est appelée aujourd'hui à remplir de nombreux devoirs et d'une façon différente des jours d'autrefois.

Suit une liste de sujets que la Ligue veut étudier. Neuf, en fait. Avant de terminer, Thérèse ose faire un vœu :

Ce serait trop beau, Monseigneur, de pouvoir espérer que vous voudrez bien approuver l'idée de ce congrès, nous n'osons pas en demander autant. Mais il ne peut sûrement pas y avoir d'inconvénients à étudier ces grandes questions ou à les faire traiter dans nos assemblées par des conférenciers sérieux. [...] Si vous vouliez nous encourager, ce serait tellement plus facile de travailler et d'obtenir des résultats[49].

J'ignore si cette lettre à Mgr Gauthier a été envoyée.

Le clergé est omniprésent et omnipotent. Son influence s'exerce partout et sur tout. Il n'est pas une organisation qui ne se dote d'un aumônier, sauf celles que Thérèse fonde ou préside. Alors, cette démarche auprès des plus hautes autorités religieuses est très stratégique. Elle ne la fait pas en «fille soumise de l'Église» et en grande croyante, comme jadis Marie Lacoste-Gérin-Lajoie. Non. Thérèse est tout sauf cela. Elle affiche une liberté et une indépendance d'esprit que l'on retrouve souvent dans une certaine bourgeoisie. Selon Dupont, «l'affranchissement intellectuel et l'aisance financière de cette classe de la société sont à l'origine de l'opposition de plus en plus ferme aux attitudes réactionnaires des autorités religieuses[50]». Thérèse fait cette démarche en souhaitant mieux faire comprendre le rôle de la Ligue et gagner au moins une certaine neutralité de l'Église face aux actions menées par les groupes de femmes.

À cette époque, elle écrit dans les journaux et les magazines. Elle est en passe de devenir journaliste. Et de s'affirmer sous son prénom. Elle ne se présente plus comme «Mme Pierre Casgrain», elle signe d'abord «T.-F. Casgrain» et bientôt «Thérèse-F. Casgrain». Dans sa lutte pour assurer aux femmes qu'elles peuvent prendre la place qui est la leur, elle pourfend ceux qui sont contre le travail féminin:

Considérée comme personne, et c'est ainsi que le christianisme nous apprend à l'envisager, la femme a le droit de décider elle-même si oui ou non elle travaillera.

Permettre qu'on fasse des enquêtes pour savoir si dans tel cas une femme peut travailler est une chose arbitraire.

[...] C'est une erreur grave de penser qu'avec des mesures de ce genre, contre le travail féminin, on arrivera à guérir notre société des maux dont elle souffre. N'oublions pas qu'en général ce sont les hommes qui emploient les femmes et, en plus, que le salaire qu'elles reçoivent est en général bien inférieur à celui qui sera donné à un homme pour accomplir le même travail. Ici on ne fait pas d'enquêtes pour savoir si la femme est soutien de famille ou non. Pourquoi ne pas établir la formule : « À travail égal salaire égal ».

Et elle conclut :

> De tout ceci une vérité se dégage plus forte que jamais, à savoir la grande nécessité pour les femmes d'avoir le vote pour défendre directement leurs intérêts. Une classe non représentée devient forcément une classe négligée, pour ne pas dire méprisée[51].

Le 29 novembre, Thérèse préside une grande assemblée de la Ligue à l'Hôtel Windsor. Inutile de dire que, en ces années de crise, se réunir au Windsor pour entendre discourir sur le féminisme n'était pas donné à bien des femmes. Léa Roback raconte qu'« on obtenait gratuitement des salles très chics pour se réunir, comme à l'hôtel Windsor. Madame Casgrain n'avait qu'à prendre le téléphone, pour les obtenir. [...] Et moi, je me disais [...] allons donc sur Parthenais parler aux femmes, ce n'est pas seulement le droit de vote qui est en cause mais toutes les portes que ça ouvrait aux femmes. » Thérèse a essayé, mais ça ne passait pas. « Le problème c'est que les bourgeoises attirent les bourgeoises. Plusieurs de ces femmes-là ne se souciaient pas des effets de la crise sur les gens et ça me dérangeait beaucoup. » Léa Roback reconnaît tout de même que ces bourgeoises ont « fait un travail extraordinaire, mais ça aurait pu être tellement mieux[52] ».

Ce mercredi-là, donc, la professeure Carrie Derrick refait l'histoire du féminisme depuis Ève, la première de toutes les féministes. Pour elle, le féminisme est un humanisme, un mouvement d'éducation qui favorise le progrès.

Thérèse profite de cette assemblée pour rappeler que les syndicats catholiques restent sur leur position concernant le droit de vote. Elle souligne aussi les interventions de Mlle Idola Saint-Jean et de Mme James Bielby aux audiences de la commission MacMillan sur le *banking*. Ces personnes ont, entre autres, demandé que soit levée la restriction imposée aux femmes mariées quant au montant maximal de 2000 dollars qu'elles peuvent déposer dans une banque ou l'en retirer sans l'autorisation du mari. Lors d'une entrevue qu'elle accorde à Mme Shirley Thomson, Thérèse raconte qu'après la mort de son père, elle avait déposé une somme assez considérable à la banque, sans objection, mais que cela avait été une toute autre histoire lorsqu'il s'était agi de la retirer : il lui avait alors fallu obtenir l'autorisation écrite de son mari[53]. La Ligue avait déposé un mémoire devant cette commission, défendu par Elizabeth Monk, médaillée d'or de McGill. Mademoiselle Monk avait dû s'inscrire au Barreau de la Nouvelle-Écosse, la province de Québec refusant toujours d'admettre les femmes à la pratique du droit. C'est d'ailleurs un dossier que Thérèse va continuer de porter.

Toujours dans le domaine de la capacité juridique des femmes mariées, j'ai retrouvé dans un document non identifié un commentaire de Thérèse se rapportant à la fondation de la Fédération des œuvres de charité canadiennes-françaises, en février 1933. Mmes Édouard Montpetit, Athanase David, Raoul Dandurand, Justine Lacoste-Beaubien, Ernest Savard et Thérèse voulaient, par le moyen de cet organisme, planifier et coordonner les activités de bienfaisance à Montréal. Lors de la demande d'incorporation, Thérèse signale aux quelques hommes présents que les femmes ne peuvent signer la requête sans l'autorisation de leur mari. Ces messieurs protestent et réclament la signature des dames Montpetit, David et Casgrain. Ces dames signent et, quelques semaines plus tard, la requête est acceptée, mais les noms des dames sont rayés du document. Thérèse ajoute qu'elle s'est retenue de leur rappeler : « Je vous l'avais bien dit[54] ! »

Le 9 janvier 1934, le gouvernement Taschereau ouvre la troisième session de la dix-huitième Assemblée législative, en présence du cardinal Rodrigue Villeneuve. Les sessions sont de plus en plus courtes, et peu de lois sont adoptées. Un renvoi à six mois d'un projet de loi signe son arrêt de mort, puisque, comme l'écrit un journaliste, « la session aura été prorogée depuis plusieurs lunes[55] ». C'est ce qui arrive depuis toujours aux projets portant sur le droit de suffrage des femmes.

Ce gouvernement est au pouvoir depuis près de trois décennies et les scandales fusent de partout. Maurice Duplessis, chef de l'opposition depuis quelques mois, représente la nouvelle génération de politiciens. Au Canada, c'est le Co-operative Commonwealth Federation (CCF)[56] qui joue ce rôle. Puis un peu partout, des groupes fascistes s'installent. À Montréal, Anaclet Chalifoux, un chômeur, met sur pied un club ouvrier pour discuter chômage, rôle des gouvernements, avenir. Bientôt, il y a suffisamment de clubs de ce genre pour les grouper en fédération. Et le Samedi saint 1933, portant la chemise brune qui les distingue, ils seront quelques milliers à monter les marches de l'Oratoire Saint-Joseph.

L'automne précédent, le Parti national-socialiste chrétien (PNSC) avait tenu une première assemblée à Montréal, au Monument national, et il publie peu après un mensuel, *Le Fasciste canadien*. Leur chef, Adrien Arcand, veut une organisation pancanadienne, bien qu'il s'occupe surtout d'organiser le territoire québécois. Durant cette décennie, le «fascisme existe alors sous plusieurs formes dans le monde et irrigue à divers degrés, un vaste champ politique. [...] Au pays des érables, Arcand reprend et adapte l'idéologie d'extrême droite qui fleurit à l'époque en Europe[57].»

Journaliste, Arcand produit divers «journaux» parfois en appui à certains politiciens, mais surtout contre les Juifs. Grand admirateur de Hitler et de Mussolini, on parlera de lui comme du *Führer* canadien. La croix gammée, le salut fasciste, l'uniforme bleu et bientôt le service paramilitaire attireront quantité de gens. Certains cherchent quelqu'un qui pourra les sortir de la crise. Ils vont à l'Oratoire, font des neuvaines, se tournent vers le premier gourou venu qui peut les amener ailleurs.

Selon Jean Paré, «on hésitait à se montrer à des associations dominées par la Co-operative Commonwealth Federation, ancêtre du Nouveau Parti démocratique, ou par le parti communiste. [...] on écoutait davantage le chef fasciste Adrien Arcand dont les bandes de fiers à bras s'en prenaient aux rassemblements de chômeurs[58].» Mais son parti n'aura pas vraiment d'influence au Québec.

En ce début d'année, ce qui préoccupe encore tout le monde, c'est le chômage. La crise semble ne jamais devoir se terminer alors que le paiement des intérêts et des dividendes aux actionnaires des compagnies en opération atteint un sommet inégalé[59]. Le 17 janvier, Ottawa réunit les provinces pour discuter des mesures à prendre. Mais, hors les camps de travail, où s'entassent les célibataires sans emploi, et les terres distribuées aux familles en vue de la colonisation, rien de neuf ne sort de ces rencontres interprovinciales. Les premiers ministres ont leur photo dans les journaux, chapeautés, gantés, canne à la main, pendant que, devant les hôtels de ville ou les « œuvres de la soupe », les sans-emplois font la file sous le froid et la neige. Les mesures qui, depuis le début de la décennie, devaient leur venir en aide n'ont servi qu'à les empêcher de crever de faim. Les gouvernements croient encore qu'il faut laisser fonctionner le capitalisme sans trop apporter de contraintes législatives. Mais la relance de l'économie n'est pas au rendez-vous et l'agitation sociale, qui se manifeste ici et là, inquiète. Pour plusieurs, ce sont les regroupements en « clubs ouvriers » qui sont le plus à surveiller. Certains les voient comme des nids d'endoctrinement marxiste. Communiste, même.

Les femmes, elles, continuent leurs démarches en vue de l'obtention du droit de vote. Le 21 février, le député de Montréal-Sainte-Marie, le Dr Gaspard Fauteux[60], se fait le parrain du « bill des femmes », comme l'appelle le premier ministre Taschereau[61]. Selon *Le Soleil,*

> ces dames n'ont pas paru trop affectées par le résultat. Toutefois, une des plus ardentes propagandistes du mouvement n'a pu s'empêcher de faire la réflexion suivante, lorsque tout fut fini : « Au train dont vont les choses, nous serons grand'mères lorsque nous obtiendrons le droit de suffrage ! »

Peu après la défaite de ce bill, les femmes reprennent leur campagne de sensibilisation et d'éducation. Tous les vendredis, à l'heure du souper, la Ligue occupe l'antenne à CKAC pendant quatorze minutes. Quand Thérèse n'est pas libre, c'est une autre femme de son groupe ou un des hommes influents et sympathiques à la cause qui intervient.

Je ne sais à quel moment précis Thérèse a traité du féminisme et de la main-d'œuvre féminine à la radio.

Je vois ici plusieurs maris froncer les sourcils et je les entends dire à leur femme : «je t'en prie, ma chère, ferme ce radio». De grâce, messieurs, un peu de patience. [...] on me donne quatorze minutes et demi [...]. Et puis, c'est vendredi, jour de pénitence, alors résignez-vous. [...]

Il semble bien qu'on doive accorder à travail égal, salaire égal, entendu qu'il s'agit du travail égal, non pas seulement en durée, ce qui ne signifie pas grand chose, mais en quantité et en qualité[62].

Elle termine l'émission en donnant à son auditoire rendez-vous «vendredi prochain à la même heure». Travail égal, salaire égal : au moment où j'écris ces lignes, ce n'est toujours pas une réalité partout, au Québec, malgré la législation en vigueur depuis longtemps.

Thérèse passe l'été à Saint-Irénée avec sa mère et les siens et reprend ses activités en septembre. Elle accepte pratiquement toutes les invitations qui lui sont faites pour aller parler des droits de la femme. Le 23, c'est l'assemblée annuelle de la Fédération des clubs de femmes libérales au Québec. Elle s'était assurée de la présence de Mackenzie King, alors chef de l'opposition. En novembre, elle est à la Chambre de commerce des jeunes. Quelques jours après son intervention, elle reçoit une lettre des Amis de l'Union soviétique qui n'ont pas aimé qu'elle ait affirmé qu'en «Union soviétique, la vie de famille avait été détruite». Louis Kon, l'auteur de la lettre, soutient le contraire et ajoute :

Les femmes en URSS ne sont ni concernées ni intéressées par les avantages individuels de député, ministre ou sénateur. Leur but ce sont les avantages collectifs d'une vie heureuse au travail.

Il lui suggère des lectures et lui offre même d'envoyer quelqu'un rencontrer les membres de la Ligue qui pourra répondre « *authoritatively* » à toutes leurs questions[63]. Les communistes n'ont pas bonne presse au Canada et encore moins au Québec.

La crise perdure. Il faut alors avoir grande foi en sa cause pour continuer de la défendre sur la place publique jusqu'aux lieux de décision et imaginer gagner du terrain auprès de l'électorat. D'autant qu'en ces années difficiles, les femmes doivent aussi se battre contre ceux qui veulent leur interdire le travail à l'extérieur du foyer; on a vu plus haut Thérèse intervenir à ce sujet. Voici maintenant que l'ineffable député de Dorion, le libéral J.-A. Francœur, présente un bill privé concernant le travail des femmes et des filles. Il affirme que, pendant que les femmes et les filles travaillent, des pères de famille et des garçons chôment alors qu'ils pourraient accomplir les mêmes besognes. En outre, il soumet que ce travail est préjudiciable à la santé des femmes et de nature à détruire la famille. En conséquence, il propose que

1. Les femmes et les filles ne peuvent être admises à travailler dans les bureaux de maisons de commerce ou établissements industriels que si elles sont dans l'obligation de subvenir à leur propre subsistance ou celle de leur famille.
2. Le patron d'une femme ou d'une fille doit, s'il en est requis, présenter à tout inspecteur autorisé du gouvernement de la province un certificat signé par un curé, un pasteur, le maire ou un échevin de la municipalité et établissant que cette femme ou cette fille est dans le cas prévu à l'article 1. L'inspecteur peut exiger que ce certificat soit vérifié au moyen d'un affidavit.
3. Toute personne qui emploie une femme ou une fille contrairement aux dispositions de l'article 1 ou qui néglige de se conformer aux prescriptions de l'article 2 est passible, pour chaque jour que dure l'infraction, d'une amende de cinq à vingt-cinq dollars, recouvrable sur poursuite sommaire dans les trois mois de l'infraction[64].

Cette loi devrait s'appliquer dès le 1er juillet 1935. Le premier ministre lui-même mènera l'opposition contre ce bill qui obtiendra tout de même seize voix, non sans que l'on ait entendu le député Francœur souhaiter que les femmes se contentent d'être fermières, cuisinières ou bonnes. L'opposition au travail des femmes rencontre de fervents supporteurs, à commencer par les syndicats. La CTCC, pour une, est encouragée en ce sens par les Jésuites. Alfred Charpentier, le président de cette centrale syndicale, présente une résolution au congrès, qui l'adoptera :

Attendu que l'une des causes principales du chômage est le développement exagéré du travail féminin, le congrès demande à la législation [sic] provinciale de restreindre à de justes proportions l'emploi de la main-d'œuvre féminine [...] et spécialement en commençant par le congédiement des femmes mariées[65].

En février, la Ligue organise un blitz pour le droit de vote des femmes, à CKAC. C'est d'abord la tante de Thérèse, Mme Dumont-Laviolette (Mary Ann MacDonald) qui intervient, puis, la semaine suivante, Thérèse invite le député de Charlevoix-Saguenay à s'adresser aux auditeurs. Après les remerciements et salutations d'usage, Me Edgar Rochette rappelle la ténacité des associations féminines qui continuent la lutte pour le droit de suffrage et il parle du féminisme. Pour lui, il s'agit

avant tout et surtout [d']une doctrine sociale, [d']une doctrine de justice et de progrès qui a pour objet l'émancipation complète de la femme et pour but la collaboration de toutes les femmes aux œuvres économiques, nationales et sociales.

Plus loin, Me Rochette affirme ce qui suit:

Ce n'est point le vote pour le vote en lui-même qui est visé; ce ne peut être le droit pour son exercice même qui est réclamé: la franchise politique n'est recherchée par la femme que comme moyen pour atteindre des fins avantageuses non seulement pour elle-même, mais aussi pour l'homme, pour la société tout entière et pour l'avenir de la nation.

Le député provincial de Charlevoix-Saguenay conclut:

Dans toute la nature, à tous les degrés de la vie, il y a union étroite entre le principe masculin et le principe féminin.
    Pourquoi y aurait-il exception dans le domaine politique? Est-ce que nous ne violons pas là une loi de la nature, je dirais presque une loi divine, en niant l'utilité et l'efficacité du principe féminin dans nos institutions les plus importantes[66]?

Des auditeurs écrivent et, comme toujours, les avis sont partagés. Certains ne comprennent pas que «le poste CKAC puisse mettre généreusement son poste au bénéfice de [la] Ligue». Ou bien on souhaite que «votre prochain bille [*sic*] soit encore refusé, peut-être que ce nouvel échec [...] vous feras [*sic*] ouvrir les yeux, et que la Ligue des droits de vote de la femme sera dissoue [*sic*][67]».
    Mais d'autres appuient les idées de Thérèse et lui demandent de dire à Me Rochette

comme je suis fière de savoir notre féminisme interprété de la façon qu'il aurait dû et qu'il devrait l'être encore? Ces paroles-là venant d'un homme surtout, et d'un député[68].

À la mi-mars, la Ligue organise aussi une grande rencontre au Palais Montcalm. Je crois que Thérèse est arrivée à Québec dès le vendredi matin pour s'occuper de l'organisation. Elle informe Mme Edgar Rochette qu'elle a fait imprimer des circulaires, écrit aux journaux et communique avec la radio en vue de cette assemblée du dimanche soir. Et elle assure que «si le bill ne passe pas cette année, ce ne sera certainement pas de la faute de votre époux ni de la nôtre[69]». Cette fois, c'est avec l'arrivée du printemps que les femmes s'amènent à Québec où elles remplissent rapidement les galeries du «Salon de la race»! Selon le journaliste du *Soleil*[70], «le froufrou des robes, la symphonie des couleurs gaies, les petits chapeaux de paille saisonniers, tout avait de quoi égayer la Chambre verte». Le journaliste ajoute que «les vagues effluves de parfum qui chatouillent délicatement les narines des journalistes habitués à des odeurs moins capiteuses» créent une «ambiance où il fait bon vivre quelques heures». René Garneau, du *Canada,* parle de «cette après-midi» où «discours spirituels, élégance choisie, rires frais, la vie était belle à l'Assemblée législative de 3 à 6 heures [...] mais pas pour le bill du champion des revendications féministes[71]».

Le député provincial de Charlevoix-Saguenay aura beau être éloquent, l'Assemblée législative se prononce à nouveau contre le suffrage féminin. Et selon *Le Canada,* «le vote féminin est mort d'une belle mort[72]». Selon ce journal, Thérèse et Idola Saint-Jean auraient dit: «C'est la dernière fois que les femmes viennent devant cette chambre. Nous chercherons d'autres moyens d'obtenir ce que nous voulons[73].»

Je ne sais si l'une ou l'autre a réellement dit cela. À l'évidence, les femmes se trouvent dans un cul-de-sac. Leurs alliés se font moins nombreux et il se pourrait bien que, la prochaine fois, Taschereau en fasse un vote de parti. Peut-être est-ce ce que voit venir le parrain du bill quand il écrit que «la Chambre, telle que constituée, ne votera jamais en faveur du suffrage féminin[74]», même s'il persiste à croire que les femmes obtiendront justice.

Sentant venir une campagne électorale au fédéral, les groupes féministes s'activent auprès des électeurs, pour Idola Saint-Jean et l'Alliance, auprès des chefs de partis, pour Thérèse et la Ligue. Dès le mois de juin, la Ligue demande à Bennett d'user de son influence auprès de son parti pour que les organisateurs accordent le même soutien aux candidates et aux candidats conservateurs qui seront choisis sous peu[75]. Je ne sais s'il a daigné répondre. Le chef de l'opposition lui, le fait par l'intermédiaire de son secrétaire privé. « Si une femme est choisie lors d'une convention dûment constituée, [M. King] lui enverra sûrement une lettre d'appui[76]. » Le soir du 14, les Casgrain sont, avec Ernest Lapointe, dans une salle paroissiale de Limoilou, où ils attendent le résultat des élections. Bennett perd, ce qui fait que la vie de Thérèse va changer.

Le 30 octobre, encouragé par les gains libéraux au fédéral, Taschereau dissout les Chambres. La Ligue, elle, recommence ses pressions auprès des candidats pour les amener à se prononcer publiquement pour le droit de suffrage, mais sans succès.

Un nouveau parti entre en scène : l'Association libérale nationale (ALN), soutenue par des émissions radiophoniques, le dimanche, et par un journal, *La Province,* paraissant de façon irrégulière. Thérèse est aux premières loges quand, au début des années 1930, Paul Gouin réunit quelques amis pour discuter des changements à apporter au sein du Parti libéral au Québec. Je ne sais si elle assiste au dîner tenu au Club de réforme à Montréal. C'est là qu'est née l'idée de former un mouvement politique au sein même de ce parti sclérosé « atrophié au point de n'être plus qu'un clan de famille[77] ». Avant ce dîner, des rencontres avaient eu lieu chez Gouin, puis chez Thérèse, réunissant généralement Roger Ouimet, Robert Dufresne, Calixte Cormier, Jean Martineau, Fred Monk, auxquels se joindront plus tard Hector Langevin et Henri Moquin. Selon Thérèse, Jean Martineau « était souvent choqué par ce qu'il voyait autour de lui et ne se gênait pas pour le dire ». Tous voulaient relibéraliser le parti.

Il faut dire que plusieurs « libéraux » en avaient assez de l'attitude réactionnaire du chef du parti et de son entourage. Thérèse la première, qui avait compris des commentaires du Dr Rochette qu'il fallait changer le parti ou, du moins, modifier la composition de l'Assemblée législative si elle voulait faire passer les changements législatifs qui lui tenaient à cœur. Ces libéraux cherchaient un moyen de transformer le parti de l'intérieur. Mais, comme ils n'y parviennent pas, ils jonglent avec l'idée d'un nouveau parti qui verrait à la libération économique et sociale des Canadiens français, d'un parti qui, une fois au pouvoir, favoriserait les familles, les personnes âgées, les travailleurs et les chômeurs.

À l'été 1934, Paul Gouin rédige un manifeste largement inspiré des théories de l'École sociale populaire du jésuite Papin Archambault et de son programme de restauration sociale. Gouin donne des conférences et tient des rencontres. Une première assemblée publique a lieu le 28 juillet et les journaux, dont *L'Action catholique,* publient le manifeste. En août, Édouard Lacroix organise une assemblée à Saint-Georges-de-Beauce et il invite Paul Gouin à venir y exposer son programme. Gouin est accompagné de Fred Monk, de Calixte Cormier et de Roger Ouimet. Sur l'estrade, il y avait aussi Gérald Coote (neveu de Taschereau), Jean-Charles Ouellet et quelques organisateurs libéraux. Plus de sept mille personnes auraient assisté à cette assemblée[78].

Taschereau s'inquiète et promet un siège à Gouin, qui refuse, mais s'entend avec Duplessis. Le 7 novembre, l'ALN présentera soixante candidats et le parti conservateur trente, évitant ainsi de se nuire. Une fois élus, Duplessis serait premier ministre et Gouin choisirait les membres du Cabinet. L'Union nationale était née. L'ALN fera équipe avec Duplessis. Cela fera mal à Taschereau, mais pas assez pour le renverser. Le 25 novembre, il obtiendra quand même cinq sièges de majorité, mais perdra plusieurs de ses ministres. C'était le commencement de la fin d'une ère politique. Dans ses mémoires, T.-D. Bouchard écrit: «M. Duplessis appartenait à la phalange des bleus authentiques, alors que ses alliés de l'heure étaient, les uns des libéraux mécontents du régime Taschereau, les autres des cléricaux à tendance fasciste[79].»

Parlant de Gouin, qu'elle décrit comme un homme charmant et cultivé mais lent à se décider, Thérèse le croit moins à gauche que beaucoup d'autres mais quand même réformateur. Selon

Séraphin Vachon, fondateur de *La Province,* le petit-fils de Sir Lomer Gouin voulait faire quelque chose d'utile de sa vie. Il n'était pas tribun, mais avait une belle personnalité et donnait confiance aux gens[80]. Le journaliste Olivar Asselin, lui, ne met pas de temps à prophétiser, dans *La Renaissance,* que «Monsieur Duplessis, avec l'appui des Édouard Masson et des Alphonse Boyer retordra M. Paul Gouin comme une loque, comme une mitaine[81]».

À cette même époque, précédant la création de l'ALN, Thérèse recevait tous les lundis soirs. À table, on discutait de tout, mais surtout de politique et de réformes sociales. Et Taschereau en prit ombrage, sachant ce que Thérèse pensait de lui et de son gouvernement. Il craignait ce qui pouvait s'organiser là. Les diverses questions sur la situation des femmes, il savait ce que Thérèse en pensait et connaissait bien sa manière d'agir, mais si elle allait élargir ses intérêts à d'autres questions… Thérèse est une organisatrice redoutable. Elle dira: «De mon côté, je voyais ce qui se passait. Je recevais tous ces gens-là chez moi chaque lundi soir. À un moment donné Taschereau a dit à Pierre: "Voulez-vous dire à votre femme de cesser de recevoir ces gens". Pierre a répondu: "Ma femme est chez elle et ma vie privée, c'est mon affaire. Elle recevra qui elle voudra"[82].»

Il est évident que le salon de Thérèse est un centre d'intrigues politiques. Si, comme Germaine de Staël, «elle préconisait une société dans laquelle les femmes ne seraient pas jugées d'après un code différent de celui des hommes[83]», à la différence de Mme de Staël, Thérèse tenait à l'égalité des droits politiques et sociaux. Dans les salons européens s'élaborait parfois la pensée de tout un siècle. Ces salons prestigieux étaient tout sauf un lieu où l'hôtesse se contentait de servir des boissons. On n'a pas assez dit le grand pouvoir d'influence qu'exerçait Thérèse sur les milieux politiques, à son époque. Si, dans les bureaux de son père, autrefois, on faisait ou défaisait des fortunes et des réputations, dans le salon de Thérèse, on préparait la relève politique. Et comme dans tous les salons, les pires choses pouvaient être dites, habillées de politesse et arrosées de scotch ou de bourgogne.

Ces dîners étaient très appréciés, et certains faisaient des pieds et des mains pour y être invités. Encore davantage quand ils s'en voyaient exclus après avoir été parmi les élus. Ainsi, Me André Montpetit, plus tard juge :

> Il faudrait être aveugle ou stupide — je vous laisse le choix — pour ne pas comprendre qu'un événement quelconque est venu troubler notre sincère affection pour vous. [...]
> J'ai sans doute tort : c'est le lot des hommes. Ce sont aussi les mots que prononce celui qui désire ne pas perdre une amie. Je vous laisse juger, chère madame ; pardonnez-moi, si j'ai péché et retrouvez ce sourire que nous avons si souvent contemplé au cours de ces soirées avec « les amis du lundi soir »[84].

Le 7 septembre 1935, Thérèse est à Québec. La place du marché, dans Saint-Roch, est noire de monde. Mackenzie King et Lapointe tiennent une grande assemblée où prendront aussi la parole Thérèse, Lucien Cannon et Renault Miville-Dechêne, président de la jeunesse libérale. Le premier ministre est en campagne électorale. Au Québec, il discute des moyens de sortir de la crise dans laquelle le pays est encore enlisé. Taschereau, au nom de la province, promet de collaborer sur les questions du chômage, du crédit agricole et des pensions de vieillesse. Je n'ai pas trouvé trace de l'intervention de Thérèse non plus que de celles qu'elle fera à Montréal durant cette campagne.

Thérèse termine l'année en reprenant le flambeau pour l'obtention de changements dans la façon dont le gouvernement traite les institutrices catholiques. Comme elle l'écrit au surintendant Delage, elle pose une question à plusieurs branches :

> Pourquoi permet-on l'existence d'un bureau central qui accorde des diplômes d'enseignement à des enfants qui viennent de terminer leur sixième année primaire ? Pourquoi le Conseil de l'Instruction publique, qui avoue que la situation va en empirant, permet-il à ce bureau central de mettre sur le marché (si l'on peut dire) environ 5,000 nouvelles institutrices par année ? Pourquoi le gouvernement de cette province, qui n'a jamais hésité à intervenir dans les affaires municipales, se dérobe-t-il derrière les commissions scolaires rurales, pour ne pas remédier à l'abominable condition des institutrices laïques ? Pourquoi,

enfin, parler en termes émus de l'école de rang, de la nécessité de ruraliser l'école de la campagne, de l'urgence de remonter le niveau moyen de l'instruction, du devoir qui incombe aux pédagogues de lire et de se renseigner, quand on persiste à traiter la femme qui enseigne comme on ne traite pas une apprentie d'usine[85].

Au début de 1936, le surintendant de l'Instruction publique lui donne raison sur la « thèse générale » qu'elle défend et, en y mettant bien des manières, entreprend de « rectifier certaines affirmations qui ne sont pas parfaitement conformes aux faits établis[86] ».

CHAPITRE 8

Fémina

Le sentiment diffus, caché, indescriptible que, cependant,
le chemin conduit droit où je dois aller.

ROLAND BOURNEUF,
Pierres de touche

L E 6 FÉVRIER 1936, Pierre Casgrain est élu orateur (président) de
la Chambre des communes. Cette fonction le place en cinquième position dans l'État canadien et comporte l'obligation de
recevoir au nom de la Chambre des dignitaires d'ailleurs, tous les
invités de l'État, mais aussi des membres du gouvernement. Le
président de la Chambre jouit d'un appartement de fonction, situé
dans l'immeuble central du Parlement, et d'allocations de voyage
et de réception. Les mardis midi, Pierre reçoit des ministres, des
députés ou d'autres personnes proches du gouvernement. Thérèse
officie alors comme hôtesse. En outre, les fins de semaine, il arrive
régulièrement que les Casgrain reçoivent des ministres de pays
avec lesquels le Canada entretient ou souhaite entretenir des liens.
Thérèse nouera des relations avec quantité de gens, relations qui
lui seront précieuses jusqu'à son décès, dans certains cas.

Le nouveau rôle de son mari exige que Thérèse soit plus souvent à Ottawa. Et dès qu'elle le peut, elle s'empresse d'assister aux
débats de la Chambre. Mais ses devoirs d'épouse et d'hôtesse ne
l'empêchent nullement de continuer ses luttes pour les droits des

femmes. Ainsi, le 15 janvier, elle est à l'Université d'Ottawa. Elle y traite des conséquences de la crise, mais surtout de droits et de devoirs. Elle plaide à nouveau pour un salaire égal à travail égal. Elle termine ainsi :

> Mêlée à toutes les formes de l'activité sociale, la femme moderne est amenée à s'intéresser à la politique qui est la science ou plutôt l'art des moyens propres à procurer le bien commun d'un État. Dans la politique, la femme voit le moyen surtout de réaliser d'utiles, de nécessaires lois sociales[1].

De retour à Montréal, Thérèse est à Radio-Canada pour une causerie sur le travail féminin. Plus tôt en janvier, une délégation de jeunes hommes avait été reçue par le gouvernement du Québec se plaignant du fait que les femmes étaient trop nombreuses dans les services publics. Thérèse tombe à bras raccourcis sur ceux qui soutiennent que le travail des femmes est une des causes de la crise.

> C'est la crise qui force les femmes à sortir de chez elles. [...] Quand tout allait bien, la plupart de ceux qui font aujourd'hui du zèle se souciaient fort peu des travailleuses [...].
> Il n'est pas juste de dire que les femmes prennent la place des hommes [...]. Le chômage a forcé de courageuses mamans à sortir de chez elles pour assurer le pain de chaque jour à ceux qui leur sont chers. [...] Il est vrai que la femme est faite pour le foyer, mais de là à conclure qu'il faille l'y attacher comme la chèvre au piquet ou comme le prisonnier à sa chaîne, il y a loin [...][2].

Vers la fin de sa causerie, Thérèse revient sur le salaire minimum des femmes qu'elle voudrait voir s'étendre à toutes les classes de travailleurs, « y compris — quelle honte d'avoir à l'avouer — les institutrices rurales, dont quelques-unes touchent annuellement le salaire fabuleux de cent dollars ». Elle aurait pu ajouter que, dans certains cas, l'institutrice doit fournir le bois de chauffage. Salaire fabuleux, en effet !

À Montréal, Thérèse doit aussi faire face à une contestation de ses façons de faire comme présidente de la Ligue. Non par la garde rapprochée, mais par un membre « actif » qui se sent mis de côté. Bernadette Montreuil avise la secrétaire que, à la réunion du 29 janvier, elle discutera de la validité de la constitution de la Ligue nommée qui laisse à la présidente et à son exécutif, toute la latitude de convoquer des réunions publiques et cela, sans même en informer les personnes intéressées, c'est-à-dire les membres actifs[3].

Deux semaines plus tard, Bernadette Montreuil écrit à nouveau à Thérèse :

> J'apprenais hier encore, l'état larmoyant dans lequel vous vous trouvez présentement, la cause en serait mon attitude à votre endroit. Me permettez-vous de vous dire que, si vous devez plus longtemps encore moduler sur ce thème, il me faudra afin de sauver ma réputation, mise en danger par vos insinuations, faire au public une certaine mise au point que, je voulais remettre à une date encore lointaine.
>
> Soyez heureuse, sans oublier toutefois que lors même que, vous êtes au sommet de l'échelle sociale, il y a au bas échelon des personnes aussi méritantes[4].

Je ne vois pas Thérèse larmoyer pour ce genre de comportement, mais je l'ai connue expéditive lors de réunions et ne s'embarrassant pas trop des règlements en vigueur. Selon Fernand Daoust, « Thérèse n'était pas commode et elle n'était pas facilement tassable[5] ». Gretta Chambers, qui l'a connue fin 1950, dira que Thérèse « avait ses propres opinions et qu'elle n'était pas conciliante », que « souvent elle s'emportait et que l'on voyait qu'elle ne s'entendait pas très bien avec quelqu'un[6] ».

Le 2 avril, Bernadette Montreuil écrit encore :

> Je savais qu'il vous manquait bien des choses intellectuellement parlant, mais ce que j'ignorais c'est que, vous ne possédez même pas un atome d'éducation.
>
> Bien à vous[7].

Au printemps, Thérèse fait une démarche auprès de la Commission canadienne de la radiodiffusion pour obtenir de Radio-Canada du temps d'antenne gratuit pour la promotion du droit de vote des femmes au Québec. À la différence des deux années précédentes, ce privilège lui sera refusé[8]. La radio — comme plus tard la télévision — est un puissant outil de diffusion de l'information, et Thérèse tient à l'utiliser. Par contre, la Ligue recevra un soutien inattendu de J. S. Woodsworth, du CCF. Lors d'une intervention au Parlement fédéral, il a relié la négation du droit de vote des Japonais de la Colombie-Britannique et la situation des femmes au Québec. Dans une lettre à la secrétaire de la Ligue, il écrit que « cela servira à rappeler combien il est injuste de continuer à nier aux femmes du Québec leurs droits et que son parti sera toujours heureux de les aider à obtenir ce qui est un droit fondamental en démocratie[9] ».

Pendant ce temps, à Québec, la session s'est ouverte le 24 mars. Et elle promet d'être colorée : quarante-sept libéraux, un libéral indépendant, seize conservateurs, vingt-six ALN. Dès les premiers jours, Duplessis mène le bal et s'affirme comme le seul chef dans cette assemblée. Taschereau, craignant l'adoption du bill des femmes, en fait un vote de parti. Trois jours avant le dépôt du projet par le député de Jacques-Cartier, Fred Monk, une délégation de « suffragettes » descend du train de 17 h 15. Elles se préparent à envahir les couloirs du Parlement dès le lendemain matin. Certaines logent au Château Frontenac, où séjourne aussi une partie de la députation. Ces dames peuvent donc, dès le soir de leur arrivée, commencer leur cabale. Le jour du vote, du haut des galeries, elles verront avec tristesse se lever ceux qui depuis des années les soutenaient, sauf le libéral Honoré Mercier (fils), qui « préféra se retirer plutôt que de voter contre une mesure qu'il avait toujours appuyée[10] ». Le projet de loi Monk fut défait par dix-neuf voix, le 27 mai. Curieusement, Duplessis qui avait parlé contre le bill, s'est abstenu de voter.

Taschereau est malmené en Chambre. Duplessis obtient que le Comité des comptes publics, qui n'avait pas vraiment siégé depuis une dizaine d'années, soit convoqué le 7 mai. Les ministères de la Colonisation, de la Voirie et des Travaux publics, tout y passera. Chaque séance bénéficiait d'une immense publicité[11]. Favoritisme, népotisme, dépenses exagérées, somptuaires pour l'époque.

Pendant ce temps, en Chambre, impossible de faire adopter le budget ni le mince programme législatif. Seule la Loi instituant la Commission des pensions de vieillesse sera promulguée, le 10 juin. Taschereau s'est longtemps opposé aux mesures sociales préconisées par le fédéral, la plupart étant des programmes à frais partagés. Ce n'est que sous la pression de l'opinion publique qu'il se résoudra à les accepter. Le programme qui entre en vigueur le 1er août n'est pas universel : le revenu annuel de la personne de soixante-dix ans et plus ne doit pas dépasser 425 dollars. La moyenne de la pension versée est alors de 17,55 dollars par mois.

De plus en plus malmené par l'opposition et la presse écrite, et considéré comme l'allié des banques et des compagnies au conseil desquelles il siège, Taschereau démissionne le 11 juin. Le ministre de l'Agriculture, Adélard Godbout, le remplace la journée même, juste avant de dissoudre les Chambres pour des élections le 17 août. «Avec un régime aussi dissolu, la dissolution s'imposait», aurait alors déclaré Maurice Duplessis. Jeune agronome et professeur à l'École d'agriculture de Sainte-Anne-de-la-Pocatière, Adélard Godbout jouit d'une réputation d'intégrité. Chauve et d'un physique peu imposant, il s'exprime posément et, selon Chubby Power, il est très bon sur les *hustings*[12].

Depuis l'élection de novembre dernier, libéraux et conservateurs avaient tenté de convaincre des membres de l'ALN de se joindre à eux, Duplessis récupérant bon nombre des disciples de Gouin. Selon Thérèse, «exactement dix-huit jours avant l'élection, coup de théâtre : Gouin et Duplessis annoncent la formation d'un nouveau parti, l'Union Nationale, fruit d'une coalition entre l'ALN et les Conservateurs[13]». La mission de l'ALN, qui était de réformer le parti et d'en sortir Taschereau, était accomplie. Les libéraux de l'ALN retournaient au bercail, les autres suivront Duplessis et, le 18 juin, ce sera la rupture. Paul Gouin était un «bon gars», mais pas un chef. Il n'avait pas su retenir ses hommes ni s'imposer à Duplessis qui prendra la tête. Asselin avait raison. Aux élections du 17 août 1936, les libéraux mordent la poussière et Duplessis prend le pouvoir.

Maurice Duplessis a gagné sur toute la ligne. Le 7 octobre, il convoque les Chambres et fait placer un crucifix au-dessus du fauteuil du président de l'Assemblée. Ce crucifix y est toujours et la pertinence de l'y laisser fait périodiquement l'objet de débats. Même au moment d'écrire ces lignes. Au programme de cette session spéciale, une refonte de la Loi électorale et l'interdiction faite aux ministres de devenir membres du conseil d'administration de compagnies. Taschereau, lui, considérait que «sa présence assidue dans les cercles de la haute finance et de la grande industrie lui permettait d'être immédiatement informé des grandes décisions en matière économique[14]». Il n'y voyait aucun conflit d'intérêts. Ses ministres non plus.

À nouveau, une délégation de femmes se rend à Québec et demande à être entendue au Comité des bills publics. Une révision de la Loi électorale est à l'ordre du jour, et elles veulent faire biffer le mot «mâle» de l'article 12 du projet, la disparition de ce mot réglant du même coup la question du droit de vote des femmes. Les députés unionistes Frank et Pouliot se font les défenseurs de cet amendement, mais le premier ministre s'y oppose farouchement, et l'amendement est rejeté. Thérèse raconte que, au cours d'une de ses rencontres avec le premier ministre, celui-ci lui avait dit : «J'ai été dix ans en face de Taschereau, j'ai appris ses méthodes et je les ai même améliorées[15].»

———

Le 10 décembre, Thérèse est à Ottawa. Mackenzie King a invité les membres de son cabinet à venir entendre en différé à la radio, au Château Laurier, le discours prononcé par Édouard VIII lors de son abdication. Celui qui n'est plus que le duc de Windsor dit alors : «Vous devez me croire quand je dis qu'il m'est impossible de supporter le lourd fardeau des responsabilités d'État comme je le voudrais sans le soutien de la femme que j'aime[16].» Quand elle sera à Londres, pour le couronnement de son successeur, Thérèse écrira dans son journal, se rappelant ce 10 décembre : «Puisse-t-elle le rendre heureux, lui qui a tout quitté pour elle. Il y a si peu d'hommes susceptibles de pareils gestes. Ils prennent tout d'une femme, puis ils se détournent pour regarder ailleurs.» Est-ce là un commentaire général ou en sait-elle quelque chose par expérience? Pierre aurait-il été infidèle ou se serait-elle permis une aventure qui aurait mal tourné? Le 26 janvier, toujours dans son journal, elle écrit :

Trois ans aujourd'hui, comme c'est loin déjà et comme j'ai eu mal depuis ce temps. La vie est bien dure parfois et [mot illisible] peu de chose. Je me demande à quoi bon tant se fatiguer pour rien.

Malgré toutes mes recherches, je n'ai pu trouver ce qui s'est passé, ce 26 janvier 1934 et qui (ou quoi?) mérite cette entrée dans son journal.

———

La situation politique internationale est préoccupante et se détériore à un point tel que, dans certains milieux, on croit qu'un conflit mondial est maintenant inévitable. En Europe, les rumeurs de guerre se font de plus en plus fortes. Le cabinet King parle d'augmenter les crédits du ministère de la Défense de 70 %, mais assure que ce n'est que pour la défense du Canada. Camillien Houde prévient les Canadiens : « Si notre gouvernement poursuit une politique d'armements en temps de paix, il n'y aura pas une force humaine qui, l'heure venue, pourra empêcher le Canada d'entrer dans la fournaise[17]. »

En février, Idola Saint-Jean et l'Alliance organisent une assemblée pour la paix au cours de laquelle Henri Bourassa prend la parole. Selon Anne Bourassa, sa fille, « il est fort probable que ce soit Mme Casgrain qui ait convaincu [son] père d'accepter, parce qu'il l'aimait beaucoup. À cette assemblée, il a parlé de politique internationale, de guerre et de paix[18]. » Entre l'Alliance et la Ligue, les relations restent civilisées, mais ne sont vraiment pas chaleureuses. En réponse à une invitation d'assister à une assemblée de la Ligue, Idola répond :

> Quand en 1927, après avoir fondé le Comité du Suffrage Provincial, qui est devenu plus tard, « La Ligue des Droits de la Femme » je me décidai de me séparer de toute faction affiliée à la politique de partie [sic], j'étais convaincue que c'était là la seule façon de promouvoir la cause du suffrage féminin et je fondai l'Alliance Canadienne pour le vote des femmes du Québec. Les raisons qui ont motivé l'organisation de notre société subsistent encore et l'Alliance désire garder sa complète autonomie[19].

Fin mars, Laure Gaudreault invite Thérèse à venir parler aux institutrices rurales à La Malbaie, à l'occasion du Congrès de fondation de la Fédération des institutrices rurales, au début de juillet.

> Nous savons depuis longtemps quelle amie précieuse ont en vous les institutrices, et je crois bien que vous êtes «la pionnière» de ce mouvement en leur faveur.
>
> [...] Vous y aurez bien quelques belles choses à nous y dire, n'est-ce pas[20]?

Le jeudi précédent, Thérèse avait consacré son émission de radio au sort des institutrices et au fait qu'une fédération venait de voir confirmer légalement leur existence.

Je ne sais à quel moment ces deux femmes se rencontrent. Laure Gaudreault est née à La Malbaie quelques années avant Thérèse. Bien que de milieux fort différents, il est probable qu'elles se soient croisées durant l'été où les Forget villégiaturaient en grand, à Saint-Irénée, ou encore lors des campagnes électorales de son mari auxquelles elle participait activement. Sillonnant le comté, Thérèse avait l'occasion de rencontrer quantité de gens et de se familiariser avec les problèmes que vivaient les habitants des régions.

Thérèse est curieuse, s'intéresse à tout et en particulier aux injustices faites aux personnes. Et si, prise dans son ensemble, la situation de la femme est à redresser, les conditions faites aux institutrices, rurales surtout, sont inacceptables. En 1936, elles ne gagnent que 56 % du salaire des hommes pour une classe d'une cinquantaine d'élèves. En 1959-1960, elles en seront encore à la moitié du salaire des hommes[21].

Lors de l'assemblée de fondation, cette toute jeune fédération regroupe treize associations couvrant déjà trente comtés. Mais Thérèse n'y sera pas. L'assemblée aura lieu peu avant son retour d'Europe. Elle avait demandé à Mme Paul (Florence Fernet) Martel de la remplacer, mais la Fédération a refusé. La secrétaire de la Ligue écrit à Laure Gaudreault: «Je crois que votre geste peinera Madame Casgrain qui n'aurait pu choisir une remplaçante plus distinguée et compétente[22].»

Au Québec, une certaine agitation communiste avait suffisamment attiré l'attention du public pour que Mgr Gauthier, à Montréal, émette une lettre pastorale. À Québec, devant vingt mille personnes, Duplessis, Godbout et le cardinal Villeneuve dénoncent à leur tour le péril rouge[23]. Duplessis se serait alors engagé à « combattre la propagande communiste ». Selon son biographe, « Duplessis et Villeneuve mirent [alors] sur pied un système d'échange de renseignements sur toutes les activités communistes[24] ».

Et ce sera en invoquant l'urgence de « donner au gouvernement les outils nécessaires contre les agents de sédition à la solde de révolutions étrangères en train de faire dans nos rangs des ravages irréparables[25] » que, le 17 mars, Duplessis fera adopter la Loi protégeant la province contre la propagande communiste. Cette loi, adoptée à l'unanimité après seulement une trentaine de minutes de débats, autorise le procureur général à cadenasser tout bâtiment soupçonné de servir la propagande bolchévique ou communiste, sans toutefois définir ce qu'est un communiste ou un bolchéviste. Cette loi est votée juste un peu avant que ne se déclenchent les grèves à Sorel, à l'été, et celle des ouvriers de la confection.

Léa Roback, qui participe à l'organisation de cette grève, est une des cibles constantes de la police de Montréal. Formée par l'anarchiste ukrainienne Rose Pesotta, elle dirige depuis quelques années un groupe d'études marxistes, tient la première librairie marxiste à Montréal et, en 1935, a coordonné la campagne électorale de Fred Rose, premier député communiste élu au fédéral. D'origine polonaise et membre du Parti communiste, elle est dans la mire du procureur général de la province, Maurice Duplessis. Mais la première victime de cette loi, si l'on peut dire, sera André Malraux. De passage à Montréal, les 3 et 4 avril, il devra parler à l'église presbytérienne américaine et au University Club de McGill[26], les seules organisations qui aient accepté de louer une salle pour l'événement. Il faudra tout de même un temps avant que la gauche québécoise ne s'organise et combatte cette loi odieuse.

À partir du 15 avril, cinq mille employés du vêtement, majoritairement des femmes, feront la grève durant vingt-cinq jours. Ils demandent que la semaine de travail soit ramenée de soixante à quarante-quatre heures et que leur salaire soit fixé à 14 dollars par semaine. Dans ses mémoires, Thérèse raconte avoir visité les ouvriers d'une usine de textile de Valleyfield. Elle situe cet événement « vers 1936 ». Quoi qu'il en soit, les mauvaises conditions de travail qui y règnent et les bas salaires payés même après une grève qu'elle qualifie de « lamentable » lui ont inspiré un article que je n'ai pas retracé et dont elle dit que « le rédacteur d'un grand quotidien montréalais hésitait à le publier ».

On a écrit et répété que Thérèse a soutenu les ouvrières de la robe en grève en 1937. Fort probablement, mais pas longtemps puisque, le vendredi 23 avril, elle vogue déjà vers l'Angleterre avec son mari et leur fille aînée, Hélène, qui se remet d'une grave opération[27]. Avec le premier ministre King, Ernest Lapointe et plusieurs membres du gouvernement fédéral, elles font partie de la délégation du Canada qui assistera au couronnement de George VI.

On l'a vu plus haut, Thérèse commence à écrire un journal de voyage dans un cahier que lui ont remis les membres de l'exécutif de la Ligue. « Leur bonne pensée m'a fait plaisir car jusqu'ici je n'ai pas été gâtée sous ce rapport[28]. » Thérèse fait rarement l'unanimité où elle passe. Ses méthodes de travail en offusquent plusieurs. Elle n'a jamais souffert de « consultationnite » et s'est rarement sentie obligée de rendre compte de ses actes ; cela ne peut que heurter bien des susceptibilités.

Durant presque toute la traversée, « Hélène est malade comme un chien », selon ce qu'écrit sa mère, qui ajoute que « la mer est pourtant calme et que si mon mari continue à ainsi manger, il aura pris dix livres à l'arrivée ». Thérèse joue au bridge, perd et a bien hâte de se retrouver sur la terre ferme. Le 30 avril, les côtes de l'Irlande sont en vues et le bateau jette l'ancre devant Greenwich, en Écosse. « Ça m'a donné une profonde émotion de me trouver si près du berceau de mes ancêtres maternels [...]. Il n'y a pas deux cents ans que ceux-ci traversaient en Amérique. »

Le lendemain, voyage en train vers Londres. Le lunch est « servi à midi dans de la vaisselle sale par des garçons sales, pouah ! » À Londres, ils logent dans une suite au Grosvenor où les « repas sont délicieux mais cher, ça bloque la digestion ». Dans Hyde Park, « c'est le défilé des socialistes et des communistes : nous sommes le 1er mai. Même les enfants faisaient le salut communiste. » Thérèse écrit :

> Je m'explique assez leur réaction quand on voit tant de luxe ici côtoyer là tant de misère. Le monde est sur un volcan, c'est la lutte sans pitié entre le fascisme et le communisme. Pour prévenir l'orage, il faudrait d'énergiques mesures de réformes équitables. [...] Les gouvernements du monde agiront-ils en temps.

Elle s'ennuie de ses enfants restés au Québec. Elle les appelle « mes chous ».

Le lundi 3 mai, Thérèse va dîner chez Pauline Vanier, dont le mari est le chef de la Légation canadienne à Londres. Dans son journal, elle se plaint de la qualité de la nourriture que l'accueil de Pauline lui fait oublier. « Elle est charmante, écrit-elle, mais on sent qu'elle adore cette vie brillante et factice, moi ça va pour quelque temps mais je ne pourrais pas faire ça à l'année longue. » Elle écrit d'ailleurs quelque chose de semblable, le 4 mai, à la suite d'une visite chez les Massey : « Alice est dans son élément et semble vivre dans un état de perpétuelle jouissance. Je la plains, moi cela me rendrait folle. » Au cours d'une entrevue accordée à Hilda Kearns au moment de sa nomination au Sénat, Thérèse dira que, à sa sortie du couvent, « elle était déjà beaucoup plus intéressée à devenir *a social activist than a socialite*. Je suis allée aux thés dansants au Ritz mais je ne me souviens pas d'avoir été vraiment intéressée par ce genre de chose. Maintenant que vous m'y faites penser, je devais être *a dreadfull bore*[29]. »

Par contre, après un dîner avec Pierre chez les Elliot — le mari étant secrétaire d'État pour l'Écosse — Thérèse parle de sa femme : « On sent qu'elle doit être pour lui un précieux auxiliaire. Une femme peut être un bien grand complément ou un bien grand handicap pour un mari, en politique. » Thérèse a sans doute été l'un et parfois l'autre pour le sien.

Dommage que Thérèse n'ait pas tenu un journal toute sa vie. En quelques mots, elle décrit les gens. Après un dîner au Parlement, elle se dit impressionnée par Westminster et écrit : « Dans le fameux hall, j'ai rencontré la duchesse d'Atthol qui a l'air d'une cuisinière en vacances. Au cou des diamants, aux pieds des bas de cachemire et des souliers plutôt avancés. Je crois que même les extrêmes se rencontrent dans ses idées. » Ou encore, le 4 mai, parlant de Lady Londonderry, elle « portait des bijoux comme je n'en ai jamais vus. Des perles grosses comme des œufs de pigeon, des diamants énormes, des merveilles quoi ! C'est une femme qui a dû être très belle. Il lui reste encore grand air, malgré la robe de tulle rose pâle dont elle était affublée. » On croirait lire la marquise du Deffand racontant Paris à Voltaire en exil, au dix-huitième siècle.

Toujours le mardi 4 mai, Thérèse rapporte une rencontre dont les hôtes sont le duc et la duchesse de Kent, où elle a senti que des ordres avaient été donnés pour que tous se dépensent sans compter pour les « coloniaux » ; le salut de l'Empire en dépend d'autant plus que la situation politique en Europe fait craindre la guerre.

Tout au long de son séjour à Londres, Thérèse se plaint des coiffeurs. La première fois, elle en sort frisée comme un mouton, une autre fois, c'est tellement désastreux qu'elle doit y retourner, alors que commencent les festivités à l'occasion du couronnement de George VI et de la reine Elizabeth, raison de leur voyage en Angleterre.

Elle trouve peu de manière aux Anglais, surtout à Buckingham. Après avoir laissé leur hôtel à 7 h 30, « pomponnées, plumées, etc. », ce n'est qu'à 9 heures que les grilles se sont ouvertes et que les invités ont pu entrer et s'asseoir dans un salon plein de courants d'air. Quelques dames s'étant levées pour défroisser leur robe, « un grand bêta hurla immédiatement "sit down", comme si nous étions des sauvages. Jamais je n'aurais cru une chose pareille et ça dans le palais du roi. Dans mon pays on a tout de même plus de manières. »

Quand enfin leur tour vint de faire la révérence devant les souverains, elle écrit avoir tremblé pour sa « chouette » (Hélène) qui la suivait tout énervée. De retour à l'hôtel, Pierre les conduit au souper dansant donné en l'honneur d'Hélène, pour ses débuts dans le monde. Leur fille a dix-sept ans.

Le lendemain, à Westminster, c'était au tour du président de la Chambre des communes du Canada d'être à l'avant-scène. Pierre avait été choisi par l'Association des parlementaires de l'Empire outre-mer, pour exprimer en leur nom les remerciements d'usage à Sa Majesté le roi George VI. Le 10 mai, pendant que Pierre est invité à dîner chez le roi, Thérèse l'est chez la reine, à Buckingham Palace. Elle décrit longuement les tenues des convives, notant au passage qu'à côté de la duchesse de Kent, à la table de laquelle elle mange, la reine paraissait bien fade.

Quand elle reprend son journal, après les cérémonies du couronnement, Thérèse est fourbue, mais sa plume est alerte. Elle décrit sa journée commencée à 5 heures. Et, en quelques mots, ici et là, nous peint certains invités, comme « les tantes du roi, laides à faire peur et la reine de Norvège, l'air d'un plumeau séché ». Ce jour-là, il pleuvait et les invités ont dû attendre les voitures, « les pairs pateaugeant dans l'eau […] l'air vexés d'être ainsi traités, les pairesses assises tragiquement les foufounes sur le trottoir, la coiffure dégringolante et un sourire crispé sous un maquillage trempé, quelle farce que cet envers de la médaille ».

Les Casgrain visiteront ensuite l'Écosse, bien que Pierre eut préféré se reposer un peu. Depuis le début du mois, ce ne sont que rencontres officielles, thés, dîners dansants, visites de musées et de châteaux. Hélène est ravie, mais ses parents aimeraient pouvoir ralentir le rythme. Sauf que Pierre y est pour représenter le Canada, alors… Fin mai, ils sont à Paris. Le gouvernement français met une voiture à leur disposition le temps de leur séjour, et ça recommence. Le 24 en après-midi, ils sont à l'inauguration officielle de l'Exposition. Pierre y représente le Canada.

Il doit d'ailleurs rentrer bientôt et Thérèse écrit que cela la rend triste, bien que Pierre soit « grognon » et « rouspéteur mais si généreux ». Hormis quelques escapades pour du magasinage (« Je me lance à la dépense, ai acheté deux amours de robe. Décidément ça coûte cher pour être chic mais cela en vaut la peine »), Thérèse doit encore aller aux réceptions et au théâtre. Pourtant, tout ce dont elle rêve, c'est d'une journée de repos et de faire « dodo de bonne heure ». Elle reste avec Hélène pour visiter l'Italie : Florence, Rome et Venise, qu'elle compare à « une vieille dame ! Et comme je n'aime pas la vieillesse, que je la redoute, cela me rend triste. » Elle y achète tout de même des gants, « une orgie de gants (17 paires), ils sont follement bon marché ». Thérèse a toujours suivi la mode et ne se serait jamais présentée nulle part sans porter la tenue qui convenait. On parle encore de ses perles, de ses gants et de ses chapeaux.

À Florence, même si l'hôtel où elles sont descendues semble propre, elles se retrouvent le corps couvert de piqûres (elle écrit piquûres). Le soir, au dancing, les moustiques achèvent de les dévorer. Elle a le cafard. Elle est renversée de voir que « les murs de la ville sont couverts de portraits du Duce ». Rome, par contre, la fascine. Certes, « elle est vieille mais son esprit est jeune ». Thérèse est tellement fatiguée qu'elle avoue ne plus pouvoir écrire toutes les impressions qui lui viennent. Le lendemain, 19, elle note : « Il y a des fleurs qui s'appellent "Morning Glory", moi ce matin à 6 heures, j'étais une "Morning Tragedy" ! »

Et c'est le train pour Paris. Là, c'est à nouveau les magasins, les musées, les invitations. Ernest Lapointe, qu'elle revoit lors d'une rencontre officielle, lui confie s'ennuyer et être tanné. Sa fille l'accompagne : ils étaient aussi au couronnement. Puis c'est un dîner officiel au Ritz, en l'honneur du premier ministre King et de la délégation canadienne, donné par le gouvernement français malgré la démission de Léon Blum, survenue quinze jours plus tôt. À Paris, Ernest Lapointe les sort beaucoup.

Le dimanche 27 juin, elle est au Congrès du Conseil international des femmes, présidé par la fille de Mme Joliot-Curie. Elle y intervient au nom du Canada. Le soir, elle commence à souffrir du rhume des foins. Le lendemain, elle est avec Louise Weiss, qu'elle trouve épatante. « Je m'explique le pourquoi de la haine qui l'entoure, elle est très intelligente et on ne pardonne pas cela à une femme, j'en sais quelque chose. Elle m'a donné un film en faveur du vote, ça va être drôle à mon retour de voyage. Idola va en crever. » Tiens, tiens! Louise Weiss est[30], entre autres choses, cinéaste. Elle a fondé Femme nouvelle, une association pour l'égalité des droits civiques entre Françaises et Français. Cette pacifiste terminera sa carrière comme doyenne du Parlement européen.

Quand ce n'est pas Ernest Lapointe, c'est Joseph Simard qui fait le chevalier servant et promène Thérèse ou l'accompagne ici ou là. Mais cela ne l'empêche pas de beaucoup penser à un certain Fred. Je ne sais de quel Fred il s'agit, sauf qu'il était là, pour lui dire au revoir au départ du bateau. Le 26 juin, elle parle de la longue lettre qu'il lui a écrite, à Paris : « Il est vraiment chic et si plein d'attentions pour moi, c'est un véritable ami. » Et le 29 juin : « J'ai beaucoup pensé à Fred, j'ai hâte de le revoir, il est si gentil et je crois qu'il m'aime sincèrement lui. Il n'a pas cherché à abuser de moi comme certains autres. » Ici non plus je n'ai rien trouvé qui puisse m'éclairer sur ce commentaire.

Puis, le 1er juillet, elle dîne à la campagne avec Hélène, invitées par Joseph Simard. « Soirée calme et agréable. Quelle joie j'aurais eue d'aller dans cet endroit charmant avec quelqu'un que j'aimerais. J'envie Hélène qui a toutes ces belles heures en perspective, tandis que pour moi, je les sens finies. » Elle n'écrit pas « avec Pierre ». Qu'est-ce à dire? Le temps fuit, certes, les amours s'effilochent et les amitiés ne sont plus ce qu'elles étaient. Mais encore? Doit-on penser que Thérèse considère que sa vie de femme est derrière elle? Elle aura quarante et un ans dans quelques jours.

Le 3 juillet, elles quittent Paris. Dans le train, Mackenzie King les invite à déjeuner. À leur arrivée à Cherbourg, Thérèse a une autre poussée de rhume des foins. Le lendemain, elles voguent à bord de l'Empress vers le Canada. Hélène est de nouveau malade et Thérèse se plaint d'être encore obligée à des mondanités. Elle les déteste, mais elle s'y plie. Et elle est toujours à la hauteur, la tenue parfaite, l'œil pétillant et la conversation de circonstance.

Sur le Saint-Laurent, comme autrefois son ancêtre Nicolas Froget, le brouillard les retient d'avancer pendant douze heures, le 8 juillet. Quand le temps se remet au beau, « le soleil s'est couché dans une mer de couleurs. Le spectacle était grandiose et avait quelque chose de si doux et si apaisant que Mackenzie King, ému par tant de beauté, alors que le bateau avance vers la ville de Québec, a récité des poèmes de Tennyson[31]. » Le spectacle n'est d'ailleurs pas sans rappeler à Thérèse les couchers de soleil à Saint-Irénée.

À Québec, sa mère et Pierre les attendaient au quai. Enfin ! Tout au long de ce journal, Thérèse a des réflexions sur les mondanités auxquelles il leur faut assister, son mari étant en représentation officielle. Et même quand Pierre retourne au Canada, Thérèse continue de rencontrer des gens ou d'escorter le ministre Lapointe, de se retrouver là comme épouse du président de la Chambre, d'être à un dîner où Mackenzie King l'invite. Il n'y a qu'en Italie où, avec Hélène, elle a pu visiter à sa guise musées, églises, châteaux, ou magasiner en y mettant le temps et non pas coincée entre un thé et un dîner auquel elle ne peut décemment se soustraire.

Quand elle entre chez elle, elle est complètement crevée. Le 9 juillet, elle écrit : « Fred est venu me voir, il semblait tout gêné de me retrouver et peut être un peu ému. » Qui est ce Fred ? Fred Monk ? C'est le seul dont je vois le nom parmi ceux dont on parle autour d'elle. Intriguant.

À son retour d'Europe, Thérèse s'installe pour quelques semaines à Saint-Irénée. Retrouver les siens, dans cet environnement, lui fait le plus grand bien, mais la vie au château n'est plus ce qu'elle était. Les chiens sont morts, plusieurs fois remplacés ; c'est maintenant un gros labrador qui les accueille. Tom le Chinois n'y est plus ; une dame de la région le remplace. Il n'y a pour ainsi dire que Mme Dionne, la fidèle Mme Dionne, qui y soit toujours et qui s'occupe de Renée comme autrefois de Thérèse.

À Saint-Irénée, Thérèse ne reste pas longtemps inoccupée. Elle reçoit les notes demandées concernant des décisions prises par le gouvernement Duplessis pendant son séjour en Europe. Ainsi, sur ordre du gouvernement, la Commission du chômage décide de cesser le versement des allocations de secours aux catégories suivantes[32] :

i) les veuves, lorsque les enfants à charge ont moins de 16 ans ;
ii) les épouses légitimes dont le mari est disparu, ou lorsqu'il n'y a pas eu de séparation légale ;

iii) les épouses dont le mari est hospitalisé incurable ou détenu en prison ;
iv) les femmes vivant en état d'union régulière ;
v) les filles-mères.

Cela se passait fin avril, alors que Thérèse voguait vers Londres. En mai, le conseil municipal de Montréal décidait de prendre la relève de la Commission jusqu'au 1ᵉʳ juin, mais l'exécutif de la Ville ordonnait aussi de suspendre le paiement de ces allocations. Durant ce temps, la police provinciale a procédé à une descente à la Commission du chômage et saisi tous les dossiers. Alors, les femmes sont descendues dans les rues, ont envahi les tramways sans payer et quatre cents d'entre elles ont marché vers l'hôtel de ville de Montréal pour manifester contre la Commission. Les policiers à cheval ont chargé les manifestantes. Cinq femmes ont été arrêtées et écrouées. Thérèse est outrée d'apprendre cela.

———

Le 27 septembre 1937, Thérèse devient directrice d'un nouveau programme à Radio-Canada. Émission hebdomadaire d'une demi-heure, *Femina* informe les femmes sur divers aspects juridiques et sociaux qui les concernent. Ces programmes sont conçus pour les femmes et écrits par des femmes, au début du moins. Approchée pour la rédaction de saynètes, Jovette Bernier expédie à Thérèse un premier sketch, début août. Mais la collaboration avec Jovette Bernier tourne court et Thérèse doit se trouver d'autres scripteurs.

Femina jouira d'une grande popularité. Thérèse voulait éduquer la population sur un large éventail de sujets et pas seulement sur les changements à apporter au Code civil. Elle saura amener les auditeurs vers d'autres intérêts que ceux alors véhiculés et ne montrant la femme que vouée aux tâches ménagères. Renée Legris écrit de Thérèse qu'elle « se préoccupe, avec sa réalisatrice, des moyens pour persuader son auditoire […] ; l'aspect didactique et la qualité de l'information sont deux des préoccupations partagées par

Louise Simard, qui prendra la direction du programme dans le cours des années 40[33] ».

Selon *Le Canada,* « il n'est pas de personnalité étrangère qui passe à Montréal sans qu'elle soit aimablement invitée par Mme Casgrain à venir adresser la parole à Fémina. [...] Mme Casgrain, douée d'une extraordinaire activité, voit tout, dirige tout, suggère, étudie, conseille d'une façon si charmante qu'elle a conquis la sympathie de tous ceux qui l'entourent[34]. » L'émission se déroule comme suit : un sketch illustre d'abord une situation, suivi de commentaires sur ce qui est mis en scène et d'une entrevue avec un invité, habituellement un spécialiste du sujet traité dans le sketch.

Parallèlement aux émissions de radio, où l'on présente les inégalités et les injustices dont souffre la Canadienne française dans tous les domaines, la Ligue organise une campagne de souscription dont l'objectif est de 20 000 dollars. Justine Lacoste-Beaubien, fondatrice de l'Hôpital Sainte-Justine, est la trésorière du comité organisateur de cette campagne dont les fonds recueillis serviront à l'impression de brochures. Peu après, les membres de la Ligue investissent les régions rurales. Elles y distribuent des brochures sur le suffrage féminin, en particulier dans les expositions agricoles où elles tiennent un kiosque.

C'est à la campagne que les femmes sont davantage contre le droit de vote. Françoise Gaudet-Smet elle-même ne le favorise pas.

> La politique, alors, c'était un trafic de votes, une occasion de « soûlades », d'assemblées contradictoires et de batailles où la femme n'avait pas sa place. [...] La femme savait que sa force, son influence, ça n'était pas le jour des élections qu'elle se révélait mais 364 jours par année[35].

On connaît l'influence de Mme Gaudet-Smet sur cette clientèle. D'ailleurs, l'année suivante, elle publiera *Paysana.* Dans cette revue, elle prône le retour à la terre ou le maintien sur la terre des familles canadiennes-françaises, reprenant la devise des cercles de fermières : « La terre et le foyer ». Elle glorifie la reine du foyer et les activités proprement féminines. Elle s'emploie à faire reconnaître la valeur de l'artisanat traditionnel.

La Ligue a beaucoup de pain sur la planche. Elle organise des rencontres un peu partout en province. À Sherbrooke, trois cents personnes se présentent; à Saint-Hyacinthe, cinq cents personnes viennent entendre les «propagandistes du droit de vote». En novembre, à l'Exposition organisée par l'Association des manufacturiers canadiens à Montréal, un kiosque est prêté à la Ligue, et les visiteurs sont invités à se prononcer pour ou contre le droit de vote des femmes au Québec. C'est le maire de Montréal, Adhémar Raynault, qui préside au dépouillement des votes le 2 décembre. Résultats: 8149 pour, 294 contre. Les résultats sont intéressants et convainquent les femmes de concentrer leurs énergies sur une campagne d'information plutôt que sur l'organisation d'un autre pèlerinage à Québec. En 1937, il n'y aura donc pas de «bill des femmes».

Début 1938, la campagne pour le droit de vote s'intensifie en région, dans la presse écrite et à la radio. Les journaux ouvrent leurs pages à la Ligue pour annoncer les actions à venir, mais non les postes de radio[36], la radio étant maintenant considérée comme un concurrent direct des imprimés. Eugène L'Heureux, le secrétaire de rédaction de *L'Action catholique,* informe Thérèse que «son journal recevra avec plaisir, pour publication, les lettres que vous nous adresserez concernant le féminisme. Il vous sera loisible de parler pour et même contre le féminisme[37].»

———

«Si on y met le temps, on arrive à cuire un éléphant dans un petit pot.» Thérèse citait à l'occasion ce proverbe africain pour montrer la ténacité dont ont fait preuve les femmes dans leur lutte pour l'obtention du droit de suffrage et d'éligibilité au Québec. Et elle-même au premier chef.

Depuis le Roxborough où elle loge à Ottawa, Thérèse prépare des interventions sur le droit de vote des femmes. Un projet de loi sera déposé à Québec, le 8 mars, et elle expédie du matériel au député J.-Grégoire Bélanger pour lui permettre d'étoffer son argumentation. Le 17 mars, *La Presse* rappelle que, «une fois de plus, les députés seront appelés à décider si les femmes de la province de Québec auront le droit de voter. […] On entendra des arguments ressassés depuis pas moins de 15 ans.»

Thérèse reprend aussi la lutte pour l'admission des femmes à la pratique du droit. Après avoir talonné Ernest Lapointe pour qu'il use de son influence auprès du Conseil général du Barreau, elle demande à Oscar Drouin de se faire le parrain d'amendements législatifs qui permettraient aux Canadiennes françaises du Québec diplômées en droit d'enfin exercer leur profession. Mais Drouin est en mauvaise posture politiquement. Après avoir quitté Taschereau pour l'ALN, il a suivi la mouvance unioniste, a ensuite démissionné du cabinet Duplessis l'année dernière et finalement est revenu au Parti libéral. Les «vire-capot» ne sont bien vus de personne au Québec. Il écrit une longue lettre à Thérèse pour expliquer qu'il ne peut être le parrain d'un bill, ajoutant que c'est la fin de la session et que le texte ne serait pas étudié avec le sérieux que la question mérite[38]. N'y a-t-il plus personne vers qui Thérèse puisse se tourner?

Elle reprend aussi ses interventions pour un changement dans les conditions de travail et de rémunération des institutrices rurales. Laure Gaudreault la rencontre à Montréal, début avril, et à son retour à La Malbaie, lui envoie des coupures de presse pour compléter les informations sur le salaire réel des institutrices : «Lorsque le Département proclame que 90 % des institutrices reçoivent un salaire minimum de 300 $, c'est du bluff[39].»

Au printemps, la Ligue se présente devant la commission Rowell-Sirois, dont le mandat est d'analyser les relations fédérales-provinciales. Le mémoire, préparé et défendu par Elizabeth Monk, est l'un des trois plus brillants travaux qui aient jamais été déposés à la Commission[40]. Il expose la dégradation de la situation des femmes au Québec et met en garde contre la complaisance des autres provinces face aux conditions intolérables et aux inévitables répercussions économiques qu'elles entraînent, comme par exemple, le haut taux de mortalité infantile[41].

Le mémoire de la Ligue rappelait que, le 10 janvier 1938, le Canada avait déclaré à une assemblée de la Ligue des Nations que, «dans une large mesure, [il] a mis en pratique le principe de l'égalité de status [*sic*] entre les hommes et les femmes[42] ». Pourtant, les femmes du Québec écartées de la pratique du droit et du notariat vivaient de la discrimination même au gouvernement fédéral, puisqu'elles ne pouvaient être appelées à siéger comme juge ou membre d'une commission fédérale, car le droit de pratique était un prérequis. Et la Ligue concluait en demandant d'inscrire dans l'AANB une clause qui se lirait à peu près comme suit :

> Aucune loi au Canada ou dans aucune des provinces ne devra avoir pour effet de disqualifier une personne en raison de son sexe de façon à lui interdire l'exercice de ses droits politiques, ou d'une fonction publique, ni ne saurait nuire à sa nomination à un poste dans le service civil ou judiciaire, ni ne devrait l'empêcher d'exercer une profession de son choix[43].

En entrevue avec Mme Thomson, Thérèse dira que Mlle Monk était « très conservatrice d'idées et quand j'ai demandé des changements radicaux aux conventions matrimoniales, j'avais l'impression qu'elle me trouvait extrêmement audacieuse. […] Elle disait toujours : Il ne faut pas aller trop vite. Et je répondais : À force de ne pas aller vite, on se traîne et moi, je trouve qu'il faudrait courir pour rattraper le temps perdu[44]. » Thérèse veut des résultats. Après toutes ces années à se battre pour les droits des femmes, elle voudrait bien une percée quelque part qui puisse entraîner à sa suite une série de réformes dont la société a grand besoin.

Le 1er mai, quatre mille travailleurs et chômeurs s'entassent dans l'Aréna Mont-Royal pour entendre les représentants du CCF, du Parti ouvrier et du Parti communiste. Thérèse ne participe pas à cette rencontre. Elle prépare plutôt l'intervention des femmes au congrès du Parti libéral (Québec) qui se tiendra à Québec, les 10 et 11 juin. Pour la première fois de son histoire, ce parti a décidé d'y admettre des déléguées de clubs libéraux féminins sur le même pied que les délégués mâles. Ainsi, les femmes pourront présenter des résolutions qui seront éventuellement intégrées au programme officiel du parti. Thérèse, alors vice-présidente de la Fédération des femmes libérales du Canada, est à la tête d'un groupe de quarante femmes qui a rédigé des résolutions sur l'éducation et qui, au dire de Thérèse, « étonna les membres masculins du groupe qui ne s'attendaient guère à une opinion aussi éclairée de la part de ces dames ». Un des délégués lui aurait d'ailleurs avoué : « Je ne pensais jamais les femmes aussi avancées ! » Que les femmes aient enfin eu la possibilité de s'exprimer a fait la preuve qu'elles étaient « souvent plus compétentes que bien des hommes en matière d'éducation, de santé et d'économie familiale ». Et aussi, bien sûr, en matière de droit de vote des femmes. Pourquoi continuer de refuser le droit de vote aux femmes alors qu'un homme, même analphabète, peut voter ? Pire, se faire élire ! Mais pas une femme, fût-elle diplômée d'université.

Avant ce congrès, Thérèse s'était assurée de l'appui d'Ernest Lapointe et de quelques autres. Elle s'était aussi assurée de se faire nommer membre du comité des résolutions, pour mieux veiller au grain. D'autres membres de la Ligue faisaient partie du comité de l'éducation. C'est elle-même qui proposera le droit de vote des femmes, proposition endossée par le comité des résolutions et ratifiée à l'unanimité par les huit cents délégués en assemblée générale. C'est dire le travail de *lobby* accompli avant et pendant ce congrès par une poignée de femmes déterminées à décrocher un engagement en leur faveur.

À la fin du congrès, Thérèse aura la satisfaction de voir le droit de vote et d'éligibilité des femmes inclus dans la plateforme électorale du Parti libéral. L'assemblée confirmera aussi Adélard Godbout comme chef, lui qui s'était jusque-là opposé au droit de vote des femmes. Mais Thérèse veillera à ce qu'il suive le programme du parti ! Au lendemain de ce congrès, le 14 juin, Thérèse est à Pointe-Claire pour parler des droits de la femme à la Women's Association. Puis, elle passe l'été à Saint-Irénée où sa mère est déjà depuis la mi-mai. Pierre vient l'y rejoindre pour quelques jours ; l'Europe inquiète. Selon certains, elle glisse vers l'abîme, entraînée par l'appétit d'Hitler qui a pris l'Autriche.

Fin juillet, à Sorel, tentative de résurrection de l'ALN. Pendant un certain temps, il y aura des rencontres. Et des assemblées monstres au Marché Saint-Jacques où les orateurs portent la ceinture fléchée. Thérèse se souvient que, certains vendredis soirs, après souper, son mari qui avait ramené Ernest Lapointe d'Ottawa, décidait d'aller écouter ce qui s'y disait. Elle raconte qu'ils se tenaient à l'écart dans l'auto, espérant ne pas être reconnus. Ils ne voulaient pas être «un encouragement tacite au parti de l'Action libérale». Thérèse était pourtant là au début et s'affichait sur les estrades aux côtés de Paul Gouin, mais comme elle vient de faire des gains dans le Parti libéral sur la question du droit de vote, plus question de frayer avec les «réformistes»!

Dès septembre, les luttes reprennent auprès du Barreau, mais, cette fois, pour faire amender le Code civil. À Paul Lacoste, alors bâtonnier du Québec, Thérèse demande que soit discutée, à la réunion du Conseil général du 8 octobre, une série d'amendements que la Ligue voudrait voir apporter au Code vieux de 130 ans.

1- L'abolition de l'incapacité civile de la femme mariée ;
2- Porter l'âge du mariage de 14 à 16 ans chez l'homme et de 12 à 14 chez la femme ;
3- Que les raisons invoquées au soutien d'une séparation soient les mêmes pour le mari et l'épouse ;
4- Que l'article 1298a) ait le même sens en français et en anglais.

Elle poursuit :

Les Françaises, en janvier dernier, obtenaient la suppression de leur incapacité civile. Il semble que nous pourrions sans danger, suivre sur ce point les législateurs français dont s'inspirent généralement nos lois[45].

———

1er janvier 1939. Dans son journal, qu'elle a négligé depuis un an et demi, Thérèse écrit : «La vie passe avec une rapidité effarante.» Après la messe de 10 heures avec les enfants, dîner en famille avec Lady Forget. «Il fait un soleil magnifique mais j'ai tout de même le cœur un peu serré, que nous réserve cette nouvelle année? et puis? J'ai peur.»

Le 12 mars 1938, Hitler avait fait une entrée triomphale dans Linz, sa ville natale. Depuis, le drapeau à la croix gammée flotte sur les principaux édifices de l'Autriche. Et l'«espace vital» des Allemands s'étend maintenant de la mer du Nord et de la Baltique à tout près de l'Adriatique. La France rappelle ses réservistes et la Grande-Bretagne met sa flotte en état d'alerte. Le 28 octobre 1938, Hitler avait envahi la Tchécoslovaquie avec plus ou moins la bénédiction de l'Italie, de la Grande-Bretagne et de la France. Thérèse s'inquiète pour son mari et souhaite qu'il soit assuré d'une situation solide et surtout définitive. «Il vieillit et ne pourrait pas facilement supporter une défaite et je le comprends.» Elle n'en est pas encore à s'inquiéter ouvertement pour ses fils, mais cela viendra. Au fait de la situation internationale comme le sont les milieux qu'elle fréquente, elle sait que le Canada se prépare à toute éventualité. Elle sait que la GRC commence à surveiller certaines usines jugées stratégiques à la défense du Canada et de l'Empire.

Dans l'après-midi, des amis viennent offrir leurs vœux et, le soir, la famille se rend chez les Pierre Dupuis, rue Saint-Denis. Et de quoi parle-t-on? De politique, bien sûr, de guerre possible en Europe, des répercussions qu'elle aurait au Canada, pays d'exportation, du spectre de la conscription, d'une possible invasion via Terre-Neuve, colonie britannique. Puis, on sert le porto que les hommes dégustent avec un havane alors que les femmes s'allument une Pall Mall. Eh oui, Thérèse fumait.

La journaliste qu'est devenue Thérèse publie un peu partout des articles expliquant comment les droits de la femme, mariée surtout, sont brimés, voire inexistants, et pourquoi le droit de vote entraînerait un changement dans la condition générale des femmes au Québec. En janvier, dans *La Revue populaire,* elle signe un article intitulé «Les droits de la Canadienne». Elle y définit le vrai féminisme comme étant «modéré et raisonnable, et [n'étant] en somme que de l'humanisme pur et simple». Souventes fois, elle parlera d'humanisme. D'ailleurs, sa petite-fille Claire Casgrain dira qu'elle se souvient de sa grand-mère comme d'une humaniste. Féministe, oui, mais humaniste.

Le 18 février, au Château Frontenac, grand banquet pour souligner les trente-cinq années de vie politique d'Ernest Lapointe ; il
est organisé par Chubby Power et présidé par Mackenzie King.
Mille trois cent cinquante personnes prennent place dans la salle
de bal et quarante et une s'asseoient à la table d'honneur, dont
Thérèse et Pierre Casgrain. Ce samedi-là, les ascenseurs sont en
panne au Château, ce qui fera que Thérèse, qui loge au neuvième
sera en retard chez le coiffeur, aux divers thés qui se donnent en
après-midi, mais à temps pour le dîner où elle est la seule femme
à prendre la parole parmi la vingtaine de personnes qui chanteront
les louanges du ministre Lapointe.

La Ligue continue sa campagne sur divers sujets susceptibles
d'intéresser les femmes. Ainsi, le dimanche 19 mars, lors d'une
rencontre publique en après-midi, le secrétaire de la Faculté des
sciences sociales de l'Université Laval, Adrien Pouliot, vient entretenir l'auditoire de la « réforme de notre enseignement primaire ».
Et à ce sujet, Thérèse ne se gêne pas pour rappeler que « de l'aveu
de tous, la femme est l'éducatrice par excellence », mais qu'il
« lui est difficile de donner à ses enfants une formation qu'on lui
refuse ». Elle rappelle aussi que les femmes ne siègent pas aux
commissions scolaires et encore moins au Conseil de l'Instruction
publique, alors contrôlé par les Églises catholique et protestante.

Elle critique aussi le fait que le cardinal Villeneuve vient de
nommer l'abbé Albert Tessier à la tête des écoles ménagères du
Québec. Si on se fie à ce que dira plus tard Mgr Tessier[46], Duplessis
l'aurait imposé. Lorsque le cardinal Villeneuve fait venir celui qui
est encore l'abbé Tessier, il lui demande de ne ménager aucun
effort pour persuader le public de la nécessité de donner aux filles
une éducation qui revalorise « la mission d'épouse et de mère [...].
À temps et à contretemps prêchez la croisade du foyer. »

Mgr Tessier écrit dans ses souvenirs que Thérèse Casgrain le
ridiculisa gentiment à « son programme de Radio-Femina, elle pré-
senta le balourd visiteur donnant une recette de gâteau, ratée complètement parce que masculine ! Ce n'était pas très fort. Madame
Casgrain savait certainement que les plus grands chefs sont tous

masculins. [...] Madame Casgrain n'avait rien d'une suffragette. Très racée, d'une grande finesse d'esprit, elle savait écouter.»

Ce commentaire, Mgr Tessier le fait après avoir été invité à manger chez Thérèse. En acceptant de s'y rendre, il avait posé comme condition que le couvert fût limité « afin de ne pas m'embarrasser » et de ne pas lui servir de gâteau, « car je n'aime pas ce dessert même quand il est réussi ». Thérèse a servi des « madeleines », selon ce qu'il rapporte, et lui a offert de participer à son émission pour parler du « vrai visage des écoles ménagères ».

Et c'est à nouveau le voyage à Québec. Le député de Verdun, P.-A. Lafleur, a accepté de présenter un projet de loi autorisant le vote des femmes. Une délégation peu nombreuse, mais représentative, se rend à Québec pour assister aux débats sur le droit de vote. Plusieurs groupes sont représentés. Outre la Ligue (Thérèse, Mmes Vautelet et Martel), l'Alliance (Idola Saint-Jean), le Montreal Business and Professional Women's Club (Miss Margaret Whery), le Women's Proprietors League (Mlle Irène Joly) et le Women's Club (Mme Scott). C'est à nouveau peine perdue.

———

La situation politique en Europe est de plus en plus préoccupante. Certains prévoient déjà que le Canada sera obligé de défendre l'Empire, et des manifestations sont organisées ici ou là. Et presque tous se souviennent de la guerre de 14-18. Le 23 mars, des étudiants de l'Université de Montréal et des membres de la Chambre de commerce des jeunes auxquels se joignent des élus municipaux, se succèdent devant la foule assemblée au Champ-de-Mars. Les orateurs dénoncent une possible participation canadienne dans la guerre en Europe et se prononcent d'ores et déjà contre la conscription. Leur crainte est d'autant plus compréhensible que Mackenzie King a dit récemment que, si l'Allemagne attaquait l'Angleterre, le Canada serait derrière elle.

Le matin du 17 mai, l'*Empress of Australia*[47] accoste à l'Anse-au-Foulon, « là même où le général Wolfe avait posé le pied pour conquérir la ville de Québec en septembre 1759[48] ». Vers 10 heures, le premier ministre King et l'honorable Ernest Lapointe, en jaquettes brodées, s'engagent sur la passerelle pour accueillir George VI et Elizabeth. Les souverains sont en tournée de « propagande », si l'on peut dire. Pour Jean-Louis Gagnon, il s'agit de « mobiliser l'opinion et lui faire comprendre que le jour où l'Angleterre se résignerait à la guerre, le Canada serait appelé à y participer[49] ». Il fallait raffermir et solidifier les liens parce que la situation européenne était très tendue.

Ils seront d'abord reçus dans la salle du Conseil législatif, à Québec, par Duplessis qui les accueille en français. Le roi répond dans la même langue. Aux banquets qui suivront, au Château Frontenac, il en sera de même. Le 18, quittant Québec par la gare du Palais, le train royal emporte aussi Duplessis jusqu'à Trois-Rivières, pour une courte halte, avant de se diriger vers Montréal où une foule attend les souverains à la gare Jean-Talon. Là, Mackenzie King leur présente Camillien Houde, alors maire de Montréal. En route vers l'hôtel de ville, le cortège ralentira au stade Molson, puis au stade De Lorimier où les enfants crient « Vive le roi ! Vive la reine ! », encouragés en cela par leurs professeurs, majoritairement des religieux. Après l'hôtel de ville, George VI et Elizabeth prennent le thé au sommet du Mont-Royal et reviennent vers l'Hôtel Windsor où la ville offre un banquet en leur honneur.

Où est Thérèse pendant cette visite royale ? Parmi les hôtes, étant donné la fonction de son mari. Elle ne prend toutefois pas place dans la voiture n° 7 avec lui : les femmes ne sont pas invitées aux défilés. Mais elle est de tous les banquets et manque certains thés ne pouvant être partout à la fois.

Pour l'été, la famille s'installe à Saint-Irénée, mais tout le monde a un peu la tête ailleurs. La situation européenne inquiète de plus en plus. Au Québec, on sent l'agitation monter. Même Thérèse craint la conscription : elle a deux fils qu'elle ne veut pas voir partir pour l'Angleterre. Et ils ne sont pas prêts à se marier pour tenter d'éviter une possible conscription, ce que feront cent cinq couples, sous un soleil magnifique, au stade De Lorimier. Cette cérémonie collective est présidée par Mgr Gauthier assisté de cinq prêtres. Ce mariage collectif célébré devant vingt-cinq mille personnes est organisé par la Jeunesse ouvrière catholique (JOC). Dans les provinces anglophones, une «course au mariage» est aussi déclenchée.

Le 8 août, Thérèse est à Toronto pour prendre part au banquet soulignant les vingt années de Mackenzie King à la tête du Parti libéral du Canada. Dans son allocution aux militants et proches du Parti, le premier ministre fait une promesse:

> Une chose que je ne ferai jamais, c'est de dire comment le Canada agira en regard d'une situation qui pourrait naître dans l'avenir et qui serait entourée de circonstances dont nous ne connaissons rien[50].

Et les quatre mille personnes présentes de l'applaudir longuement.

Deux semaines plus tard, les rumeurs concernant la signature d'un pacte de non-agression entre l'Allemagne nazie et la Russie soviétique se répandent, et, le lendemain, les journaux rapportent que l'Europe est sur un pied de guerre. Puis, à leur réveil, le vendredi 1er septembre, les Canadiens apprennent ce que les postes de radio du monde entier répètent: les armées d'Hitler ont envahi la Pologne, et cette dernière est maintenant occupée. Pierre ne vient pas à Montréal cette fin de semaine-là; c'est plutôt Thérèse qui va prendre le premier train disponible pour Ottawa. Les Chambres sont convoquées pour le 7 septembre et le secrétaire d'État est très occupé.

Le dimanche, dans les campagnes, quand les Québécois sortent des églises, la rumeur circule déjà: peu avant midi, la Grande-Bretagne a déclaré la guerre à l'Allemagne. Quatre heures plus tard, la France fera de même. Et la rumeur enfle. On raconte que le Canada est déjà en guerre. Ce n'est pas encore vrai, sauf dans le cœur des mères et des fiancées. Elles voient déjà l'objet de toutes leurs attentions en uniforme s'embarquer pour l'autre bord. Et Thérèse se met à craindre pour ses fils.

Le samedi 9, le Canada déclare la guerre à l'Allemagne, déclaration ratifiée par le roi, qui, le lendemain à 13 heures, proclame l'état de guerre entre le Canada et l'Allemagne. Seuls Maxime Raymond, Liguori Lacombe, Wilfrid Lacroix et J. S. Woodsworth votent contre. Le 9 au soir, bon nombre de jeunes Canadiens français font la « grande demande » aux parents de jeunes filles, à la grandeur du Québec. Les Canadiens font face à une réalité brutale : le pays est en guerre avec des pays à l'autre bout du monde pour défendre des gens dont ils ne savent rien. Et les récoltes qui sont à faire : dans les champs, le blé est mûr, les branches des arbres fruitiers ploient sous les fruits.

King annonce que le Canada apportera son aide à la Grande-Bretagne. Dans une déclaration radiophonique, le premier ministre déclare que le conflit qui vient d'éclater est d'abord une « lutte pour la conception chrétienne de l'ordre social contre la conception païenne d'Hitler[51] ». Et c'est comme si, tout à coup, les Canadiens réalisaient qu'ils font partie de l'Empire britannique. Le « Règlement concernant la défense du Canada est promulgué. Son article 39 envoie au camp de concentration l'auteur du moindre propos défaitiste. La Loi des mesures de guerre, en vertu de laquelle il est promulgué, accorde au gouvernement fédéral des pouvoirs extrêmement étendus : censure, expropriation, arrestation, détention, déportation, etc.

Une grande assemblée se tient au Marché Maisonneuve où des orateurs demandent la neutralité du Canada, alors que les médias anglophones demandent déjà la conscription. D'autres assemblées s'improvisent, ici et là ; des pétitions sont signées[52]. Les postes de radio reçoivent des instructions précises ; les dépêches sont censurées. Les titres en Bourse baissent.

C'est dans ce climat que Duplessis se voit contraint par les institutions financières d'aller chercher un nouveau mandat pour avoir accès à des emprunts dont la province a urgemment besoin[53]. Selon Séraphin Vachon, « quand la guerre est arrivée, la banque a mis Duplessis à terre. Il s'est saoulé pendant plusieurs semaines de suite, les finances de la province étaient à terre, il n'y avait personne pour donner de mots d'ordre, la banque refusait les billets pour payer les salaires, c'était un scandale. Les gens ne le savaient pas ou ne voulaient pas le croire. À tout événement, Duplessis a dû faire des élections[54]. »

Le 24 septembre, au cours d'un discours dans son fief de Trois-Rivières, il annonce des élections sur « les périls que les mesures de guerre fédérales [font] planer sur l'autonomie provinciale[55] ». Le 4 octobre, toujours à Trois-Rivières, l'Union nationale tient une assemblée publique. Maurice Duplessis clame que « le gouvernement fédéral sape l'autonomie provinciale pour priver le Québec de ses droits civils et religieux », que « l'autonomie, c'est l'âme de la province, c'est pourquoi nous voulons la défendre[56] ». « Un vote pour Duplessis, c'est un vote pour l'autonomie contre la conscription[57]. » Mais jamais il n'avouera avoir été forcé de déclencher des élections. Plutôt, il déclinera sur tous les tons ce qui sera pour longtemps son thème préféré : l'autonomie provinciale.

Les électeurs, eux, ne sont préoccupés que d'une seule chose : la conscription. Y en aura-t-il ou non ? Les libéraux fédéraux sautent dans la campagne et viennent prêter main-forte à Godbout dont l'organisation n'est pas préparée. En outre, il s'était déclaré en faveur de la guerre. Certes, il avait ajouté qu'il n'y aurait pas de conscription parce que King l'avait dit, que Lapointe continuait de le dire sur les mêmes estrades que lui, qu'il n'y avait donc rien à craindre. Tout ce beau monde le répétera à l'Aréna de Québec, le 19, et au Forum de Montréal, le 20 : les libéraux combattront la conscription jusqu'à leur dernier souffle ! « Entre la conscription et vous, nous sommes la barrière, le rempart[58]. » Mais c'est loin d'être l'avis du bon peuple. Certains l'ont écrit dans leurs mémoires : « C'est ben certain qu'on veut avoir un chèque en blanc pour passer la conscription ! C'est pas moé qui va le leur donner. L'élection dans la province, c'est de la propagande de guerre[59]. »

Il n'y a pas que les libéraux d'Ottawa à travailler pour Godbout et ses candidats. La Ligue et l'Alliance écrivent aux candidats, supportent le Parti libéral dans les journaux, utilisent toutes les tribunes à leur disposition dans les comtés pour rappeler à ce parti qu'il a inscrit à son programme le droit de vote des femmes et que c'est le temps d'en parler. Au soir du 25 octobre, Duplessis sera largement battu : il ne lui reste que seize députés.

Le 8 novembre, les élus et leurs invités s'entassent dans la salle du Conseil législatif pour assister à l'assermentation du cabinet

Godbout. Thérèse n'aurait manqué cela pour rien au monde. Elle sent que la longue marche des femmes est sur le point d'aboutir. Mais elle avise son groupe : il faut rester vigilantes. Et pour être certaines que le nouveau premier ministre n'oublie pas la promesse faite aux femmes, elles lui écrivent. Idola Saint-Jean aussi.

CHAPITRE 9

L'action politique

Il ne suffit pas de croire en quelque chose ; il faut avoir l'énergie d'affronter les obstacles et de les surmonter, de lutter, en un mot.

GOLDA MEIR, *Une vie*

EN CES PREMIERS JOURS de la décennie 1940, alors que des rumeurs de conscription continuent d'alimenter les conversations et suscitent l'organisation de *meetings* ici et là, une campagne est commencée en faveur de la nomination de Thérèse au Sénat. Le vendredi 12 janvier, un quotidien de Québec, *L'Événement Journal*, rapporte en page trois que « La nouvelle voulant que Madame Pierre Casgrain, de Montréal, soit élevée à la Chambre Haute a eu son écho un peu partout et semble accueillie avec ferveur dans presque tous les milieux[1] ».

Selon un journaliste[2], certains amis intimes des Casgrain auraient été fort déçus de ne pouvoir offrir leurs félicitations à Thérèse au sortir de la messe. Aux dires du journaliste : « La modestie de Mme Casgrain l'empêchera peut-être d'accepter le grand honneur qu'on veut lui faire. » Ce serait pour cela que les Casgrain ont entendu la messe ailleurs que dans leur paroisse de Saint-Léon de Westmount, ce dimanche.

Le premier ministre King reçoit des lettres appuyant la candidature de Thérèse. Il reçoit aussi des lettres appuyant celle d'Idola

Saint-Jean. Certaines, sans écarter la candidature de Thérèse, vantent davantage les mérites d'Idola[3], et une de ces lettres, dont il vaut la peine de citer des extraits, fait penser aux lettres que Félicité Angers (Laure Conan) écrivait aux autorités contre le père de Thérèse. Cette copie n'est pas signée, mais l'auteure se déclare journaliste militante et appuie Idola Saint-Jean.

> Nous voyons des candidatures se dessiner, qui infligent aux femmes bien pensantes de ma province, des appréhensions fort justifiées. Madame Pierre Casgrain mène une campagne endiablée en sa faveur, campagne offensante pour le nom de notre province. À la succession de l'homme supérieur qu'était Rodolphe Lemieux on a nommé ce diminutif de politicien de Pierre Casgrain à la Présidence de la Chambre, et pendant ce temps, sa femme, âpre et ambitieuse s'empara de la radio, et y déploya son incommensurable nazillage [sic]. Depuis que vous êtes au pouvoir, M. le Premier ministre nous sommes affligées, de l'INSIGNIFIANCE et de L'IGNORANCE de la fille de Rodolphe Forget qui fut sous le coup [sic] de la loi française pour manœuvres malhonnêtes.
>
> [...] Vous saurez comprendre combien il nous serait pénible au Canada français de compter comme représentante de notre Province au Sénat canadien la fille d'un tel homme, qui par ses menées osées et ridicules dans les couloirs du parlement provincial a attiré sur elle un ridicule vraiment offensant pour toute la famille canadienne française.

Pour l'auteur de la lettre, la vie d'Idola « apparaît à toutes les femmes du Québec comme une suite ininterrompue de loyaux services envers sa patrie, sa race et son sexe ». La lettre se termine comme suit : « Je ne nourris aucun mauvais sentiments contre cette dame Casgrain dont j'ignore la valeur et les mérites. » Mais pour l'auteure de la lettre, il ne saurait être question de nommer au Sénat « une femme tout au plus bonne à solliciter des députés dans les couloirs de la Chambre, à couver les rébellions de fils d'anciens ministres, et à faire leur cour à vos adversaires, avec une effronterie du plus mauvais goût[4] ».

Comment ces lettres se sont-elles retrouvées dans les dossiers de la Ligue ? La dernière surtout, marquée du timbre « copie » et portant la mention « strictement confidentiel » ? Quand on connaît les liens qui unissent les Casgrain et le premier ministre canadien, il n'est pas impensable que Pierre ait été mis au parfum rapidement. Ce dernier accédera au Conseil privé, le 12 février. Mais Pierre lorgne la Cour supérieure. Il aimerait quitter la politique et terminer sa vie sur le banc. Selon Laferté[5], «on paraît embêté avec la nomination du Secrétaire d'État, [Pierre F.] Casgrain voulant être nommé juge et Mme Casgrain voulant être sénatrice». Mais ce sera ceux que Thérèse estime être ses plus grands amis, ses alliés de toujours, qui l'écarteront alors du Sénat. À la veille des élections du printemps 1940, King discute des postes à pourvoir à la Chambre Haute avec Lapointe[6]. Il y a quatre postes à combler pour le Québec. Louis-Alexandre Taschereau est écarté, parce qu'ultraconservateur, mais son fils Robert accédera à la Cour suprême. La candidature de deux Juifs sera aussi écartée. Les ministres du Québec tueront dans l'œuf les chances de Thérèse de devenir sénateur. Quand C. D. Howe propose son nom à une réunion du Cabinet, Power et Cardin à l'unisson crient: «*No!*» Lapointe ne défendra pas sa candidature, bien que «King ait Thérèse en très haute estime». On raconte même que le premier ministre croit davantage en ses habiletés qu'en celles de son mari. Pierre Casgrain était plutôt perçu comme «*useless*[7]» par plusieurs au sein du gouvernement. Le politicien, dans le couple, c'était Thérèse. Elle ne parle nulle part de ce moment de sa vie.

Le samedi 17 février, Thérèse est conférencière à la séance de clôture du quatrième séminaire annuel du Portland Altrusa Club. Dans le hall de l'Hôtel Lafayette, les Américaines se pressent pour entendre celle que le *Portland Press Herald* présente comme la leader des femmes en politique au Canada. Ce journal rappelle que Mme Casgrain, l'année précédente, était la conférencière invitée à la rencontre de la Fédération des *Women's Clubs* du Maine. Selon le *Portland Sunday Telegram*, Thérèse presse les femmes de faire tous les efforts possibles pour consolider les liens entre elles et entre les pays, de telle sorte que le continent ne connaisse pas les mêmes troubles que ceux qui secouent l'Europe[8].

Le 20 février, c'est l'ouverture de la première session de la vingt et unième législature. Le lieutenant-gouverneur, le major général

Eugène Fiset, fait la lecture du discours du Trône. Les galeries du Parlement sont bondées. Adélard Godbout tiendra-t-il sa promesse d'accorder aux femmes du Québec le droit de vote et d'éligibilité ? Les féministes retiennent leur souffle. Depuis l'élection de l'année dernière, quantité de lettres ont été adressées au bureau du premier ministre, tant pour lui rappeler que, au congrès du Parti libéral en 1938, le vote a été unanime sur cette question, que pour le persuader de légiférer dès le début de la session. C'est ce qu'annoncera Adélard Godbout.

L'intention de déposer un bill qui place les femmes du Québec au même rang que les autres femmes blanches du Commonwealth britannique, comme l'écrit Walter Martin[9], a ranimé les ardeurs des « antis » : l'Église catholique, la Société Saint-Jean-Baptiste et la plupart des femmes vivant dans les régions rurales. Les journaux régionaux publient des résolutions de cercles de fermières, dont celle-ci :

> Considérant qu'au pays de Québec, rien ne doit changer de ce qui est de nos traditions vitales ;
> Considérant que le suffrage féminin est une grave menace contre elles ;
> [...]
> Nous voulons que nos maris, nos pères et nos frères se rendent compte de leurs responsabilités individuelles et collectives, qu'ils nous gardent le plus longtemps possible en dehors de cette chose salissante qu'est la politique, nous voulons pouvoir toujours leur dire et leur apprendre que nous désirons compter sur eux et nous fier à eux[10].

Cette résolution, comme quantité d'autres, est adressée au premier ministre, au député du comté, et envoyée aux journaux et à la directrice de *Paysana*, Françoise Gaudet-Smet. Depuis le début, l'opposition des femmes rurales est alimentée et soutenue par le clergé, même si la Ligue des Nations affirmait déjà en 1938 que l'attitude de l'Église catholique est différente de celle de l'Église du Québec. Celle-ci ne tardera pas à réagir. Laferté[11], croisant le premier ministre dans les couloirs du Parlement, lui apprend que le cardinal Villeneuve vient d'envoyer un communiqué à *L'Action catholique* dans lequel il prend position contre le droit de vote.

Godbout est secoué. Catholique pratiquant, il est torturé. Il s'est engagé à présenter ce bill, son caucus est d'accord, le discours du Trône l'a annoncé. Il doit aller de l'avant. Il décide de tenir son bout, « d'autant plus que tous les anglais ont voté pour le Parti libéral et sont pour le vote des femmes, que Godbout passe pour être sous la tutelle du clergé [et] que, s'il fallait qu'il recule, la province reculerait[12] ».

Le 2 mars, *Le Devoir* publie le texte du cardinal Villeneuve.

> Pour répondre à de nombreuses instances et mettre fin à diverses opinions qu'on Nous prête à propos du projet de loi accordant aux femmes le droit de vote aux élections provinciales, Nous croyons devoir dire Notre sentiment.
> Nous ne sommes pas favorable au suffrage politique féminin.
> 1. Parce que il va à l'encontre de l'unité et de la hiérarchie familiale ;
> 2. Parce que son exercice expose la femme à toutes les passions et à toutes les aventures de l'électoralisme ;
> 3. Parce que, en fait, il Nous apparaît que la très grande majorité des femmes de la province ne le désire pas ;
> 4. Parce que les réformes sociales, économiques, hygiéniques, etc., que l'on avance pour préconiser le droit de suffrage des femmes, peuvent être aussi obtenues grâce à l'influence des organisations féminines en marge de la politique.
> Nous croyons exprimer ici le sentiment commun des Évêques de la province.
> Québec, le 1er mars 1940.

Le Devoir conclut que, « si le bill du suffrage féminin est enterré à Québec cette année, ses marraines pourront se consoler en se disant qu'il aura eu de belles funérailles puisqu'un prince de l'Église les aura présidées ».

C'est le chef de l'opposition qui pousse Godbout à sortir de son silence. Le 5 mars, à Duplessis qui lui demande ce que le gouvernement entend faire à la suite de la publication du texte du cardinal, le premier ministre répond :

> Je ne puis dire exactement à mon honorable ami quand cette législation sera présentée ni de quelle manière elle sera rédigée. Cependant, je puis lui dire deux choses. C'est, premièrement, que pas plus dans

cette législation que dans d'autres, nous n'exploiterons des sentiments élevés au bénéfice de la petite politique.

Deuxièmement, c'est une chose qui le surprendra peut-être, il y a encore des hommes, dans cette province, qui n'ont qu'une parole. Quand ils l'ont donnée, ils la tiennent[13].

Selon le biographe de Godbout[14], «une salve d'applaudissements ponctua cette déclaration. Les ministériels entourèrent leur chef et lui donnèrent de chaleureuses poignées de main en le félicitant d'avoir montré de la poigne et de la décision.» Les débats sont ajournés à trois heures de l'après-midi.

Jean-Louis Gagnon écrira de Godbout qu'il était de petite taille et qu'il portait la tête haute, «ce qui lui donnait l'allure d'un coq de combat poids plume quand, dans un mouvement d'éloquence, il se faisait accusateur public[15]». Et cette fois, il l'était. Plusieurs commentateurs rapportent que le premier ministre Godbout a par la suite communiqué avec le cardinal pour lui expliquer la situation dans laquelle celui-ci le plaçait. Depuis 1938, le Parti libéral inclut dans son programme le droit de vote des femmes et, lui, le chef du parti a toujours affirmé qu'une fois élu, son gouvernement le leur accorderait. L'Église avait eu amplement le temps de faire valoir sa position officiellement. Mais jamais le cardinal ni aucun de ses représentants ne l'ont contacté pour le prévenir de leur opposition à cette loi.

Genest rapporte que Godbout se serait rendu à Ottawa consulter le délégué apostolique, qui lui «conseilla d'ignorer [la] position» du Cardinal. Mais le premier ministre était mal à l'aise à l'idée de passer outre l'autorité du cardinal. Alors, il lui téléphone et lui dit que «si la campagne menée directement ou indirectement par le clergé contre le vote continuait, il démissionnerait[16]». Il aurait ajouté qu'il recommanderait au lieutenant-gouverneur d'appeler Télesphore-Damien Bouchard à former le nouveau gouvernement. Bouchard, réputé anticléricaliste notoire, semait la terreur chez certains clercs. Il était pourtant pratiquant, mais il ne pouvait supporter cette Église qui mettait son nez partout. Pour lui: à l'Église le spirituel, à l'État le reste. Ce «bon bourgeois à l'œil clair» et «aux réparties vives, parfois imagées, souvent cruelles[17]», n'obligeait personne à partager ses opinions, mais il se gardait le droit de dire ce qu'il pensait.

Je ne sais pas exactement quand, dans la séquence des événements, Thérèse rencontre le premier ministre à l'Hôtel Windsor. Ce dernier lui aurait dit songer à démissionner. «Je me hâtai de l'en dissuader en lui disant que s'il cédait à ces pressions indues, il donnerait raison à ceux qui considéraient le Québec comme "a priest ridden Province"[18].»

Laferté raconte que, durant cette période, le cardinal se serait rendu à Montréal, probablement pour se concerter avec l'archevêché. Quoi qu'il en soit, le lundi soir dans le train vers Québec, un député libéral d'Ottawa, qui n'est pas nommé, lui serait tombé dessus, à voix très haute pour que tout le wagon entende bien…»: « "Nous en avons assez de cette influence […]" » et plein de «choses qu'il ne faut même pas répéter[19]». Les oppositions au droit de vote ont rapidement cessé et les lettres ouvertes contre le droit de vote, qui toutes parlaient de «notre vénéré cardinal», ont disparu des journaux!

————

À Québec, l'Assemblée suspend ses travaux pour permettre aux députés provinciaux de participer à la campagne électorale fédérale. Parce que, pendant cette incroyable charge contre le droit de vote des femmes au Québec, se déroule à la grandeur du Canada une campagne électorale où l'on demande à tous les Canadiens de remplir leur devoir de citoyens et de se présenter aux urnes. La contradiction et l'ambiguïté n'étouffent pas les éditorialistes de certains quotidiens qui, tout en appuyant la position de l'épiscopat et des « anti », du même souffle exhortent les femmes à aller voter au fédéral. *Le Devoir,* pourtant contre depuis sa fondation, est plus modéré. *L'Action nationale* est favorable. Roger Duhamel y publie un article où il dit ne pas comprendre pourquoi un droit reconnu aux ivrognes d'habitude et aux clients de la correctionnelle ne puisse être accordé aux femmes[20].

Pendant ce temps, Thérèse aide Pierre dans sa campagne. King avait dissous les Chambres dès l'ouverture de la session, le 25 janvier.

Encore une campagne en hiver, dans le plus grand comté de la province. Le comté de Charlevoix-Saguenay, qui s'étend jusqu'aux frontières du Labrador, n'est pas facile à parcourir, même en été. Au moment de sa mise en candidature, Pierre rappelle aux partisans que,

> pour la deuxième fois depuis que je suis votre député, le Canada a été entraîné dans une guerre. Si vous comparez la situation au Canada en 1914 et en 1939, vous jugerez tout de suite la différence des gouvernements des deux époques.
>
> Le gouvernement King-Lapointe a évité la hausse des prix et l'enrôlement se fait par volontariat. Aussi, il n'y aura pas de conscription. Notre attitude dans la dernière guerre est une garantie pour l'avenir.

Thérèse s'adresse ensuite à l'assemblée : « L'intérêt de tout le pays est en jeu dans cette élection. Je fais appel à toutes les électrices pour qu'elles votent en faveur d'un gouvernement digne de leur confiance. »

Et juste avant d'inviter la foule à chanter *Ô Canada,* elle remercie la centaine d'électeurs venus de l'île aux Coudres jusqu'à Baie-Saint-Paul, entassés dans dix-huit canots[21]. Thérèse intervient aussi lors d'assemblées organisées pour Ernest Lapointe. Au Palais Montcalm, à Québec, le 25 mars, elle parle en sa faveur devant plusieurs centaines de femmes qui sont venues malgré les rues encombrées par la neige laissée là, la veille, par la violente tempête qui a bloqué plusieurs routes dans l'est du Canada.

Au soir du 26 mars, toutes les provinces auront donné une majorité écrasante aux libéraux de Mackenzie King. Dans ses mémoires, Thérèse écrit : « Pendant la campagne, Ernest Lapointe et ses collègues du Québec donnèrent l'assurance que jamais ils ne feraient partie du gouvernement et que jamais ils ne l'appuieraient s'il tentait d'imposer le service militaire obligatoire outre-mer, généralement appelé la conscription. »

———

Le mardi 9 avril, le Bill 18 est déposé en Chambre par le premier ministre Godbout lui-même. Il s'agit d'amendements à la Loi sur les élections, celle-là même de laquelle la Ligue voulait faire biffer le mot « mâle » en 1936. Le bill est adopté en première lecture, la journée même, malgré la tentative de Duplessis d'en différer l'adoption en invoquant quelques points techniques. Il est bon de souligner que le chef de l'opposition était un avocat habile et s'amusait de ceux qui ne l'étaient pas, tel Adélard Godbout. Pour Duplessis, la politique est un sport.

Le jeudi 11 avril, les galeries de l'Assemblée législative sont strictement réservées aux dames. Le projet de loi franchira la deuxième lecture par soixante-sept voix contre neuf. Selon Calixte Dumas, de *L'Action Catholique,* les femmes « s'attendaient probablement à un plus grand déploiement. Elles ont été surprises, sans doute, d'un dénouement aussi rapide, mais elles n'ont pas été désappointées[22]. »

Pour Thérèse, cette journée marquait le commencement de la fin d'une lutte incessante et le début d'une ère nouvelle pour les femmes du Québec[23]. Pourtant, il restait la troisième lecture, puis l'étude et le vote au Conseil législatif. Après de longs débats, un échange entre le député de Trois-Rivières et le premier ministre au sujet des femmes gardiennes du foyer, amène ce dernier à dire que

c'est bien ainsi que nous les considérons, et c'est pour cela que nous voulons mettre en leurs mains un nouveau moyen de protéger leur foyer. Des questions législatives se posent qui intéressent toutes les femmes au premier chef, et notamment celles de l'éducation[24].

Le 18 avril, le Bill 18 est envoyé au Conseil législatif où il sera discuté, le 25. « Mes parents étaient des amis de Thérèse Casgrain », m'a dit Louise Brais-Vaillancourt, dont le père siégeait alors au Conseil législatif. « Quand Thérèse est allée au Conseil pour le vote des femmes, mon père a dit : elle est folle. Il la connaissait depuis toujours. Elle l'a quand même obtenu. » Ce même jour, une autre mesure est adoptée en troisième lecture, le Bill Oscar Drouin, obligeant les énumérateurs des taxes municipales des campagnes à inscrire sur leurs listes les noms des électrices.

À partir de 3 h 15, l'après-midi du jeudi 25 avril, les féministes, assises sur le parquet autour du salon du Conseil législatif et dans les galeries, voient se lever le leader du Conseil, l'honorable Philippe Brais :

> le bill que j'ai le privilège de soumettre à cette Chambre, au nom du gouvernement, est la conséquence logique et immédiate d'un louable changement d'opinion chez un grand nombre d'hommes publics. [...] Le Parti libéral est allé devant le peuple avec un programme qui contenait cette résolution.

Puis l'honorable Brais fait un survol de l'histoire et de la législation qui, dit-il, « est écrite par des hommes, et l'on sait qu'ils ont fait la part généreuse aux hommes ». Il rappelle le rôle joué par les institutions de charité, de santé et d'éducation — toutes bâties et dirigées par des femmes — « institutions reconnues comme modèles de bonne et saine administration ». Or, ajoute-t-il, « les hommes n'ont rien à y faire, rien à y voir ». Il ne s'agit plus ici du « flottage de billots » mais plutôt de « véritables monuments à la compétence féminine. [...] Pourquoi les femmes du côté civil n'auraient-elles pas la même compétence et le même talent que leurs sœurs en religion[25] ? »

Les femmes doivent encore souffrir les discours maintes fois entendus de Sir Thomas Chapais. Cleverdon écrit qu'il aurait dit « souhaiter que d'ici à ce que les femmes siègent à la Chambre haute, la mode des chapeaux aura changé[26] ». Selon Chapais, ce n'est pas parce qu'en 1917 le gouvernement fédéral a commis la faute d'accorder le droit de vote aux Canadiennes que le Québec doit le suivre. Il insiste sur la nécessité de tenir les femmes du Québec loin du bourbier, invoquant même les risques de divorce. Comment comprendre que tous ces élus — qui décrivent les assemblées politiques et le milieu politique comme boueux, fangeux, mauvais — n'aient pas réussi après toutes ces années à l'assainir ? Et pourquoi continuent-ils à s'y complaire, à s'y vautrer ?

Juste au moment du vote, Médéric Martin revient avec cette idée d'un référendum ; il propose qu'il soit tenu pour que toutes les femmes se prononcent parce qu'il est convaincu que 95 % d'entre elles ne veulent pas du droit de vote. « Il y en a une qui s'est présentée dans Saint-Denis et elle a eu vingt-huit votes. » « C'est faux, corrige Idola Saint-Jean, assise tout près. J'en ai eu deux mille[27]. »

Finalement, à treize voix contre cinq, le Conseil législatif adopte le Bill 18. À l'insistance des dames, écrit Laferté[28], le premier ministre s'était assuré que le lieutenant-gouverneur serait présent pour conférer l'assentiment royal à cette loi. Ainsi, écrit Thérèse, « vers 6 heures pm, celles qui avaient tant et si longtemps milité pour le suffrage féminin eurent le plaisir d'entendre la formule *le roi le veult* qui décrétait comme loi la mesure qui venait d'être adoptée par les deux Chambres. Sir Eugène Fiset s'adresse alors à l'assemblée, juste avant d'apposer sa signature :

> Dans les conditions de vie moderne, la femme joue un rôle souverainement important, et son concours est devenu indispensable pour opérer les réformes sociales qui s'imposent. Le privilège d'exprimer son avis dans la direction des affaires publiques ne saurait lui être plus longtemps refusé. Nous nous proposons en conséquence, de lui accorder le droit de vote aux élections provinciales[29].

Après la signature, ces dames entourent l'honorable Brais pour le remercier de même que le premier ministre Godbout. Puis elles quittent l'édifice du Parlement, pour le Château Frontenac où elles soupent avant de se rendre à la gare du Palais prendre le train de 22 heures pour Montréal.

Le quotidien *The Gazette* écrira le lendemain : « Gardez un œil sur cette Madame Casgrain. Elle pourrait bien être députée dans un comté ou un autre et, incidemment, elle porte le genre de chapeaux dont les conseillers ne pourraient se plaindre[30]. » Thérèse prenait ses chapeaux chez Yvette Brillon. Depuis le milieu de la décennie précédente, les chapeaux qui sortent de cette maison donnent le ton. Thérèse a toujours porté des chapeaux, même quand les femmes les ont délaissés. Avec les perles, ils ont été sa « marque de commerce », si l'on peut dire.

Convaincue que le Conseil législatif allait voter le bill, Thérèse et ses collègues de la Ligue avaient déjà commencé à organiser un grand banquet, à Montréal, pour célébrer l'événement et remercier publiquement le premier ministre. Avant de se présenter au Parlement, ce jour mémorable, Thérèse reçoit en fin d'avant-midi du 25 un télégramme d'Auguste Frigon de Radio-Canada.

Serons heureux mettre réseau français à votre disposition pendant une heure pour banquet mémorable STOP Décision a été prise mardi STOP Regrette on vous ait pas avertie STOP Pourrions peut-être ajouter CBM si diffusion commence à 8 heures trente et programme comporte discours anglais STOP Veuillez me dire ce que vous en pensez STOP Félicitations cordiales pour brillant couronnement de vos efforts méritoires STOP Amitiés[31].

Au lendemain de l'obtention du droit de vote, Thérèse aurait déclaré :

> Non seulement c'est un fait capital de l'histoire politique de la pro-vince, mais c'est aussi une mesure de nature à amener des change-ments profonds et désirables dans le domaine social. Toutes celles qui, comme moi, et avec moi, ont combattu dans ce but sont nettement convaincues, car elles ont pu s'en rendre compte, de ce que les femmes pouvaient apporter de bien dans le domaine national. Dans la vie familiale, ce que nous voulons, c'est qu'il nous soit possible de soulever des questions et d'amener à notre point de vue ceux qui nous dirigent, afin d'améliorer la situation et l'avenir de nos enfants.
>
> [...]
>
> Ce que nous recherchons c'est une action plus directe, plus pro-fonde, et nous comprenons qu'avec ces nouveaux droits, nous avons également de nouveaux devoirs[32].

Mais on ne peut pas affirmer que l'ère de l'hostilité et du mépris soit révolue. La société reste figée et les femmes devront encore longtemps intervenir, Thérèse en tête, pour repousser les frontières que l'Église et l'État continuent de dresser devant leur marche vers l'égalité.

Le 4 mai, le hall de l'Hôtel Windsor est rempli de représentantes de tous les groupes de femmes, sauf Idola qui en avait avisé Thérèse, le 30 avril.

> Comme notre association groupe des travailleuses de toutes les classes sociales et qu'un très grand nombre d'entre elles sont dans l'impossi-bilité de prendre part à un banquet, pour des raisons pécuniaires incontrôlables, — les conditions de vie devenant de plus en plus diffi-ciles, — ce serait de notre part, manquer de sincérité envers ces femmes de célébrer sans elles la grande victoire que nous venons de remportée [sic][33].

Il y avait aussi la plupart de ceux qui avaient parrainé les divers «bills des femmes» au cours des ans, sauf ceux qui étaient sous les drapeaux: guerre oblige. La fidèle Mme Scott est là, portant les remerciements des militantes anglophones. Elle dira que «cette heure est peut-être la plus heureuse d'une longue, longue vie, franchement, je n'ai jamais pensé que j'y arriverais». Et elle ajoute en français: «Le Premier ministre est quelque chose d'unique: un politicien qui fait une promesse et qui la tient[34].»

Thérèse, qui préside, remercie dans les deux langues le premier ministre pour avoir tenu promesse. Elle profite aussi de l'occasion pour remercier les hommes et les femmes qui ont soutenu cette cause durant toutes ces années. «Merci pour le beau geste, Monsieur Godbout. La devise de la province est "Je me souviens": les femmes ne vous oublieront pas.» Thérèse remercie aussi son mari «qui [lui] a permis avec tant de compréhension, de poursuivre [son] travail» de même que les «maris de mes compagnes qui ont droit à cette reconnaissance». Thérèse souligne le travail des pionnières qui ne sont pas là et explique ainsi l'absence d'Idola: «À notre regret, des raisons personnelles l'ont empêchée de se joindre à nous.» Avant de clore ce souper mémorable, Mmes Charles Frémont, Austin Ekerst et James Bielby interviennent au nom des femmes de la région de Québec.

Contrairement à ce qui a été écrit, «l'idéologie féministe [ne] se retrouve [pas] soudainement sans cause à défendre[35]». Et cela ne signifie pas non plus nécessairement le «retrait des féministes bourgeoises de la lutte» pour les droits des femmes[36]. Si l'on pense que, le droit de vote obtenu, Thérèse et son groupe cesseront leur action politique et sociale, on fait fausse route. Le 30 mai, la Ligue la réélit à la présidence. Et Thérèse se donne comme mission de faire amender le Code civil, de faire adopter des lois protégeant les enfants, d'autres pour réformer les prisons. Elle continue les pressions pour que les femmes soient admises à la pratique du droit et du notariat, et que les institutrices soient appréciées à leur juste valeur et traitées en conséquence. «Qu'attend-on pour le faire?» se demande le journaliste[37].

Le 18 mai commencent les discussions sur la Loi sur la mobilisation des ressources nationales que Mackenzie King entend déposer en Chambre. À son caucus, le lendemain matin, il explique que l'Angleterre est coupée de ses approvisionnements, sauf ceux venant du Canada. La loi permettra au gouvernement de mobiliser les personnes et les biens nécessaires à la défense du pays. Elle permettra aussi la mobilisation militaire sur une base volontaire. Mackenzie King joue sur les mots pour mieux faire passer le tout au Québec. La mobilisation, c'est l'inscription nationale et non la conscription, et l'inscription n'est pas l'enregistrement national, cette mesure odieuse décidée et appliquée par le gouvernement Meighen en 1917.

Dans l'après-midi, à la Chambre des communes, King reçoit un télégramme du premier ministre du Québec l'informant que l'Assemblée législative vient de défaire une motion condamnant la loi fédérale. King écrira dans son journal, ce jour-là :

> Personne ne sera jamais capable de dire quels services Lapointe et Cardin et Power ont rendu dans cette province et ce que cela veut dire pour le Canada d'y avoir un gouvernement libéral à ce moment-ci[38].

Pendant ce temps, en Europe, l'armée allemande occupe Paris le 14 juin, et, le 23, le maréchal Pétain signe une paix séparée : la France se rend, Paris se vide. C'est la fin des illusions d'une courte guerre. Jusque-là, la guerre ne faisait pas trop de bruit ici. On n'entendait pas la voix de Hitler hurler tous les jours, comme en Europe. C'était plutôt la voix de Louis Francœur, le fils de Mme Francœur, qui travaillait autrefois pour la maison de courtage L.-J. Forget. Il traduisait et commentait les nouvelles venues de la BBC. Selon Jean-Louis Gagnon, il était « conservateur et carrément réactionnaire, mais d'une grande érudition. Son style familier donnait à son émission le ton [...] d'un feuilleton à suivre[39] ». De sorte que plusieurs ne connaîtront jamais de l'Europe que ce qu'ils ont entendu Francœur leur décrire : Paris occupée, Londres bombardée. Mais maintenant, la propagande allait s'intensifier. Avec son émission quotidienne, *La situation ce soir,* Louis Francœur devint du jour au lendemain le plus influent, le plus efficace propagandiste des commentateurs radio jusqu'à son décès, le 29 mai 1941[40].

La marée allemande déferle sur Paris : Hitler lui-même marche sur les Champs-Élysées. On se demande ce qui arriverait de Terre-Neuve si la Grande-Bretagne venait à tomber. Terre-Neuve est une place stratégique et les côtes du Labrador sont très exposées. Alors, les États-Unis commencent à s'inquiéter de la défense de tout le continent. À la mi-août, Roosevelt et King signent «un accord de principe pour assurer la défense commune des deux pays [...] complété par la création d'une Commission conjointe permanente[41]».

Thérèse est à Saint-Irénée pour quelques semaines. Pierre, lui, est pratiquement toujours à Ottawa. Quand il le peut, il arrive par bateau le samedi en début d'après-midi et repart le dimanche après-midi pour attraper le train qui le ramène à Ottawa le lundi matin. «Quand il arrivait, ils allaient le chercher au bateau et fallait pas le déranger, il était mort de fatigue», dit Claude Loranger-Casgrain. Pierre est secrétaire d'État et membre du cabinet de guerre.

Le lundi 8 juillet, Thérèse est à Montréal. Elle prononce une causerie à Radio-Canada sur la situation internationale, le rôle du Canada et des Canadiens dans cette guerre.

> Nous vivons en ce moment des heures bien sombres [...]. Il y a quelques jours, en face des événements terribles qui se déroulent en Europe, nos gouvernements ont adopté une Loi de mobilisation générale pour la défense du Canada. À cet appel, mesdames et messieurs, je veux croire que tous les vrais Canadiens répondront «présents». Je sais que cela est pénible.
>
> [...] femmes du Québec, car c'est à vous que je m'adresse tout particulièrement ce soir, notre pays a besoin de vous.

Elle parle aussi de l'attitude de la reine, des femmes qui ont fait l'histoire du Québec, du traditionnel courage des femmes en situation difficile.

> Je suis mère de famille, j'ai des fils et Dieu sait que je les aime. Mais je serais la première à leur demander de prendre les armes, si la chose devenait nécessaire pour défendre le Canada sur le sol canadien.

[...]

Je hais la guerre, j'ai peur de son horrible cortège de misère, de destruction et de mort. Mon patriotisme n'a qu'un but : épargner à mon pays, aux miens et à l'humanité d'autres souffrances. Nous nous battons contre le féroce Hitler et l'odieux Mussolini, mais en ce faisant, nous luttons pour sauvegarder les libertés que nos pères nous ont achetées au prix de leur sang[42].

Deux jours plus tard, Thérèse a quarante-quatre ans. Elle n'a pas le cœur à la fête et les Canadiens français non plus, de façon générale. Depuis la chute de la France, certains se sentent en deuil et une indéfinissable tristesse en habite plusieurs. Thérèse aussi, elle qui a si souvent visité ce pays et qui y a des amis. Puis, le gouvernement fédéral décrète l'inscription des Canadiens, le 15 juillet, pour les hommes et femmes de seize ans et plus ; les bureaux ouvriront les 19, 20 et 21 août dans tout le Canada. À Montréal, le bureau d'« enregistrement volontaire » est installé au Canada Cement Building, suite 1036.

Ceux qui n'ont pas vécu la guerre peuvent difficilement imaginer à quel point celle-ci a encadré les civils, même ici. Le gouvernement dictait ce que les Canadiens pouvaient ou ne pouvaient pas faire, ce qu'ils pouvaient acheter, utiliser, manger, et en quelle quantité dès que le rationnement a été imposé. Les salaires sont gelés, les prix fixés, les heures de travail contrôlées, même chez les agriculteurs : il faut économiser l'essence !

Les femmes durent entre autres choses s'habituer à se présenter à l'épicerie carnet de coupons en main, [...] à s'habiller avec de l'ancien ou du vieux, [...] à ne rien jeter qui puisse encore servir et aussi à travailler [...] conformément à des normes de plus en plus exigeantes[43].

Le maire de Montréal et aussi député de Sainte-Marie, Camillien Houde, fait rapidement connaître son opposition à toute mesure, même volontaire. Il déclare qu'il ne s'enregistrera pas et invite la population à l'imiter. Le soir du 5 août, la police fédérale l'attend à la sortie de l'hôtel de ville. Il est environ 23 heures. Place Vauquelin, il est mis en état d'arrestation et conduit au quartier général, place d'Armes, où il est interrogé. Les policiers l'emmènent ensuite au camp de Petawawa, en Ontario.

Rentré en toute hâte de Kamouraska, où il soigne une dépression, Ernest Lapointe, ministre de la Justice et procureur général du Canada, signe les mandats d'arrestation et de détention du maire de Montréal. Il répond ainsi aux demandes de *The Gazette*. La presse entière est satisfaite, mais le petit peuple n'en pense pas moins.

L'avocat de Houde, Liguori Lacombe, va tenter d'obtenir du ministre de la Justice la permission de voir son client au camp de Petawawa. Lapointe se déclare sans juridiction là-dessus et le dirige vers le secrétaire d'État, Pierre Casgrain, lequel le dirige vers le commandant du camp, qui avait discrétion en la matière[44]. Le Canada est un pays de droits, certes, mais l'état de guerre a justifié bien des erreurs de jugement. Craignait-on la trop grande influence de Houde sur la population montréalaise? Le «petit gars de Sainte-Marie», l'enfant du peuple aux épaules trop larges pour sa taille restera en prison jusqu'au 16 août 1944. À son retour, les Montréalais lui feront un accueil monstre, délirant à la gare Windsor et dans les rues de la ville. Ils le rééliront à la première occasion.

Le 26 août, King est informé par le haut-commissaire de Grande-Bretagne qu'un U Boat est entré dans les eaux de Terre-Neuve, à cette époque territoire britannique. Cinq navires auraient déjà été coulés par les sous-marins allemands. À cette période, Thérèse et Pierre font une tournée de la Côte-Nord et s'arrêtent à Havre-Saint-Pierre. Difficile de dire s'il s'agit d'une simple tournée du comté ou d'une mission commandée: qui peut mieux passer inaperçu qu'un député et sa femme qui ont coutume de parcourir le comté quand ils en ont la chance?

———

Maintenant que les femmes ont obtenu le droit de voter aux élections provinciales et de siéger au conseil municipal, la Ligue fait pression pour qu'une femme soit appelée au conseil municipal de Montréal. À cet effet, Thérèse écrit au conseiller municipal Pierre Desmarais, le 10 décembre. Au nom de la Ligue, elle le prie d'y nommer une Canadienne de langue française et suggère

Mme Théodule (Lucie) Bruneau. «Elle possède les qualifications requises par la Charte, en plus d'une grande expérience dans les œuvres sociales étant la fondatrice de l'École des enfants infirmes, de l'École des enfants épileptiques et du Grillon.» Le maire Adhémar Raynault répond à Thérèse, le 19 décembre : «Vous pouvez compter que si mes collègues partagent mon opinion, il me fera plaisir de me rendre à votre désir en agréant votre candidate à la représentation du district n° 9[45].» Mme Bruneau sera nommée de même que Mlles Elizabeth Monk et Kathleen Fisher.

La Ligue doit faire du recrutement. Depuis l'obtention du droit de vote, le mouvement perd des membres. Difficile de dire si c'est par manque d'intérêt ou parce qu'elles sont prises par le travail à la Croix-Rouge ou les œuvres de guerre ? Sans doute un peu de tout cela. Et puis, on sent Thérèse de plus en plus attirée par d'autres engagements qui vont bientôt l'absorber complètement.

Le dimanche 15 décembre, elle est à nouveau à la radio. Cette fois, à l'invitation de la Commission d'information du Canada, dans la série *Let's Face the Facts*. Au fond, par cette intervention, Thérèse devient une pièce de l'arsenal de propagande que déploie le Canada depuis le début de la guerre. Croit-elle vraiment que la mobilisation restera volontaire ?

Tous les jours, la radio et les journaux déversent une information ciblée et contrôlée. Même le radio-roman *C'est la vie* de Jean Desprez est orienté par la propagande de guerre et, en 1942, ce feuilleton prêchera explicitement l'enrôlement des femmes dans le Canadian Women's Army Corps (CWAC). Au Québec, la propagande «exploite à fonds les sentiments religieux des Canadiens-français» et exalte «la grandeur anglaise[46]».

Thérèse elle-même revient régulièrement sur le courage des femmes britanniques, et en particulier sur celui de la reine[47] ou de la princesse Alice[48]. Ce dimanche de mi-décembre, donc, Thérèse rappelle que le monde a été aveugle aux signaux émis depuis le Traité de Versailles et surtout depuis que Hitler est entré en Tchécoslovaquie. Pour elle, «la capitulation de la France marque le point tournant entre la liberté et l'esclavage, entre la liberté et la servitude, entre la dignité humaine et l'abrutissement». Elle conti-

nue en qualifiant de « route vers le barbarisme les batailles en
Pologne, Norvège, Pays-Bas, France. Et maintenant, c'est la
bataille d'Angleterre. » Mais elle ajoute que « cette guerre n'est pas
que la guerre en Angleterre. Cette guerre est celle de tous les peuples libres contre la dictature du totalitarisme. »

Thérèse disserte ensuite sur la démocratie, affirme que « gagner
la guerre est une chose mais que c'en est une autre que de gagner
la paix », puis elle en vient au rôle du Canada et à la perception
différente qu'en ont les anglophones et les francophones. « Mon
peuple est loyal au Canada mais les francophones veulent maintenir leur identité à l'intérieur de l'organisation politique qu'est la
Confédération. » Après avoir expliqué que les Canadiens français
comprennent l'attachement des Canadiens parlant anglais, elle dit
qu'en retour « nous nous attendons à ce que nos concitoyens
Canadiens comprennent notre amour et notre admiration pour la
terre de nos ancêtres — la malheureuse France — et réalisent que
nous aussi nous souffrons pour ses blessures ».

Thérèse dit en terminant que « l'Amérique fait maintenant
directement partie des rêves de conquête de Hitler et que c'est pour
cela que le 17 août, le Premier ministre King et le président des
États-Unis ont signé un traité de défense à Ogdensburg. Le
Canada et les démocraties alliées gagneront la guerre », affirme-
t-elle. Et alors, « nous donnerons au monde le nouvel ordre dont il
a besoin[49] ». Mais d'ici là, la guerre tuera des nôtres. Ceux-là s'en-
tasseront dans les convois qui remplacent maintenant les trains de
touristes. Depuis la gare Windsor, dont les fenêtres sont barrica-
dées, ces convois fileront vers Halifax d'où marins, soldats, aviateurs vogueront vers l'Angleterre.

Et ce fut Noël avec les vœux du roi d'Angleterre, des premiers
ministres, du lieutenant-gouverneur et du cardinal Villeneuve.
Tous, ils justifient la guerre menée pour la sauvegarde de la civilisa-
tion, mais le bas clergé, lui, est plutôt avec le peuple. Chez Thérèse,
le temps des fêtes réunit les enfants et Lady Forget, et parfois la
cousine Marguerite, autour de repas animés mais simples.

Début janvier, Annie Macdonald Langstaff, Florence Seymor
Bell et Elizabeth Carmichael Monk rencontrent le premier ministre

Godbout à Québec[50]. Il accueille favorablement leur demande d'amendements à la Loi du Barreau et accepte de faire pression sur le procureur général — également bâtonnier du Québec — pour qu'il convainque le Conseil général de son organisme, de ne pas s'objecter aux amendements. Le 28 février, Adélard Godbout se prononce publiquement pour l'admission des femmes à la pratique du droit. Le bill tient dans trois articles ; le premier stipule que « rien dans la Loi du Barreau n'exclut les personnes de sexe féminin dans l'admission à l'étude et à la pratique du droit[51] ». Adopté en troisième lecture le 26 mars, le Bill 38 est soumis au Conseil législatif où « le canonique Thomas Chapais [...] exprime sa dissidence, lui qui s'est toujours opposé aux politiques réformistes, particulièrement en ce qui touchait les femmes[52] ». Adopté le 3 avril, le Bill 38 sera sanctionné le 29. Mais ce n'est pas la fin des difficultés que rencontreront les femmes, au Barreau : la pionnière, Annie Langstaff, s'en verra refuser l'admission et, avec elles, toutes celles qui n'ont pas fait leur cours classique. Hélène-Andrée Bizier affirme plutôt que c'est Mme Langstaff qui a refusé de soumettre sa candidature au Barreau[53]. Thérèse, qui s'est beaucoup investie dans ce dossier, n'en parle plus dans ses mémoires. Elle est rendue ailleurs. Sa réflexion et ses engagements sont de plus en plus axés sur l'action politique proprement dite.

Le 12 mars 1941, Thérèse donne une conférence au Kiwanis St-Laurent et, le vendredi 25, elle ouvre la séance du Premier Congrès de la Ligue des droits de la femme, à l'Hôtel Windsor. Toute la journée, et une partie du lendemain, des femmes de toutes les régions du Québec y discuteront du « Rôle et des responsabilités de la femme dans la démocratie ». La Ligue en profite pour souligner le premier anniversaire du droit de vote. Au banquet donné le soir, Adélard Godbout est l'invité d'honneur.

Au nom de la Ligue, Thérèse avait invité l'épouse du président américain à venir parler au moment qui lui conviendrait à ce congrès. Dans sa lettre d'invitation à Eleanor Roosevelt, Thérèse écrit : « Nous admirons votre leadership, aux États-Unis, et vous seriez d'une grande inspiration pour les femmes du Québec si vous pouviez venir leur parler à ce moment-ci[54].» Je n'ai pas trouvé la réponse à cette invitation et Eleanor Roosevelt n'était pas au Congrès. Il faut se rappeler que le Canada est en guerre et que les États-Unis ne le sont pas encore. Il est possible que le voyage d'Eleanor Roosevelt ait été exclu pour des raisons de sécurité.

Avant de présenter le premier ministre, Thérèse prononce une allocution dont elle s'excuse à l'avance de la longueur et qu'elle qualifie à la fin de «discours»[55]. Après les mots de bienvenue, elle s'emploie à dissiper l'équivoque la «plus répandue [et la] plus dangereuse, car elle substitue un symbole qui est la maison, à la seule chose essentielle, qui est la famille même. [...] Quand les membres de la famille quittent la maison le matin pour le travail, pour l'école, pour les œuvres de bienfaisance cessent-ils de constituer une famille? Faudrait-il entendre que la famille se démembre le matin pour se reconstituer le soir seulement autour de la table?» Puis, elle rappelle que «le droit de suffrage n'est pas une fin en soi [...] c'est un moyen et [...] une arme défensive». D'où l'objet de ce congrès qui débat de «trois grands sujets: l'éducation, le travail et le bien-être social. Il y a dans ces matières un vaste programme d'action politique et sociale.»

Sur l'éducation, «seul legs que nous soyons sûrs de transmettre à nos enfants», Thérèse affirme que «le monde de l'après-guerre n'aura point de tolérance à l'égard des faibles, des mal formés, des incertains: ce sera un monde où triompheront seules les qualités intellectuelles et physiques». Et elle se demande si les enfants disposeront des outils qu'il faut pour cela.

Quant au travail féminin hors du foyer, que «la vie moderne a pour ainsi dire consacré», Thérèse reprend le slogan qu'elle répète depuis des années: «À travail égal, salaire égal». Elle aurait pu ajouter que, depuis 1918, un décret du Conseil privé reconnaît le principe de l'égalité de rémunération pour un travail de valeur égale[56]. Elle rappelle que «l'exploitation du travail féminin [...] c'est une triste réalité trop de fois établie par les faits». Elle cite le Rapport de l'enquête sur l'industrie du textile qui soutient que «l'avilissement du salaire féminin entraîne l'avilissement proportionnel du salaire payé à la main-d'œuvre masculine. Réclamer la juste rétribution du travail féminin, c'est donc sauvegarder un droit sacré, mais c'est aussi protéger la sécurité de la famille.»

Pour ce qui est du troisième sujet à l'ordre du jour de ce congrès, le bien-être social, il sera abordé par l'angle de l'urbanisme, de l'hospitalisation et de la protection de l'enfance. «Comment la femme, gardienne du foyer, se désintéresserait-elle du problème des taudis, d'un cancer qui ronge de plus en plus le tissu social et s'attaque à la vie de la famille?» Thérèse termine ainsi: «J'ai la certitude [...] que nous apporterons toutes à l'accomplissement de nos devoirs nouveaux l'ardeur et la patience que nous avons trouvées en nous pour faire reconnaître des droits anciens.»

La Ligue est très active et Thérèse en préside les réunions chaque fois qu'elle le peut. En mai, une lettre est envoyée à Québec demandant que l'instruction devienne obligatoire dans la province et que des femmes soient nommées commissaires dans les commissions scolaires. Auprès d'Ottawa, la Ligue réclame la nomination de femmes à la Commission de l'assurance-chômage et au Comité de reconstruction économique. Le secrétaire particulier de Mackenzie King répond que le premier ministre l'a prié «de vous assurer qu'il prenait bonne note de cette résolution et qu'il ne manquerait pas de la porter à l'attention de ses collègues du Cabinet quand les nominations à ces postes seront à l'étude[57]». Quelques mois plus tard, Mme Paul (Florence Fernet) Martel sera nommée membre du Comité national de placement de la Commission de l'assurance-chômage.

———

Sur le front de la main-d'œuvre, les femmes remplacent les hommes qui se sont enrôlés. Un changement législatif leur permet même de travailler la nuit dans les usines. Et des usines, il en pousse un peu partout. Ainsi, à Saint-Paul-l'Ermite, le gouvernement fédéral construit la plus vaste usine d'explosifs de tout l'Empire sur les plus belles terres de la région. C'est par train que les ouvrières montréalaises se rendent à ce complexe industriel qui compte plus de quatre cents bâtiments. Au plus fort de la production, sept mille personnes y travaillent.

Dans un discours prononcé à la Chambre des communes, le 13 septembre, Pierre Casgrain s'est vivement opposé à la conscription pour le service outre-mer. « Je sais que la vaste majorité de la province de Québec est contre cette mesure. [...] Le sentiment de la province de Québec est que nous devons nous en tenir aux dispositions de la Loi de mobilisation adoptée il y a environ un an[58]. » Le lundi 15, le mari de Thérèse demande aux Canadiens français de s'enrôler volontairement. Il rappelle la menace que fait peser Hitler sur le Canada. « L'espace vital recherché par Hitler est le Canada. Le Canada est un espace libre, destiné à absorber nos surplus de population autant que nos surplus d'énergie. » Selon le secrétaire d'État, « le danger est si grand, la menace si proche qu'un pays dix fois plus puissant que le nôtre, les États-Unis, a mis à la disposition de la Grande-Bretagne toutes ses ressources en dollars et en matériel. Le Canada a besoin de soldats maintenant et en plus grand nombre que lors de la dernière guerre[59]. »

En novembre, tous les médias font état de la prise de position de Pierre Casgrain contre la conscription. Le secrétaire d'État déclare qu'il « arrive parfois que l'on cherche à faire croire que ma province ne fait pas toute sa part. On ne nous montre pas du doigt, mais on semble dire que si le recrutement n'est pas aussi actif qu'on le voudrait, c'est parce qu'on ne prend pas suffisamment intérêt aux affaires du pays et que la population ne fait pas tout ce qu'elle devrait[60]. » Thérèse a tenu un discours semblable il n'y a pas si longtemps. On sent la fracture venir et le Canada sur le point de revivre 1917. Dans ses mémoires, Georges-Émile Lapalme écrit : « Je retrouve toujours la même idée, le même fait : deux cultures, deux manières de voir la paix et la guerre, deux langues, surtout deux langues[61]. »

———

Le jeudi 20 novembre, Ernest Lapointe est admis à l'Hôpital Notre-Dame. King lui rend visite, puis Thérèse et Pierre. Ils reviennent de

THÉRÈSE CASGRAIN

là convaincus que leur ami n'en a plus pour très longtemps. Au matin du 26, il décède. Sa dépouille sera transportée par train à Québec pour être exposée dans la salle du Conseil législatif. La foule défilera devant son cercueil pour lui rendre un dernier hommage malgré une tempête de neige qui paralyse Québec.

Le secrétaire d'État rendra hommage à Lapointe au Parlement. « Sa disparition me cause un profond chagrin. [...] Monsieur Lapointe était mon meilleur ami. Je perds en lui un guide et un ami. Il a passé en faisant du bien et il a affronté la mort sans crainte parce qu'il a fait toute sa vie son devoir[62]. » Thérèse perd aussi un ami et, pense-t-elle, son meilleur allié à Ottawa. Pourtant, on a vu plus haut qu'il n'avait pas défendu sa candidature au Sénat. Sauf que, lui parti, il ne reste que King.

Dans ses mémoires, parlant de Lapointe, Thérèse écrit : « J'ai toujours été persuadée qu'il prévoyait les dissensions à venir dans notre pays, car quelques semaines auparavant, alors qu'il était déjà très malade, il avait demandé à mon mari venu lui rendre visite au sortir de la Chambre, s'il avait été question de conscription à cette séance. Le voyant si angoissé, Pierre se sentit contraint de répondre par la négative afin de le rassurer. » C'était la veille de son hospitalisation. Des rumeurs donnaient déjà J.-E. Michaud comme ministre intérimaire de la Justice. Et des mauvaises langues racontaient que Thérèse était mécontente parce qu'elle voyait son mari à ce poste[63].

C'est Louis Stephen Saint-Laurent qui sera nommé ministre de la Justice en remplacement de Lapointe. Né d'une mère irlandaise et élevé dans les Cantons-de-l'Est, le nouveau ministre de la Justice est nettement plus à l'aise en anglais qu'en français. Loyaliste militant, proche du gouvernement mais surtout des grandes compagnies, c'est un avocat réputé qui plaide régulièrement à Londres, devant le Conseil privé. On raconte que cette nomination explique la démission de Pierre Casgrain du Cabinet King. Le 15, Pierre est nommé juge puîné de la Cour supérieure de la province de Québec[64]. Un proche de Mackenzie King a suggéré alors qu'il nomme Thérèse au Sénat pour éviter qu'elle ne quitte le

Parti libéral[65]. Il semble que le Parti craignait que Thérèse ne fasse un coup d'éclat après la démission de Pierre.

À la suite du programme que la Ligue s'est donné, au mois de septembre précédent, Thérèse publie un article dans la *Revue du Barreau* intitulé «Les droits civils de la femme»[66]. Depuis long-temps, elle mène bataille pour que la femme mariée obtienne la capacité juridique, mais elle a toujours eu contre elle, outre l'Église, les nationalistes, plusieurs femmes et d'éminents membres du Barreau, dont certains, au surplus, ont fait partie des gouverne-ments qui se sont succédé au Québec depuis les années 1920.

En octobre 1941, le bâtonnier de la province affirmait dans cette même revue que le législateur devrait révoquer les articles 1265 et 1301 du Code civil qui assimilent la femme mariée à une mineure, une incapable. *La Presse* et *The Gazette* ont repris le sujet et, selon Thérèse, l'idée d'une réforme fondamentale dans ce domaine fai-sait son chemin dans l'opinion publique. Elle profite donc de cet article pour rappeler que, depuis 1937, le Code Napoléon — dont le nôtre est issu — a été amendé pour supprimer l'incapacité juri-dique des Françaises. Elle parle d'un effet pervers des dispositions du Code civil au Québec qui «ont fini par enraciner dans les esprits un préjugé qui [lui] paraît non seulement stupide, mais dangereux: c'est que le mari ne doit pas entretenir sa femme de ses affaires afin de ne pas troubler sa quiétude». Et quand la femme devient veuve, elle «devient une victime facile pour les extorqueurs professionnels et les mauvais conseillers». Elle traite aussi du cas particulier des polices d'assurance-vie souscrites au bénéfice de l'épouse. Un jugement récent rend illégaux «les emprunts contrac-tés par le mari sur les polices qu'il détient en faveur de sa femme». Il en résulte que le mari assurera «sa vie, non plus au bénéfice de sa femme, mais [...] en faveur de ses héritiers naturels ou de ses exécuteurs testamentaires». Thérèse conclut que «la protection dont le Code civil veut entourer la femme du Québec est en réalité un bouclier bien fragile».

En Europe, en fin d'année, le roi George VI s'adresse à l'Empire alors que la situation politique se dégrade sur tous les fronts. Ici, des milliers de familles s'inquiètent pour les leurs. King décrète des élections partielles dans Québec-Est et Louis Saint-Laurent se présente. Des partisans libéraux refusent de soutenir sa candidature parce qu'il ne se prononce pas ouvertement contre la conscription. Il sera tout de même élu, au soir du 9 février. King le voit d'ailleurs comme « le digne successeur de Lapointe et de Sir Wilfrid Laurier[67] ». À ces partielles, un candidat du Bloc populaire est élu dans Stanstead ; dans Montréal-Cartier, le communiste Fred Rose le sera, lui dont la campagne était organisée par Léa Roback. Le *Star* prévoit qu'il y aura un plébiscite ; le *Free Press* et *Le Canada* laissent entrevoir la conscription plutôt qu'un plébiscite.

Le 22 janvier 1942, lors du discours du Trône lu par le gouverneur général, le gouvernement King annonce ses intentions pour la prochaine session. Entre autres, il demandera aux Canadiens de le délier de son engagement de ne pas imposer la conscription. À partir de ce moment, cette question va prendre de plus en plus de place dans la vie des Canadiens français et anglais. Au point de devenir une obsession chez certains. De jeunes Canadiens français fuient dans les bois pour ne pas endosser l'uniforme et risquer de se retrouver de l'autre côté. Ils fuient parfois au péril de leur vie : certains seront descendus à bout portant par la police militaire.

Selon le texte d'une causerie que Thérèse a donnée je ne sais où, la Commission des prix et du commerce en temps de guerre a été créée « en septembre [1939] quatre heures après notre entrée en guerre ». Elle dit de cette commission qu'elle « prévient l'exploitation du peuple par des financiers sans scrupules qui veulent profiter du désarroi de la nation pour s'enrichir et dont l'égoïsme n'hésite pas à faire souffrir davantage les malheureux qui sont dans la plus horrible des tourmentes ». Puis elle énumère les pouvoirs et donne pour exemple l'action menée par l'industrie du sucre. À la fin, elle invite le Conseil de la Housewifes League à « exprimer à notre gouvernement votre appréciation de ce qu'il a fait. […] en créant cette Commission des Prix et du Commerce en temps de guerre[68]. »

Le président de cette commission, Donald Gordon, avait rapidement convoqué à Ottawa les présidentes des organismes féminins pour leur demander d'aider le gouvernement dans cette démarche afin d'assurer la stabilité des prix. Le Canada sera divisé en treize régions, le tout chapeauté par deux femmes : Charlotte Whitton s'occupera de l'Ouest et d'une partie de l'Ontario, et Thérèse des sept autres régions. En quelques mois, Thérèse aura visité Charlottetown, Halifax, Moncton, Saint John (N.-B.), le nord de l'Ontario et plusieurs villes du Québec. Elle voulait s'assurer que des comités locaux étaient déjà créés et fonctionnaient efficacement. Ces comités doivent « [surveiller] les prix dans leur quartier, [veiller] au maintien de la qualité des produits vendus et [dénoncer] les marchands qui ne respectent pas la loi[69] ». Dans ses mémoires, elle raconte avoir été l'unique passagère d'un avion pour Charlottetown. « Il faisait un froid intense et la neige tombait à gros flocons. Seule dans la cabine, séparée des pilotes, je me demandais avec angoisse si nous allions atterrir sains et saufs. » Pour son travail, Thérèse deviendra Officier de l'Ordre de l'Empire britannique (O.B.E.).

Entre les déplacements qu'exigent ses responsabilités au sein de la Commission des prix et du commerce en temps de guerre, sa vie de famille et les activités de la Ligue, Thérèse assure encore la direction de *Femina,* devenue quotidienne en octobre 1939.

Dans ses mémoires, Thérèse rappelle une conférence qu'elle donne devant la Société d'études et de conférences où elle affirme : « Nous sortirons affaiblis du conflit si nous restons repliés sur nous-mêmes, sans autres horizons que nos horizons de toujours, si, guidés par de mauvais maîtres, nous restons attachés aux seules vieilles traditions. » *Le Bien public* de Trois-Rivières écrira de Thérèse, le 26 mars 1942 : « Qu'elle fricote, couse, brode, lise, peigne, joue au bridge, tout plutôt que de persister dans sa carrière dangereuse de donneuse de directives. » Le journaliste n'a encore rien vu ! Sauf que plusieurs partagent son avis. Thérèse dérange, et on voudrait bien la voir rentrer chez elle.

Entre-temps, la campagne pour ou contre la conscription fait rage. King l'avait ouverte, sur les ondes de Radio-Canada, où seuls les tenants du OUI pourront se faire entendre[70]. Dès le début de la campagne, l'abbé Lionel Groulx avait réuni chez lui, à Outremont, les directeurs de la Ligue d'action nationale. Selon Gérard Filion[71], il a alors été convenu d'organiser une assemblée de protestation au marché Saint-Jacques. Mais après? Après, la Ligue pour la défense du Canada (LDC)[72] prendra le leadership du camp du NON et ses activités se développeront comme une traînée de poudre.

Ce groupe proteste contre la décision du gouvernement du Canada de demander aux Canadiens de le libérer de sa promesse de ne pas imposer la conscription pour service outre-mer. La LDC canalise rapidement le mécontentement des Canadiens français. Le 5 février, le député libéral fédéral, Maxime Raymond, dénonce la tenue d'un plébiscite. «L'engagement de ne jamais imposer la conscription pour service outre-mer avait été pris par les candidats libéraux de la province à toutes les élections depuis 1921[73].» Mais cela ne semblait plus le cas, bien qu'ils répètent à tout venant: «Pas nécessairement la conscription mais la conscription si nécessaire.»

Le mercredi 11 février 1942, la LDC tient une manifestation monstre au marché Saint-Jacques, à l'angle des rues Ontario et Amherst. Près de dix mille personnes (vingt mille selon certains) sont venues entendre Gérard Filion, Maxime Raymond, Jean Drapeau et le Dr Jean-Baptiste Prince. Même Henri Bourassa monte à la tribune et prédit que la conscription sera imposée dans les deux prochaines années, quel que soit le résultat du plébiscite. Des activistes en colère s'empressent d'occuper la rue. André Laurendeau, qui y était, rend compte de cette soirée:

> Les haut-parleurs fonctionnaient mal, à l'extérieur; surtout quand les tramways passaient. Des jeunes commencèrent à s'impatienter. Ils réclamaient qu'on change le parcours des tramways qui, bien entendu, continuaient de passer. Des morceaux de glace, puis des briques les accueillirent l'un après l'autre: les vitres volèrent.
>
> Un petit groupe de militaires anglophones qui se tenaient sur les lieux passent ce commentaire: «This is an English country. These French Canadians should speak English»[74].

Au coin des rues Amherst et Ontario, ce soir-là, ce n'était pas une remarque à faire.

Selon Robert Rumilly[75], «la salle est nerveuse. Au-dessus, des manifestations se déroulent, et la foule n'entend rien, malgré les haut-parleurs. Les tramways embouteillent la rue comme s'ils suivaient un mot d'ordre. Les vitres des tramways volent en éclat. La police charge à plusieurs reprises. Des bagarres éclatent.» *La Presse* rapporte que, selon un témoin, «les agents motocyclistes postés à l'angle des rues St-Denis/Ste-Catherine ont chargé les manifestants à quarante milles à l'heure, sur les trottoirs, en tous sens. Les étudiants étaient bousculés, à demi-écrasés contre la façade des bâtisses.» Il y aurait eu aussi des charges à cheval et la «poursuite d'un manifestant pour le battre jusqu'au deuxième étage d'une maison[76]». La circulation a été interrompue pendant trois heures dans certaines rues, dix-huit personnes ont été arrêtées, douze s'avouant coupables. Selon les médias, ils ont tout juste la vingtaine et la plupart seraient des étudiants. Huit policiers auraient été blessés et de nombreux civils s'en sont tirés avec une «gueule cassée».

Le dimanche 1er mars, au marché Maisonneuve, nouvelle assemblée de la LDC. *La Presse,* qui rapporte l'événement, s'attache surtout à décrire le service d'ordre.

> Comme cela se fait toujours aux assemblées, des renforts comptant une cinquantaine d'agents de police se tenaient prêts à prêter main-forte aux agents de l'extérieur, mais comme tout s'est passé dans le calme, ils n'ont pas eu à se montrer. Quand aux matelots et aux aviateurs, il s'agissait de quelques membres de la police militaire [...] chargés de surveiller les militaires des trois armes.

À Québec, Chubby Power et Louis Saint-Laurent interviennent pour le OUI, le 17 avril. Le public reste froid. Trois jours plus tard, à Montréal, René Chaloult soulève un tonnerre d'applaudissements: il est pour le NON. Le 23 avril, grand rassemblement au marché Atwater, présidé par Maxime Raymond. Les ténors de la LDC y sont aussi de même que les députés fédéraux Édouard Lacroix et Pierre Gauthier. À trois jours du vote, c'est une des plus imposantes assemblées des partisans du NON. Les quotidiens anglophones de tout le pays demandent que l'on mette le Québec au pas. Pour eux, les Canadiens français sont des lâches et des traîtres. Le *Star* publie un article haineux concernant les interventions de Henri Bourassa. Il faut dire que Godbout n'est pas en reste, le qualifiant de traître à la patrie. À la radio, Thérèse continue de rappeler aux femmes qu'il est de leur devoir d'aller voter.

Bientôt, des rumeurs commencent à circuler : elle aurait l'intention de se présenter dans le comté autrefois représenté par son père et maintenant laissé vacant depuis la démission de son mari. Il y aura élection partielle. Depuis le début de l'année, elle consulte ses alliés d'antan, ceux qui l'ont soutenue dans sa longue lutte pour le droit de suffrage des femmes au Québec.

Selon Laferté[77], Edgar Rochette aurait déconseillé à Thérèse de se présenter dans Charlevoix parce que « c'était un comté terrible à parcourir pour un homme et que, pour une femme, ça n'avait aucun bon sens ». Toujours selon Laferté, Rochette aurait dit de Thérèse qu'elle avait une « ambition incommensurable de se mêler des affaires des hommes » et qu'elle avait « beaucoup poussé son mari dans la vie publique ». Laferté continue en affirmant que Thérèse « est dans toutes les organisations, veut se mêler de tout, donne des conseils à Godbout, [...] veut l'aviser sur tous les sujets ». Au cours d'une conversation avec le premier ministre, il aurait dit à ce dernier que les gens racontent que Thérèse « est toutes les semaines au Château pour lui soumettre des projets et il admet qu'elle est énervante et prend beaucoup de corde ».

La campagne pour le NON, au Québec, est portée par les nationalistes, les anti-conscriptionnistes, et les anti-duplessistes. Les ténors en sont, entre autres, Laurendeau, Filion, Drapeau, l'abbé Groulx, ce « petit homme plutôt laid, sans aucun charisme mais d'une probité intellectuelle sans faille », selon Pierre Dansereau[78]. Ces personnes attirent les foules.

Pour le OUI, le premier ministre Goudbout et Jean-Louis Gagnon. Ce dernier écrira de Godbout qu'il « se battait âprement, mais sans se départir de cette dignité propre aux cultivateurs et aux hommes qui ont le respect de la nature[79] ». Ils parleront dans de petites salles de province, devant quelques personnes. À Québec, Louis Saint-Laurent tente de convaincre ses concitoyens que la conscription ne sera peut-être jamais nécessaire. Gérard Pelletier écrira de Saint-Laurent qu'il «manquait d'imagination et [qu'il] ne sut jamais prévoir les virages en aval de sa route[80]». Et selon Gagnon, Saint-Laurent «[semblait] incapable de plaider une cause dès que le nombre d'auditeurs [dépassait] la taille d'un jury[81]».

Puis vint le 27 avril avec la victoire du OUI, confirmant la fracture entre anglophones et francophones. Ce qui fera écrire à Laurendeau: «C'est lorsque deux nations s'opposent avec intensité qu'on peut mesurer combien elles existent.» King, voulant éviter les problèmes de 1917, annonce que les conscrits seront uniquement affectés à des tâches militaires au Canada. Mais le débat n'est pas clos.

La Ligue des droits de la femme revient à ses activités. Elle tient son assemblée annuelle le 19 mai, à l'Hôtel Windsor. Thérèse est réélue, mais certaines se demandent pourquoi elle n'a pas laissé sa place. La situation politique l'accapare de plus en plus, et elle est souvent absente des réunions de l'exécutif. Depuis que Pierre avait été nommé juge, certains pensaient qu'elle se tiendrait coite, le devoir de réserve de son mari commandant aux siens d'agir de même, mais c'était mal connaître Marie-Thérèse Forget. Il n'est pas né, celui qui lui dira quoi faire. Surtout, celui qui réussira à la faire taire. Thérèse est contestataire. Depuis toujours.

Thérèse est préoccupée. Le 8 juillet, dans ce journal qu'elle tient épisodiquement, elle écrit: «Le monde que nous connaissons s'écroule avec fracas. Une angoisse profonde étreint les cœurs. J'ai bien peur que nous soyons en train de perdre la guerre. Je n'en parle pas, mais [...] la semaine qui vient de finir a vu la chute de Sépastopol et la porte grande ouverte vers le Caucase. Rommel est à peine à cent milles d'Alexandrie, tout cela veut dire quoi?» Comme toutes les mères qui ont des fils en âge d'être conscrits, ce même jour, Thérèse a vu son plus jeune fils, Paul, partir pour Farnham «faire ses quinze jours de camp. Il a dix-neuf ans seulement, que Dieu ne permette pas qu'il me soit enlevé pour être lancé dans ce terrible maelstrom.» La veille, son beau Rodolphe a été classé E à cause d'une sinusite. «Je m'en suis réjoui car je suis tellement convaincue de l'immense folie de sacrifier notre jeunesse aux antipodes, quand notre propre pays est ouvert à toutes les attaques.»

Elle n'en parle pas dans son journal, mais on rapporte que des U Boats ont été aperçus dans le Saint-Laurent jusqu'à Tadoussac. Deux navires marchands auraient déjà été coulés. Les côtes du Bas-Saint-Laurent et de la Gaspésie sont très peu protégées. Plus tard, on saura qu'un espion allemand est même arrivé jusqu'à Montréal et s'est fait repérer dans le train le menant vers Ottawa. Il serait arrivé dans nos eaux par le U 213, le 14 mai. Il semblerait que c'est cet événement, jumelé au bombardement par les Japonais du poste radiotélégraphique d'Estevan Point, sur l'île de Vancouver, durant la nuit du 20 au 21 juin, qui aurait amené King à songer à une «loi de la terre brûlée». À cette période, Cardin, ministre des Travaux publics, démissionne et Maxime Raymond quitte le Parti libéral du Canada. Marcel Trudel mentionne qu'un plan portant le nom de «Terre brûlée» aurait été arrêté au plus fort de l'avancée nazie, en 1942. Le gouvernement était prêt «advenant une invasion allemande, à raser St-John's et même Halifax, St-Jean (N-B) et comme cela jusqu'à Québec[82]».

Même si Thérèse n'a plus le même accès à ce qui se raconte quotidiennement à Ottawa, c'est une femme extrêmement bien informée, vive d'esprit, capable de rapidement faire le lien entre ce qu'elle entend, ce qu'elle lit et ce que la propagande raconte. Et son mari est encore suffisamment en bons termes avec le gouvernement qu'il vient de quitter pour qu'on lui demande de trouver une résidence pouvant loger seize personnes au Québec. Il s'agit d'accueillir la famille impériale d'Autriche dont le pays est occupé. C'est la cousine Marguerite qui va s'en charger.

Thérèse rapporte l'allocution radiophonique de George VI à la radio: «Rappelez-vous, votre premier devoir est à votre pays et à vos concitoyens.» Elle commente: «Et pourtant, au Canada, le droit de penser à nous nous est contesté sous peine de passer pour traître. Nos enfants, notre argent, notre nourriture tout doit être donné aux autres au risque de mourir nous-mêmes.» Elle s'insurge ensuite contre le fait que, dans les usines de guerre, «le Manuel des employés soit non seulement rédigé en anglais mais qu'un article exige : *The English language only will be spoken at all times in the plant*. Après cela, écrit-elle, on nous demande de donner nos fils pour se battre afin de conserver nos libertés. Quelle énormité! quelle farce!»

Dans ses mémoires, elle écrira aussi avoir entendu un député à la Chambre des communes dire à peu près ceci : «*Why should French Canadians become officers of high rank, we can't trust them. One must not forget they have been conquered.*» Thérèse n'ira toutefois pas jusqu'à reprendre le cri du cœur de Fernand Choquette contre ceux qui présentent les partisans du NON comme des traîtres quand il soutenait : «Nous avons participé librement au pacte de la Confédération, mais si nous n'avons plus le droit de dire oui ou non sans être insultés, quand il s'agit de notre propre vie, et si nous avons remis la vie des nôtres entre les mains des étrangers, je dis qu'il est plus que temps de rompre ce lien[83].» Non, bien sûr. Thérèse ne sera jamais que fédéraliste et s'il y a une constante dans sa vie, c'est bien celle-là. Toutefois, l'impérialisme, la guerre, la conscription, non. Et selon Susan Mann, ce sont ces trois points qui entraîneront sa rupture avec les libéraux fédéraux[84].

Thérèse suit de près le bouillonnement dont le Québec est le théâtre. Des conseils municipaux votent des motions anti-conscriptionnistes et des assemblées publiques ont lieu un peu partout. Pendant ce temps, Édouard Lacroix caresse à nouveau l'idée de lancer un mouvement politique indépendant des vieilles politiques, mais, cette fois, je ne vois pas que Thérèse ait été du mouvement qui prendra le nom de Bloc populaire canadien.

Puis, King déclenche des élections partielles dans le comté de Charlevoix-Saguenay et elle décide de plonger. «Je me présente, rien ne m'arrêtera», écrit-elle à la veille de son anniversaire. «J'aimerais tant aller sur le parquet de la Chambre des communes dire tout haut ce que je pense tout bas depuis si longtemps.» Mais sa candidature ne va pas de soi. Chubby Power est l'organisateur libéral pour la région de Québec. Il est passé maître dans l'art d'organiser les campagnes et il tient la caisse du parti. Or, l'on sait qu'il était le premier à l'écarter du Sénat. Et Thérèse ne peut compter sur son mari : il est juge. Mais pour l'heure, les enfants l'attendent à Saint-Irénée pour fêter ses quarante-six ans. « Hélas, trois fois hélas ! C'est triste de vieillir, juste au moment où ce serait possible de faire quelque chose, l'âge se mêle de nous arrêter. » Mais elle n'arrêtera pas. Elle est déjà en train d'organiser sa campagne bien qu'elle n'ait pas encore officiellement annoncé sa candidature. Mais Pierre est d'accord, alors, elle fera le saut. Sauf que le Parti libéral refuse sa candidature. Il faut dire qu'elle s'est fait des ennemis dans ce parti à la vie duquel elle participait activement depuis la première campagne électorale de son mari, en 1916.

Elle dérangeait. Beaucoup. Même trop. Son mari devenu juge, plusieurs étaient soulagés et s'imaginaient en être à jamais délivrés. Erreur ! Thérèse a des idées arrêtées sur tout et ne s'est jamais gênée pour les dire haut et fort, surtout à ceux qui ne voulaient pas les entendre. Alors, envisager un seul instant que cette femme puisse être élue… Jamais un chef de parti n'arriverait à lui faire accepter une idée à laquelle elle ne souscrirait pas, ni changer d'avis pour suivre la ligne de parti. Encore moins à s'assurer de son silence là-dessus. « Elle était loin de s'annoncer comme le futur back-bencher de tout repos », a dit Me Philippe Casgrain. Thérèse dut se rendre à l'évidence : les chefs du Parti libéral tant fédéral que provincial ne voulaient pas d'elle comme député. « Non seulement j'étais une femme, mais ils savaient aussi que si j'étais élue, jamais ils ne pourraient me faire accepter des idées contre lesquelles je m'étais déjà prononcée avec raison[85]. » Elle ferait donc campagne comme libérale indépendante, d'autant qu'elle est contre la conscription.

Curieusement, King ne soutiendra aucun candidat libéral. « Elle aurait secoué les colonnes du temple, à l'occasion, mais c'est cela que Mackenzie King craignait », affirme Gérard Parizeau[86]. Trois autres libéraux « indépendants » feront la lutte à Thérèse, dont deux ex-organisateurs de son mari, d'un libéral qui en veut à Pierre Casgrain de l'avoir expulsé de la Chambre pour des paroles qu'il avait refusé de retirer à l'endroit de Bennett, et d'un conservateur, Me Frédéric Dorion, qui, lui, reçoit l'aide de Maurice Duplessis et de ses troupes.

Thérèse démissionne de la Ligue pour ne plus se consacrer qu'à sa campagne. Pierre ne veut pas la laisser partir seule et, comme sa fonction lui interdit toute activité politique, c'est leur fils Paul qui sillonnera le comté avec sa mère. Il ne le sait pas, mais ce n'est que la première de nombreuses campagnes qu'il fera avec elle. Selon Mᵉ Philippe Casgrain, quelques-uns des membres de l'aile «gauchisante» du Parti libéral au Québec, André Laurendeau, Mᵉ Jacques Perrault, Perreault Casgrain et Oscar Drouin lui ont accordé leur soutien.

Le vendredi 16 octobre, *La Presse* annonce que Mᵐᵉ Pierre Casgrain se présente comme libérale indépendante et que,

> si elle est élue, elle votera sans hésitation contre les projets qui lui paraîtront nuisibles à la cause nationale. Elle rappelle qu'elle a voté non lors du plébiscite et qu'elle est contre la conscription pour service militaire en pays étranger. Elle luttera également pour que les nôtres aient un meilleur partage d'autorité économique et politique dans la vie nationale.

La Presse cite ensuite ce qu'elle appelle le «Manifeste» de Mᵐᵉ Casgrain:

> Quand l'État tend à empiéter sur les droits de la famille, il n'est que juste que la voix d'une mère ait la chance de revendiquer nos droits au nom des électrices du Canada français.
>
> [...]
>
> J'admets qu'il nous faut consentir de durs sacrifices mais le gouvernement ne doit rien entreprendre qui puisse compromettre la paix intérieure et l'avenir de la patrie.
>
> Si je suis élue, je combattrai énergiquement toute tentative d'appliquer la loi de conscription pour le service outre-mer. De même, si on proposait de répéter ce geste trop généreux, je m'opposerais aux dons d'argent à un pays dont les ressources pécuniaires dépassent celles du Canada.
>
> Je suis d'avis que dans les conseils et l'administration, mes compatriotes ne sont pas représentés équitablement en raison de leur nombre, de l'influence stabilisatrice qu'on leur reconnaît, de leur sagesse naturelle et de la part qu'ils prennent au progrès du Canada.

C'est une campagne difficile, dans un comté de sept cents milles de long. La petite équipe de Thérèse doit voyager de jour comme de nuit et dans des conditions pénibles. Elle se rend à l'île d'Anticosti, s'arrête le long de la côte, à Baie-Comeau, Sept-Îles, Havre-Saint-Pierre, Goose Bay, Mutton Bay, Natashquan. Des endroits qu'elle a déjà visités avec son mari du temps où il était député.

Sur le bateau de la Clark Steamship, leurs cabines donnent sur le pont et sous les hublots sont rangés quantité de barils de mazout. Thérèse ne peut s'empêcher de penser à ces sous-marins allemands qui sillonnent cette voie d'eau qu'affectionnait son père et sur laquelle ses bateaux blancs glissaient. Une explosion est possible à tout moment et le navire se fait le plus discret possible, sans phare, sans musique même.

On raconte que, le 9 novembre, dans la baie des Chaleurs, la visibilité étant favorable près de New Carlisle, le U 518 dépose un passager. Un autre espion venu de la mer. Depuis mai, les U Boats auraient coulé pas moins de vingt et un navires marchands dont deux près du phare de Cap Desrosiers. À la fin de l'année, le gouvernement canadien interdira d'ailleurs toute navigation autre que le cabotage le long des côtes du Saint-Laurent.

Thérèse écrit qu'à «Natashquan, les Indiens revêtus de leurs plus beaux atours se portèrent à notre rencontre en canot. [...] Ils profitaient de l'occasion pour vendre leurs fourrures, paniers de foin tressé et mocassins brodés, en plus de se ravitailler pour les longs mois d'hiver[87].» L'équipe de Thérèse traverse Clark City et Baie-Comeau où des assemblées sont prévues. Puis, en voiture, elle se rend au chantier de Ruisseau-Vert où, après la soupe aux pois et le ragoût de pattes, elle monte sur une table pour s'adresser aux bûcherons. Il faut imaginer Thérèse, ses boucles blondes bien coiffées, en tailleur strict de couleur marine agrémenté d'un chemisier blanc et collier de perles au cou, expliquer son programme. «Dans ce milieu pourtant très rude, écrit-elle, je rencontrai beaucoup de courtoisie même chez ceux qui ne partageaient pas mes opinions.»

Et c'est à nouveau les chemins de bois, puis la route vers Tadoussac avec un arrêt à Bersimis où elle soupe chez le Dr Blanchet, un camarade de collège de son mari. En fin de soirée, deux Indiens viennent chercher Thérèse et son groupe pour leur faire traverser la rivière Bersimis en canot. «Jamais je n'oublierai cette randonnée nocturne silencieuse, par un clair de lune magnifique qui traçait un sillon lumineux sur l'eau.» Mais c'est l'automne et ce devait être plus que frisquet puisque, le lendemain, il gèle. À 4 heures du matin, après quelques heures en camion sur une route en construction, Thérèse converse avec les habitants qui l'attendent avant de filer vers Tadoussac où elle discute avec ses organisateurs. Et quand elle traverse la rivière Saguenay sur une goélette à moteur secouée par les vagues et le vent, il gèle à pierre fendre, selon son expression. À Baie-Sainte-Catherine, il y a la neige. Et bientôt la route des caps qu'elle a empruntée autrefois avec Pierre, en traîneau, ensevelis sous des couvertures de fourrure. Cette fois, ses organisateurs ont prévu un *snowmobile,* une nouveauté pour laquelle elle affiche une certaine appréhension, surtout dans les côtes si nombreuses et si abruptes. À La Malbaie, rencontre avec ses partisans et ses organisateurs. Puis cap vers Québec, avec un arrêt vers neuf heures du soir pour un discours à Château-Richer. «En moins de quarante heures, écrit-elle, j'avais accompli une randonnée de plus de quatre-cents milles et prononcé plusieurs discours sans dormir plus de deux heures. Après cet exploit, je tombai endormie pour ne me réveiller que douze heures plus tard.»

Si l'on a souvent constaté et écrit que les rassemblements politiques sont les lieux de tous les péchés et que le «petit caribou» y coule à flots, ce ne semble pas être le cas durant cette campagne de Thérèse, quoi qu'elle n'ait jamais dédaigné un verre de scotch. Il ne semble pas non plus qu'en cet automne 1942 elle ait harangué les gens de Charlevoix-Saguenay le dimanche après la grand-messe, sur le perron d'une quelconque église. Par contre, elle aura été la seule des candidats à avoir visité tout le comté. Par moments, des gens offraient leur aide, certains rappelant que Sir Rodolphe avait joué un rôle important dans leur vie. Ainsi, Lorenzo Gauthier trouvait Thérèse bien seule pour se battre contre la machine. Cet homme d'affaires de Montréal voulait aussi témoigner de la reconnaissance qu'il devait à la fille de celui qui avait payé ses études. Il est venu travailler bénévolement quinze jours dans son village natal, assurant Thérèse d'une importante majorité dans cette partie du comté. Par contre, selon ses mémoires, «quantité d'électeurs de Charlevoix, se disant autrefois amis, m'abandonnèrent car ils n'avaient pas le courage de m'appuyer ouvertement». Ils auraient tout de même pu voter pour elle. Ils ne l'ont pas fait.

Pendant sa campagne, Thérèse se prononce contre la conscription et pour l'inscription volontaire. Elle s'oppose aussi aux «cadeaux d'argent faits à l'Angleterre; c'est-à-dire aux sommes prêtées au gouvernement Churchill pour les fins de la guerre». Le montant est important: un milliard de dollars, ce qui équivaut au tiers de la dette du Canada avant son entrée en guerre. «À la fin de la guerre, le Canada aura versé près de 3 milliards 500 millions à la Grande-Bretagne[88].»

Pour la seule année 1942, le Canada a expédié 65 % de sa production d'œufs et 75 % de tous les porcs abattus, sans compter quantité de fruits et de légumes, du miel et des céréales. Ici, les Canadiens étaient rationnés: le beurre, le sucre, le thé, le café, l'essence, les pneus, les vêtements. Bientôt, il sera même interdit de servir de la viande dans les lieux publics le mardi, et les quantités de viande seront réduites pour tout le monde.

Ses interventions lui attirent de nombreux blâmes de la part des anglophones et peu de francophones se portent à sa défense. Des lettres ouvertes sont publiées, dont une signée par une quinzaine de femmes de la section montréalaise de l'Ordre impérial des filles de l'Empire. Elles affirment avoir autrefois vu en Thérèse une femme au leadership constructif, mais avoir lu avec un incroyable désappointement ce que les quotidiens ont rapporté de ses interventions contre la conscription et l'aide à l'Angleterre[89]. Il y avait encore une partie d'Anglo-Canadiens qui ne vivaient qu'au rythme des traditions britanniques. Enfants, ils avaient été élevés par des *nannies,* venues spécialement de Londres, et qui leur avaient inculqué l'amour et le sentiment du devoir envers la mère patrie, la Grande-Bretagne. Ils étaient depuis lors et pour toujours britanniques. Selon André Laurendeau, «la crise de la conscription a mis en relief une fois de plus que les Canadiens forment deux nations[90]».

Mais quelqu'un avec qui Thérèse fera route en politique, un certain temps, s'élèvera contre la manière dont elle est traitée. Plus tôt, en juin, elle avait réuni chez elle des francophones et des anglophones, dont André Laurendeau, Edmond Turcotte, Leslie

Roberts et Frank Scott. Au sortir de cette rencontre, Scott publiera un article dans le *Canadian Forum,* sur l'attitude des Canadiens français face à la guerre. Pour lui, les Canadiens anglais n'ont pas bien compris la signification du raz-de-marée du « non » chez les Canadiens de langue française. Il se demande « en quoi un patriotisme irréfléchi à l'égard de la Grande-Bretagne serait plus loyal que la loyauté envers le Canada ». Déjà avant la guerre, Scott réunissait chez lui « un groupe de gauchistes et de nationalistes canadiens-français pour discuter de politique étrangère : François-Albert Angers, André Laurendeau, Gérard Filion, Georges-Étienne Cartier, Madeleine Parent, Neil Morison et Alex Grant. De ces rencontres naîtra le document « Pour une politique canadienne en cas de guerre prochaine ». En préambule, ce document affirme que le Canada est constitué de deux groupes fondateurs[91].

Dans ses mémoires, Thérèse rapporte que Frank Scott répondit en substance à ses détracteurs que « l'on n'avait pas le droit de m'insulter parce que j'avais exprimé franchement mon sentiment et que mon opposition au service obligatoire ne signifiait sûrement pas que j'étais une ennemie de mon pays ». En fait, Scott publia une lettre dans *The Gazette,* dont voici l'essentiel :

> Tous ces bruits autour de la position de Mme Casgrain sont certainement agaçants et futiles. Tout le monde connaît son engagement au service du public. Qu'a-t-elle fait de si horrible pour susciter cette flambée d'indignation anglo-saxonne ? Elle s'oppose à la conscription outre-mer, c'est vrai. Mais c'est le cas de quatre millions de Canadiens, sans compter le gouvernement canadien, l'Australie et l'Afrique du Sud… On peut être en désaccord, mais de là à se poser en gardiens de la morale, c'est faire montre de peu d'intelligence… Mme Casgrain a le droit d'avoir cette opinion, et ses amis courroucés devraient prendre le temps de réfléchir à la question[92].

Scott est pratiquement le seul à prendre la défense de Thérèse. Au fond, c'est comme si elle avait tort d'être marginale. Marginale par rapport à son milieu, à son sexe, à sa famille politique. La loi du milieu n'est pas tendre envers les dissidents, et il n'a jamais été évident de nager à contre-courant.

Au soir du 30 novembre, Thérèse est battue. Elle a la mince consolation d'arriver deuxième, tout juste derrière Frédéric Dorion, et d'afficher deux fois plus de votes que les trois autres candidats réunis. Le comté de Charlevoix-Saguenay, depuis vingt-cinq ans libéral, passe aux mains des conservateurs. Pourtant, Dorion s'était aussi déclaré contre la participation du Canada à une guerre européenne, dès 1939.

En cette fin de novembre 1942, Thérèse est triste. Elle aurait vraiment voulu représenter les gens de ce comté qu'elle connaît et qu'elle affectionne particulièrement. Elle mettra des mois avant d'en parler. Et c'est à son journal qu'elle se confiera alors.

> La clique, l'organisation, les orthodoxes m'ont poignardée, sachant que je tiens à mes idées et que rien ne peut m'acheter. J'ai osé signer un manifeste où je me suis ouvertement prononcée contre la conscription et le don d'un milliard. Depuis ma défaite, je dégringole pour les adeptes de la Laurentie, je suis trop anglifiée pour les impérialistes, je suis une nationaliste, une isolationniste entre les deux, je suis impitoyablement broyée. On m'a jetée dehors de plusieurs clubs et associations, d'autres comités ont pris plus de temps mais ont fait de même. Durant cette année j'ai eu la chance ou plutôt l'occasion de voir la nature humaine dans toute sa laideur et ce n'est guère joli[93].

Cela devait se préparer depuis longtemps. On l'attendait au détour, cette «mouche du coche». Certains, dans le parti, s'en croyaient débarrassés. Mais non, elle était là. Qui plus est, elle leur a fait perdre un comté au Québec. Thérèse était là et elle y sera pour longtemps.

Après sa défaite, elle rentre dans ses terres, si l'on peut dire. Elle n'est pas du genre à s'apitoyer, du moins en public, mais les coups reçus lui ont fait mal et il lui faudra toute l'année 1943 pour s'en remettre. Elle n'oubliera pas. Sa maison sera à jamais fermée à ceux qui l'ont poignardée. Plusieurs, aussi, cesseront de l'inviter. D'autres l'éviteront publiquement. Elle pourrait reprendre à son compte les paroles de T.-D. Bouchard: «Ma franchise et mon franc-parler desservirent souvent mes propres intérêts et m'exposèrent, à différentes époques de ma vie, à des ennuis de tous genres[94]. »

Bien qu'elle affirme dans ses mémoires que «sa participation à des activités politiques et sociales se poursuivit», il faudra un certain temps avant que son nom ne revienne dans les archives et dans les médias. En fait, pratiquement jusqu'à la lutte pour les allocations familiales, en 1944. Il lui faut reformer des alliances, bâtir ou s'insérer dans de nouveaux réseaux, et cela prend du temps. Mais elle aura pris contact avec le CCF de qui elle se sent plus proche. Elle se retrouve dans le préambule du *Manifeste* de Regina.

> Notre objectif est de remplacer l'actuel système capitaliste avec son inhérente injustice et inhumanité, par un ordre social où la domination et l'exploitation d'une classe par une autre seront éliminées, dans lequel la planification économique remplacera l'entreprise privée et la compétition sans limite, dans lequel l'égalité économique sera possible. [...]. Nous ne croyons pas à la violence pour opérer des changements. [...]
>
> Aucun gouvernement CCF ne sera satisfait tant qu'il n'aura pas éradiqué le capitalisme et instauré son programme de planification socialiste lequel mènera à l'établissement au Canada d'une Fédération du Commonwealth coopératif.

Peut-être certaines parties du *Manifeste* l'ont-elles fait tiquer un peu, elle qui descend d'un père dans le plus pur style honni par les socialistes de tout acabit, mais combattre les injustices sociales aura toujours été son moteur. Dans sa réflexion, elle en vient à la conclusion que les mesures de sécurité sociale adoptées par le gouvernement King sont en fait largement inspirées du programme du CCF. Les libéraux ne veulent pas d'elle? Ils verront ce qu'ils verront! Elle rencontre Frank Scott, parle à Grace MacInnis, la fille de Woodsworth, puis à David Lewis. Mais elle n'est pas encore prête à faire officiellement le saut.

———

Dans ce journal qu'elle ne tient pratiquement plus, Thérèse rapporte quelques événements familiaux, mais très brièvement. Par exemple, Hélène se marie, le 1ᵉʳ mai. Elle épouse son ami d'enfance, Bernard

Panet-Raymond. Fils de Boisdoré, il est le neveu du grand amour de Thérèse, décédé à Saint-Irénée en 1913. Seul commentaire connu de Thérèse, au moment du mariage de sa fille : « De ce côté, je suis tranquille, c'est un homme gentil, il en aura toujours grand soin. » Par ailleurs, durant l'année, Paul a souffert d'une pleurésie qui lui a fait perdre son année d'université : il a été au lit trois mois. Elle n'élabore pas ; serait-ce la campagne électorale de sa mère qui l'aurait épuisé ?

La famille passe l'été à Saint-Irénée avec Lady Forget et décide de vendre la propriété. La succession n'a plus les moyens d'entretenir l'immense domaine. Durant l'été, la famille recevra tout de même quelques invités, dont le duc de Kent. Venu au Canada pour stimuler l'effort de guerre, il séjournera au château, à l'invitation de Lady Forget. On raconte que, parti à pied visiter les environs, le duc se retrouve aux Éboulements. Fatigué, il frappe à la porte d'un cultivateur, Edmond Dufresne. L'épouse de ce dernier est à faire des tartes et le duc la complimente sur l'odeur de ses pâtisseries. Mme Dufresne lui offre de s'asseoir au bout de la table pour en prendre une bouchée, ce que fait le duc. Après avoir mangé, il remercie la dame et lui demande s'il peut téléphoner au château. « C'est le duc de Kent qui parle. Peut-on venir me chercher[95] ? » Il paraît que cela a créé tout un émoi dans la région.

Fin août, Thérèse rentre à Montréal où elle assiste à des conférences, dont une au Cercle universitaire, le 28. Je me suis toujours demandé à quoi elle pouvait penser quand elle entrait dans l'immense édifice de pierres grises qui abritait maintenant le Cercle, où elle était née et a vécu jusqu'à ses dix-sept ans...

L'opposition à la conscription continue. Le 16 août 1943, le ministre fédéral du Travail « appelle sous les drapeaux tous les hommes mariés âgés entre 27 et 30 ans ainsi que tous ceux qui auront 18 ans cette année-là[96] ». Michel Chartrand organise une assemblée monstre du Bloc populaire au stade De Lorimier. Thérèse n'ose pas s'y montrer, mais ce n'est pas l'envie qui manque. Vers 20 h 30, ce soir-là, près de vingt mille personnes clament leur opposition à la conscription.

Quand elle apprend la capitulation de l'Italie, Thérèse souhaite que «l'an prochain à pareille date, cet horrible conflit soit enfin terminé». Le 8 septembre, dans son journal, elle écrit qu'il y avait une «joie folle partout cet après-midi et ce soir. On sent que les gens sont fatigués et qu'ils commencent à être épuisés par ces quatre longues années d'événements et de soucis». Le même jour, toujours dans son journal, elle critique le plan d'après-guerre préconisé par *Les Semaines sociales de Québec*. Ce plan qui prône le corporatisme «sent le fascisme à plein nez». Et elle craint que cela n'indispose «les gens de mentalité libérale. Cela n'a guère servi à notre province de garder ses traditions et sa manière de vivre. Ses habitants sont les moins fortunés de la Confédération. Son système d'éducation nullement en rapport avec les exigences de la vie actuelle. La santé de sa population est lamentable. […] Pauvre de nous!»

La dernière entrée dans ce journal est datée du 15 décembre 1943. Thérèse y note que les policiers et les pompiers ont débrayé le matin même et que «la vague populaire continue à monter sans que les autorités semblent comprendre ou chercher la cause du mal. Ils ouvriront les yeux trop tard. L'histoire n'a jamais rien enseigné à personne.» Puis elle consigne quelques lignes qu'elle attribue à Kipling et qui semblent avoir été écrites «pour un cas comme le mien»:

> Être sincère avec soi-même peut parfois coûter bien cher, mais quelle paix de l'âme on peut ainsi acquérir et quelle lucidité pour juger les gens et les choses.

———

Le 8 octobre, Godbout avait annoncé l'intention du gouvernement de nationaliser certaines compagnies d'électricité, la Beauharnois et la Montreal Light, Heat and Power. Cette dernière est née, on s'en souviendra, de l'ingéniosité du père de Thérèse, Rodolphe Forget. Selon Rumilly, «la rue St-Jacques, estomaquée, prenait la mesure à moitié au sérieux, croyant que Godbout n'oserait pas[97]». La rue Saint-Jacques avait déjà oublié qu'il avait tenu promesse dans le cas du droit de vote des femmes. Mais, quand viendra la prochaine élection, la rue Saint-Jacques se souviendra de ce parti capable de nationaliser et « qui entendait civiliser davantage les relations entre les patrons et les ouvriers ». Alors, l'Union nationale apparaîtra « à la grande entreprise comme une formation plus rassurante, méritant d'être appuyée activement[98] ». Godbout perdra l'élection.

De gauche à droite : Marguerite Forget, Blanche MacDonald
(Lady Forget), Thérèse Forget, 1897
[Archives privées]

Blanche MacDonald
(Forget), n.d.
[Archives privées]

Rodolphe Forget dans son bureau au château à Saint-Irénée,
ca 1906 [Archives privées]

Rodolphe Forget dans son bureau à Montréal, *ca* 1910

Louis-Joseph Forget, 1893

De gauche à droite : Gilles, Marguerite, Maurice, Sir Rodolphe, Lady Forget et Thérèse sur la galerie du château, n.d. [Archives privées]

Résidence d'été (château) de Sir Forget, Saint-Irénée

Gilles et Thérèse en calèche avec les poneys Jerry et Tom
devant le château, n.d. [Archives privées]

Vue du 3e plateau du Manoir Gilmont (château), Saint-Irénée, n.d.
[Archives privées]

« Living Room », Manoir Gilmont (château), Saint-Irénée, 1906

[Archives du Musée de Charlevoix]

Ah! si vous saviez comme on
                    pleure
De vivre seul et sans foyer
Quelquefois. devant ma demeure
          Vous passeriez

Si vous saviez ce que fait naître
Dans l'âme triste, un pur regard
Vous regarderiez ma fenêtre
          Comme au hasard
                    II
Si vous saviez quel baume apporte
Au cœur la présence d'un cœur
Vous vous assiriez sous ma porte

Comme une sœur
Si vous saviez que je vous aime
Surtout si vous saviez comment
Vous entreriez quelquefois même
          Tout simplement

_____

St. Irénée 19 Août 1915

_____

          yours for ever
          M. T. F.

Dans quelque temps....

Dans quelque mois....

et... Dans quelques années......

Thérèse Forget le matin de son mariage, 10 janvier 1916
[Archives privées]

Lettre d'amour illustrée de Thérèse Forget à Pierre Casgrain, 19 août 1915
[Fonds Thérèse Casgrain, Bibliothèque et Archives Canada]

Maison Rodolphe Forget, 3685, avenue du Musée
(anciennement avenue Ontario), Montréal (construite en 1912)

[photo : © Alexis Hamel/Images Montréal]

Pierre Casgrain et Thérèse Forget-Casgrain en compagnie
du premier ministre William Mackenzie King, *ca* 1925

« Il y avait hier soir dîner de la Ligue pour les droits de la femme offert à l'occasion d'un congrès institué à l'hôtel Windsor pour célébrer le premier anniversaire de la loi qui reconnaît le droit de suffrage aux femmes de la province de Québec, congrès qui, ouvert dans la matinée d'hier, se continue aujourd'hui. Ci-dessus, quelques-uns des distingués personnages qui assistaient au dîner. Première rangée, de gauche à droite : l'hon. Hector Perrier, secrétaire provincial, Mme Austin Ekers, l'hon. Adélard Godbout, premier ministre, Mme Pierre F-Casgrain, présidente de la Ligue, l'hon. Philippe Brais, leader du gouvernement au Conseil législatif, Mme Paul Martel et Mme Hector Perrier ; deuxième rangée : Mme Maurice Cormier, Mme Jacques Forget, Mlle Juliette Barry, Mlle Kathelia Fisher et Mlle Elisabeth Monk, Mme Harry Quart, Mme Lewis. »
La Presse, 26 avril 1941 [Photo : Archives La Presse]

Thérèse Forget-Casgrain, 8 avril 1939
[© Yousuf Karsh / Fonds Thérèse Casgrain,
Bibliothèque et Archives Canada, PA-178193]

À mes compatriotes, électeurs, électrices de Charlevoix-Saguenay et de la Côte Nord:

Je vous adresse cette lettre au cas où la saison avancée, et les communications difficiles, m'empêcheraient de me rendre jusque chez vous comme j'en ai l'intention.

Je me présente, dans cette élection, comme libérale indépendante. En général, j'appuierai le gouvernement de Monsieur King. J'estime qu'il constitue actuellement notre garantie la plus sûre contre l'application de mesures que nous avons toujours désapprouvées. Mais, je veux me réserver le droit de voter contre tout projet de loi qui, d'après moi, serait susceptible de nuire aux intérêts de mon pays.

Les circonstances depuis près de vingt-cinq ans m'ont donné une expérience et des connaissances qui me permettront à Ottawa de travailler d'une manière efficace au bien-être de mon comté. Je suis au courant de ses besoins, l'ayant parcouru très souvent d'une extrémité à l'autre.

Comme tout véritable canadien, je désire ardemment la victoire du Canada et de ses alliés. Pour atteindre ce but, il faut consentir les sacrifices nécessaires pour donner à nos marins, à nos aviateurs et à nos soldats, du pain et des armes. Mais il importe aussi d'assurer une protection efficace à notre sol, d'autant plus que les sous-marins torpillent nos navires à moins de 300 milles de Québec.

Mais tout cela peut se faire sans l'imposition du service militaire obligatoire pour outre-mer, auquel je me suis toujours opposée, et auquel je m'opposerai toujours catégoriquement au Parlement, si une telle mesure était proposée.

Si je suis élue, j'entends aussi m'intéresser à la solution des problèmes d'après-guerre. Le terrible conflit une fois terminé, il faudra absolument éviter à notre population, le chômage avec son cortège de misères physiques et morales.

A un moment où la législation touche de plus en plus aux intérêts sacrés de la famille, il serait désirable qu'une canadienne de langue française entre au Parlement où quatre femmes des autres provinces prennent déjà part aux débats.

C'est pour que vous ayez toutes ces choses présentes à l'esprit au moment d'enregistrer votre vote, le 30 novembre prochain, que je vous adresse ce message.

L'heure est grave, et vous devez envoyer à Ottawa des représentants capables de défendre avant tout, par-dessus tout, dans la paix comme dans la guerre, les intérêts de votre pays et l'avenir de vos enfants.

St-Irénée, P.Q.
10 novembre, 1942.

Thérèse Forget Casgrain

Lettre de Thérèse Forget-Casgrain à ses électeurs, 10 novembre 1942

LA METRO
MARDI 19 FRAI
Shearer Lumber Co. Ltd.
MONTREAL

LE DEVOIR

Directeur: Gérard FILION   FAIS CE QUE DOIS   Rédacteur en chef: André LAURENDEAU

SAINT VENANT

F. PILON Inc.

VOL. L — NO 115   MONTREAL, LUNDI, 18 MAI 1959   10 cents l'exemplaire

GENÈVE: UN RÈGLEMENT GÉNÉRAL ÉTANT HORS DE QUESTION

Un accord distinct sur Berlin serait possible

"K": l'Ouest nous offre un plan de "guerre froide"

Michel Chartrand est réélu leader du PSD provincial

PSD : regain de vitalité

par Gilles CONSTANTINEAU

MME THÉRÈSE CASGRAIN :

Les efforts inlassables du PSD porteront bientôt leurs fruits

L'AFFAIRE DU GAZ NATUREL

La Cour d'appel fait droit à la requête de M. Duplessis

"LA PLUS BELLE DE CÉANS":

M. Paul Dozois: les gauchistes sont responsables

Le week-end Est-Ouest...

À l'Ouest : crise de confiance

OÙ VA LE CANADA FRANÇAIS ? — XI —

"L'exercice de la pleine souveraineté est essentiel à l'épanouissement du Québec"

(Raymond BARBEAU)

Propos recueillis par Jean-Marc LÉGER

$75,000 POUR LE DEVOIR

Aujourd'hui congé...

Les jurés des Assises seront mieux payés...

Trois des principaux artisans du regain de vitalité du parti social-démocratique : M. Hazen Argue, Mme Thérèse Forget-Casgrain et M. Michel Chartrand s'entretiennent, à l'occasion du congrès du PSD provincial. *Le Devoir*, 18 mai 1959

[Société canadienne du microfilm]

Madame Thérèse Casgrain examine le formulaire de courses
à la piste Blue Bonnets [Photo: Allan R. Leishman, *The Montreal Star*, 8 octobre 1970]

Thérèse Forget-Casgrain avec deux de ses arrière-
petits-enfants, s.d. [Archives Panet-Raymond]

CHAPITRE 10

La voix dans le désert

Un socialiste n'est pas obligé de croire que la société humaine peut réellement devenir parfaite, mais la très grande majorité des socialistes croient vraiment qu'elle pourrait devenir meilleure qu'elle ne l'est à présent, et que la plupart des maux dont les hommes sont responsables proviennent des effets pervers de l'injustice et de l'inégalité. Le fondement du socialisme est l'humanisme.

GEORGE ORWELL,
Écrits politiques (1928-1949)

THÉRÈSE S'INTÉRESSE à la Co-operative Commonwealth Federation (CCF). Ce parti, conçu à Ottawa le 26 mai 1932, naît à Calgary, le 1er août suivant, du regroupement d'organisations ouvrières, d'organisations de fermiers, d'intellectuels urbains et de *social gospellers*. À la fin de la convention du 17 août 1933, ce qu'il est convenu d'appeler le «Manifeste de Regina» concrétisait le tout. Mais, à l'époque, Thérèse n'y avait pas vraiment prêté attention, occupée qu'elle était par ses luttes en faveur des droits de la femme et par son nouveau rôle de journaliste.

À l'époque où son mari était orateur de la Chambre, elle avait rencontré James Shaver Woodsworth, alors député d'une circonscription de Winnipeg. Le 10 septembre 1939, Thérèse était dans la galerie réservée aux invités du président lorsqu'il s'est déclaré contre la guerre devant les parlementaires silencieux et respectueux.

Elle parle de l'émotion qu'elle a éprouvée en l'entendant. Tout le monde savait qu'il était le seul à penser ainsi dans son parti. En exposant clairement son opposition à toute guerre, le chef et fondateur du CCF[1] s'en tenait à ses principes et Thérèse, si elle avait été élue, aurait travaillé avec cet homme parce qu'elle ne cédait jamais sur des questions de principe, du moins à cette époque. Woodsworth était éloquent, d'un physique «plutôt moyen et frêle» et savait se montrer un «orateur fougueux, dont la violence verbale [savait] osciller entre l'humour froid et le sarcasme. Sa compétence en faisait un homme très écouté[2]», au dire de Georges-Henri Lévesque. Woodsworth «prétendait que l'homme, pour atteindre la dignité, devait d'abord satisfaire ses besoins économiques». «Il se rendit vite compte que la façon la plus efficace d'atteindre cet objectif était de s'engager politiquement[3].» Selon Michiel Horn, Woodsworth était un leader idéaliste qui pensait que la discipline de parti avait quelque chose d'immoral[4]. Il considérait les Canadiens français comme un groupe exploité dans ce qu'il appelait «l'heureux terrain de chasse des capitalistes Canadiens anglais[5]».

Le premier ministre admirait cet homme pour les mêmes raisons. Plus tôt, cette semaine-là, King avait déclaré: «Il est peu de personnes en cette enceinte pour qui j'ai plus d'estime et d'égards que mon honorable ami de l'autre côté de la Chambre. [...] Je l'admire sincèrement parce qu'il a maintes fois eu le courage de dire ce qu'il pensait en son âme et conscience, en dépit de ce que le monde peut penser de lui[6].»

Thérèse aurait discuté du CCF avec Henri Bourassa. Elle raconte à Elspeth Chisholm l'avoir visité chez lui durant les dernières années de sa vie. «À cette époque, je commençais sérieusement à m'y intéresser et il m'encourageait. Quand je lui ai dit que je voulais joindre les rangs du CCF mais que, compte tenu de mes antécédents familiaux, c'était pour moi une très grande décision à prendre, il m'a répondu: "Bien, mon enfant, je vous encourage. Et continuez votre travail. C'est très utile." C'est un de mes précieux souvenirs de sentir que j'avais l'approbation et la compréhension d'un homme de cette trempe[7].» La date de ces échanges n'est pas connue.

Bourassa, à l'occasion, défendait le CCF. En 1934, à la Chambre des communes, il invite ses jeunes amis conservateurs du Québec à cesser cette campagne de calomnie, appelant les membres du CCF « des agents de Moscou ». Il ajoute pour ses amis libéraux :

> Ne vous écriez pas avec horreur, non, non, nous n'avons rien en commun avec ces gens de l'Ouest, ces moitié bolchéviques, ces quart communistes. Quand vous utilisez les encycliques pour dénoncer le CCF, pourquoi ne citez-vous pas les parties qui dénoncent le système maintenu et protégé par les deux grands partis politiques depuis la Confédération. Admettez qu'il y a beaucoup de bon dans le programme du CCF[8].

Depuis, ce mouvement est devenu un véritable parti social démocrate dont se méfient les « vieux » partis. Lors des élections fédérales, les libéraux avaient reçu instruction d'attaquer le CCF, au Québec surtout, pour dissiper l'impression d'une possible alliance entre eux et ces socialistes. De même, « la gauche sociale-démocrate et des syndicats modérés [prenaient] leur distance de tout mouvement qui [pouvait] apparaître teinté de communisme[9] » et fortement inspiré de la doctrine protestante (son chef étant pasteur, fils de pasteur méthodiste).

Thérèse a soutenu que les libéraux avaient calqué leur politique sociale sur le programme du CCF. Dès 1933, Woodsworth avait proposé à la Chambre d'immédiatement prendre des mesures pour mettre en place une *co-operative commonwealth* où toutes les ressources et la machinerie nécessaires à la production seraient utilisées dans le meilleur intérêt du peuple et non pour quelques-uns. Ce à quoi King avait répondu que « le parti libéral soutient plusieurs mesures qu'il pourrait inclure dans un programme socialiste et que, ce faisant, le parti libéral serait fidèle à lui-même, mais il souligne que cela est foncièrement différent d'un État socialiste, ce que son parti ne pourrait appuyer[10] ». Le CCF semble bien être une menace pour les libéraux. Selon le père Georges-Henri Lévesque, Louis Saint-Laurent lui aurait déjà confié que « la meilleure façon de lutter contre la CCF, [c'était] d'inscrire à notre programme politique, quand nous en devenons convaincus, les plus belles mesures sociales [qu'elle] prône[11] ».

Le programme, inspiré du Labour Party anglais, paraît fort intéressant à Thérèse, mais le lien que font les adversaires avec le communisme la dérange. Elle ne fera pas encore le saut. Ce parti n'était pas communiste, mais « il entendait nationaliser tous les secteurs importants de l'industrie [au Canada] et garder un œil ouvert, par le biais des lois du travail, sur les entreprises de moins grande envergure[12] ».

Alors qu'elle s'informe, réfléchit, consulte, Adélard Godbout déclenche des élections, le 28 juin 1944, avec comme slogan « Notre maître l'avenir ». Il est préoccupé par l'après-guerre. Son administration est au-dessus de tout soupçon, c'est le bon moment, pense-t-il. Il a implanté des mesures progressistes qui ont par contre le défaut d'être sans grand intérêt pour l'électorat en général. Et puis, son gouvernement a dû augmenter les taxes et, même si cela remonte au début de son mandat, les électeurs s'en souviennent. Tout comme d'ailleurs de son appui à la conscription. Ce sera donc une campagne difficile où s'affrontent le Parti libéral, l'Union nationale, quelques membres du CCF et le Bloc populaire. Sans compter les « ennemis » du parti au pouvoir : les nationalistes aidés par l'Église, la jeunesse, la grande entreprise contre la nationalisation d'Hydro-Québec et bon nombre de ruraux.

Le 12 juillet, assemblée monstre au marché Jean-Talon pour l'ouverture de la campagne du Bloc populaire. Environ trente mille personnes viennent entendre les orateurs, tous de sexe masculin. « Même si les femmes pouvaient voter, la vieille garde conservatrice du Bloc n'était pas intéressée à les voir se présenter comme candidates, préférant leur laisser les tâches de comités de cuisine[13]. » Au fond, ce nouveau parti agissait comme tous les autres quand il s'agissait de la participation des femmes à la vie politique. À Séraphin Vachon, qui lui dit que peu de femmes manifestaient de l'intérêt pour la vie politique, Thérèse répond : « Certainement, elles collent des timbres et lèchent des enveloppes. Il y en a beaucoup de ces femmes-là. Elles sont victimes du système[14]. » Il faudra encore de longues années avant que le paysage politique change, au Québec.

C'est la première élection provinciale où les femmes ont le droit de vote et d'éligibilité. Aucune femme n'est candidate déclarée, mais sur les listes électorales affichées sur les poteaux au coin des rues, elles apparaissent aussi nombreuses que les hommes. Et Duplessis ne manque pas de les courtiser. «De votre vote, Mesdames, va dépendre la survivance de notre province. Faites, le 8 août, une croix qui crucifiera les renégats et les traîtres et qui sera un signe de rédemption pour notre province[15].» Je ne vois nulle part que Thérèse participe à la campagne ni qu'elle encourage les femmes à voter. Mais Henri Bourassa conseillera de voter «pour la CCF, là où il n'y aurait pas de candidats du Bloc populaire[16]», ce qui lui attire les foudres de l'épiscopat québécois[17]. Bourassa aurait aussi dit qu'il fallait voter pour un candidat CCF de préférence à un mouton rouge ou un mouton bleu! *L'Action nationale* ajoute : «La CCF est composée d'individus tout aussi responsables que les partis libéral et conservateur, mais rien n'indique qu'elle est animée d'un esprit de croisade et d'apostolat[18].»

En juillet, le CCF tient des assemblées à Montréal. Le 8, le chef national Coldwell est à Verdun et il participe à la grande assemblée du marché Maisonneuve, le 26. Le CCF avait aussi tenu son congrès à Montréal sous la présidence de Frank Scott. Natif de la ville de Québec, ce brillant juriste, professeur et aussi poète, a été plus tôt président de la League for Social Reconstruction. Au CCF, il a aidé à rédiger ce qui deviendra le programme du parti. Dans le *Canadian Forum*, il publie ses articles sous le nom de J. E. Keith, l'Université McGill lui ayant ordonné de cesser d'associer cette institution à des controverses[19]. Il est, avec Eugene Forsey, dans la mire de la GRC qui aurait d'ailleurs constitué un dossier à leur sujet. En 2006, nous apprendrons que la GRC avait aussi monté un dossier sur Tommy Douglas en raison de ses liens avec le mouvement pacifiste et certains membres du Parti communiste, et également à cause de son opposition aux armes nucléaires[20]. Le nom de Thérèse ressort, à l'occasion, dans les dossiers lors de recherches sur des individus avec qui elle a milité et sur des organismes auxquels la GRC s'est intéressée[21].

Tard, le soir du 8 août 1944, on apprendra que l'Union nationale a raflé quarante-cinq sièges, que le Bloc populaire entrera au Parlement, dirigé par André Laurendeau, que le comté de Rouyn-Noranda a élu un candidat CCF, David Côté, un permanent du Syndicat des mineurs. Selon Jacques-Victor Morin, « son mandat a été un fiasco total. Son titre de député lui est monté à la tête, il a flirté avec les libéraux[22]. » D'ailleurs, il se joindra rapidement à l'opposition officielle et sera exclu du CCF. C'est la première et l'unique fois que le parti fera élire un candidat à une élection provinciale. Godbout, lui, sera défait. Il n'aura pas eu le temps de compléter ses réformes.

Quand Duplessis revient au pouvoir, il est un autre homme. « De 1936 à 1939, il était fréquemment ivre, grossier et agressif. [...] Certaines soûleries, au Château Frontenac, et qui se terminaient tard dans la nuit, étaient particulièrement bruyantes[23] », écrit Conrad Black. « Les affaires gouvernementales étaient menées en grande partie dans les chambres d'hôtel, parmi les tromperies les plus astucieuses et les nombreux scandales et en buvant des martinis en compagnie de ces dames[24]. » Dans la bonne société de la ville de Québec, les commentaires devaient aller bon train. L'alcool, passe encore, mais les péchés de la chair…

Avant la guerre, Duplessis offrait plutôt une image de *playboy*. « Personne ne se doute, écrira Georges-Émile Lapalme, du retournement foudroyant qui bientôt fera un vainqueur inattendu de celui qui, par lui-même et sans aide extérieure, est incapable de remonter la côte, mais qui, le moment venu, deviendra un homme de proie immolant les victimes qui lui auront donné un nom et la puissance[25]. »

Le 13 janvier, le Cabinet fédéral décide de proposer des mesures destinées à améliorer le pouvoir d'achat des familles ayant des enfants et à pourvoir ainsi à leurs besoins essentiels (allocations familiales). Même s'il n'y a pratiquement plus de chômage, les salaires sont gelés depuis 1941 et les gouvernements commencent à prévoir l'après-guerre, c'est-à-dire la fin de la production d'armements et le retour à la vie civile des militaires. À cette réunion du cabinet est aussi discutée la possibilité d'instaurer une assurance-maladie, mais l'idée n'a pas été retenue[26].

Une des sections de la Loi instituant les allocations familiales permettait de « prescrire d'une manière générale ou à l'égard d'une province ou d'une catégorie de cas, que le versement sera effectué au parent déterminé par règlement[27] ». Cette loi est en quelque sorte le premier programme universel de sécurité sociale au Canada.

Il ne faudra pas longtemps pour que Thérèse réalise que, partout au Canada, les allocations seraient payables aux mères de famille, sauf au Québec. Duplessis, une partie du clergé et quelques ministres francophones du Cabinet fédéral s'activaient pour que les pères de famille soient les bénéficiaires de la mesure fédérale. Ce qu'il y avait derrière cette démarche ? Des raisons diverses : l'autonomie provinciale, le Code civil dans son ensemble et en particulier l'incapacité juridique de la femme mariée, un substitut aux salaires convenables et même, selon certains, la dégradation de la paternité ! Mais surtout, un premier ministre ultra-conservateur, comme le soulignera Gérard Pelletier et qui « avait les idées sociales d'un notaire de campagne du XIXe siècle[28] ».

Pourtant, le concept d'allocations familiales fait l'objet d'études un peu partout dans le monde depuis longtemps. En 1929, un comité parlementaire fédéral reçoit le mandat d'étudier le sujet. En 1931-1932, la Commission des assurances sociales, instituée par le gouvernement Taschereau, entend les représentations sur la question. Pendant une décennie, le sujet paraît enterré. Il faut dire que le Canada entre en guerre et que les gouvernements ont bien d'autres dossiers à considérer. C'est dans le cadre d'un *Plan de restructuration d'après-guerre* (rapport Marsh), en 1943, que la question des allocations refera surface, comme composante d'un plan plus vaste de sécurité sociale, lequel inclura aussi un système public de santé, un programme d'aide à l'emploi, une assurance-invalidité et d'autres mesures interreliées partout où « la nature des choses l'exigera[29] ». De ce plan, King ne conservera que le programme d'allocations familiales, les autres mesures étant jugées trop onéreuses. D'autant que plusieurs appréhendent une récession dès après la guerre et que King sent qu'il perd l'appui des organisations ouvrières aux mains du CCF. Il mène des consultations durant la dernière phase de la préparation de son «Code du travail» au moment où la rumeur court qu'une invasion du continent européen serait imminente.

De Londres, King reçoit un câblogramme laissant «entendre en termes vagues que la situation était assez sérieuse[30] ». Il voyait déjà une seconde crise de la conscription diviser le pays; il appréhendait même la ruine de son parti. Au Cabinet, des ministres avaient menacé de démissionner si le premier ministre refusait d'imposer la conscription. D'autres feraient de même s'il l'imposait. Le 23 novembre, un arrêté ministériel envoie seize mille conscrits outre-mer. Chubby Power laisse son poste de ministre de l'Air, mais conserve son siège de député. Même s'il n'est pas chaud à l'idée, Saint-Laurent reste au Cabinet. Il expliquera plus tard que King n'avait pas le choix. C'était la conscription ou, alors, le pouvoir au groupe de ministres de Toronto. Ces derniers n'étaient pas nécessairement pour la conscription, mais utilisaient ce moyen pour détruire King, «parce qu'il s'était engagé dans un programme de législations sociales et n'avait pas été favorable au C.P.R. ou aux banques». En outre, «les gros intérêts considéraient les allocations familiales comme une cause d'épuisement des ressources [...][31] ».

Le 6 avril 1945, dissolution des Chambres à Ottawa; Thérèse est tentée de se présenter à nouveau. Elle est à Ottawa, sans doute pour des consultations à cet effet. Au sortir d'un dîner, le sous-ministre du Bien-être et de la Santé, le Dr George Davidson, lui dit qu'il se trame quelque chose contre les femmes du Québec. Thérèse se tourne alors vers le Cabinet et demande rendez-vous à Louis Saint-Laurent. Ce dernier, ministre de la Justice mais aussi brillant avocat, lui sert l'argument classique: les femmes mariées étant mineures aux termes du Code civil du Bas-Canada, les allocations devaient être versées au père.

Bien qu'elle n'ait pas étudié le droit, Thérèse connaît bien le sujet. Elle plaide le mandat tacite, souvent appelé mandat domestique ; elle veut aussi savoir qui fait pression auprès du gouvernement fédéral pour encore une fois faire passer les femmes du Québec pour des incapables aux yeux du Canada tout entier. Déjà que, depuis des mois, se déploie une campagne de «salissage» à cet effet. Le *baby bonus,* comme on appelle parfois les allocations chez les anglophones, en choquent plusieurs, certains allant même jusqu'à dire que ce n'est qu'une stratégie pour gagner des votes au Québec où les familles ont de nombreux enfants. Pour démentir ces allégations, le gouvernement propose de diminuer, jusqu'en 1949, le montant des allocations à partir du cinquième enfant. Charlotte Whitton, que Thérèse côtoyait à la Commission des prix, avait publié une brochure intitulée *Baby Bonus for the Province of Quebec* et le premier ministre de l'Ontario, George Drew, reprit cette expression à la radio.

Au Québec, ce n'est guère mieux. Gérard Filion, directeur du *Devoir,* écrit que «le procédé lui fait penser aux primes pour les veaux que le gouvernement octroie dans les campagnes aux propriétaires des vaches les plus prolifiques [...][32]». La société tout entière se rangeait du côté de ceux qui réclamaient que les chèques aillent aux pères de famille, sauf certains comme François-Albert Angers et Michel Chartrand, qui militaient pour une loi provinciale.

Thérèse réunit quelques femmes chez elle pour organiser une campagne en faveur du versement à la mère des allocations familiales. Ce sera le noyau qui portera la lutte à tous les niveaux : Constance Garneau (présidente de la Ligue), les journalistes Laure Hurteau et Jean Despréz (nom de plume de Laurette Auger) et quelques autres. Le temps presse, mais les circonstances sont favorables : des élections fédérales se tiendront en juin. Très rapidement, ce noyau grandit et s'adjoint même des hommes. Une publicité à la radio et dans les journaux incite les mères de famille à faire pression sur le ministre du Bien-être et de la Santé à Ottawa et sur les candidats à l'élection dans leur comté.

Thérèse signe aussi une lettre ouverte dans *Le Devoir* du vendredi 8 juin 1945 :

On tente d'expliquer cette injustice en se basant sur notre Code civil qui donne aux femmes mariées du Québec la condition d'une mineure. Pourtant, le 1er juin dernier, la motion suivante était présentée devant le Conseil législatif par M. Philippe Brais : « Que dans l'opinion de cette chambre, les allocations familiales instituées par le gouvernement fédéral devraient être versées en notre province aux mères de familles ». Cette motion a été adoptée à l'unanimité, du consentement de Sir Thomas Chapais, leader du gouvernement. M. Brais, en plus d'être membre du Conseil législatif, est aussi président du Barreau Canadien. Il n'a jamais jugé utile d'inclure dans sa motion la nécessité d'amender le Code civil pour permettre de payer ces allocations aux mères.

Entre-temps, Thérèse est invitée à une réunion des responsables de mouvements d'Action catholique qui veulent discuter des allocations familiales. Avant d'accepter, elle parle à Mgr Charbonneau et lui demande de l'accompagner. Malgré son insistance, il refuse. « Allez-y toute seule, Madame, vous êtes bien capable », rapporte Thérèse. À cette rencontre, au sous-sol de l'archevêché de Montréal, il y avait « les directeurs de l'Action Catholique, le chanoine Albert Valois, Mgr Irénée Lussier, le père André Guillemette, o.p., Mesdames Pierre Dupuys et Barnabé-Langlois et Messieurs Gérard Filion, Daniel Johnson et F.-A. Angers ». Selon Thérèse, ils étaient à peu près tous contre le versement des allocations à la mère. Puis on lui demande de cesser sa campagne. « Je refusai catégoriquement, ajoutant que mon geste ouvrirait des portes et des fenêtres et ferait de la lumière sur certains milieux terriblement fermés. »

Décidée. Tenace. Et influente.

Rentrée chez elle, Mackenzie King lui téléphone le même jour. Il désirait lui parler avant son départ pour San Francisco où il allait diriger la délégation canadienne à la conférence d'où sortirait l'Organisation des Nations Unies. Il informe Thérèse qu'il est au courant de la bataille qu'elle livre sur la question des allocations familiales et l'assure qu'il entend régler le problème dès son retour. Thérèse pouvait encore se fier à la famille libérale fédérale. Saint-Laurent s'était engagé à parler à qui de droit et King allait agir. De l'autre côté de l'Outaouais, il fallait encore compter avec cette femme qui utilise tous les moyens à sa disposition pour amener les décideurs à conclure en faveur des causes qu'elle défend.

Les Canadiennes françaises recevront leur premier chèque d'allocations avec trois semaines de retard : il avait fallu changer les listes d'envoi et les plaques d'impression. Sauf qu'une campagne était commencée pour inciter les pères de famille à retourner les chèques à Ottawa sans que les femmes les endossent. Simonne Monet-Chartrand raconte que son mari la pria de retourner le chèque d'où il venait avec une « lettre motivant la non-acceptation du chèque pour cause d'intervention indue en matière d'affaires sociales qui devaient relever du provincial ». Simonne refuse et demande à Michel de le faire. Il refuse à son tour, arguant que c'est à elle qu'il est adressé[33]. Michel Chartrand militait alors au sein du Bloc populaire, qui avait fait des allocations familiales un article de son programme politique. Simonne a encaissé les chèques, comme plusieurs mères au Québec.

Le vendredi 2 mai, le temps est nuageux et frais à Montréal. Les journaux du matin et la radio relaient une nouvelle provenant du quartier général du Führer : ce dernier, « combattant jusqu'au dernier soupir contre le bolchévisme, est tombé pour l'Allemagne [...] dans la Chancellerie du Reich[34] ». Bien que l'on attende la confirmation de la mort de Hitler, ici comme ailleurs on sent que la fin est proche. Et les mères se mettent à rêver de revoir leurs fils, et les femmes leur homme. Mais la vie ne sera jamais plus la même. Le Canada a changé ; ceux qui rentrent au pays aussi.

Le 7 mai, quand la radio annonce la fin des hostilités en Europe, c'est l'euphorie. À Québec, le cardinal Villeneuve entonne le *Te Deum*. Au centre-ville de Montréal, les employés sortent des bureaux et envahissent les rues. Partout, les cloches des églises sonnent à toutes volées. Les klaxons des automobiles, les sirènes des voitures de pompiers résonnent. Mais les manifestations de joie tournent mal ici et là. À Montréal, une trentaine de tramways sont endommagés ; à Québec, on parle d'orgie de la victoire ; et à Halifax, des marins de toutes origines pillent des magasins et allument plusieurs incendies[35].

Aux élections du 11 juin, le gouvernement de King est reporté au pouvoir avec à son programme la promesse d'un drapeau et un projet d'assurance-hospitalisation, mais il fera face à un parlement composé de soixante-sept progressistes-conservateurs, de vingt-huit députés du CCF, de treize créditistes, de deux députés du Bloc populaire et de Fred Rose, du Parti ouvrier-progressiste. Élu à une élection partielle, le comté de Cartier l'a reconduit à la générale.

Thérèse a suivi la campagne avec intérêt, mais, en ces derniers jours de juin, c'est le mariage de la cadette qui l'occupe. Le 30, en l'église Saint-Léon de Westmount, Renée épouse Jacques Nadeau. La réception qui suivra dans la grande maison de la rue Elm, comptera parmi les nombreux invités Louis-Alexandre Taschereau, le parrain de Renée. Mackenzie King avait décliné l'invitation.

Août restera à jamais le mois de l'horreur dans l'imaginaire de plusieurs. Le 6, un beau dimanche soir ici, une bombe atomique de quatre tonnes est larguée sur Hiroshima. Trois jours plus tard, une seconde bombe tombe sur Nagasaki. Le 14, ce sera la fin de la guerre en Asie et dans le Pacifique. La fin de la guerre, tout court.

Il faudra un certain temps avant que le monde réalise l'ampleur des dégâts engendrés par la folie des hommes. Dix ans de crise et six ans de guerre, cela ne pouvait s'effacer facilement. À partir de ce jour, Thérèse sera préoccupée par l'engagement pour la justice, convaincue que de son contraire naissent toutes les guerres.

Le plus grand défi des gouvernants est maintenant de transformer l'industrie de guerre en économie de temps de paix. Le gouvernement de King publie un livre blanc sur l'emploi et le revenu qui annonce une plus grande intervention de l'État dans la vie économique et les affaires sociales au Canada. Sans le dire, le Canada devient un État-providence. Pour Duplessis, il s'agit d'attaques du gouvernement central contre l'autonomie des provinces. Plus tard[36], Pierre Elliott Trudeau affirmera que «l'autonomie de Duplessis [devenait] ainsi la base même du conservatisme social, la justification d'un immobilisme politique dans les secteurs où s'imposaient des réformes».

La fin de la guerre entraîne un repositionnement économique et politique. Mais en fait, toute la vie a changé. Le monde du travail et son organisation, le niveau de vie de quantité de travailleurs est chamboulé par les fermetures rapides d'usines de guerre. Plusieurs femmes rentreront chez elles, à contrecœur. Elles ont connu autre chose que la cuisine, la lessive, le ménage et les enfants et tiennent à continuer de se procurer ce que leur vantent les hebdomadaires et certains périodiques qui leur sont destinés. L'organisation de la famille aussi est transformée. D'autant que les hommes qui reviennent d'Europe ont vu d'autres manières de vivre quand ils n'étaient pas sous les tirs de l'ennemi. Certains ramènent avec eux une femme, d'autres gardent de terribles séquelles physiques et psychologiques qui vont affecter par ricochet leurs femmes et leurs enfants.

L'emprise des élites traditionnelles commence à se lézarder; ce qui, hier encore, était une certitude ne l'est plus autant. Certes, le Québec voit encore des péchés partout, mais pour plusieurs, ils ne sont plus aussi «mortels» que l'on a bien voulu le leur faire croire. Et la contestation du régime s'installe dans l'imaginaire de quelques beaux esprits, ceux-là mêmes que Thérèse reçoit à sa table. Cette contestation donnera naissance à la décennie 1960.

Pour le moment, il reste à Thérèse une bataille de fond à mener : le réaménagement des chapitres du Code civil qui concernent la femme mariée. Dès septembre, elle publie des articles dans *La Revue populaire* où elle reprend une question de Me Louis-Joseph Pigeon, c.r., devant la Société Saint-Jean-Baptiste de Québec :

> [...] le juriste recourt à des adages millénaires du Code civil et de la Coutume de Paris, une vénération qui va jusqu'à en faire des axiomes sacrés. Cette attitude traditionnelle est-elle juste ?

Plus loin, elle cite Me Louis Morin, qui écrivait en 1941 :

> L'histoire de la législation démontre que les lois ne sont pas immuables. Le droit est soumis à la force de l'évolution des idées. [...] Fermer les yeux c'est s'aveugler[37].

Thérèse reconnaît qu'il ne faut pas «saboter» le Code civil, mais elle invite le législateur à reconnaître que ce Code a «créé une situation anachronique à la femme mariée». Puis elle cite et commente les articles 986, 182 et 183 du Code. Et comme la France, d'où notre Code civil tire sa source, a rendu la capacité juridique aux femmes mariées en 1937, elle ne voit plus de raisons de ne pas procéder aux réformes ici aussi. En conclusion, Thérèse écrit :

> Le monde entier paraît vouloir se réveiller du cauchemar qui l'a éteint pendant si longtemps. Mais ce réveil devra s'accompagner d'un grand élan vers l'avenir, vers un avenir empli de justice, d'équité et de charité pour la personne humaine, dont l'importance aux yeux du Créateur dépasse celle de la collectivité [...] Or, la femme mariée du Québec est tout de même une personne!

Thérèse n'est peut-être plus membre de la Ligue, officiellement, mais elle n'en continue pas moins de réunir chez elle ses anciens alliés sur la question des droits de la femme. Dès janvier 1946, elle s'assure que la Ligue reprend le flambeau et s'attache à obtenir des modifications substantielles au Code civil. Le samedi 26 janvier, elle est au déjeuner-causerie à l'Hôtel Windsor. Dans la salle, les conjoints de ces dames et certains juristes. Mᵉ Jacques Perrault, avec qui elle fera route pendant plus d'une décennie, est le conférencier invité. *Le Devoir* reproduit en entier le texte de son allocution intitulée «Des modifications à apporter au Code civil relativement à l'incapacité de la femme mariée au Québec». Il est bon de préciser qu'à l'époque cet avocat siège au conseil d'administration du quotidien. Après un rappel de l'origine de notre droit civil, Mᵉ Perrault s'élève contre ceux qui veulent le conserver tel quel.

> L'on dit : «Il ne faut pas toucher au Code civil, le rempart du droit français dans le Québec». Nous devons nous souvenir que conserver sans changement, c'est une faiblesse pour une civilisation et pour un peuple. Les objets que l'on conserve dans un musée, sans jamais y toucher, témoignent uniquement de la disparition d'une époque, d'un peuple, d'une civilisation.
> [...]
> Ce qui importe, c'est de sauvegarder l'essence du droit français, [...] et non pas seulement des textes démodés, aussi peu à leur place

au 20ᵉ siècle qu'un hibou au grand soleil de midi. [...] Un peuple qui ne se soucie pas du progrès ni des changements à apporter à sa vie sociale est vite dépassé. Sa culture, ses institutions tombent dans le discrédit. Elles ne rayonnent plus.

Puis, Mᵉ Perrault reprend pour l'essentiel ce que Thérèse et d'autres ont dit et écrit depuis quelques années sur l'incapacité juridique de la femme mariée. Il traite de la nécessaire réforme de certains articles du Code civil et les situe dans l'intérêt de la famille puisque c'est le mariage qui affecte la condition juridique de la femme. Il démontre que le rôle économique de la femme n'est plus le même, la population du Québec étant majoritairement urbaine ; qu'il est impossible de répondre aux changements sociaux survenus depuis une cinquantaine d'années avec des « lois élaborées il y a deux ou trois siècles pour une société toute différente de la nôtre ». Et comme ces modifications ne peuvent être faites à la légère, il suggère une « commission extra-parlementaire » pour les préparer et les suggérer à la législature du Québec, évitant ainsi « des lois rédigées en petit nègre [...] qui sapent par la base et notre Code civil et surtout l'esprit juridique français qui doit dominer notre droit privé[38] ».

En mars, Thérèse publie dans *La Revue populaire* un article portant sur la réunion des membres de la toute nouvelle Organisation des Nations Unies (ONU) à Londres. Cinquante et une nations s'y sont donné rendez-vous pour discuter de « la formule magique susceptible d'assurer au monde une paix durable ». À cette conférence, plusieurs femmes représentent leur pays, mais elles sont peu nombreuses. Thérèse écrit :

Les femmes ont non seulement le droit, mais l'impérieux devoir de faire entendre leur voix dans des moments aussi graves de l'histoire du monde. Elles doivent prendre une part active à des organisations de paix. Elles ne peuvent pas rester indifférentes aux efforts faits pour garantir la sécurité nationale. Combien serait efficace le travail de veiller sur la paix, si toutes celles qui ont pleuré, souffert et lutté pendant les années de guerre, acceptaient leur part de responsabilité dans ce domaine.

En conclusion, elle cite des paroles adressées par Pie XII aux femmes italiennes en novembre 1945 : « C'est votre heure [...], la vie publique a besoin de vous. [...]. *Tua res agitur*, votre destinée est en jeu[39]. » Après la guerre, il fallait être de mauvaise foi pour continuer d'affirmer que les femmes ne pouvaient pas occuper certains emplois. Ne les a-t-on pas vues briller dans les sphères jadis réservées aux hommes ? Elles avaient pour ainsi dire soutenu l'économie du pays sans parler de leurs tâches habituelles. Et pourtant...

Presque tous les mois, Thérèse signe un article dans *La Revue populaire*[40] où elle traite à nouveau des droits des femmes. Elle parle de la condition des femmes au travail. « L'amélioration sensible, notée en ces dernières années dans l'échelle des salaires féminins, s'est rencontrée surtout dans les industries de guerre et a forcément disparu avec ces dernières. » Puis elle souligne la nécessité d'amender le Code civil. En fait, la moitié de son article porte là-dessus. Elle cite des passages de la dernière conférence de Me Jacques Perrault. Elle poursuit en écrivant que « le tracteur, la machine à laver, la balayeuse électrique, l'automobile, la radio, l'avion et même l'énergie atomique ont révolutionné complètement la vie d'aujourd'hui ». Elle conclut ainsi : « La femme de notre province, en réclamant des droits, n'oublie pas que ceux-ci ont pour corollaires, des devoirs. Elle les accepte comme ses aïeules l'ont toujours fait et elle continue à consacrer le meilleur d'elle-même à ses enfants et à son pays. »

En septembre, le grand domaine Forget cesse d'être Gil'mont et devient la Maison Joyeuse. Le château, comme les habitants de la région appelait la somptueuse villa, vient d'être vendu aux Petites Sœurs Franciscaines de Marie, de Baie-Saint-Paul[41]. Pendant plus d'un quart de siècle, les invités des milieux religieux, politique, et financier — voire des têtes couronnées — sont venus chez Sir Rodolphe et Lady Forget et plus tard, invités par Thérèse, là, bientôt, des jeunes filles seront formées aux arts domestiques ! Début novembre, la piscine sera devenue un immense gymnase ; la salle de billard, une spacieuse cuisine ; les salons turc et japonais ainsi que la salle de quilles, des salles de couture...

Début décembre, Duplessis, qui est aussi procureur général, accuse les Témoins de Jéhovah d'inciter les catholiques à abjurer leur foi. En fait, l'opposition à cette secte est commencée depuis plusieurs années et son attitude face à la guerre était jugée nuisible à l'effort demandé à tous les Canadiens. Mais après 1945, ce seront plutôt les catholiques du Québec, dérangés par le zèle de certains Témoins, de même que les curés, qui feront pression pour que notre belle province catholique et française soit débarrassée de ces prêcheurs. Duplessis, à l'écoute du moindre mouvement de l'électorat, déclare une guerre sans merci à ceux qu'il met sur le même pied que les nazis et les communistes. Des arrestations suivent. Puis, la révocation du permis d'alcool de Roncarelli, un restaurateur montréalais qui se permet de payer caution pour ses coreligionnaires[42].

Les Ligues du Sacré-Cœur sont dans la mêlée, aux côtés de l'Église, mais peu de citoyens ou de groupes osent protester contre la violation des droits. L'Association des libertés civiles de Montréal (ALCM) est un de ces groupes et Thérèse en fait partie. Le jeudi 12 décembre, un millier de personnes convergent vers le Monument national dont plusieurs viennent, semble-t-il, pour chahuter et empêcher les orateurs de parler. Ces orateurs qui sont canadiens-anglais ou canadiens-français, catholiques ou protestants, viennent défendre les droits fondamentaux des citoyens du Québec. Sur la scène, le pasteur de l'Église Unie, Angus Cameron, P.-E. Lafontaine, Thérèse, le sénateur A. K. Huguessen, Constance Garneau et Frank Scott, alors président national du CCF.

L'orateur principal est Chubby Power, ex-ministre dans le Cabinet King. Il parle d'un système de «lettres de cachet, d'emprisonnement sans procès». Attaquant Duplessis et faisant allusion à Roncarelli, «nous avons un citoyen privé de son gagne-pain simplement parce que, dans l'exercice de ses droits, il contrecarrait les visées d'un Procureur général doublé d'un politicien». En conclusion, il nie à Duplessis «le droit de s'ériger en Défenseur de la Foi et il ridiculise [ses] efforts de vouloir mobiliser toutes les forces provinciales contre "un tavernier" qui aurait commis le crime de voter contre l'Union Nationale[43]».

Je me suis toujours demandé pourquoi Thérèse n'a pas été importunée. Peut-être ne la prenait-on pas au sérieux… Pourtant, «elle tapait alternativement sur les bonzes du parti libéral et de l'Union Nationale[44]», et dans son salon se discutait l'organisation de la contestation contre toute oppression aux droits et libertés. La gauche québécoise craignait que le Québec ne s'engage sur la voie du fascisme, et l'attitude de certains porte-parole du Bloc populaire justifiait leur crainte. Durant cette période, ailleurs au Canada, «le Québec [avait] la réputation d'être devenu le foyer d'une persécution religieuse qui rappelle dangereusement l'inquisition[45]». Plus tard, Sarra-Bournet écrira que, «au Canada, les grandes causes reliées aux libertés civiles proviennent du Québec, car c'est dans cette province que les mots persécution et répression expriment vraiment la réalité[46]». Après l'affaire Roncarelli, il est devenu clair au Canada que personne n'est au-dessus des lois, fût-il procureur général ou premier ministre.

Le 11 décembre, après avoir pris conseil de Frank Scott, de Jacques Perrault, de David Lewis, et en avoir longuement discuté avec son mari, Thérèse décide de se joindre au CCF. Sa carte de membre est contresignée par Frank Scott et Guy-Merrill Desaulniers, alors chef du parti au Québec. Le CCF est le premier parti, et alors le seul, à remettre une carte à ses membres.

Thérèse a cinquante ans. Toute sa vie active, sa vie de femme engagée, s'est passée sous la bannière libérale. De l'intérieur de ce parti, elle a souvent réussi à imposer ses idées en faveur des femmes. Mais depuis la guerre et surtout depuis son échec dans Charlevoix, elle ne voyait pas comment elle arriverait à faire accepter par son parti l'idée d'instaurer une plus grande justice sociale partout au Canada, à faire accepter que l'argent soit mis au service de l'homme et non l'inverse. D'ailleurs, comme elle l'écrit dans ses mémoires, «la quasi totalité des mesures de sécurité sociale adoptées par le gouvernement fédéral furent inspirées par la doctrine du parti CCF: pensions de vieillesse, assurance-chômage et enfin, allocations familiales». Le programme du CCF, basé sur le *Manifeste de Regina,* était un projet de société pour le Canada. «Il y était question de construire un nouvel ordre social, de substituer la planification économique au régime capitaliste, de remplacer la recherche du profit par le contrôle démocratique, de mettre le pouvoir politique au service de l'égalité économique et de la justice sociale[47].»

Ce qui intéresse Thérèse, c'est la promotion du bien-être commun. Et elle ramène sur la place publique les questions que les petites gens se posaient en 1942: «Si l'on trouve de l'argent et les moyens pour fabriquer des armes en temps de guerre, pourquoi est-il impossible d'en trouver en temps de paix pour construire des maisons, des écoles et des parcs?» À cela, le CCF répond: «Nous le pouvons si nous avons le courage de rebâtir la société pour servir les intérêts de tout le peuple au lieu des intérêts de quelques-uns.» Le courage, Thérèse n'en a jamais manqué.

Mais sa décision surprendra tout de même. Une bourgeoise issue du milieu de l'aristocratie financière du début du siècle, qui s'acoquine avec des socialistes dont certains ont des accointances communistes, ça fait jaser. En fait, cela dépassait tout entendement. La plupart croient qu'elle joint ce parti par dépit et que son mari lui fera entendre raison. D'autres trouvent son mari bien mou, de ne pas être capable de tenir sa femme à sa place. Mais ce que l'on pouvait réellement reprocher à Thérèse était ses idées de gauche et le fait qu'elle a l'audace de dire ce qu'elle pense à tout moment, en tous lieux, ce qui ne se fait pas dans le milieu dont elle est issue et encore moins quand on est une femme. Pour le reste, sa vie paraissait irréprochable: mère de famille, excellente hôtesse, femme intelligente, belle, d'une élégance et d'une simplicité dont parlent tout un chacun. Et généreuse. N'empêche: «Ma famille et mes amis étaient scandalisés de ma décision. Je brisais une quantité de traditions mais je restais convaincue qu'il fallait faire des réformes au Québec[48].» Jusqu'à la fin des années 1950, elle sera perçue comme une dangereuse gauchiste. Robert Parizeau m'a dit que son père adorait Thérèse, mais que, quand elle parlait politique, c'était vraiment trop à gauche[49].

Pour Fernand Daoust, « le CCF, ça allait dans le sens des idées de Thérèse Casgrain, des causes qu'elle a défendues. Quand elle arrive au parti, au Québec, il n'y a qu'une poignée de francophones dans une petite organisation de militants anglophones de gauche sous la houlette de Frank Scott, Eugene Forsey et David Lewis. Il n'y avait pas foule dans ce parti. » L'arrivée de Thérèse Casgrain, continue Daoust, « avec tout son prestige [...] sa fougue, sa vigueur [...]. C'était une incroyable acquisition. Ça aurait pu donner au CCF une impulsion incroyable parce que c'était une femme de luttes. » M. J. Coldwell dira de Thérèse qu'une femme avec son *background* était un phénomène unique dans les milieux politiques canadiens et américains. C'est un phénomène parce qu'elle affiche un haut degré de sincérité et d'idéalisme. « Elle n'a nul espoir d'arriver où que ce soit mais son but est de servir les gens pour lesquels elle a beaucoup d'empathie[50]. »

Au Québec, le CCF n'arrivait pas à trouver des leaders canadiens-français et avait de la difficulté à s'établir. Il faut dire que, dès février 1934, l'archevêque de Montréal en avait condamné le programme parce qu'il prônait « la suppression ou l'amoindrissement de la propriété privée, la lutte des classes et une conception matérialiste de l'ordre social ». En 1938, les idées avancées par Mgr Gauthier, dans *La doctrine sociale de l'Église et la Cooperative Commonwealth Federation* seront reprises par le cardinal Villeneuve devant le Canadian Club de Montréal.

Selon Thérèse, « à partir de ce jour, les fidèles du diocèse de Montréal n'osaient plus appuyer le parti CCF », qui paraît dangereux, contrôlé par les syndicats. On attaquait aussi les origines juive et russe de David Lewis. Depuis les années 1930, on affirmait que, si « tous les juifs n'étaient pas communistes, probablement que tous les communistes étaient juifs[51] ». Pourtant, depuis 1944, un gouvernement CCF était au pouvoir en Saskatchewan et affichait un bon dossier. Duplessis, lui, dans une formule dont il avait le secret, lançait à tout venant que « le socialisme est le vestibule du communisme[52] ». D'ailleurs, pour les chantres du nationalisme

québécois de l'époque, «le CCF est même considéré copie conforme du communisme et certains, tel François-Albert Angers,
déplorent que l'on "flirte" avec le CCF[53]», un parti de l'Ouest,
conscriptionniste et centraliste. À l'occasion, la Loi du cadenas sera
utilisée pour harceler le CCF[54].

À l'instigation de quelques catholiques de Montréal, qui
veulent amener l'Église à revoir sa position sur le CCF, un déjeuner est organisé par Murray Ballantyne, l'éditeur du *Catholic
Register,* auquel prennent part Mgr Charbonneau, Frank Scott et
M. J. Coldwell. Frank Scott aurait dit que «Mgr Charbonneau
a incité son ami Jacques Perrault […] à convaincre son beau-
frère André Laurendeau, [alors] chef du Bloc Populaire, de faire
alliance avec le CCF[55]». Selon les mémoires de Thérèse, cette rencontre mènera à une déclaration des évêques, en octobre, à la suite
de laquelle Omer Héroux écrira dans *Le Devoir*: «Nous ne
croyons pas exagérer la portée de ces textes ni pousser la parole
des évêques en concluant que, après enquête sur le programme
social du CCF, ils ne croient pas nécessaire d'empêcher les fidèles
d'adhérer à ce parti ou d'en porter les couleurs au fédéral comme
au provincial.»

À cette époque, Thérèse se serait renseignée sur la nature du
socialisme, si on se fie à ses mémoires. Une question lui revenait
toujours à l'esprit: «Pourquoi les propositions en faveur des mesures
sociales venaient-elles toujours du CCF et jamais de libéraux?»
Mais son adhésion au CCF ne l'empêche pas d'avoir l'œil sur les
questions portant sur le droit des femmes, en particulier les femmes
mariées. Au Québec, Duplessis avait formé une commission, en
fait un commissaire avait été nommé le 31 octobre 1946, Me Léon
Méthot. Il était «chargé de faire une étude approfondie du statut
légal de la femme mariée et [suggérer] des amendements [pour]
rendre nos lois civiles plus conformes aux exigences économiques
d'une vie sociale et évoluée[56]». Thérèse met aussitôt sur pied un
comité regroupant diverses associations[57], pour préparer et présenter un mémoire sur le statut légal de la femme mariée. Me Elizabeth
Monk et Me Jacques Perrault exposeront les demandes du comité
devant la commission Méthot.

La commission Méthot devait faire rapport dans les quatre mois, mais, des mois plus tard, ne voyant rien venir, Thérèse et Thaïs Lacoste-Frémont se rendent chez le juge Méthot, à Trois-Rivières. Ce dernier aurait été scandalisé par les propos de ces femmes qu'il considère d'extrême gauche. Elles ont beau lui citer l'encyclique *Casti connubii,* qui, selon Thérèse, dit en substance qu'il ne faut pas assimiler la femme mariée aux mineures, rien ne sort de cette rencontre. Le juge Méthot « dort » sur son projet de rapport. Il faudra des pressions sur le premier ministre pour que ce dernier demande au juge de produire son rapport. Ce qui sera fait en 1954. Selon des notes contenues dans les archives de Thérèse, ce rapport est semblable à celui de la commission Dorion.

En juin 1947, le CCF-Québec tient son congrès annuel au 3560 boulevard Saint-Laurent, dans un local loué par le syndicat des charpentiers. Une quarantaine de résolutions y sont étudiées par les délégués. Lors du banquet auquel prennent part des centaines de personnes, le samedi 14 juin en soirée, M. J. Coldwell, alors chef national du parti, attaque Duplessis qui

crie au communisme et pour écraser les efforts des ouvriers, a recours à la police provinciale. D'où vient l'accusation que les grévistes sont tous des communistes? [...] En criant au communisme et en empêchant les ouvriers de faire valoir leurs droits, l'honorable Monsieur Duplessis donne présentement un essor au mouvement communiste dans cette province. [...] Ce dont nous avons besoin dans notre pays est un salaire national minimum. [...] M. Duplessis a accordé un bail de 80 ans pour un territoire étendu, le long du Labrador, où se trouve la plus importante quantité de minerai de fer sur le continent américain, au prix comptant de 10,000 $ et à un loyer annuel de 6,000 $; ce n'est pas étonnant qu'on ne puisse trouver l'argent pour payer des services sociaux dans cette province[58].

Après avoir dîné avec les membres francophones, Frank Scott, évaluant la situation du CCF au Québec, avoue que le parti n'a aucune chance au Québec en dehors de Montréal : l'étiquette de

communistes, de centralisateurs, d'Anglo-Saxons et d'impérialistes
«nous colle à la peau[59]». Lors de la campagne électorale, l'année
suivante et lors de celles de 1952 et de 1956, Duplessis fera du chemin
sur le thème du péril communiste, il y associait constamment le
CCF, ne manquant jamais une occasion d'en parler comme de
l'antichambre du communisme[60].

Thérèse passe la semaine du 15 mai à Ottawa. Quand elle revient,
elle commence à s'occuper de l'organisation du CCF dans la province, certains appréhendant des élections sous peu. Une campagne
électorale est tout un défi pour le CCF, mal connu et décrié par
tous ceux qui disposent d'une tribune. Le 9 juin, Duplessis dissout
les Chambres et convoque les électeurs pour le mercredi 28 juillet.
Le chef du CCF au Québec, Guy-Merrill Desaulniers, est un des
huit candidats qui se présentent. Dans Saint-Henri, Desaulniers
avait 500 dollars pour faire campagne.

Pour Duplessis, le CCF est un parti dangereux, d'autant qu'il
remporte des élections dans les autres provinces. Il continue d'être
décrié et assimilé aux communistes, donc contre l'Église et dangereux pour les catholiques. La propagande contre ce parti vise en
particulier les ouvriers dont le CCF et le Parti ouvrier-progressiste
(communiste) se disputent les faveurs. Du haut de la chaire, les
curés admonestent leurs ouailles : il faut voter pour le sauveur de la
race et de la religion que plusieurs bénissent pour le pavage de
l'entrée du presbytère qui vient d'être refait. On ne va pas jusqu'à
nommer Duplessis, mais tout le monde comprend. Dans ce Québec
de l'après-guerre, les Canadiens français sont encore peu sensibles
aux libertés individuelles et parlementaires. Ils sont plus proches
du communautaire, du nationalisme et de l'Église, cette dernière
faisant autorité en tout dans certains milieux. Les femmes, qui
viennent à peine d'obtenir le droit de vote, votent généralement
comme leur mari — il ne faut pas annuler le vote de l'autre — et ne
s'impliquent pas vraiment en politique, ce qui attriste Thérèse.
Inutile de dire que les huit candidats du CCF seront défaits.

Le 1ᵉʳ avril 1948, en soirée, Thérèse avait reçu chez elle David Lewis, sans doute accompagné de Frank Scott, respectivement secrétaire et président national du CCF. Rien ne transperce des échanges qui ont eu lieu, mais, le 29 juillet, Lewis écrit à Scott:

> J'ai été très heureux d'apprendre que Thérèse Casgrain accepterait la vice-présidence si elle était élue. Il serait souhaitable que Mᵐᵉ Casgrain assiste au Congrès. Ce ne serait pas acceptable qu'elle soit élue en son absence alors qu'elle n'a jamais assisté à un congrès national avant[61].

Cette lettre aura croisé celle de Thérèse à Scott. De Pointe-au-Pic, elle écrit:

> J'ai entendu à la radio et lu dans les journaux que des membres du English Labour Party sont invités à la convention de notre parti en août. Je crains que cette information n'aide pas notre cause au Québec [...]. Quand on décore la maison ou que l'on nettoie sa maison, il m'apparaît plus prudent de ne pas avoir de visiteurs avant la fin des travaux. Qui plus est, les invités peuvent avoir envie de donner des avis sur la manière, ou de critiquer ce que l'on fait. Cela pourrait être mal perçu par certains membres de la famille qui voudraient s'objecter à cette présence. J'espère qu'il n'y aura pas d'autre publicité faite à ce sujet. Je suis certaine que vous comprenez le sens de mes remarques et que je les fais pour le bien et l'avenir de notre parti[62].

Peut-être cela explique-t-il le fait que Thérèse ne soit pas au congrès national du CCF, à Winnipeg. Cela n'empêche pas le parti de l'élire vice-présidente du Conseil national. Le 18 août, par télégramme à Frank Scott, elle accepte le poste. À son retour à Montréal, une lettre de Scott l'attend.

> Je crois que vous avez posé là un geste très courageux en acceptant la vice-présidence. Le CCF est trop gros aujourd'hui pour se passer d'avis provenant d'influents Canadiens d'origine française; à la fois pour le bien du parti, des Canadiens français eux-mêmes et du Canada parce qu'il s'impose que tous soient représentés à notre conseil. Vous faites davantage pour le Canada, dans votre situation, que vos amis vont jamais réaliser... C'est un rôle difficile que nous avons choisi pour vous-même mais quelqu'un doit faire le travail, faute de quoi les forces sociales à l'œuvre vont devenir hors contrôle et détruire la plupart des choses que nous chérissons[63].

Thérèse n'a pas sitôt accepté que le « national » l'envoie en mission commandée : prononcer une allocution au congrès provincial en Ontario, le 8 octobre. Et David Lewis de la mettre en garde : « Vous ne devez pas assumer que les CCFistes en Ontario vont vous recevoir avec un enthousiasme sincère ni que vous serez accueillie chaleureusement[64]. » Dans cette lettre, Lewis reconnaît pleinement ce que signifie pour Thérèse d'avoir fait le saut, de même que « des difficultés personnelles que sans doute cela vous crée. Cependant, aucune action efficace n'a jamais été menée sans que des personnes ne sacrifient de leur confort personnel et de leur paix d'esprit. » Le CCF est un sacerdoce.

———

Le 10 décembre 1948, au Palais de Chaillot à Paris, les cinquante-huit États membres de l'Assemblée générale des Nations Unies signent la *Déclaration universelle des Droits de l'Homme*. Cette *Déclaration* mentionne l'égalité entre les sexes et l'égalité entre les époux durant le mariage. Cela n'aura aucun effet sur les droits des Québécoises : elles demeurent dans leur vie privée sous l'autorité du mari auquel elles doivent obéissance.

Cette *Déclaration*, dont le monde entier se réclame encore, est sans conteste dû à la ténacité d'une femme : Eleanor Roosevelt. Peu de temps après le décès de son mari, le nouveau président des États-Unis, Harry Truman, demande à Mme Roosevelt de faire partie de la délégation américaine à la première Assemblée générale des Nations Unies. Après consultation, elle accepte et se rend à Londres en janvier 1946. Là, elle est nommée à la tête du comité chargé d'étudier les questions humanitaires, l'éducation et la culture, toutes questions qui touchent les droits et les besoins des gens. Selon une de ses biographes[65], Eleanor Roosevelt croit que si on l'envoie là, c'est parce que les hommes de la délégation pensent que c'est le comité « où elle fera le moins de torts, ne créera pas de problèmes ». Mais, finalement, les sujets les plus discutés lors de cette première session des Nations Unies, et les plus controversés, seront déférés au comité qu'elle préside. La guerre vient tout juste de se terminer; l'Europe est aux prises avec des millions de personnes déplacées et puis, le monde vient d'apprendre les horreurs d'Auschwitz. Non seulement Eleanor Roosevelt mènera à bien son comité mais elle réussira à obtenir une décision unanime des dix-huit gouvernements qui y siègent, sur le texte final de la Déclaration. Et cela en à peine deux ans.

Quand je l'ai rencontrée, Alice Desjardins faisait un parallèle entre Thérèse et Eleanor Roosevelt: «capables, courageuses, persévérantes toutes les deux, busy body, dérangeante. Par contre, Mme Roosevelt n'était pas intéressée par la cause du droit de vote des femmes[66].»

Le 18 décembre, Thérèse est chez Frank Scott. Ils sont une dizaine à discuter d'un plan d'action politique efficace au Québec. Ils acceptent la conclusion de Me Jacques Perrault: si le CCF n'a pas réussi une percée au Québec, c'est parce qu'il ne colle pas à la réalité sociale et culturelle des Canadiens français. C'est aussi que les Canadiens français n'ont pas de formation politique. Et l'ignorance est la première entrave à la liberté. Quelqu'un qui voulait s'informer sur les régimes politiques et économiques — surtout les régimes socialistes ou le marxisme — avait difficilement accès à de la littérature à cet effet. Jusque dans les années 1950, à la bibliothèque de l'Université de Montréal, il fallait obtenir une dispense pour consulter un livre sur ces sujets[67]. Et l'Index n'a été levé qu'en 1966.

Je ne sais s'il était prêt bien avant ou si c'est la grève déclenchée à la CECM, le 17 janvier, qui a décidé le gouvernement à déposer un projet de Code du travail, mais le Bill 5, selon Thérèse, «contenait des clauses des plus répressives. Et il s'ingérait outre mesure dans le fonctionnement démocratique des syndicats ouvriers, faisait obstacle à leur croissance et même à leur existence.» Par exemple, un contracteur qui transigeait avec le gouvernement pour construire une route ou un édifice public pouvait embaucher sa main-d'œuvre à moindre salaire que celui fixé par le comité paritaire. En 1971, Thérèse en parlera encore comme de «la meilleure façon d'exercer un patronage que n'importe quel fin politicien pouvait inventer[68]». Tout le monde était contre ce Bill 5. Tous les journaux du Québec et même certains journaux de Toronto. Même des évêques se prononcent contre. Duplessis finira par demander à son ministre du Travail d'en annoncer le retrait, trois semaines plus tard.

Thérèse se joindra aux quatre cents personnes, sympathisants et syndicalistes en route vers Québec. C'est elle qui aurait suggéré à Roméo Mathieu de noliser un train spécial pour aller manifester contre cette loi odieuse. De la gare du Palais au Parlement, le cortège se met en branle dans les rues couvertes de neige sale et fondante. Thérèse se prit à songer à son père qui, au début du siècle, avait organisé la Quebec Railway pour offrir aux résidents de la capitale un service de transports en commun. Durant le voyage de retour vers Montréal, un syndicaliste qui avait trop bu s'est mis à enguirlander Thérèse et de façon plutôt désobligeante. Il s'est fait remettre à sa place par un collègue : « Toi tais-toi, et laisse la petite mère du Québec tranquille », selon ce que rapporte Thérèse dans ses mémoires. En d'autres circonstances, et, hors sa présence, plusieurs l'appelaient déjà la « mère Casgrain ».

Dans la soirée du dimanche 13 février, à Asbestos, les deux mille travailleurs syndiqués de la Canadian John's Manville débraient. Ils veulent une augmentation de quinze cents de l'heure et que la compagnie s'engage à éliminer, autant que faire se peut, la poussière d'amiante dont « les mineurs et leurs familles sont empestés[69] ». Par solidarité, la grève s'étend rapidement aux autres mines et est déclarée illégale, les cinq mille mineurs ayant passé outre à l'arbitrage. Il y a longtemps déjà qu'ils ont perdu confiance aux tribunaux d'arbitrage dont les décisions sont toutes favorables aux patrons. Le 21, le ministre du Travail, Antonio Barrette, révoque l'accréditation du Syndicat des travailleurs catholiques d'Asbestos, et Duplessis, en sa qualité de procureur général, envoie cent cinquante policiers pour « rétablir » l'ordre. Ces derniers, au dire du député Gilles Clarence, recevaient 50 dollars par semaine de la compagnie Johns Manville pour « garder la paix[70] ». La compagnie, également propriétaire des logements dans lesquels habitent les mineurs et leur famille, les menace d'expulsion. Des briseurs de grève, protégés par la police provinciale, entrent au travail. Et la violence s'installe.

Le 22 avril, Gérard Pelletier, journaliste au *Devoir,* et Pierre Elliott Trudeau se rendent à Asbestos dans la Singer cabossée de Pelletier. Selon Jacques Lacoursière, «un policier qui n'avait jamais vu de voiture avec le volant à droite les arrêta parce que Trudeau, assis sur le siège qui, dans l'esprit du policier était celui du conducteur, n'avait pas de permis[71]». Je ne sais si c'est à cette occasion, mais on rapporte qu'un Jean Marchand consterné assiste au discours de Pierre Elliott Trudeau, «qui pousse un groupe galvanisé à prendre le taureau par les cornes : les grévistes sautent sur l'occasion ; le soir même, ils lancent des briques dans les fenêtres d'un édifice de l'entreprise[72]».

La situation des mineurs attire la sympathie de plusieurs. Mgr Charbonneau, président de la Commission sacerdotale d'études sociales, avait approuvé la déclaration *Secourons les travailleurs de l'amiante.* Et deux jours plus tard, le dimanche 1er mai, du haut de la chaire de la basilique Notre-Dame, l'archevêque de Montréal ordonne une collecte en faveur des grévistes.

> La classe ouvrière est victime d'une conspiration qui veut son écrasement et quand il y a conspiration pour écraser la classe ouvrière, c'est le devoir de l'Église d'intervenir. Que nos chefs nous donnent un Code du Travail renfermant une formule de paix, de justice et de charité [...] Nous n'approuvons pas tout dans la conduite des travailleurs ; il y a des faiblesses partout. Mais notre cœur est très près de cette classe ouvrière et nous ordonnons cette collecte pour empêcher que les petits enfants souffrent de la faim[73].

La quête aura lieu à la porte des églises de douze diocèses dans la province et 167 558,24 dollars seront ainsi recueillis, le tiers provenant du diocèse de Montréal. Inutile de dire que Duplessis ne l'a pas pris. Dans le Québec d'alors, il n'est pas bon de critiquer le «Cheuf». Il fera tout ce qu'il lui est possible de faire pour se débarrasser de cet évêque qui ne mange pas dans sa main. Depuis 1940, Mgr Charbonneau tente de restructurer l'Église montréalaise pour l'adapter aux réalités que vit la métropole. Il s'est heurté aux éléments traditionalistes du Québec, et plusieurs évêques ne se gêneront pas maintenant pour monter un dossier contre lui.

Thérèse, elle, organise une souscription pour secourir les familles des grévistes. Même des députés fédéraux du CCF donnent généreusement. Elle a pu faire parvenir un camion de nourriture et de jouets pour les enfants. Les étudiants de l'Université de Montréal se joignent au vaste mouvement. Par contre, à Québec, le recteur de l'Université Laval, Mgr Vandry, interdit une marche des étudiants en faveur des mineurs d'Asbestos, et Guy Rocher dit avoir été chassé de cette université pour avoir organisé la collecte pour les grévistes. Le recteur lui a dit que Duplessis l'avait enjoint de le lui interdire[74].

Les 5 et 6 mai, la police provinciale matraque et arrête des grévistes et, le 8, à la sortie de la messe, le juge de paix O'Bready de Sherbrooke lit l'acte d'émeute sur le perron de l'église Saint-André d'Asbestos, devant une centaine de policiers et une cinquantaine de civils:

> D'après les articles 64 et 69 du Code criminel du Canada, Notre Souverain Seigneur le Roi d'Angleterre enjoint et commande à tous ceux présents ici, de se disperser immédiatement sous peine d'être déclarés coupables d'une infraction qui peut être punie de l'emprisonnement à perpétuité.
> Dieu sauve le Roi[75]!

Selon Simonne Monet-Chartrand, dont le mari a été emprisonné durant cette grève, le professeur «Frank Scott avait qualifié de "grand dérangement" cette Loi de l'émeute, sorte de représailles comme celles faites aux Acadiens, rassemblés dans leur église, puis arrêtés et emprisonnés[76]».

La grève des mineurs de l'amiante a duré quatre mois et laissera de profondes séquelles. Elle aura toutefois l'avantage de faire naître des solidarités et de faire sauter dans la mêlée des intellectuels qui, jusque-là, se contentaient de commenter les événements. Elle entraînera aussi, malheureusement, la démission forcée de Mgr Charbonneau, le 2 janvier 1950, son exil en Colombie-Britannique et son décès à Victoria, le 19 novembre 1959. Selon le père Lévesque, «Mgr Charbonneau a été le bouc émissaire de tout un système, d'autant plus agressif qu'il se sentait sur le point d'éclater[77] ». Duplessis avait au moins une autre raison d'écarter l'archevêque de Montréal. Celui-ci s'opposait aux visées du premier ministre qui « voulait, au moyen d'une législation, prendre le contrôle de l'Université de Montréal ». En outre, « l'attitude de Mgr Charbonneau sur les questions d'éducation entrait en conflit avec les idées d'une partie de l'épiscopat de la Province […]. Des mémoires furent envoyés à Rome dans lesquels ses adversaires prétendaient qu'il constituait un danger pour l'Église canadienne[78] ». Il le savait : « J'ai dû m'éloigner à la suite d'attaques violentes et sournoises de quelques esprits étroits et vindicatifs[79]. »

———

Pendant la campagne électorale fédérale, au printemps 1949, Louis Saint-Laurent qualifiait les partisans du CCF de « libéraux pressés ». Ce à quoi Thérèse a répliqué que « cela valait mieux que d'être des libéraux en retard ». Les médias n'auront retenu que la déclaration de Saint-Laurent et elle fera le tour du Canada. Cela n'empêchera pas Thérèse de féliciter le premier ministre après sa réélection ; il lui répondra, le 5 juillet :

> Ma chère amie
>   Votre lettre du 28 juin m'a fait grand plaisir. Je n'ai jamais cru que vous étiez bien loin de nous, malgré l'erreur que nous avons commise à votre endroit, en 1942, car il y a longtemps que je suis convaincu que ce fut une erreur[80].

Durant cette année 1949, Thérèse multiplie les réunions du Comité d'études sociales de son parti, chez elle. Et c'est chez elle, parce que, selon ce qu'elle écrit, certains ont peur de s'afficher CCFistes[81]. « Militer dans un parti victime de sourdes campagnes menées par les détenteurs du pouvoir, sans caisse électorale et devant une opinion publique mal informée, n'était guère facile[82]. » Ces rencontres sont modestes : le parti n'a pas de fonds. Mais beaucoup d'idées. Ainsi, Maurice Lamontagne, J.-Charles Falardeau, Pierre Elliott Trudeau, Frank Scott, Eugene Forsey, Jean Marchand et Gérard Pelletier viennent confronter leurs vues sur ce qu'il faut mettre en œuvre pour instaurer plus de justice dans ce monde, mais d'abord et avant tout, pour soustraire le Québec au duplessisme et à la toute-puissante hiérarchie catholique. Le 27 mars, Jacques-Victor Morin adhère au Parti au Québec et devient secrétaire provincial. Il travaillera au bureau, 557 rue Cherrier. Un mois plus tôt, une campagne de financement a été officiellement lancée lors d'un déjeuner-causerie au Folies Garden Cafe, à Montréal. À cette époque, le parti compte 443 membres dans la province.

Au début de l'année, Thérèse avait obtenu qu'un bill privé soit étudié à Québec. Cela devenait nécessaire pour qu'elle puisse se départir d'une propriété sur le boulevard Saint-Laurent. Une des clauses de son contrat de mariage portait sur la donation entre vifs de cette propriété. Ce projet de loi privé serait passé complètement sous silence n'eût été le fait que le premier ministre Duplessis n'a pu résister à la tentation d'y apporter un amendement exigeant le consentement du mari de Thérèse pour que la vente puisse avoir lieu. Comme le souligne le journaliste du *Herald*, Duplessis s'est fait un malin plaisir de rappeler à la championne des droits de la femme que ce monde est un monde d'hommes[83].

Le 25 novembre, Thérèse et Pierre reçoivent à déjeuner Vincent Massey et quelques membres de la Commission royale d'enquête sur l'avancement des arts, des lettres et des sciences, au Canada. Du rapport de cette commission sortira le Conseil des Arts du Canada. À ce groupe s'était joint Mgr Charbonneau que les Casgrain avait alors trouvé en excellente forme. Pourtant, dès le début de l'année suivante, la hiérarchie catholique prétextera son mauvais état de santé pour le déchoir de ses fonctions et l'exiler à Victoria. Dans ses mémoires, Thérèse reproduit un mot de cet homme à qui Duplessis n'a jamais pardonné l'intervention en faveur des grévistes de l'amiante non plus que le soutien public aux familles de ces derniers.

> Je tiens à vous remercier de tout cœur de l'expression de votre délicate sympathie à l'occasion de mon brusque départ de Montréal. Je sentais venir la tempête depuis quelque temps, sa violence m'a cassé les ailes. Des lettres comme la vôtre me font presque oublier ma grande peine.

Dans ses mémoires, Thérèse raconte que, après le congrès national du CCF tenu à Vancouver quelques mois plus tard, elle s'est contentée de lui téléphoner au lieu de lui rendre visite. Elle voulait retrouver son mari dont l'état de santé l'inquiétait beaucoup. Nous sommes alors dans la troisième semaine de juillet. Le samedi 22, dans la soirée, Mackenzie King décédait. Pierre le lui apprendra par télégramme et lui suggérera de faire voter une résolution par le congrès, exprimant les condoléances du CCF, ce qu'elle fit juste avant que Frank Scott ne remette sa démission comme président national. Puis elle rentre à Montréal. Pierre n'est pas bien. Il reçoit l'extrême-onction.

Les quotidiens parlent de mort subite, le samedi. Au retour de sa marche, vendredi soir, Pierre ne s'est pas senti bien. Selon Jean Nolin, il avait coutume de se rendre «au petit magasin de la rue Greene à l'heure de la Gazette». Nolin et Casgrain s'y rencontraient souvent. De Pierre, il écrira qu'il «jugeait les événements avec perspicacité, droitement! Et toujours il savait souligner ses remarques d'un sourire indulgent et légèrement narquois qui résumait bien sa philosophie clairvoyante mais sans amertume[84].»

Le 26 août, dans la maison qu'ils habitaient à Westmount depuis les premières années de leur mariage, l'heure est à l'organisation des funérailles. Le corps est exposé dans le grand salon et, dès dimanche, le 246 de la rue Elm ne désemplit pas : les parents, les amis et les représentants de la magistrature et du milieu politique se succèdent. Thérèse, dans une stricte robe noire que n'éclaire qu'un rang de perles, reçoit les condoléances. À côté d'elle, ses enfants et sa mère.

Les témoignages de sympathie affluent de partout, surtout des milieux politiques où Pierre et Thérèse ont passé la majeure partie de leur vie. Mais une lettre est spéciale, celle du père Bellavance du Collège Sainte-Marie. Ce jésuite avait accueilli Pierre et son père lorsque ce dernier confiait son fils unique au collège. Le père Bellavance décrit le petit Pierre comme un enfant sage et réservé, ce qu'il semble avoir été toute sa vie[85].

The Gazette rappelle longuement la carrière de Pierre, parle de ses ancêtres et de la famille qu'il laisse dans le deuil[86]. Le *Montreal*

Daily Star aussi, qui souligne en outre la carrière de Thérèse. Selon *La Presse,* «la mort soudaine de l'honorable juge Pierre François Casgrain a causé dans tout le pays une douloureuse surprise qui a mis brusquement fin à une brillante carrière[87]». Mais de Thérèse, pas un mot. Son nom n'y paraît même pas. Le cortège funèbre quittera la maison, le mardi matin à 9 h 10, en direction de l'église Saint-Léon de Westmount, où aura lieu le service.

Elle le dira et l'écrira, deux hommes l'ont influencée : son père et son mari. Du premier, elle écrit qu'il «eut une influence prépondérante dans sa vie. Cet homme, dont la présence en imposait, démontrait un esprit d'entreprise et un dynamisme» qu'elle a su reproduire, malgré ce que l'époque imposait aux femmes comme contraintes. Elle saura, comme lui, être marginale et foncer malgré les obstacles et les critiques, même si cela fait mal, parfois très mal.

Pierre a sans doute su très tôt qu'il ne pourrait garder Thérèse dans le rôle traditionnel alors dévolu aux femmes. Selon sa belle-fille Claude Loranger-Casgrain, «Monsieur Casgrain était d'une extrême tolérance et semblait un peu effacé». Pour Thérèse, il était l'ami plus que le mari, le collègue plus que le compagnon de vie. Elle en parle peu mais, ici et là, elle dit qu'à son retour d'Ottawa ou du bureau, elle échangeait avec lui sur les sujets de l'heure. Elle prenait conseil de lui. Il n'approuvait pas toutes ses causes non plus que ses méthodes, mais il a toujours reconnu à sa femme le droit d'avoir une vie à elle. Et même s'il a fait toute sa carrière politique avec la «famille libérale», il acceptera que Thérèse emprunte une autre route pour faire avancer les causes qui lui tiennent à cœur. Thérèse écrira : «Il me laissa libre d'agir à ma guise et suivit mes activités avec un intérêt profond.» À Hilda Kearns, elle dira de lui qu'il «a été un bon père et un mari merveilleux. Et un bien grand homme pour accepter que sa femme devienne quelqu'un[88].» Pourtant, il arrivait à ce grand homme de pester contre Thérèse. Selon André Casgrain, un cousin de Pierre, ce dernier trouvait que sa femme poussait un peu fort, parfois. Alors, il gueulait : «Ah! les maudits Forget[89]!» Selon Louise Brais-Vaillancourt, dont le père était proche des Casgrain, «le bon vivant, un petit peu grassouillet, n'était pas toujours certain qu'il était heureux avec la politique que sa femme faisait. Parce que lui, quand même, il était juge. »

Thérèse se retrouve veuve à cinquante-quatre ans avec peu de ressources. Par testament, Pierre confirme les donations au contrat de mariage, lui laisse l'usufruit de la maison sa vie durant et le tiers de sa succession, le reste allant aux enfants[90]. Elle touchera une pension de veuve de juge de 2666,60 dollars par année. Certes, elle tire encore quelques revenus de la succession de son père, mais c'est très peu et par intermittence.

En fin d'année, la direction nationale du CCF fait pression sur Jacques-V. Morin, alors secrétaire provincial, pour qu'il organise une campagne de recrutement et de financement dès février-mars 1951. Morin écrit :

> J'avais pensé amener Mme Cagrain à notre réunion du 28 décembre mais j'ai changé d'idées après avoir parlé avec elle. Elle n'affiche aucun enthousiasme pour cette campagne et pense qu'elle peut recueillir plus d'argent auprès de ses amis et relations. De fait, c'est ce qu'elle dit depuis deux ans mais le résultat est infinitésimal. Je crois tout de même qu'il faut l'encourager. Tout ce qu'elle peut recueillir de son côté sera toujours bienvenu. Mais j'insiste : n'abandonnez pas l'idée de la campagne en assumant qu'elle va nous sauver toute seule[91].

À l'époque où Trudeau et Pelletier fondent *Cité libre*, Thérèse reprend ses dîners. Elle ouvre son « salon » à des hommes qui sont en passe de devenir les leaders du Québec et du Canada pour les prochaines décennies. Elle ne réunit que quelques personnes à la fois, pour que la discussion s'anime, que se développe une réflexion plus profonde, plus pointue autour de quelques sujets dont certains feront plus tard partie de programmes électoraux ou de demandes syndicales. Et dès qu'il émerge un intellectuel ou un organisateur syndical, elle s'assure qu'il sera chez elle au prochain dîner.

Régulièrement, autour d'une « poule au pot » ou d'un « bœuf mode », les Frank Scott, Jacques Perrault et, plus tard, Pierre Elliott Trudeau, Gérard Pelletier, Jean Marchand, René Lévesque et parfois Jacques Parizeau se retrouvent. En entrevue, Parizeau me dira :

> Thérèse Casgrain est une hôtesse extraordinaire. C'est au sens moderne, un salon à l'ancienne où l'on discute entre gens de bonne compagnie de sujets importants pour la société. Elle mélange tout le monde et c'est un mélange très intéressant. Très, très. Moi, j'avais les yeux comme cela. J'écoutais ce monde-là.

Jacques Parizeau, dont les parents sont des amis des Casgrain, est invité chez Thérèse à « des réunions qui sont toujours assez étonnantes, où il y a comme un noyau central de trois ou quatre personnes puis des gens de passage ». Quand Thérèse téléphone chez les Parizeau pour inviter Jacques, leur bonne Sarah n'en revient pas. Elle ne lui fait pas « la commission parce que, pour elle, Thérèse, socialiste militante, pouvait être quelque suppôt de Satan dont il fallait protéger [leur] fils ». Selon Parizeau père, Jacques a reçu ses premières invitations chez Thérèse quand « il devint un brillant sujet d'avenir[92] ». Il est intéressant de rappeler ici que le jeune Parizeau flirte avec ceux qui ont fait la guerre d'Espagne, qu'il veut devenir économiste pour être utile au Parti communiste « et mon père trouve ça drôle. Il me répète constamment que je vais faire un bon bourgeois à 40 ans. » Selon Me Philippe Casgrain, Thérèse exerce une grande influence sur ces gens de la gauche québécoise. Et « refuser d'aller manger chez Thérèse, ça ne se faisait pas. Une haine de Thérèse, c'était pas drôle. »

En avril, Thérèse est à Francfort où elle assiste au Congrès de l'Internationale socialiste. Des délégués de vingt-trois pays participent à cette rencontre, mais Thérèse a l'impression que, hormis les Scandinaves et les Anglais, les représentants des mouvements socialistes européens traitent de haut ceux venant d'autres continents. Dans ses mémoires, elle rapporte avoir tenté, au cours des débats, de faire supprimer le nom de Karl Marx dans la déclaration de principe de l'Internationale socialiste, mais en vain. Pensait-elle vraiment pouvoir y arriver ? Je ne crois pas qu'elle réalisait ce qu'elle demandait. André Donneur écrit « qu'elle jugeait [cette référence] désuète[93] ». J'en doute. Rien ne m'indique que Thérèse ait fréquenté les auteurs marxistes ou socialistes ni non plus les spécialistes dans le domaine. Il ne semble pas non plus qu'elle se plonge dans des lectures qui puissent alimenter ses réflexions. Thérèse est d'abord une intuitive avec une intelligence politique surprenante pour une femme de son époque et de son milieu. Pour elle, il était clair que, dans le Québec d'alors, on ne pouvait faire la promotion d'un texte où le nom de Karl Marx figurait.

Thérèse était contre les formules dogmatiques. Elle croyait que, pour faire accepter une doctrine sociale, il fallait exposer les objectifs et les programmes en termes plus pratiques. « Toute attrayante et admirable que puisse paraître la dame vêtue à la mode de 1900, il est certain que, selon l'avis populaire, *The boys won't follow her* », dira-t-elle. Mais les socialistes d'Europe n'étaient pas prêts à entendre ce discours de la chef de la délégation canadienne. Par contre, Thérèse a été très impressionnée par l'intervention de Kurt Schumacher, chef du Parti socialiste allemand et ex-prisonnier des nazis, amputé d'une jambe et d'un bras. Elle écrira dans ses mémoires : « Nous étions tous frappés d'angoisse en l'écoutant, tant il paraissait évident que les ruines de la ville de Francfort que nous avions sous les yeux pousseraient les Allemands à la vengeance. Réarmer ce peuple semblait nettement une folie. »

À la fin de ce congrès, Thérèse intervient pour assurer un des sièges à l'Amérique sur le conseil en formation. Bien que dite internationale, cette association était dirigée par huit Européens. Les débats furent houleux et, même appuyée par plusieurs délégations, la candidature du Canada n'a pas été retenue. Sauf que les Scandinaves ont continué la bataille de Thérèse après son départ et, lors de son passage à l'ambassade du Canada à Bonn, elle a été informée qu'un siège avait finalement été attribué à son pays au Conseil de l'Internationale socialiste.

Son rôle officiel prenant fin, Thérèse se rend en Hollande où l'ambassadeur du Canada, Pierre Dupuy, lui organise des rencontres avec des ministres socialistes du Cabinet hollandais. Elle pourra par la suite visiter des logements à prix modiques récemment construits à Rotterdam et à Amsterdam. Elle écrira que « ceux destinés aux vieillards [l]'intéressèrent particulièrement étant situés dans les quartiers où les occupants avaient toujours vécu afin d'éviter de les dépayser». À Londres, elle rencontre «des femmes d'œuvres laides à faire peur mais titrées et vertueuses».

À Frank Scott, elle écrit une longue lettre[94] faisant rapport de ses rencontres et décrit la campagne anglaise.

> Je voudrais avoir le talent d'un poète pour exprimer mon admiration. [...] Londres a quelques, plutôt plusieurs cicatrices de la guerre. Elle les porte fièrement. Elles guérissent rapidement. Ce qui reste sert à faire ressortir ses beaux traits. Je ne suis pas toujours d'accord avec le peuple anglais mais je l'admire certainement et comprends pourquoi il a gouverné le monde tellement longtemps. Malgré le manque de viande, j'ai trouvé que les Anglais avaient bonne mine, les enfants sont superbes, avec des joues roses, des yeux pétillants. [...] Je me sens plus chez moi ici qu'en France où chacun s'énerve si rapidement à propos de tout et de rien. Mais je suis Canadienne et il n'y a pas de place au monde comme notre pays. Ça vaut la peine de travailler pour lui.

Dans cette longue lettre à Scott, elle offre ses services pour remplacer Jacques-V. Morin au secrétariat «jusqu'à ce que nous puissions payer un autre secrétaire». Et elle continue ainsi :

> Je pense que nous devons trouver un nom français (au parti) pour le Québec. Des rumeurs circulent à l'effet que Gérard Pelletier et ses amis vont organiser un parti social-démocrate. Cela fait juste confirmer ce que je pense. Il vaut mieux être un pas en avant. On peut garder le même emblème et les mêmes initiales et juste expliquer que ce nom est le nôtre et nous y tenir. Il est impossible de traduire CCF en français.

C'est à Paris que le CCF la rejoint pour lui offrir la présidence du parti au Québec. Le 21 juin, elle télégraphie son acceptation. C'est la deuxième fois qu'elle est élue *in abstentia,* mais cette fois, elle accède à une fonction qu'aucune Canadienne n'a encore occupée : elle devient chef d'un parti politique provincial. Comme l'écrira Susan Mann Trofimenkoff, « *her own and the party's eccentricities account for the mutual attraction*[95] ». Elle reprend le bateau vers Québec, le 26 juin.

Même si elle accepte la présidence, Thérèse demande que le parti ne fasse pas trop de publicité autour de sa nomination.

Lors d'une conversation privée avec son fils Paul, je comprends que la famille préfère que leur mère attende que la succession de son mari soit totalement réglée avant qu'elle ne saute dans l'arène. Leur notaire craint que certains fonctionnaires des gouvernements avec qui il a à traiter ne réagissent mal[96].

Selon Marthe Legault[97], les enfants de Thérèse sont scandalisés par ses activités. Qui plus est, son engagement leur vole leur mère. Mais Thérèse fera comme elle l'a toujours fait : à sa tête. Un communiqué sera émis le 24 juin.

En août, la nouvelle chef de parti donne une conférence de presse pour parler de son voyage et en profite pour demander au premier ministre Saint-Laurent de prendre toutes les mesures nécessaires pour stopper de nouvelles augmentations de prix qu'elle craint, entre autres celles du pain et du lait dans la région de Montréal[98].

La prochaine décennie sera pour Thérèse une période d'intenses activités d'organisation d'un parti politique, de combats contre Duplessis et de voyages à l'étranger où elle nouera des liens avec des femmes de toutes les allégeances, de toutes les races et de toutes les conditions sociales.

CHAPITRE II

La « cheuf »

> Dans le cheminement qui conduit un homme dans un
> accomplissement quel qu'il soit, des facteurs souvent
> invisibles aux autres déterminent le choix qu'il fera ou
> que les autres lui feront faire.
>
> GEORGES-ÉMILE LAPALME,
> *Le bruit des choses réveillées*

T HÉRÈSE, DONC, est chef du parti, mais un parti où tout est à faire. « Le CCF sentait un peu le souffre, au Québec. Il avait subi les condamnations de l'Église et de Duplessis », me dira Fernand Daoust. « C'était une poignée de militants de gauche : Frank Scott, Jacques-V. Morin, l'avocat Guy-Merrill Desaulniers, alors président » et quelques autres. Si Fernand Daoust ne s'inclut pas dans cette nomenclature, c'est qu'il ne sera pas longtemps membre du CCF, bien qu'il se soit présenté sous cette bannière à l'élection générale de 1953, dans Sainte-Marie. Militant et travailleur syndical, il était partisan d'un véritable parti des travailleurs. Plus tard, il sera membre du Conseil provisoire du NPD-Québec et Roméo Mathieu, président.

À l'arrivée de Thérèse, Donald C. MacDonald est grandement impressionné. Il dira d'elle

> qu'elle est la femme la plus « oustanding » au Canada français depuis
> la Confédération, non seulement quelqu'un qui apporte à notre

mouvement une stature qui pour le moment est plus grande mais aussi une personne qui traduit dans ses interventions les besoins et les aspirations des Canadiens français. À travers son leadership, notre petit groupe au Québec est devenu un groupe de pionniers qui a su capturer la vision d'un mouvement comme le nôtre et de ce qu'il peut réaliser[1].

Chef de parti. Un beau titre, mais une tâche écrasante et la responsabilité de l'échec, le cas échéant. Quand elle entre en fonction, Thérèse en connaît plusieurs militants — elle était vice-président national depuis 1948 — mais elle sait aussi que tout est encore à reconstruire. Il y a bien des clubs CCF, ici et là, sans que l'organisation arrive à se doter d'un secrétariat permanent. Le financement ne vient que des membres. Si personne ne suit à la trace le renouvellement des adhésions et le paiement des dus annuels, c'est la disette.

Dans la province, le CCF est né d'un noyau formé dans la ville de Québec. À Montréal, la première réunion s'est tenue en 1935, organisée à Verdun par le maire Wilson, lui-même ardent CCFiste. Il y a des noyaux plus vivants que d'autres : le sud-ouest de Montréal, certains quartiers de la ville de Québec, Rouyn-Noranda, Sherbrooke, mais le parti n'arrive pas à attirer beaucoup de francophones. Là où une certaine activité existe, c'est dans les quartiers ouvriers où les membres actifs luttent aussi pour obtenir de meilleures conditions de travail. Généralement, ce sont des immigrants ou des fils d'immigrants, la plupart du temps de langue anglaise. D'ailleurs, le CCF est majoritairement composé d'anglophones et, depuis ses débuts, est surtout dirigé par un groupe d'intellectuels anglophones gravitant autour de l'Université McGill. Selon Gil Courtemanche, « les gens de McGill ne vivaient pas au Québec, les gens de McGill vivaient à McGill. Même s'ils étaient souvent bilingues, ils ne sortaient jamais dans l'est de la ville, ne connaissaient pas la partie ouvrière de la ville et ne savaient pas s'adresser à ces gens-là[2]. » Jusqu'en 1955, toutes les réunions se tiennent en anglais et les procès-verbaux sont rédigés dans cette langue. Il fallait donc être anglophone ou bilingue pour militer dans ce parti.

Avant que Thérèse ne se joigne au parti, l'avocat ouvrier et petit-cousin de son mari Jacques Casgrain avait adhéré au CCF. Ce petit-fils de premier ministre, frère d'un ministre et plus tard juge, pratiquait dans un quartier où il ne pouvait charger plus de cinquante cents par client. Durant la crise, il avait lui-même souvent fait face à des poursuites pour incapacité de payer son loyer. Il avait aussi vécu des coupures d'électricité pour les mêmes raisons. Me Casgrain dira que ce qui l'a conduit au CCF, c'est le fait qu'il avait défendu des gens poursuivis parce qu'ils ne pouvaient payer leurs comptes, durant la crise. «Ce climat de pauvreté, de misère, d'humiliation m'a émotivement révolté contre le système qui permettait cela[3].»

Il était l'organisateur du CCF pour le Québec. À l'époque, il écrit de nombreuses lettres à Scott pour se plaindre du fait que la documentation ne lui parvient pas, ou qu'elle n'est qu'en anglais ou qu'il faudrait clarifier l'attitude du parti sur la propriété privée. Au Québec, les agriculteurs craignent de perdre leur ferme si un gouvernement CCF prend le pouvoir. Il revient souvent à la charge pour que le parti tienne compte du fait que les clercs intéressés par des réformes sociales favorisent le Bloc populaire plutôt que le CCF. Selon lui, cela expliquerait pourquoi une campagne nationaliste a toujours du succès au Québec et pourquoi le CCF n'arrive pas à s'y implanter[4]. Et puis, il est difficile de faire accepter les idées nouvelles dans le Québec d'alors, d'autant plus que la doctrine du CCF est d'inspiration protestante. Selon Gil Courtemanche, «les CCFistes faisaient de la philosophie politique ne correspondant pas à la nature des Québécois et ils méprisaient leurs valeurs profondes dont l'une, en particulier, le nationalisme[5]».

Durant les années 1940, mais avant que Thérèse n'y soit active, Me Robert L. Calder organisait les Mercredis CCF au Monument national, sur le boulevard Saint-Laurent. Un conférencier venait exposer un sujet pour ensuite échanger avec les participants. Pour Jacques-V. Morin, «ça rappelait un peu les grandes années de la gauche durant la crise, quand vous aviez des gens comme Saint-Martin et autres qui avaient des universités ouvrières où beaucoup de travailleurs montréalais allaient se renseigner[6]».

Selon Me Casgrain, « il y avait toujours quelques communistes qui assistaient à nos réunions pour nous reprocher d'être simplement socialistes et nous exhorter à devenir communistes[7] ». Ce qui n'était pas pour aider la cause des CCFistes. « On était des socialistes démocrates. On voulait concilier les libertés politiques avec les avantages qu'une société décente doit offrir à ses membres mais en sachant manier d'une façon sage la liberté et la sécurité, sans sacrifier l'une à l'autre[8]. »

Et puis, le CCF offrait une réponse « centraliste » aux problèmes économiques et sociaux du Canada. Il n'avait pas vraiment de racines au Québec et était incapable de montrer pourquoi il devait en avoir ni même s'il pouvait finir par s'y enraciner. Il était considéré comme un produit d'importation, avec un nom « à coucher dehors » que personne n'arrivait à prononcer.

Dès août 1944, Jacques-V. Morin avait offert ses services à temps partiel, comme chef de secrétariat et rédacteur au journal (*Liaison*). Jacques-V., comme on l'appelle familièrement, est alors étudiant en service social, il milite dans la Jeunesse socialiste et devient le premier président des Jeunesses CCF dans la province. Jacques-V. agira un moment comme bénévole avant de devenir permanent et d'être rémunéré.

Il raconte que, au moment où Thérèse était vice-président francophone national, même si le Parti n'avait pas d'argent, des défilés et des assemblées de quartiers étaient organisés et des tracts distribués sur les perrons des églises, le dimanche[9]. D'un côté, les Témoins de Jéhovah, de l'autre les CCFistes ! De quoi exaspérer n'importe quel curé ! Quand Jacques-V. arrive comme secrétaire, il fait un peu de tout : il visite des syndicats, organise des activités de formation, publie le journal interne.

Le CCF provincial forme plusieurs comités qui fonctionnent plus ou moins bien. Le Comité sur l'éducation organise des classes une fois la semaine, du 5 novembre au 6 mai, où l'on discute de l'organisation et du programme du CCF. Une quarantaine de personnes y sont inscrites. Celui sur les conditions de travail et la syndicalisation regroupe des membres de la plupart des grands syndicats de l'époque. Le Comité des relations publiques émet des communiqués sur les prises de position du parti et sur la campagne de financement, et, à la mi-octobre, il lance une campagne pour contrer la hausse des prix et l'inflation.

Rapidement, il faut trouver un autre local, celui de la rue Cherrier étant complètement inadéquat. Depuis le milieu des années 1940, le CCF change régulièrement de local et de secrétaire. En 1946 et 1947, c'était sur la rue Roy, et le secrétaire était Roger Provost, qui sera remplacé par Réginald Boisvert. Il faut aussi faire du recrutement : sans membres, il est difficile de payer les comptes et de se lancer dans la mêlée lors d'une prochaine élection. Quoi qu'il soit difficile de vérifier, il semble qu'à l'époque le CCF ne compte même pas trois cents membres. C'est un parti qu'il faut organiser comté par comté, trouver des candidats, mais aussi des équipes pour les soutenir et, d'abord et avant tout, de l'argent pour tenir une permanence digne de ce nom à Montréal.

Morin crie au secours, le trésorier national lui répond qu'il faut envisager le tout mois par mois, rappeler aux membres qu'ils doivent acquitter leur dû, rappeler aussi à chaque comté qu'il doit rencontrer son « quota ». Des membres de Westmount contribuent généreusement, d'autres s'occupent de voiturer ceux qui n'ont pas de moyen de transport. Cela aide à tenir le coup, mais ce n'est pas suffisant. Il arrive parfois que Jacques-V. n'est pas payé. Il a beau être un bon organisateur et un excellent formateur, il en vient à la conclusion qu'il ne peut continuer à mener la bataille tout seul.

Thérèse a une grande expérience de la militance, connaît le fonctionnement des groupes et jouit encore de l'aura que lui a apporté sa bataille pour l'obtention du droit de vote des femmes, celle pour les allocations familiales versées à la mère et son soutien aux grévistes d'Asbestos, mais, quand elle accepte la chefferie, je ne crois pas qu'elle sache dans quoi elle s'embarque. À la différence des années 1930, où un groupe de femmes gravite autour d'elle, organise des rencontres, expédie des lettres, etc., elle arrive dans un monde d'hommes peu habitués à la cuisine des organisations. Comme elle le répète souvent, les femmes collent des timbres pour permettre aux hommes de se faire élire. Là, les gars ne colleront pas de timbres. Ils sont plutôt habitués à l'organisation des travailleurs d'usine ou aux palabres universitaires, deux territoires qu'elle n'a pas fréquentés. Thérèse est une femme d'action qui veut des résultats. « Une déterminée dangereuse », selon l'expression de Monique Bégin[10]. « Une femme d'une grande énergie, d'une incroyable énergie même à un âge avancé », affirme Alice Desjardins.

Thérèse l'a appris à la dure, lors de la campagne de 1942 dans Charlevoix-Saguenay. Et c'était pourtant un terreau qu'elle connaissait depuis le milieu de la décennie 1910 ! Et des sujets qu'elle maîtrisait. C'est beau d'être contre l'injustice, toutes les injustices. Mais défendre en tant que chef de parti un programme politique conçu par des intellectuels torontois et remanié par des Anglophones issus des Églises protestantes et des organisations de fermiers de l'Ouest, c'est tout un contrat quand on est au Québec. On a beau être politique, avoir de l'intuition et le cœur à la bonne place, cela ne suffit pas. « Thérèse n'était pas conceptuelle », me dira Monique Bégin. « Elle n'a pas de structure conceptuelle pour analyser tout cela. Mais elle a du flair, c'est une excellente communicatrice et ça ne paraît pas qu'elle n'est pas analytique. » En outre, elle est une femme ! Même si les histoires grasses ne la scandalisent pas, c'est tout de même une bourgeoise et les gars l'imaginent mal en usine. Il faudra bien qu'ils s'y fassent, pourtant. Ou alors que quelqu'un d'entre eux prenne la place. Mais personne ne lève la main. Alors, elle ira. Thérèse sera associée au CCF/NPD durant pratiquement seize ans. « Si elle avait été un homme qui aspirait à devenir Premier ministre, elle n'aurait pas joint ce parti », affirme Susan Mann[11].

En 1970, Mᵉ Jacques Casgrain dira que

> beaucoup d'hommes remarquables qui, dans leur for intérieur étaient des radicaux, des réformistes, plutôt que de passer par le long couloir noir des défaites répétées au service d'un parti en voie de se bâtir, sacrifiaient leurs idées à leur carrière. Dans leur hâte d'arriver aux postes de commande sur la scène politique, plutôt que de prendre les sentiers raboteux et cahoteux du CCF, ils prenaient l'avenue bien pavée du Parti libéral[12].

Fernand Daoust m'a relaté un événement dont a aussi parlé Jacques-V. concernant Thérèse et Guy-Merrill Desaulniers. Ce dernier voulait divorcer. Thérèse le lui a reproché : ce n'était pas bon pour le parti ! Selon Daoust, « Thérèse n'était pas une dame de Sainte-Anne ! Elle a fait toute une esclandre. » Revenant sur cet incident, au cours du Colloque sur Thérèse Casgrain organisé par l'UQAM, Jacques-V. parle d'une querelle entre frères et sœurs ennemis[13]. « La crise atteignit son paroxysme lorsque Thérèse Casgrain relança Guy Desaulniers à bord d'un train en partance pour Québec et lui extorqua pratiquement sa signature au bas d'une lettre de démission préparée à l'avance. »

Dans le Québec catholique des années 1950, un leader canadien-français ne pouvait pas divorcer. Encore moins un leader d'une organisation politique socialiste trop facilement identifiée au communisme. Il ne pouvait plus représenter le CCF. Reste que la manière était pour le moins drastique. Le secrétaire général d'alors quitta son poste. « Il avait son compte », selon Jacques-V. « Il me dit sans méchanceté : Je te lègue la mère Casgrain[14]. » Inutile de dire que cela eut pour effet de refroidir l'ardeur des membres : certains sont allés au Parti communiste, d'autres ont quitté le parti et d'autres ont considéré l'incident clos.

Jacques-V. connaissait Thérèse de longue date. Sa famille côtoyait les Casgrain. « Elle était un personnage remuant et je savais qu'il fallait la prendre avec des pincettes. De petites difficultés surgissaient continuellement, qu'on réussissait toujours à régler[15]. » Francine Laurendeau croit que, face à certaines choses, Thérèse n'était pas très ouverte. Par exemple, elle ne comprenait pas que « je me déclare agnostique. Puis, on avait une vie assez libre, on avait des amants. Et Michel (Chartrand) n'était pas un modèle de conduite d'homme marié, c'est connu. Simonne, c'est une sainte[16]. » Si Thérèse fait la vie dure à quelques-uns, elle ne l'a pas facile non plus. L'éditorialiste J.-François Pouliot mène une campagne contre elle et « parade sa caricature [de Thérèse] en *pin-up girl*[17] ».

Puis, le fils aîné de Thérèse, son beau Rodolphe, se marie. Selon Normande Mailloux, sa future belle-mère était en Europe quand Rodolphe lui a annoncé qu'il avait rencontré une infirmière de l'Hôpital Notre-Dame et qu'ils allaient se marier. Rodolphe et

Normande s'étaient rencontrés à l'Hôtel Windsor, au cours d'une soirée bénéfice au profit de l'hôpital. « Il m'a demandée en mariage dans le Parc Lafontaine. […] Nous nous sommes mariés à la même église que Lady Forget : je viens de Rivière-du-Loup[18]. » Tout pour plaire à Blanche dont Rodolphe est le préféré des petits-enfants. Thérèse ne parle pas de cet événement.

———

Dans ses mémoires, Thérèse rapporte qu'un jour Jacques-Yvan Morin vint à elle : « Madame, vous n'avez pas beaucoup de monde pour vous aider, permettez-moi de faire ce que je pourrai en votre faveur. » Suivant les échanges que j'ai eus avec lui, c'est au printemps de 1952 que Jacques-Yvan Morin, étudiant en droit à l'Université McGill, est allé offrir son aide à Thérèse. Avec Jean Gérin-Lajoie, il avait entrepris une étude sur la condition sociale des étudiants franco-québécois à McGill. Il écrira : « Nous en étions venus à penser, chiffres à l'appui, que très peu de jeunes pouvaient espérer accéder à l'enseignement supérieur lorsque les parents n'en avaient pas les moyens. […] Or, seule Thérèse Casgrain paraissait sensible à ce problème social. D'où mon offre de service à l'élection de 1952 dans Saint-Henri[19]. »

Au moment du déclenchement de cette campagne électorale, le 28 mai, il n'y a même pas un an que Thérèse est chef du parti. Jacques-Yvan Morin se souvient avoir fait du porte-à-porte et participé à des réunions de cuisine, mais pas à des activités de pointage ni à des assemblées publiques. « Je n'étais qu'un modeste étudiant de vingt ans. Je ne puis vous entretenir de la réaction des électeurs de Verdun devant la personnalité hors norme de la candidate[20]. » De la voir arriver avec son chapeau, gantée et collier de perles au cou, debout dans une voiture ouverte, cela devait faire curieux. Jacques Parizeau se rappelle les commentaires de ses parents : « Quand mes parents parlaient de Thérèse Casgrain à l'arrière d'un *pick up truck* avec son chapeau […] ils la trouvaient bien bizarre. C'était de très mauvais goût de faire des déclarations publiques mais c'était une amie : on pardonne des choses aux amis. »

« Je ne dirais pas que Thérèse méprisait les gens du peuple, mais parfois, elle avait des sursauts aristocratiques et se fâchait : "Que voulez-vous faire avec des femmes de ménage ?" Elle était quand même la fille de sir Rodolphe et de lady Forget », dira Jacques-Victor Morin[21]. Certes, mais on ne pouvait nier son engagement en faveur d'une société plus humaine, plus ouverte, plus juste, où l'égalité des chances n'est pas qu'un vain mot. Francine Laurendeau me dira : « Je suis sûre que c'était très sincère. Qu'est-ce qu'elle avait à gagner ? Malheureusement, elle était dans un parti très centralisateur, ce qui fait qu'il n'a jamais réussi à s'implanter au Québec. »

L'organisation ne peut compter que sur le bénévolat et sur une aide marginale du CCF national pour faire avancer les choses. Ainsi, l'organisateur en chef de la campagne de Thérèse est Ben Levert, ex-maire de Sturgeon Falls, dans le nord de l'Ontario. De l'argent aurait été plus utile : elle y mettra le sien. Lorne Ingle écrit au secrétaire provincial :

> J'ai été très ennuyé par ce que Thérèse Casgrain m'a dit au téléphone concernant la façon envisagée pour couvrir le dépôt des vingt-cinq candidats dans la Province. Je comprends que, mis à part ceux qui peuvent assumer eux-mêmes cette condition, à Montréal, et ce que nous pouvons avancer pour Hull, Mme Casgrain envisage de compléter elle-même, à partir de ses fonds. Si cela est exact, cela veut dire plusieurs milliers de dollars. Peut-être peut-elle se le permettre et ne pas s'appauvrir ce faisant ; je n'en ai aucune idée. Mais si cela risque d'écarter Thérèse Casgrain, cela n'en vaut pas la peine.
>
> [...]
>
> J'aimerais savoir ce qui en est, combien de dépôts peuvent être payés par le parti, dans quelles circonscriptions et combien seraient payés par Thérèse de même que comment cela va l'affecter personnellement[22].

Au Québec, le parti faisait face à des machines bien huilées qui connaissent à fond le Québec et, dans le cas de l'Union nationale, toutes les élites locales par leur prénom. L'Union nationale remettait à chacun de ses orateurs un dossier comprenant des cartes qui pouvaient se glisser dans la poche d'un veston et qui contenaient — par ministère — les réalisations importantes et les lois et politiques adoptées sous Maurice Duplessis. Le CCF avait bien quelques personnes pour chanter les vertus du socialisme, mais il ne pouvait remplir que des cuisines ou des salons. Parfois une petite salle où les gens venaient par conviction plutôt que pour se faire convaincre. Et même les convaincus avouaient parfois devoir voter pour l'Union nationale, de crainte de perdre leur emploi. Des syndiqués le diront.

Thérèse refuse que des « télégraphes » (substitution de personnes) soient utilisés, le jour du vote. C'est tout à son honneur, mais quand les adversaires s'en servent à qui mieux mieux, c'est accepter d'avance d'être largement battu. Le CCF n'était pas un parti comme les autres et n'a jamais été organisé pour gagner une élection au Québec. Il était formé d'un groupe d'altruistes qui voulaient changer la société, lutter contre la pauvreté et les privilèges de ceux qui exploitent la majorité de la population. Ce groupe côtoyait les syndicalistes qui revendiquaient de meilleures conditions de travail, alors les discours sur la démocratie, sur la nationalisation, sur la constitution, c'étaient des grands mots qui faisaient bien dans les salons de Westmount ou d'Outremont, mais pas dans les tavernes où se tenaient ceux que le parti voulait défendre. Et dans l'est de la ville, « même si on y allait quelques fois, on arrivait avec nos cravates, bien habillés, chics. On gênait les gens », dira Gil Courtemanche[23]. Les syndiqués étaient majoritaires dans le parti, et, dans plusieurs endroits, ce sont eux qui le portaient à bout de bras.

Louise Archambault-Riggi se souvient que son père, le Dr Adrien-D. Archambault, tenait des réunions dans le sous-sol de leur résidence, au 1600 boulevard LaSalle. Elle revoit Thérèse Casgrain, assise sur un grand divan en damas grenat, parlant, parlant. Selon Louise, sa mère s'enorgueillissait de ce qu'il n'y avait que deux divans comme celui-là, à Montréal, l'autre se trouvant chez le cardinal[24]. André Gauthier, dont le père Marc fut plus de quarante ans domestique chez les Forget, viendra aussi aider Thérèse durant sa campagne.

Durant cette campagne, des enfants de six à douze ans ont paradé avec des pancartes et des banderoles portant le nom de Thérèse Casgrain et du CCF. Thérèse raconte que, alors qu'elle allait en voiture au local du parti, dans Verdun, un policier l'a interceptée l'accusant de ne pas avoir fait son stop. Elle répond que c'est faux, qu'elle l'avait fait. Le policier rétorque que c'était un arrêt insuffisant, puis l'a regardée attentivement : « Mais vous êtes bien la femme *pendue* aux poteaux de notre ville[25]. » Et il l'a laissée continuer sa route.

Montréal-Verdun fut longtemps le comté où le CCF était le plus populaire. Des clubs CCF y avaient été formés dès le milieu de la décennie 1930. Le premier avait été mis sur pied par un cheminot, William Dodge. Fortement industrialisée, la ville de Verdun était durement touchée par les crises et le Club de Verdun deviendra très vite « le nerf central de la gauche québécoise[26] ». Il n'empêche, le mercredi 16 juillet, Thérèse arrive troisième avec 10 % du vote. Décevant. D'autant qu'elle avait payé « le dépôt » des vingt-cinq candidats du parti ; c'était le nombre minimal qu'il fallait pour obtenir du temps d'antenne gratuit à la radio durant une campagne électorale provinciale. Thérèse faisait face au libéral Lionel Ross, qui fut réélu avec dix mille quatre cents voix de majorité.

———

En septembre 1952, la télévision arrive au Canada. Rapidement, des antennes poussent sur les toits des maisons, et la « révolution culturelle » déferle sur le Québec. Bientôt, Michelle Tisseyre promènera ses décolletés à *Music-Hall* et les danseurs de Ludmilla Chiriaeff feront mille arabesques et pas de deux, en collant et tutu, de quoi faire s'étouffer certains clercs qui se plaindront à la direction. Mais, peine perdue : le théâtre, l'opéra, la musique classique et le ballet sont là pour rester, de même que les émissions d'affaires publiques et les bulletins de nouvelles.

Jusqu'à l'arrivée de Télé-Métropole, en février 1961, les Québécois s'installent devant l'écran, tous les jours à la même heure, pour entendre la même chose. Le Québec passe ainsi d'un certain Moyen Âge à la libéralisation de la pensée. L'autorité, les soutanes, perdent peu à peu de leur influence. Le mode de vie traditionnel des Canadiens français, la structure sociale du Québec, encadrée et dominée par l'Église et les élites traditionnelles commencent à s'effriter. Maurice Duplessis se sent d'ailleurs obligé de rappeler devant l'Assemblée législative que « la société repose sur deux piliers : l'autorité religieuse et l'autorité civile. [...] C'est pourquoi le gouvernement a l'intention de veiller à leur protection, et cela dans l'intérêt même des ouvriers[27]. »

Puis, à nouveau des élections à préparer, à un mois d'intervalle. Une partielle en juillet, dans Outremont, où Georges-Émile Lapalme sera élu : c'est le chef de l'opposition libérale au Québec. Le CCF n'y présente personne. Thérèse est en campagne pour les élections fédérales du 10 août où le CCF s'essaie dans vingt-six comtés. Elle ratisse Jacques-Cartier-LaSalle. Alors qu'elle fait campagne à la radio, elle reçoit, à quelques jours des élections, un mot d'encouragement d'un ex-collègue de son mari, à Ottawa et au Palais de justice.

> Hier soir, dans la sollitude [*sic*] de mon Île, j'ai écouté avec la plus grande attention et admiration, je devrais dire, votre discours à la radio. Et lorsque tout fut terminé, je me disais : en dehors de toute question politique, une femme d'un tel talent devrait avoir sa place dans le Parlement de notre pays[28].

Tout comme pour l'élection précédente dans Verdun, Thérèse arrive troisième avec 2870 voix. Michel Chartrand et Fernand Daoust arriveront aussi troisième dans leurs comtés respectifs.

En réaction aux velléités du gouvernement fédéral de modifier seul les pouvoirs constitutionnels des provinces, Duplessis avait formé, le 12 février 1953, une commission, présidée par le juge en chef Thomas Tremblay. Le 14 février 1954, sans attendre le dépôt du rapport de cette commission, Onésime Gagnon, alors ministre des Finances, présente un projet de loi instituant un impôt provincial sur le revenu des particuliers. Tollé du côté fédéral. Le premier ministre Saint-Laurent est furieux, d'autant que l'Assemblée législative adopte le projet de loi en un temps record : dix jours après son dépôt. Ottawa doit alors faire marche arrière. Selon Georges-Émile Lapalme, « Duplessis avait engagé sa seule vraie bataille de l'autonomie et l'avait gagnée[29] ».

Pour le CCF-Québec, une centralisation poussée du système fédéral risquait de compromettre la situation des Canadiens français, mais il fallait bien reconnaître que le gouvernement fédéral avait besoin de suffisamment de pouvoirs pour contrôler les forces économiques du pays. Je ne connais pas la position personnelle de Thérèse, mais on peut l'imaginer regroupant dans son salon Michel Forest, Frank Scott et Jacques Perrault pour préparer l'intervention du CCF-Québec au congrès national à Edmonton, congrès qu'elle doit coprésider avec Stanley Knowles. Finalement, les délégués provenant de toutes les régions du Canada, à l'unanimité, affirment que les provinces doivent bénéficier de tous les revenus dont elles ont besoin et que l'on ne doit en aucune façon porter atteinte aux droits des minorités reconnus par la Constitution canadienne.

Outre la création d'un impôt provincial, en janvier 1953, Duplessis légifère pour contrer l'organisation syndicale. Les Bills 19 et 20 rendent rétroactivement criminels des gestes tout à fait légaux dix ans auparavant. Entre autres, si un chef syndical, dans un service public, avait déjà favorisé une grève légale plusieurs années plus tôt, le syndicat ne pouvait plus négocier. Il pouvait même perdre son accréditation. En outre, aucun employeur n'était tenu de négocier avec un syndicat qui comptait des communistes dans ses rangs. Tout comme dans la Loi du cadenas, les mots « communiste » et « communisme » ne sont pas définis. De plus, le Bill 20 interdit la grève dans le secteur public. C'est ainsi que l'Alliance des professeurs de Montréal perd son accréditation en 1954 pour avoir fait la grève en 1949.

Le 24 janvier, trois mille personnes manifestent à Québec contre ces lois antisyndicales. Ils viennent en autobus, en train, de tous les coins de la province et, depuis la gare du Palais, par une journée de grand froid, ils marchent jusqu'à la place d'Youville. Thérèse est de l'organisation, mais je ne vois pas qu'elle soit intervenue au palais Montcalm, après la manifestation devant le Parlement. 1954 est l'année des grandes marches. Mais Duplessis ne bouge pas. Le Conseil législatif non plus, bien qu'il soit formé d'une majorité de libéraux.

En mars, Thérèse vogue vers l'Europe, sur le *Liberté*[30]. La traversée est mauvaise mais elle a le pied marin. Je ne sais avec qui elle voyage, mais sa compagne doit rencontrer le pape, le 19 mars. La veille, Thérèse dîne avec les Vanier qui sont en Europe. « Ils ont été charmants pour moi. Ça fait chaud au cœur d'avoir des amis aussi sincères. Ils m'ont décidée d'abandonner l'idée de mon voyage à Nice. Je crois qu'ils ont raison, à quoi bon me risquer d'aller m'ennuyer là-bas toute seule. »

Le 21 mars, elle quitte Rome pour Paris, en même temps que les Vanier. Ces derniers la conduisent au 17 rue de la Trémoille, à l'hôtel du même nom où elle s'installe pour quelques semaines, Elle retrouve Benoît Lafleur et Pierre Houle, qui l'amèneront au théâtre, dans les musées, à l'Opéra, dans des dîners. Elle sera aussi reçue chez Pierre Dupuys et, avec Pauline Vanier, elle ira entendre *Les Sept Paroles du Christ* à la Madeleine. Le 28 mars, elle note : « Fête de Maurice. Je souffre de voir tous nos liens familiaux brisés. » Elle lui envoie un mot pour son anniversaire.

Durant tout ce voyage, Roméo Mathieu la tient au courant de ce qui se passe au Canada[31]. Il lui rapporte les propos de Coldwell concernant Duplessis.

> Coldwell a dit à Ottawa que Duplessis outrepassait ses droits. Maurice Duplessis a répondu que l'autonomie était la barricade contre la centralisation et le socialisme. Je crois que la déclaration de Coldwell était prématurée et irresponsable.
>
> Au sein du CCF, votre absence s'est fait sentir et l'on constate que vous n'êtes pas là pour faire le travail et pousser dans le dos des gens. Nous sommes toujours sans nouvelles de Boisvert, le *secrétaire*.

Datée du 10 avril, la lettre suivante est adressée Promenade des Anglais, à Nice, où elle est finalement descendue. Mathieu informe Thérèse du temps qu'il fait à Montréal et aussi de la chasse aux communistes aux États-Unis, lui-même venant de se voir refuser l'entrée dans ce pays. Il poursuit : « Politiquement parlant, votre absence se fait sentir et le tout est au statu quo. [...] Les partis politiques réactionnaires jouent des positions stratégiques au dépens du peuple. » Mathieu donne l'impression d'être l'homme de confiance de Thérèse. Un peu plus tôt, elle lui avait demandé de faire vérifier sa Pontiac chez Sanguinet Automobile. Dans une lettre, il lui confirme aussi avoir réglé pour elle son membership au Golf Club : Thérèse est membre du Lachine & Country Club depuis longtemps et pratique ce sport depuis les années d'avant son mariage, quoique, à l'époque, c'était davantage le tennis qui l'attirait.

En 1954, Pierre Vadeboncoeur adhère au CCF ; il en sera membre jusqu'à la fin de la décennie. Ancien des Jeune-Canada, syndicaliste à la CTCC-CSN, rédacteur à *Cité libre,* ce « socialiste de condition bourgeoise », ce « lyrique aventuré dans l'action », comme l'a écrit Maurice Blain[32], prend part assez souvent aux soupers fort courus de Thérèse. C'est aussi en 1954 que gravitent autour du bureau du CCF, à Montréal, l'économiste Michel Forest et Francine Laurendeau. « J'avais fait le tour des partis et ce socialisme m'a intéressée. Je suis devenue membre et j'ai été active. C'est bien la seule fois que j'ai été militante active. Souvent, mon père était content que je fasse partie de ce parti au lieu de l'autre. En même temps, il me disait : "vous n'avez aucune chance." C'est par Michel Forest que j'ai connu le parti. » André Laurendeau savait d'expérience qu'un tiers parti avait peu de chances de faire une percée importante au Québec. « Il considérait chacune de ces instances avec un mélange d'espoir et de scepticisme qui lui faisait garder ses distances[33]. »

Le bureau était alors rue Bishop, au coin de la rue Sainte-Catherine, puis a déménagé dans l'est, rue Beaudry, au coin de la rue Sainte-Catherine. Francine Laurendeau et Michel Forest y ont travaillé, rémunérés, elle un an ou deux. Francine Laurendeau se souvient avoir participé aux réunions où, pour taquiner Thérèse, « on s'appelait entre nous "camarades". Camarade Forest, que pensez-vous de cette chose ? On n'était pas communiste ; c'était juste pour la piquer un peu et ça marchait. "Comment ça camarade ?" qu'elle disait. Elle avait un côté pas aristocrate mais grande bourgeoise. Une grande dame, pour sa génération, qui se tient droite, vêtue un peu à l'anglaise, avec des chapeaux. » Francine Laurendeau l'a aussi souvent entendue parler dans les congrès : « On se fatiguait Michel Forest et moi pour traduire les documents en français, elle avait l'air de trouver cela secondaire, que l'on perdait notre temps. On passait des nuits blanches à traduire. Elle ne comprenait pas pourquoi on se fatiguait pour cela. Elle était assez anglifiée. Elle parlait un français correct mais elle avait des expressions anglaises. »

En 1954, toujours, Thérèse assiste à la première session de l'Institut canadien d'affaires publiques (ICAP)[34], qui portait sur le « peuple souverain ». Aux côtés de Frank Scott et d'Eugene Forsey, elle présente un exposé que je n'ai pas retracé. Interviennent aussi à cette session Jean Marchand, Gérard Pelletier, André Laurendeau et Pierre Elliott Trudeau.

Jacques Parizeau, un habitué de ces rencontres, parle du rôle très important de l'ICAP.

> En septembre, lors de la Fête du travail, il y avait trois jours de session au Red Room, à Sainte-Adèle. C'est là que l'opposition, non seulement à Duplessis mais à l'ancien régime, se manifestait une fois par année. Se nourrissait. C'est dans ce terreau qu'on va recruter les gens de la Révolution tranquille.

Parizeau me confirme que les délibérations de l'ICAP étaient retransmises par le réseau français de Radio-Canada. « L'ICAP avait aussi des liens avec une émission qui s'appelait *Les idées en marche*. C'était l'expression du front commun antiduplessiste. » Le sociologue Guy Rocher parle aussi de ces rencontres :

> On se retrouvait entre intellectuels de différentes écoles idéologiques et politiques. On trouvait là un bain de réflexion, de pensée critique très stimulant. Nous avions besoin d'un tel milieu dans le climat étouffant de l'époque duplessiste. C'est entre autres dans ces rencontres que se préparait la Révolution tranquille des années 1960[35].

Selon le syndicaliste J. Robert Ouellet[36], « la formule de travail était d'abord une conférence, ensuite des questions. Le premier soir, les gens se posaient la question : La démocratie est-elle possible ? Nos gens peuvent-ils comprendre ? sont-ils assez mûrs pour prendre des responsabilités ? Je leur ai dit : "Arrêtez de vous poser des questions sur les autres et demandez-vous ce que vous pouvez faire vous autres." »

Cela ne pouvait que plaire à Thérèse qui était souvent agacée par ces discussions pour elle trop théoriques. Elle va vers Ouellet et lui dit :

Nous avons besoin de vous.
– Pauvre madame, ne perdez pas votre temps. Je suis allergique au socialisme.
– Je ne vous demande qu'une chose : j'aimerais vous envoyer le programme de notre parti et que vous me fassiez vos commentaires.

Ouellet deviendra membre actif du CCF en 1956. Il se présentera à l'élection provinciale, dans Rouyn où Thérèse et Pierre Elliott Trudeau iront faire campagne pour lui. « Le premier soir qu'il est venu parler, c'étaient de pauvres colons, des mineurs », dira Ouellet. « Pierre leur disait de belles choses mais dans une langue que les gens ne parlent pas. Ça leur passait par-dessus la tête. Ils bâillaient et avaient hâte que ce soit fini. »

De temps à autre, Thérèse s'aventure sur des sentiers qui concernent l'unité canadienne. Par exemple, le lundi 15 novembre, elle donne une conférence au Canadian Club de Medicine Hat, en Alberta[37].

Arrêtez et mettez-vous un moment dans notre position. Nous, les Canadiens français nous formons le tiers de la population. Imaginez-vous un moment un petit groupe de parlant anglais dans un pays français et vous comprendrez mieux pourquoi nous réagissons comme nous le faisons.

Et expliquant l'attitude du gouvernement Duplessis face à Ottawa :

Duplessis suit les traces de Taschereau en refusant les fonds fédéraux. Le citoyen québécois craint la perte des droits de sa province beaucoup plus que vous ne semblez le comprendre.

Plus loin :

Les Québécois votent libéral au fédéral parce que les libéraux ne sont pas impérialistes ; ils votent Union Nationale parce qu'ils veulent l'autonomie.

Sur le front du droit des femmes, l'article 986 du Code civil est enfin modifié, le 16 décembre. Lionel Ross, le député libéral qui a battu Thérèse dans Verdun, avait déposé un bill qui ajoutait un paragraphe a) à l'article 986, ce qui aurait pour effet d'accorder aux femmes mariées la capacité de contracter et d'ester en justice dans les cas déterminés par la loi. Modification bien mince, parce que plusieurs articles du même code restent une entrave à la capacité juridique de la femme mariée, mais un gain tout de même.

Un deuxième article est modifié par cette loi abolissant le double standard appliqué aux époux lors d'une séparation pour cause d'adultère. L'ancien texte décrétait que :

> La femme peut demander la séparation de corps pour cause d'adultère de son mari, lorsqu'il tient sa concubine dans la maison commune.

Dorénavant,

> La femme peut demander la séparation de corps pour cause d'adultère de son mari.

À la fin de l'année 1954 ou au tout début de janvier 1955, Thérèse a rencontré Donald Gordon pour lui parler du nom du nouvel hôtel que le Canadien National est à construire au centre-ville de Montréal et que la compagnie veut nommer Queen Elizabeth Hotel. Thérèse et lui se connaissent depuis l'époque des travaux de la Commission des prix et du commerce en temps de guerre. L'un et l'autre savent fort bien de quoi chacun est capable. Gordon suggère à Thérèse de mettre par écrit les points alors soulevés, ce qu'elle fait sur deux longues pages dactylographiées[38].

Après avoir souligné «la piètre qualité de la politique de relations publiques de la compagnie», elle insiste sur le fait qu'une «compagnie propriété de l'État doit considérer et respecter les opinions des Canadiens parlant français en choisissant les noms des édifices, stations, hôtels quand ils sont situés au Canada français». Elle lui suggère de nommer le futur hôtel «l'Elizabeth II» et avance six raisons pour lesquelles ce nom, qui n'a pas besoin d'être traduit, serait préférable.

Peu après, Gordon[39] écrit à Thérèse que le nom a déjà reçu l'approbation de la reine et qu'il faut que celle-ci soit consultée pour quelque changement que ce soit. Entre-temps, des manifestations ont lieu devant le siège social. Pour bien comprendre la stupeur qui s'est emparée des milieux canadiens-français, selon Jean Drapeau, il suffit d'imaginer la réaction des Torontois si les Chemins de fer nationaux, construisant un grand hôtel dans la Ville reine, décidaient de l'appeler Dollard des Ormeaux ou encore Hôtel Louis-Joseph Papineau[40].

Il n'y a pas que cet incident pour provoquer les Canadiens français. T. C. Douglas écrit à Thérèse pour tenter de calmer le jeu et d'éviter un éclatement du CCF au Québec. Harold Winch, un député fédéral membre du CCF, s'était élevé contre l'utilisation du français à la Chambre des communes, ce qui avait amené Fernand Daoust, Roméo Mathieu, Huguette Plamondon, Philippe Vaillancourt, Jacques-V. Morin et Jean Philip à quitter le CCF. Non seulement ils quittent le Parti, mais ils fondent un regroupement dont Jacques-V. Morin est le secrétaire, la Ligue d'action socialiste (LAS).

Les interventions de quatre députés CCF à Ottawa ne pouvaient être considérées autrement que comme des attaques directes contre les Canadiens français, selon ce que Thérèse écrit dans ses mémoires. Ces députés venant de Vancouver affirmaient que les députés de langue française devaient parler anglais s'ils voulaient se faire comprendre au Parlement. Thérèse et Bill Dodge demandent une lettre d'excuses officielles des directeurs nationaux, faute de quoi ils démissionneront.

Dans sa lettre à Thérèse, T. C. Douglas, qui est aussi premier ministre de la Saskatchewan, écrit qu'il a « répété la semaine précédente, dans son discours hebdomadaire à la radio, que son gouvernement était prêt à faire toute chose raisonnable pour assurer le peuple du Québec que l'on n'a aucune intention d'empiéter sur ses droits concernant la race, la langue et la culture qui leur tiennent tellement à cœur ». Il termine ainsi cette longue lettre de trois pages :

> Je sais que vous avez une décision difficile à prendre et j'espère que vous ne la prendrez pas trop rapidement. J'espère que votre conseil provincial va décider de rester dans la famille CCF et que vous continuerez de nous aider à trouver une approche commune à ces problèmes[41].

Thérèse répond à Douglas qu'elle a réussi à maintenir le groupe, mais que cela prend beaucoup de patience et de tolérance.

> On ne peut faire autrement que se demander si on arrivera jamais à une réelle compréhension de chacun. Pour réussir un mariage, il faut que chacun mette du sien. Dans le cas des Canadiens français, il semble qu'ils donnent et ne reçoivent même pas de remerciements pour cela.

Mais, dans une lettre à Lorne Ingle, elle est moins diplomate. La « tigresse » n'est pas bien loin…

> Je suis encore de très mauvaise humeur contre ces députés de notre parti et ils sont mieux de ne pas essayer quoi que ce soit du même genre, nous en avons assez et n'oubliez pas, ce n'est pas nous qui avons commencé, mais nous devons payer pour les dommages and how[42]!

Le parti est venu bien près d'éclater. Mais si Dodge et Thérèse sont restés, plusieurs ont quitté après avoir vainement réclamé que les députés « coupables » soient exclus du parti.

Dans ses mémoires, Thérèse écrit que, « plus ils sont éloignés du Québec et d'Ottawa, moins les Canadiens sont renseignés sur nous ». Les dommages semblent si grands que, le 18 février, à l'émission radiophonique *Les affaires de l'État,* Thérèse se sent obligée d'expliquer le « déluge de critiques » et de relativiser l'intervention des quatre députés de l'Ouest aux Communes[43].

Comme si, après toutes ces années à parcourir le Canada, elle venait de réaliser que ce pays était multiple et qu'il y avait loin entre la réalité et le rêve d'une coexistence de deux cultures à l'avantage mutuel de chacune d'entre elles. Lors de cette émission de radio, Thérèse affirme : « Si nous n'étions pas une menace directe pour ceux qui veulent conserver leur emprise sur la population afin de mieux l'exploiter, on nous laisserait tomber dans un silence complet. »

En mai, Thérèse est en Colombie-Britannique, tentant de garder le plus possible de ses collaborateurs dans le giron du parti. De l'Hôtel Victoria, elle télégraphie à Roméo Mathieu :

> En toute amitié laissez-moi vous rappeler qu'il est beaucoup plus facile de détruire que de construire. STOP Pour résister aux forces puissantes

de la réaction sachons utiliser le peu de ressources que nous avons si humbles et si petites soient-elles. STOP It takes big people to serve a great cause STOP I still think you are one of the chosen ones. I Trust you will not fail. Casgrain[44].

C'est que, pendant que Thérèse est dans l'Ouest, à Joliette, les délégués de la Fédération des unions industrielles du Québec (FUIQ) — qui deviendra la FTQ en 1957 — adoptent un *Manifeste au peuple du Québec*. Ce qui sera connu ensuite comme le « Manifeste de Joliette » est le document le plus radical qui ait été publié à cette époque. Jacques-V. Morin confirme d'ailleurs que la FUIQ était la fédération syndicale la plus radicale du Québec. Deux ans plus tôt, à Champigny, Jacques-V. avait été nommé membre d'un comité chargé de rédiger un document menant à la création d'un parti de gauche qui remplacerait le CCF au Québec. Pierre Elliott Trudeau est présent au congrès de Joliette ; il est le conseiller juridique de la FUIQ.

En août, c'est le congrès provincial du CCF avec, à l'ordre du jour, un changement de nom proposé par Thérèse : PSD-CCF. À partir de ce moment, les réunions se tiendront en français et le parti comptera bientôt un millier de membres. Il affiche une plus grande indépendance face au « National » et tente de se positionner comme la principale alternative à Maurice Duplessis.

Ces changements seront approuvés au Congrès national de Winnipeg, bien que plusieurs membres anglophones ne puissent supporter « *these silly French ideas creeping into the party*[45] ». On peut imaginer les commentaires quand Thérèse a demandé au reste du pays d'accepter le changement de nom du parti au Québec. Dans les circonstances, un refus ou même des échanges un peu corsés auraient mené à d'autres défections, alors que Thérèse s'évertuait à garder dans le parti ceux qui n'en pouvaient plus du mépris des Canadiens anglais à leur égard. C'est aussi à ce congrès que le parti réclame une *Déclaration des droits de l'homme* garantissant la liberté de parole, d'expression, d'organisation, de croyance, l'égalité de traitement devant la loi et la jouissance de tous ces droits sans égard au sexe, à la race, à la langue ou à la religion. Thérèse sera confirmée dans ses fonctions de chef au Québec, et William (Bill) Dodge accède à la présidence nationale.

C'est probablement à cette époque que Monique Bégin fait du travail de bureau, l'été, pour le CCF, de même que des traductions à la FTQ, pour payer ses études en sociologie à l'Université de Montréal. «J'écoute. Je découvre le monde. J'étais secrétaire du congrès. C'était très frappant pour moi mais j'étais incapable d'entrer dans le parti. Je ne voulais pas appartenir à un groupe. C'était déjà des grandes idéologies et j'avais très très peur des idéologies.»

———

Le dimanche 11 mars, le Club de Longueuil du PSD tient une rencontre pour choisir un candidat à la prochaine élection provinciale. Michel Chartrand est choisi par une assistance nombreuse, selon ce que rapporte *Le Social-Démocrate*. L'organisation provinciale demande à chaque membre de donner du temps ou de l'argent pour assurer une victoire éclatante dans le comté de Chambly parce qu'il «n'y a aucun doute que Michel Chartrand saura représenter avec dynamisme le Parti Social Démocratique, à l'Assemblée législative[46]».

Ce même numéro indique les dates où le parti interviendra à la radio ou à la télévision. On annonce aussi le prochain Ciné-club ouvrier. Le 26 mars, on y présentera *Les fous du roi*. Cette soirée, animée par Jean-Paul Lefebvre, aura comme invités Claude Jutras et Pierre Elliott Trudeau. Même si ce dernier ne s'est jamais déclaré officiellement membre du PSD/CCF, il aurait à l'occasion possédé une carte de membre. Il assiste très souvent aux réunions du parti et se présente en d'autres lieux comme «un observateur externe du CCF[47]». Selon Clarkson et McCall[48], «Trudeau s'est senti attiré en même temps que plusieurs autres de ses amis syndicalistes, dont Pelletier et Marchand, par la Coopérative Commonwealth Fédération; il espérait que ce mouvement [...] finirait par devenir un parti travailliste électoralement viable, un peu sur le modèle britannique». Thérèse aussi, j'imagine; autrement, elle n'y aurait pas consacré autant d'efforts et d'argent. Mais, dans le cas de Trudeau, cela n'a jamais été autre chose qu'un flirt.

Le 20 avril, *L'Action catholique* titrait à la une « De la CCF au PSD ». Le rédacteur en chef, Louis-Philippe Roy, met les électeurs en garde

> contre l'effort actuel de la C.C.F. dans le Québec pour tenter de faire élire quelques candidats.
>
> [...]
>
> Nous ne croyons pas que le P.S.D. de Mme Casgrain et de Me Jacques Perrault soit acoquiné avec le Parti Ouvrier Progressiste de Tim Buck et compagnie. Mais tous deux poursuivent le même but : le socialisme ; le P.S.D. comme but ultime, le P.O.P. comme transition pour aller au communisme.
>
> [...]
>
> Mme Casgrain et Me Perrault appuieront sans doute sur le caractère « travailliste » de leur parti plus que sur son aspect socialiste mais alors on les accusera de négliger l'angle nationaliste que toute politique du Québec ne peut ignorer.

Les assemblées de nomination des candidats pour l'élection du 20 juin vont bon train. C'est peut-être pour cela que s'activent certains journaux dont *L'Action catholique,* qui revient à la charge le 9 mai.

> Le 20 avril, ici-même, nous consacrions un article à la dissolution du Cominform, au Parti Ouvrier canadien (communiste) et au Parti social démocratique. Nous posions la question : Le socialisme de la CCF (sur le plan provincial P.S.D.) a-t-il suffisamment évolué pour échapper à la condamnation épiscopale portée naguère contre lui ? Ce n'est pas à nous d'en décider.

Le PSD écrit à l'archevêque de Québec. Après avoir rappelé les articles de *L'Action catholique* et remonté jusqu'à 1934, la lettre continue ainsi :

> Et voici que M. Roy affirme dans un quotidien catholique que notre parti a été jadis l'objet d'une condamnation par l'Épiscopat et qu'il ne saurait dire si le CCF a évolué suffisamment pour échapper à cette condamnation. Conséquemment, ou M. Roy a raison et dans ce cas, nous prions respectueusement votre Excellence de bien vouloir nous

dire quand, comment et pourquoi le CCF a été l'objet d'une condamnation épiscopale de manière à ce que nous puissions tirer les conclusions qui en découleraient dans notre attitude. Ou M. Roy a tort et dans ce cas, il n'a pas seulement causé une grave injustice aux gens qui sont dans notre situation mais il a également fait un usage inadmissible et dangereux du prestige de l'Église à des fins de partisanerie politique.

Je n'ai vu aucune réponse à cette lettre ni aucune suite dans les médias.

Cette élection s'annonce dure. Très dure. *La Presse* du 9 juin rapporte que l'Union nationale empêche les représentants du Parti libéral d'assister à la révision des listes électorales, en contravention de la loi en vigueur. « [...] en 1956, on garde les gens de Labrieville comme dans un camp de concentration, avec l'aide de policiers armés à l'entrée de la ville. » Le chef de l'opposition déclare : « Nous savons que les organisateurs de l'Union Nationale y sont à l'œuvre, avec tous les procédés qu'on leur connaît en pareilles circonstances[49]. »

Dans ce même numéro de *La Presse*, sous le titre « Chef politique féminin dans notre Province », un court article sur Thérèse. Les quatre premiers paragraphes rappellent son passé, le dernier se lit comme suit :

> Elle déclare vouloir lutter pour les droits purement humains, comme un plan national d'assurances-santé et un contrôle provincial sur les services d'utilité publique. Candidate elle-même, pour le district électoral de Jacques-Cartier, elle a déjà subi une défaite dans Verdun, lors des dernières élections.

Le comté de Jacques-Cartier est représenté par le libéral Charles-Aimé Kirkland depuis 1948. Le Dr Kirkland est le père de Marie-Claire, qui épousera Me Philippe Casgrain. Beaucoup de gens la confondent d'ailleurs avec Thérèse. Philippe Casgrain me dira : « Marie-Claire et moi, on a voté pour elle. Curieusement, elle et Marie-Claire se sont séparées complètement à l'époque du changement au Code civil. Thérèse trouvait que Marie-Claire n'allait pas assez loin mais elle ne le pouvait pas : fallait que le Cabinet soit d'accord. »

Comme il fallait s'y attendre, le soir du 20 juin, Thérèse n'est pas élue. Elle se classe troisième dans son comté, comme la plupart des quinze candidats de son parti. Le mardi 26 juin[50], faisant le *post mortem* de la campagne, les candidats, leurs organisateurs et les dirigeants provinciaux du PSD parlent d'abord de leur déception face aux piètres résultats ; ils dressent ensuite la liste de ce qui leur semble en être la cause : l'insuffisance des fonds électoraux, l'entrée trop tardive dans la lutte, l'organisation manifestement désordonnée et, selon Thérèse, le manque de collaboration du mouvement ouvrier.

Pierre Elliott Trudeau, pour sa part, tente de tirer des leçons de la défaite des libéraux. « On a tenté de battre Duplessis avec ses propres armes » et ça n'a pas marché. Pour lui, le Parti libéral est en plein désarroi. « Toute la question est de savoir si le PSD peut aller chercher les cinq cent mille votes libéraux pour combler l'actuel *vacuum* politique à Québec. » Quand les membres d'un parti doivent eux-mêmes traîner des échelles pour aller poser les affiches publicitaires assez haut sur les poteaux pour qu'elles ne soient pas immédiatement enlevées ; quand Thérèse est obligée de payer de sa poche les frais de plusieurs candidats, il m'apparaît irréaliste de seulement imaginer pouvoir déplacer quelques milliers de votes au Québec. Pour faire changer les choses, en politique, il faut le nombre, certes, mais il faut aussi être conscient des problèmes et des solutions. Et trop peu d'électeurs québécois en sont alors conscients.

Thérèse, dans l'éditorial de ce même numéro du journal du parti, admet que l'élection « nous a forcés à regarder en face un certain nombre de faits », comme « l'insuffisance de l'organisation interne du parti à l'heure actuelle ». Mis à part l'augmentation du nombre de membres, « dont les cotisations vont permettre de mettre sur pied les moyens de propagande indispensables à l'œuvre qui sera en définitive celle de chacun, et l'éducation populaire de notre peuple », elle n'a pas de solutions. Elle écarte toutefois « une caisse électorale comparable à celle qui permet aux vieux partis de tromper, quand ce n'est pas d'acheter, l'opinion populaire ».

Cette élection, plusieurs l'ont répété par la suite, a été l'une des plus sales de l'histoire du Québec. Dans ville Jacques-Cartier, le vote s'est déroulé sous le signe de la terreur et du banditisme. Certains racontent que la machine électorale, dans les villes, faisait n'importe quoi. C'est ainsi que l'on «a payé : réparation de toitures, comptes d'hôpital, accouchements [...]. Sans compter la parade des frigidaires et des appareils de télévision.» Ou encore des «centaines de paires de chaussures[51]». Les bureaux de vote étant alors dans les maisons privées, les propriétaires fermaient les yeux sur ce qui s'y passait : l'achat des consciences était pratique courante et les anciens racontent que cela se faisait avec la protection de la police provinciale. La substitution de personnes (télégraphes) pouvait donc se pratiquer sans risque. Le directeur du *Devoir*, Gérard Filion, dans un éditorial publié après l'élection, écrira des partisans de l'Union nationale : «Leur produit naturel, j'allais dire leur fumier, c'est Duplessis[52].»

Au lendemain de l'élection, les abbés Dion et O'Neil, professeurs à l'Université Laval, dénoncent «l'immoralité politique dans la province de Québec», le «mensonge érigé en système», l'«emploi des mythes», les «méthodes électorales assimilables à la fraude, usage politique de la religion, etc.». *Ad usum sacerdotum* était d'abord destiné au clergé, mais *Le Devoir* décide de le publier le 7 août et le republie, le 14. Selon Lamonde et Corbo, ce texte aura pour effet qu'une «partie de l'Église catholique se [détachera] résolument du gouvernement Duplessis [...]. Ainsi s'achève l'alliance ultramontaine du religieux et du politique[53]», dans cet État provincial en train de se désagréger.

En août, Thérèse est au Congrès national à Winnipeg. Michel Chartrand, Me Jacques Perrault et Pierre Vadeboncoeur l'accompagnent. Selon ce qu'elle écrira plus tard dans ses mémoires, les interventions de Chartrand amusent, mais ses déclarations outrées commencent déjà à susciter des inquiétudes. Par contre, Jacques Perrault fait une excellente impression. Quant à Vadeboncoeur, il n'essaie même pas de communiquer avec les délégués anglophones.

Thérèse avait décidé de prendre sa voiture pour se rendre au Manitoba et, à l'aller, quelques personnes, dont Chartrand, sont montées avec elle. Durant les mille cinq cents milles qui séparent Montréal de Winnipeg, ils se sont fait arrêter quelques fois pour excès de vitesse et ont même dû payer l'amende. Au retour, Thérèse laisse ses passagers à la gare de North Bay et continue seule vers Montréal. À nouveau, excès de vitesse sur une route de campagne. Et à nouveau, contraventions. Serait-ce que, là comme ailleurs, Thérèse a de la difficulté à se plier aux règles?

Au retour du Congrès, c'est à Me Perrault que reviendra la tâche de répondre aux journalistes de CBFT, le 27 août et à ceux de CBF, le lendemain. Il expliquera en long et en large la nouvelle déclaration de Winnipeg qui entraîne une certaine confusion chez les journalistes. Selon certains, le PSD aurait donné « un coup de barre à droite ». David Lewis affirmait au Congrès : « Que personne ne se méprenne sur le sens du geste que nous venons de poser : en adoptant une nouvelle formulation de nos principes et de notre philosophie, nous n'avons en rien atténué notre condamnation du capitalisme. Au contraire, nous n'avons fait que polir et rajeunir les armes qui nous serviront à libérer le peuple canadien de l'emprise des monopoles et des injustices inhérentes à la société capitaliste[54]. » La *Déclaration de Winnipeg* s'écarte tout de même du socialisme prôné jusque-là, qui entendait nationaliser les moyens de production, de distribution et d'échanges. Mais le message ne passe toujours pas au Québec bien que le nombre de membres augmente. L'organisation commence à se structurer, mais ce n'est pas suffisant pour faire la différence lors d'une prochaine élection.

Plus tôt au printemps, le PSD avait organisé une rencontre dont le but était de réunir tous les mécontents et les ennemis du régime duplessiste. Il y avait donc, ce soir-là, outre des membres du PSD, des libéraux insatisfaits, des syndicalistes, des partisans de l'Action socialiste et des sympathisants : Pierre Elliott Trudeau, Jean-Paul Lefebvre, Jacques Hébert, André Laurendeau, Jean Marchand, Maurice Sauvé, Gérard Pelletier, René Lévesque, Pierre Dansereau et quelques autres.

Me Jacques Perrault et Pierre Trudeau coprésident cette soirée à la fin de laquelle il est convenu de tenir une autre rencontre pour élaborer la constitution de ce qui serait un mouvement pour la promotion d'une société démocratique amenant des solutions aux problèmes de l'heure. Il est aussi question d'un mode de financement qui assurerait l'indépendance du mouvement. Cette deuxième réunion aura lieu au lendemain de l'élection, le 23 juin, et, le 8 septembre, le Rassemblement provincial des citoyens, un mouvement d'éducation et d'action démocratique pour la défense des droits fondamentaux des citoyens, sera lancé.

Entre la fête du Travail et cette réunion de fondation, Jacques Perrault fait une sortie contre Thérèse. Le 13 septembre, il lui écrit pour s'excuser de la forme qu'il y a mise, tout en maintenant ses affirmations sur le fond. L'événement se serait passé au Cercle universitaire où siège un comité du PSD. Perrault y est chargé de rédiger une résolution que Thérèse doit remettre elle-même au président du Rassemblement, le 8 septembre. Or, Thérèse décide de supprimer cette résolution bien que le contenu ait été dûment adopté par le comité. Perrault ne le prend pas, non plus d'ailleurs que la façon dont Thérèse traite certaines personnes.

> Lorsque vous « engueulez » ceux des gens qui nous sont sympathiques, comme Gérard Pelletier, et que vous traitez de « cochons » mon beau-frère André Laurendeau et Pierre Laporte, je trouve que vous exagérez.
>
> Je crois que vous vous faites illusion en employant des méthodes qui peuvent réussir pour des gens en place, comme Maurice Duplessis, ou les organisateurs du Club de Réforme.
>
> Si vous voulez collaborer, si vous cessez de considérer le Parti Social Démocratique et CCF comme votre propriété privée et personnelle, il me fera plaisir de renouveler mes excuses pour la façon très dure que j'ai employée en vous parlant mardi dernier.
>
> Sinon, je vous conseillerais de démissionner du Parti CCF et du Parti Social Démocratique provincial qui lui est affilié.
>
> Il me faut une réponse écrite par retour du courrier, sinon j'enverrai copie de cette lettre à chacun des membres du comité provincial du Parti Social Démocratique et traduction anglaise à chacun des membres du Comité Exécutif National du CCF[55].

Thérèse n'a pas démissionné. Et Perrault a continué de militer au PSD. Mais le Rassemblement eut une vie courte. Trois ans plus tôt, lors de sa fondation, Dodge, Perrault et Thérèse voulaient regrouper les opposants au duplessisme au sein du PSD, ce qui ne plaisait pas à certains qui refusaient d'accepter quiconque était affilié à un parti politique. Dansereau, le premier président, était «personnellement opposé à cette exclusion». Il aurait «voulu que Jean-Louis Gagnon, Maurice Lamontagne, Maurice Sauvé, fassent partie du Rassemblement. Mais [ses] camarades Trudeau, Pelletier, Hébert, et d'autres n'en voulurent rien savoir.» Curieux, quand on sait que des membres du PSD étaient admis. «Thérèse Casgrain, par exemple, a travaillé avec nous.»

Le Rassemblement était un groupe trop hétérogène pour pouvoir durer. Le politologue Gérard Bergeron[56] parle «d'apatrides, d'exilés à la recherche d'une patrie politique». Une tension presque constante entre nationalistes et partisans des luttes pour les droits sociaux opposait les plus doctrinaires aux pragmatiques du groupe. Selon Thérèse, Trudeau avait «la réputation à l'époque d'être un peu dilettante et, tout en ayant une intelligence transcendante, de manquer de persévérance. Il se plaisait à lancer des idées ou des mouvements pour ensuite s'en désintéresser et se tourner vers autre chose.» Alors qu'il en était le président, il «a mis le mouvement en veilleuse. Il a envoyé un décret qui n'était pas très constitutionnel», dira Jacques-V. Morin, «dans lequel il a suspendu le congrès pour l'année. Il a dit: "On ne fait plus de congrès, on fait du sympathisme cette année. Moi, je m'en vais au Japon"[57].»

Trudeau est parti en voyage et, à son retour, le Rassemblement n'existait plus. Pour Pierre Dansereau, le mouvement «a été une des manifestations les plus visibles du dégoût que nous avions pour certaines traditions de dominance du clergé, pour l'autoritarisme provincial, les excès de la politique provinciale, le retard vis-à-vis de l'industrialisation, l'absence de droit de parole. Nous nous battions sur tous ces fronts[58]», mais en refusant l'engagement politique. Sauf Thérèse et quelques syndicalistes.

Pour John English, un des biographes de Pierre Elliott Trudeau[59], ce dernier tenait un rôle essentiel dans la définition des fins et de l'orientation du Rassemblement. «Il fut à la tête de l'initiative visant à détourner le groupe du Parti Social démocratique, au grand déplaisir de Thérèse Casgrain et du nouveau chef du parti, Michel Chartrand.» Fin mars 1957, il y aura une tentative d'expulser Thérèse du Rassemblement. *La Presse* du lundi 1er avril titre: «Mme Casgrain gardée dans le Rassemblement tant qu'elle ne fera pas jouer la corde politique avec cette adhésion». Selon l'article, c'est Gérard Pelletier qui mène la charge, appuyé par Jean Marchand. Le président Dansereau n'intervient pas et le vice-président, Pierre Elliott Trudeau, aurait fait quelques commentaires, mais ne semble pas avoir pris la défense de Thérèse, un des membres fondateurs de ce mouvement, sans qui, peut-être, la rencontre de tous ces beaux esprits n'aurait jamais eu lieu. N'ont-ils pas été très souvent invités chez elle, ce qui leur a permis de confronter leurs points de vue et d'ainsi faire avancer leur réflexion, alors que leur influence était fort mince? Selon Gérard Parizeau, «ils se sont tous hâtés de [la] lâcher dès qu'ils se sont sentis assez forts[60]». Ils veulent des réformes et certains y travaillent, sauf Trudeau, pour qui «cela ressemblait davantage à un jeu complexe auquel il s'adonnait sans réserve pendant un moment, avant de passer à autre chose[61]».

À l'automne, Thérèse doit se rendre en Asie représenter le CCF. Elle avise le premier ministre Saint-Laurent de ce voyage. Le 12 octobre, il lui souhaite bon voyage en Inde et l'assure des bons offices des représentants du Canada qui «se feront un plaisir de vous être utile si vous avez l'occasion de recourir à leurs services[62]». Thérèse, qui voyage avec Madeleine Tourville et Grace Elliott Trudeau, doit ultimement se rendre à la Conférence des Nations socialistes d'Asie. Ces dames comptent bien faire du tourisme dans ce coin du monde qu'elles n'ont pas encore visité, et le tourisme commencera malgré elles par un changement d'itinéraire. De Paris, l'avion qui doit se diriger vers Le Caire en est empêché par un violent orage et est détourné vers la Grèce. À Athènes, les passagers sont conduits à l'Hôtel Astir pour la nuit. Le lendemain, après le petit déjeuner, Thérèse téléphone à l'ambassade du Canada et apprend que, depuis la veille, l'Égypte et Israël sont en guerre. En attendant de pouvoir gagner Bombay avec ses compagnes, elle visite Athènes et la région.

Mais, pendant ce temps, s'ouvre à Bombay la conférence à laquelle elle doit participer. Après quelques jours, à nouveau l'avion avec escale à Téhéran et changement d'avion pour l'Inde. Et là, elle est logée au Taj-Mahal, et c'est le choc : les sans-abris s'entassent sur les trottoirs le soir venu et, tout le jour, la main tendue, des mendiants suivent les étrangers : « Bachi ! bachi ! bachi ! »

À la conférence, selon ce que Thérèse rapporte dans ses mémoires, « un nationalisme intense régnait chez tous les délégués et les discussions portèrent surtout sur les problèmes d'éducation et d'économie. [...] Le dernier soir, une assemblée extraordinaire réunit quelque cinquante mille personnes assises par terre à l'indienne, dans l'un des plus grands parcs de Bombay ; les assistants écoutaient avec une attention soutenue [...]. » Au nom du CCF, Thérèse offre à son tour « des vœux de succès à tous les représentants et exprime l'admiration du Canada pour ces peuples qui désiraient s'instruire et s'affranchir du joug qui pesait sur eux ».

Après le congrès, Thérèse passe quelques jours chez le haut-commissaire du Canada à New Delhi et visite Agra. Elle rencontre aussi Indira Gandhi, la fille de Nehru, puis profitant des contacts qu'elle s'est faits à Bombay, elle se rend au Ceylan et revoit le premier ministre Bandaranaike et son épouse. De là, elle prend l'avion pour Rangoon où le premier ministre birman l'amène à une séance du Parlement. Thérèse raconte qu'« au milieu de mille cinq cents citoyens en longue tunique blanche ceinturée de rouge, [elle est] consciente comme jamais d'avoir les yeux bleus et la peau blanche[63] ».

Dans ses mémoires, elle écrit que, avant de quitter Rangoon, le ministre des Affaires étrangères la prie de passer à son bureau : il a un important message confidentiel à transmettre au premier ministre du Canada. « Il m'expliqua que l'URSS avait alors en Birmanie un représentant diplomatique faisant énormément de propagande. À cette époque, l'Angleterre et la France n'y étaient

guère bien vues. Aussi, les Birmans auraient aimé voir un ambassadeur du Canada jouer dans leur pays un rôle de premier plan.»
Thérèse a transmis cette requête à Saint-Laurent, «qui sembla
sympathique à l'idée», mais son gouvernement a été défait à l'élection générale de 1958, et il n'y a pas eu de suite à cette démarche.

C'est ensuite Bangkok, Hong Kong et Tokyo, où Gilles Lalande
la reçoit, puis Kyoto et Osaka. Mais avant de rentrer au pays,
Thérèse souhaite voir Pearl Harbor où les carcasses des navires
américains coulés par les Japonais sont encore visibles. Avec ses
compagnes de voyage, elle arrive à Montréal juste à temps pour
préparer le traditionnel souper de Noël. Son mari n'y est plus, sa
mère vieillit, et il y a maintenant quelques petits-enfants qui ajou-
tent de la vie à cette fête.

Dans le rapport[64] qu'elle déposera au Congrès national du CCF
à Montréal, Thérèse parle des interventions de la Grande-Bretagne
et des États-Unis au Moyen-Orient et se demande quel effet les
politiques des pays de l'Ouest ont sur l'attitude des peuples afro-
asiatiques envers nous. À Bombay, l'affaire de Suez était devenue le
principal sujet de discussion. «L'intervention de la France et de la
Grande-Bretagne à Suez, très semblable aux interventions actuelles
des Occidentaux en Jordanie et au Liban, a été considérée par
les délégués comme une pure agression, rappelant aux socialistes
asiatiques les pires moments du colonialisme.» Vers la fin de son
rapport, elle rappelle le rôle joué par le Canada aux Nations Unies
durant l'affaire de Suez. «Le Premier ministre Saint-Laurent avait
fortement critiqué ceux qu'il appelait les Supermen de l'Europe;
son intervention avait alors fait les manchettes de tous les journaux
asiatiques et largement commentée favorablement.» Elle s'inquiète
maintenant de la position indéfendable du Canada relativement à
ce qui se passe au Moyen-Orient.

———

Le 8 mars, la Cour suprême du Canada déclare la Loi du cadenas
inconstitutionnelle. Pour ceux qui en ont été victimes et pour ceux
qui l'ont combattue — dont Jacques Perrault et Frank Scott —,

c'est un grand moment. Mais la bataille contre Duplessis n'est pas terminée pour autant.

Deux jours plus tard, les mineurs de la Gaspé Copper Mines déclenchent la grève à la suite du congédiement du président de leur syndicat, Théo Gagné, « et ça a joué dur » selon Jacques-V. Morin[65]. La compagnie a embauché des briseurs de grève, et « ça se battait régulièrement sur les piquets de grève ». Il y a même eu des morts chez les grévistes. Le conflit va durer jusqu'au 5 octobre ; cinq mille ouvriers marcheront sur le Parlement, le 7 septembre. Inutile de dire que le PSD est présent, plusieurs de ses membres encourageant les grévistes. Michel Chartrand, entre autres, qui passe de la CSN à la FTQ, créée il y a peu. L'attitude antisyndicale de l'employeur et du gouvernement Duplessis sera vertement dénoncée.

Durant ce temps, même si les élections ne sont pas déclenchées, le parti tente de susciter des candidatures et procède à des assemblées de nomination de candidats. Thérèse avait toujours soutenu qu'il fallait présenter un grand nombre de candidats. Le parti manquait tellement de tout qu'il ne pouvait s'offrir le luxe de refuser ceux qui s'offraient, peu importe leur compétence, leur expérience ou leur prestige. Mais l'enthousiasme n'est pas grand, alors que la récession semble vouloir s'installer. Le PSD est le seul parti à n'avoir ni caisse ni machine électorales. On peut donc raisonnablement penser qu'à nouveau Thérèse paiera non seulement ses frais mais assurera également les « dépôts » de plusieurs candidats. L'idéologie, l'idéal, la générosité, c'est bien beau, mais cela n'a jamais suffi pour remporter des comtés. Encore moins pour un tiers parti dans un pays de tradition bipartiste.

Début mai, Thérèse se rend à Rouyn préparer la convention qui la choisira candidate pour le comté de Villeneuve, le soir du 11 mai[66]. Certains, comme Marie-Ange Gill, n'approuvent pas le fait que Thérèse ait choisi « Rouyn-Noranda où elle n'a aucune chance de gagner [...] c'est insensé mais ce n'est pas de mes affaires [...] elle peut aller où elle veut. » Elle démissionne et dit à Thérèse : « J'en ai assez de vos petits jeux, vos tricheries [...] votre hypocrisie[67]. »

Lise Payette, qui, à l'époque, animait une émission quotidienne au poste CKRN à Rouyn, était membre du CCF, tout comme son mari André. Dans *Des Femmes d'honneur*[68], elle raconte avoir accompagné Thérèse Casgrain durant son séjour dans le comté. L'organisation locale croyait avoir conçu une campagne qui l'impressionnerait, mais, depuis le temps, Thérèse avait déjà pas mal tout vu en fait de campagne électorale. Elle sera dans le comté jusqu'au lendemain de l'élection.

L'horaire était chargé, jusqu'à une dizaine d'interventions par jour, en toutes sortes de lieux. Thérèse était toujours parfaite, «absolument étonnante», écrit Lise Payette. «Je me souviens d'un jour où notre premier arrêt était à la sortie de la Mine Noranda. Il fallait parler aux mineurs au changement de quart, par petits groupes. [...] on nous avait envoyé un camion dans lequel monta Thérèse Casgrain pour haranguer la foule. Je la revois encore, avec son chapeau et ses gants blancs, parlant aux ouvriers sortant du travail [...]. Ils accordaient un peu de temps à Mme Casgrain, comme si elle avait été la reine d'Angleterre. [...] Elle était très convaincante et les mineurs l'applaudissaient à tout rompre.» Mais ils n'ont pas été nombreux à voter pour elle. Dans *Le pouvoir? connais pas!*, Mme Payette écrira aussi que, «objet de curiosité, elle créait des attroupements mais ne réussissait pas à se faire prendre au sérieux[69]».

Lise Payette raconte encore que, un jour, durant cette campagne, Mme Casgrain lui a dit: «J'espère qu'ils n'apprendront jamais que je possède des actions de la Noranda Mines, héritage de mon mari...» Et Lise Payette d'ajouter: «Pendant quelques secondes, je ne sus pas s'il fallait rire ou pleurer, mais comment pouvais-je en vouloir à cette femme si charmante et si courageuse?»

C'est une des nombreuses contradictions de Thérèse Casgrain. Devant les mineurs, elle pourfendait les méchants capitalistes qui réalisaient leur fortune sur le dos de ceux qui laissaient leur santé au travail, mais elle tirait parti d'investissements chez ceux qu'elle dénonçait sur toutes les tribunes. Elle n'est pas la seule à présenter de telles contradictions. Pierre Elliott Trudeau est un riche socialiste et, selon Nino Ricci, cet «ardent défenseur des droits humains allait à la pêche avec des dictateurs[70]».

Thérèse sera battue comme tous les candidats PSD au Québec. Et elle repart comme elle est venue, seule. Thérèse est d'ailleurs une femme seule. Elle connaît beaucoup de gens, reçoit beaucoup, mais est peu reçue. « Quand on est en avant, on est tout seul », dira-t-elle à l'émission *Le grand carrousel du samedi matin* à Radio Canada, le 22 mars 1980.

Malgré leurs différends, Thérèse continuait de compter sur Jacques Perrault. Les deux ne s'entendaient pas sur la façon de mener l'organisation et sans doute aussi sur beaucoup de questions de fond. Perrault était bien conscient de certains problèmes du PSD : « difficulté à assumer la réalité sociale et culturelle du Québec et manque de contacts entre les dirigeants du parti et divers milieux ». Il aurait voulu s'attaquer aux problèmes de fond : l'éducation, la sécurité sociale, la construction de logements abordables plutôt que de mettre l'accent sur les problèmes du fédéralisme[71]. Thérèse aussi, mais elle devait assurer la survie du parti et répondre à de multiples demandes du CCF national.

Le 6 mai, en soirée, à Shawinigan, le Club PSD attend les dirigeants du provincial — dont Me Jacques Perrault — qui viennent demander aux militants du comté de Saint-Maurice-Laflèche d'appuyer sa candidature à l'élection fédérale du 10 juin prochain. Certains sont déjà là, mais Perrault n'arrive pas. Le lendemain, ils apprendront qu'il s'est suicidé dans son bureau de la Société des artisans avec le revolver qu'il y gardait. Il avait quarante-quatre ans. Outre sa femme, il laissait huit enfants.

Thérèse ne parle pas vraiment de cet événement. Pourtant, Jacques Perrault a été l'un de ses fidèles bras droits pendant de nombreuses années dans plusieurs de ses batailles. Il est vrai que, ces derniers mois, ils ont eu des accrochages, mais, après tout ce temps en politique, Thérèse avait bien dû savoir faire la différence entre les conflits sur le pourquoi et le comment des actions à entreprendre.

Dans une entrevue accordée à Shirley Thomson, Thérèse rappelle une conversation qu'elle a eue avec Jacques Perrault quelque temps avant son décès. « Si des hommes comme René Lévesque, Jean Marchand, Pierre Trudeau, Gérard Pelletier s'étaient joints à

nous pour former une équipe, quel travail nous aurions pu faire. »
Et Thérèse d'ajouter : « Mais ils voulaient tous se faire élire[72]. »

Natif d'Outremont, docteur en droit, professeur et secrétaire
de la Faculté de droit de l'Université de Montréal, Perrault a longtemps eu son cabinet dans l'est de Montréal, près de la clientèle
qu'il servait. Gérard Pelletier écrit de lui qu'il avait « le cœur et
l'intelligence à gauche ». Il a enseigné à Pierre Vadeboncoeur et à
Pierre Elliott Trudeau, qui, à la suite de son décès, écrira dans *Cité
libre* :

> Perrault déchargeait les hommes les plus divers de leurs fardeaux trop
> lourds [...] Nous ignorions par quel prodige un homme si jeune avait
> eu le temps de faire tant de bien, d'assister tant de gens, d'éclairer tant
> de difficultés, de combattre tant d'injustices[73].

En 1956, Me Perrault avait défendu les chauffeurs d'autobus de
Shawinigan congédiés illégalement. Il avait obtenu pour eux quelques jours avant sa mort un « bref de prohibition » contre la
Commission des relations ouvrières, pour empêcher des avocats de
poursuivre les grévistes[74].

Le 10 juin, Thérèse est à nouveau défaite de même que les vingt
candidats du PSD. Diefenbaker succède à Saint-Laurent comme
premier ministre, mais il a gagné par une si faible majorité qu'une
autre élection générale est à prévoir sous peu.

À la suite de sa défaite et à celle de son parti, Thérèse est en
profonde réflexion : « Je savais bien que plusieurs attribuaient nos
insuccès au fait que j'étais une femme », écrira-t-elle dans ses
mémoires. « D'autres, cependant, étaient loin de partager cette
opinion. [...] Un grand nombre de membres ne voulurent pas
entendre parler de ma démission [...]. C'est au moment où j'étais
à la tête du PSD que celui-ci a obtenu le plus de publicité et qu'il a
été le plus hautement considéré. » Peut-être bien, mais jamais assez
pour que les électeurs d'un comté décident d'en faire leur député,
tant à Québec qu'à Ottawa. Cela aussi devait jouer contre elle.

Thérèse dira à Wayne Brown que « le fait d'être une femme,
dirigeant un parti de gauche par surcroît, m'enlevait toute chance
de succès. Cependant, mon but était atteint puisque mon désir

était avant tout de faire connaître la philosophie du CCF et de lui assurer une large publicité[75].» C'est aussi ce que Thérèse a dit à ma mère au cours de la réception qui a suivi mon mariage : «faire connaître la philosophie et le programme du parti». Mais, quand on est chef de parti, il faut aussi remporter des sièges et, ultimement, exercer le pouvoir. On n'entend jamais Thérèse dire cela. Pour Pierre Vadeboncoeur, «c'est une faute grave pour un parti politique que de ne pas viser au pouvoir, et la faute n'est pas moins lourde, pour une école de pensée, que de ne pas promettre l'action[76]».

Plus tard, Thérèse écrira : «Militer dans les rangs d'un parti victime de sourdes campagnes menées par les détenteurs du pouvoir, sans caisse électorale, et devant une opinion publique mal informée, n'était guère facile.» Toutefois, Thérèse a rendu le CCF visible, comme le souligne Susan Mann. Elle a augmenté le membership et le nombre de votes. Mais on ne pouvait pas lui demander de résoudre toutes les difficultés d'un parti socialiste au Québec durant les années 1950[77].

«Un parti réussit parce que, à travers ses leaders, il crée un climat qui est en symbiose avec celui du pays à un moment donné[78].» Thérèse n'a jamais été en symbiose avec les Québécois. Fernand Daoust se désolait de la voir répéter «des propos négatifs à l'égard du Québec [...]. Comment se fait-il que cette femme intelligente n'ait pas pu sentir le Québec?» À cette époque, Gérard Bergeron écrivait qu'il fallait «être singulièrement coupé de la masse, vivre au milieu d'une mer d'irréalités, pour croire que le PSD puisse seulement arriver à l'existence minimale dans la province de Québec, ou encore pour croire [...] que la province est mûre pour le socialisme[79]». Ni le Québec ni le reste du Canada d'ailleurs, comme l'élection de 1958 le montrera. Et puis, dans une province où le nationalisme ne dort jamais longtemps, comment accepter qu'un candidat prétende pouvoir aussi bien servir les intérêts de ses commettants à Québec qu'à Ottawa?

Mais il y avait autre chose. Dès le début de 1957, un mouvement se dessinait au PSD pour en sortir Thérèse. Le mouvement ouvrier aurait préféré quelqu'un venant de ses rangs. D'ailleurs, Chartrand domine déjà les discussions. Thérèse n'est pas invitée à certaines réunions du Comité exécutif et l'on parle d'elle en termes peu élogieux. Ce que voyant, en juillet, Thérèse émet un communiqué annonçant son intention de rester le leader du PSD, mais à la mi-octobre, elle démissionne. Chartrand la remplace. Susan Mann rapporte que, à son départ, «les insultes pleuvaient; sa contribution et sa dévotion pour le parti sont ignorées». Et elle ne s'est pas battue, «trop grande dame pour rendre les coups». Et selon Grace MacInnis, «elle ne s'en est jamais remise[80]».

Il y avait plus. Le PSD avait besoin de renouveler son leadership et son membership. Déjà, l'année précédente, Thérèse aurait tenté de convaincre Trudeau de prendre le leadership, mais en vain, selon Susan Mann[81]. Sandra Djwa aussi rapporte que Trudeau était pour Thérèse l'héritier logique du leadership du CCF au Québec, mais que Jean Marchand l'en aurait dissuadé parce qu'il avait autre chose à faire de bien plus important, comme par exemple, de se débarrasser de Duplessis[82].

Gérard Pelletier[83] rapporte certaines rencontres chez Thérèse, dans son logement de la Côte-Saint-Luc, où elle supplie Trudeau: «Prenez-le donc. Vous êtes le seul à pouvoir le faire. Prenez-le, Pierre! [...] Mais Pierre se contentait de sourire.» Toujours selon Pelletier, «il fallait la passion militante, l'indignation soutenue et la foi aveugle de Thérèse pour accepter un tel poste, ce que Trudeau n'avait pas».

Avec ses déclarations à l'emporte-pièce, Chartrand fait souvent la nouvelle. Si jusque-là, le PSD n'a pas su s'adresser aux ouvriers dans leur langage, Chartrand va s'y employer. Au point que Filion, directeur du *Devoir,* demande «à ses journalistes d'arrêter de faire tant de tapage autour du PSD qui, à son avis, faisait beaucoup trop parler de lui, comparativement à l'importance réelle qu'il connaissait au Québec[84]». Le PSD était un tout petit parti essentiellement idéologique et qui s'échinait à vouloir faire comprendre qu'il était différent des vieux partis.

Quelques jours avant Noël, alors que le temps trop clément provoque des embâcles et que les caves des maisons sont inondées, surtout le long de la rivière Chaudière, *L'Action catholique*[85] reproduit le discours prononcé par Mgr Bernier, archevêque de Gaspé, lors de la bénédiction d'un aréna à Murdochville. Le quotidien de Québec souligne toutefois le fait que Mgr Bernier n'était pas encore évêque de Gaspé au moment « des regrettables incidents auxquels cette grève a donné lieu ».

Début janvier, apprenant le geste de l'évêque, Thérèse expédie une lettre manuscrite[86] à son Excellence.

> Me serait-il permis de vous dire très respectueusement à quel point cette nouvelle m'a stupéfiée.
>
> Les circonstances ont voulu que je sois parfaitement au courant de ce qui s'est passé entre les ouvriers et la Compagnie au cours des derniers mois. Je suis même allée à Murdochville en mai 1957.
>
> Le fait que vous ayez accepté d'officier à cette bénédiction a peiné et inquiété non seulement les travailleurs, mais un grand nombre de personnes de tous les milieux. Évidemment, la Compagnie n'a pas manqué d'utiliser votre présence pour continuer sa propagande et s'efforcer de se blanchir devant l'opinion publique. Ne croyez-vous pas, Excellence, qu'il y ait danger que des firmes comme celles-là se servent des membres influents du Clergé pour arriver à leurs propres fins, et justifier ainsi l'inquiétude du Pape Pie XI voulant que l'Église du dix-neuvième siècle ait perdu les masses ouvrières.
>
> Avec mes vœux pour la nouvelle année, veuillez agréer, Excellence, l'expression de mon profond respect.

———

Puis, le 15 mars, Lady Blanche MacDonald-Forget décède. Thérèse n'en parle pas. Sa mère a-t-elle été malade? Thérèse était-elle auprès d'elle aux derniers moments? À quoi Blanche occupait-elle son temps, ces dernières années? Son testament nous apprend qu'elle habite le 1469 de la rue Drummond et que Marie Picard est à son service, mais pour le reste...

Louise MacDonald-Prévost, une des petites-filles de Blanche, allait souvent dîner avec elle. Blanche était sa marraine. « Elle demeurait sur la rue Drummond, dans son vieil âge, avant de mourir. Il y avait quelqu'un qui s'occupait d'elle. Elle portait toujours un collier de perles. » Cette petite-fille de Blanche a aussi souvenir d'avoir partagé la chambre d'hôtel de sa grand-mère, qui, lorsqu'elle allait à Québec, ne voulait pas dormir seule. « Je devais avoir 16 ou 17 ans. J'étais sortie, le soir, c'était le temps des garçons. Quand je suis entrée, elle était assise dans son lit, en jaquette, toujours bien coiffée avec son collier de perles au cou. Elle m'a dit : "As-tu eu du plaisir ? As-tu passé une belle soirée ?" C'était une femme compréhensive, pas sévère, douce. »

Après l'enterrement de sa mère, aux côtés de Sir Rodolphe au cimetière Notre-Dame-des-Neiges, Thérèse retourne à sa campagne électorale. Elle doit travailler dur dans Jacques-Cartier-LaSalle, bien qu'elle connaisse le territoire : c'est pratiquement le même comté que celui où elle s'est présentée aux élections provinciales, en 1956, contre le Dr Kirkland. Me Philippe Casgrain aurait bien aimé l'aider : « Non, Marie-Claire et moi n'avons pas fait ouvertement campagne pour Thérèse, mais je ne trahirai pas de secret en vous disant qu'elle et moi avons tous les deux voté pour elle. Ce fut peut-être le seul vote socialiste que j'ai donné dans ma vie, mais quel beau vote et pour quelle femme extraordinaire[87] ! » Je n'imagine pas le père de Marie-Claire votant pour Thérèse, même s'il l'admirait, surtout pour ses luttes contre Duplessis, mais qui sait ? dans l'isoloir…

Thérèse est à nouveau battue et les vingt-huit autres candidats du PSD aussi, dont Michel Chartrand, le Dr Jacques Ferron, Gaston Miron, William Dodge, qui se classent tous troisièmes. Dans tout le Québec, le parti n'a recueilli que 2,30 % du suffrage exprimé. Dans cette campagne, Thérèse avait comme adversaire conservateur le maire de Dorval, John Pratt. Au cours d'une assemblée contradictoire, ce dernier a dit que, s'il n'était pas candidat, il voterait pour Thérèse. Courtoisie ? galanterie de l'époque ? Sans doute. La plupart de ses adversaires ne la prenaient pas trop au sérieux.

Diefenbaker balaie le Canada et récolte cinquante des soixante-quinze comtés au Québec, le soir du 31 mars. Ce qui entraîne une

profonde réflexion au CCF et chez les organisations qui le supportent. En 1960, Jacques Ferron écrira de Thérèse :

> Madame Casgrain est née Forget d'un père baron d'affaires et d'une
> mère lady. On ne peut le lui reprocher. Elle vaut d'ailleurs beaucoup
> mieux que sa famille. Chose rare mais naturelle, ce fut sa condition
> de femme qui l'a poussée de la droite vers la gauche ; le féminisme lui
> inculqua des notions de justice et l'ambition fit le reste, l'ambition
> d'être assez grande pour se passer de sa classe, ce qui est admirable
> mais ne lui donne pas pour autant le génie politique. […] Elle nous
> avait patronnés, Gaston Miron et moi à la télévision […]. Miron était
> candidat dans Outremont, moi dans Longueuil[88].

Le mouvement syndical, le Conseil du Travail (CTC) surtout,
s'interroge alors sur la pertinence de prendre position sur le plan
politique, au cours d'une rencontre à Winnipeg le mois suivant. À
la fin, le mouvement syndical décidera de se joindre au CCF pour
explorer la possibilité de créer un nouveau parti politique. Ce sera
au quinzième congrès national à Regina, auquel participe Thérèse,
qu'il sera décidé de former un nouveau parti regroupant « des
forces politiques et des personnes d'esprit libéral afin de faire une
œuvre de reconstruction nationale et de réformes sociales ». On
s'entendra alors sur une date de fondation : août 1961, à Ottawa.

⸻

Le vendredi 13 juin au matin, *Le Devoir* sort ce que Filion a qualifié de bombe[89] : le scandale du gaz naturel. À l'hiver 1957, le
gouvernement du Québec autorisait Hydro-Québec à vendre son
réseau gazier à la Corporation de gaz naturel. Cette compagnie
nouvellement formée se voit confier le mandat de distribuer le gaz
naturel venant de l'Alberta, déplaçant ainsi du gaz industriel. À
l'époque, *Le Devoir* avait combattu cette idée d'autant que plusieurs amis du régime Duplessis avaient été mêlés à la transaction.
Dans ses mémoires, Gérard Filion raconte qu'un an plus tard il lui
vint quelques remords et qu'il voulut savoir si quelques-uns des
amis du régime ne s'étaient pas graissé la patte dans cette affaire.
Il se tourne vers Rodolphe, le fils aîné de Thérèse.

Je donne un coup de fil à un ami de la rue St-Jacques, Rodolphe Casgrain, propriétaire de Casgrain & Compagnie, courtiers en valeurs mobilières, et lui demande comment s'y prendre pour avoir accès à la liste des actionnaires présents et passés de la compagnie. Rien de plus simple : il suffit de posséder une action et de demander au fiduciaire et agent de transfert d'ouvrir ses livres. Il n'a pas le droit de refuser[90].

Le journaliste Pierre Laporte se retrouve rapidement détenteur de quelques actions attachées à une débenture. Il lui faudra quelques semaines avant d'obtenir un rendez-vous au Montreal Trust. Le premier jour, il rapporte les noms de Onésime Gagnon, lieutenant-gouverneur ; d'Antonio Barrette, ministre du Travail ; de Daniel Johnson, ministre des Ressources hydrauliques ; de Paul Dozois, ministre des Affaires municipales ; de Johnny Bourque, ministre des Finances et d'Antonio Talbot, ministre de la Voirie. Le lendemain, Laporte revient avec les noms de deux autres ministres (Arthur Leclerc et Jacques Miquelon), de quatre conseillers législatifs (Édouard Asselin, Jean Barrette, Albert Bouchard et Gérald Martineau) et de bon nombre de hauts fonctionnaires[91].

Quand, aux petites heures du matin, *Le Devoir* est livré aux stations de radio et aux kiosques de journaux, c'est en effet une bombe. Sous le titre « Scandale à la Corporation du gaz naturel du Québec, premier d'une série d'articles mettant en lumière les dessous de la transaction », le quotidien entreprend la publication sur cinq jours d'autant d'articles dénonçant la corruption du régime. Il n'y avait pas eu malversation. Le scandale, selon Filion, « c'était que des hommes politiques s'étaient placés dans un conflit d'intérêts. Comme législateurs, ils avaient voté une loi autorisant la vente du réseau de gaz et, comme individus, ils avaient acheté des actions de la compagnie qui en faisait l'acquisition. Ils s'étaient faits à la fois vendeurs et acheteurs[92]. » Une spéculation en Bourse d'une vingtaine de millions de dollars.

Le 29 décembre, en fin d'après-midi, grève à la télévision de Radio-Canada. Les réalisateurs, tous contractuels, en ont assez des retards et du favoritisme de la direction. D'abord, 74 des 85 réalisateurs quittent leur poste de travail, rapidement suivis par 2500 des 2600 employés syndiqués de la société d'État. Ils reçoivent aussi l'appui des membres de l'Union des artistes (UDA) et de la Société des auteurs (SDA). Malgré le grand froid qui sévit, des lignes de piquetage sont dressées, boulevard Dorchester Ouest (aujourd'hui René-Lévesque), et les émissions auxquelles le public est habitué disparaissent de l'écran pour être remplacées par «la tête du sauvage» ou par des films. Même le hockey du samedi soir n'y est plus, les joueurs du Canadien ayant décidé d'appuyer les grévistes.

Pendant trois mois, la quasi-totalité des services français de Radio-Canada sera paralysée. Les grévistes, entre les heures de piquetage, montent un spectacle à la Comédie canadienne, pour amasser des fonds : *Difficultés temporaires*, à l'intérieur duquel René Lévesque présente un *Point de mire* spécial. Il «s'installait en effet sur la scène pour expliquer aux gens ce qu'était la grève et le droit d'association. Exactement comme il le faisait à son émission du même nom[93]», le mardi soir, quand il expliquait de sa voix éraillée comment, dans le monde, des hommes en exploitaient d'autres. Il y aura aussi *N'ajustez pas votre appareil* avec Raymond Lévesque, Lucille Dumont et Jean-Pierre Ferland.

Certaines manifestations qui ont lieu durant cette grève sont réprimées assez durement par la police. Le 2 mars, trente personnes sont arrêtées, dont cinq femmes. Jean Marchand et René Lévesque se retrouvent devant les tribunaux pour avoir troublé la paix. La population est horrifiée d'apprendre que l'on traite ainsi ses vedettes. Le 7 mars 1959, Radio-Canada cède : les réalisateurs avaient gagné le droit de s'unir pour défendre leur gagne-pain.

Durant l'hiver 1958-1959, le Québec compte presque la moitié des chômeurs au Canada, et Duplessis continue de refuser que «sa» province adhère au programme fédéral d'assurance-chômage. Il y avait bien un programme au Québec, mais il était nettement moins avantageux.

En juillet, *Le Devoir* organise une table ronde sur l'État provincial[94]. Dans la bibliothèque du journal de la rue Notre-Dame, le journaliste Pierre Laporte reçoit Thérèse, Jean Lesage, chef du Parti libéral, Jean Drapeau, président d'honneur de l'Action civique et Jean Marchand, secrétaire général de la CTCC. L'Union nationale n'a pas jugé bon d'envoyer quelqu'un.

En encadré, *Le Devoir* signale qu'il s'agit d'un précédent, les personnes ne s'étant jusqu'alors jamais trouvées dans une même pièce. Les invités s'étaient vu proposer les thèmes suivants : les structures de l'État provincial, l'autonomie provinciale, la politique relative à l'éducation et aux questions sociales, les mœurs électorales, la politique économique, notamment en matière de ressources naturelles et de services publics.

À la lecture de la transcription des échanges, moins d'un an avant des élections provinciales, le lecteur ne peut que conclure que certains points soulevés par Thérèse ont mené Jean Lesage à préciser sa pensée (celle du PLQ?) sur plusieurs questions qui seront au programme de la Révolution tranquille et en particulier sur la réforme du monde de l'enseignement. Tout y passe : de l'instruction obligatoire jusqu'à seize ans à la gratuité complète à tous les niveaux en passant par la formation des maîtres, leur juste rémunération et le financement des universités.

Dans son échange avec Thérèse, on voit Lesage raffiner la question de la gratuité, testant l'idée de bourses puis de prêts-bourses. Lesage avance ensuite l'idée d'un Conseil provincial des universités où les collèges classiques pourraient aussi être représentés ; ce conseil recevrait les subsides et les redistribuerait. Et tous conviennent qu'aucune de leurs suggestions n'est réalisable sous le gouvernement actuel.

Cet article révèle aussi un Marchand épousant les idées de Pierre Elliott Trudeau. Pour lui, « l'autonomie provinciale n'existe pas », alors que Thérèse maintient qu'elle existe « jusqu'à un certain point mais nous avons cédé quelques-uns de nos droits à Ottawa ». Le PSD, dit-elle, « reconnaît la juridiction constitutionnelle exclusive de la province en matière d'enseignement ». À Thérèse qui réaffirme la position de son parti à l'effet de « donner aux employés des services publics le droit d'association et de faire la grève », Marchand réplique qu'il n'est pas d'accord. « Quand un groupe d'employés publics abuse de sa force économique pour s'en servir contre l'État et non contre un particulier, alors l'État doit intervenir dans chaque conflit. »

En ce qui concerne les mœurs électorales, Drapeau insiste pour que l'on diminue les dépenses « non seulement d'un candidat dans son comté mais toutes les dépenses ». Lesage soutient qu'il « faudrait s'assurer qu'un candidat ne dépense pas plus que tant par électeur ». Et Laporte de demander : « Le financement des partis politiques, qu'en pensez-vous ? » Lesage est prêt à accepter qu'un homme très riche donne beaucoup, tout en admettant qu'il y a une éducation civique à faire à ce sujet. Drapeau lui répond qu'il a commencé cela depuis longtemps et Thérèse rappelle que le PSD « a toujours basé sa finance sur les cotisations de ses membres. Faites de cette façon, les cotisations dépassent rarement les 300 $, et cela ne peut en rien entraver la liberté d'un parti. » Plus tôt dans les échanges, Thérèse avait rappelé que « la caisse électorale est à la base même de la corruption. Les deux vieux partis s'approvisionnent à la même caisse. Nos structures politiques sont bien malades. » Marchand ajoute qu'il « faut une diversification assez grande pour ne pas qu'un parti politique soit lié ».

Thérèse voudrait que la province se dote d'un organisme de planification économique afin de conseiller le gouvernement et de veiller à la conservation des ressources naturelles. « Les ressources naturelles sont immenses, mais actuellement, elles ne servent qu'à augmenter le bien-être du petit nombre aux dépens de la plus grande partie de la population. » Toujours ce souci du plus petit.

Thérèse était la seule à cette table à avoir une vision « macro » des problèmes et des solutions. Quand on relit ces pages, difficile de ne pas se dire que le Québec et le Canada ont perdu en ne lui permettant pas de jouer un rôle à sa mesure.

Le 30 août, c'est le dernier tour de piste du dernier tramway de Montréal, le Papineau 3517. Thérèse n'a peut-être jamais pris le tram, mais, petite, il en était question à la maison, son père ayant été un des gros actionnaires de la Montreal Street Railway au début du siècle. Les trams disparaissent, mais les rails, que l'on s'est contenté de recouvrir d'asphalte, s'obstinent à réapparaître ici et là et le feront des années encore, ne fût-ce que pour se rappeler au souvenir des nostalgiques.

Ces derniers jours d'août, Thérèse est au Manitoba avec Pierre Vadeboncoeur pour la réunion du Conseil national du CCF qui se tient à Fort Garry. Quand ils en reviennent, c'est la fête du Travail, et comme les autres Québécois, ils apprennent le décès de celui qui a dominé la scène politique depuis 1935. André Laurendeau écrira :

> On l'a aimé, haï, estimé, discuté, mais son emprise, passionnément combattue, a été incontestable durant le dernier quart de siècle. [...] À deux moments au moins, il a incarné la résistance du Québec au centralisme d'Ottawa et ainsi modifié la politique fédérale. C'est peut-être son plus sûr titre à la reconnaissance de ses compatriotes[95].

Pour Guy Rocher, « Duplessis est celui qui a fait le plus d'efforts pour aller chercher au fédéral du pouvoir ou empêcher le fédéral d'empiéter sur les pouvoirs que la Constitution accorde à la province[96] ».

Plusieurs souhaitaient le renversement de son gouvernement depuis fort longtemps et y travaillaient. Ils se retrouvent tout à coup sans ennemi à combattre. Selon Jacques Parizeau, « Duplessis était notre dénominateur commun. Il disparaît en riant de nous. On ne l'a jamais battu. Quand il meurt, on se dit : "Il nous aura eus jusqu'au bout." Il est mort dans son lit. Le ciment qu'il y avait entre tous ces gens s'effrite. » Duplessis n'a jamais trouvé d'adversaires à sa mesure. Il répétait aussi que, lui vivant, personne ne pourrait battre l'Union nationale. Et Gilles Marcotte d'écrire : « Ce qui meurt, ce n'est pas seulement une personne, un homme politique, c'est tout un pan de notre histoire, une façon de concevoir la société, la nation[97]. » Duplessis défendait l'entreprise privée, était partisan de l'équilibre budgétaire, de la réduction de la dette et de la limitation du fardeau fiscal. Georges-Émile Lapalme, qui fut son « ennemi d'en face », écrit de lui qu'il « avait entendu d'avance [...] les vibrations populaires. [...] Il prenait corps avec un certain rêve canadien-français chargé de trop de passé, pas assez d'avenir, s'ouvrait tout à coup sur une réalité lointaine mais possible[98]. »

Durant la dernière décennie du règne de Duplessis toutefois, certains intellectuels ont exercé une influence croissante au sein de la population québécoise. Ceux qui fréquentaient le salon de Thérèse, par exemple. Pour Jacques Parizeau, qui en est à nouveau à son retour d'Europe, « c'est un mélange très intéressant. On verra un moment Solange Chaput-Rolland et Pierre Trudeau qui se mettent à discuter un peu fort dans un bout du salon. » Puis Pierre Elliott Trudeau repart pour l'Europe. Et le rôle de Thérèse va se déplacer tranquillement sur d'autres scènes.

Le 11 septembre, Paul Sauvé devient premier ministre. Il « adopte une approche conciliatrice. Il normalise les relations du Québec avec la presse, le monde ouvrier, les universités et le gouvernement fédéral. [...] Il laisse à ses ministres la responsabilité de leurs décisions. [...] L'ère des réformes peut commencer[99]. » L'arrivée de Paul Sauvé marque une cassure. Désormais, l'avenir est possible. Alors que son prédécesseur avait façonné le Québec avec la complicité des élites religieuses et nationalistes, Sauvé entend rompre clairement avec cette approche. Sauvé vit dans l'urgence. Il dépose trente et un projets à l'Assemblée législative! Tous bien ficelés. On peut penser qu'il travaillait depuis un bon moment à certains d'entre eux : la reconnaissance du droit d'association des travailleurs, la modification de la Commission des relations ouvrières, la décriminalisation de la délinquance juvénile, la valorisation de la compétence des fonctionnaires désormais soustraits à l'arbitraire partisan.

En fin d'année, Thérèse reçoit Michel Chartrand, Pierre Elliott Trudeau, Paul Gérin-Lajoie, René Lévesque, son fils Rodolphe ainsi que l'épouse de ce dernier, Normande. « Ça avait été vraiment impressionnant. Quand le dîner a été fini et les invités partis, on était dans le salon. Rodolphe a dit : "Maman, ça pas de sens de recevoir tous ces gens-là… tout ce que j'ai entendu ce soir…" Elle a dit : "Écoute, Rodolphe, je t'ai donné l'opportunité d'entendre tout ce qui arrivera au Canada d'ici quinze ans. Si t'es pas content, déménage aux États-Unis." »

Toujours en cette fin d'année, Thérèse voit mourir deux acteurs importants dans les conflits qui ont marqué les dernières décennies, Mgr Charbonneau et Maurice Duplessis. Elle voit aussi ces hommes qui profitaient de sa table ne plus la soutenir publiquement, sinon du bout des lèvres. Ceux-là mêmes qui profitaient de son hospitalité pour se faire les dents sur de nouvelles idées se tournent maintenant vers d'autres contrées. Certes, ils reviendront chez cette dame au franc-parler, née dans l'autre siècle et dont l'influence locale décline, mais elle ne peut plus compter sur eux. L'a-t-elle d'ailleurs jamais pu?

Thérèse n'a plus de famille politique où elle se sente à l'aise. Le PSD l'a rejetée. Un peu avant, le Rassemblement a voulu faire de même, et publiquement d'ailleurs. Les libéraux québécois la regardent de haut quand ils daignent la regarder. À Ottawa, n'en parlons pas. Elle n'a pas non plus beaucoup de soutien de ses enfants. Selon Monique Bégin, « ils n'étaient pas drôles. Quand j'ai créé le prix Thérèse-Casgrain, ils m'ont dit en privé : "Nous, on était assez choqués contre notre mère. On lui en veut encore ; on ne lui a jamais pardonné." » Et une de ses belles-filles m'a dit en entrevue avoir « trouvé que, des fois, ils n'étaient pas très gentils avec elle ».

Son fils aîné, Rodolphe, qui gère ses avoirs, voit bien que certaines fins de mois sont de plus en plus difficiles. Sa mère ne peut plus continuer à payer pour tout un chacun, à assumer les engagements d'un parti ou d'une organisation. À force de gruger dans les placements, les intérêts s'amenuisent. La richesse de Thérèse est un des mythes les plus tenaces la concernant, et qui perdure. Elle n'est pas riche. À la fin de sa vie, elle était financièrement dépendante de ses enfants.

CHAPITRE 12

La cause de la paix

C'est sur les genoux des femmes que repose la paix.

GANDHI

ALORS QUE COMMENCE cette décennie, de nombreux Québécois
sont convaincus que l'organisation de la société telle que les
générations précédentes l'avaient façonnée ne pouvait durer. Le
Québec était devenu très urbain, les besoins de l'industrie et de la
guerre avaient révélé le manque de formation de la main-d'œuvre
et le retard était immense. On commençait à sentir une certaine
urgence.

Et alors que d'aucuns respiraient, entrevoyaient les changements
à venir, Sauvé meurt au matin du 2 janvier, après seulement cent
douze jours au pouvoir. «Désormais», avait-il dit. «Avec ce seul
vocable, écrira Georges-Émile Lapalme, [Sauvé] séparait deux
modes de vie politique, deux ères dont la dernière serait trop brève
pour porter son nom[1].» Sauvé avait la stature d'un chef d'État, ce
qui contraste avec Duplessis, qui ne fut qu'un chef de parti, et avec
Antonio Barrette, que Lapalme appelait le ministre du Travail *in
abstentia*[2], ce monarque avec cour mais sans trône ni armée de
militants. L'Union nationale se désagrégeait, et rien ne semblait plus
pouvoir freiner le grand désir de changement qui pointait un peu
partout dans la province. Encore un peu et tout ce bouillonnement

intérieur allait faire éclater ce sur quoi le Québec reposait depuis le XIXe siècle.

Ce 22 juin 1960, il fait beau et chaud dans toute la province. Chaud aussi parce que ça se bat à coups de battes de base-ball. L'Union nationale utilisait la bonne vieille méthode. La police provinciale surveillait, mais « elle prenait ses ordres de l'UN[3] ». Cela n'empêchera pas qu'au soir du 22 juin le Québec vire au rouge ; il envoie Jean Lesage et son « équipe du tonnerre » à l'Hôtel du Parlement. « C'est l'temps que ça change », et ça va changer. L'équipe des trois L, les Lesage, Lapalme et Lévesque et quarante-huit autres candidats libéraux sont portés au pouvoir pour réaliser un ambitieux programme dont l'introduction énonce :

> Il faut rétablir les droits et les libertés civiles et parlementaires, mettre de l'ordre dans l'administration de la chose publique, assurer l'égalité des citoyens devant la loi, organiser la vie nationale et économique, favoriser le bien-être de la population, occuper activement tout le champ de nos droits constitutionnels.

Suivent cinquante-quatre articles que l'on pourrait considérer comme autant d'engagements détaillés[4]. Avec la multiplication des réformes, un État moderne va prendre forme, se doter d'une fonction publique jeune, indépendante, compétente.

Selon Lise Bacon, « Jean Lesage va nous donner de la fierté. On n'avait même pas de fonction publique[5]. » Jean Lesage avait « la stature du commandeur. Il était le seul à savoir vraiment comment ça marchait. Il va nous apprendre à gérer et le sens de l'intérêt public. Le sens de l'État », se souvient Jacques Parizeau[6]. C'est d'ailleurs à partir de Lesage que l'appellation État du Québec va remplacer celle de Province de Québec et que les Canadiens français vont devenir des Québécois. C'est le *Globe and Mail* qui, le premier, utilise l'expression *Quiet Revolution* pour la période qui va suivre, rapidement francisée par les leaders canadiens-français. Cette expression garde encore aujourd'hui une grande résonance chez ceux qui ont vécu cette période de notre Histoire[7].

Tous ne s'entendent pas sur la façon dont elle a surgi ni non plus sur ses « pères », mais tout convergeait vers les réformes que le gouvernement Lesage va implanter de 1960 à 1966 : le rattrapage à faire est si grand dans tous les domaines et puis, la jeunesse est aux portes. Elle manifeste d'ailleurs régulièrement. Avoir vingt ans à l'aube de cette décennie, c'est espérer un temps nouveau comme le chanteront bientôt à l'unisson des milliers de personnes. «Ce qui était remarquable, écrit Alain Dubuc[8], c'était […] le vent de changement, la volonté de rupture avec le passé, la soif de la modernité, l'énergie, l'audace, le désir de réinventer le monde, la conviction que tout était possible.»

Les Québécois vont courir derrière leur gouvernement avant de commencer à s'essouffler vers 1965. Les finances publiques aussi. La dette augmente, mais il est impossible de ralentir l'allure : les réformes sont en cours et la population y tient. De juin 1960 à juin 1962 seulement, le Québec se sera doté de l'assurance-hospitalisation, des ministères de la Famille et du Bien-être, des Richesses naturelles, des Affaires culturelles, d'une Commission royale d'enquête sur l'enseignement (Parent), d'une nouvelle loi électorale, et j'en passe. Dans ce contexte, qu'advient-il d'un PSD ?

> […] avant le 22 juin, la gauche attaquait efficacement le capitalisme, car elle atteignait fort bien sa cible à travers un régime détesté, pourri à souhait ; mais maintenant, le capitalisme il faut le frapper à travers un parti réformateur, ce qui est difficile. Le socialisme a donc jusqu'à un certain point pris figure abstraite ou l'aspect d'une position philosophique sans rapport évident avec la réalité politique. Voilà pour ce qui est des idées. Mais pour ce qui est des effectifs, on sait assez que la moitié d'une génération qui s'annonçait comme radicale est maintenant passée du côté des capitalistes, et qu'il y a pour elle peu de probabilité de retour[9].

Où est Thérèse ? Elle s'implique de plus en plus dans l'organisation de ce qui va devenir le NPD. En avril, à Regina, elle participe au congrès du CCF et au comité qui planche sur la formation du nouveau parti. Puis, elle quitte pour Haïfa où elle est déléguée à la Conférence de l'Internationale socialiste, du 27 au 29 avril. C'est la première fois que cette conférence se tient ailleurs qu'en Europe. Quatre-vingt-six délégués de vingt-neuf pays y discuteront de la situation internationale, de la social-démocratie en Asie et des défis économiques de ce continent de même que des problèmes de l'Afrique.

Selon ce que Thérèse écrit dans le rapport qu'elle dépose au 16e congrès national du CCF à Regina[10], en août, c'est Golda Meir, alors ministre des Affaires extérieures d'Israël, qui présente ce dernier thème, au cours d'un remarquable discours qui a suscité l'enthousiasme suivi d'applaudissements nourris. À partir de ce moment, Thérèse va entretenir une correspondance avec Golda Meir durant plusieurs années. Cette femme qui « a tenu de sa main le destin de plusieurs millions d'êtres humains, comme l'a écrit Oriana Fallaci[11], a été celle qui pouvait faire ou défaire la paix au Moyen-Orient, allumer ou éteindre la mèche d'un conflit mondial ».

À la fin de la conférence, une déclaration est adoptée concernant les nouveaux devoirs auxquels fait face le socialisme démocratique.

> Les partis socialistes exercent une influence constructive et pas seulement lorsqu'ils sont au pouvoir. La plupart des changements que nous avons réalisés demeurent sous des gouvernements non socialistes. Les idées que nous prônons ont été adoptées par des gouvernements qui ne se reconnaissent pas socialistes. [...] Nous devons entreprendre de nouvelles tâches et nous attacher à étendre et renforcer nos contacts à l'International avec ceux qui ailleurs dans le monde s'apprêtent à assumer le leadership dans les nations émergentes et qui croient comme nous au socialisme et en la manière démocratique d'y parvenir.

Les délégués seront ensuite promenés à travers Israël. À Nazareth, c'est un maire arabe qui les accueillera. De là, réception à Jérusalem et dîner avec Ben Gourion, puis visite d'Haïfa avec dîner offert par le maire de cette ville sur un des bateaux de la flotte commerciale d'Israël, dans le port de la ville et, finalement, visite d'un kibboutz.

Thérèse termine ainsi son rapport :

> Ce qui m'a le plus frappée en arrivant dans ce nouveau pays c'est le dynamisme que l'on ressent partout. Chacun travaille avec enthousiasme avec le désir sincère de contribuer à l'édification du pays.
>
> La population d'Israël est très jeune. Elle affiche une grande fierté. Pour la première fois depuis plusieurs siècles, le peuple Juif habite un pays qui est le sien, où il n'est pas considéré comme citoyen de seconde zone comme c'est trop souvent le cas.

En novembre, à Québec, Thérèse est l'invitée du Cercle des femmes canadiennes. Cette rencontre est présidée par Corinne Lesage, épouse du premier ministre. Selon *La Presse*[12], Thérèse avoue que, « plus on voyage, plus on étudie, plus on se rend compte que l'humanité n'est pas tellement différente dans différents pays ». Elle parle de l'immense tâche « des femmes de tous les pays du monde, chacune apportant sa contribution modeste ou éclatante suivant sa sphère particulière ». Pour elle, « les femmes de tous les pays, de toutes les couleurs, ont un intérêt commun : elles ne désirent pas la destruction massive. Une femme, c'est une maman préoccupée du bien-être de ses petits, et ce dans tous les coins du globe. »

Thérèse continue en rappelant l'héroïsme des femmes asiatiques et africaines, la compétence et l'élévation de pensée des femmes en Inde et cite en exemple la fille de Nehru, présidente du Congrès indien. Elle souligne l'expérience des femmes israéliennes, qui « n'ont pas cherché à obtenir des droits civils et politiques mais des droits économiques ». Puis elle s'attarde sur la Chine, où cinq femmes font partie du Conseil supérieur de la nation et sept sont ministres. Thérèse termine avec « Han Suyin, cette remarquable femme médecin, romancière universellement connue ». Selon *La Presse,* elle est citée par Mme Casgrain pour l'immense désintéressement dont elle fait preuve en renonçant à la gloire et à la vie facile en Europe pour demeurer dans son pays où elle ne cherche qu'à venir en aide à ses contemporains.

Thérèse gardera contact avec plusieurs des personnes rencontrées au cours de ses nombreux voyages. Indira Gandhi et Han Suyin seront reçues chez elle, à Montréal. Me Philippe Casgain m'a raconté que l'on offre à certains grands personnages, quand ils viennent à Ottawa, de rencontrer une personne avec qui ils aimeraient s'entretenir. Et Indira Gandhi a répondu : Mme Casgrain. À Ottawa, on a avisé Thérèse qu'on allait lui réserver une suite dans un hôtel, pour cette rencontre. Elle a dit : « Non, non, non. Elle va venir à la maison comme tout le monde. Et elle mangera ce que je sers. » Ça s'est passé comme Thérèse l'a souhaité.

Au plan international, la Conférence de Paris a échoué. Khrouchtchev, Eisenhower, De Gaulle et Macmillan n'ont pas réussi à
s'entendre pour régler la question de Berlin. Qui plus est, un avion
espion américain est abattu au-dessus de l'URSS pendant que les
quatre grands parlementent. Khrouchtchev est furieux et rentre à
Moscou. C'est la guerre froide.

Devant la menace d'une guerre qui pourrait être nucléaire,
quelques Ontariennes se réunissent et forment Voice of Women
(VOW). Elles élisent Helen Tucker à la présidence et décident
de faire appel aux Canadiennes pour qu'elles manifestent leur
opposition à l'utilisation d'armes nucléaires. Leur slogan est :
« *Construction, not Destruction* ». Puis, le 28 juillet, VOW organise
une assemblée au Massey Hall, à Toronto. L'invité principal est
P. J. Noel-Baker, député travailliste et prix Nobel de la paix en
1959. Quand elle apprend que cet événement a eu lieu, Thérèse
téléphone à Mme Tucker et l'avise qu'elle formera une section québécoise du mouvement. Je la soupçonne d'ailleurs d'en avoir déjà
commencé l'organisation. Elle écrit, parlant d'Helen Tucker : « Je
la préviens de mon intention. » Thérèse ne demande pas la permission d'organiser, elle organise et rapidement.

Donc, elle réunit une vingtaine de femmes chez elle, dont le
sénateur Marianna Jodoin, qu'elle nommera présidente honoraire.
Thérèse, elle, présidera. Me Philippe Casgrain confirme ce mode de
fonctionnement de Thérèse. « J'ai assisté moi-même d'ailleurs, à
quelques reprises, à ce genre d'opération. Elle appelle quelques
personnes leur suggérant de faire partie d'un comité. [...] Elle
devenait évidemment la présidente de ce "comité instant", pour
ensuite appeler les journalistes pour leur dire comment elle, Thérèse
Casgrain, la présidente de tel comité considérait tout à fait intolé-
rable ou souhaitait que telle chose se fasse ou ne se fasse pas[13]. »

Selon ce qu'elle raconte dans ses mémoires, il lui a suffi d'un
mois pour recruter plus d'une centaine de membres au Québec,
toutes races, allégeances politiques et religions confondues. Les
sujets à l'étude : les affaires internationales, l'apaisement des ten-

sions internationales, le désarmement et la paix. Au fond, la cause commune, c'était la paix dans le monde. Thérèse rappelle qu'elle s'est rendue au Japon en février 1956 après le congrès de l'Internationale socialiste tenu à Bombay. « Là, j'ai vu les victimes d'Hiroshima. Je ne les oublierai jamais. Il y avait de l'horreur dans leurs yeux. Ils subissent encore les effets des engins destructeurs sur leur personne physique et mentale[14]. »

C'est chez elle que Thérèse a réuni les médias et quelques personnes pour lancer la section québécoise du mouvement pour la paix. Selon Michèle Jean, aux premiers jours du groupe il y avait, outre le sénateur Jodoin, Solange Chaput-Rolland, Madeleine Dubuc, Simonne Monet-Chartrand et Michèle Jean agissant comme secrétaire. Simonne Monet-Chartrand écrit que, dès qu'elle a entendu parler de ce mouvement, elle y a adhéré. Pour ce qui est de Ghislaine Laurendeau, c'est autre chose. Selon sa fille Francine, « ma mère ne serait jamais allée à la Voix des femmes. Elle était une personne timide et Thérèse Casgrain a su comment aller la chercher. Ma mère n'avait pas l'air de l'admirer, Mme Casgrain. C'était plus la cause qui l'intéressait. » De fait, Thérèse savait comment conscrire les gens. Même si plusieurs la trouvaient fatigante, ils finissaient par accepter parce qu'ils épousaient l'une des nombreuses causes dont elle s'est fait l'avocate tout au long de sa vie.

Le mouvement était appuyé par Mme Lester B. Pearson, dont le mari avait reçu le prix Nobel de la paix en 1957. Elle écrivait même à l'occasion dans le bulletin de VOW. Dans le premier numéro, elle émettait le vœu que

> si nous, les femmes de l'Occident pouvions rejoindre les femmes de l'autre côté du rideau de fer sans coloration politique mais seulement comme mère de jeunes enfants dont les vies sont menacées par la guerre, je pense que nous pourrions créer un mouvement vers la paix plutôt que vers la guerre[15].

Dans ses mémoires, Thérèse raconte qu'en mars, donc à peine un mois après la création de la section québécoise, elle a organisé une rencontre avec le premier ministre Diefenbaker et cinq de ses ministres pour leur demander de prendre les moyens nécessaires pour assurer la paix, promouvoir le désarmement et, surtout, éviter toute guerre nucléaire. Elle écrit que c'est de cette rencontre qu'est née la collaboration entre Gwendolyn Graham et Solange Chaput-Rolland. En 1963, elles publieront *Chers ennemis (Dear Ennemies)*.

Thérèse situe cet événement en 1961 et Simonne Monet-Chartrand, qui en est aussi, le situe le 7 mars 1962. Elle rapporte que Thérèse a organisé ce voyage en train dans lequel montent trois cents femmes dont deux artistes, Lucie de Vienne Blanc et Juliette Huot. Long de six wagons, le Train de la paix quitte la gare Windsor, portant « fièrement sur ses flancs l'inscription en lettres géantes LA VOIX DES FEMMES. Il entre en gare d'Ottawa, accueilli par les délégations de femmes de plusieurs villes. » Elles sont environ quatre cent cinquante, marchant derrière une banderole portant les mots LAISSEZ VIVRE NOS ENFANTS. Les femmes empruntent le couloir souterrain qui relie la gare au Château Laurier, tournent sur la rue Wellington et se dirigent vers le Parlement où elles « s'engouffrent en silence dans les couloirs de la Chambre des Communes pour se rendre dans la grande salle des Chemins de fer qui contient quatre cents places assises. […] Plusieurs doivent rester debout[16]. »

Simonne Monet-Chartrand rapporte que c'est le ministre des Affaires extérieures qui reçoit la délégation. Il prononce un discours sympathique, mais en anglais. Elle demande alors que l'on traduise en français ce qui vient d'être dit, ce que fera le ministre des Transports, Léon Balcer. Les deux répondent ensuite aux questions des déléguées, mais les réponses sont évasives et brèves. Simonne Monet-Chartrand raconte :

> Les déléguées décident alors d'aller rencontrer, à leur bureau du Parlement, leur député respectif, pour leur remettre le questionnaire préparé par notre exécutif et attendent leurs réponses. Les questions sont précises et portent explicitement sur la politique canadienne en matière d'armement et de désarmement nucléaire[17].

Cela rappelle les méthodes utilisées par Thérèse pour obtenir le droit de vote des femmes au Québec : noliser un train, envahir les couloirs du Parlement, rencontrer les députés, alerter les médias.

Cette fois, en plus, il y a la télévision. Radio-Canada présentera un reportage sur cet événement.

Les manifestations autour de ce voyage à Ottawa sont très mal perçues par le mouvement dans le reste du Canada et critiquées par les médias. Résultat : perte de la moitié du membership canadien. Dès l'entrée en scène de Thérèse, de nombreuses divergences sur les moyens à utiliser pour porter le message de la Voix des Femmes (VdF) se font jour. D'autant que la politique « politicienne » n'est jamais bien loin. Les Canadiennes anglaises ont de la difficulté avec cela parce que Thérèse est étiquetée CCF.

———

Le soir du 4 avril, dans la salle Gesù du Collège Sainte-Marie, plus de cinq cents personnes viennent entendre parler d'indépendance du Québec. Après Marcel Chaput et quelques autres, c'est le tour de Pierre Bourgault. Il termine ainsi son discours : « Finis les monuments aux morts ! Désormais, nous élèverons des monuments aux vivants. Ils seront faits de notre indépendance et de notre liberté[18]. »

Le lendemain, dans *Le Devoir,* Gérard Filion écrit que

> si deux parfaits inconnus ont réussi à attirer cinq cents personnes pour leur parler de séparatisme le soir d'une joute finale de la coupe Stanley, il se passe quelque chose de nouveau au Québec.

De fait, ce soir-là au Forum s'opposaient en finale les Canadiens et les Black Hawks de Chicago. L'automne précédent, un nouveau mouvement, le Rassemblement pour l'indépendance nationale (RIN) s'était formé. Un groupe d'une trentaine de personnes s'est réuni à Morin Heights pour accoucher d'un manifeste. Selon *Le Devoir,* ce manifeste affirme que « la nation canadienne-française, comme toutes les autres nations du monde, doit acquérir sa liberté et son entière indépendance pour s'épanouir et pour jouer le rôle qui lui revient sur la scène internationale. [...] Une fois son indépendance acquise, la nation canadienne-française devra se donner, par des moyens démocratiques, les institutions qu'elle jugera lui convenir[19]. »

Dans ses mémoires, Thérèse ne parle ni de la formation du RIN, ni de cette soirée, ni non plus de ce qui se passe au gouvernement du Québec. Pourtant, il se passait quelque chose de nouveau au Québec. Les réformes en cours et celles annoncées étaient du genre à satisfaire pour une bonne part ceux qui, depuis au moins un quart de siècle, les réclamaient. Mais ceux-là devaient apprendre un nouveau rôle ; cesser de s'opposer. Pour Gérard Pelletier et ceux qui gravitent autour de *Cité libre*, « on se demande si l'opposition ne serait pas une vocation, si ce n'est pas trahir que de passer du côté du manche[20] ».

Manifestement, Thérèse est ailleurs, sur la scène nationale avec le NPD et à l'international surtout à partir de son engagement dans la Voix des Femmes. Ainsi, en juin et juillet, elle est à Ottawa. Début août, plus de deux mille délégués se réunissent au Colisée pour la fondation du NPD. Des discussions assez violentes ont lieu sur le statut du Québec. « La délégation québécoise était nettement divisée. [...] Elle s'opposait au mot national dans la formulation des diverses résolutions et voulait faire reconnaître le droit de toute province à l'autodétermination. Les délégués québécois voulaient que "le Nouveau Parti Démocrate considère le Canada non pas seulement comme un pays né d'un pacte intervenu entre dix provinces, mais aussi comme un pacte entre deux nations". [...] Ces délégués voulaient, au surplus, que le Québec puisse taxer ses "citoyens de façon suffisante pour pouvoir assumer complètement les responsabilités qui lui étaient dévolues d'après la constitution"[21]. »

Le Congrès se prononcera pour la reconnaissance de deux nations au Canada. Moins une voix. Thérèse, elle, s'est opposée au nom proposé pour le parti. Elle trouvait qu'avec le temps « ce nom perdrait tout son sens ; qui plus est, il n'indiquait en rien les principes de formation » du parti[22]. Clarkson et McCall rapportent que « Trudeau se déclara dégoûté par ce qu'il considérait comme une décision dangereuse qui faisait le jeu des séparatistes[23] ».

Au Québec, à la suite du décès du Dr Charles-Aimé Kirkland, Jean Lesage déclenche une élection partielle dans le comté de Jacques-Cartier où Thérèse s'est présentée en 1956. La fille du

Dr Kirkland, Marie-Claire, veut se présenter, mais, selon son mari d'alors, Me Philippe Casgrain[24], Lesage ne l'entendait pas de cette oreille. Il avait retenu le comté pour Pierre Laporte ou Guy Favreau. « Et c'est presque en cachette, pendant son séjour en France, que nous avons organisé la convention et fait fonctionner le rouleau vapeur, qui ne devait s'arrêter qu'une fois qu'elle eût été élue, avec cinquante mille voix de majorité. » Faisant référence à Thérèse : « Vous remarquerez, encore là, que le parti libéral ne se précipitait pas pour faire élire une femme député. » En entrevue, Me Casgrain me dira que personne ne voulait de Marie-Claire Kirkland, pas plus les ministres que le premier ministre. « Il a avalé ça de travers. »

———

En mars, avec Ghislaine Laurendeau et Raymonde Roy, Thérèse se rend aux États-Unis dans l'intention de se joindre à la délégation des Womens' Strike for Peace. Les Québécoises veulent faire entendre leurs voix et présenter leurs revendications au Comité du désarmement des Nations Unies. Thérèse écrit dans ses mémoires que « la plupart [des pays] nous reçurent avec sympathie, les délégations des États-Unis et de l'URSS, avec réserve. Possédant des armes nucléaires ils étaient probablement plus difficiles à convaincre du bien-fondé de nos réclamations. » Qui plus est, la tension était extrême entre ces deux puissances, et l'une et l'autre avaient besoin de tout son arsenal militaire, ne fût-ce que comme moyen de dissuasion.

Toujours selon ses mémoires, la VdF avait reçu l'aide du personnel du ministre des Affaires extérieures du Canada, à moins que ce ne soit Thérèse, personnellement... Quoi qu'il en soit, les représentantes de la VdF ont obtenu une courte entrevue avec le secrétaire des Nations Unies, U Thant, qui, vers 23 heures, envoya son chauffeur leur porter du café chaud sur la ligne de piquetage devant le Palais des Nations.

Nos Québécoises se dirigent ensuite vers Vienne où elles seront observatrices au Congrès de la Fédération démocratique internationale des femmes (WIDF), du 23 au 25 mars. Thérèse qualifie cette organisation de « plutôt gauchiste mais dont les membres, en général, écoutaient volontiers les divers points de vue lors des discussions ». Cinquante-neuf pays étaient représentés à ce congrès, dont la Chine et l'URSS.

La veille de leur retour au Canada, l'ambassadeur de l'URSS a reçu Thérèse et ses compagnes. « Table luxueusement dressée, repas qui n'avait de russe qu'un *bortch* savoureux que nous servaient de gentilles jeune filles aux tabliers minuscules. » Après la soirée, les laissant à l'hôtel, le chauffeur de l'ambassadeur leur a serré la main avec effusion. « Jamais je n'oublierai la stupéfaction du portier » témoin de la scène, écrit Thérèse.

Un mois plus tard, les vice-présidentes nationales de VOW, Thérèse et Norma Acock, sont à Washington dans l'espoir d'infléchir le président Kennedy. Elles se joignent aux délégués des VOW britanniques et américaines qui font du piquetage contre les essais nucléaires près de la porte arrière de la Maison-Blanche. Évidemment, elles ne seront pas reçues. Elles délèguent une Britannique pour porter leur pétition à U Thant.

Sitôt de retour à Montréal, Thérèse affronte la critique. Dans sa livraison du 3 avril, *L'Action catholique* qualifie la VdF d'organisation « faussement humanitaire et faussement pacifique ». Odilon Arteau, qui signe l'article, demande :

> Qu'est-ce au juste que ce machin-là ?
>
> Selon toute probabilité, l'une de ces « *front organizations* » ou groupements que le communisme international excelle à mettre hypocritement en branle pour mousser ses propres intérêts, à l'insu des participants.
>
> [...]
>
> La Voix des femmes, tout l'indique, paraît bien être un de ceux-là. [...] À Ottawa, le 25 septembre dernier, grande manifestation patronnée par La Voix des femmes. Un observateur averti qui se tenait sur les lieux, affirme avoir identifié dans le groupe au moins dix membres du parti communiste. [...] Au début de mars 1962, donc voici quelques semaines, le même observateur signalait au sujet d'une visite de La Voix des femmes à Ottawa : « *aujourd'hui, devant l'édifice du parlement, j'ai pu compter soixante-trois communistes (dont quarante-quatre de Montréal).* »

Odilon Arteau parle ensuite d'un voyage à Vienne. Il affirme que la «Fédération démocratique internationale est l'organisme féminin fondé par la communiste Clara Zetkin, l'amie de Lénine et femme-député jusqu'à l'avènement des Nazis au pouvoir». Il affirme aussi :

La WIDF est tellement sous l'emprise soviétique que le Labour Party du Royaume-Uni la fait figurer dans la liste des organismes auxquels il défend à ses membres d'adhérer.
[…]
La Voix des femmes ne dit rien de bon au monde demeuré libre. Et c'est faire inconsciemment le jeu des «rouges» que de marcher dans les rangs de pareil organisme faussement humanitaire et faussement pacifique[25].

Après cela, comment croire qu'aucun corps policier ni aucun service de renseignements n'ait recueilli des informations sur Thérèse?

Même si elle est rompue à ce genre de commentaires, Thérèse espère toujours convaincre les autres de la justesse de ses luttes. La menace est tellement grande d'un nouveau conflit qui, cette fois, pourrait être nucléaire, que rien ne la fera taire ni s'arrêter. D'ailleurs, jusqu'à maintenant, jamais personne n'y a réussi et même si cela choque par moments ses enfants, elle continue. C'était mal vu, à l'époque, d'être ouvertement pour la paix. Depuis la guerre froide, les mouvements pour la paix étaient considérés comme infiltrés par les communistes. Alors, les journaux peuvent bien assimiler la VdF à une organisation communiste, peu lui chaut. Au début, c'était la même chose avec le CCF, et cela a bien fini par s'estomper.

Mais en ce moment, ce qui la fait réfléchir, c'est l'imminence d'élections fédérales. Et la tentation de se présenter n'est jamais bien loin. Sauf que la fonction qu'elle occupe à la VdF l'oblige à rester a-politique. Elle est bien encore vice-président du NPD, mais sur la place publique, elle n'y est plus tellement associée. Renoncer à se présenter? Non. Thérèse est un peu déviante sur les bords. Elle a tendance à toujours forcer la note, ce qui parfois la sert, mais pas toujours. Elle quitte l'exécutif du NPD, mais il est difficile de dire à quel moment précis. Début 1963, Michael Oliver écrit : « Je regrette que vous ayez été forcée de remettre votre démission comme membre de l'exécutif national[26]. »

Cette fois, elle sera candidate de la paix, sous les hospices du NPD, avec l'aide à la fois des membres de la VdF et d'une poignée d'individus. Elle se présente dans le comté d'Outremont-Saint-Jean-de-la-Croix, défendant le programme du NPD qui s'oppose au développement des armements nucléaires pour le Canada. C'est Me Gilles Duguay qui est agent d'élections pour Thérèse.

Lors d'une assemblée publique, Trudeau est invité à venir parler de Thérèse et en sa faveur. Me Duguay le présente :

> Nous avons l'honneur d'avoir Monsieur Trudeau, professeur à l'université, qui va vous expliquer pourquoi vous devez voter pour Madame Casgrain. Pierre Elliott Trudeau se lève et de sa voix nasillarde commence un grand discours où il dit que Pearson est un défroqué de la paix. Ça été un titre le lendemain. C'est à ce moment là que le nom de Trudeau s'est répandu à travers le Canada. Il n'a jamais parlé de Thérèse Casgrain. Il n'a pas dit un mot d'elle ni pour elle. Alors, je l'ai pas remercié, conclut Gilles Duguay. Curieusement, les journalistes étaient nombreux, ce soir-là, dans la salle[27].

Le samedi 5 mai, Thérèse signe un texte en première page du *Devoir* : « À tout prix, le refus des armes nucléaires ». Elle y traite de l'entreposage de toutes les armes en sol canadien et du rôle du Canada face à cette question.

> Le jour où le peuple canadien permettra à son gouvernement d'accepter des bases nucléaires sur le sol du pays [...] le Canada deviendra un simple satellite des États-Unis. Déjà notre appartenance à des pactes comme ceux de NORAD et de l'OTAN entrave dangereusement notre liberté d'action et nous entraîne dangereusement dans une ronde infernale. [...] Avoir sur notre sol des bases nucléaires pour rendre service à nos puissants alliés et voisins, nous mènera tôt ou tard à l'asservissement complet, peut-être même à la catastrophe suprême.
> [...]
> Le temps de l'à peu près... du oui, mais... a déjà suffisamment duré !

Au surplus, Thérèse préconise la reconnaissance officielle, par le Canada, de la République populaire de Chine, en refusant toutefois d'accepter leur philosophie, pas davantage qu'elle ne souhaite que le Canada accepte la philosophie de l'URSS. Thérèse est la première à se prononcer pour la reconnaissance de la Chine. En outre, elle réclame le retrait du Canada de l'OTAN.

On peut imaginer les grincements de dents chez les libéraux — et chez certains membres de la VOW — dont Pearson et sa femme Marion sont membres honoraires. Cette dernière se plaint d'ailleurs de l'influence croissante de Thérèse. Elle aurait déclaré : « On m'a raconté que Casgrain disait aux membres de VOW comment voter[28]. »

Toujours dans *Le Devoir*, à propos de la campagne électorale, André Laurendeau écrit :

> Or, la candidature de Mme Thérèse Casgrain dans Outremont-Saint-Jean va permettre à ceux qui réagissent comme moi de le signaler au parti libéral : l'estampille des « 75 » ne transforme pas une nullité en un serviteur utile au peuple ni surtout en l'un de ces éléments dynamiques qui feront des élus plus efficaces.

Parlant des soixante-quinze candidats libéraux au Québec, « médiocres dans l'exercice de leur fonction », et de l'opposant de Thérèse, Romuald Bourque, André Laurendeau poursuit :

> un bon symbole de ce régiment de nouilles qu'on voudrait nous faire prendre pour de grands hommes.
> [...]
> En outre, Madame Casgrain se présente comme candidate de la paix. C'est spécifiquement la cause à laquelle elle se consacre depuis des années et qu'elle entend servir de toutes ses forces. Elle est membre d'un parti qui, sur ce front, a les positions les plus formelles et les plus précises. Elle a l'habitude de la vie publique et possède du prestige au Canada anglais, c'est-à-dire qu'elle se fera écouter.
> C'en est assez pour conclure que dans Outremont, « le meilleur homme », c'est une femme.

Comme toujours, Thérèse a peu d'argent pour financer cette campagne et son fils Rodolphe s'y oppose, d'ailleurs. Il faut donc user d'imagination. Les rencontres de cuisine, certes, mais aussi des regroupements de communautés récemment installées dans le comté, comme des Italiens à qui Thérèse s'adresse dans leur langue. Thérèse se rappelle qu'ils « manifestaient leur plaisir à entendre un discours prononcé dans leur langue quitte ensuite à voter contre moi ». En 1967, Thérèse confiera à Maurice Roy[29] :

> [...] je sais que ce sont les bourgeois et les cols-blancs qui avaient voté pour moi, tandis que les ouvriers et les petites gens avaient appuyé les vieux partis. Sur le plan syndical, ces mêmes gens luttent contre leurs patrons et leurs employeurs, mais le jour des élections, ils votent pour les partis des patrons et des employeurs.

Même si ce n'était pas bien vu dans cette ville, son groupe de supporteurs organisait des défilés de voitures avec haut-parleurs pour inciter les électeurs à aller entendre les discours ou à aller voter. Entre les messages crachés par les haut-parleurs, c'était un concert de klaxons. Et dans la première voiture du défilé : Thérèse, parfois debout ou par moments assise sur le capot, toujours souriante, chapeautée, saluant de sa main gantée les curieux qui ne semblaient pas croire ce qu'ils voyaient.

Peter Scott, fils de Frank, et Pierre Trudeau ont fait campagne pour Thérèse Casgrain. « Leur rôle était réduit à rouler à toute vitesse dans les rues de Montréal dans la décapotable de Trudeau, armés d'un porte-voix. Ils régalaient les passants de slogans du CCF en faisant assaut de mots d'esprit dans les deux langues, Scott inventant la version française et Trudeau y ajoutant quelques fioritures en anglais[30]. » Trudeau fait campagne pour Thérèse, mais un de ses biographes se demande si, « une fois dans l'isoloir du bureau de scrutin d'Outremont, [...] il n'a pas voté pour Lapalme[31] ».

Durant la campagne, les membres de la VdF ont fait du porte-à-porte pour expliquer les programmes des divers partis sur la question des armes nucléaires. Selon Simonne Monet-Chartrand, « dans tous ses discours dans le comté [Thérèse] engage les électeurs à penser à l'avenir de leurs enfants et à avoir le courage de s'opposer au militarisme qui s'empare du monde[32] ». Mais c'est peine perdue, Thérèse sera battue. Sans argent pour payer ses représentants, pour s'offrir de la publicité, pour soutenir l'organisation d'une campagne, il faut la foi ou une grande naïveté pour croire réussir. Dans ce comté, il y avait plus de trois cents bureaux de vote. Juste assurer une présence bénévole le jour du vote dans chacun de ces bureaux, cela tenait du miracle. Et ce miracle n'a donné que 4308 voix en fin de soirée. Encore une fois, Thérèse se classait troisième.

Cette élection s'est faite sur fond de nationalisation de l'électricité ; Lesage décriait les trusts et René Lévesque expliquait aux Québécois qu'avec l'électricité nous serions demain « maîtres chez nous ». Il ramenait à l'ordre du jour l'idée du Dr Philippe Hamel, qui, un quart de siècle plus tôt, faisait campagne pour la nationalisation des compagnies d'électricité dans la province. Dans ses mémoires[33], Gérard Pelletier écrit du Lévesque d'alors qu'il « s'attarde moins sur le passé que ne le font les vétérans de son parti. C'est à l'avenir qu'il consacre le plus clair de ses propos. Il s'applique à cerner, à définir des objectifs concrets. »

Dans son numéro du jeudi 7 juin, *The Gazette* titre : « *Mrs. Casgrain Doesn't Accept Feminist Label* ». Jusqu'à la fin de sa vie, Thérèse refusera cette étiquette, mais c'est la première fois qu'elle le clame haut et fort. La journaliste Joan Forsey la cite : « Je ne suis pas une féministe by any stretch of the imagination. » Elle rappelle que ses luttes, elle les a menées au nom des femmes, certes, mais que les droits obtenus allaient servir à toute la communauté. Elle affirme que « le monde est au bord d'un désastre et que si l'on s'assoit et que l'on ne se demande pas à quoi sert de se battre c'est comme se mettre la tête dans le sable ». Qu'elle soit élue ou non, elle « va continuer à travailler pour la paix le reste de sa vie tant qu'elle aura la santé pour le faire ». Elle ajoute : « Comme je vais continuer de toutes façons, ce serait mieux que je puisse le faire au Parlement. » Elle ne se décourage pas facilement parce qu'elle le fait « pour une cause et non pour elle-même » dans ce cas « vous ne pouvez jamais être découragée ». La journaliste termine en écrivant que Thérèse avait remis sa démission comme présidente de la VdF au Québec et comme vice-présidente au niveau national ; ces démissions ont été refusées, elles auraient été acceptées si elle avait été élue. Thérèse demeure donc en poste.

Du 9 au 13 septembre, à Saint-Donat dans les Laurentides, la VdF reçoit soixante-cinq déléguées de dix-sept pays de l'Est, de l'Ouest, de même que de pays non alignés. La rencontre se tient à huis clos. Thérèse reprenait ses activités hors de l'arène politique. La militante qu'elle est travaille sans relâche pour faire de cette rencontre une étape dans sa recherche d'un appui mondial « en faveur d'une année dédiée à la coopération internationale ainsi qu'à la cessation des expériences nucléaires, par l'intermédiaire des Nations-Unies », comme elle l'écrit dans ses mémoires.

Pour elle, depuis toujours, les femmes observent l'incapacité du monde, des gouvernements, à assurer la paix. Et compte tenu de l'état actuel des tensions entre les deux grands blocs que sont les États-Unis et l'URSS, elle veut que la voix des femmes du monde entier se fasse entendre. Elle est prête à aller porter le message partout où il le faudra, à commencer par Ottawa, au premier ministre canadien, l'honorable John Diefenbaker. Quarante-neuf résolutions seront adoptées, parmi lesquelles celle-ci :

> Tout accord final concernant le désarmement qui n'inclurait pas la République populaire de Chine ne serait pas réaliste et efficace. À cause de cela et pour d'autres raisons, nous demandons que la République populaire de Chine ait sa place aux Nations-Unies et dans ses commissions spécialisées[34].

Lors de cette rencontre, un comité de liaison est formé, comprenant un nombre égal de membres de pays de l'Est, de l'Ouest et de non-alignés. Son mandat : coordonner les efforts de tous les groupements féminins du monde entier. Rien de moins ! Helen Tucker en est élue présidente.

Les 14 et 15 septembre, la Conférence des femmes pour l'Année de la coopération internationale se poursuit à l'Université de Montréal, en présence du public, cette fois. Plusieurs personnalités du monde entier y prononcent des allocutions, dont les journalistes Judith Jasmin (Radio-Canada) et Olga Chechetkina (*La Pravda*) et l'anthropologue américaine Margaret Mead. Selon Thérèse, cette dernière aurait alors rappelé que « les femmes, habituées aux tâches exigeant de la persévérance, étaient toutes désignées pour travailler à la cause de la paix ».

Je ne sais pas depuis quand exactement, mais Thérèse est maintenant présidente de VOW et la question de son engagement politique refait surface. D'autant que le NPD annonce qu'elle a été nommée à l'un des postes vacants à l'exécutif. La présidente sortante de VOW, Helen Tucker, lui écrit une longue lettre.

> Tout le monde sait que vous avez été candidate aux dernières élections et que vous êtes très active politiquement. Vous avez dit que vous ne vous présenteriez pas à une élection alors que vous êtes présidente de VOW. Bien. Cependant, nous savons et je sais quelle impression cela laisse chez la plupart des gens. Ils pensent que vous allez tenter d'amener Voice of Women au NPD.
>
> [...]
>
> Je ne crois pas que vous allez le faire mais je crois que vous vous placez dans la situation pour être accusée de le faire et cela va causer du tort à VOW[35].

Puis, elle demande que ce sujet soit abordé à la prochaine réunion du conseil. Elle continue ensuite avec des questions d'intendance et critique les filles du bureau de Montréal : « Elles sont mesquines envers les nôtres. [...] Oh ma chère, comme les chemins menant à la paix ne sont pas faciles. » Elle termine : « Thérèse, je réalise que ce ne sera pas facile pour vous mais je sais aussi que j'avance dans l'inconnu. »

Le 16 octobre 1962 commence la crise des missiles. Des avions de reconnaissance américains découvrent que des rampes de lancement de fusées sont en voie d'installation dans l'île de Cuba, à une cinquantaine de milles des côtes de la Floride. Les fusées partant de l'île pourraient atteindre le territoire américain.

Les puissances de NORAD sont sur un pied d'alerte. Le 22 octobre, le président Kennedy ordonne une surveillance navale contre Cuba et des frégates soviétiques sont arrêtées en mer. Il lance un ultimatum à l'Union soviétique : elle doit retirer les fusées qui se trouvent sur l'île. En outre, à la première tentative d'attaque par Cuba, les États-Unis riposteront en attaquant le territoire soviétique. Le monde entier retient son souffle. Des négociations s'engagent entre les deux pays qui mènent à l'acceptation par le président Khrouchtchev de retirer les fusées, sous contrôle de l'ONU, si les États-Unis s'engagent à ne pas envahir Cuba. Mais rien n'est encore sûr : un geste mal évalué de l'un ou l'autre des présidents et le monde peut basculer. Le 28 octobre, Khrouchtchev ordonne aux navires soviétiques qui se dirigeaient vers Cuba de se tenir temporairement à l'écart de la zone d'interception établie par la marine américaine[36].

Le 25 octobre, au nom de la VdF, Thérèse envoie à Diefenbaker un télégramme le priant :

> A) d'utiliser le prestige et les ressources du Canada pour appuyer le secrétaire général U Thant d'arbitrer cette dispute, appuyant le droit et l'autorité des Nations-Unies comme arbitre suprême de tous les conflits dans le monde d'aujourd'hui et
> B) de presser le président des États-Unis et le président Khrouchtchev de négocier à travers les Nations-Unies faute de quoi les nations défavorisées du monde souffriront des conséquences d'actions prises individuellement par les États.

Mary Clarke, du pendant américain de la VdF, écrit de Los Angeles. Elle raconte à Thérèse qu'elle était à Washington lors de la crise[37]. Ce que je comprends d'une partie de cette lettre, c'est que le comportement de Helen Tucker, en charge du Comité international de liaison de l'organisme, crée de sérieux problèmes. « Oh, j'aimerais tellement que vous soyez en charge. » Elle continue, « On va de crise en crise. [...] »

Puis, sur six pages dactylographiées et de format légal, Josephine Davis[38], co-fondatrice de VOW, écrit aux membres de l'organisation. Après avoir rappelé les raisons qui ont mené à la mise sur pied de VOW en juillet 1960, elle passe en revue les gestes accomplis par l'organisation depuis ce temps. Elle revient sur le fait que VOW a adopté une politique dans le passé, essayant toujours

> d'être pour certaines choses plutôt que d'être contre : nous avons toujours pris soin de demander au gouvernement ou aux autres partis politiques certaines mesures, plutôt que d'en condamner certaines autres.

Lors de la présentation au ministre Green, « à l'évidence, VOW est apparu à cette occasion, comme un mouvement très militant qui ne faisait plus dans la modération ».

Puis Josephine Davis critique le fonctionnement de Thérèse. Non seulement «le mémoire présenté le premier novembre est un changement de politique majeur», mais cela s'est fait sans réelle consultation préalable. Selon Mme Davis, très peu de membres de l'exécutif ont vu la copie finale qui tenait sur peu de pages, semble-t-il. Elle termine en appuyant sur le fait que son «intention n'est surtout pas de miner l'autorité de Madame Casgrain, que je respecte et admire».

Ce n'est peut-être pas son intention, mais les jours de Thérèse, en tant que présidente nationale, sont comptés. Ce n'est pas à son âge que Thérèse va changer. Consulter, consulter, elle a l'impression, la conviction peut-être, de le faire. Elle a toute sa vie testé ses idées auprès de quantité de gens qui venaient chez elle. Sa garde rapprochée, si je peux ainsi qualifier quelques personnes, est au courant de certaines choses, mais Thérèse ne s'est jamais enfargée dans les détails. Elle interprète les règles à sa convenance. Cette incapacité de se plier aux exigences des organisations démocratiquement constituées et fonctionnant suivant la règle de la majorité lui est souvent source de conflits et, cette fois, ce lui sera fatal. Au fond, certaines femmes dont «la vie gravite autour de la respectabilité de leur famille et de leur foyer» n'apprécient pas que des manifestations viennent «ternir leur bonne réputation[39]».

En janvier, Thérèse est à London, devant le Canadian Club de cette ville. Elle rappelle que, peu après l'épisode des missiles soviétiques, Lester B. Pearson avait déclaré que «les Canadiens ne devaient pas accepter d'armes nucléaires qu'elles soient sous contrôle canadien ou conjointement avec les Américains». Mais le 12 janvier, devant l'Association libérale de York-Scarborough, il affirmait que «le gouvernement canadien devrait cesser de fuir ses responsabilités. [...] La seule façon de s'y conformer, (serait) d'accepter de pourvoir d'ogives nucléaires les armes stratégiques de nature défensive qui ne peuvent être utilisées efficacement sans elles[40].»

La VdF est contre, mais il n'y a pas qu'une poignée de femmes qui sont contre. Pearson s'attire de vives critiques un peu partout. De Vancouver, le chef du NPD, Tommy Douglas, conclut qu'il

« est maintenant évident que le parti libéral est prêt à changer de chemise à tout moment[41] ». Le 17 mars, Lester B. Pearson est de passage à Québec. Des manifestants, dont Gilles Vigneault, se sont massés devant l'hôtel de ville pour clamer leur opposition aux armes nucléaires. Surtout que Pearson affirme maintenant que, s'il est élu, il honorera les engagements pris par les conservateurs envers l'OTAN, et ce, contrairement à la position adoptée par son parti au congrès de 1961.

En Chambre, les débats sur toute cette question entraînent la démission du ministre de la Défense et, faute d'un soutien des tiers partis, le gouvernement Diefenbaker tombe en février. Il y aura donc des élections générales à nouveau. Dilemme pour Thérèse. Continuer ses luttes au sein des instances de la VdF ou se présenter à nouveau dans Outremont-Saint-Jean ? Elle démissionne comme présidente de VOW, s'annonce à nouveau candidate pour la paix et commence sa campagne. Les électeurs sont appelés à voter le 8 avril. Majoritaire, espère-t-on.

Gilles Duguay, vice-président du NPD-Québec et responsable de l'organisation pour le comté d'Outremont, convoque quelques journalistes chez lui, question de parler du programme électoral et de la candidature potentielle de Thérèse. Cette dernière raconte qu'elle vient de faire une tournée qui l'a conduite de Toronto jusqu'à Victoria. « J'ai trouvé un peuple angoissé à la perspective que le Canada pourrait avoir des armes nucléaires. » Puis, Thérèse admet qu'elle avait promis de ne plus faire de politique active, mais que les événements ont pris une tournure qui change la situation. Elle mentionne la visite et les déclarations du général Norstad au sujet des armes nucléaires et la volte-face de Pearson[42].

Pierre Elliott Trudeau viendra à nouveau lui prêter main-forte, de même que Charles Taylor qui se présente sous la bannière NPD, dans Mont-Royal. Comme Thérèse, les deux dénoncent l'acceptation des armes nucléaires pour le Canada. Dans Cité libre, Trudeau signe un article qu'il intitule « Pearson ou l'abdication de l'esprit », dans lequel il déclare : « Je n'ai pas encore accepté de marcher sur la démocratie. C'est pourquoi, aux élections du 8 avril, j'ai l'intention de voter pour le Nouveau Parti démocratique[43]. »

Me Philippe Casgrain raconte : « Je suis allé à une assemblée […] j'entends encore Pierre Elliott Trudeau dire que Pearson était un défroqué de la paix. Thérèse et Trudeau étaient pas très gentils pour Pearson. » Dans le numéro d'avril 1963 de *Cité libre,* Trudeau écrit : « Il a suffi que le pape Pearson décide d'embrasser une politique pro-nucléaire pour que le parti tout entier défroque à sa suite. » L'expression « défroqué de la paix » a été reprise d'un texte de Pierre Vadeboncoeur par Trudeau. Ce dernier avait l'habitude de piquer ici et là des idées dans les textes des autres, sans donner ses sources… Thérèse, tout comme Taylor, sera battue : elle n'obtiendra que 4227 voix, un peu moins que l'année précédente.

Ainsi s'achèvent ses tentatives d'entrer au Parlement. Le nouveau gouvernement est libéral mais minoritaire, et il sera dirigé par Pearson. Quand on lui demande ce qu'elle aurait fait si elle avait été élue, Thérèse répond : « Peut-être que j'aurais été ce que j'ai toujours été, une voix dans le désert. Je n'aurais jamais cédé sur des questions de principes[44]. » Thérèse quitte définitivement le NPD. Selon Susan Mann, Thérèse affirme que ses sympathies n'ont pas changé, mais qu'elle retourne à la cause des femmes.

Vers la fin du mois d'avril, Thérèse se rend à Rome où elle se retrouve seule Canadienne à un pèlerinage mondial de diverses organisations féminines en faveur de la paix. Elles sont soixante représentant seize nations différentes et portant un insigne bleu et blanc : *Madri per la pace/Mères pour la paix.* Ces femmes viennent remercier Jean XXIII pour son encyclique *Pacem in Terris.* Elles demandent aussi au Saint-Père un secrétariat mondial pour la paix afin de « raviver l'espoir de l'humanité et nous encourager à poursuivre nos efforts pour que le monde puisse vivre comme une grande famille[45] ». Thérèse use de ses contacts et obtient du secrétaire d'État du Vatican, le Canadien Mgr Carew, de visiter les appartements particuliers du pape, avec Virgina Nave, de l'American Women's Strike for Peace, et une rescapée d'Hiroshima, Youko Miriki, qui pourra alors laisser au Saint-Père les cadeaux qu'elle lui avait apportés.

Les archives de Thérèse conservent un texte de deux pages intitulé « Message de la Voix des Femmes du Canada à sa Sainteté le pape Jean XXIII ». L'organisation compte alors six mille membres. Comme catholique, Thérèse se déclare heureuse de « l'attitude de l'Église face aux problèmes du désarmement, de la paix et du monde contemporain ». Elle annonce des démarches à venir des femmes. « Elles préparent en ce moment un voyage de paix et de collaboration, qui doit les conduire dans des pays d'idéologies différentes pour y promouvoir la compréhension mutuelle[46]. » Après Rome, ces « mères pour la paix » se rendent à Genève, devant le Palais des Nations, où elles veillent quinze heures, attendant en vain une rencontre avec U Thant.

À son retour au Québec, Thérèse accorde des entrevues et participe à des émissions de télévision, entre autres, les 17 et 30 mai. Le lendemain de la première émission, son amie Pauline Vanier, dont le mari est gouverneur général du Canada, écrit à Thérèse : « Georges et moi t'avons écoutée ensemble. Tu as admirablement bien parler [sic] et je dois dire que tu es en beauté, malgré la fatigue inévitable d'une longue campagne électorale. Sans vouloir discuter de politique, je ne peux m'empêcher de te féliciter de la sincérité évidente de tes paroles et je dirais même convaincantes[47]. »

Le 31, Tommy Douglas lui écrit : « [...] vous étiez simplement magnifique. Je suis certain que des milliers de personnes ont aimé votre passage à la télévision autant que moi. Cela correspondait tout à fait aux vues du Saint-Père qui a tellement fait pour attirer l'attention de l'humanité sur les besoins d'une justice sociale et d'une paix mondiale[48]. »

C'est aussi en mai que Thérèse participe à la fondation de la Ligue des droits de l'homme (LDH), mais il y avait un bon moment, déjà, que quelques personnes se réunissaient pour discuter de violation des droits au Québec. Depuis la Loi du cadenas, Scott, Casgrain, Hébert, Trudeau, le mouvement syndical et quelques autres groupes dénonçaient les injustices et tentaient d'infléchir la position des autorités, mais, sous Duplessis, c'était peine perdue. Maintenant que les libéraux régnaient à Québec, qu'au fédéral on avait adopté la Déclaration canadienne des droits (1960), plus de danger d'être muselés. Les Trudeau, Hébert, Patenaude songent à donner une voix structurée et permanente à la lutte pour les droits. Ils s'adjoignent Frank Scott, Thérèse et d'autres, et forment un conseil provisoire. Ce conseil analyse un document préparé par Trudeau, une sorte de constitution de ce qui allait devenir la LDH.

En mars, le conseil provisoire avait dressé une liste de personnes qui seraient appelées à former le premier conseil d'administration : « huit avocats, huit journalistes, deux syndiqués, un professeur, un économiste, deux hommes d'affaires, deux leaders étudiants et une personne «sans profession : Thérèse Casgrain[49] ». Huit de ces personnes étaient de langue anglaise et certains des vingt-cinq membres du conseil provenaient de la communauté juive. Chacun est invité à recruter des personnes épousant la cause des droits individuels. Plusieurs membres sont des libertaires connus : Jean-Charles Harvey, Frank R. Scott, Jacques Hébert et Pierre Elliott Trudeau. D'autres proviennent du monde syndical, du monde étudiant ou encore de partis politiques.

Le 29 mai, donc, dans la salle des banquets du Cercle universitaire de Montréal, soixante-douze des cent quarante-trois membres que compte déjà la LDH sont présents. Sous la présidence de Frank Scott, l'assemblée adopte une constitution et un nom : Ligue des droits de l'homme/Civil Liberties Union. Puis, on élit le conseil et un exécutif. Six personnes s'étant désistées pour le poste de président, Alban Flamand est élu par défaut. Thérèse est élue *in abstentia* vice-présidente. Scott se porte garant de son acceptation. Comme tout organisme bénévole naissant, la LDH n'a pas de permanence. Elle est financée par la cotisation des membres et les réunions de l'exécutif et des comités se tiennent à la résidence de l'un ou l'autre. Longtemps, les réunions se tiendront chez Thérèse, rue Mount Pleasant, puis ensuite avenue Clarke, à Westmount.

Dès le début, Thérèse se voit confier la présidence d'une commission permanente, celle des droits de la femme. Cette commission a pour mandat d'examiner toutes les lois pouvant influer sur les conditions de vie des femmes. Quand elle accédera à la

présidence du conseil, Thérèse proposera l'organisation de conférences, à l'heure du dîner, dans des lieux facilement accessibles
et sur des sujets qui feront l'objet de grands débats : la peine de
mort, les drogues, l'indemnisation des victimes d'actes criminels,
entre autres.

En octobre, Thérèse dirige une délégation de six membres de la
VOW en URSS, suite à l'invitation du Comité des femmes soviétiques. On se rappellera que cinq membres de ce comité étaient au
nombre des participantes à la Conférence à Saint-Donat, l'automne
précédent. Thérèse situe cet événement à l'automne 1965, Simonne
Monet-Chartrand, deux ans plus tôt. Selon les reportages faits
autour de ce voyage de trois semaines, il s'est fait en 1963.

> Mme Casgrain revient de Russie pleine d'enthousiasme et plaide pour
> davantage d'échanges internationaux qui mènent à une meilleure
> compréhension.
> [...]
> Mme Casgrain croit que le Canada a définitivement un rôle à jouer
> face à la Russie. « Nous ne sommes pas aussi suspect que les États-Unis
> et conséquemment nous pourrions aider à une meilleure compréhen-
> sion entre l'Union soviétique et les pays du bloc de l'Ouest. Notre
> pays est aimé en Russie. »

Le Devoir parle aussi du voyage de Thérèse en Russie. Dans une
entrevue qu'elle accorde à Solange Chalvin[50], Thérèse rappelle que :

> Rien de tel pour ouvrir des portes, briser des barrières, soient-elles de
> fer, que de prendre un dîner ensemble, de parler de ses enfants et
> petits-enfants, de courir la campagne russe, de discuter fiévreusement
> autour d'une tasse de café. Cela crée une nécessité de se mieux com-
> prendre et arrive en définitive à établir une volonté de paix. C'est le
> but que je poursuivais, je crois l'avoir atteint.

Le Nouveau Samedi reproduira en février 1964 de nombreuses
photos de ce voyage, entre autres de l'hôpital de Kara-Karayev, que
l'on dit très moderne, d'une usine de tissus de Moscou et du Palais
des jeunes pionniers de Bakou. L'explication pour cette date tardive ? Il fallait attendre la permission de l'ambassade de l'URSS à
Ottawa. L'article nous apprend que la délégation dirigée par

Thérèse a aussi visité Leningrad. Avec ses compagnes et leurs interprètes, elles se sont promenées le long de la Neva, sur la perspective Nevski et admiré le magnifique Palais d'hiver des tsars, l'Ermitage, avant d'y entrer visiter les innombrables collections d'objets d'art et de tableaux.

Après son voyage en URSS, Thérèse tente d'organiser la visite au Canada d'un groupe de femmes soviétiques. Le secrétaire d'État aux Affaires extérieures du Canada, à qui elle s'est adressée, lui répond, commençant sa lettre par : « Ma chère Thérèse », avant d'énumérer une série de choses à faire, puis il termine :

> Même si ces renseignements nous sont normalement fournis par le requérant, l'affaire serait réglée plus rapidement si « la Voix des Femmes », en tant que groupe organisateur de la visite, nous transmettait directement ces détails. De cette façon, on éviterait la nécessité d'une longue correspondance entre Ottawa et Moscou.
> [...]
> Veuillez agréer, Thérèse, mes respectueux hommages.
> Paul Martin[51]

Marie-Claire Kirkland-Casgrain, alors ministre d'État, dépose le Bill 16 sur le statut juridique de la femme mariée qui reprend la plupart des recommandations du rapport Nadeau. Dès son arrivée à Québec après son élection en 1961, elle réalise qu'elle ne peut rien faire sans son mari. Elle est avocate et députée, mais elle ne peut louer un appartement : il faut que son mari vienne et signe le bail ! Reste que le Bill 16 ne satisfait pas et, dès son dépôt, s'organise une vigoureuse opposition contre ce projet censé accorder à la femme mariée sa pleine capacité juridique. *La Presse* reproduit une déclaration de la LDH, signée conjointement par huit corps intermédiaires représentant le monde étudiant, le monde syndical et deux associations féminines.

Les signataires « reconnaissent que des pouvoirs nouveaux jusqu'ici niés à la femme mariée lui sont accordés par le projet de loi [mais] s'inquiètent à juste titre de l'insuffisance du Bill 16 [qui] est loin de répondre entièrement à la publicité étonnante qui en a été faite ». Les signataires s'inquiètent aussi des « multiples difficultés d'interprétations » que soulèvent certains nouveaux articles parce qu'ils laissent intacts l'article 243 du Code civil qui accorde au père seul le droit d'exercer l'autorité paternelle durant le mariage[52]. Le statut juridique de la femme mariée est tellement lié au régime matrimonial que l'on ne peut résoudre l'un sans toucher à l'autre. L'article 177 stipule d'ailleurs que « la femme mariée a la pleine capacité juridique quant à ses droits civils sous la seule réserve des restrictions découlant du régime matrimonial ».

Me Alice Desjardins[53] me raconte que, dès que le Bill 16 est rendu public, Thérèse a réuni des avocates qui se sont ralliées autour d'elle. Me Desjardins a critiqué dans un article publié dans *Le Devoir* le caractère conservateur de certaines mesures du gouvernement.

> La ministre Claire Kirkland-Casgrain ne partageait pas nos vues et nous répondit par la voie du même journal. La riposte ne se fit pas attendre. Thérèse Casgrain fit preuve d'une ténacité et d'une détermination remarquable. Les femmes n'avaient pas été consultées. Plusieurs des idées chères à Thérèse Casgrain avaient été ignorées, voire oubliées.

Pour Me Desjardins, le Bill 16 « n'a rien changé à la situation de la femme au foyer en la présence de son mari. Le bill abroge le devoir d'obéissance de la femme envers son mari et y substitue un article portant sur le rôle des époux dans la famille : il est dit que la femme "concourt" avec le mari [...] Or, précisément dans cette famille, le mari continue de tenir seul l'autorité sur ses enfants (art. 243). La situation est inégale [...] il est inutile de vouloir faire dire au Bill 16 ce qu'il ne peut pas dire[54]. » En conclusion, le Bill 16 améliore le statut de la femme mariée séparée de biens, mais conserve le régime de droit commun qui ne fait plus grand sens dans le Québec urbain et industrialisé de la seconde moitié du xxe siècle.

Selon Alice Desjardins, Thérèse

> avait de la technique dans l'action. C'était une militante chevronnée. Elle allait chercher de l'aide partout, chez les femmes et chez les hommes. Elle savait utiliser le téléphone. Il sonnait d'ailleurs toujours chez

elle. Et elle appelait son groupe. Elle nous remuait. Son entourage lui
était dévoué. Il l'appuyait et donnait de l'ampleur et de la vision à son
travail. Elle était infatigable dans ses luttes.

Pour Thérèse qui se bat pour des changements depuis les
années 1930, il est certain que le Bill 16 n'allait pas assez loin. En
1939, elle affirmait déjà que les enfants et les imbéciles avaient les
mêmes droits que les femmes mariées au Québec. Et quand elle
réclamait le droit de vote, c'était aussi pour faire changer les lois.

En décembre 1963, la *Revue du Barreau*[55] publie une conférence
prononcée par Me Réjane Laberge-Colas au Congrès du Barreau
de la province, le 15 février 1963, à Montréal. Après avoir rappelé
que notre Code civil a cent ans, la conférencière se demande s'il
ne serait pas plus réaliste « de se demander si les époux de 1963 ont
quelque ressemblance avec ceux de 1866 et, en second lieu, à la
lumière de ce que l'on connaît sur les lenteurs d'une réforme du
Code civil, s'il n'est pas préférable de trouver des solutions qui
soient aussi valables en l'an 2000 qu'elles pourront l'être aujour-
d'hui ». Me Laberge-Colas traite aussi des rapports économiques et
des rapports personnels entre les époux.

Plus loin dans son allocution, elle suggère de supprimer « la
puissance paternelle en donnant aux époux un droit égal sur leurs
enfants ». Elle propose de créer un tribunal de la famille et affirme
qu'il faut « prévoir l'abolition de la liberté absolue de tester et
l'adoption de la légitime, tant dans le cas du mari que de la femme
et tout aussi bien pour l'épouse survivante que pour les enfants
légitimes et naturels ». Elle termine ainsi : « Comme on le voit, tout
est à faire. Faudra-t-il donc que les femmes s'en mêlent ? » Les
femmes n'avaient pourtant jamais cessé de s'en mêler depuis des
décennies.

———

À nouveau, le mouvement pour la paix rattrape Thérèse. Et c'est
par une lettre d'Helen Tucker que l'on apprend qu'elle a été
malade. Thérèse a une santé de fer, semble-t-il, mais une lettre
datée du 20 novembre 1964 contient des informations concernant

une hospitalisation pour une occlusion de l'artère basilaire[56]. Déjà, en 1947, elle avait été hospitalisée pour des problèmes cardiaques. Remerciant les Scott pour les fleurs qu'ils lui ont envoyées, elle écrit :

> Je lutte très fort… Je ne peux dire que le cœur y est puisque c'est ce vilain qui est la cause de tous mes troubles. Quoi qu'il arrive, j'espère vivre pour plusieurs raisons et entre autres, pour vous [Scott] voir diriger notre pays sous un gouvernement CCF. Si la Providence me le permet, j'espère même être capable de faire ma modeste part pour que tout cela soit[57].

Parallèlement, Thérèse continue ses démarches en vue de la visite des délégués de l'URSS. Elle fait une demande officielle auprès de son amie Pauline Vanier afin que le gouverneur général reçoive ces femmes. Pauline lui répond que le bureau de son mari est en pourparlers avec les Affaires extérieures à ce sujet. Puis, le 2 octobre, juste avant que le couple se rende accueillir la reine à Charlottetown, Pauline lui confirme qu'elle pourra recevoir les délégués russes qui viennent au Canada pour une réunion de la Voix des femmes.

Le *Star* du vendredi 16 octobre rapporte que, la veille, quatre femmes de l'URSS sont arrivées à la gare Windsor, très impressionnées de l'hospitalité canadienne. C'est la fin d'un voyage de onze jours qui les a menées de Vancouver à Montréal, en passant par Calgary, Edmonton, Winnipeg, Toronto, Niagara Falls et Ottawa, dans le cadre du programme de la Voix des femmes menant à l'Année internationale de coopération.

Plus tôt, en août, Thérèse avait reçu une invitation personnelle de Golda Meir[58], alors ministre des Affaires extérieures d'Israël. Elle souhaitait voir Thérèse à une conférence portant sur le rôle des femmes dans la lutte pour la paix et le développement, laquelle devait se tenir à Jérusalem du 29 novembre au 2 décembre. Thérèse rapporte dans ses mémoires que les réunions de la Conférence se tenaient de 8 h 30 jusqu'à 17 heures, avec à peine une heure pour le dîner. Et il n'y avait pas de réceptions mondaines par la suite. Thérèse y est la seule Canadienne.

Dans un rapport faisant suite à ce voyage[59], Thérèse écrit que deux cent cinquante personnes assistaient à cette conférence tenue en quatre langues officielles avec traduction simultanée. On y a discuté de l'éducation, des problèmes économiques et de l'apport des femmes dans le commerce et l'industrie des pays et, durant la troisième journée, du rôle des femmes dans la vie publique et pour la paix.

> Il a été rappelé que la part des femmes dans la vie publique avait marqué un recul durant ces dernières années. [...] une des raisons qui éloignent les femmes de l'arène publique était peut-être une certaine peur de perdre leur féminité. Il a été mentionné aussi que tant que les pays luttent pour leur indépendance, les hommes acceptent plus volontiers la collaboration de leurs compagnes dans tous les domaines; quand la situation est normale, l'attitude des hommes est complètement différente. Il n'y a qu'à voir ce qui se passe au Canada, en Amérique ainsi qu'en Europe pour comprendre à quel point ceci est exact.

Après la conférence, Thérèse est restée quelques jours en Israël. Avec d'autres participantes, elle a visité « Sodome sur les rives de la mer Morte, la ville de Beer Cheva et celle, toute neuve, d'Arad. Ce fut ensuite le nord d'Israël avec Haïfa et le mont Carmel, puis la Galilée, et enfin le Lac de Tibériade, Nazareth et la vallée de Jezréel[60]. »

Sur le chemin du retour, Thérèse arrête à Paris où l'OTAN a son siège. Le 16 décembre, elle se joint au NATO Women's Peace Force qui veut présenter une pétition contre la prolifération des armes nucléaires au secrétaire général Monteo Brasio, ou à tout le moins « aux représentants de nos pays respectifs ». Ces dames sont avisées qu'une seule personne serait reçue. On discute, on propose deux noms, dont celui de Thérèse, mais,

> à notre grande stupeur, écrira Thérèse, quelques minutes plus tard, un fourgon de la police arrivait où l'on nous força sans coup férir de notre part, à monter pour nous conduire en prison. Nos armes, consistant en miroirs et limes à ongles, furent retirées de nos sacs à main. Chacune fut interrogée séparément puis emprisonnée dans une cellule, sans feu, sans eau et sans nourriture.

Elles seront libérées en fin d'après-midi après avoir été sermon-
nées et avisées de se souvenir que « tout rassemblement était interdit à l'OTAN et que, la prochaine fois, nous serions expulsées du
pays avec défense d'y remettre les pieds ». Claude Loranger-
Casgrain me confiera que sa belle-mère « devait être contente
quand elle a été emprisonnée à Paris. Elle aimait les causes non
traditionnelles. Puis, fallait pas que ce soit des causes faciles. »

Cette aventure fit le tour des capitales des pays d'où provenaient ces dames qui, le soir même, se rendaient à la salle de la
Mutualité. Là, près de deux mille personnes étaient réunies pour
entendre le biologiste Jean Rostand. Thérèse fut invitée, au nom
des autres, à donner un compte rendu de leur expérience et des
fleurs furent offertes à chacune.

À son retour, Thérèse convoque les médias chez elle pour raconter ce que la quinzaine de femmes provenant de pays membres de
l'OTAN ont vécu dans une prison parisienne. Au poste de police,
rue de Courcelles, elle s'est opposée à leur arrestation, invoquant
l'absence de mandat. Le policier lui a répondu qu'il ne s'agissait
pas d'une arrestation, mais d'une simple vérification. Elle a
demandé la permission de téléphoner à l'ambassade du Canada, ce
qu'on lui a refusé. Après trois heures à grelotter, elles ont été relâ-
chées. Selon Marie Laurier du *Devoir,* Thérèse Casgrain ne regrette
rien. « Bien que désagréable, cette expérience servira la cause de la
paix, j'en suis convaincue[61]. » Quelque part dans ses mémoires,
Thérèse écrit : « Au lieu de fermer les yeux, il faut au contraire les
avoir bien ouverts et aller droit devant soi, en faisant fi de ce qui
peut nous arriver à nous-même. »

CHAPITRE 13

Encore et toujours les droits

Ce qui ne va pas comme il faudrait, il faut y mettre les mains, et sur l'heure le changer.

ALAIN, *Propos sur les pouvoirs*

BIEN QU'ELLE SOIT EN VIGUEUR depuis juillet 1964, la loi 16 continue d'alimenter les discussions. *Le Devoir* rapporte dans sa livraison du jeudi 4 février que les notaires s'interrogent encore sur l'application et sur «l'esprit dans lequel cette loi a été promulguée». La journaliste cite des extraits de l'allocution prononcée la veille par le président de la Chambre des notaires, Mᵉ Raymond Cossette, devant les membres du Club Kiwanis-Saint-Laurent.

> Laissez-moi vous dire qu'il faut dissiper chez nous tout dessein d'être désagréable pour cette fleur si charmante qu'est la femme. Il en a toujours été de même, je crois, chez nos législateurs qui, comme nous, admiraient cette compagne dévouée et indispensable. En mettant des restrictions à ses droits et en entourant de tant de circonspection ceux qu'ils ont bien voulu lui conférer, ils étaient imbus du désir ardent de protéger sa faiblesse contre les exploiteurs sans vergogne n'ayant d'autre but que celui de dilapider ses biens.

On se croirait revenu en 1930!

Puis, après voir rappelé les droits et les devoirs des époux avant le Bill 16, Mᵉ Cossette conclut que la femme mariée est maintenant majeure : celle mariée en séparation de biens a les mêmes droits et pouvoirs qu'un majeur, mais il ajoute qu'elle avait déjà ce droit auparavant ; celle mariée en communauté de biens a encore besoin de l'autorisation du mari comme chef de la communauté. « Autrement dit, la femme commune ne pouvait pratiquement rien faire seule et [...] il n'y a pas beaucoup de changements depuis le Bill 16. » Me Cossette poursuit en élaborant sur la perte d'autorité pour l'homme. Le nouvel article 1292 du Code civil « le délie de l'obligation d'autoriser son épouse mais il est placé dans la situation d'un chef n'ayant aucune autorité pour agir seul s'il est marié en communauté de biens ».

C'est alors que Thérèse décide d'organiser un colloque pour souligner le vingt-cinquième anniversaire du droit de vote des femmes. Elle rencontre la Fédération nationale Saint-Jean-Baptiste, mais réalise rapidement que ses dirigeantes en sont encore à 1910. Ces « dames voulaient à tout prix garder un aumônier et je n'en voyais pas la raison. [...] Une telle divergence de vue, entre autres, créait des barrières infranchissables », pour qu'elle leur demande d'organiser le colloque. On se rappellera que Thérèse s'est toujours opposée à ce qu'un aumônier soit nommé dans les organisations qu'elle a formées ou qu'elle a présidées. En outre, on était en 1965 et les églises se vidaient. Les communautés religieuses aussi, de même que les séminaires.

Thérèse réunit donc chez elle quelques femmes. Et elle convoque les journalistes pour annoncer des journées de discussions sur le thème « La femme au Québec, hier et aujourd'hui ». Toutes les femmes qui veulent s'inscrire seront les bienvenues, et des invitations ont déjà été expédiées à toutes les organisations féminines du Québec. Elle souhaite qu'à la séance de clôture « une association provinciale soit formée et qu'elle porte aux autorités concernées les résolutions qu'auront votées les participantes ». Cette rencontre sera présidée par leur sénateure Mariana B. Jodoin. Les frais d'inscription ont été réduits au minimum à deux dollars afin de permettre au plus grand nombre de femmes d'y participer[1].

À partir du 29 mars 1965, dans la foulée du vingt-cinquième anniversaire du droit de vote, *La Presse* présente une série d'articles retraçant les luttes qu'ont dû mener Marie Lacoste-Gérin-Lajoie,

Idola Saint-Jean et Thérèse. Lily Tasso reprend certains extraits d'articles publiés durant les années 1930. Puisant dans *Le Devoir, The Gazette, La Presse* et *L'Action catholique,* elle fait revivre le climat qui régnait à l'Assemblée législative à l'époque et dont j'ai déjà parlé. Elle rappelle aussi le triste rôle joué par les élites, pour empêcher les femmes du Québec d'accéder à d'autre statut que celui d'épouse, de mère et de reine du foyer.

Le samedi 24 avril, quelques centaines de femmes se retrouvent au Sheraton Mont-Royal pour entendre d'abord Me Elizabeth Monk, Mme Jeanne Barnabé-Langlois, Mlle Laure Gaudreault et Thérèse « présenter une rétrospective du travail accompli depuis vingt-cinq ans et surtout envisager l'avenir, c'est-à-dire une meilleure prise de conscience par la femme de ses droits et de ses responsabilités », comme elle le dira alors. Elle profitera de son intervention, à l'ouverture, pour « rendre hommage aux pionnières : Mme Gérin-Lajoie, grand-mère du ministre actuel, Mlle Idola St-Jean, Mme F.-L. Béïque et du côté anglais, le professeur Carrie Derrick, Mmes Walter Lyman, John Scott et Lady Drummond ». Puis, elle insiste sur le fait qu'il

existe un immense besoin pour les femmes de s'occuper de leurs propres affaires. Plus que toutes autres, celles qui ont des loisirs devraient faire en sorte de travailler à l'amélioration du sort de celles qui ne peuvent le faire à cause de leurs occupations journalières. J'espère que ce colloque marquera une étape nouvelle dans le domaine des réformes et que notre province pourra enfin réaliser une véritable politique de grandeur. Il ne s'agit pas de féminisme outré mais il s'agit sûrement d'être de véritables humanistes et de s'occuper des problèmes de notre société[2].

En après-midi, trois commissions siègent. Les participantes traitent du statut juridique de la femme du Québec, de la femme et l'économie du Québec et de la présence de la femme dans la société. Le lendemain, les commissions font rapport en plénière, avant d'entendre Claire Kirkland-Casgrain, alors ministre des Transports et des Communications, au moment du dîner de clôture dont le menu sera le même que celui de 1945, alors surnommé Menu de la victoire.

En 1986, Simonne Monet-Chartrand raconte à Renée Rowan[3] que, au bout des deux jours, plusieurs femmes avaient la conviction qu'il fallait une suite. Elle s'est rendue au micro «pour demander de mettre sur pied une fédération des femmes du Québec qui regrouperait des représentantes d'associations féminines et des membres individuelles». Elle a été suivie par d'autres au micro, et finalement Colette Beauchamp a suggéré de former un comité provisoire dirigé par Thérèse Casgrain, pour organiser le Congrès de fondation». Dès le lundi, *Le Devoir* titre «La Fédération des femmes du Québec a été créée en fin de semaine».

Alors que le comité de coordination pour la mise sur pied de cette fédération s'active et qu'un sous-comité se réunit déjà, Thérèse reprend ses activités à la VdF, à la LDH et vient d'être nommée par le ministre de la Justice, Claude Wagner, vice-présidente du tout nouveau Comité consultatif de l'administration de la justice.

En juin, elle est à Regina et, début juillet, elle part pour un mois en Europe où elle assistera au Conseil mondial de la paix. Du 10 au 15 juillet, elle est à Helsinki parmi les mille cinq cents délégués représentant quatre-vingt-dix-huit nations, dont l'URSS et la Chine. Thérèse faisait partie du Presidium, ce groupe qui a élaboré l'ordre du jour de cette rencontre et orienté le travail des congressistes. Simonne Monet-Chartrand est aussi du voyage. À son retour, Thérèse précise au *Petit Journal* que le Conseil n'est pas un organisme féminin. Il est constitué «en grande partie d'hommes de grande valeur». Elle dira aussi que «le désir universel de paix n'est pas suffisant pour nous préserver de la guerre. […] si on veut être lucide […] il faut bien se mettre dans la tête que les divergences idéologiques qui séparent la Chine et la Russie ne les empêcheraient pas de faire front commun devant l'adversaire capitaliste advenant une agression américaine[4]».

À l'automne 1965, Golda Meir, qui est toujours ministre des Affaires étrangères d'Israël, relance Thérèse pour lui demander son avis sur les termes de référence d'un comité ad hoc de douze membres dont la responsabilité première serait de s'assurer de donner suite au quatrième paragraphe de la Déclaration de Jérusalem publiée l'année précédente. Le comité aurait trois ans pour proposer des moyens de « combattre l'ignorance et l'illettrisme, spécialement chez les jeunes femmes ».

Thérèse désire connaître qui fera partie du Comité et quand ce groupe commencera ses travaux. Sur le contenu, elle croit qu'il faut aussi se préoccuper « du rôle des femmes dans les affaires publiques de leur pays pour aussi arrêter ces terribles guerres fléaux de l'humanité ». Elle termine en s'informant de la santé de Mme Meir et lui offre les meilleurs vœux de la saison[5].

———

Le 20 novembre, vers 21 heures, le feu a détruit le Château Forget, comme le rapporte *Le Soleil*[6]. « Après l'incendie de samedi dernier, les souvenirs se réveillent et chacun vient voir les ruines d'où émergent quatre cheminées debout comme pour appeler les murs effrités à revenir les abriter à nouveau. » Eudore Boutet, qui fut longtemps au service des Forget à Saint-Irénée, aide la journaliste à reconstituer certains moments de la belle époque où les châtelains recevaient le député et plus tard premier ministre Mackenzie King ou le duc de Kent. Avec la disparition du château, qu'après le décès de Sir Rodolphe les gens du coin appelleront le château de Lady Forget, c'est tout un chapitre de l'histoire de Saint-Irénée qui est réduit en cendres. Au milieu des années 1970, Marie Trudeau et Françoys Bernier convaincront l'École de musique de Charlevoix d'acheter le domaine pour y établir un camp musical.

———

Le 8 novembre, Pierre Elliott Trudeau, Gérard Pelletier et Jean Marchand font leur entrée au Parlement fédéral sous l'étiquette libérale. On les croyait socialistes, progressistes diront certains, et on les aurait plutôt attendus ailleurs, au NPD, par exemple. Trudeau avait appuyé la candidature de Thérèse dans Outremont ; Pelletier, rédacteur en chef de *La Presse*, « n'avait-il pas recommandé de son côté, avant l'élection générale, qu'on votât NPD de préférence aux "nouilles" qu'il convenait d'oublier dans "les poubelles du Parti libéral" (fédéral)[7] » ? Pour Mᵉ Jacques Casgrain, Trudeau, Pelletier, Marchand et quelques autres n'avaient été que « des socialistes de salon. Ils avaient bien dit dans la chaleur du living-room que le CCF était le parti de l'avenir, que c'était même un parti qui répondait à une nécessité, mais une fois la soirée terminée, leur travail était accompli et ils ne voulaient pas se mouiller les pieds[8] ». Selon Gil Courtemanche, « Trudeau véhiculait l'idée que le nationalisme québécois empêchait les Canadiens français de se réaliser. [...] Trudeau mettait le nationalisme en opposition avec les droits et les libertés de l'homme[9]. »

Le 15 septembre, les trois se joignaient au Parti libéral du Canada (PLC). Pour Alain Whitehorn[10], parlant de Trudeau : « Cela montrait clairement que ce prétendu réformateur était plutôt un autre joyeux politicien servant les biens nantis. » Même *Cité libre* questionne ce choix.

> Que [...] ces trois hommes, associés depuis toujours aux combats du progrès social et aux idées de la gauche intellectuelle, acceptent de militer dans un parti traditionnellement inféodé au capitalisme, identifié à des structures anti-démocratiques et livré à l'opportunisme électoral, c'est un revirement qui achève d'égarer l'opinion[11].

Au fond, en choisissant le PLC, les « trois colombes » — comme on les appelait — font le même choix que plusieurs ont fait avant eux : ils adhèrent à une organisation qui les mène rapidement au pouvoir « par une sorte d'automatisme électoral et sans que la partie des éléments sociaux qui est en travail soit mise à contribution », comme l'écrira Pierre Vadeboncoeur[12].

Selon ce que raconte Gérard Pelletier dans ses mémoires[13], Maurice Lamontagne aurait d'abord sollicité Jean Marchand, qui ne voulait pas y aller seul. Il aurait alors tenté de convaincre Pelletier et Trudeau qui ont mis un certain temps à se décider. Maurice Lamontagne est aussi celui qui, avec le père Lévesque, avait demandé à Georges-Émile Lapalme de céder la chefferie du PLQ à Jean Lesage, en 1959. Il y avait alors un certain Paul Gérin-Lajoie qui montait et dont il semble que le parti ne voulait pas à ce poste...

Depuis l'été dernier, un comité se réunit régulièrement pour préparer le congrès de fondation de la Fédération des femmes du Québec (FFQ). Monique Bégin se souvient que Thérèse lui avait téléphoné, avant la rencontre d'avril 1965, pour lui demander de faire partie d'un panel avec Hélène Martin. Elle me raconte :

> Je suis une jeune sociologue. C'était à la mode et j'étais invitée à la télévision pour parler de problèmes qui autrefois étaient discutés par des psychologues et des prêtres...

Et Monique Bégin devient membre du comité organisateur, qu'elle présidera.

> De là, on se réunit chez Thérèse Casgrain, à Westmount, et je vais me rappeler toute ma vie : je ne pouvais pas la supporter. Je ne pouvais pas la supporter. On arrive là pour des réunions et elle commence toujours en disant : ah! mais ça pas de bons sens — c'est mot à mot ce qu'elle a dit — les actions de Bell viennent encore de descendre, ça pas de bon sens. Et elle chicane parce qu'elle ne fait pas assez d'argent.
>
> Pour moi qui suis pure et dure, une socialiste qui parle comme ça, je suis profondément scandalisée. La deuxième chose qui me scandalisait, et que je ne pouvais supporter : elle utilisait toujours les hommes des élites politiques et économiques du milieu dont elle venait — et je ne l'avais pas compris à l'époque — pour faire faire les choses qu'elle voulait voir changer, mettre en œuvre. Et un jour, pendant cette année de mise en place, je me souviens très bien avoir changé de lunettes (au figuré) et je l'ai vue complètement différemment. Et j'ai adoré Thérèse.
>
> J'ai compris avec le temps que les femmes de ces générations n'avaient pas d'autres manières de procéder que d'utiliser les hommes importants qu'elles connaissaient.

Ce comité est formé de Gabrielle Hotte, Alphonsine Howlett, Yvette Rousseau, Denise Pailleur, Lorette Robillard, Rita Cadieux, Alice Desjardins. Les membres de ce comité devaient définir les buts, les programmes, les structures de l'organisation. Mais « nous voulions aussi connaître les revendications prioritaires des associations en matière de politiques publiques touchant la vie et les intérêts des femmes », écrira Monique Bégin[14].

Le 1er mars 1966, la FFQ recevait sa charte. L'organisme allait « grouper sans distinction de race, d'origine ethnique, de couleur ou de croyance, des femmes et des associations désireuses de coordonner leurs activités dans le domaine de l'action sociale ». Rita Cadieux croit se souvenir que Monique Bégin, à cause de sa formation en sociologie, avait suggéré de faire

> un relevé des grands sujets dont on discutait dans les journaux. On avait trouvé, je ne sais plus, une vingtaine de sujets et on avait envoyé cela à toutes les associations qu'on connaissait au Québec. On n'avait pas reçu autant de réponses qu'on aurait voulu et la réunion s'en venait.
>
> Quelques jours avant, Denise Pailleur et moi on s'est tapé la compilation. [...] Je ne me souviens pas qui a fait le rapport à l'assemblée[15].

L'assemblée n'a pas été de tout repos. Les quelques trois cent cinquante femmes qui sont réunies au Sheraton Mont-Royal proviennent de milieux fort divers et constituent un microcosme de ce qu'est le Québec d'alors, pas encore totalement affranchi de toute influence des élites religieuses.

Selon le souvenir de celles qui participaient à ces journées — dont je suis —, c'est lors de la présentation du rapport du sous-comité que la « salle » a laissé savoir son opposition : « On ne veut rien de cela, ce relevé n'est pas scientifique, pas représentatif, et je ne sais quoi encore. Il fallait expliquer la nouvelle formule [...] regroupant à la fois des associations et des membres individuelles [...] ce qui ne s'était jamais fait. Il fallait aussi expliquer que la future fédération n'aurait pas d'affiliations confessionnelles et serait multiethnique et ouverte à tous. Créer la confiance et respecter nos nouvelles interlocutrices pour convaincre, devenait un élément clé du succès futur », écrira Monique Bégin[16]. Thérèse est intervenue pour calmer la salle, se rappelle Rita Cadieux.

Les membres du comité avaient beau répéter qu'il s'agissait d'un rapport, non pas d'un programme ni non plus d'une prise de position, l'opposition était grande. Pour Rita Cadieux, « il s'agissait du résultat d'une compilation et les participantes n'avaient qu'à le contredire ». Ce n'était pas une prise de position pour ou contre le divorce, par exemple, ou telle ou telle autre suggestion.

Autant que je me rappelle, parallèlement aux discussions, des participantes étaient invitées par petits groupes à monter à je ne sais plus quelle salle. Il y avait là un membre d'un ordre religieux qui faisait campagne contre la formation d'un regroupement comme celui dont la création était proposée. Je n'étais ni dans l'organisation ni dans la liste des femmes pressenties pour faire partie du conseil d'administration. Comment me suis-je retrouvée là ? Peut-être m'avait-on ciblée parce que j'intervenais sur certains points du programme dans les discussions, en réunion plénière.

Une vingtaine d'associations féminines étaient représentées au Sheraton auxquelles s'ajoutaient des dizaines de femmes venues là à titre personnel. Ainsi regroupées, cela laissait pressentir un mouvement de pression fort important. Dans la période de remise en question de la société québécoise dans son ensemble, on peut comprendre que le divorce, la planification des naissances, l'avortement, la contraception, entre autres, avaient de quoi motiver les « intégristes » catholiques de l'époque. Simonne Monet-Chartrand[17] cite une lettre du chanoine G. Panneton, de Trois-Rivières, à Luce Dumoulin, une des membres du premier conseil d'administration de la FFQ :

> …J'ai fait comprendre à M. Dandurand [rédacteur au magazine *Aujourd'hui Québec*] que votre Fédération voulait simplement étudier ces questions brûlantes (divorce, avortement, contraceptifs), sans approuver ce qui serait contraire à la Loi naturelle et aux directives de l'Église catholique […] Mais pour croire à la bonne volonté de la FFQ […] il faudrait qu'elle prenne position clairement à ce sujet ; de plus, il faudrait clarifier votre situation (FFQ) au sujet de la neutralité.
>
> À la Fédération, vous admettez toutes les femmes sans discrimination et vous pratiquez l'œcuménisme, m'avez-vous dit. Cependant, notez que l'Église condamne un œcuménisme défaitiste, appelé « faux irénisme », c'est-à-dire l'abandon de principes chrétiens pour gagner les non-catholiques ; ce qui serait une position d'apostasie.
>
> […]
>
> Je prie Notre-Dame du Bon Conseil de vous éclairer dans une tâche délicate qui peut engager l'avenir des femmes catholiques dans notre patrie.

Puis, vint le moment d'élire les membres du conseil d'administration. Inutile de dire que la liste préparée par le comité organisateur a été contestée. Rita Cadieux se souvient de ce moment :

> Et la pagaille recommence pendant que j'écrivais les noms au tableau. « On ne veut pas de cette gang-là », disaient certaines dans la salle. Et la salle a commencé à suggérer des noms. Le premier venu : Simonne Monet-Chartrand, puis mon nom est venu. J'ai été nommée sans avoir été pressentie.

Ce sera la même chose dans mon cas. Dès la première rencontre du conseil d'administration, je serai élue secrétaire de la FFQ, dont Thérèse est la présidente honoraire. À la clôture, le dimanche 24 avril 1966, le conférencier invité est le ministre de la Famille et du Bien-être social dans le gouvernement Lesage, René Lévesque. Alice Desjardins raconte que « Lise Payette, qui était journaliste, demanda à René Lévesque si le gouvernement consulterait la Fédération. « Certainement. Quant à Madame Casgrain, ce ne sera pas nécessaire de la consulter, elle fera sans aucun doute connaître son point de vue. » René Lévesque la connaissait bien, lui qui fut souvent invité à sa table.

À l'issue de ces journées, certaines revendications sont retenues pour servir de base au programme du nouvel organisme : la création de garderies, la parité salariale, la tenue d'une enquête sur les conditions de travail des femmes, entre autres. Certains diront plus tard que la FFQ était un mouvement réformiste, le distinguant ainsi du « féminisme d'inspiration libérale des tendances de gauche qui feront leur apparition au tournant des années 1970 et qui se caractérisent par un radicalisme beaucoup plus marqué[18] ».

À une émission de télévision à Radio-Canada, Lise Payette parlant de la FFQ disait : « Thérèse Casgrain a fondé la Fédération des femmes du Québec. Grâce à elle et à celles qui l'entouraient, on prenait à peine conscience de la force qu'on a quand on se regroupe. C'était extraordinaire. » Et de souligner le côté rassembleur de Thérèse[19]. Thérèse a toujours su rapidement intéresser des gens à un dossier, à un projet. On la suivait, du moins pour un temps. Elle était épuisante à la longue. Elle pouvait vous harceler jusqu'à ce que vous succombiez, en croyant vous en sortir ainsi, mais non. « Elle avait le coup de téléphone fécond », comme l'écrira Marthe Legault[20].

Alors que les médias rencontrent Thérèse à propos de la Fédération des femmes du Québec, *Le Petit Journal* du dimanche 1er mai fait d'elle le cordon bleu de la semaine ! Le journaliste lui demande ce qu'elle répond à ceux qui disent que les femmes qui ont reçu une formation spécialisée ou professionnelle — grâce à la démocratisation de l'enseignement et aux bourses d'étude —, « du moment qu'elles prennent époux et qu'elles mettent au monde des enfants, [...] oublient la dette qu'elles ont contractée envers la société ». Pour Thérèse, la femme mariée

> a signé un contrat par lequel elle s'engage à fonder un foyer, à élever des enfants (habituellement) et à être la compagne de son mari. Une compagne à tous les niveaux. Autant que possible, elle restera à la maison tant que les enfants n'iront pas à l'école. Mais sans occuper un emploi à l'extérieur, elle s'intéressera à ce qui se passe autour d'elle. L'éducation, les conditions de travail, les autres questions sociales : rien ne devrait la laisser indifférente. Si elle est équilibrée, les pressions de toutes sortes ne la dérangeront pas. Elle optera carrément pour un mode de vie et s'en tiendra à ses convictions personnelles. De toute façon, il ne faut jamais généraliser. C'est à chacune de trancher en ce qui la concerne.

Le journaliste reproduit ensuite la recette de soufflé au sirop d'érable de Thérèse.

Ailleurs aussi, au Canada, la situation de la femme préoccupe. En mai, trente-deux organismes féminins forment un Comité pour l'égalité des droits des femmes dont le mandat est de préparer un mémoire demandant au gouvernement du Canada de se pencher sur le statut de la femme en ce pays. Le texte du mémoire est envoyé à Thérèse par Laura Sabia[21], qui demande une approbation écrite pour le 15 septembre. Après avoir expliqué qu'elle a remis le tout à la présidente de la FFQ, Thérèse commente[22] :

> Après avoir lu votre mémoire, j'y trouve des sujets comme l'éducation et le travail qui sont de juridiction provinciale. Je voudrais aussi vous suggérer de ne pas demander qu'une femme soit nommée présidente

de la Commission dont vous proposez la formation. Je dirais plutôt que nous espérons que cette commission soit dirigée par un éminent Canadien qui a la confiance et des hommes et des femmes. Ce faisant, nous laissons la porte ouverte tout en évitant le risque de voir notre requête refusée.

À la mi-août, Thérèse, qui est membre du Conseil consultatif de la consommation (Ottawa) depuis plus de deux ans, écrit au ministre de la Santé et du Bien-être, dont relève ce comité. Elle voudrait discuter de l'élargissement du mandat du comité pour y inclure les prix des produits de consommation courante.

> Quand je regarde les termes de référence de notre comité, je vois bien que nous ne pouvons nous occuper de la question des prix. [...] Je sais que le consommateur doit être protégé quant au packaging et à la qualité des biens qui lui sont vendus mais d'un autre côté, il me semble incroyable que rien ne soit fait pour le protéger contre l'augmentation du coût de la vie qui gruge le budget de chacun[23].

Puis elle quitte le 427 Mount Pleasant pour le 260 avenue Clarke (appartement 816), où elle demeurera jusqu'à la fin de sa vie. Et à nouveau, elle fait ses valises. Fin septembre, elle se rend à Rome, au Séminaire international sur la participation des femmes à la vie publique. Thérèse n'en est pas à sa première rencontre de ce genre. On l'a vu plus haut, en 1937 déjà, elle était à Paris à une réunion du Conseil international des femmes. Dans ses mémoires, elle raconte qu'elle y avait entendu des débats sur les mêmes sujets. «Un quart de siècle plus tard, je constatais que les femmes n'avaient guère évolué et qu'elles en étaient encore au stade de la discussion.» À Rome, elle est accompagnée de Fernande Simard, alors présidente de la VdF.

Dans l'allocution qu'elle prononce à la fin des assises, Thérèse dit:

> Permettez-moi d'ajouter à ceci une chose qui ne plaira peut-être pas à tout le monde, mais avec les années j'ai acquis l'autorité de parler de la sorte.
>
> Depuis plus de vingt ans, j'assiste à des congrès féminins. Maintes fois j'ai entendu répéter que la situation faite aux femmes est en régression dans le domaine politique. On est en droit de se demander

pourquoi. Il y a quelques années, U Thant, secrétaire général des Nations-Unies déclarait que les femmes avaient accepté leurs responsabilités dans le domaine éducationnel, social et économique, mais pas dans le domaine politique. Je crois que c'est là que réside le défaut de notre travail. Nous avons peur, nous ne prenons pas les mesures nécessaires pour imposer nos vues aux gouvernements et nous nous contentons facilement de miettes qui tombent de la table. Nous acceptons des réformes qui en somme ne sont souvent que des « réformettes ». Je me rappelle avoir entendu Alva Myrdal, ambassadrice de Suède à la table du Désarmement à Genève, dire que les femmes des nouveaux pays et des pays socialistes sont sur le plan politique plus avancées que nous. Elles ont combattu à côté de leurs compagnons pour gagner la liberté et ceux-ci les acceptent dans ce domaine sans hésitation[24].

Et de donner des exemples, puis d'appuyer la déléguée de la Bolivie, qui soutient que tous les problèmes qui concernent les femmes finissent toujours par aboutir dans les parlements de ce monde. Elle espère « qu'au lieu de passer de vagues résolutions nous aurons le courage d'entreprendre quelque chose de pratique et d'utile » comme « la parité de salaire, des garderies, un ministère de la main d'œuvre féminine ». Puis, en conclusion : « Ne restez pas dans cet ordre de généralités que tout le monde accepte les yeux fermés et les mains jointes ! »

À son retour, Thérèse, qui vient d'être élue présidente de la Ligue des droits de l'homme, s'attaque à la réorganisation de la Ligue. Cette organisation s'est éloignée de ses membres et leur désaffection entraîne des difficultés financières. Dans le but de réveiller l'intérêt et de susciter de nouvelles adhésions, elle soumet au conseil d'administration un programme de déjeuners-causeries sur les thèmes suivants, de même que le nom de conférenciers pour en traiter[25] :

Une charte des droits de l'homme à insérer dans le Code civil lors de sa refonte (Frank Scott)
Faut-il interdire la grève ? (Me Philip Cutler)
La psychiatrie et les droits de l'individu (Dr Jean-Baptiste Boulanger)
Droits d'assemblée et tactiques policières (Me Guy Guérin).

Il faut croire que ces rencontres répondaient à un besoin parce qu'elles connaissent un franc succès.

Comme elle l'a fait toute sa vie, Thérèse continue de mener de front plusieurs dossiers, et celui de la réforme du Code civil l'occupe particulièrement. En 1968, le gouvernement a mis sur pied une commission de réforme du Code civil, et Thérèse ramène les thèmes qui lui sont chers depuis près de quarante ans. Elle organise de petits comités, invite chez elle notaires et avocats, ou professeurs de droit, pour se faire une idée de ce que serait le meilleur régime légal pour les époux mariés au Québec. Il s'agit maintenant d'obtenir une réforme des régimes matrimoniaux et, cette fois, il y aura consultation et commission parlementaire. Comme le rappelle Alice Desjardins, les combats de l'heure que menaient les femmes (avortement, union libre, laïcité) n'intéressaient peut-être pas Thérèse. « Mais il n'y avait aucun doute que la capacité juridique de la femme mariée était un de ses sujets favoris. Elle avait une longue expérience dans le domaine. Elle avait travaillé sur bien des réformes antérieures dont celle des biens réservés de la femme mariée. » Thérèse trouvait le régime proposé « tellement compliqué que l'on est en droit de se demander s'il sera très populaire. Il se peut qu'il tombe en désuétude, que peu de personnes s'en prévalent et que les gens continuent comme par le passé, à se marier en séparation de biens[26]. » À l'époque, elle aurait souhaité que l'on protège le domicile conjugal et que la liberté de tester soit limitée.

Lors de la rencontre du 2 novembre, le notaire Pelletier a

> été particulièrement frappé par des arguments qui militent en faveur d'une séparation de biens mitigée par une légitime ou ce que les gens de l'Ontario appellent un « homestead » :
> a) Le contexte nord-américain dans lequel nous vivons.
> b) Le fait que 70 % des mariages au Québec depuis 10 ans ont été précédés d'un contrat de mariage en séparation de biens.
> c) La complexité d'administration de tout régime à base communautaire et particulièrement le caractère théorique et peu pratique du régime proposé dans le rapport Comtois.

La prochaine réunion est fixée au 22 novembre. L'intervention du notaire Pelletier mérite d'être relevée :

> [...] il y aurait lieu [...] de discuter non plus la capacité des époux quant à leurs biens personnels ou aux biens communs si nous adop-

tions un régime de communauté, mais bien plutôt les relations juridiques qui devront exister entre l'époux et l'épouse et les enfants si un tel régime de séparation de biens devait devenir le régime légal[27].

Le 30 novembre, la FFQ dépose auprès de l'Office de révision du Code civil un mémoire commentant les réformes proposées par le Comité des régimes matrimoniaux. La FFQ suggère :

a) l'adoption de la séparation de biens comme régime matrimonial légal, avec réserve en ce qui concerne la maison familiale et les biens servant à l'usage de la famille.

a) la restriction de la liberté illimitée de tester par l'introduction de la réserve, de la légitime ou de l'obligation alimentaire post-mortem.

c) l'abolition de l'immuabilité des conventions matrimoniales[28].

Jeudi, 16 février, le premier ministre Pearson annonce la création d'une commission royale d'enquête sur le statut de la femme au Canada. Elle sera présidée par Anne Francis Bird et la secrétaire sera Monique Bégin. Des six commissaires, deux sont québécois, Jeanne Lapointe et Jacques Henripin. Certains auraient souhaité que Thérèse en soit. « Il y a la Commission Laurendeau-Dunton ; il devrait y avoir la Commission Bird-Casgrain. [...] Le Canada qui met une certaine bonne grâce à se découvrir en 1967, attendra-t-il qu'il soit trop tard pour reconnaître officiellement la place de Mme Casgrain[29] ? »

À la mi-mars, Thérèse s'occupe d'organiser la Deuxième Conférence internationale de la VOW qui doit se tenir à l'Université de Montréal, du 6 au 10 juin 1967. Dans sa correspondance[30] avec la présidente nationale Kay Macpherson, Thérèse fait état de l'avancement du projet. Il est question, entre autres, de l'obtention de billets gratuits sur les vols KLM pour les membres de la délégation tchèque, de la nécessité de demander aux gouvernements socialistes de déléguer telle ou telle femme et des visas à obtenir. Elle met en garde VOW au sujet des manifestations : « Les membres de la VdF du Québec ne s'y associeront sûrement pas. En outre, je serais très surprise que les autorités les permettent. » La présidente de VOW l'assure qu'il n'y en aura pas et elle remercie Thérèse de consacrer autant de temps à l'organisation de cette conférence[31].

Quand Thérèse apprend que Han Suyin sera à Montréal, elle écrit à nouveau à Kay Macpherson et suggère qu'une réception soit organisée le soir du 6 juin. «Je suis certaine qu'elle remplirait facilement le hall. Elle est une ardente féministe et aussi une de ceux qui soutiennent la République populaire de Chine. Je ne serais pas surprise qu'elle accepte de parler, sans honoraires[32].»

Lors de l'assemblée annuelle de la Société de criminologie du Québec, le président de l'organisme remet à Thérèse le prix de la présidence. Il dit alors de Thérèse qu'elle «n'a jamais cessé de proclamer un très haut et exigeant idéal de la justice, justice envers la femme, justice envers les pauvres, envers les nations et justice envers l'humanité. [...] Notre Société se considère privilégiée de pouvoir offrir cet hommage de reconnaissance à cet intrépide défenseur des droits humains et des idéaux de justice dans notre milieu, à ce rare exemple de courage et de persévérance qu'est Mme Thérèse Casgrain[33].»

Dans son allocution d'acceptation, Thérèse dit espérer «qu'on ait voulu honorer à travers [sa] personne tous les hommes et les femmes [...] qui depuis des années se dévouent et persévèrent en œuvrant dans le combat pour la justice, le droit, et qui se sont employés à travailler sincèrement pour la paix». Elle rappelle qu'en 1968 la *Déclaration universelle des droits de l'homme* aura vingt ans. «Tous les humains naissent libres et égaux en dignité et en droits», stipule le premier article. Elle se demande «comment ne pas être émue considérant les conditions que nous faisons à nos propres Indiens. [...] Au moment où [...] nous avons voulu nous faire les hôtes des peuples de toute la terre, je ne pouvais me soustraire aux responsabilités de mon engagement en renonçant devant vous à dénoncer les injustices et l'injustice tout court[34].»

En tant que membre du Comité national des femmes pour l'Exposition universelle, Thérèse est à l'inauguration officielle le jeudi 27 avril, à la Place des Nations. Elle a ainsi l'occasion de rencontrer ou de revoir des représentants des soixante-six pays qui ont élu domicile, si l'on peut dire, sur les îles qui ont jailli du Saint-Laurent, selon le rêve un peu fou de Jean Drapeau. Le Québec se prépare à recevoir le monde entier. On parle de vingt-six millions de visiteurs ; il en viendra plus de cinquante.

Tout le mois de mai, Thérèse court d'une réception à une autre dans les différents pavillons de Terre des Hommes. Elle est invitée partout, souvent à deux endroits à la même heure. C'est intéressant, certes, mais elle ne perd pas de vue cette conférence internationale dont il faut s'assurer que toutes les ficelles sont attachées. Certains pays font montre de susceptibilité, d'autres, comme les pays du bloc communiste, ont des exigences de sécurité. Il faut voir à tout avant que les déléguées arrivent.

Le lundi 5 juin, veille de l'ouverture officielle de la Conférence, c'est la Journée internationale de la femme à Expo 67. Un grand dîner est organisé au restaurant Hélène de Champlain. Lors de cette journée, qui est une première dans l'histoire des expositions universelles et internationales, Mme Daniel Johnson prononce le discours officiel. L'épouse du premier ministre traite d'émancipation féminine et affirme que

> parler d'émancipation de la femme c'est aussi parler implicitement d'éducation. L'éducation n'est-elle pas en effet la porte ouverte sur l'émancipation, une pensée autonome en même temps qu'une activité professionnelle propre ? Car déjà la femme d'aujourd'hui, et celle qui se dessine demain, ce n'est pas la femme d'un seul homme, mais une citoyenne de la Terre, un être nouveau qui collaborera fiévreusement et avec foi à l'érection de cités meilleures et plus pacifiques. [...] Quand je parle du droit inaliénable des femmes à l'éducation supérieure, je pense aussitôt aux enfants qui, en même temps que leurs pères, seraient eux aussi les premiers bénéficiaires d'une véritable émancipation féminine. [...] Ce sont les femmes, ne l'oublions pas, qui seront en grande partie responsables de la Terre des hommes de demain[35].

Le lendemain, à 12 h 30, au pavillon Hospitalité d'Expo 67, Thérèse reçoit la médaille de bronze du Centennial Award du Conseil national des femmes juives du Canada. Et le soir s'ouvre la Conférence internationale des femmes pour la paix. Trois cents femmes de toute race, nationalité religion et âge confondus venant de vingt-cinq pays sont réunies à l'Université de Montréal pour parler de la paix, généralement, mais en particulier des moyens de la ramener dans ces régions du monde où la guerre sévit : le Viêt-nam et le Moyen-Orient. À l'issue de la Conférence, les résolutions adoptées seront portées au Parlement et à l'ambassade des Nations Unies à Ottawa par une délégation de la VdF accompagnée de dix participantes venues d'autres pays. Ces résolutions portent sur l'interdiction du trafic d'armes, y compris les armes chimiques et biologiques ; la fin des hostilités au Viêt-nam, l'envoi immédiat d'une aide médicale aux civils de ce pays et l'accueil d'enfants vietnamiens ayant besoin de soins spéciaux ; la condamnation de la Rhodésie et de la Bolivie pour la violation des droits des citoyens et l'admission de la République populaire de Chine à l'ONU[36].

Le 1er juillet, ce sont les fêtes du centenaire de la Confédération canadienne, inaugurées par Sa Majesté Elizabeth II, qui visite aussi Terre des Hommes. Durant l'Exposition, Montréal va accueillir quantité de grands de ce monde depuis la reine Elizabeth en passant par Grace et Rainier de Monaco et leurs filles, les souverains de Belgique et le président de la République française, entre autres. De tous les grands, c'est celui-là qui va susciter le plus d'attention et créer les plus grands mouvements de foule. Puis une onde de choc dans certaines capitales. Thérèse est déjà en Europe quand le général de Gaulle, du balcon de l'hôtel de ville de Montréal, lance : « Vive Montréal, vive le Québec, vive le Québec libre, vive le Canada français, vive la France ». « Le Québec aux Québécois », scandent alors les quinze à vingt mille personnes massées là, le soir du 24 juillet. À Paris, l'écrivain François Mauriac applaudit à cette « nouvelle initiative diplomatique du Général », alors qu'elle déclenche la fureur des Anglo-Saxons[37].

Le jeudi 9 novembre, l'Assemblée générale de l'Organisation des Nations Unies adopte une *Déclaration portant sur l'élimination de la discrimination envers les femmes*. Dans un texte intitué « Le Bill 16 et la Québécoise[38] », Thérèse émet le vœu que cette « déclaration [aide] la Québécoise à prendre véritablement sa place au soleil.

Avec les belles qualités de cœur et d'esprit qui la caractérisent, il y a lieu de croire qu'elle sera considérée dorénavant comme une citoyenne à part entière, susceptible d'aider à bâtir ce Canada uni que nous désirons tous. »

Le 24 novembre 1967, dans la salle Confédération de l'édifice du Parlement à Ottawa, Thérèse est décorée de l'Ordre du Canada, créé le 1ᵉʳ juillet de cette année par la reine Elizabeth II. Cet honneur est décerné à « la personne qui s'est le plus distinguée dans la défense des droits de la personne et des idéaux de justice dans notre société ». À l'été, elle avait reçu la médaille du Centenaire pour le combat « que vous avez livré toute votre vie pour la défense des droits de la femme et du peuple en général ». Elle a aussi été désignée Femme du siècle et reçu le prix du Comité juif du Canada pour la défense des droits de l'homme.

Les honneurs, c'est bien beau, mais cela n'apporte pas de quoi payer son loyer. Elle se présentera régulièrement devant la Régie du logement, souvent accompagnée de Mᵉ Philippe Casgrain. Il décrira ainsi l'événement :

Quelle extraordinaire aventure de se présenter à la Régie avec Thérèse comme cliente ! En entrant, tous les gens assis se levaient pour venir lui parler. […] Elle faisait le tour de la pièce, donnant la main à tout le monde comme s'il s'agissait d'une assemblée électorale.
[…]
Avant même de s'asseoir, elle allait saluer les régisseurs qui, tous surpris et honorés de la voir devant eux, ne savaient que faire[39].

Pendant près de dix ans, le propriétaire n'a jamais réussi à faire augmenter le loyer de Thérèse. « Quelle aventure ! et quelle catastrophe pour le propriétaire ! » s'exclamera Mᵉ Casgrain.

Thérèse vit de quelques revenus de placements et d'une pension de veuve ; en juillet, cela équivaut à 2400 dollars par année. Il lui faudra attendre 1972 pour obtenir un ajustement. Elle touchera alors 3961,82 dollars par année. Avec l'Association des veuves, dont elle est présidente honoraire, elle milite pour une indexation de toutes les pensions de veuves.

Thérèse a depuis un bon moment une émission quotidienne à Télé-Métropole. Elle reçoit parfois des lettres de téléspectateurs qui se plaignent du contenu, mais, cette fois, c'est de son partenaire qu'un «écouteur», comme il se décrit, se plaint. Il juge Paul Dupuis «détestable, impoli et grossier surtout quand je le vois sans cravate pour se présenter devant vous et devant le public. [...] C'est vous qui faites tout le travail, je crois qu'une jeune fille serait plus à sa place pour recevoir les appels téléphoniques. [...] Ce Dupuis est sans patience et moqueur envers le public. Il est tout le contraire de ce que vous êtes.» En conclusion, cet «écouteur» souhaite que Thérèse se fasse «donner un associé de meilleure apparence». Au lieu de cela, Robert L'Herbier avise Thérèse que la série *Voix de femmes* prendra fin avec l'émission du 7 juin[40]. Alice Desjardins, qui a parfois vu Thérèse à cette émission, me fait le commentaire suivant: «Elle répondait au téléphone, elle faisait très aristocrate. On l'appelait pour quelque chose et elle répondait: "Mais Madame, voyez votre avocat".» Et Me Desjardins de commenter: «Mais personne n'a un avocat à moins d'avoir beaucoup d'argent ou un ami ou un parent qui le soit. Les gens devaient la trouver distante.»

Cette émission quotidienne l'empêche souvent d'accepter des invitations comme celle que lui fait Florence Bird pour le 14 février au soir. Les membres de la Commission royale d'enquête sur la situation de la femme au Canada souhaitent depuis longtemps l'entendre «sur les questions féminines et plus spécialement sur la participation politique des femmes aux différents paliers de la société canadienne[41]». Je n'ai pas pu établir si Thérèse a fini par se présenter devant les commissaires ou si elle s'est contentée de leur faire parvenir le texte que j'ai retrouvé dans ses archives[42]. Dans ce long document, Thérèse reprend les thèmes qu'elle développe depuis plusieurs années, sauf ceci, que je vois pour la première fois:

> La Loi de l'Assurance-chômage restreint le droit aux prestations pour les femmes immédiatement après leur mariage. Des protestations d'associations féminines ont réussi à éliminer cette discrimination mais il en reste une de taille.

1 - une femme qui quitte son emploi ou est congédiée à cause d'une grossesse est par ce fait même considérée comme non disponible c'est-à-dire comme n'étant plus sur le marché du travail ;

2 - toute femme qui attend un enfant n'a pas droit à ses prestations pendant les six semaines précédant et suivant son accouchement.

Thérèse rappelle ensuite que, depuis 1966, la Colombie-Britannique accorde des allocations de maternité de six semaines avant et six semaines après l'accouchement. En outre, le congédiement d'une femme enceinte y est illégal à moins que celle-ci ne se soit absentée pendant seize semaines consécutives. « Il est évident, écrit Thérèse, qu'il faudrait instaurer chez nous le système des allocations de maternité qui existe depuis longtemps dans tous les pays suffisamment industrialisés. »

Thérèse continue d'être honorée, cette fois pas l'Association internationale des journalistes de la presse féminine. En même temps qu'elle, Mmes Reine Johnson, Marie-Claire Drapeau et Solange Chaput-Rolland deviennent membres d'honneur de cette association[43]. Fin mai, elle recevra un doctorat *honoris causa* de l'Université de Montréal. Elle en recevra bien d'autres au cours de la prochaine décennie.

Puis, en avril, Thérèse livre de courts commentaires sur les ondes de Radio-Canada. Le 15, elle traite de la Loi des droits civiques supprimant la discrimination raciale dans le logement que le Congrès américain vient d'adopter. Le 16, c'est la violence qui sévit en Allemagne depuis quelques jours qui l'occupe et, le 17, elle intervient sur l'augmentation des prix à la consommation. Il faut dire qu'elle est présidente de l'Association des consommateurs du Canada (section Québec), à ce moment-là.

Elle est aussi présidente du Comité canadien de l'aide médicale pour le Viêt-nam. Elle annonce à Kay Macpherson que 8000 dollars ont été expédiés en Angleterre pour l'achat de fournitures médicales et 500 dollars à Paris pour la même fin. Dans cette même lettre, elle déclare avoir « été très ennuyée d'apprendre que le Canada s'est abstenu de voter l'article 2 de la section 10 de la Déclaration des Nations-Unies sur la Discrimination envers les femmes. Au moment du vote, quatre-vingt-treize pays étaient en faveur, aucun contre et seul le Canada s'est abstenu[44]. » Elle explique que l'on attend le résultat de la course à la chefferie du Parti libéral qui aura lieu en avril. « Les chances de Pierre Trudeau sont sans doute très bonnes. [...] Kierans aussi, selon ma modeste opinion, est un bon candidat. » Et finalement, Thérèse est contre l'idée d'inviter des Vietnamiennes. « Mon humble opinion est que ce serait plutôt dangereux à ce moment-ci. [...] Nous serons responsables de leur sécurité. [...] les sensibilités sont exacerbées. »

C'est l'effervescence, dans les cégeps, qui ont été mis en place l'année précédente, mais il n'y a pas qu'ici que la contestation s'installe. La jeunesse du monde entier croit que tout est possible, qu'elle peut tout changer. Radicalement. L'autorité est partout contestée. À Paris, Berkeley, Washington, New York, Prague et ailleurs, tout est remis en question. À Montréal, l'Union générale des étudiants du Québec (UGEQ) publie *Université ou fabrique de ronds-de-cuir*, un manifeste qui affirme que « l'université est un fief de notables qui alimente une société de notables ; qu'elle forme des serviteurs soumis de la société industrielle antidémocratique ». Et le président de l'Assemblée générale des étudiants de l'Université de Montréal (AGEUM) de déclarer : « Participer, c'est se faire fourrer [...] d'où la désagrégation des structures des associations étudiantes qui ont volontairement sabordé leur propre mouvement de délégation[45]. » Au fédéral, le ministre de la Justice, Pierre Elliott Trudeau, aura piloté les réformes sur le divorce, l'avortement et les droits des homosexuels. « L'État n'a pas sa place dans les chambres à coucher », avait-il déclaré. On aurait aimé que l'Église en fasse autant !

———

Pierre Elliott Trudeau, qui a remporté la chefferie du PLC au quatrième tour, a convoqué des élections pour le lendemain de la Saint-Jean. Et ce 24 juin à la brunante, il assiste au traditionnel défilé sur la rue Sherbrooke depuis l'estrade d'honneur devant la Bibliothèque centrale de Montréal, face au parc Lafontaine. Sa présence est perçue comme une provocation par certains et, dès qu'il paraît, des voix scandent: «Le Québec aux Québécois», «Trudeau, au poteau». Des bouteilles et autres projectiles sont lancés vers l'estrade, qui font fuir le maire Drapeau et les invités, mais pas Trudeau. Il se penche pour éviter les tirs, se lève puis se rassoit pendant que la musique d'un corps de clairons qui s'approche enterre pour le moment les cris des femmes et des enfants. Des mouvements de foule vers le parc laisse entrevoir la police, à cheval et à pied, qui matraque à qui mieux mieux. Dans la rue, c'est le chaos. Des policiers ramassent Pierre Bourgault, le chef du RIN, le traînent par les pieds dans les débris de verre avant de le jeter dans une voiture qui file à toute vitesse. La foule se déplace à nouveau. Des jeunes, garçons et filles, le visage ensanglanté, sont brutalement poussés dans des fourgons avant que des policiers à cheval refoulent les manifestants qui n'ont pas encore baissé les bras. Tout cela, pendant que les commentateurs de Radio-Canada décrivent à leurs spectateurs les majorettes, les fanfares, le saint Jean-Baptiste sur son char, comme si de rien n'était. Il y aura deux cent quatre-vingt-dix arrestations, quarante-trois policiers et quatre-vingt-trois spectateurs blessés, dont quelques-uns gravement.

Thérèse racontera à *Photo Journal* qu'elle était au parc Lafontaine, ce 24 juin, et qu'elle y a «vu des femmes, des enfants et des personnes âgées qui ont été bousculées[46]». Au parc? Ce n'est pas son habitude de se promener par là, mais peut-être bien sur une des deux estrades d'honneur, sauf qu'elle n'est pas proche de la SSJB-Montréal, qui organise le défilé... Et la télévision de Radio-Canada n'a pas montré cela[47].

Évidemment, le lendemain, Trudeau donne enfin au Canada un gouvernement majoritaire. Mais ce dernier ne compte qu'une seule femme: Grace MacInnis, une néo-démocrate. Tommy Douglas, lui, est défait. Dans une lettre à Kay Macpherson[48], Thérèse se dit triste de la défaite de Tommy Douglas, mais se réjouit du fait que, finalement, le Canada ait un premier ministre qui peut dire oui et non. Beaucoup, par contre, «s'inquiètent que le pouvoir soit aux mains d'un intellectuel qui, par son anticonformisme, sa culture et son indépendance d'esprit, leur ressemble si peu[49]».

Dans cette lettre à Kay Macpherson, Thérèse parle aussi du décès d'André Laurendeau survenu au début du mois de juin. Il présidait la Commission sur le bilinguisme et le biculturalisme. Thérèse l'a bien connu. « Je viens de parler à sa fille (Francine) qui me dit que sa mère (cette pauvre Ghislaine) est à l'hôpital depuis plus d'une semaine et qu'elle est très faible. » Thérèse souligne que, si ce décès est triste pour la famille, « pour tous les Canadiens la mort d'André est une tragédie nationale ».

Durant l'été, Thérèse continue sa campagne pour que le Canada reconnaisse la République populaire de Chine. Elle procède à un échange de lettres à ce sujet avec le secrétaire d'État aux Affaires extérieures, l'honorable Mitchell Sharp. Bientôt, c'est auprès de Pierre Trudeau lui-même qu'elle fera pression.

———

René Lévesque avait quitté le PLQ, précédé par François Aquin. Depuis un bon moment déjà, il se questionnait sur l'attitude du parti à l'égard des revendications du Québec auprès d'Ottawa. En janvier 1964, déjà, il disait que le Canada français s'engageait irrévocablement sur la voie de l'autodétermination, alors que des bombes éclataient sporadiquement ici et là sur l'île de Montréal. Il exprimait alors « l'espoir qu'une certaine forme de statut d'États associés se négocierait sans fusil et sans dynamite autant que possible[50] ».

En octobre 1968, un millier de personnes réunies à Québec décident de convertir le Mouvement souveraineté-association en parti politique : le Parti québécois. Parlant de René Lévesque, Thérèse dira qu'il

> aurait pu devenir le chef du Nouveau Parti parce qu'il était plus à gauche que le libéral mais voulait absolument être élu et non accepter les défaites que les membres de notre parti ont subies, c'était plus fort que lui. Ils sont tous les mêmes. Ils se sont imaginé à tort que c'était possible de réformer à l'intérieur et ça ne l'est pas et cela est une chose qu'ils vont apprendre à leurs dépens. Quand je vois un homme de la valeur de René se promener avec des hommes comme Gilles Grégoire qui ne sont pas des gauchistes […] Grégoire représente exactement la droite, la petite bourgeoisie et un clergé réactionnaire[51].

Gil Courtemanche n'est pas de son avis. «Le PQ est véritablement un parti social-démocrate mais, contrairement au NPD, le PQ estime que nationalisme et social-démocratie peuvent aller de pair. Les vrais gars de gauche sont tous devenus nationalistes. Ils sont tous au PQ[52].» Denis Lazure, alors vice-président du NPD-Québec, raconte que Thérèse aimait bien jouer l'hôtesse et la médiatrice. Peu après le raz-de-marée Trudeau, elle avait réuni chez elle, outre lui-même, René Lévesque (MSA), Robert Cliche (NPD-Québec) et quelques autres personnes. «À la fin de cette soirée tumultueuse, plus fertile en monologue qu'en dialogue, la plus frustrée du groupe était sans doute [Thérèse Casgrain] qui devait constater l'échec de sa mission de conciliation[53].»

Puis, Thérèse ouvre un autre front: le droit des femmes indiennes au Canada. Le 2 octobre, elle accompagne une délégation de femmes indiennes de Caughnawaga qui vont présenter un mémoire à la commission Bird. La Loi sur les Indiens, en vigueur depuis 1869, les prive de leur statut si l'une d'entre elles épouse un non-Indien. «Je me souviens, me raconte Mᵉ Philippe Casgrain, j'étais chez elle à souper et les femmes indiennes avaient appelé. Elle avait écouté longuement et ça n'a pas été long, elle a tout réglé.» Tout réglé, non. Mais son engagement pour la cause a été instantané. Et indéfectible.

Elle est aussi dans l'organisation d'une conférence provinciale sur les droits de l'homme dans la foulée de l'Année internationale des droits de l'homme. Puis, début décembre, elle dépose un document de travail qu'elle a préparé pour la Conférence canadienne qui se tiendra à Ottawa, à l'occasion du vingtième anniversaire de la Déclaration des droits de l'homme. Dans ce document, elle fait l'historique des luttes qui ont mené à l'obtention des droits politiques des femmes depuis le début du siècle, comparant ce qui se passe dans les provinces, puis distinguant pour les municipalités et le niveau fédéral. Elle analyse ensuite les domaines juridique et social — cette fois depuis la Conquête et la Confédération —, le domaine du travail et celui de l'éducation.

Thérèse a reçu 500 dollars pour cette «étude comparée des droits de la femme au Canada[54]». Il y a peu de traces dans les archives indiquant que Thérèse est rémunérée ou même seulement compensée pour les frais engagés lorsqu'elle accepte de prononcer une allocution ici ou là ou qu'elle rédige un texte, comme c'est ici le cas. Mais en cette fin d'année, en acceptant d'aller rencontrer l'Association des femmes de carrière à Victoriaville, elle demande 50 dollars pour couvrir ses frais. En entrevue, Me Casgrain me disait : «Imaginez si elle avait chargé pour ses conférences. Elle n'avait qu'une pension de veuve de juge. Personne ne s'est jamais inquiété de savoir si ça allait bien ou mal. Il suffisait que quelqu'un l'appelle et tout de suite elle arrivait.»

Durant la première partie de l'année 1969, Thérèse se pose beaucoup de questions sur le fonctionnement de VOW. Depuis le Congrès national à Calgary, en septembre dernier, certaines règles ont été adoptées, mais il semble qu'elles ne sont pas suivies. Curieux que ce soit elle qui rappelle cela, alors que ce sont des reproches qu'on lui faisait il n'y a pas si longtemps encore. Elle est en passe de se détacher de VOW et de la VdF. Elle se demande pourquoi VOW l'a «nommée aviseur spécial si l'on ne se préoccupe pas de ses avis ou de son opinion[55]».

Dans un échange de correspondance un peu plus tôt, Thérèse avait abordé l'attitude du Canada face à l'OTAN et à ce qui est fait concernant les armes biologiques et chimiques. «J'étais plutôt contente de constater les efforts que fait Trudeau pour se retirer des alliances militaires» et elle annonce qu'elle lui envoie une note personnelle pour le féliciter de ce premier pas[56], pour, la semaine suivante, réaliser «que Monsieur Trudeau n'est pas allé assez loin mais j'ai le sentiment qu'il fait face à une forte opposition à l'intérieur de son cabinet[57]».

Mais si elle se détache de la VdF, Thérèse ne délaisse pas le dossier des droits et elle s'entoure de personnes qui l'avisent et l'aident à préparer ses présentations. Comme Claire L'Heureux-Dubé. Cette dernière m'a écrit que c'est elle qui a téléphoné à Thérèse pour lui demander de venir avec moi à l'Assemblée nationale pour nous opposer au Bill 8 qui, si je me souviens bien, permettait au juge de déchirer le contrat de mariage des gens qui divorçaient [...] La loi sur le divorce venait d'entrer en vigueur en 1968. Je lui avais dit que le sang m'avait fait trois tours en lisant le projet de loi. Elle m'a répondu: Claire, cela fait trente ans que je vis comme cela[58].

Thérèse et M[e] L'Heureux-Dubé se sont présentées au Comité des bills privés, sans succès. Il faudra attendre 1980 pour que des réformes significatives prennent effet. Bien qu'elle ne se rappelle plus trop quand ni vraiment comment elle a rencontré Thérèse la première fois, Claire L'Heureux-Dubé a le souvenir d'une femme élégante, jolie, intéressante et un peu femme du monde, « ce qui m'intimidait beaucoup ».

En mars, les deux femmes se penchent sur le Bill 10 concernant la réforme des régimes matrimoniaux. Le Conseil consultatif tiendra une rencontre le 25 avril et M[e] L'Heureux-Dubé souhaite que Thérèse se joigne à elle et à Me Jeanne-d'Arc Warren. « Ce serait peut-être l'occasion de discuter des modalités du projet. [...] Je vous admire beaucoup dans votre lutte pour une meilleure justice pour la femme au Québec, et je ne connais personne d'autre qui le fasse avec autant d'élégance et de détachement[59]. » Thérèse recevra les deux avocates chez elle, pour le dîner, ce 25 avril. Avant, Thérèse s'était fait mandater par diverses organisations pour mener le combat contre les amendements proposés.

La semaine suivante, Thérèse reçoit un projet de critique du Bill 10 de M[e] L'Heureux-Dubé, « qui pourra servir de base à la rencontre que vous aurez avec les divers organismes qui nous appuient ». M[e] L'Heureux-Dubé offre à Thérèse d'en transmettre une copie à Marie-Claire Casgrain et à Jean Lesage, etc.[60]. Jean Lesage écrira à Thérèse que le Bill 8 a déjà été adopté en troisième lecture et que c'est directement auprès du gouvernement qu'il faut intervenir. Quant au Bill 10, Lesage est intervenu auprès du leader du gouvernement en Chambre pour s'assurer que les associations que Thérèse représente seront entendues[61].

Thérèse est aussi avisée par le ministre de la Justice que la prochaine séance de la commission chargée d'étudier ce projet se tiendra le mercredi 24 septembre à 10 am et sûrement votre présence pourrait être fort utile dans l'exécution de notre travail.

[…]

Votre lettre soulève le problème de l'assistance judiciaire en faveur de ceux ou de celles qui projettent le divorce et théoriquement, je ne puis que partager vos craintes.

[…]

Je vous remercie […] de me faire part de vos commentaires sur différents problèmes juridiques et j'espère que vous pourrez continuer cette habitude si nécessaire pour moi afin de m'orienter dans l'administration d'une justice saine, expéditive et à l'avantage de toutes les classes de la société[62].

Dans cette lutte pour obtenir des modifications aux lois, Thérèse met aussi à contribution les médias. *La Presse* du samedi 17 mai rapporte qu'un « mouvement féministe nouvelle vague » veut commenter la version finale du projet de loi qui propose la société des acquêts comme régime légal. « Mme Thérèse Casgrain, qui mène la bataille depuis si longtemps pour le statut de la femme, Me Jeanne-d'Arc Warren, avocate de Montréal, membre de la Commission Castonguay, Me Claire L'Heureux-Dubé, avocate de Québec, sont à la tête du mouvement. » Pour les uns, le Bill 10 c'est l'égalité, enfin, et pour les autres, des chinoiseries.

En juin, le ministre de l'Éducation dépose un projet d'amendement de la Charte de la Commission des écoles catholiques de Montréal (CECM) afin de permettre aux femmes d'y siéger. Il répondait ainsi à de nouvelles pressions exercées par Thérèse. Jusque-là, il fallait être père de famille pour être commissaire d'école. « J'organisai un comité d'urgence de six personnes. » Cela a toujours été la façon de travailler de Thérèse : un comité, puis des téléphones et des lettres, puis les médias. « Un coup de téléphone du Premier ministre Jean-Jacques Bertrand m'apprit qu'il était entièrement d'accord avec nous et qu'un amendement serait passé incessamment pour permettre aux femmes de devenir commissaires d'école. » Après des années de lutte, une femme accède enfin à la CECM, nommée par l'archevêché de Montréal : Thérèse Lavoie-Roux. Plus tard, Mme Lavoie-Roux présidera cette institution avant de devenir député et ministre de la Santé et des Services sociaux en 1985 — dans le cabinet libéral de Robert Bourassa — puis sénatrice en 1990.

Thérèse écrit ensuite au premier ministre Jean-Jacques Bertrand, mais cette fois, surtout concernant la réforme des régimes matrimoniaux.

> J'espère qu'il vous sera possible de faire en sorte que la présentation du Bill 10 soit retardée. Il ne fait aucun doute qu'il contient d'excellents avantages pour les femmes mariées mais, par ailleurs, j'ai peur que sa complexité empêche les gens de se prévaloir de ce régime matrimonial. Il me semble aujourd'hui plus que jamais nécessaire de légiférer pour l'avenir et non pour le passé.

Pendant qu'elle mène ces luttes, d'autres revendiquent dans les rues. Le 28 mars, dix mille personnes avaient marché sur la rue Sherbrooke jusque devant l'Université McGill où des centaines de policiers les attendaient. L'opération McGill français ratissait large. «Les nationalistes sont là parce que McGill est anglophone, les ouvriers parce qu'elle est élitiste et les jeunes parce qu'ils ont peur de ne pas avoir de place à l'université. Tout cela va se mélanger en une mayonnaise extraordinaire[63]. »

Le 21 septembre, des groupes réclament la fréquentation obligatoire des écoles françaises à Saint-Léonard. Trois mille personnes manifestent devant l'école primaire Jérôme-Leroyer, scandant «Le Québec aux Québécois! Les Italiens avec nous! Immigrants en français!» Trois cent cinquante policiers protègent l'école. La population locale est divisée. Des émeutes éclatent. Le maire proclame la Loi de l'émeute: trente blessés, cinquante arrestations. Un mois plus tard, le 23 octobre, Jean-Jacques Bertrand dépose le Bill 63 qui sera sanctionné le 28 novembre. Cette loi consacre deux langues officielles au Québec et le droit des parents de choisir la langue d'enseignement pour leurs enfants. Mais le Québec continue d'être sens dessus dessous.

Déjà, le 7 octobre, les policiers de la Ville de Montréal avaient fait grève. Puis les pompiers ont emboîté le pas. Une partie des commerces de la rue Sainte-Catherine sont alors pillés. La violence s'installe pendant que certains quartiers flambent: c'est le week-end rouge. Ce qui amène Jean Drapeau à faire adopter le règlement 3926 qui interdit toute manifestation sur la voie publique. Mais, dans la soirée du 28 novembre, deux cents femmes sortent du Monument national, boulevard Saint-Laurent, et s'enchaînent pour protester ; cent soixante-quinze d'entre elles se retrouvent en prison et sont condamnées à l'amende. Le Front de libération des femmes du Québec naissait en rupture totale avec les mouvements féministes d'alors. Par le ton et le contenu, il ne représente qu'une toute petite minorité de Québécoises. Il sera dissous en décembre 1971.

CHAPITRE 14

Madame le Sénateur

Toute politique est un fleuve, parcouru par divers courants et retenu par les rives. Aucun courant n'est entièrement négligeable, plusieurs sont utiles, mais il s'agit de trouver le principal courant du fleuve pour s'y embarquer. Un voyage n'est pas une promenade.

PIERRE VADEBONCOEUR,
Lettres et colères

DÈS JANVIER, Thérèse accorde des entrevues et donne des conférences sur le rôle de la femme. Devant le Comité féminin du Collège royal des médecins et chirurgiens[1], elle attribue les changements survenus durant le XXᵉ siècle aux luttes des femmes pour l'indépendance et la liberté qui ont entraîné des changements législatifs, et à des facteurs économiques. Les femmes étant maintenant de plus en plus sur le marché du travail, Thérèse déplore le fait qu'il n'y ait toujours pas de salaire égal pour un travail égal. Puis, elle entretient ces dames d'un grand problème auquel le Canada est maintenant confronté.

Elle rappelle que le Canada « a été fondé par deux grands groupes ethniques : Anglais et Français. Pour expliquer les différences entre les peuples fondateurs, elle ramène ce qu'elle a déjà expliqué en d'autres occasions, que les Français ont hérité d'un esprit logique alors que les Anglais sont plutôt pragmatiques. « Et comme dans un mariage généralement le mari est "le boss", on peut penser que le Canada français a peut-être trop longtemps joué le rôle de la petite femme soumise et qu'il est grandement temps que l'égalité remplace une fois pour toutes les différences que l'on observe dans ce pays.»

En avril, au Québec, une campagne électorale suscite beaucoup d'intérêt même hors frontières : c'est la première fois qu'un parti ouvertement indépendantiste et suffisamment organisé présente des candidats. Dans une province où 83 % des administrateurs et cadres sont anglophones, où les francophones ont un revenu moyen de 35 % inférieur à celui des anglophones[2], la peur fait encore effet. Et les fédéraux orchestrent le coup de la Brink's[3]. «Le soir du samedi 25, un téléphone anonyme à *The Gazette* indique que le lendemain matin à 9 heures, une quantité importante de valeurs quittera les bureaux montréalais du Royal Trust en direction de Toronto. Et ce dimanche-là, tel que prévu, neuf fourgons blindés de la Brink's Express sont alignés devant l'édifice C.I.L.» Alors que les sondages donnaient le PQ tout juste derrière les libéraux de Robert Bourassa, au lendemain de l'élection, seuls sept députés du PQ entreront à l'Assemblée nationale, malgré 23 % des suffrages exprimés en faveur de ce parti.

Thérèse écrit à Robert Bourassa :

> Quand je dînais avec vous et votre femme à Paris, il y a quelques années et plus tard, quand j'avais le plaisir de vous avoir à la maison, je ne me doutais pas que, si jeune, vous deviendriez Premier ministre de la province.
> [...]
> Laissez-moi vous souhaiter bonne chance et vous assurer que, de mon côté, je continue mes modestes efforts pour assurer le bien commun[4].

Bourassa est aussi quelqu'un que Thérèse «assiégera» de ses appels téléphoniques. En octobre 1970, elle confiera à Hilda Kearns[5] que, lors d'un de ses appels, le premier ministre, prenant congé, lui avait dit : «Continuez d'être vigilante, madame» et qu'elle avait répondu : «Je vais continuer d'être tannante.»

À la veille du dépôt du rapport de la commission Bird, le *Star* interviewe certaines militantes pour les droits de la femme. La journaliste demande à Thérèse si ce rapport apportera des changements qui, sur le terrain, seront aussi grands qu'ils semblent parfois l'être sur papier. Thérèse répond :

> Ils espèrent que l'on va se satisfaire de miettes. Ils écrivent qu'il n'y a pas de discrimination alors que la discrimination est endémique. Quand ils nomment une femme, c'est trop souvent symbolique. Le gouvernement et l'industrie aiment bien choisir une femme gentille et plaisante dont ils savent qu'elle ne va pas argumenter.
>
> [...]
>
> Vous parlez de progrès ? Avez-vous vu des candidates lors de la dernière élection provinciale ? je veux dire des candidates dans des circonscriptions où elles ont la possibilité d'être élues ?
>
> [...]
>
> On s'est battue très fort, l'année dernière, pour avoir une femme à la CECM. On a réussi mais, mon Dieu, on est en 1970, à l'âge nucléaire et l'on s'attendrait à ce que l'on se contente de passer des résolutions dont la majorité ne vont nulle part !

Manifestement, Thérèse est exaspérée, comme l'écrira la journaliste[6]. La présidente de la FFQ, Rita Cadieux, est aussi interviewée. Elle rappelle que, même si le Bill 16 est en vigueur depuis six ans, les banques et autres institutions financières exigent encore la signature du mari.

Le 1er juillet, la société d'acquêts devient le régime légal au Québec et, à la fin du mois, le Mouvement de libération des femmes (MLF) manifeste à Québec pour le droit à l'avortement libre et gratuit et la remise en liberté du Dr Henry Morgentaler, arrêté le 12 juin précédent pour avoir pratiqué illégalement des avortements. Le *Globe and Mail*[7], qui rapporte l'événement, parle d'un nouveau féminisme qui contraste « avec celui de Madame Casgrain qui a fait campagne pour le droit de vote des femmes du Québec et celui de la ministre du Tourisme, madame Claire Kirkland-Casgrain », qui a mené les réformes que l'on connaît. Et le journaliste de se demander si le nouveau type de féminisme ne vient pas des États-Unis. Rien ne change, ma foi. Dans les années

1930, les élites d'ici croyaient que les femmes du Québec s'inspiraient des suffragettes américaines dans leurs revendications.

———

Le lundi 5 octobre, les stations radiophoniques rapportent que, vers 8 h 20 le matin, l'attaché commercial de la Grande-Bretagne à Montréal, James Richard Cross, a été enlevé à sa résidence de l'avenue Redpath. Cet enlèvement, dont le FLQ réclame la paternité, sème l'émoi dans les milieux politiques et une certaine surprise dans la population.

C'est dans ce contexte que Thérèse est nommée au Sénat. Comme elle le racontera maintes fois, un soir de septembre, Pierre Elliott Trudeau lui téléphone : «Accepteriez-vous d'être nommée au Sénat ?» Malgré son âge, elle accepte, mais à condition de siéger comme indépendante, libre de toute attache politique.

Peu après, Thérèse me demande de l'accompagner à Blue Bonnets. Elle m'explique y avoir donné rendez-vous à un journaliste pour annoncer la réponse qu'elle doit donner au premier ministre concernant sa nomination au Sénat. Je me souviens de l'excitation qui s'empare d'elle à voir courir le cheval sur lequel elle mise. Puis, le sérieux qui l'habite dès que le photographe se pointe. Je me place un peu à l'écart, le photographe prend quelques clichés, dont un se retrouvera dans le numéro du jeudi 8 octobre du *Montreal Star*, jour de l'assermentation de Thérèse comme sénateur. Elle était joueuse, Thérèse. Comme son père.

Plusieurs de ses ex-collègues du CCF lui tiendront rigueur d'avoir accepté cette nomination au Sénat. Fernand Daoust, pour un : «Elle avait adhéré et a été porte-parole pendant des années d'un parti qui demandait l'abolition du Sénat, ce n'est pas rien. À chaque congrès, Thérèse Casgrain a voté pour cela. Son entrée au Sénat nous a fait bouillir. Elle a pilé sur ses idées pour faire plaisir à son ami Pierre Trudeau. Elle avait pas besoin de ça.»

Le Devoir, par contre, s'en réjouit. Dans le bloc-notes, on admet que «ses idées et sa personnalité n'ont jamais fait l'unanimité» mais que «rares cependant sont ceux qui ont pu douter de sa sincérité et de son altruisme. […] Attachée avant tout aux idées et aux réformes dans lesquelles elle croit, elle a refusé de se laisser enfermer à l'intérieur des cadres rigides d'une formation politique quelconque […]. Elle a voulu garder ses coudées franches. »

Thérèse entre au Sénat pour peu de temps. La loi oblige les sénateurs nommés après 1965 à se retirer le jour de leurs soixante-quinze ans. Thérèse avait soixante-quatorze et quelques mois. À un journaliste qui soulignait le fait qu'elle ne siégerait que neuf mois, Thérèse a répondu : « Vous seriez surpris, jeune homme, de ce qu'une femme peut faire en neuf mois. » Et au *Devoir*[8] :

> Des mauvaises langues diront que l'on m'a nommée au Sénat pour me faire taire. C'est bien mal me connaître.
>
> […]
>
> Je ne serai pas à Ottawa pour dormir et que l'on aime ça ou non, je continuerai à dire tout haut ce que j'ai à dire, à cette différence près que mon auditoire sera encore plus vaste, c'est tout.

Le jeudi 8, à la télévision de Radio-Canada, Gaétan Montreuil lit un *Manifeste* publié la veille par une cellule du FLQ et qui formule sept exigences. Le vendredi 9, les Québécois, incrédules, voient défiler des voitures de l'armée en direction de Montréal. Le samedi 10, le ministre de la Justice du Québec, Jérôme Choquette, rejette les demandes du FLQ. Puis, on apprend en soirée l'enlèvement du ministre Pierre Laporte devant chez lui, à Saint-Lambert. Le lundi 12, Pierre Laporte écrit à Robert Bourassa. Le soir du 15, trois mille personnes sont réunies au Centre Paul-Sauvé, dont un grand nombre d'étudiants. Pendant ce temps, le gouvernement Bourassa adopte la Loi sur l'assurance-maladie et une loi pour forcer le retour au travail des médecins spécialistes. Le vendredi 16, environ six mille militaires occupent Montréal. À la télévision, Pierre Elliott Trudeau fait un « discours à la nation ».

La Loi des mesures de guerre était en vigueur depuis la nuit, bien qu'aucune guerre ne soit déclarée. Les rafles et les perquisitions ont cours et 497 personnes sont arrêtées, le tout coordonné par la *Combined Antiterrorist Squad*. Dans ses mémoires, Eric Kierans qualifie de massive injustice ces arrestations et détentions de Canadiens français détenus sans mandat, sans possibilité de recourir à l'habeas corpus. En rétrospective, il ne comprend pas pourquoi il ne s'est pas tenu aux côtés de Tommy Douglas, « qui a fait montre du courage politique le plus grand qui soit[9] ».

Le Devoir est le seul média à se montrer un tant soit peu critique face à l'imposition de la Loi des mesures de guerre. Dans son numéro du samedi 17 octobre, Claude Ryan écrit :

> Nous déplorons qu'on ait retenu [...] le cadre de la Loi des mesures de guerre, qui dépasse infiniment, dans sa portée possible, l'ampleur du problème auquel faisaient face les autorités. Nous déplorons aussi qu'on ait déjà commencé à l'appliquer dans un esprit et suivant des méthodes qui invitent à redouter le pire.

Il est bon de rappeler ici que certains politiciens invoquaient une insurrection appréhendée pour justifier l'application de cette loi et que le nom de Claude Ryan était associé à ceux de René Lévesque, d'Alfred Rouleau et de quelques autres leur prêtant l'intention de former un gouvernement parallèle.

Le samedi 17, en fin de soirée, le corps de Pierre Laporte est retrouvé dans le coffre d'une Chevrolet, à Saint-Hubert. Plusieurs ont été surpris de cette violence. Mais toute la décennie précédente avait été ponctuée d'événements qui ne pouvaient passer inaperçus aux analystes de la chose sociopolitique : premières bombes du FLQ (1963), manifestation à l'ouverture de la Place des Arts (1963), samedi de la matraque (1964), émeute du défilé de la Saint-Jean (1968), marche pour un McGill français et émeutes à Saint-Léonard (1969).

Au cours de son premier discours au Sénat[10], le mercredi 4 novembre, Thérèse offre ses « condoléances à Madame Laporte qui pleure la mort tragique de son mari dont le dévouement à son pays n'a d'égal que son suprême sacrifice ; à cette pauvre Madame Cross, les mots nous manquent pour exprimer combien nous participons à son angoisse dans les jours terribles qu'elle vit. » Puis elle poursuit :

> Je tiens fortement à déclarer que j'approuve complètement et sans réserve notre Gouvernement d'avoir décrété certains règlements d'urgence de la Loi des Mesures de Guerre. J'ai toujours été en faveur des libertés civiles et j'ai eu maintes fois l'occasion de combattre au

sein de divers organismes pour que les citoyens puissent avoir leur pleine liberté d'action. Il faut avoir vécu et vivre encore dans la province de Québec pour se rendre compte du climat de terreur qui a existé et pour comprendre la nécessité qui s'imposait d'une action prompte et rapide.

Bien que son discours traite aussi des élections à Montréal, de l'établissement de relations diplomatiques avec la République populaire de Chine, du rapport de la Commission d'enquête sur la situation de la femme, de l'agriculture, du chômage et du bilinguisme, on ne retiendra que son appui inconditionnel à la Loi des mesures de guerre. À Trudeau, affirment plusieurs. « Elle le voyait dans sa soupe », me diront même certains de ses proches.

Championne entre tous de la défense des droits, Thérèse qui avait eu à sa table pratiquement tous ceux que l'on accusait de vouloir instaurer un gouvernement parallèle, elle qui s'insurgeait contre les détentions arbitraires et les dénonçait avec la LDH, Thérèse appuyait sans réserve une mesure décrétée dans la précipitation. « Souvent l'amitié rend trop bienveillant. Elle brouille le jugement », a dit Mazarin[11]. Je ne sais ce que pensait de l'intervention de Thérèse Tommy Douglas, son vieux compagnon de route au CCF, qui se levait en Chambre jour après jour, blâmant le gouvernement pour avoir suspendu les libertés fondamentales[12]. Un autre de ses collègues du CCF alors chef du NPD, David Lewis, était venu au Québec manifester son opposition à cette loi, selon Hélène Pelletier-Baillargeon[13].

Nous sommes plusieurs à ne pas avoir compris son empressement. D'ailleurs, elle finira par se demander publiquement si on lui pardonnera jamais « [son] acquiescement aux mesures de guerre de monsieur Trudeau en octobre 1970. J'étais persuadée que son geste était courageux et que je me devais de l'approuver[14]. » Pour certains, « elle retournait parmi les gens de sa classe, dans un parti défendant les intérêts du capitalisme et du fédéralisme[15] ».

La LDH aussi se sentira obligée d'appuyer Trudeau, un de ses membres fondateurs. C'est Jacques Hébert qui rédigera le texte, plus nuancé toutefois que la position de Thérèse, qui assiste à cette réunion spéciale de même que Frank Scott. La LDH condamne la violence dans le contexte québécois d'alors. Elle « conteste le bien-fondé de l'utilisation des mesures de guerre pour faire face à la situation existant au Québec, mais admet néanmoins que le gouvernement a agi dans l'intérêt des citoyens en ce faisant, s'il est exact que celui-ci dispose de renseignements extrêmement graves. Il urge enfin le gouvernement d'adopter au plus tôt, pour faire face à une telle situation, une nouvelle loi moins draconienne[16]. »

Il est curieux qu'à l'époque personne n'ait rappelé qu'en 1948 Pierre Elliott Trudeau avait commis un texte dénonçant Mackenzie King parce qu'il avait appliqué la même loi, bien que le Canada fut alors en guerre.

Le samedi 30 janvier, Thérèse est honorée par le Comité ouvrier juif du Canada qui lui remet son Prix 1971 du défenseur des droits de l'homme. Le professeur John Humphrey, qui lui rend alors hommage, souligne que, pour Thérèse, « il n'y eut jamais de confusion au sujet des droits de l'homme : elle a toujours reconnu que ces droits étaient ceux de tous et elle a toujours refusé de les considérer comme un expédient politique[17] ». Et son appui sans réserve à l'application de la Loi des mesures de guerre, alors ?

En février, Thérèse intervient à la suite de la publication du rapport de la Commission royale d'enquête sur la situation de la femme au Canada. Ce n'est pas qu'elle y apprenne grand-chose de nouveau, mais le fait de voir ainsi que la lutte que mènent les femmes depuis près de cent ans n'a donné comme représentation féminine jamais plus de 1 % de l'ensemble des élus dans nos gouvernements la désole. Et l'inquiète. Non pas qu'elle croit avoir lutté en vain. Bien sûr que non. Mais elle n'arrive pas à comprendre pourquoi les femmes ne font pas le saut.

Elle souhaite que chacun des ministres soit responsable devant le Parlement de l'amélioration à apporter à la condition des Canadiennes dans les champs relevant de sa compétence. C'est plutôt le Secrétariat d'État chargé des affaires urbaines qui se verra confier le mandat de donner suite aux recommandations de ce rapport. Pierre Trudeau a dû recevoir un téléphone de Thérèse, du genre : « Je ne comprends pas que votre gouvernement ait fait cela… »

Le 10 mars, Thérèse fait pression sur le ministre de la Justice, Jérôme Choquette, pour qu'il amende la loi afin de permettre aux femmes du Québec de devenir jurés. Il n'y a que les provinces de Québec et de Terre-Neuve qui excluent encore les femmes de cette fonction. La LDH et la FFQ joindront leurs voix à celle de Thérèse pour réclamer un amendement législatif à cet effet. Le gouvernement donnera suite à cette demande dès le mois de mai.

Durant son court passage à la Chambre Haute, Thérèse a fait partie du Comité mixte du Sénat et de la Chambre des communes sur la Constitution canadienne. Les réunions de ce comité, qui avait pour mandat de consulter les Canadiens sur la façon de modifier ou de rapatrier l'Acte de l'Amérique du Nord britannique, l'ont amenée dans plusieurs villes du pays et lui ont donné l'occasion de revoir des gens rencontrés à l'époque où elle militait au sein du CCF/NPD. Jacques Parizeau se souvient que Thérèse avait insisté pour qu'il aille témoigner devant ce comité. «J'y suis allé. Forcément, mon intervention l'a choquée. Après, elle m'a dit: "Ça n'a pas d'importance. On reste amis." C'était très émouvant. Ç'a été en un certain sens la fin. Après, le genre de rapports que l'on a eus… Le Canada est son pays. Elle est née dans ce camp et elle y est restée. Elle n'a jamais eu la moindre hésitation à cet égard.»

La veille de la Saint-Jean en 1971, Thérèse écrit une longue lettre à Trudeau[18]. Dans quelques semaines, elle devra quitter le Sénat. «J'aurais aimé continuer à servir officiellement les causes qui nous sont chères à tous deux», avoue-t-elle. S'appuyant sur ce qu'elle y a constaté durant son court séjour, elle estime qu'une réforme en profondeur s'impose au plus tôt.

> […] le Sénat ne devrait nullement être le couronnement d'une carrière, une récompense partisane ou une pension honorable, mais simplement une nouvelle et dynamique manière de servir son pays. À l'heure actuelle, il ne peut malheureusement remplir adéquatement ce rôle. Plusieurs de ses membres sont malades, très âgés (beaucoup plus que moi) ou complètement indifférents aux maux qui affligent la société. D'autres sont des membres reconnus de ce qu'il est convenu d'appeler «l'establishment». Il est normal que ce soient surtout les intérêts de ce milieu qu'ils représentent. Aujourd'hui le public en est

dangereusement conscient. Ceci expliquerait le peu de respect, la manière désinvolte et même grossière dont on parle souvent des sénateurs.

À la fin de sa lettre au premier ministre, elle traite des temps difficiles que traverse le Canada.

> Le Québec surtout nous offre un tableau angoissant. Vous pouvez être assuré que durant mon court séjour à Ottawa j'ai travaillé sans relâche à promouvoir l'unité de notre pays et à essayer de faire comprendre à la population quelle chance elle avait d'avoir à la tête de notre pays un homme capable de faire face à ses responsabilités et à poser les gestes nécessaires, qu'ils soient populaires ou non.
>
> Il me ferait plaisir d'avoir quelques instants avec vous avant mon départ, si la chose était possible. Mais de toute façon, je vous prie de croire à ma profonde gratitude et à l'expression de mes sentiments les meilleurs.

Trudeau lui écrira, le 12 juillet[19], pour lui souhaiter bon anniversaire et «vous redire ma bien vive amitié». Nulle allusion à la lettre de Thérèse sur la réforme du Sénat, mais ceci :

> Vous avez toujours défendu, avec dignité et fermeté, les idées auxquelles vous croyez, et nul doute que vous avez très largement contribué à l'évolution sociale et politique de notre pays.
>
> Votre séjour au Sénat a été bref, mais il a été remarquable. Je suis sûr que vous continuerez à faire profiter les citoyens du Québec, comme ceux du Canada tout entier, de votre vaste expérience et de votre jugement éclairé.

Puis, elle écrit au sénateur Louis-Philippe Beaubien[20] au sujet du dossier non encore réglé de la pension des veuves de juges. À sa lettre, elle joint le dossier qu'elle a monté sur cette question depuis de nombreuses années. Elle rappelle à son collègue sénateur qu'elle n'aura «aucun émolument de retraite pour [son] court passage au Sénat». Thérèse est la seule, à ce moment, à ne pas avoir siégé assez longtemps pour avoir droit à une «pension honorable». En fait, elle ne recevra aucune pension.

> Vous serez peut-être intéressé de savoir que mon mari a été 24 ans député. Au début il recevait $3,000 par année. Plus tard, ce fut $4,000.

De 1936-1940, comme président de la Chambre des communes, son salaire était de $6,000 par année plus $3,000 de dépenses. Comme ministre dans le gouvernement King, il recevait la somptueuse somme de $12,000. Quand j'ai eu le malheur de le perdre en 1950, son salaire de juge était de $12,000 par année. Il n'a jamais eu un sou pour les longues années qu'il a passées à la Chambre des communes et n'a jamais rien demandé à qui que ce soit. Je dois vous dire que son passage dans le monde politique lui a coûté bien cher.

Ce que souhaite Thérèse depuis longtemps, c'est que cette pension soit indexée et que la loi y pourvoyant ait un effet rétroactif.

À son départ du Sénat, les louanges pleuvent. Et une question : pourquoi cette femme n'a pas été appelée à siéger au Sénat il y a longtemps ? On se rappellera que son nom avait circulé en 1942, peu avant qu'elle se présente comme libérale indépendante dans le comté devenu vacant à la suite du retrait de la vie politique de son mari, l'honorable Pierre-F. Casgrain. Mais vingt-huit ans s'écouleront avant qu'un premier ministre ose lui proposer de devenir membre de la Chambre Haute. Les premiers ministres, depuis King, l'ont tous bien connue et ont pour la plupart plusieurs fois mangé à sa table et ont parfois séjourné à Saint-Irénée. Rappelant l'engagement de Thérèse dans le CCF, *The Gazette* se demande : « Serait-ce possible que le Sénat ait été privé de ses services par pures considérations partisanes[21] ? » D'ailleurs, Thérèse disait d'elle-même : « Moi, j'ai mal tourné : je suis allée du côté du CCF[22]. » Et M. J. Coldwell, au cours d'une entrevue accordée à Shirley Thomson, rappelait que

> Thérèse a dépensé beaucoup de son argent pour promouvoir le parti, qu'elle croyait aux politiques du parti et que si Thérèse était demeurée libérale, elle aurait été nommée au Sénat plus tôt […]. Elle a sacrifié cela pour le parti. À la fin, elle a amené au parti des gens qui n'ont pas apprécié ce qu'elle a fait, par exemple Michel Chartrand[23].

Le Soleil aussi rappelle que

> le Sénateur Casgrain sait mieux que quiconque ce qu'il en a coûté d'efforts, de peines, d'amertume et de brimades de toutes sortes pour gagner les grandes batailles de cette guerre épuisante. Mais elle sait également que les moyens qu'elle a déployés l'ont toujours été sans

basse exploitation, sans compromis regrettables, sans marchandages et, surtout, dans le respect de la dignité fondamentale de la femme et jamais à son détriment[24].

Certaines lettres sont un bijou. C'est le cas de celle du maire de Montréal, Jean Drapeau :

> Ainsi, contre toute apparence physique autant que morale, vous atteindrez dans quelques jours la limite du temps fixé pour siéger au Sénat canadien.
> [...]
> Vous n'avez jamais attendu le Sénat pour travailler au bien-être de vos concitoyens et au progrès de la pensée humaine. Vous ne serez donc pas dépaysée et il ne sera pas question de recyclage dans votre cas : vous continuerez tout simplement l'œuvre de votre vie et nous aurons le plaisir de vous rencontrer dans divers mouvements.
> [...] veuillez agréer les vœux que je forme à votre intention, vœux de santé d'abord et avant tout, sachant bien que vous nous donnerez le reste de vous-même.

Elle va continuer. Elle va pratiquement accepter toutes les invitations. « La seule femme dont tout le Canada connaît l'âge », comme elle le dit, ne s'imagine pas « sur une chaise berceuse », elle continue donc ses luttes pour les causes qui lui tiennent à cœur : la paix et la non-prolifération des armes nucléaires, toutes les questions féminines, l'unité canadienne et les droits des consommateurs.

Ainsi, le 30 août, Thérèse est au Manoir Richelieu. Elle a accepté l'invitation de l'Association des épiciers en gros de la province de Québec pour y parler du « rôle indispensable du distributeur dans l'alimentation ». Thérèse est présidente de l'ACC(Q), et c'est à cette époque qu'elle m'a « conscrite » pour cette cause. Selon Lucie Laurin, « cette association est un club sélect qui commença sa carrière par des réunions dans le salon de l'une d'entre elles[25] ». Je n'ai pas souvenir d'avoir siégé chez l'une ou l'autre, mais je trouvais curieux que les réunions du conseil se tiennent parfois dans les locaux d'un trust (Royal Trust) et que les échanges se déroulent presque exclusivement en anglais. Rapidement, Thérèse m'a nommée secrétaire francophone, ce qui fait que deux procès-verbaux de chacune des réunions étaient rédigés par deux personnes différentes ayant des interprétations différentes. Inutile de dire que cela donnait lieu à de longues explications lors de leur adoption.

Quand on la questionne sur les mouvements de libération féminine, Thérèse réprouve généralement la manière d'agir de certains d'entre eux. Elle voudrait qu'on s'inquiète davantage des droits de la femme. «Je n'ai aucune objection à ce que les femmes aillent danser dans les tavernes, mais je pense que la parité salariale est plus importante. […] Les garderies sont pour ainsi dire absentes. En politique, dans le monde des affaires […] il n'y a pour occuper des postes de cadre que quelques femmes "symboles", des femmes que l'on met en place pour nous faire taire, comme on donne une sucette à un enfant. C'est sur ce terrain qu'il faut lutter[26].» Pourtant, quand je lui ai annoncé ma nomination au conseil d'administration d'Hydro-Québec, en 1978, elle n'a pas compris que j'aie pu accepter une nomination par un gouvernement «séparatiste». J'ai eu beau lui expliquer que cela n'avait rien à voir avec l'idéologie ou la couleur du gouvernement, mais avec l'entrée d'une femme au conseil d'administration d'une société commerciale et avec le fait que nous voulions depuis longtemps faire accéder des femmes à des postes de ce genre, ce fut peine perdue. Elle m'en tiendra rigueur.

Devant l'Association des assureurs-vie du Saguenay-Lac-Saint-Jean, au Manoir Saguenay, à Arvida, Thérèse parlera du «rôle des femmes dans la vie publique», se désolant qu'une seule d'entre elles siège aux Communes. En passant, elle égratignera la présidente du PLQ, Lise Bacon, qui vient de refuser de se présenter à une élection complémentaire dans Trois-Rivières. «C'était son devoir d'accepter.» D'autant «qu'une femme ça vaut bien dix hommes». Elle dissertera aussi sur les garderies qui sont nécessaires, dit-elle, pour que «la femme puisse se faire valoir davantage hors du foyer[27]».

Puis, le 4 octobre, devant les membres et les invités du Canadian Club à Toronto, Thérèse traite de se qui se passe au Québec. Elle insiste sur sa double ascendance française et écossaise, ce qui lui permet de mieux saisir les changements qui ont eu lieu au Québec depuis son adolescence jusqu'à aujourd'hui, affirme-t-elle. Elle revient sur ce qui lui tient à cœur depuis toujours : la place des femmes sur le marché du travail avec salaire égal pour travail égal et une loi pour contrer la discrimination dans l'emploi. Elle parle de la Révolution tranquille, de la réforme de l'enseignement, puis de celle du système de santé et des services sociaux ainsi que de la pauvreté qui règne au Québec. Les notes rédigées de sa haute écriture au bas de la dernière page[28] me font croire que ce que rapporte *The Globe and Mail* a été dit à la toute fin de sa conférence.

Elle pense que les médias des autres parties du Canada exagèrent parfois ce qui se passe à Montréal. Et elle se demande ce que les Canadiens anglais penseraient

> si les Canadiens français commençaient à envoyer leurs enfants en Angleterre pour apprendre l'anglais comme ces Canadiens anglais qui envoient leurs enfants en Suisse pour apprendre à parler français. Nous ne parlons peut-être pas un français parisien mais n'oubliez pas que vous ne parlez pas l'anglais de Londres non plus[29].

———

Thérèse commence l'année 1972 en faisant pression sur les réalisateurs d'émissions, même américaines, qui donnent audience à René Lévesque et à ceux qui font la promotion de l'indépendance du Québec. Par exemple, elle écrit à Donald Taverner, président et directeur général de WETA-TV, de Washington, D. C.

> Mr. Lévesque a parlé pratiquement tout le temps et donnait à penser que toute la province de Québec voulait se séparer du Canada bientôt. Cette affirmation de M. Lévesque donne à penser à vos téléspectateurs que ceci est l'opinion de la majorité d'origine canadienne-française.
>
> Puis-je vous dire que M. Lévesque a droit à ses opinions mais qu'elles ne sont pas partagées par la majorité de mes compatriotes[30].

À cette émission participaient aussi Jeanne Sauvé et le professeur Michael Oliver, de l'Université McGill. Ce sont là deux personnes qui n'ont pourtant pas l'habitude de s'en laisser imposer par quiconque, et il serait surprenant qu'ils n'aient pas pu dire ce qu'ils pensent. Au début de cette lettre, Thérèse admet n'avoir pas vu l'émission. Ce qui s'y serait passé a été porté à son attention « il y a quelque temps», écrit-elle. Elle avait réagi de la même façon l'année précédente après avoir été informée du passage de Claude Ryan à l'émission de Pierre Berton. Elle avoue à ce dernier ne pas avoir regardé l'entrevue, mais elle déclare ne pas pouvoir accepter «l'affirmation que cinquante pour cent de notre peuple est séparatiste. Je pense que c'est fâcheux qu'une seule expression d'opinion est généralement répandue à ce sujet dans le reste du Canada. [...] Malheureusement, il semble que la majorité de ceux à qui on demande de s'exprimer en public sont toujours de la même école de pensée[31].» On ne peut quand même pas imaginer que Claude Ryan était séparatiste!

Depuis que René Lévesque a fondé le Mouvement souveraineté-association — devenu le Parti québécois —, Thérèse ne manque pas une occasion de fustiger ceux qui osent même employer les mots «autonomie», «souveraineté», «séparation». Et elle s'affiche comme «canadienne, donc ni séparatiste ni fédéraliste, le fédéralisme n'étant qu'un mot alors que "canadianism" est une doctrine», écrit-elle dans un texte intitulé *The Last Straw*[32]. Elle y soutient que «le fédéralisme n'est qu'un pacte, un contrat entre le Canada et les quatre colonies britanniques d'alors». Les idées développées dans ce texte se retrouvent dans ce long article qu'elle publie dans je ne sais quel journal. Thérèse profite d'un séjour de René Lévesque à Paris pour critiquer le fait qu'il y est reçu «comme le président de la so-called République du Québec». Elle demande:

> Qu'est-ce que le Parti Québécois? Le troisième parti d'opposition le moins nombreux à l'assemblée nationale. Un mouvement composé de jeunes personnes, étudiants et professeurs tous intellectuellement biaisés...
>
> Quelques ouvriers dans la province gonflent aussi les rangs des séparatistes en écoutant des démagogues qui haranguent les foules dans de grands arénas quelque peu comparables à l'atmosphère hystérique des parties de hockey.
>
> [...]

Elle cite René Lévesque dans une conférence de presse: «Si le Québec devient indépendant, nous pouvons être assurés d'un appui et d'une sympathie continue de la France.» On est en droit de se demander ce que la France a à faire avec les décisions du peuple canadien.

> Peu importe ce que M. Lévesque peut dire ou faire en Europe, et par-dessus tout les critiques sur le premier ministre du Canada ce sera sûrement au détriment de son parti et de lui-même. Cette dernière performance prouve qu'il est un mauvais acteur. De plus en plus de gens pensent que le Parti québécois perd du terrain[33].

En 1972, Thérèse fait la promotion de ses mémoires. Jusqu'au milieu de l'année, elle ira présenter une partie de son histoire aux Canadiens anglais. Le dossier de presse est volumineux, et les recensions assez favorables. Seules Anne Van Heteren[34] ou Anne McDougal parlent de manque de style et de cohésion. D'abord publié en français, *Une femme chez les hommes* le sera en anglais un an plus tard[35].

Quand on lui demande pourquoi elle a publié ses mémoires, elle répond que c'est « parce qu'elle est inquiète du fait que, pour plusieurs jeunes, l'Histoire, et particulièrement celle du Québec, commence en 1960... Plusieurs pensent qu'ils ont tout inventé. Ils oublient que les plus âgés ont un point de vue qui peut aussi être utile[36]. » Du temps où elle cherchait à se faire élire, Gérard Parizeau, qui lui promettait son vote, lui avait conseillé de se ranger et d'écrire ses mémoires. « Moi, je n'écris pas l'histoire, je la fais[37] », avait-elle répondu. Elle ne l'écrira pas. Shirley Thomson fera la recherche et rédigera les mémoires de Thérèse. Sa cousine Marguerite MacDonald s'occupera du travail de secrétariat et le Conseil des Arts du Canada versera 11 000 dollars à Thérèse pour couvrir une partie de ses frais.

En décembre, un article du *Globe and Mail* pose la question qui m'a amenée à écrire cette biographie de Thérèse Casgrain :

> Elle était la fille d'une famille riche, privilégiée, membre de l'aristo-cratie québécoise et elle a grandi dans la province la plus réactionnaire du Canada. Pourtant elle a fait croisade pour la justice sociale, parti-culièrement les droits des femmes, elle a été membre du CCF/NPD,

ce mal-aimé des partis au Québec. Pourquoi? Qu'est-ce qui l'a menée à cette radicalisation[38]?

Pas plus que moi, le journaliste n'a de réponse précise. Des pistes, oui, mais pas d'explications qui me satisfassent non plus. Rappelant ses défaites successives aux élections, cet article parle de Thérèse comme de la « *most successful failure* » de notre histoire.

————

Thérèse qui, même après un redressement en 1972, ne touche que 3961,83 dollars comme pension de veuve de juge, ne désarme pas dans sa lutte pour faire réviser cette pension. Dès le début de 1973, elle contacte le juge Deslauriers, de la Cour supérieure du Québec, lequel lui recommande de déposer ses suggestions ou celles qui seraient faites par un comité de veuves de juges auprès du Comité général des juges de la Cour. Thérèse ne perd pas de temps, elle réunit quelques veuves concernées par la question, et un court mémoire est préparé et remis au juge Deslauriers qui, les 9 et 10 février, le présente à la réunion plénière des juges de la Cour. Le mémoire est bien accueilli, transmis au ministère de la Justice et à la Conférence judiciaire canadienne.

Puis, Thérèse écrit à Trudeau[39] :

> Au nom d'un principe de justice, j'ai souvent parlé de cette question aux ministres John Turner et Otto Lang. Pendant mon court passage au Sénat, j'ai également cherché à obtenir l'appui du comité de la Chambre des communes qui s'occupait de la loi des juges.

Elle joint le mémoire et quelques autres documents et explique que

> [...] même si les traitements des juges de la Cour provinciale étaient inférieurs à ceux des juges fédéraux, on témoignait cependant de plus de justice et de courtoisie aux veuves de ceux-ci.
> [...]
> En résumé, mon cher Pierre, ne trouvez-vous pas que, dans une société juste, toute [*sic*] le monde devrait être traité également?

Trudeau communique avec le ministre de la Justice et avec le président du Conseil du trésor: « Le problème soulevé par Madame

Casgrain existe depuis plusieurs années et je souhaite qu'on y apporte une solution le plus tôt possible[40]. » Puis, il revient vers Thérèse, en novembre.

Le 14 septembre 1973, le gouverneur en conseil a sanctionné un amendement à la Loi de façon à ce que les hausses de l'indice des prix à la consommation se traduisent par un relèvement équivalent des prestations payables aux retraités.

Ces mesures améliorent effectivement la situation mais peuvent être insuffisantes pour les veuves présentement dans une situation financière difficile.

J'ai demandé à mon collègue, l'honorable Otto Lang, ministre de la Justice qui, de concert avec l'honorable Charles Drury, président du Conseil du Trésor, examine la question des pensions d'apporter le plus tôt possible une solution au problème que vous soulevez.

En octobre, Thérèse est l'invitée de l'Université de l'Île-du-Prince-Édouard dans le cadre des célébrations du centenaire de la province. Elle y prononce une conférence inspirée de ses mémoires. Elle rappelle le rôle joué au tout début de la Nouvelle-France par les Jeanne Mance, Marguerite Bourgeoys, Madame de La Peltrie et Marguerite d'Youville, qui ont fondé et dirigé avec succès les premières écoles, les premiers hôpitaux, les premiers asiles pour les vieux, les orphelins et les fous.

Personnellement, tout en étant en faveur en principe du mouvement de libération des femmes, je n'en accepte pas plusieurs modalités. À ceux qui m'appelle an old timer, je réponds au contraire que je suis en avance. Avant d'aller plus loin, je voudrais définir ce que j'entends par vraie libération. Pour moi, cela ne veut pas dire rejeter notre féminité et essayer de copier les hommes en toute chose. Je crois que pour que la société y trouve son compte, nous devons coopérer avec chacun et ne pas commencer une guerre des sexes. Il y en a suffisamment dans le monde pour ne pas y ajouter.

Je répète ce que j'ai souvent dit: s'il y a des hommes stupides, il y a aussi des femmes stupides et ce sont de tels gens qui barrent la route au progrès, provoquant [sic] des réactions qui ne sont certainement pas favorables aux objectifs que nous poursuivons[41].

Elle accorde ensuite une entrevue à la CBC.

C'est à cette époque qu'elle se joint à un groupe qui met sur pied Amnesty International au Canada. L'incorporation en a été décidée le 18 novembre 1973, au cours d'une rencontre à l'Université d'Ottawa. Plus tôt, en mai, un groupe québécois était en formation à Saint-Lambert et un poste de vice-président avait été réservé aux francophones. C'est Thérèse qui l'occupera[42]. Thérèse ne semble pas avoir œuvré longtemps dans cet organisme. Selon Jocelyn Coulon, ce que les documents qu'il conserve « laissent transparaître, ce sont les accrochages au sujet de l'identité propre du groupe francophone face à l'exécutif national[43] ». Mais là, pas de trace de Thérèse.

En avril, Thérèse est conférencière au Club des femmes de carrière, à Trois-Rivières. Elle reprend des thèmes connus comme l'engagement des femmes en politique et elle se dit heureuse de constater qu'une commissaire d'école de la région est dans la salle. « Il faut que nous évitions de reculer, car pour la femme, il y a encore beaucoup de champs d'action où elle est trop peu renseignée pour offrir une action efficace. » Puis la journaliste cite Thérèse :

> Avoir été élevée dans une maison où il y avait dix serviteurs et servantes et aujourd'hui faire ma cuisine, mon lit et ma vaisselle, j'en suis pourtant heureuse, vous savez, ce ne sont pas les doctorats et les médailles qui apportent la richesse…

Sur cette question de la pauvreté ou de la richesse, le décès de son frère, le colonel Maurice Forget, le 17 juillet 1974, pose à nouveau la question de la liquidation de la succession de Sir Rodolphe Forget, décédé en février 1919. Un projet de loi privé est en préparation à cet effet et doit être présenté dès l'ouverture de la session de l'Assemblée nationale, le 29 octobre, « afin d'avancer la date du partage et d'accélérer la remise aux légataires des biens compris dans ladite succession conformément aux dispositions testamentaires de ce dernier[44] ».

Les relations entre Thérèse et ses frères ont été très difficiles dès après le décès de Sir Rodolphe. Selon Claude Loranger-Casgrain, le mari de Thérèse a joué le rôle de «pacificateur avec la question des sièges à la Bourse mais ça été très très difficile». En juillet 1948, il était même question d'exécution «contre les messieurs Forget, judiciairement si nécessaire[45]». Il s'agissait alors de récupérer un prêt de 547 492 dollars fait par la succession en juin 1937. Les emprunteurs, qui ont été pendant longtemps exécuteurs testamentaires, ne sont pas en mesure de rembourser, sauf peut-être une somme de 120 000 dollars, et ne peuvent s'engager à payer plus de 2 % d'intérêts pour l'avenir. La succession doit considérer comme une perte sèche les arrérages jusqu'en septembre, et Thérèse et sa demi-sœur Marguerite se contenter de 18 000 dollars chacune.

Les relations des frères ne sont guère meilleures avec leur mère, Lady Forget. Peu de temps après le décès de Sir Rodolphe, les exécuteurs (deux frères de Thérèse et son mari) ont requis un avis juridique concernant Saint-Irénée. Il s'agissait de savoir si Lady Forget pouvait réclamer, d'après la clause générale de son contrat de mariage, les meubles et autres effets au domaine de Saint-Irénée, le testament lui en donnant l'usage. Après une longue analyse, l'avis a conclu que Lady Forget n'y avait pas droit. Quand est venu le temps de disposer de Saint-Irénée qu'elle aimait tant, Blanche aurait voulu garder certains objets, mais cela lui a été refusé.

À la fin de 1964 s'est posée la question de savoir si «les sièges détenus par M. Maurice Forget auprès de la Bourse de Montréal et de la Bourse Canadienne sont sa propriété ou celle de la succession de Sir Rodolphe Forget[46]». En 1977, le juge Roger Ouimet, alors exécuteur testamentaire, tentera à nouveau d'en arriver au partage définitif d'une succession ouverte il y a cinquante-huit ans[47].

––––––––

Thérèse accepte toutes les invitations, d'autant qu'il y en a de moins en moins. Certes, elle va manger chez ses enfants. Sa petite-fille, Claire Casgrain, me confie que sa grand-mère allait souvent souper chez ses parents, le dimanche, et que, le samedi, elle allait parfois la visiter avec son père, Rodolphe, le fils aîné de Thérèse. «C'était un temps assez privilégié, comme si elle faisait le point sur la semaine. » L'épouse de Paul, Claude Loranger-Casgrain, se souvient des samedis midis : « Ce que l'on aimait beaucoup, mon mari et moi, c'est quand elle nous invitait pour aller prendre une poule. Je n'ai jamais tellement fait cela (une poule-au-pot) mais c'était comme une espèce de rituel. On était assis à table, on passait en revue les enfants, la vie. C'était très simple. »

Il n'y a pratiquement pas de traces dans les archives du rôle de Thérèse comme grand-mère. Sauf cette lettre[48] qu'elle écrit à son petit-fils Philippe Nadeau concernant le résultat d'une démarche qu'elle avait promis de faire à son sujet. D'après la teneur de la lettre, je suppose qu'il s'agit de son dossier d'admission à l'Université McGill. Claude Loranger-Casgrain, par contre, me dira que sa belle-mère écrivait à ses petits-enfants lorsqu'elle voyageait.

Pierre Panet-Raymond, le fils d'Hélène, ne se souvient pas avoir reçu de lettre de sa grand-mère, mais elle téléphonait. Elle allait aussi les visiter quand ses parents vivaient à St. Catharines, en Ontario, et passait quelques jours avec eux, à l'occasion. Et lors des obsèques, Antoine, le fils de Paul, voulait que tout le monde sache « qu'en dépit de sa carrière officielle, et malgré tout le travail qu'elle avait à faire, notre grand-maman était une vraie grand-mère. C'est important qu'on le sache[49]. »

———

Mardi soir, le 17 décembre 1974, Thérèse est invitée à prononcer une allocution au colloque organisé par l'Université de Waterloo pour le centenaire de la naissance de Mackenzie King. Durant deux jours, des universitaires, des auteurs et d'ex-politiciens se pencheront sur la vie et l'œuvre de celui qui fut premier ministre du Canada durant vingt-deux ans. Devant quelque quatre cents personnes, Thérèse dit que si « monsieur King a écrit un aussi volumineux Journal c'est qu'il n'avait personne à qui parler quand il rentrait à la maison ». Elle aurait pu dire « personne d'autre que son chien ». Dans ses mémoires, Thérèse raconte que, lors d'un dîner chez le premier ministre, celui-ci « s'approchant du piano dit à l'invité d'honneur, un Lord anglais, "Mon chien va chanter".

[...] installant le chien sur le tabouret, les pattes sur le clavier, notre hôte se plaça derrière lui, puis se mit à chanter tandis que le chien hurlait à l'unisson. [...] Malgré la bizarrerie de la scène à laquelle nous venions d'assister, j'étais contente que le Premier ministre, au moins, eût auprès de lui ce compagnon fidèle.» Dans cette allocution, Thérèse a aussi présenté King comme possédant «une intuition que les femmes possèdent». Elle a en outre confirmé que King consultait une voyante et cherchait à lire l'avenir dans les boules de cristal[50].

Thérèse aussi n'avait personne à qui parler quand elle rentrait chez elle. Même pas un chien. Peut-être est-ce un peu pour cela qu'elle n'arrête jamais. «Moi, je l'ai toujours perçue comme seule, jusqu'à sa mort», me dira Monique Bégin, et Rita Cadieux raconte que, du temps où elle travaillait au Secrétariat d'État, Thérèse lui téléphonait souvent. «Un soir, elle m'avait invitée avec des syndiqués. On avait parlé de tout et de rien. Une autre fois, elle voulait parler d'une affaire dont on n'a finalement pas parlé. Tout ce que l'on a fait, c'était de regarder des photos. Elle s'ennuyait.» Thérèse est une femme seule, bien que paraissant toujours très entourée.

———

Au printemps, Thérèse est en Asie. Elle est l'invitée du Chinese People's Institute of Foreign Affairs qui paie ses frais de séjour en Chine[51]. Elle y passera deux semaines, avec Me Alice Desjardins. À leur arrivée, chacune se verra assigner une guide avec voiture et chauffeur. Alice Desjardins se souvient d'avoir visité avec Thérèse des fermes collectives, des hôpitaux avec des blocs opératoires sous terre, des garderies dans les usines, des écoles pour jeunes enfants, des usines de tapis et autres. «Les enfants étaient entraînés militairement dans les écoles, et ça offusquait Madame Casgrain. On voyait partout de grandes affiches "les ennemis sont à nos frontières", une façon de rappeler que le pays n'était pas si sûr que ça.»

Le rituel était toujours le même. «Lors de notre arrivée dans l'école ou l'usine ou la ferme collective, nous étions reçues dans une grande salle où il y avait une grande table. On nous offrait le thé à la fleur de jasmin. Puis on nous présentait le directeur, le représentant du Kuomintang et les autres officiels. On nous donnait les informations techniques et statistiques et au bout d'une heure, on nous faisait visiter les lieux. »

Le voyage était réglé comme du papier à musique, et il n'était pas question de s'éloigner du programme élaboré bien avant leur arrivée. « On ne pouvait faire de suggestions d'itinéraires, comme par exemple de voir une église catholique », ce qu'avait demandé Me Desjardins. On lui a répondu que c'était trop loin. Puis, il y aura la partie touristique, elle aussi très encadrée. À la Faculté de droit de l'Université de Pékin, se souvient Me Desjardins, « il fut longuement question de la reconnaissance de la Chine communiste par les Nations Unies ». Il faut se rappeler que Thérèse est la première à avoir soulevé cette question au Canada, puis à avoir fait campagne pour que le Canada reconnaisse la République populaire de Chine. Ce qui lui a sans nul doute valu ce voyage.

À Shanghai, raconte Me Desjardins, c'est une vieille Chinoise qui a participé à la Longue Marche qui les reçoit à dîner. « Le repas était gastronomique. Je me souviens d'un potage aux courges d'hiver… Durant le repas, j'ai dit à la dame que les femmes avaient probablement dû souffrir beaucoup durant la Longue Marche. Elle me répondit que oui mais moins que durant l'occupation de la Chine par les Japonais. »

Thérèse Casgrain a les cheveux blancs, « blanc bleu. Ce qui attirait beaucoup les Chinois quand nous marchions dans les rues. Il y avait des attroupements. Les gens voulaient toucher Mme Casgrain et, un moment, cela devenait dangereux. Il fallait remonter dans les voitures. » Les Chinois ont un très grand respect des personnes âgées, ce n'est donc pas surprenant qu'ils aient voulu s'approcher de Thérèse, puis la toucher. Qui plus est, elle venait du pays de Norman Bethune, pour qui ils ont une vénération sans bornes.

« Lors de notre départ, Mme Casgrain a souvent répété aux Chinois combien ce voyage représentait une richesse pour nous et je crois me souvenir que nos guides étaient tristes », me confie Me Desjardins, « mais en même temps que Mme Casgrain admirait la Chine, je sentais bien que ce n'était pas inconditionnel. Je crois que ce qu'elle voulait faire en y allant, c'était de pouvoir dire à son retour : "La Chine, parlez-leur ; ils sont puissants." Elle était très réaliste, politiquement. » Selon Mᵉ Desjardins, Thérèse « a été une compagne de voyage très agréable, déployant une énergie incroyable ». Thérèse et Mᵉ Desjardins se dirigent ensuite vers Hanoi, où elles seront accueillies par des représentants de la Fraternité S.O.S. Viêt-nam[52]. Thérèse aurait aimé rencontrer Mao Tsé-toung, même si elle ne partage pas sa philosophie. Mais il était très malade. Il décédera d'ailleurs l'année suivante.

———

Thérèse va passer une bonne partie des années qui lui restent à lutter contre la discrimination dont sont victimes les femmes amérindiennes. Dès que Mary Two-Axe Early l'approche, elle commence à constituer un dossier afin d'obtenir un amendement à la Loi sur les Indiens. Cette loi, en vigueur depuis 1869, pénalise une femme indienne et ses enfants si elle épouse un non-Indien, en leur enlevant leur statut d'Indien alors que l'inverse n'existe pas. C'est-à-dire qu'un Indien peut amener une Blanche sur la réserve et, elle et leurs enfants, jouissent de tous les droits que confère la loi.

Mary Two-Axe Early a fondé l'Alliance des droits égaux pour les femmes indiennes, en 1968. Et c'est alors qu'elle est à Mexico, comme membre de la délégation canadienne à la conférence mondiale sur le statut de la femme, en 1975, qu'elle apprend qu'elle est expulsée de la résidence ancestrale, en vertu de la Loi sur les Indiens, parce qu'elle a épousé un Blanc. Mohawk à Kahnawake, elle a toujours tenu tête au Conseil de bande. Dès 1956, elle s'est présentée devant le Comité des affaires indiennes, sans succès. Sa lettre à Mᵐᵉ Bird, présidente de la Commission sur le statut de la femme au Canada, a été l'occasion, pour plusieurs, de prendre connaissance de la situation de ces femmes.

Dans *La Presse* du 23 février 1976, Mary Two-Axe Early déclare que « les femmes n'ont rien à dire dans les réserves ni dans les Conseils de bande, ni dans les consultations menées par le fédéral auprès des Indiens... Sur le problème des Indiens qui perdent leur statut et leurs droits en épousant un non-Indien, nos leaders n'interviennent pas : la situation actuelle fait trop bien leur affaire. » Mary Two-Axe Early fera régulièrement des pèlerinages au Comité parlementaire chargé d'étudier diverses tentatives d'amendements de la Loi sur les Indiens. Elle sera appuyée par des groupes de femmes, entre autres par le Comité de soutien aux femmes autochtones, un temps présidé par la syndicaliste Madeleine Parent.

Dans les documents conservés par Thérèse, une lettre du chef de bande Ron Kirby avisant Mary (sister) Early de la décision du Conseil de bande, en date du 11 septembre 1973, lui demandant, « en tant que non-membre de la bande, de chercher domicile à l'extérieur de la réserve indienne de Caughnawaga le ou avant le premier septembre 1975 ». « Si elle refuse, poursuit le chef, il n'aura d'autre alternative que de prendre les procédures qui s'imposent. » Cette décision aurait reçu l'approbation ministérielle, le 24 octobre 1973.

En prenant fait et cause contre la discrimination dont sont victimes les Amérindiennes, Thérèse ouvre un immense dossier où les conflits de droits et de pouvoirs sont tels que son pragmatisme ne fera pas le poids. Pour elle, tout semble simple : il suffit de réinscrire ces femmes en tant qu'Indiennes au sens de la loi et, de ce fait, les droits de leurs enfants seront rétablis. Mais c'est sans compter avec les chefs de bande et le fait que le gouvernement fédéral n'a jamais été chaud à l'idée de toucher à la Loi sur les Indiens.

Le 18 juillet, elle écrit à Marc Lalonde[53], alors ministre de la Santé et du Bien-être social.

> Ne serait-il pas possible de faire un ordre-en-conseil pour amender les articles 11 et 12 de la Loi des Indiens ? Il est inconcevable que le gouvernement ne puisse rien faire à ce sujet. À quoi bon parler de l'Année de la Femme — comme catalyseur — si on permet au Canada que les femmes indiennes soient traitées comme des citoyennes de deuxième classe. J'avoue ne rien comprendre à ce sujet surtout si un ordre-en-conseil vient d'être passé permettant aux Esquimaudes de chasser et de pêcher ! Et pendant ce temps, on laisse expulser de Caughnawaga environ 60 Indiennes, 51 familles et 240 enfants.

De toute façon, j'ai trouvé un avocat qui, d'ici quelques jours, aura le courage de prendre des mesures légales pour essayer d'arrêter pareille infamie.

Il lui répondra, le 14 octobre :

L'expulsion des Indiennes de Caughnawaga, comme je l'ai exprimé à la Chambre des Communes, est une action regrettable, surtout pendant que des discussions sont en cours avec les représentants des Indiennes en vue de modifications à apporter à la Loi sur les Indiens. Toutefois, j'ai examiné la question avec mon collègue le ministre des Affaires indiennes et du nord et malheureusement il ne m'est pas possible d'intervenir.

Comme vous le savez, un Comité conjoint du Cabinet et de la Fraternité des Indiens a été récemment formé pour étudier la politique gouvernementale à l'égard des autochtones.

Quant aux permis de chasse et de pêche affectant les Esquimaudes, je dois vous dire qu'il ne s'agissait là que de règlements qui pouvaient être modifiés par un arrêté ministériel. D'ailleurs les Esquimaux ne sont pas régis par la même Loi que les Indiens, dont divers droits sont fonction de leur inscription sur la liste de Bandes et la législation qui la gouverne.

Me G. Ahern, que Thérèse avait rencontré début juillet, avait depuis mis en demeure le Conseil de bande « d'annoncer l'abandon du plan d'expulsion des femmes indiennes de Caughnawaga » au motif que le règlement voté par le Conseil de bande « est ultra vires des pouvoirs du dit Conseil[54] ». En plus de Mary Two-Axe Early, deux autres femmes avaient reçu un avis d'éviction.

Dans sa campagne, Thérèse va utiliser tous ses contacts et toutes les tribunes disponibles, selon Madeleine Gariépy-Dubuc, qui l'a « souvent accompagnée dans ces démarches ardues et souvent sans espoir[55] ». Thérèse admet que les Indiens ont une culture à protéger, mais les temps ont changé et, pour elle, il est temps que ces femmes obtiennent la plénitude de leurs droits[56]. Elle rappelle que, lorsqu'elle s'est rendue à Ottawa rencontrer Jean Chrétien, alors ministre des Affaires indiennes, avec des femmes représentant cette communauté, au retour, ces femmes ont été battues par leur mari. Peu de temps après, la National Indian Brotherhood[57] la somme de « produire la date, le moment et le lieu où cela s'est produit. Si vous ne pouvez ou ne voulez pas rendre publics ces faits, cela sera considéré comme une affirmation très irresponsable de la part d'une personne qui occupe le poste si honorable de sénateur dans ce pays. » Plus loin dans sa lettre, le vice-président Linklater l'informe du fait que son association a fait des recommandations pour traiter sur une base d'égalité ces femmes et ces hommes qui choisissent d'épouser une personne non indienne. « La suggestion que vous faites d'éliminer le paragraphe (1)b, ou encore d'abroger la Loi sur les Indiens ne va pas régler le problème comme vous le pensez, mais en fait, va en créer beaucoup plus et encore plus de souffrances pour les femmes indiennes et leurs enfants. »

Début juillet 1977, le Parlement se penchera sur la question et, en décembre de la même année, il semble que les femmes visées par le règlement de 1973 soient toujours sur la réserve. Durant toute cette période, Thérèse rencontrera des Indiennes. Elle se rendra parfois en visiter à Pointe-Bleue. « Des fois, elle partait à Chicoutimi par l'autobus de 6 heures, se souvient Claude Casgrain. Mon mari disait : "Voyons, maman." Elle ne le laissait pas terminer : "Écoute, c'est important." Elle partait avec son manteau de laine rose. Rose pâle. » En juillet 1976, alors qu'elle vient d'avoir quatre-vingts ans, elle dira à Marie Laurier : « Je rentre tout juste d'aller voir les Indiens à Saint-Félicien du lac Saint-Jean. En autobus, à part ça ! » Continuant sur le droit des Indiennes, elle dit : « Cette cause devrait susciter une levée de boucliers. »

Monique Bégin me parlera aussi de Thérèse, qui, « à quatre-vingts ans, montait toujours en autobus à Pointe-Bleue pour aller rencontrer, je crois que c'était les Montagnais où elle avait une amie, là ». Et d'ajouter : « Nous n'avons pas réussi sous Trudeau à faire changer la loi, ça s'est fait après. C'est une des seules fois de toute ma vie en politique où j'ai vu toutes les femmes des partis se mettre ensemble pour soutenir un projet de loi. » Il faudra toutefois attendre 1985 pour que la Loi C-31 ouvre une période de réinscription — laquelle est mal acceptée dans les communautés autochtones et entraîne d'autres gestes de discrimination.

Sur cette question des droits des Amérindiennes, Monique Bégin recevra aussi quantité de téléphones de Thérèse.

Durant mes années, pas tant de députée mais de ministre, à 7 heures le samedi matin, quand enfin je peux dormir un peu, Thérèse m'appelait à la maison. Elle commençait ses téléphones comme ça : elle ne dit pas, bonjour Monique, comment vas-tu ? Il est 7 heures le matin — et elle a fait ça à Trudeau mille fois — elle commence : Monique, ça pas de bon sens. Ton gouvernement là a pas encore réglé le statut des Indiens qu'ont marié des blancs, je ne peux pas l'accepter. Et là, elle chicane.

En 2006, Lysiane Gagnon écrira : « La condition des femmes amérindiennes a toujours été un objet de scandale, mais peu s'en sont occupé au Parlement d'Ottawa, sauf feu la sénatrice Thérèse Casgrain qui y a consacré les dernières années de sa vie[58]. » Sans doute que Thérèse aurait été heureuse de voir le ministre des Affaires indiennes, Jim Prentice, défendre le projet de loi qu'il venait de déposer et dont l'objet était de se prévaloir de la Charte des droits pour porter plainte contre les décisions discriminatoires des conseils de bande. Ce ne sera toutefois que le 1er juillet 2011 que la *Déclaration canadienne des droits* s'appliquera aussi aux autochtones.

Thérèse n'a pas perdu son habitude d'inonder certains de ses lettres, Trudeau en particulier. Et tous lui répondent. Le 18 octobre, il lui écrit : « Laissez-moi vous dire un autre merci, au nom de Margaret et au mien d'avoir partagé notre joie de l'arrivée de notre troisième fils. Notre Michel est un poupon vraiment adorable ! » Et le 14 novembre, le couple Trudeau expédie ce télégramme à Thérèse : « Nous aurions bien aimé être là pour embrasser le nouveau docteur. Nous le félicitons quand même bien chaleureusement, en lui disant notre fervente et notre respectueuse affection[59]. » Thérèse venait de recevoir un doctorat. Elle a aussi été reçue Compagnon de l'Ordre du Canada.

À la veille de ses quatre-vingts ans, Thérèse apparaît à certains amis un peu chagrine. « Vous avez tort de vous sentir un peu déprimée à l'approche de votre anniversaire », lui écrira Roger Ouimet[60].

Dans une longue lettre, il lui rappelle quantité de bons moments et, entre autres, «vos lundis, qui firent tant de mal à M. Taschereau», ou encore lorsque son mari présidait la Chambre des communes et qu'elle officiait comme hôtesse: «Votre esprit et votre grâce charmaient tous vos invités.» Il l'exhorte à continuer «à manifester [sa] désapprobation de la conjoncture actuelle» tout en ne cessant pas d'espérer. Puis, il lui rappelle la devise que Sir Rodolphe Forget avait donnée au régiment dont il était le colonel honoraire: «Jamais de recul».

Thérèse connaît Roger Ouimet depuis que, tout jeune avocat, il fréquentait Odette, la fille du ministre Ernest Lapointe. C'était souvent chez Thérèse que se rencontraient les deux jeunes, tantôt à Ottawa, tantôt à Montréal. Quand Thérèse passe au CCF, leurs routes un moment se séparent, mais Thérèse continuera de protéger le jeune avocat, qui deviendra juge, puis un des derniers exécuteurs testamentaires de la succession de Sir Rodolphe.

Les enfants de Thérèse et ses petits-enfants la fêteront, mais cela ne l'empêche pas de constater que le temps qui reste lui est compté. «La vieillesse n'est pas agréable», a-t-elle dit à Janette Bertrand au cours d'une émission au canal 10, il y a longtemps[61]. Très tôt elle avait trouvé bien triste de vieillir. Dans son journal, elle écrivait à la veille de ses quarante-sept ans: «[…] hélas, trois fois hélas! […] juste au moment où ce serait possible de faire quelque chose l'âge se mêle de nous arrêter.» Puis le 15 décembre 1943: «La vie passe tellement vite, les journées sont trop courtes pour bien faire tout ce qu'il y a à faire.» Et à Trudeau qui lui offrira ses vœux d'anniversaire: «Bien que je ne sois plus jeune hélas! soyez assuré de toujours pouvoir compter sur moi[62].»

Simone de Beauvoir, dans son analyse de la vieillesse, «déduit que la seule façon de donner un sens à la fin de la vie est de continuer à la mener comme avant: dans l'engagement et la liberté[63]». Ce que fait Thérèse. À Marie Laurier, elle confiera: «Je n'ai pas le temps de m'ennuyer. J'ennuie les autres qui se demandent: y a-t-il jamais moyen de la faire taire.» Elle lui avouera tout de même que c'est l'heure des repas qui lui pèse le plus: «J'aime la conversation à table[64].» Cette table autour de laquelle se sont tenus tant de débats et où, le plus souvent maintenant, elle est seule devant sa soupe.

À l'automne, Thérèse revient à la charge auprès de Trudeau sur une série de sujets[65].

> Dans le Discours du Trône ne serait-ce pas possible de suggérer une véritable réforme du Sénat? Sinon, je crains fort de voir ce dernier subir le sort du Conseil Législatif de Québec et d'être un jour aboli. Il est indéniable que si les Sénateurs peuvent devenir des directeurs de compagnies, il y a là un très dangereux conflit d'intérêt qui choque profondément l'opinion publique.
>
> [...]
>
> Dans les conflits ouvriers, le vote de grève devrait se faire par un scrutin secret strictement surveillé et il faudrait, en plus, exiger qu'au moins 51 % des membres du syndicat soient consultés. Nous avons au Québec de tristes exemples des abus causés par d'injustes scrutins, lorsque des enfants et des malades servent d'otages à une minorité de syndiqués.
>
> Je crois de plus que les syndicats ont maintenant acquis leur majorité. À cet enseigne, s'ils veulent être traités sur le même pied que les compagnies, ils devraient être soumis aux mêmes obligations que celles-ci.

Et « comme plusieurs autres Canadiens », écrit-elle, elle « espère aussi que vous pourrez mettre de l'ordre à Radio-Canada, organisme conçu pour unir les Canadiens mais qui semble en fait — le réseau français surtout — faire l'impossible pour les diviser ».

Mais ce qui va l'occuper au téléphone pendant plusieurs jours, c'est le résultat de l'élection du 15 novembre au Québec. Les séparatistes au pouvoir, c'est pour elle un non-sens, d'autant que même Robert Bourassa est battu par le poète Gérald Godin, qui a fait campagne à bicyclette. Le soir du 15 novembre, six mille personnes se sont retrouvées au Centre Paul-Sauvé. Quand René Lévesque est arrivé, c'est l'ovation. Il peine à faire taire les partisans : « S'il vous plaît, s'il vous plaît », répète-t-il. Puis, quand la foule se calme un peu : « On n'est pas un p'tit peuple. On est peut-être quelque chose comme un grand peuple. » À nouveau l'ovation. À la suite de cette élection, William Dodge aurait dit à Thérèse :

Jamais un parti canadien ne pourra régler les problèmes des Québécois parce que les anglophones ne comprennent pas les Canadiens français et que, même s'ils les comprenaient, ils n'accepteraient jamais d'agir différemment au Québec que dans les autres provinces. Tout mouvement politique au Québec se devait d'être détaché de l'empire canadien pour réussir[66].

Si Thérèse utilise beaucoup le téléphone à cette époque, elle écrit aussi. En fait, depuis la création du Parti québécois, Thérèse a envoyé plusieurs lettres à Pierre Elliott Trudeau l'incitant à paraître plus souvent à la radio et à la télévision pour combattre l'influence des «séparatistes», de ceux qui veulent «diviser les Canadiens». Ses archives[67] contiennent de nombreuses copies de lettres avec parfois une réponse de «son ami» Pierre. Le président de la Société Radio-Canada[68] reçoit lui aussi des lettres de même que le président du CRTC[69].

En janvier 1977, Thérèse est nommée conseillère spéciale de la Secrétaire d'État Iona Campagnolo. Et vers la fin de son mandat, Monique Bégin, qui est ministre de la Santé et du Bien-être, la fait son envoyée spéciale de l'âge d'or.

> Thérèse avait certainement quatre-vingts ans déjà. J'avais tellement d'invitations. L'âge d'or, à cette époque, était une force politique importante à travers tout le Canada. J'avais un lobby merveilleux qui me poussait dans le dos. Thérèse me disait: «Tes p'tits vieux, là, ils sont épouvantables. Ils ne font que jouer au bingo. C'est d'un triste, etc. J'vas les brasser.» Et elle partait. Elle était beaucoup plus vieille qu'eux. Ça, c'était Thérèse.

Au Québec, le ministre d'État au Développement culturel[70] a déposé le projet de loi 101, qui se veut une charte de la langue française. Une pétition circule pour en faire retirer certains aspects, et Thérèse est une des signataires. Elle est outrée par les propos du ministre qui aurait accusé les signataires d'être «inféodés à l'establishment anglophone».

Je n'aurais jamais cru que dans notre province, on serait tenu de montrer « patte blanche » pour être traité comme des citoyens dignes d'être entendus. Sachez que le nationalisme est parfois mal parti et que l'expérience nous montre que lorsque le drapeau est déployé, toute l'intelligence est dans le drapeau.

Puis, elle entreprend de faire l'histoire des Forget et de ce que son père a fait pour le Québec et le Canada. Et de ce qu'elle-même a fait. Elle se permet, en passant, de souligner au ministre Laurin que « le seul fait d'entendre ou de lire dans les journaux que notre Premier ministre du Québec, M. René Lévesque, était "humilié" devant certains aspects de la Charte de la langue française devrait porter à réfléchir ». Il est bon de rappeler que Lévesque n'était pas chaud à l'idée de permettre que la première version de la loi soit discutée. Il admettra trouver profondément humiliant d'avoir à légiférer sur la langue. Mais puisqu'il fallait la protéger…

Fatiguée, Thérèse ? Vieille ? Elle se promène à la grandeur du Canada et en Europe. L'unité nationale, la constitution, les séparatistes, Thérèse ne cesse d'en parler partout. Le 10 mars 1978, elle est invitée à prononcer l'allocution d'ouverture au Canadian Confederation Forum qui se tient à l'Université McMaster. Son texte intitulé *The Canadian Constitutional Challenge* : *A Search for Direction and Accomodation*[71] comprend onze pages bien tassées et commence par rappeler le 15 novembre 1976. Que le Parti québécois ait ce jour-là formé le gouvernement lui a causé un choc. Depuis, elle pense à une nécessaire réforme. Elle parle de ce qui se fait au Québec, à ce sujet.

Puis, elle avoue « comprendre pourquoi les Canadiens français sont de mauvaise humeur » et « admet que plusieurs ont raison de l'être ». Elle rappelle le procès et la pendaison de Louis Riel et le fait que « le Québec a toujours respecté les droits des anglophones. Nous avons toujours eu au Québec un système judiciaire bilingue, des juges anglophones et des juges francophones, tout a toujours été bilingue. La même chose pour nos écoles publiques. » Plus loin, elle soutient que même si le référendum sur l'indépendance était défait, l'insatisfaction fondamentale de Québec face au statu quo constitutionnel devrait être prise en compte, parce que l'État canadien ne peut fonctionner adéquatement avec un Québec insatisfait non plus qu'avec des provinces insatisfaites.

[…] On doit reconnaître et accepter les faits et pas seulement s'occuper de la théorie.

Elle se dit d'accord avec le sénateur Forsey, qui soutient que « le Québec n'est pas comme les autres. Il a raison. » Puis elle fait des suggestions d'amendements à l'AANB :

1. le rapatriement de Londres ;
2. l'inclusion d'une Charte des droits ;
3. le consentement d'un certain nombre de provinces pour amender le partage des pouvoirs ;
4. la réorganisation ;
5. la division du Canada en régions ayant les mêmes intérêts.

Elle termine en citant Antoine de Saint-Exupéry : « Le métier d'homme, c'est de faire l'unité des hommes. » « Alors, soyons unis. »

En avril, elle est en France et, le 4 mai, à Vancouver. Elle participe là au séminaire de General Foods sur la nutrition. Elle y remplace Iona Campagnolo comme conférencière invitée. Thérèse traitera de malnutrition dans une société d'abondance. Elle retournera à Vancouver en juin, invitée cette fois par le Canadian Club, mais j'ignore ce qu'elle y a dit. De retour à Montréal, elle prépare quelques notes pour le cours sur l'histoire du féminisme anglophone et francophone donné par Jennifer Stoddart à l'Université Concordia. Elle est invitée à intervenir sur le sujet. Thérèse avait accepté de devenir professeur adjoint d'histoire et de sciences politiques, à l'automne 1977. La seule obligation attachée à cette fonction était de donner un cours annuellement durant la semaine de « lectures publiques » en Histoire et sciences sociales.

Le 18 octobre, au Château Laurier, à Ottawa, le Women's Canadian Club tient sa rencontre mensuelle à laquelle Thérèse est invitée à parler. Elle a choisi de traiter des valeurs. *Do we have a sense of values?* demande-t-elle. Je n'ai pas retrouvé le texte. Il faut se rappeler que Thérèse est une femme d'action et qu'elle écrit peu.

En fait, quand des textes ne lui sont pas préparés par d'autres, elle se contente de courtes interventions qui identifient le problème et dictent la solution. Nul détour ni considération philosophique ou sociale. Par exemple, en 1936, quand le gouvernement de Maurice Duplessis annonce une refonte de la Loi électorale, elle propose de biffer le mot «mâle» de la loi. Résultat? Les femmes auraient aussi le droit de vote.

En mars 1979, Thérèse préside le jury du Grand Prix littéraire de la Ville de Montréal. Cela lui vaudra une lettre du lauréat du prix, Pierre Vadeboncoeur[72].

> Chère Thérèse,
>   Trop de souvenirs nous sont communs pour que vous ne soyez pas la première à qui j'adresse mes remerciements pour le choix qu'a fait le jury que vous présidez de mon dernier ouvrage. J'avais mis tant de soins et de labeur à la rédaction de ces essais et ce fut une expérience si longue et si éprouvante que j'ai accepté le prix au moins comme une sorte de récompense pour le travail!…
>   Nos différends politiques actuels n'ont pas pour effet de m'éloigner de vous et je vous garde assurément non seulement le meilleur souvenir mais ma sincère amitié.

L'année précédente, Thérèse avait parlé du dernier livre de Vadeboncoeur, *Un génocide en douce,* devant la Société des écrivains canadiens.

> J'ai souvent eu l'occasion de travailler avec lui, que ce soit dans le parti CCF ou dans l'Aide médicale au Viêt-nam. Bien que je ne partage pas toujours ses idées, j'ai toujours admiré chez lui une très large compréhension et un idéal très élevé[73].

Mai la ramène dans Charlevoix, à l'invitation du Club Lions de Baie-Saint-Paul. Le dimanche 27, le Club a demandé à Thérèse de les entretenir de ses souvenirs sur la région. En la présentant, le lieutenant-gouverneur de la province de Québec, l'honorable Jean-Paul Côté, dit qu'elle «a choisi le chemin périlleux des luttes à mener, plutôt que celui des causes faciles à gagner[74]».

À l'occasion de ce dîner, Thérèse voit son nom ajouté à ceux du peintre René Richard et de l'écrivain Félix-Antoine Savard sur la liste des pionniers émérites de la région. Devant quelque trois cents personnes réunies à l'Hôtel Café Saint-Jean, à Saint-Cassien, on fera son éloge, avant qu'elle ne rappelle aux convives : « C'est toute mon enfance et ma jeunesse qui y reste attaché. J'y pense très souvent avec mélancolie et attendrissement. Mon cœur ne pourra oublier ces jours anciens et si heureux[75]. »

Le 25 septembre, Thérèse reçoit le prix du Gouverneur général en commémoration de l'« affaire personne ». Trudeau, alors chef de l'opposition, lui écrit :

> En choisissant de vous honorer du titre de citoyenne à part entière de ce pays, le Gouverneur général ne pouvait choisir « personne » plus méritante. Vos années de combat en faveur des droits de la femme ont en effet profondément marqué l'histoire du Canada. Et vous êtes devenue un vivant modèle pour toutes les Canadiennes et tous les Canadiens désireux de faire avancer la cause de la justice et de l'équité dans notre société[76].

Elle reçoit aussi un doctorat *honoris causa* en droit des universités suivantes : Waterloo, Bishop, Notre Dame (C.-B.), Mount St-Vincent (N.-É.), York et Ottawa.

1980 sera l'année de tous les dangers, l'année de la grande remise en question nationale. Depuis le dépôt de la question, le 20 décembre de l'année précédente, le débat a rejoint tout le monde dans tous les coins du Québec, même ceux qui ne veulent pas en entendre parler. Et Thérèse redouble d'ardeur. À Ottawa, Pierre Elliott Trudeau reprend le pouvoir, mais on ne semble pas alarmé par la campagne qu'entreprennent les tenants du OUI.

Le 6 mars, au cours d'une rencontre avec des journalistes, la ministre d'État à la Condition féminine, Lise Payette, lit un extrait d'un manuel scolaire à l'intention des élèves de l'école primaire, au Québec.

> Guy pratique les sports : la natation, le tennis, la boxe, le plongeon. Son ambition est de devenir champion et de remporter beaucoup de trophées. Yvette, sa petite sœur, est joyeuse et gentille. Elle trouve toujours le moyen de faire plaisir à ses parents. Hier à l'heure du repas,

elle a tranché le pain, versé l'eau chaude sur le thé […] Après le déjeuner, c'est avec plaisir qu'elle a essuyé la vaisselle et balayé le tapis.
Yvette est une petite fille bien obligeante[77].

Le 9 mars, à des partisans réunis à la salle du Plateau, la ministre dit du chef de l'opposition qu'il est marié avec une Yvette. Le
lendemain, la journaliste Lise Bissonnette, en éditorial, accuse la
ministre de vouloir «descendre les femmes jusqu'au tréfonds du
sexisme pour le "oui"[78]». La ministre a beau s'excuser à l'Assemblée
nationale, l'expression fait le tour du Québec et convainc des orga-
nisatrices libérales de Sainte-Foy de réunir quelques femmes pour
affirmer haut et fort que les tenantes du NON ne sont pas des
Yvette. Rapidement, ces femmes se disent que les hommes qui sont
dans le parti ne l'ont pas l'affaire. Lysiane Gagnon écrit d'ailleurs
que «les femmes, une fois de plus, elles sont venues au secours de
leurs hommes[79]». Elles organisent donc un brunch au Château
Frontenac pour le dimanche 30 mars 1980. D'ici là, une chaîne
téléphonique est en marche. Monique Bégin me raconte:

> Je ne sais qui m'a mentionné qu'il y aurait quelque chose à Québec,
> tout était du bouche à oreille. Je suis partie pour Québec avec Thérèse.
> Dans la salle de bal du Château, de grandes tables, comme au réfec-
> toire, autour desquelles étaient assises des femmes. C'est la première
> fois de ma vie que j'ai vu disparaître les classes sociales au profit d'une
> idée, d'un projet collectif.
>   Les organisatrices qui ont inventé cela ne savaient pas trop quelle
> machine elles étaient en train de créer, une puissante machine.

Des femmes vont au micro. Il n'y a pas vraiment de thème.
Puis Renaude Lapointe, Monique Bégin et Thérèse sont invitées à
dire quelques mots. Thérèse s'avance. Chapeautée, gantée, se souvient Monique Bégin: «Mesdames. On est en 1980 et elle dit
Mesdames. Puis, c'est un appel aux armes, si je puis dire. C'est sûr
qu'elle a été la personne ce jour-là. Il n'y a pas d'autres mots pour
qualifier ce moment.»
Cette rencontre a été orchestrée par des militantes libérales
bien que, ici et là, d'autres groupes aient joué un rôle actif dans
l'organisation des rencontres suivantes. Les stratèges libéraux, à
l'époque, jugeaient qu'il était imprudent d'utiliser une «gaffe»

politique, et le PLQ a attendu la soirée du Forum pour «embarquer» dans l'organisation de la campagne du NON et de récupérer les Yvette. Thérèse avait coutume de dire qu'il fallait être «prête et être là pour profiter de ces brèches qui s'ouvrent et [que] l'on ne sait jamais ce qui viendra nous aider[80]». Ces femmes ont sauté sur l'occasion.

Il faut dire que, depuis le début, les chantres du camp du OUI, René Lévesque, Gilles Vigneault et beaucoup d'autres faisaient la promotion d'un projet collectif d'une grande force symbolique. En face: Claude Ryan. Il ne passe pas. Une chance qu'il y a les femmes; cette fois, elles ont découvert qu'elles avaient une force politique. Ce qui n'était pas pour déplaire à Thérèse.

Le soir du 7 avril, elle sera au Forum malgré l'avis des siens. Selon Claude Loranger-Casgrain, les enfants de Thérèse lui avaient demandé de ne pas y aller. Ils la trouvaient trop âgée pour soutenir le rythme d'une campagne qui, ils en étaient certains, allait l'absorber toute. Normande, l'autre belle-fille de Thérèse, a alors offert d'aller la voir tous les soirs. «J'ai dit à mon mari: "Tu ne peux pas empêcher ta mère d'accepter. Si elle faisait une crise cardiaque, ça serait une façon pour elle de partir heureuse. Tous les soirs, je vais aller prendre sa pression et si je vois que ça ne va pas, j'essaierai de la convaincre de ne pas continuer."» Thérèse avait demandé à son petit-fils Pierre Casgrain, l'aîné de Rodolphe, de se joindre à la délégation de Westmount. Ce qu'il fera.

Ils la connaissaient, ses enfants, et ils avaient raison de craindre qu'elle ne puisse dire non à une demande d'intervention qui lui viendrait sûrement d'ici le 20 mai, jour du référendum. Et l'épuisement guette tout le monde dans ce genre de sprint. Monique Bégin m'avouera avoir cru un moment ne pas pouvoir soutenir le rythme. «C'était de la folie pure.» Alors, Thérèse, à quatre-vingt-quatre ans, avec une condition cardiaque connue... Mais elle sera là. Il n'était pas dit qu'elle laisserait passer cette occasion de défendre son pays, dans sa province d'origine.

Thérèse «avait un instinct politique qui lui disait que ça va marcher. En ce sens, elle était redoutable. Et n'oubliez pas», me dira Jacques Parizeau, «elle connaît tout le monde; le téléphone sonnait tout le temps. Le moindrement que quelqu'un dit un mot qui a un peu l'air nationaliste québécois, elle part. » Thérèse était une fédéraliste intolérante. Cela n'empêche pas Parizeau de conclure : « J'ai une pointe d'admiration pour cette femme. C'était le leader naturel. Elle savait comment faire. »

Ce lundi soir, donc, près de quinze mille femmes, venant d'aussi loin que Hull, envahissent le Forum, un œillet à la main, affichant le macaron « mon NON est québécois ». Il semble qu'un appel à la bombe ait retardé le début de l'assemblée ; n'empêche, les femmes sont restées sereines et ont attendu qu'on les invite à reprendre place pour entendre une vingtaine d'entre elles leur dire pourquoi il fallait dire NON, à commencer par l'animatrice de cette soirée, Michelle Tisseyre, selon qui « il y a longtemps que les femmes ont appris à dire non aux beaux parleurs ».

Je ne sais à quel moment Thérèse s'est avancée vers le micro, mais c'est au son de *Vive la canadienne* qu'elle l'a fait. Et c'est l'ovation avant même qu'elle n'ait prononcé un seul mot. Et l'ovation dure. De très longues minutes. « Faites-moi pas brailler », dit-elle. Mais l'ovation continue. Quand elle peut enfin commencer à parler, elle rappelle les quarante ans de l'obtention du droit de vote dont on soulignera l'anniversaire à la fin du mois. « Les faits sont têtus mais les Yvettes aussi. [...] On ne se laisse pas prendre avec des airs de guitare ou de chants d'alouette... On fait la part des chansons et celle des projets constitutionnels. [...] Madame le Ministre, quand vous entendrez le NON retentissant des femmes d'ici, vous apprendrez, à vos dépens qu'un criquet tenu dans la main se fait entendre dans toute la prairie [...] Nous ne sommes pas au pouvoir mais l'on nous entendra, je vous le garantis[81]. »

Thérèse continuera. Elle ira partout où on la demande : radio, télévision, assemblée. Partout. Même à Roberval, le 27 avril. Elle voyagera régulièrement avec Monique Bégin durant cette période. La contribution de Thérèse au débat référendaire aura des échos partout au Canada. Même un juge de la Cour supérieure de la Colombie-Britannique lui écrit, au lendemain du référendum : « Juste un mot pour vous féliciter pour cette splendide contribution au débat référendaire. Vous devez être contente du résultat[82]. »

Le quarantième anniversaire de l'obtention du droit de vote des femmes au Québec approchant, des articles sont publiés dans divers médias rappelant cette longue marche jusqu'au jour du 25 avril. Pierre Elliott Trudeau adresse à Thérèse, copie d'un message livré je ne sais où, mais dans lequel il fait l'éloge

> de l'une des femmes les plus extraordinaires de ce pays et la digne représentante de toutes ces combattantes de la première heure pour l'égalité des sexes.
>
> [...]
>
> Ce n'est pas à elle qu'on donnera des leçons de courage et de fierté, ni le goût profond de la liberté qui a marqué toute sa vie active et sa carrière.
>
> Aussi, en l'entendant l'autre jour haranguer la foule des « Yvettes » [...] je me disais que cette grande dame n'avait rien perdu de son instinct prophétique et qu'il faisait bon la savoir du côté du fédéralisme renouvelé en ces heures cruciales de notre histoire[83].

Après cette longue et intense campagne référendaire où le NON l'a emporté, Thérèse reprend ses voyages. En juin, elle est à Vancouver où elle descend chez Iona Campagnolo et, en juillet, à Copenhague. Du 14 au 30, elle y représente le Canada à la Conférence de la décennie des Nations Unies pour la femme. Elle est heureuse d'y revoir quelques-unes de celles qui militaient pour la VOW, bien qu'il en reste fort peu maintenant. Sa famille s'inquiète. « On ne voulait pas aller la ramasser dans un aéroport », me dira sa petite-fille Claire Casgrain.

Puis en octobre, Thérèse est « sacrée » Grande Montréalaise aux côtés de Ludmilla Chiriaeff, Jean Drapeau, Pierre Dansereau et Michel Bélanger, entre autres. Et les lettres de félicitations affluent. Claire L'Heureux-Dubé, qui ne peut être à la fête qui aura lieu le 7 novembre, rappelle que cet hommage « aurait pu l'être à chacune des années précédentes avec autant de vérité et d'actualité[84] ».

Trudeau non plus ne sera pas de la soirée, mais son message y sera lu.

Ce soir vous honorez ma bonne amie le Sénateur Thérèse Casgrain. Personne d'autre qu'elle ne mérite autant cet honneur. Depuis plusieurs années, Sénateur Casgrain a joué un rôle de leader dans la vie de notre pays.

Championne des droits de la femme bien avant que le féminisme ne soit à la mode, candidate de gauche dans un Québec qui pensait solidement à droite, Thérèse Casgrain ne s'est jamais résolue à entrer dans le rang et à accepter ce qui lui paraissait le désordre établi.

[…] Je suis heureux que l'on honore aujourd'hui cette grande dame qui a contribué à instaurer au pays un peuple de justice et de fraternité[85].

Dans une plaquette publiée pour l'occasion[86], chacun de ces nouveaux Grands Montréalais livre une courte réflexion. Thérèse se demande alors : « A-t-on perdu ou gagné ? » Elle évoque le Montréal de son enfance, le comportement des gens alors, toutes choses que l'on retrouve dans ses mémoires.

Thérèse ne lâche pas. À Réal Bertrand, qui la rencontre dans le cadre de sa recherche pour la rédaction d'une courte biographie à paraître dans la collection « Célébrités canadiennes », Thérèse avoue qu'il « y en a plusieurs qui aimeraient me voir finir ma vie en me berçant tranquillement. Qu'on s'y fasse ! J'espère être dérangeante longtemps encore[87]. »

Dans la troisième semaine de février, elle est à Vancouver. Elle est invitée à prononcer une conférence dans le cadre du colloque *On the Achievements of Frank R. Scott* organisé par l'Université Simon Fraser. Thérèse rappelle que ses liens avec Scott remontent à 1942, à l'époque où, durant sa campagne électorale comme libérale indépendante dans Charlevoix-Saguenay, elle s'était prononcée contre la conscription. On a vu qu'elle avait été alors blâmée par une grande proportion d'anglophones et que très peu de francophones s'étaient portés à sa défense.

Après la campagne de 1942, rentrant de Charlevoix, Thérèse avait téléphoné à Frank Scott pour le remercier. Leur association remonte à ce moment et leur amitié s'est ensuite développée. On les retrouve au CCF et dans plusieurs dossiers, dont la bataille contre Duplessis dans l'affaire Roncarelli et la Loi du cadenas.

Ceux qui ont connu le régime duplessiste au Québec comprendront ce que défier cet homme voulait alors dire ou même seulement d'être associé à une tentative de le contredire, de le défier. Maurice Duplessis était alors non seulement Premier ministre mais aussi procureur général du Québec.

[...]

J'ai toujours été une batailleuse. Frank aussi mais durant ces années, on pouvait facilement se décourager à force de constater le mépris pour les droits humains et la puissance des forces déployées contre la simple idée de justice.

Vers la fin de son allocution, Thérèse révèle certains côtés plus privés de la vie des Scott. Ils habitent maintenant la même rue, tout près et se visitent. « Souvent, quand je vais chez eux, il joue du piano. » Thérèse parle aussi de Marian, la femme de Frank, qui est une artiste peintre reconnue. Pour Thérèse, « Frank Scott est non seulement un grand ami, un compagnon de luttes et un voisin mais aussi un grand Canadien[88] ».

Dans le cadre d'un colloque sur les politiques sociales et la redistribution des biens, l'Assemblée des évêques du Québec entend rendre hommage à dix artisans de l'action sociale au Québec. Thérèse est l'une de ces personnes. La soirée se tient le 26 février 1981 au Centre Saint-Pierre-Apôtre, à Montréal, et c'est Hélène Pelletier-Baillargeon qui présente Thérèse. Elle rappelle que les évêques l'ont combattue pendant de nombreuses décennies.

Car le refus et les préjugés des hommes politiques des régimes Taschereau et Duplessis, reconnaissons-le honnêtement, n'ont eu d'égal à l'époque, que la résistance crispée des évêques québécois auxquels la plume vitriolique du grand pamphlétaire catholique Henri Bourassa ne cessait de se faire l'écho dans les colonnes du Devoir.

Que les femmes qui ont, aujourd'hui encore, l'impression de piétiner à la porte de leur Église relisent et méditent ce soir, avec madame Casgrain fêtée et honorée, ce qu'en cette même Église on disait d'elle il y a 40, 50 ou 60 ans. Elles en tireront certainement une grande leçon d'espoir... et surtout un singulier amusement rétrospectif.

Et de rappeler les propos de Mgr P.-E. Roy, en 1922, et ceux de Mgr Georges Gauthier, en 1928, pour terminer ainsi :

> Avec madame Casgrain ce soir, réjouissons-nous donc ensemble que l'engagement politique des femmes n'apparaisse plus comme un attentat contre la famille et les bonnes mœurs et rendons grâce à Dieu que l'ignorance de la femme catholique ne soit plus suggérée comme une vertu !
>
> Avec madame Casgrain, souhaitons aux femmes du Québec et à leur Église, d'autres discours renouvelés qui soient pour elles autant de signes d'espérance[89].

Finalement, l'Église daigne reconnaître ce que Thérèse a fait.

Le lundi 4 mai, Thérèse préside le Comité d'appel du Comité provincial des malades. Sa nièce, Lucie Forget, est active dans ce mouvement. Dans une entrevue téléphonique[90], elle me dira combien tante Thérèse les a aidés. Début mai, donc, c'est le lancement de la campagne de souscription au Complexe Desjardins, à compter de 19 heures. Plus de sept cents malades et handicapés vivant en permanence dans les établissements de santé assistent à cet événement où Thérèse leur adresse quelques mots.

Le 27 mai, Thérèse rend un dernier hommage à un vieux compagnon de lutte, David Lewis. À la sortie de la synagogue, Pierre Elliott Trudeau lui donne le bras pour l'aider à descendre les marches.

Le 5 juin, l'Université de Windsor lui décerne un doctorat. C'est le douzième qu'elle reçoit. Dans le mot de présentation de Thérèse au chancelier, Marie-Thérèse Caron rappelle que[91]

> pendant plus d'un demi-siècle de luttes jalonnées d'obstacles, Madame Casgrain ne céda jamais au militantisme débridé ou violent, croyant plutôt à la force de persuasion logique et patiente. […] Poursuivant des réformes à la fois légales, familiales et sociales son intérêt pour le bien-être des autres, particulièrement les moins fortunés, l'a menée au CCF dont elle fut leader provincial au Québec.

Alice Desjardins, que Thérèse avait invitée à cette remise de doctorat, se retrouve parmi les invités chez Paul Martin père, qui fut longtemps aux Affaires extérieures du Canada. « La conversation était tellement intéressante », se souvient Me Desjardins. « Les deux avaient rencontré à peu près tous les grands de ce monde et tout y passait : les programmes politiques ici et ailleurs, les dirigeants des pays… Je ne peux pas me souvenir des détails mais, en même temps, c'était son histoire, à Madame Casgrain. Ce genre de personne, aujourd'hui, on n'en voit presque plus. »

Quelque part en octobre, Thérèse montre des signes de fatigue. Madeleine Dubuc[92] rapporte que, lors de la remise du trophée au Grand Montréalais de l'année, Paul David, Thérèse n'avait plus « son air de batailleuse. Le nom de l'interlocuteur ne lui venait plus aussi vite à la mémoire. La fatigue marquait sa démarche. À quatre-vingts ans, Mme Casgrain laissait doucement la place à d'autres. » Marthe Legault dira à Susan Mann que, dans les cinq dernières années, Thérèse n'était plus tout à fait elle-même, qu'elle était *cut off by some friends*[93]. Alice Desjardins aussi avait noté que Thérèse n'était plus aussi bien. Lors de son assermentation comme juge à la Cour supérieure, elle avait invité Thérèse et en avait profité pour « la remercier publiquement pour tout le travail qu'elle avait accompli pour l'avancement des femmes au Québec et dans le monde ».

Le lundi soir 2 novembre, Thérèse se rend chez les Tailleur, un couple d'amis qui habitent quelques étages au-dessous dans le même immeuble de l'avenue Clarke, à Westmount. Plus tôt, elle avait téléphoné à Pauline Tailleur pour lui demander si elle pouvait aller regarder chez elle l'émission où passait Solange Chaput-Rolland. « Son fils Rodolphe lui avait donné un nouvel appareil de télévision et elle ne comprenait pas encore trop bien comment il fonctionnait. Elle m'a demandé si ça me dérangeait. Je lui ai dit non, viens, ça me fera plaisir », me confie Pauline Tailleur[94].

En arrivant chez Pauline, aussitôt passé la porte, Thérèse se penche et dit : « Regarde-moi donc les chevilles. » Selon Mme Tailleur, elle les avait très enflées. Son mari Bernard lui a offert un scotch.

Thérèse a dit: «Non. Depuis quelques jours, mes filles me disent d'essayer des boissons blanches.» Bernard lui a servi un gin ou une vodka, je ne sais plus et il est retourné dans le boudoir. Je lui ai installé les pieds sur le pouf pour qu'elle soit plus à l'aise. Nous avons regardé l'émission et quand elle est repartie, elle s'est retournée dans la porte et a dit: «Regarde-moi donc les pieds.»

Il y a déjà un certain temps que Thérèse a les jambes enflées et qu'elle ne va pas bien. Sa belle-fille Normande a même passé une nuit, là, il y a une quinzaine de jours. Au retour, elle avait avisé Rodolphe que sa mère allait mourir. Depuis, chaque jour, un des enfants de Thérèse ou parfois une belle-fille passait pour s'assurer que tout allait bien.

Le lendemain matin, Hélène a téléphoné chez sa mère. Pas de réponse. Vers 11 heures, avec son frère Paul, ils arrivent avenue Clarke. Non, le portier n'a pas vu passer Mme Casgrain, ce matin. Hélène et Paul montent. La porte de l'appartement de leur mère est verrouillée et la chaîne est encore à la porte quand ils essaient de l'ouvrir. Quand ils peuvent entrer, ils trouvent leur mère couchée dans son lit, la jambe gauche légèrement hors du lit. Morte.

NOTES

AVANT-DIRE

1. Musée McCord, Fonds des familles Casgrain, Forget et Berthelot, P683/D2, 9.

CHAPITRE I

Marie-Thérèse Forget

1. Robert Rumilly, *Histoire de Montréal*, Montréal, Fides, 1973, tome 3, p. 92.
2. *Le Prix courant*, Montréal, vendredi 22 mai 1896, n° 12. Voir aussi Robert Rumilly, *Histoire de Montréal*, tome 3.
3. Dans les registres, l'ancêtre est Froget avant de devenir Forget ou Forget dit Despatis pour la lignée de Thérèse. Pour une autre lignée, Forget est aussi Latour et Latour dit Forget.
4. Cité par Jean des Gagniers dans *Charlevoix, pays enchanté*, Québec, Presses de l'Université Laval, 1994, p. 106.
5. L'Église permettait le mariage à douze ans chez les filles et à quatorze chez les garçons. Le droit civil, de même.
6. Voir Claire Martin, *Dans un gant de fer*, Montréal, Presses de l'Université de Montréal, coll. «Bibliothèque du Nouveau Monde», 2005, p. 442, note 14. Voir aussi l'arrêté du 15 février 1649. Abraham Martin se voit menacé d'être rapatrié en France sur le premier bateau. Il en est venu six, à l'été 1649, mais Abraham est demeuré à Québec. Sa réputation en sera ternie pour de bon : aucune de ses filles ne fera de brillant mariage et ses ressources sont maigres.
7. Actes de Lecoustre, 27 décembre 1647, *BRH*, vol. 34, p. 568.
8. Gustave Lanctôt, *Histoire du Canada*. Tome 1 : *Des origines au régime royal*, Montréal, Librairie Beauchemin, 1964, p. 396.
9. Voir Marcel Messier, *Marcel Tessier raconte. Chroniques d'histoire*, Montréal, Éditions de l'Homme, 2004, tome 1, p. 21, 22.
10. Gustave Lanctôt, *op. cit.*, p. 387.
11. Selon un acte tiré du minutier du notaire Audouart. Delaunay y est décrit comme résidant à Québec et Nicolas à Montréal. Voir Marcel Trudel, *op. cit.*, p. 156.

12. Jean-Claude Forget le raconte, mais je n'ai pu confirmer cette information. Je lui suis redevable pour plusieurs informations sur les Forget, de même qu'au Dr Ulysse Forget, pour la généalogie de Nicolas Froget jusqu'à Thérèse.

13. Selon Marcel Trudel, «Trois-Rivières fut longtemps le port d'embarquement pour les "pays d'en haut"», c'est-à-dire la région des Grands Lacs. Voir *Mythes et réalités dans l'histoire du Québec*, tome 4, 2009, p. 27.

14. Réal Bertrand, *Thérèse Casgrain*, Montréal, Lidec, 1981, p. 29.

15. *Cher Voltaire*, Paris, Éditions des Femmes, Paris 1987, p. 53. Lettre du 13 octobre 1759.

16. Marcel Trudel, *op. cit.*, tome 4, p. 72.

17. *Quebec Mercury*, 3 avril 1809, cité dans René Durocher et Paul-André Linteau, *Le retard du Québec et l'infériorité économique des Canadiens français*, Montréal, Éditions du Boréal Express, 1971, p. 72.

18. Jacques Lacoursière, Jean Provencher et Denis Vaugeois, *Canada-Québec 1534-2000*, Sillery, Éditions du Septentrion, 2001, p. 243.

19. Gérard Filteau, *Histoire des Patriotes*, Sillery, Éditions du Septentrion, 2003, p. 230.

20. André Duval, *Québec romantique*, Montréal, Boréal Express, 1978, p. 178.

21. Laurent-Olivier David, *Les patriotes de 1837-1838*, p. 51. Nouvelle édition revue et corrigée, Lux Éditeur, 2007, p. 42.

22. Aegidius Fauteux, *Les Patriotes 1837-1838*, Montréal, Éditions des Dix, 1950, p. 66. Filteau écrit qu'Étienne et Jean-Baptiste étaient les fils de Charles Forget, mais ils étaient plutôt ses neveux.

23. Gérard Filteau, *Histoire des Patriotes*, Sillery, Éditions du Septentrion, 2003, p. 516.

24. W. S. Wallace, «The First Scots Settlers in Canada», *BRH*], vol. 56, n° 1, p. 54.

25. Bernard Saint-Aubin, *King et son époque*, Montréal, La Presse, 1982, p. 8.

CHAPITRE 2

Les Forget

1. La mère de Rodolphe est la demi-sœur de Louis-O. Taillon, qui deviendra premier ministre du Québec en 1892.

2. Je remercie Aimé Despastis et Irénée Forget de m'avoir fourni de précieuses informations sur les Forget et sur cette propriété.

3. Louis-Joseph, né le 11 mars 1853, est le dix-huitième enfant de François. Il est né du troisième lit; sa mère est Appoline Ouimet. Le grand-père de Thérèse était né seize ans plus tôt, du troisième lit lui aussi.

4. Le nom de cette rue sera francisé en 1920.

5. Pierre Vennat, *La Presse*, 21 avril 1996.

6. Jean Hamelin, *Histoire économique du Québec 1851-1896*, Montréal, Fides, 1971, p. 88 et ss.

7. Stephen Leacock, *Leacock's Montreal*, Toronto-Montréal, McClelland & Stewart, 1963, p. 194.

8. Jean Hamelin, *op. cit.*, p. 190.

9. À ce sujet, voir Clayton Gray, *Montréal qui disparaît*, Montréal, Librairie J.-A. Pony, 1952, p. 179-184.

10. Paul-André Linteau, «Quelques réflexions autour de la bourgeoisie québécoise, 1850-1914», (*RHAF*) *Revue d'histoire de l'Amérique française*, vol. 30, n° 1, juin 1976, p. 56.

11. Madame Francœur, *Trente ans rue Saint-François-Xavier et ailleurs,* Montréal, Éditions Édouard Garand, 1928. Bon nombre de détails sur l'oncle et le neveu de même que sur le fonctionnement de la maison de courtage proviennent de cette publication.

12. *Canadian Real Estate News,* 13 mai 1912.

13. Cette résidence est la propriété de sa femme. C'est elle qui avait acquis les terrains dans le quartier Saint-Antoine, pour 8370 dollars, le 27 avril 1882. La propriété porte aujourd'hui le numéro 1195.

14. Paul-André Linteau, *op. cit.,* p. 60.

15. Cité par Jean-Claude Marsan, *Montréal en évolution,* Montréal, Éditions du Méridien, 1994, p. 250.

16. Robert Rumilly, *Histoire de Montréal, op. cit.,* p. 206.

17. Margaret W. Westley, *Grandeur et déclin. L'élite anglo-protestante de Montréal, 1900-1950,* Montréal, Libre Expression, 1990, p. 33.

18. Yves Lever, *J. A. DeSève: diffuseur d'images,* Montréal, Michel Brûlé, 2008, p. 16.

19. Madame Francœur, *op. cit.,* p. 12.

20. Selon Me Philippe Casgrain, entrevue du vendredi 11 janvier 2008. Sauf indication contraire, toutes les citations de Me Casgrain proviennent de cette entrevue.

21. Madame Francœur, *op. cit.,* p. 6, 8 et 23.

22. Robert Rumilly, *op. cit.,* tome 3, p. 312.

23. Ce sont les quais qui bénéficieront du premier éclairage électrique permanent, en 1892.

24. Edgar Andrew Collard, *Passage to the Sea. The Story of Canada Steamship Lines,* Toronto, Doubleday Canada, 1991, p. 39.

25. Il ne reste de cette église que le clocher qui se dresse au-dessus de l'Université du Québec à Montréal, de même que la grande rosace, que l'on peut admirer de la rue Sainte-Catherine. Du temps de Rodolphe, les Canadiens français catholiques s'y donnaient rendez-vous. Un des pavillons porte le nom de Thérèse Casgrain.

26. BAnQ, *Déclaration de sociétés,* Province de Québec, District de Montréal, vol. 5, n° 470.

27. STM, *Quelques notes historiques sur la Montreal Street Railways Company,* p. 8 de 12, 16 novembre 2006 (http://www.stm.info/en-bref/ancetr2b.htm).

28. Robert Rumilly, *op. cit.,* tome 3, p. 300.

29. Magog Textile & Print, Coaticook Cotton Mills et Hochelaga Manufacturing. Cette dernière résulte de la fusion de la Hudon Cotton et de la Sainte-Anne's Spinning. Voir Robert Rumilly, *op. cit.,* tome 3, p. 229.

30. Dorénavant, lorsqu'il sera question de la Richelieu and Ontario Navigation, je l'appellerai ainsi.

31. Il fut premier ministre du Québec en 1887 et de nouveau de 1892 à 1895. Il passa ensuite brièvement à la politique fédérale sous Charles Tupper pour être emporté par la vague libérale qui a porté Laurier au pouvoir, le 23 juin 1896.

32. BAC, Fonds Thérèse Casgain, MG32C25, vol. 9. Dorénavant, je désignerai le fonds par l'abréviation BAC, suivie du volume d'où provient le document.

33. Entrevue avec Louise MacDonald-Prévost, jeudi 29 novembre 2007. Sauf indication contraire, toutes les citations de Louise MacDonald-Prévost proviennent de cette entrevue.

34. Alain Dumas et Yves Ouellet, *Charlevoix, joyau du Québec,* Saint-Laurent, Éditions du Trécarré, 1997, p. 30.

35. Margaret W. Westley, *op. cit.,* p. 112.

36. Léandre E. Morin, comptable, à N. Pérodeau, notaire. Rodolphe avait acheté les terrains le 1er octobre 1891. Lors de la vente à M. Ostiguy, la propriété valait 35 000 dollars.

37. Alain Hustak et Johanne Norchet, *Montreal Then and Now, d'hier et d'aujourd'hui*, San Diego (Calif.), Thunder Bay Press, 2006, p. 64.

38. Jean-Claude Marsan, *op. cit.*, p. 287.

39. Guy Pinard, *Montréal, son histoire, son architecture*, Montréal, Éditions La Presse, 1986, tome 3, p. 389.

CHAPITRE 3

L'enfance de Marie-Thérèse Forget

1. Thérèse Casgrain, *Une femme chez les hommes*, Montréal. Éditions du Jour, 1971, p. 25 et suivantes pour cette partie sur sa petite enfance. Sauf indication contraire, toutes les citations de Thérèse proviennent de ce livre que j'appellerai « mémoires » dans la suite du texte.

2. *The Gazette*, entrevue non datée, mais publiée en 1979, si on se fie à la légende sous une des photos qui indique que Thérèse a 83 ans.

3. Robert Rumilly, *Chefs de file*, Montréal, Éditions du Zodiaque, 1934, p. 30.

4. Article sans date, mais étant donné qu'il a été publié à l'occasion de ses quatre-vingts ans, il date sûrement de 1976.

5. Hilda Kearns, jeudi 8 octobre 1970, p. 51.

6. L'établissement était situé sur la rue Saint-Denis au coin de la rue Cherrier. L'immeuble existe toujours et abrite l'Agence de la santé et des services sociaux de Montréal.

7. Musée McCord, Fonds des familles Casgrain, Forget et Berthelot, P683/D2, 7, p. 39. Dorénavant, le fonds sera indiqué par Musée McCord, P683, suivi du numéro du dossier d'où provient l'information.

8. Robert Rumilly, *op. cit.*, tome 3, p. 347.

9. Margaret W. Westley, *op. cit.*, p. 36.

10. Alexander Redford, *Des jardins oubliés, 1860-1960*, Québec, Publications du Québec, 1999, p. 81.

11. Herbert Samuel Holt, ingénieur irlandais, arrive à Montréal en 1892. Avec Louis-Joseph Forget et quelques autres, il fait partie du conseil de la Royal Trust & Fidelity, société de fiducie apparentée à la Banque de Montréal. Voir Robert Rumilly, *op. cit.*, tome 3, p. 242.

12. Robert Rumilly, *op. cit.*, tome 3, p. 345.

13. Clarence Hogue, André Bolduc et Daniel Larouche, Montréal, Libre Expression, 1984, p. 63. Je suis redevable à ces auteurs pour une bonne partie de l'information concernant ces transactions.

14. Madame Francœur, *op. cit.*, p. 58.

15. *Ibid.*, p. 63.

16. Robert Rumilly, *op. cit.*, tome 10, p. 26.

17. En 1904, la Bourse s'installe dans un immeuble « luxueusement orné de marbre, de bronze, de bois précieux. Le caractère de son architecture rappelle celui de la Rome impériale. » Depuis le milieu des années 1960, l'édifice abrite le Théâtre Centaur. R. D. Wilson et Eric McLean, *The Living Past of Montreal*, Montréal, McGill University Press, 1976, p. 45.

18. Madame Francœur, *op. cit.*, p. 16.

19. Gérard Parizeau, *Joies et deuils d'une famille bourgeoise 1867-1961, op. cit.*, p. 103, 104.

20. Clarence Hogue, André Bolduc et Daniel Larouche, *op. cit.*, p. 69.

21. RAHND, 1900-1901, p. 21.

22. *Ibid.*, p. 90.

23. PVBAHND, 13 juin 1910.

24. Lettre de Rodolphe Forget à Tancrède Bienvenu, 14 juin 1918. Musée McCord, P683.

25. Goulet Denis, François Hudon, Othmar Keel, *Histoire de l'Hôpital Notre-Dame 1880-1980*, Montréal, VLB éditeur, 1983, p. 95. Voir aussi p. 84 et 85, de même que la lettre de Rodolphe Forget à Tancrède Bienvenu, 21 octobre 1918, Musée McCord, P683.

26. «Paul, Archevêque de Montréal, à Monsieur et Madame Rodolphe Forget, 28 janvier 1903», BAC, vol. 10.

27. Robert Rumilly, *Histoire de Montréal, op. cit.*, p. 335.

28. Mariane Favreau, *La Presse*, jeudi 23 septembre 1971, p. A14.

29. *Op. cit.*, tome 12, p. 64.

30. Robert Rumilly, *Histoire de Montréal, op. cit.*, tome 3, p. 354.

31. Le frère cadet de Félicité Angers. Celle-ci est surtout connue sous son nom de plume, Laure Conan.

32. Extrait du numéro du 26 juillet 1978 de l'hebdomadaire régional *Plein Jour* cité par Réal Bertrand, dans *Thérèse Casgrain*, Montréal, Lidec, 1981, p. 26. Les soulignés sont dans le texte.

33. *Op. cit.*, tome 11, p. 183.

34. Jean Hamelin, *Les mœurs électorales dans le Québec, de 1791 à nos jours*, Montréal, Éditions du Jour, 1962, p. 40-41.

35. *Le Nationaliste*, 17 juillet 1904. Les majuscules sont dans le texte.

36. Inscriptions au pensionnat pour l'année scolaire 1904-1905. Marguerite porte le numéro 18, et Thérèse le 120. Il y avait alors cent trente pensionnaires. Archives, Society of the Sacred Heart, document non paginé. Les informations sur le Sault-au-Récollet, pour la plus grande part, m'ont été fournies par sœur Anne Leonard, archiviste de la congrégation, le 31 janvier 2008.

37. Tiré d'un article publié en anglais, sous la plume de Bee MacGuire, *op. cit.*

38. Congrégation fondée par Madeleine-Sophie Barat, à Amiens, France, en 1800.

39. Archives, Musée canadien du chemin de fer, Delson (Québec).

40. Ont aussi étudié au Sault-au-Récollet: Emma Lajeunesse (la chanteuse Albani), Joséphine Marchand-Dandurand, Caroline Dessaules-Béïque, Marie Lamothe-Thibaudeau, Alphonsine Paré-Howlett, Pauline Archer-Vanier.

41. Archives, Society of the Sacred Heart. Ce document date de 1890, mais on m'a assurée que les exigences étaient sensiblement les mêmes en 1905.

42. *The Gazette, op. cit.*, non daté.

43. *Rule of the School and Plan of Studies of the Society of the Sacred Heart of Jesus*, Archives de la Congrégation, 1904.

44. Marthe Baudoin, r.s.c.j., *En avant quand même*, Montréal, Éditions Les Religieuses du Sacré-Cœur, Montréal, 1992, p. 115.

CHAPITRE 4
Saint-Irénée-les-Bains

1. Contrat passé à Murray Bay. Hermel Perron déclare ne pas savoir signer et fait une croix. C'est A.-B. Routhier qui assermente les signataires, le 12 novembre 1900, à Québec.
2. C'est au juge Routhier que le Canada doit les paroles de son hymne national. Calixa Lavallée en composera la musique.
3. 8 juillet 1910. Lavergne réfère à la *Loi du français dans les services publics*, dite loi Lavergne, sanctionnée le 4 juin 1910 après des mois de polémiques.
4. Alain Dumas et Yves Ouellet, *Charlevoix, op. cit.*, p. 13.
5. Du nom de John Nairn, le seigneur de Murray Bay. Ce territoire est maintenant désigné sous le nom de Clermont.
6. Musée McCord, P683/D2,3(1) pi.
7. Alain Boucher, Claudette Gagnon et François Tremblay, *Guide historique. Charlevoix,* La Malbaie, Musée régional Laure-Conan, 1982, p. 64.
8. Alexander Redford, *op. cit.*, p. 58.
9. Entrevue avec Jacques Parizeau, mercredi 13 février 2008. Sauf indication contraire, toutes les citations de Jacques Parizeau proviennent de cette entrevue.
10. Léo Simard nous raconte *La petite histoire de Charlevoix*, Club Lions Clermont-La Malbaie-Pointe-au-Pic, Inc. 1987, p. 75.
11. Dans un livre de comptes de Sir Rodolphe, l'architecture est comptabilisée à 450 dollars. Musée McCord, P683/C.1.
12. Alain Dumas et Yves Ouellet, *op. cit.,* p. 56.
13. Son conseil d'administration est formé, entre autres, du sénateur Choquette (libéral provincial), de Charles Langelier (shérif), de Georges Tanguay, député, et de l'avocat et député Alexandre Taschereau, futur premier ministre du Québec.
14. *Chroniques,* Montréal, Presses de l'Université de Montréal, 1986, p. 123.
15. Quebec Eastern Railway, Lotbinière & Mégantic Railway, Frontenac Gas, Quebec Gas, Canadian Electric Light, Quebec County Railway et Quebec Jacques-Cartier Electric.
16. C'est à partir de cette petite compagnie que Paul Desmarais va développer son empire.
17. Léo Simard, *La petite histoire de Charlevoix, op. cit.*, p. 73.
18. *Histoire de Montréal, op. cit.*, p. 346.
19. Hélène Pelletier-Baillargeon, *Olivar Asselin et son temps*. Tome 1 : *Le militant,* Montréal, Fides, 1996, p. 333.
20. Entrevue avec Robert MacDonald, jeudi 29 novembre 2007. Sauf indication contraire, toutes les citations de Robert MacDonald proviennent de cette entrevue.
21. Le texte recopié par un membre de la famille MacDonald m'a été fourni par Robert MacDonald.
22. Madame Francœur, *op. cit.*, p. 99.
23. *Ibid.,* p. 100.
24. BAnQ, *Déclaration de sociétés,* Province de Québec, District de Montréal, vol. 27, n° 603 et n° 616 pour la dissolution de la société ayant existé entre Louis-Joseph et Rodolphe.
25. Madame Francœur, *op. cit.,* 15.
26. Entrevue téléphonique avec Rodolphe Forget, fils de Gilles, 10 avril 2008.

27. Conrad Black, *Maurice Duplessis, 1890-1944. L'ascension,* Montréal, Éditions de l'Homme, 1977, p. 225.

28. Article non signé, *Le Pays,* 31 mai 1913.

29. Quatrième souper des pionniers, Club des Lions, Charlevoix, lundi 28 mai 1979. Musée McCord, P683/D2,3 (1), p. 4.

30. *Le Devoir,* 9 et 10 janvier 2010, p. 6. Voir aussi Yvan Lamonde et Claude Corbo, *Le rouge et le bleu,* Montréal, Presses de l'Université de Montréal, 1999, p. 319.

31. «A-t-on plus perdu que gagné?». Texte de Thérèse lorsqu'elle est nommée Grande Montréalaise, en 1980. Musée McCord, P683/D2,7 (1 de 4) p. 40.

32. 6 janvier 1913.

33. Article non signé, 24 novembre 1910.

34. Cité par Madame Francœur, *op. cit.,* p. 104. Éditorial du 8 avril 1911.

35. Les deux lettres ont été écrites et mises à la poste au Sault-au Récollet; la seconde est datée du 7 juin 1911.

36. Selon l'historien Serge Gauthier, ce nom est une déformation du mot anglais *Seagull,* oiseaux très nombreux sur le territoire.

37. Victor Barbeau, *La tentation du passé. Ressouvenirs,* Montréal, Éditions La Presse, 1977, p. 59, 60.

38. Abbé René Gravel, cité dans un article non daté, publié dans un journal non identifié. Cet article traite de la fondation, par le père Archange, franciscain, du *Réveil féminin catholique.*

39. «Ordonnance de Son Éminence le cardinal Villeneuve sur les plages et les bains publics», 1932. Texte extrait du *Kiosque de l'histoire,* www.sciencepresse.qc.ca/ kiosquehist/

40. *Op. cit.,* p. 71.

41. Robert Laird Borden, *His Memoirs,* Toronto, Macmillan, 1938, p. 331.

42. En 1913, cette maison est évaluée à 142 000 dollars selon la *Revue Commerce,* 1913, p. 29.

43. *Op. cit.,* p. 37.

44. *Nova Scotia Chronicle,* 4 septembre 1913.

45. Bernard Panet-Raymond, à Mme A. de Saint-Mars-Dionne, sur papier à en-tête de la Banque Internationale du Canada, 18 septembre 1912. BAC, vol. 10.

46. Roch Denis, *Lutte de classe et question nationale au Québec, 1948-1960,* Montréal/ Paris, Presses socialistes internationales, 1979, p. 106.

47. Robert Rumilly, *op. cit.,* tome 16, p. 106. Voir aussi *La Patrie,* 10 février 1913.

48. *Demeures bourgeoises de Montréal: le Mille carré doré, 1850-1930,* Montréal, Éditions du Méridien, 1987, p. 202.

49. Son mari, le sénateur Raymond était, entre autres, propriétaire du Club Canadien. Voir les mémoires de Chubby Power et Guy Pinard, *op. cit.,* p. 97. Il était aussi collecteur de fonds et fiduciaire du Parti libéral du Canada.

50. 18 février 1925.

51. *The Gazette,* article non signé, 29 janvier 1913.

52. *Ibid.* Voir aussi *L'Événement,* mercredi 29 janvier 1913.

53. *La Patrie,* mercredi 13 février 1913.

54. *L'Événement,* 9 juillet 1913.

55. Alixe Carter, *The Ottawa Journal,* lundi 11 décembre 1972.

56. *Chroniques,* Montréal, Presses de l'Université de Montréal, 1986, p. 237.

57. *La Patrie,* mercredi 30 juillet 1913.

58. Extrait du «*Journal intime*» de Suzanne Barbeau-Panet-Raymond.

59. *La Patrie, op. cit. ; Montreal Daily Star,* 30 juillet 1913 ; *L'Événement,* 30 juillet 1913.

60. Courriel de Monique Bégin me rapportant une conversation avec Francine Panet-Raymond, l'archiviste de cette famille, le 24 mai 2008. Mme Panet-Raymond m'a par la suite fait parvenir des photocopies des coupures de presse et l'extrait du « *Journal intime* » de sa grand-mère relatant ce tragique événement.

61. *L'Événement,* samedi 13 septembre 1913.

62. Journal non identifié et coupure de presse non datée.

63. 25 septembre 1913. BAC, vol. 10.

64. 27 septembre 1913. BAC, vol. 10.

65. BAC, vol. 10.

66. Rencontre avec Monique Bégin, vendredi 3 février 2012.

67. Archives Society of the Sacred Heart. J'ai ajouté des signes de ponctuation.

68. Journal non identifié, non daté. Musée McCord, P683/C,1.

CHAPITRE 5

Madame Pierre Casgrain

1. Edgar Andrew Collard, *op. cit.,* p. 23.

2. Robert Rumilly, *Histoire de Montréal, op. cit.,* p. 61.

3. Jean Bruchési, *Témoignages d'hier,* Montréal, Fides, 1961, p. 255.

4. Hilda Kearns, *Star,* jeudi 8 octobre 1970, p. 51.

5. http://www.elections.ca/eca/eim/article_search

6. *Star,* jeudi 8 octobre 1970, p. 15.

7. Paul-André Linteau, *Histoire de Montréal depuis la Confédération,* Montréal, Boréal, p. 155.

8. Sauf indication contraire, toute la correspondance entre Thérèse et Pierre F. Casgrain provient des *ANC,* vol. 10. Celle de Thérèse est pratiquement toute rédigée sur du papier à lettres à en-tête de Gil'mont, alors que celle de Pierre l'est majoritairement sur du papier à en-tête de Casgrain, Mitchell, McDougall.

9. Il s'agit du cabinet d'avocats Fitzpatrick, Dupré et Gagnon. Adolphe Routhier fait partie de ce cabinet en 1915.

10. 26 décembre 1915. BAC, vol. 10.

11. Ep 5, 22.

12. « Révolution sans barricades », conférence donnée à l'Université de Regina à l'invitation du Centre d'études bilingues de cette université.

13. Entrevue avec Claude Loranger-Casgrain, lundi 2 avril 2007. Sauf indication contraire, toutes les citations de Mme Loranger-Casgrain proviennent de cette entrevue.

14. *Le Pays,* 11 mars 1916.

15. *L'Événement,* mardi 28 mars 1916.

16. Robert Laird Borden, *His Memoirs,* Toronto, Macmillan, p. 620. Traduction de l'auteure.

17. Gérard Filion, *Fais ce que dois. En guise de mémoires,* Montréal, Éditions du Boréal, 1989, p. 10.

18. Jean Bruchési, *op. cit.,* p. 263.

19. Paul-André Linteau, *Histoire générale du Canada,* Montréal, Éditions du Boréal, 1990, p. 493.

20. Gérard Filion, *op. cit.,* p. 37.

21. Léo Simard, *op. cit.,* p. 83.

22. 7-8 George V, chapitre 39.

23. Larry Zolf, «Ladies First», CBC News, Viewpoint, 12 février 2002.

24. *Histoire de la Province de Québec, op. cit.,* tome 22, p. 182.

25. Pierre Rodolphe Berthelot est né le 13 décembre 1916.

26. Cité par Thérèse dans ses mémoires, p. 66.

27. Marcelle Brisson et Suzanne Coté-Gauthier, *Montréal de vive mémoire 1900-1939,* Montréal, Triptyque 1994, p. 46.

28. *The Gazette, op. cit.,* non daté.

29. Alison Prentice *et al., Canadien Women: A History,* Toronto, HBJ, 1988, p. 141.

30. Samedi 3 mars 1918, p. 1.

31. *Le Devoir,* lundi 1er avril 1918, p. 1.

32. Hélène Pelletier-Baillargeon, *op. cit.,* tome 1, p. 609.

33. Hélène Pelletier-Baillargeon, *op. cit.,* tome 3, p. 150.

34. *Journal des débats,* p. 98, rapporté par Henri Bourassa dans son article du 1er avril 1918, article précité.

35. *Loi ayant pour objet de conférer le droit de suffrage aux femmes,* 8-9 George V, chapitre 20; et en 1919, *Loi des élections partielles et générales,* 9-10 George V, chapitre 2. Ce droit deviendra permanent en 1920.

36. Mai 1918, vol. 21, p. 392-393.

37. *Le bruit des choses réveillées,* Montréal, Leméac, 1969, tome 1, p. 95.

38. Jean Monterrot, «*Apollinaire*», *Lire,* mars 2010, p. 101.

39. Article non identifié, non daté, rapportant ce fait à l'occasion de son décès.

40. BAC, vol. 10.

41. *L'aut'journal sur le web,* 1, mai 2002; article signé Andrée Lévesque.

42. *Le Devoir,* samedi 2 et dimanche 3 mai 2009, p. 1 et 10.

43. Robert Rumilly, *Histoire de Montréal, op. cit.,* tome 3, p. 499.

44. Cité dans Paul-André Linteau, René Durocher et Jean-Claude Robert, *Histoire du Québec contemporain, op. cit.,* tome 1, p. 693.

45. Denis Fortier, «Histoire du chemin de fer de Charlevoix», *Revue d'histoire de Charlevoix,* n° 52, mars 2006, p. 10.

46. Fait selon la forme dérivée de la loi d'Angleterre, le testament comprend dix-sept pages, format légal, dactylographié à double interligne.

47. Extraits de la prière des agonisants, *Missel biblique de tous les jours,* Bourges, Éditions Tardy, Éditions ouvrières, 1956, p. 1753 et ss.

48. *Histoire de la province de Québec, op. cit.,* tome 24, p. 88.

49. 20 février 1919.

50. 20 février 1919.

51. Denis Fortier, *op. cit.,* p. 9.

52. Québec, 3 avril 1919. BAC, vol. 10.

53. Non daté et non signé mais manifestement de Blanche. Les mots entre crochets sont raturés dans le manuscrit. BAC, vol. 10.

54. Esdras Minville, *Les étapes d'une carrière. Causeries autobiographiques et textes connus,* Montréal, Presses HEC/Fides, 1988, tome 2, p. 39.

55. *Op. cit.,* p. 7.

56. Léo Simard, *op. cit.,* p. 84.

57. *Ibid.*

58. *Le Soleil,* novembre 1959. Rodolphe Forget, fils de Gilles et cousin de Thérèse, m'en a aussi parlé.

59. Mackenzie King, 12 juillet 1921, BAC, vol. 10.

CHAPITRE 6
L'engagement

1. Coupure d'un journal non identifié portant la date du 17 octobre 1970.
2. Gérard Parizeau, *La société canadienne-française au dix-neuvième siècle*, Montréal, Fides, 1975, p. 242.
3. Première femme à enseigner à l'Université McGill, elle milite aussi pour le droit des femmes à l'éducation.
4. Première femme diplômée en médecine à l'Université McGill.
5. Professeur de diction française à l'Université McGill et journaliste.
6. « Minute Books », League of Women's Rights, 16 et 19 janvier 1922.
7. *The Woman's Suffrage Movement in Canada*, Toronto, University of Toronto Press, 1950, p. 228.
8. *L'Action catholique*, vendredi 10 février 1922. Voir aussi *Le Soleil* et *L'Événement*, à la même date.
9. *Le Devoir*, 10 février 1922.
10. Robert Rumilly, *Histoire de la Province de Québec, op. cit.*, tome 26, p. 33.
11. *Ibid.*, p. 33. Voir aussi *Le Devoir*, vendredi 10 février 1922.
12. Louis Dupire, *Monsieur Taschereau et le suffrage féminin*, vendredi 10 février 1922.
13. Jean-Louis Gagnon, *Les apostasies*, tome 1, Montréal, La Presse, 1985, p. 124.
14. 10 mars 1922.
15. Michèle Jean, *Idola Saint-Jean, mon héroïne*, Les lundis de l'histoire des femmes, an 1, 1981, p. 127.
16. *Le Devoir*, 10 février 1922.
17. *Ibid.*
18. *Ibid.*
19. *Le Devoir*, 10 février 1922, p. 13.
20. *Histoire de la province de Québec, op. cit.*, tome 26, p. 33.
21. « À travers les faits et les œuvres », *La Revue canadienne*, 27 mars 1922, p. 236.
22. Louis Dupire, *Le Devoir*, vendredi 10 février.
23. Vendredi, 10 février 1922.
24. *La Presse*, « Perspectives », semaine du 19 avril 1980, vol. 22, n° 16. *La longue marche des Québécoises.*
25. Michèle Jean, *Québécoises du vingtième siècle*, Montréal, Éditions Quinze, 1974, p. 214 et 216.
26. Lettre à Louis-Alexandre Taschereau, 11 janvier 1922. ANQ, Fonds Louis-Alexandre Taschereau.
27. Lettre de Louis-Alexandre Taschereau à Mᵍʳ P.-E. Roy, 20 janvier 1922. ANQ, Fonds Louis-Alexandre Taschereau.
28. *Le Soleil*, vendredi 10 février 1922, p. 14.
29. Mardi 14 mars 1922. Traduction de l'auteure.
30. « Une intervention à Rome dans la lutte pour le suffrage féminin au Québec (1922) », RHAF, vol. 32, n° 1, 1978, p. 5.
31. Vendredi 17 février 1922.
32. Mardi 14 mars 1922.
33. « Lettre épiscopale pour encourager la campagne anti-suffragiste dans Québec ». Sur ce sujet, voir aussi *La Presse* et *Le Devoir*, 18 février 1922.
34. Anonyme, *L'Autorité*, 25 mars 1922.
35. Cité par Thérèse dans ses mémoires, p. 18.

36. Sylvie Chaperon, « Le combat pour le droit de vote », *Les Collections de l'Histoire*, n° 34, p. 69.

37. Hélène Pelletier-Baillargeon, *Marie Gérin-Lajoie. De mère en fille, la cause des femmes*, Montréal, Boréal Express, 1985, p. 310.

38. *Le Devoir*, 29 juin 1922, p. 1.

39. 9 décembre 1922. Lettre citée par Luigi Trifiro, La crise de 1922 dans la lutte pour le suffrage féminin au Québec, RHF, vol. 32, n° 1 (juin 1978), p. 17.

40. 2 août 1922, Lettre de la présidente de la 4ᵉ Commission à Marie Gérin-Lajoie, citée par Luigi Trifiro, *op. cit.*, p. 13.

41. *Op. cit.*, p. 15.

42. Cité par Andrée Lévesque, *Éva Circé-Côté, libre penseuse, 1871-1949*, Montréal, Éditions du remue-ménage, 2010, note 96, p. 416.

43. Élie-J. Auclair, « Le vote des femmes », *La Revue canadienne*, 26, août-septembre 1921, p. 648.

44. *Les droits de la femme au Québec*, Québec, 68, 5 (octobre 1968), p. 53, cité dans Antonin Dupont, *Les relations entre l'Église et l'État sous Louis-Alexandre Taschereau, 1920-1936*, Montréal, Guérin, p. 195.

45. Voir là-dessus Antonin Dupont, *op. cit.*, p. 175 et 176.

46. Procès-verbal du Comité, 29 novembre 1922, cité par Lyle-Cleverdon, *op. cit.*, p. 230.

47. Micheline Dumont, « Les débuts du féminisme québécois. Cent ans d'histoire pour la Fédération nationale Saint-Jean Baptiste », *Le Devoir*, lundi 28 mai 2007.

48. Jean-Marc Larrue, *Le Monument inattendu. Le Monument National 1893-1993*, Montréal, Éditions Hurtubise HMH, 1993, p. 18.

49. Raphaël Ouimet, *Biographies canadiennes-françaises*, Montréal, 1922, p. 123.

50. Jeudi, 5 février 1920.

51. Laure Conan, *J'ai tant de sujets de désespoir. Correspondance*, Montréal, Éditions Varia, 2002. Lettre 275, 6 février 1920.

52. *Ibid.*, lettre 277. Les italiques sont dans le texte.

53. *La Patrie*, lundi 4 septembre 1923.

54. *Ibid.*

55. *Ibid.*

56. Fonds Ligue des droits de la femme, Ville de Montréal, BM14, S4, D1. À partir de maintenant, ce fonds sera désigné par sa cote, BM, suivi du numéro du dossier.

57. *Femme-Homme ou Homme et femme? Études à bâtons rompus sur le féminisme*, Montréal, Imprimerie Le Devoir, 1925, p. 60.

58. Cité par Robert Lahaise dans *La fin d'un Québec traditionnel 1914-1939*, Montréal, Éditions de l'Hexagone, 1994, p. 95.

59. Voir Andrée Lévesque, *La norme et les déviantes. Des femmes au Québec pendant l'entre-deux-guerres*, Montréal, Éditions du remue-ménage, 1989, p. 45, 46.

60. Sur papier à lettres à en-tête de l'Hôtel Plaza Athénée, avenue Montaigne, Paris, Musée McCord, P683/C.1.

61. Charles-Albert Poissant, *op. cit.*, p. 120.

62. Le père de Thérèse achète les terrains en 1891. Je crois que ce sont les mêmes qu'il donne à Blanche par contrat de mariage. C'est elle, en tout cas, qui paiera la construction de la maison et des dépendances. La propriété sera vendue une première fois 35 000 dollars au Dʳ Émile Ostiguy.

63. Document non daté, dactylographié sur papier à en-tête de la Chambre des communes, Canada, BAC, vol. 7, p. 1.

64. *Ibid.*, p. 1.
65. «Thérèse Casgrain and the CCF in Quebec», dans *Beyond the Vote. Canadian Women and Politics,* Toronto, University of Toronto Press, 1989, cité dans www.elections.ca/eca/eim/article, p. 3 de 9.
66. Conférence prononcée au Congrès de l'enseignement ménager, septembre 1926, citée dans Michèle Jean, *Québécoises du 20ᵉ siècle,* Montréal, Éditions Leméac, 1974, p. 154.
67. *La Semaine religieuse du Québec,* 19 août 1920, texte cité par Jacques Lacoursière, *Histoire populaire du Québec 1896-1900,* Québec, Septentrion, tome 4, p. 166.
68. Hilda Kearns, *The Star,* jeudi 8 octobre 1970, p. 51.
69. Ivan Avakumovic, *Socialism in Canada. A Study of the CCF/NPD in Federal and Provincial Politics,* Toronto, McClelland & Stewart, 1978, p. 41.
70. Bernard Saint-Aubin, *King et son époque,* Montréal, La Presse 1982, p. 204.
71. *Ibid.*, p. 207.
72. *Ibid.*, p. 210.
73. Georges-Émile Lapalme, *op. cit.,* tome 1, p. 187.
74. Robert Rumilly, *op. cit.,* tome 25, p. 14.
75. *Ibid.*, tome 27, p. 182.
76. Reproduction d'enregistrement d'interviews que cette dernière a réalisés avec Thérèse F. Casgrain au sujet de Henri Bourassa, en 1961. Centre de recherche Lionel-Groulx, Fonds Famille Bourassa, P65, B2,6, p. 2.
77. Note à Elspeth Chisholm, *op. cit.,* commentant les propos de Thérèse.
78. 24 décembre 1926. BAC, vol. 10. Le souligné est dans le texte.
79. *Joies et deuils, op. cit.,* p. 250.
80. BM14,S5,D2
81. http://www.histoirequebec.qc.ca.
82. Jacques Lacoursière, Jean Provencher et Denis Vaugeois, *Canada Québec 1534-2000,* Sillery, Septentrion, 2001, p. 400. La motion Francœur sera retirée au retour du congé des fêtes et ne sera donc jamais débattue.
83. Mardi, 15 mars 1927, p. 4.
84. Éric Leroux, *Gustave Francq. Figure marquante du syndicalisme et précurseur de la FTQ,* Montréal, VLB éditeur, p. 55.
85. C'est la Commission qui choisit les représentants du public. Ils doivent être «des personnes connues dont l'honnêteté et l'intégrité ne peuvent être mises en doute et qui ont passé leur vie presqu'exclusivement à s'occuper d'œuvres sociales».
86. Gilles Gallichan, *Les Québécoises et le barreau. L'histoire d'une difficile conquête, 1914-1941,* Sillery, Septentrion, 1999, p. 42. Le comité avait entendu Mᵐᵉ Langstaff, Mᵉ Jacobs (son avocat), Marie Lacoste-Gérin-Lajoie et Mᵐᵉ Grace Ritchie-England.
87. *Ibid.*, p. 67. Mᵉ Amédée Monet est le père de Simonne Monet, qui épousera Michel Chartrand. Simonne a lutté pour la reconnaissance des droits des femmes, entre autres.
88. Alliance pour le vote des femmes, Fédération provinciale pour le vote des femmes, Local Council of Women, WCTW, Montreal Women's Club, entre autres.
89. *Op. cit.,* p. 232.
90. *L'épopée du suffrage féminin au Québec (1920-1940),* Montréal, UQAM, 1990, p. 20, note 2.
91. Vendredi 24 février 1928.
92. *Le Soleil,* vendredi 24 février 1928.

93. *Mémoires*, Bruxelles, Éditions Tribord, 2005, p. 123. Née le 29 mai 1830, Louise Michel est décédée le 9 janvier 1905.

94. Gaétanne de Montreuil, « Le suffrage féminin et Mlle MacPhail », *Mon Magazine*, n° 43 (mai 1928), p. 26.

95. 12 mars 1928, sur papier à en-tête du ministère de la Justice, BAC, vol. 1.

96. Lettre à Thérèse, 18 janvier 1929. Fonds Ligue des droits de la femme, BM14, S5, D2.

97. Signature illisible, 15 janvier 1929. BM14, S5, D2.

98. Lettre adressée à sa résidence de Westmount, 26 janvier 1929. M14, S5, D2.

99. 2 janvier 1929. BM14, S5, D2.

100. Signature difficile à déchiffrer, mais probablement Hector Authier. BM14, S5, D2.

101. 19 janvier 1929. BM14, S5, D2.

102. 29 janvier 1929, BAC, vol. 10.

103. Robert Rumilly, *op. cit.*, tome 30, p. 11.

104. Texte de Thérèse, non daté, mais elle signe « sénateur », donc probablement 1971, p. 4. BAC, vol. 10.

105. Cité dans Charlotte Gray, *Canada, A Portrait in Letters 1800-2000*, Canada, Doubleday, 2003, p. 153, 154.

106. *Le Devoir*, Jeudi saint, 15 avril 1928.

107. Cité par Gallichan, *op. cit.*, p. 76.

108. *Op. cit.*, tome 1, p. 171.

109. Lettre du 14 août 1929. BAC, vol. 1.

110. *Joies et deuils d'une famille bourgeoise, op. cit.*, p. 250.

111. Cité par Antonin Dupont, *op. cit.*, p. 188.

112. Jean-François Nadeau, *Robert Rumilly, l'homme de Duplessis*, Montréal, Lux, 2009, p. 121.

113. Margaret W. Westley, *op. cit.*, p. 216.

CHAPITRE 7
Les grandes manœuvres

1. *Histoire de Montréal, op. cit.*, tome 4, p. 123.

2. 7 février 1930, p. 16. Rapporté par Gilles Gallichan, *op. cit.*, p. 80.

3. Alexis Gagnon, *Le Devoir*, jeudi 16 mars 1930, p. 1. Aussi cité par Gallichan, p. 81-82.

4. *Le Devoir*, 9 août 1930.

5. BAC, vol. 1.

6. *Revue populaire*, février 1939, p. 10.

7. 22 février 1930, BAC, vol. 1.

8. *Premier rapport des Commissaires*, Québec, 6 février 1930, p. 3.

9. *Ibid.*, p. 22.

10. *Ibid.*, p. 23.

11. « L'évolution juridique », dans Jean-C. Falardeau, *Essais sur le Québec contemporain*, Québec, PIL, 1953, p. 127.

12. *Op. cit.*, p. 21.

13. Article 1425-a, Code civil du Bas-Canada.

14. *Deuxième rapport des Commissaires*, Québec, 15 mars 1930, p. 41.

15. *Ibid.*, p. 60.

16. Jeudi 6 mars 1930, p. 1.
17. *Le Devoir, op. cit.,* p. 2.
18. Lettre du 6 mars 1930, BAC, vol. 1. Les soulignés sont dans le texte.
19. BM14, S5, D2.
20. *La Presse,* jeudi 2 janvier 1930.
21. Paul-André Linteau, *Histoire générale du Canada,* Montréal, Boréal, 1990, p. 510.
22. Herbert Blair Neatby, *La grande dépression des années 30. La décennie des naufragés,* Montréal, Éditions La Presse, 1975, p. 63.
23. *Op. cit.,* note 18, p. 238. Voir *Loi modifiant le Code civil et le Code de procédure civile, relativement aux droits de la femme,* SQ, 21 George V, 1931, chap. 101.
24. Andrée Lévesque, *La norme et les déviantes. Des femmes au Québec pendant l'entre-deux guerre,* Montréal, Éditions du remue-ménage, 1989, p. 48.
25. 3 mars 1931, BAC, vol. 1.
26. *Le Soleil,* jeudi 21 janvier 1932.
27. *Ibid.*
28. *Ibid.*
29. Fonds Ligue des droits de la femme, vol. A-12,6.
30. Fonds Ligue des droits de la femme, vol. A-13,8.
31. Henri Hébert, 25 janvier 1932. BM14, S5, D5.
32. Jeudi 23 février 1933, p. 3 et 18.
33. *Op. cit.,* tome 32, p. 142.
34. Thaïs Frémont, née Lacoste, est un membre actif du Parti conservateur du Canada. Bien que la plus jeune des filles Lacoste, elle a suivi l'exemple de sa mère et de ses sœurs et s'est engagée dans l'action sociale. C'est toutefois la seule à prendre part à des campagnes électorales fédérales (1925, 1926 et 1930).
35. Discours prononcé à l'Assemblée législative, 22 février 1933, Fonds de la Ligue des droits de la femme, p. 1 (E/1,4).
36. 22 février 1933.
37. Maurice Duplessis, 22 février 1933, p. 8.
38. 7 février 1933, BAC, vol. 1.
39. *The Gazette,* vendredi, 20 mai 1992.
40. *Le vent de l'oubli,* Tome 11, *op. cit.* p. 258.
41. Québec, 23 janvier 1933. Je n'ai pas retrouvé la lettre que Thérèse lui envoie, le 20 du même mois. BM14,S5,D6.
42. 1er mai 1933.
43. *The Memoirs of Vincent Massey,* Toronto, Macmillan, 1963, p. 217.
44. Résolution votée le lundi 6 octobre 1933. BM14, S5, D6.
45. Montréal, 25 novembre 1933. BM14, S5, D6.
46. Copie de lettre trouvée dans les archives de la Ligue des droits de la femme. BM14, S5, D6.
47. Georges-Henri Lévesque, *Souvenances 2,* Montréal, Éditions La Presse, 1988, p. 16, 17.
48. Montréal, 30 novembre 1933. BM14, S5, D6.
49. BM14, S5, D6.
50. *Op. cit.,* p. 338.
51. *La Presse,* samedi 4 février. Je n'ai pas trouvé l'année, mais c'est probablement 1933.
52. Nicole Lacelle, *Entretiens avec Madeleine Parent et Léa Roback,* Montréal, Éditions du remue-ménage, 2005, p. 161.
53. Texte dactylographié, non corrigé, non daté. BAC, vol. 9.

54. BAC, vol. 10, p. 2.

55. Georges Léveillée, *Le Soleil*, jeudi 22 février 1934.

56. Certains écrivent C.C.F., d'autres C.C.F ou CCF tantôt au féminin, tantôt au masculin. Dans la suite du texte, sauf s'il s'agit d'une citation, j'utiliserai la graphie CCF.

57. Jean-François Nadeau, *Adrien Arcand, le Führer canadien,* Montréal, Lux, 2010, p. 341.

58. *L'Actualité,* 1ᵉʳ novembre 2009, p. 55.

59. *Le Manuscrit,* p. 12. Texte inachevé comprenant 253 pages, dactylographié ; il tente d'expliquer pourquoi le CCF n'a pas réussi à s'implanter au Québec. Il sera appelé ici *Le Manuscrit.* BAC, vol. 11.

60. Il sera plus tard lieutenant-gouverneur de la province de Québec.

61. *Le Soleil,* jeudi 22 janvier 1934.

62. Non daté, BM14, S4, D6.

63. Montréal, 21 novembre 1934 ; traduction de l'auteure. Musée McCord, P683, D2, 3(1).

64. http://faculty.marianopolis.edu/c.belanger/quebechistory/docs/Travaildesfemmes.html

65. Cité par Robert Lahaise, *op. cit.,* p. 135.

66. Février 1935. BM14, S4, D5. À l'époque, Mᵉ Rochette était ministre du Travail dans le gouvernement Taschereau.

67. René-H. Courtemanche, Saint-Rémi, 14 février 1935. Musée McCord P683 D2, 3(1).

68. Marie-Myrtha Langlois, Magog, 16 février 1935. Musée McCord, P683 D2, 3(1).

69. Lettre du 13 mars 1935, BM14, S5, D8.

70. Georges Léveillée, jeudi 21 mars 1935.

71. 21 mars 1935.

72. René Gauvreau, jeudi 21 mars 1935.

73. *Ibid.*

74. Lettre de Mᵉ Edgar Rochette à Mᵐᵉ H.-E. Vautelet, secrétaire de la Ligue des droits de la femme, 15 avril 1935. BM14, S5, D8.

75. Lettre de Mᵐᵉ H. G. Hugues, secrétaire honoraire de la Ligue des droits de la femme, 6 juin 1935. BM14, S5, D8.

76. Lettre de H. R. Henry, 7 juin 1935, Fonds de la Ligue, *op. cit.*

77. Paul Gouin, dans Philippe Ferland, *Paul Gouin,* Montréal, Guérin, 1991, p. 47.

78. Philippe Ferland, *op. cit.,* p. 48.

79. *Op. cit.,* tome 3, p. 106.

80. Interview avec Séraphin Vachon et d'autres en vue de la préparation des Mémoires de Thérèse, 17 novembre 1969. BAC, vol. 9, p. 1.

81. Hélène Pelletier-Baillargeon, *op. cit.,* tome III, p. 327.

82. Transcription de l'entrevue citée plus haut à laquelle participe aussi Séraphin Vachon. BAC, vol. 9, p. 6.

83. J.-Christophe Hérold, *Germaine Necker de Staël,* Paris, Plon, 1962, p. 244.

84. Lettre du 14 octobre 1934. Musée McCord, P683/D2.5 (1 de 2).

85. «À qui la faute ?», article paru dans *L'Action universitaire,* sous la signature de Thérèse-F. Casgrain, décembre 1935. BM14, S4, D7.

86. Lettre du 4 janvier 1936. BM14, S5, D11.

CHAPITRE 8
Fémina

1. *Le Droit,* 16 janvier 1936, p. 3.
2. « Le travail féminin », 27 janvier 1936. Texte dactylographié. BM14, S5, D11.
3. Lettre à Mme H.-E. Vautelet, 17 janvier 1936. BM14, S5, D11.
4. Lettre du 2 février 1936. La ponctuation est de l'auteure de la lettre. BM14, S5, D11.
5. Entrevue avec Fernand Daoust, vendredi 26 janvier 2007. Sauf indication contraire, toutes les citations de Fernand Daoust proviennent de cette entrevue.
6. Entrevue avec Gretta Chambers, mars 2007. Sauf indication contraire, toutes les citations de Mme Chambers proviennent de cette entrevue.
7. BM14, S5-09.
8. Correspondance entre le colonel C.-A. Chauveau, M.-J.-A. Dupont et Thérèse, 22 et 24 avril 1936. BM14, S5, D11.
9. Lettre à Helen MacGill Hugues, 2 mars 1936. Traduction de l'auteure. BM14, S5, D11.
10. « Sénateur Thérèse Casgrain se raconte », p. 7, Musée McCord, P683, D2,7 (1 de 4).
11. Conrad Black, *op. cit.,* p. 201.
12. Charles G. Power et Norman Word, *A Party Politician. The Memoirs of Chubby Power,* Toronto, Macmillan of Canada, 1966, p. 340.
13. *Le Manuscrit, op. cit.,* p. 50.
14. Gilles Bourque, Jules Duchastel et Jacques Beauchemin, *La société libérale duplessiste 1944-1960,* Montréal, Presses de l'Université de Montréal, 1994, p. 194.
15. « Sénateur Thérèse Casgrain se raconte », *op. cit.,* p. 8.
16. Cité par Jean-Louis Gagnon, *Les apostasies,* Montréal, La Presse, 1985, tome 1, p. 211.
17. Robert Rumilly, *Histoire de Montréal, op. cit.,* tome 4, p. 264. Voir aussi *Le Devoir,* 12 janvier 1938.
18. Notes de Elspeth Chisholm, *op. cit.* Centre de recherche Lionel-Groulx, Fonds Famille Bourassa. P65/B2, 6.
19. Lettre du 25 janvier 1937. BM14, S5, D10.
20. Lettre du 31 mars 1937, BM14, S5, D10.
21. Paul Gérin-Lajoie, *Combats d'un révolutionnaire tranquille,* Montréal, CEC, 1989, p. 35.
22. Lettre du 29 juin 1937. BM14, S5, D10.
23. Conrad Black, *op. cit.,* tome 1, p. 271, 272.
24. *Ibid.,* p. 272.
25. Hector Grenon, *Au temps des «patronneux»,* Éditions internationales Stanké, Montréal, 1975, p. 229.
26. Andrée Lévesque, *op. cit.,* p. 139.
27. Normande Casgrain, jeudi 1er mars 2007. Sauf indication contraire, toutes les citations de Mme Casgrain proviennent de cette entrevue.
28. BAC, vol. 5. Document non paginé.
29. *The Star,* jeudi 8 octobre 1970, p. 51.
30. Marguerite Anderson et Christine Klein-Lataud (dir.), *Paroles rebelles,* Montréal, Éditions du remue-ménage, 1992, p. 303.
31. Rapporté par Zoe Bieler, *The Star,* mercredi 29 novembre 1972.
32. Sur ce sujet, voir la lettre du secrétaire adjoint de la Fédération des œuvres de charité canadiennes-françaises, J.-René Painchaud. BM14, S5, D10.

33. Renée Legris, *Identité et féminisme à la radio québécoise : 1930-1970*, Labrys, études féministes. www.unb.br/ih/his/gefem/labrys1_2/legris2.html

34. Mercredi 17 avril 1940.

35. *La Presse,* 24 avril 1965, p. 8. Citée par Michèle Jean, *Idola Saint-Jean, mon héroïne, op. cit.,* p. 131.

36. Lettre de Arthur G. Penny, rédacteur en chef, *The Chronicle Telegraph.* BM14, S5, D11.

37. Lettre du 26 février 1938. BM14, S5, D11.

38. Lettre du 1ᵉʳ avril 1938. BM14, S5, D11.

39. Lettre du 10 avril 1938. BM14, S5, D11.

40. Lyle-Cleverdon, *op. cit.,* note 92, p. 252.

41. *Ibid.,* p. 251.

42. Thérèse Casgrain, brouillon, BAC, vol. 10, p. 4.

43. *Ibid.,* vol. 10, p. 5.

44. *Op. cit.,* BAC, vol. 9, p. 8.

45. Lettre du 3 octobre 1938. BM14, S5, D11.

46. Mᵍʳ Albert Tessier, *Souvenirs en vrac,* Sillery, Éditions du Boréal Express, 1975, p. 182 et ss.

47. Selon Robert Rumilly, ce navire a été construit en Allemagne et livré en Grande-Bretagne à titre de réparation pour les dommages causés durant la guerre de 1914-1918. *Op. cit.,* tome 37, p. 213.

48. Jean-François Nadeau, *Bourgault,* Montréal, Lux éditeur, 2007, p. 14.

49. *Op. cit.,* tome 1, p. 231.

50. Robert Rumilly, *op. cit.,* tome 38, p. 254.

51. *Le Devoir,* 4 septembre 1939.

52. Robert Rumilly, *op. cit.,* tome 38, p. 13.

53. Jean-Louis Gagnon, *op. cit.,* tome 1, p. 168.

54. Interview en prévision des mémoires de Thérèse, 17 novembre 1969. BAC, vol. 9, p. 29 et 30.

55. Antoine Robitaille, *Le Devoir,* 29 et 30 août 2009, p. 5.

56. Robert Rumilly, *op. cit.,* tome 38, p. 41.

57. *Quebec Chronicle Telegraph,* 5 octobre 1939.

58. André Laurendeau, *La crise de la conscription 1942,* Montréal, les Éditions du Jour 1962, p. 45.

59. Ève Bélisle, *La petite maison du Bord-de-l'Eau,* Montréal, Libre Expression, 1981, p. 217.

CHAPITRE 9

L'action politique

1. Article non signé. La nouvelle est aussi publiée dans le *Quebec Chronicle* et *La Presse,* entre autres.

2. Coupure de presse d'un journal non identifié et article non signé. BM14, S6, SS1, D1.

3. Aline Moreau, 12 janvier 1940 ; Isabella Scott, 16 janvier 1940 ; Yvonne Tourangeau-David, 30 janvier 1940. BM14, S5, D13. Il y a probablement eu beaucoup plus de lettres, mais ce sont celles que j'ai pu consulter.

4. Datée à Montréal, 15 janvier 1940. Les majuscules sont dans le texte. BM14, S5, D13.

5. *Derrière le trône, mémoires d'un parlementaire québécois, 1936-1958*, Sillery, Septentrion 1998, p. 159.

6. Lita-Rose Betcherman, Ernest Lapointe, *Mackenzie King's Great Quebec Lieutenant,* Toronto University Press, 2002, p. 304 et 305.

7. John MacFerlane, *Ernest Lapointe And Quebec's Influence on Foreign Policy, Totonto,* University of Toronto Press, 1999, p. 126.

8. 18 février 1940.

9. *The Standard Magazine,* samedi 23 mars 1940, p. 2.

10. *Le Nouvelliste,* 24 avril 1940.

11. *Op. cit.,* p. 166.

12. *Ibid.,* p. 167.

13. *L'Action catholique,* 6 mars 1940.

14. Jean-Guy Genest, *Godbout,* Sillery, Septentrion, 1996, p. 154.

15. *Les apostasies.* Tome 2 : *Les dangers de la vertu,* Montréal, *op. cit.,* p. 21.

16. Jean-Guy Genest, *op. cit.,* p. 154.

17. Claude-Henri Grignon, p. 10 et 11, Préface du tome 3 des *Mémoires* de T. D. Bouchard, Montréal, Beauchemin, 1960.

18. « Sénateur Casgrain se raconte », *op. cit.,* p. 14. Musée McCord, P683/D2,7 (1 de 4).

19. *Op. cit.* p. 168.

20. *Les jeux de la politique,* vol. XV, n° 3, mars 1940, p. 215.

21. Ces informations et les extraits des discours sont tirés d'un article de journal non identifié et non daté, mais évoquant l'élection du 26 mars 1940. BM14, S6, SS1, D1.

22. Vendredi 12 avril 1940.

23. « La longue marche des Québécoises », *La Presse,* « Perspectives », semaine du 19 avril 1940, vol. 22, n° 16, p. 4.

24. *Le Devoir,* vendredi 19 avril 1940.

25. *L'Événement Journal,* vendredi 26 avril 1940, p. 11.

26. *Op. cit.,* p. 259.

27. *Le Devoir,* 26 avril 1940, p. 6.

28. *Op. cit.,* p. 171.

29. Cité par Thérèse dans une « causerie » lors des élections fédérales, non datée. BM14, S4, D5.

30. Vendredi 26 avril 1940.

31. BM14, S5,D13.

32. Article non identifié, 26 avril 1940. BM14, S6, SS1, D1.

33. BM14, S5, D11.

34. *The Montreal Star,* 6 mai 1940.

35. Micheline Dumont-Johnson, « La parole des femmes. Les revues féminines 1938-68 », dans Fernand Dumont, Jean Hamelin et J.-P. Montminy (dir.), *Idéologies au Canada français, 1940-1976,* Québec, Presses de l'Université Laval, 1981, tome 2, p. 5.

36. Marie Lavigne et Yolande Pinard, *Les femmes dans la société québécoise,* Montréal, Éditions du Boréal Express, 1977, p. 22.

37. Article non signé, 25 avril 1940.

38. J. W. Pickersgill, *The Mackenzie King Record.* Vol. 1 : *1939-1944,* Toronto, Toronto University Press, 1960, p. 97.

39. *Op. cit.,* tome 1, p. 148.

40. Victor Barbeau, *op. cit.,* p. 109.

41. Bernard Saint-Aubin, *op. cit.,* p. 321. Cet accord est connu sous le nom de Déclaration de Ogdensburg.

42. BM14, S5, D13.
43. Jacques Castonguay, *C'était la guerre à Québec*, Montréal, Art Global, 2003, p. 171.
44. Conrad Black, *op. cit.*, tome 1, p. 380.
45. BM14, S5, D13.
46. Robert Rumilly, *Histoire de Montréal, op. cit.*, tome 5, p. 33 et 35.
47. Voir son allocution à Radio-Canada du 8 juillet 1940, citée plus haut.
48. Lettre de sollicitation de membership pour la Ligue, BM14, S5, D13.
49. *Let's Face the Facts,* n° 22, BAC, vol. 10.
50. Gilles Gallichan, *op. cit.*, p. 105.
51. Ce bill amende les Statuts refondus du Québec, 1925, chap. 210.
52. Gilles Gallichan, *op. cit.*, p. 112.
53. Hélène-Andrée Bizier, *Une histoire des Québécoises en photos*, Montréal, Fides, 2007, p. 199.
54. Lettre du 22 mars 1941. BM14, S5, D15.
55. BAC, vol. 10. Voir aussi *La Presse* et *Le Devoir* du lundi 28 avril, qui reproduisent de larges extraits des discours de Thérèse et du premier ministre. *Le Devoir* résume aussi le rapport des discussions des ateliers sur les trois grands thèmes abordés lors de ce congrès.
56. Marcelle Dolment et Marcel Barthe, *La femme au Québec*, Montréal, Presses Libres, 1973, p. 43.
57. Lettre de H. R. L. Henry à Juliette Baril, secrétaire de la Ligue, 22 mai 1941. BM14, S5, D14.
58. *Le Soleil,* 14 novembre 1941, p. 1.
59. *Le Canada,* mardi 16 septembre 1941, p. 12. Semaine de la reconsécration du peuple canadien à la cause de la victoire. Voir aussi *L'Événement Journal.* Pierre Casgrain cite le Dr Colin Ross sur cette question.
60. *La Presse,* vendredi 14 novembre 1941, p. 14.
61. *Op. cit.,* tome 1, p. 302.
62. *Le Canada,* jeudi 27 novembre 1941.
63. Laferté, *Derrière le trône. Mémoires d'un parlementaire québécois 1936-1958,* Sillery, Septentrion, 1998, p. 195.
64. Lettre du 19 décembre 1941, confirmant l'Arrêté ministériel 9759. BAC, vol. 10. Il est rattaché à la Cour supérieure de Montréal ou à son voisinage immédiat et il recevra 9000 dollars par année.
65. Susan Mann, *CHR, Canadian Historical Review*, juin 1985, p. 134.
66. Vol. 2, n° 1, janvier 1942, p. 6-8.
67. Bernard Saint-Aubin, *op. cit.*, p. 339.
68. BM14, S4, D8.
69. Collectif Clio, *L'histoire des femmes au Québec depuis quatre siècles,* Montréal, Éditions Quinze, 1982, p. 383.
70. Voir à cet effet une lettre de Lucien Parent à Mackenzie King datée du 14 avril 1942 dans laquelle il se plaint de ce que l'accès aux ondes est interdit aux partisans du NON. Fonds familles Laurendeau et Perrault, P30/B11.
71. *Fais ce que peux, op. cit.*, p. 160.
72. Les dirigeants étaient Jean-Baptiste Prince, président, André Laurendeau, secrétaire, Maxime Raymond, trésorier, Jean Drapeau, Philippe Girard, Gérard Filion, Georges Pelletier, J.-A. Bernier, L.-A. Fréchette et Roger Varin.
73. Bernard Saint-Aubin, *op. cit.*, p. 340.

74. *La crise de la conscription, op. cit.,* p. 87.
75. Robert Rumilly, *Histoire de Montréal, op. cit.,* tome 5, p. 62.
76. *La Presse,* jeudi 12 février 1942.
77. Hector Laferté, *op. cit.,* p. 204.
78. Pierre Dansereau, *Projets inachevés, La Lancée, 1911-1936,* Sainte-Foy, Éditions Multimonde, p. 103.
79. *Op. cit.,* tome I, p. 153.
80. *Les années d'impatience 1950-1960, op. cit.,* p. 89.
81. *Op. cit.,* tome 2, p. 157.
82. *Op. cit.,* tome II, p. 99.
83. Rapporté par Robert Rumilly, *op. cit.,* tome 39, p. 234.
84. *Thérèse Casgrain and the CCF in Quebec, op. cit.,* p. 145.
85. http://www.elections.ca/eca/eim/article
86. *Joies et deuils d'une famille bourgeoise, op. cit.,* p. 251.
87. Pour la description de cette campagne, je me suis largement inspirée des mémoires de Thérèse Casgrain, p. 161 et ss.
88. J.-L. Gagnon, *op. cit.,* tome 2, p. 280.
89. *The Gazette,* vendredi 30 octobre 1942, p. 8.
90. *Op. cit.,* p. 8.
91. Sandra Djwa, *Francis Reginald Scott, Une vie,* Montréal, Boréal, 2001, p. 255-256.
92. 14 novembre 1942. Cité par Sandra Djwa, *op. cit.,* p. 287.
93. Journal, 12 août 1943. La ponctuation est de Thérèse.
94. *Op. cit.,* tome 2, p. 25.
95. Fait rapporté dans *Le Soleil,* samedi 27 novembre 1965.
96. Fernand Foisy, *Michel Chartrand. Les voies d'un homme de parole,* Montréal, Lanctôt Éditeur, 1999, p. 107.
97. *Histoire de la province de Québec, op. cit.,* tome 40, p. 225.
98. Robert Comeau et Lucille Beaudry, *André Laurendeau. Un intellectuel d'ici,* Québec, Presses de l'Université du Québec, 1990, p. 72.

CHAPITRE 10

La voix dans le désert

1. L'un des biographes de King, Bernard Saint-Aubin, le donne pour le véritable père du CCF. *Op. cit.,* p. 241.
2. *Souvenances,* Montréal, La Presse, 1983, p. 238.
3. *Le Manuscrit, op. cit.,* p. 20.
4. *The League for Social Reconstruction: Intellectual Origins of the Democratic Left in Canada 1930-1942,* Toronto, University of Toronto Press, 1980, p. 47.
5. Andrée Lévesque, *Virage à gauche interdit. Les communistes, les socialistes et leurs ennemis au Québec, 1929-1939,* Montréal, Boréal Express, 1984, p. 73.
6. Rapporté par Thérèse dans ses mémoires, p. 150. Voir aussi Hansard, 8 septembre 1939, p. 25.
7. Entrevue, 1961, CDLG Fonds Famille Bourassa, P65/B2,6 p. 3 et 5.
8. *Le Manuscrit, op. cit.,* p. 171.
9. Andrée Lévesque (dir.), *Madeleine Parent, militante,* Montréal, Éditions du remue-ménage, 2003, p. 14.
10. Chubby Power, *op. cit.,* p. 278, 279.

11. *Souvenances, op. cit.,* p. 235.
12. *Le Manuscrit, op. cit.,* p. 30.
13. Donald J. Horton, *André Laurendeau,* Montréal, Bellarmin, 1995, p. 193.
14. Transcription d'une entrevue accordée à Mme Thomson concernant l'Action libérale nationale, *op. cit.* BAC, vol. 9, p.21.
15. Conrad Black, *op. cit.,* tome 1, p. 463.
16. *Le Devoir,* 22 mai 1944.
17. Paul-André Comeau, *Le bloc populaire 1942-1948,* Montréal, Éditions Boréal, 1998, p. 315.
18. Vol. XXIII, 1944, p. 477.
19. Sandra Djwa, *op. cit.,* p. 234.
20. Jim Bronskill, *La Presse,* lundi 18 décembre 2006, p. A13.
21. Je tiens à remercier un des petits-fils de Thérèse, Pierre Panet-Raymond, qui, avec l'aide de Jim Bronskill, de la Presse canadienne, s'est chargé de me trouver ces informations. Le nom de Thérèse se retrouve dans les dossiers concernant T. C. Douglas et la Fédération des femmes du Québec, entre autres.
22. Mathieu Denis, *Jacques-Victor Morin, syndicaliste et éducateur,* Montréal, VLB, 2003, p. 139.
23. *Op. cit.,* tome 1, p. 359.
24. *Ibid.,* p. 359, et la note 59, p. 367.
25. *Op. cit.,* tome 1, p. 247.
26. J. E. W. Pickersgill, *op. cit.,* p. 635, 636.
27. Brouillon d'une partie de ce qui deviendra la section des mémoires de Thérèse sur ce sujet. BAC, vol. 10. La Loi instituant les allocations familiales sera sanctionnée le 15 août 1944 et entrera en vigueur le 1er juillet 1945.
28. Alain-G. Gagnon et Michel Sarra-Bournet, *Duplessis, Entre la grande noirceur et la société libérale,* Montréal, Québec Amérique 1997, p. 23.
29. Cité par Mlle D. H. Stepler, dans *Les allocations familiales au Canada,* École sociale populaire, brochure n° 362, p. 30.
30. Saint-Aubin, *op. cit.,* p. 355.
31. *Ibid.,* p. 364.
32. Rapporté par Hélène Pelletier-Baillargeon, *Critères,* n° 27, printemps 1980, p. 87-88.
33. *Ma vie comme rivière. Récit autobiographique, 1939-1949,* tome 2, Montréal. Éditions du remue-ménage, 1982, p. 257.
34. *Le Devoir,* mercredi 2 mai 1945.
35. Robert Rumilly, *op. cit.,* p. 241.
36. Voir, entre autres, *La grève de l'amiante,* Montréal, Éditions du Jour, 1970, cité par Réjean Pelletier, Robert Comeau et Lucille Beaudry dans *André Laurendeau. Un intellectuel d'ici,* Québec, Presses de l'Université du Québec, 1990, p. 77.
37. *Le Code civil est-il immuable?,* Montréal, septembre 1945, p. 7 et p. 70. Les soulignés sont dans le texte.
38. Robert Comeau et Jean-François Nadeau, «Actions de Jacques Perrault», dans Alain-G. Gagnon et Michel Sarra-Bournet, *Duplessis. Entre la grande noirceur et la société libérale,* Montréal, Québec/Amérique, 1997, p. 126. À l'époque, Me Perrault est aussi avocat du *Devoir* et siège au conseil d'administration du quotidien.
39. P. 10.
40. P. 7.

41. Contrat signé le 5 septembre 1946 devant Me Oscar Hamel, notaire. La succession vend la partie sud-ouest du lot 82 dans la paroisse de Saint-Irénée.

42. Sur l'Affaire Roncarelli, voir Michel Sara-Bournet, *L'Affaire Roncarelli. Duplessis contre les Témoins de Jehovah*, Québec, IQRC, [IQRC: Institut québécois de recherche sur la culture] 1986.

43. *Le Devoir*, vendredi 13 décembre 1946, p. 1.

44. Gérard Parizeau, *Joies et deuils d'une famille bourgeoise, op. cit.*, p. 250.

45. Leslie Roberts rapporté par Sandra Djwa, *op. cit.*, p. 425.

46. *Op. cit.*, p. 143.

47. H. Blair Neatby, *op. cit.*, p. 105.

48. Tiré d'un brouillon devant servir à la publication de ses mémoires. BAC, vol. 9, p. 8.

49. Conversation téléphonique avec l'auteure, le 19 mai 2009.

50. Entrevue du 11 novembre 1969 réalisée en prévision de la rédaction des mémoires de Thérèse. BAC, vol. 9, p. 2.

51. Cameron Smith, *Unfinished Journey. The Lewis Family*, Toronto. Summerhill Press, 1989, p. 247.

52. Mercredi 20 octobre 1943.

53. Paul-André Comeau, *op. cit.*, p. 162.

54. Andrée Lévesque, *Virage à gauche interdit. Les communistes, les socialistes et leurs ennemis au Québec, op. cit.*, p. 76.

55. *Le Manuscrit, op. cit.*, p. 158.

56. *La femme et la loi*, BAC, vol. 8, p. 3. Je ne sais quand, ni où, ni à quoi a servi ce texte de Thérèse.

57. La Ligue des droits de la femme et ses groupes affiliés, la Civic's League, l'Association pour l'avancement familial et social, le Local Council of Women (regroupant 80 différents groupes, clubs, associations); la FNSJB (groupant 35 associations).

58. *La Presse*, lundi 16 juin 1947.

59. Sandra Djwa, *op. cit.*, p. 318.

60. *Le Manuscrit, op. cit.*, p. 122.

61. Document sur le CCF, *op. cit.*, BAC, vol. 4, p. 32-33.

62. *Ibid.*, p. 41.

63. 2 août 1948.

64. 11 septembre 1948. PAC, CCF Papers, vol. 90. Notes que m'a gracieusement prêtées Susan Mann.

65. Helen Gahagen Douglas, *The Eleanor Roosevelt We Remember*, New York, Hill & Wang, 1963, p. 30.

66. Entrevue avec Alice Desjardins, mercredi 16 mai 2011. Sauf indication contraire, toutes les citations d'Alice Desjardins proviennent de cette entrevue.

67. *Le Manuscrit, op. cit.*, p. 121.

68. Au Canadian Club de Toronto, 4 octobre 1971, p. 5.

69. Fernand Foisy, *op. cit.*, p. 134.

70. *Le Manuscrit, op. cit.*, p. 191.

71. *Op. cit.*, tome 4, p. 356.

72. Sandra Djwa, *op. cit.*, p. 443.

73. *La Presse*, 17 novembre 1984.

74. *Tout le monde en parlait*, Radio-Canada, télévision, 3 septembre 2009, (20heures).

75. Simonne Monet-Chartrand, *Ma vie comme rivière. Récit autobiographique*, tome 2, Montréal, Éditions du remue-ménage, 2008, p. 345.

76. *Ibid.,* p. 347.
77. *Op. cit.,* tome 2, p. 216.
78. Laferté, *op. cit.,* p. 332.
79. Extrait d'une lettre envoyée à l'une de ses nièces à La Tuque, datée du 14 mars 1950, et plus tard parue dans *Le Nouvelliste.*
80. BAC, vol. 1.
81. Tiré d'un brouillon devant servir à la rédaction de ses mémoires. *Op. cit.* ANC, vol. 9, p. 8.
82. http://www.elections.ca, p. 7 de 9.
83. 11 février 1949. Loi concernant le contrat de mariage de l'honorable Pierre-F. Casgrain et de dame Marie-Thérèse Forget, 13 George VI, 1949, ch. 127.
84. Lettre du 29 août 1950, BAC, vol. 1.
85. BAC, vol. 1.
86. Lundi 28 août 1950.
87. Lundi 28 août 1950.
88. *Star,* jeudi 8 octobre 1970, p. 51.
89. Rapporté par son frère, Mᵉ Philippe Casgrain, au cours de l'entrevue accordée à l'auteure, le 11 janvier 2008.
90. Testament olographe daté du 27 octobre 1945, vérifié en Cour supérieure, le 1ᵉʳ septembre 1950, numéro 584, et contrat de mariage portant le numéro 2732 du répertoire des actes de Mᵉ Arthur Écrément.
91. PAC CCF Papers, vol. 40. Morin écrit à Donald MacDonald, trésorier national, le 20 décembre 1950. Notes gracieusement prêtées par Susan Mann.
92. *Joies et deuils d'une famille bourgeoise, 1867-1961, op. cit.,* p. 201.
93. «Thérèse et l'Internationale socialiste», dans *Thérèse. Une femme tenace et engagée,* Presses de l'Université du Québec, Québec, 1993, p. 241.
94. Document dactylographié, non identifié, paginé de 1 à 60, traitant du CCF au Canada. BAC, vol. 4.
95. *Thérèse Casgrain and the CCF in Quebec, op. cit.,* p. 139.
96. Lettre de Jacques-V. Morin à Lorne Ingle, 21 juin 1951, PAC CCF papers, vol. 35. Notes gracieusement prêtées par Susan Mann.
97. Entrevue accordée à Susan Mann, 10 octobre 1984. Notes gracieusement prêtées par Susan Mann.
98. The *Gazette,* samedi 18 août 1951, p. 4.

CHAPITRE II

La «cheuf»

1. *The State of the Movement,* janvier 1953, p. 3. PAC, Scott papers, vol. 33. Notes gracieusement prêtées par Susan Mann.
2. *Le Manuscrit, op. cit.,* p. 101.
3. Transcription d'une entrevue avec diverses personnes devant servir à la rédaction des mémoires de Thérèse, datée à la main du 5 avril 1970, paginée 1 à 62, p. 1. BAC, vol. 9.
4. Document sur le CCF, *op. cit.* BAC, vol. 4, p. 23-27.
5. *Le Manuscrit, op. cit.,* p. 113.
6. «Souvenirs de Jacques Victor Morin des débuts du Parti Socialiste au Québec», p. 1. Document dactylographié, paginé 1 à 7, non daté, devant servir à la rédaction des mémoires de Thérèse. BAC, vol. 9.

7. *Ibid.*, p. 1.
8. Jacques Casgrain, 5 avril 1970. BAC, vol. 9, p. 1 de 2. Entrevues préparatoires à la rédaction des mémoires de Thérèse.
9. *Ibid.*, p. 4.
10. Entrevue avec Monique Bégin, mercredi 21 mai 2008. Sauf indication contraire, toutes les citations de Mme Bégin proviennent de cette entrevue.
11. « Thérèse Casgrain and the CCF in Quebec », *op. cit.*, p. 142.
12. Transcription d'entrevues avec diverses personnes en vue de la rédaction des mémoires de Thérèse, *op. cit.*, p. 4. BAC, vol. 9.
13. « L'intermède socialiste de Thérèse Casgrain », dans *Thérèse Casgrain. Une femme tenace et engagée, op. cit.*, p. 327-328.
14. *Ibid.*, p. 327-328.
15. Mathieu Denis, *op. cit.*, p. 74.
16. Entrevue avec Francine Laurendeau, lundi 23 juin 2008. Sauf indication contraire, toutes les citations de Mme Laurendeau proviennent de cette entrevue.
17. « L'intermède socialiste de Thérèse Casgrain », dans *Thérèse. Une femme tenace et engagée, op. cit.*, p. 327.
18. Entrevue avec Normande Mailloux-Casgrain, jeudi 1er mars 2007. Sauf indication contraire, toutes les citations de Mme Mailloux-Casgrain proviennent de cette entrevue.
19. Courriel envoyé à l'auteure, 13 juillet 2010.
20. *Ibid.*
21. Cité par Mathieu Denis, *op. cit.*, p. 79.
22. 17 juin 1952. Lettre à C.-H. Durocher. PAC, CCF Papers, vol. 35. Notes gracieusement prêtées par Susan Mann.
23. *Le Manuscrit, op. cit.*, p. 114. BAC, vol. 11.
24. Conversation avec l'auteure, janvier et août 2010.
25. En italiques dans le texte de ses mémoires.
26. BAC, vol. 11, p. 196.
27. Roch Denis, *Luttes de classes et question nationale du Québec 1948-1968,* Montréal, Presses socialistes internationales, 1979, p. 138.
28. Jean-L. Denis, août 1953. BAC, vol. 1.
29. *Le vent de l'oubli,* tome 2, *op. cit.*, p. 179.
30. *Le Manuscrit,* BAC, vol. 10.
31. BAC, vol. 1.
32. Cité par Michel Rioux, *Le Devoir,* samedi 13 et dimanche 14 février 2010, p. F2.
33. Donald J. Horton, *André Laurendeau,* Montréal, Bellarmin, 1995, p. 253.
34. Le réseau français de Radio-Canada, qui diffusait les échanges, faisait venir des conférenciers étrangers. Sont ainsi venus discuter avec les participants : Raymond Aron, François Perroux, René Rémond, Hubert Beuve-Mery, Alfred Savy, entre autres.
35. François Rocher, *Guy Rocher. Entretiens,* Montréal, Éditions du Boréal, 2010, p. 33.
36. 20 novembre 1969, BAC, vol. 9. Entrevues en préparation de la rédaction des mémoires de Thérèse, p. 11 et 16.
37. *Medicine Hat News,* mardi 16 novembre 1954.
38. 27 janvier 1955. BAC, vol. 1.
39. 2 février 1955. BAC, vol. 1.
40. Cité par Jean-Claude Germain, *Le feuilleton de Montréal 1893-1993,* Montréal, Stanké, 1997, tome 3, p. 265.

41. 7 février 1955. BAC, vol. 7.

42. Lettre non datée, mais écrite entre le 3 février et le 9 mars 1955. PAC, CCF Papers, vol. 90. Notes gracieusement prêtées par Susan Mann. Souligné dans le texte.

43. André Lamoureux, *Le NPD et le Québec 1958-1985*, Montréal, Éditions du Parc, 1985, p. 56.

44. Date du télégramme impossible à préciser, mais sûrement mai 1955. Les deux dernières phrases en anglais dans le texte. BAC, vol. 1.

45. Jacques-V. Morin, *op. cit.*, p. 329.

46. Mars 1956. Document ronéotypé, 7 pages. Il s'agit du bulletin du parti.

47. John English, *Trudeau, citoyen du monde*, tome 1, *1919-1968*, Montréal, Éditions de l'Homme, 2006, p. 347.

48. Stephen Clarkson et Christina McCall, *Trudeau. L'homme, l'utopie, l'histoire*, Montréal, Éditions du Boréal, 1990, p. 84.

49. Article signé Amédée Gaudreault, p. 27.

50. Pour ce qui suit, je me suis inspirée du numéro de juin 1956 du *Social-Démocrate*, publié par le PSD.

51. Jean Hamelin, *Les mœurs électorales dans le Québec de 1791 à nos jours*, Montréal, Éditions du Jour, 1962, p. 115.

52. Cité par Jean-François Nadeau, *Le Devoir*, samedi 5 et dimanche 6 septembre 2009, p. A5.

53. *Le rouge et le bleu, op. cit.*, p. 497.

54. Voir le numéro du 20 août 1956 du *Social-Démocrate*.

55. BAC, vol. 1, p. 2-3.

56. *Du duplessisme à Trudeau et Bourassa (1951-1971)*, Montréal, Éditions Parti pris, 1971, p. 133.

57. *Souvenirs de Jacques-V. Morin des débuts du Parti socialiste au Québec, op. cit.* BAC, vol. 9, p. 7.

58. Thérèse Dumesnil, *Pierre Dansereau, L'écologiste aux pieds nus*, Montréal, Nouvelle Optique, 1981, p. 73 et 74.

59. *Trudeau, citoyen du monde*. Tome 1 : *1919-1968*, Montréal, Éditions de l'Homme, 2006, p. 304.

60. *Joies et deuils d'une famille bourgeoise, op. cit.*, p. 251.

61. Stephen Clarkson, Christina McCall, *op. cit.*, p. 67.

62. BAC, vol. 1.

63. *Ibid.*, p. 52.

64. BAC, vol. 1.

65. Mathieu Denis, *op. cit.*, p. 108.

66. *La Frontière*, jeudi 16 mai 1957, p. 8.

67. PAP, CCF papers, vol. 36, 7 mai 1957. Notes gracieusement prêtées par Susan Mann.

68. *Une vie privée 1931-1968*, Montréal, Éditions Libre Expression 1997, 143 et ss. N'ayant pu rencontrer Mme Payette, je me suis inspirée des pages de ce livre qui traite de la campagne de Thérèse dans le comté de Villeneuve.

69. Québec Amérique, Montréal, 1982, p. 15.

70. *Pierre Elliott Trudeau*, Montréal, Éditions du Boréal, 2009, p. 20.

71. *Le Manuscrit*, p. 177. BAC, vol. 11.

72. Je ne sais quand cette entrevue avec Mme Thomson a eu lieu, mais c'est vraisemblablement à l'époque où Thérèse se préparait à publier ses mémoires.

73. «Albert Béguin et Jacques Perrault», dans Alain-G. Gagnon et Michel Sarra-Bournet, *op. cit.*, p. 123.

74. Alain-G. Gagnon et Michel Sarra-Bournet, *op. cit.*, p. 128 et 129. Voir aussi *Le Devoir*, 24 avril 1957, p3.

75. http://www.elections.ca

76. «Critique de notre psychologie de l'action», *Cité libre*, novembre 1953. Cité dans *Une tradition d'emportements. Écrits (1945-1965)*, Québec, Presses de l'Université Laval, 2007, p. 59.

77. *Thérèse Casgrain and the CCF in Quebec*, *op. cit.*, p. 149.

78. J. R. Mallory, *Party Politics in Canada*, Toronto, Prentice Hall, 1963, p. viii.

79. *Les idées en marche*, Société canadienne d'éducation des adultes, feuillet non daté, p. 198-199.

80. *Thérèse Casgrain and the CCF in Quebec*, *op. cit.*, p. 154.

81. *Ibid.*, p. 151.

82. *Op. cit.*, p. 464.

83. *Les années d'impatience*, *op. cit.*, p. 130.

84. *Le Manuscrit*, *op. cit.* BAC, vol. 11, p. 63.

85. 21 décembre 1957.

86. Une note au bas d'un brouillon de lettre dactylographié indique «lettre écrite à la main à son Excellence Mgr Bernier, évêque de Gaspé, au début de janvier 1958». BAC, vol. 1.

87. Notes relatives à l'allocution de Philippe Casgrain, c.r., Société d'études et de conférences de Montréal, *op. cit.*, p. 16.

88. *Escarmouche*, Tome 1, Montréal, Leméac, 1975, p. 33-34.

89. Pierre Gravel, *Le Devoir*, lundi 3 mai 2010.

90. *Fais ce que peux*, *op. cit.*, p. 266.

91. *Ibid.*, p. 267.

92. *Ibid.*, p. 269.

93. Daniel Lemay, *La Presse*, 9 mars 1994.

94. La reproduction des échanges couvre les pages 6 et 7 de ce numéro.

95. *Le Devoir*, 7 septembre 1959, p. B6. Édition spéciale.

96. Émission *Tout le monde en parlait*, Radio-Canada/Télévision, 3 septembre 2009.

97. *L'Actualité*, 15 septembre 1996, p. 130.

98. *Le vent de l'oubli*, *op. cit.*, p. 181.

99. Paul Labonne, *Paul Sauvé. Désormais l'avenir (1907-1960)*, Montréal, Éditions Point de fuite, 2003, p. 87.

CHAPITRE 12

La cause de la paix

1. *Le vent de l'oubli*, *op. cit.*, tome 2, p. 277.

2. Pendant des semaines, sinon des mois, il était absent de l'Assemblée législative, peut-être sur l'ordre du «cheuf».

3. Jules Lesage, *op. cit.* Émission télévisée portant sur l'Équipe du tonnerre, 8 septembre 2009.

4. Paul Gérin-Lajoie, *Combats d'un révolutionnaire tranquille*, Montréal, CEC, 1989, p. 177.

5. Émission télévisée de Radio-Canada portant sur l'Équipe du tonnerre, 8 septembre 2009.

6. *Ibid.*
7. Paul-André Linteau, René Durocher et Jean-Claude Robert, *Histoire du Québec contemporain, op. cit.*, p. 421.
8. *La Presse,* 14 septembre 2010.
9. UQAM, Fonds NPD Québec, 39P, boîte 6, dossier 14. Notes gracieusement prêtées par Susan Mann.
10. Août 1960. BAC, vol. 4, p. 1.
11. Oriana Fallaci, *Entretiens avec l'histoire,* Paris, Flammarion, 1975, p. III.
12. Article non signé, mardi 15 novembre 1960.
13. Notes relatives à l'allocution de Philippe Casgrain, *op. cit.,* p. 19.
14. Simonne Monet-Chartrand, *Les Québécoises et le mouvement pacifiste (1939-1967),* Montréal, Éditions Écosociété, 1993, p. 57.
15. Citée par Thérèse dans ses mémoires, p. 240.
16. *Les Québécoises et le mouvement pacifiste 1939-1967, op. cit.,* p. 68. Les majuscules sont dans le texte.
17. *Ibid.,* p. 69.
18. Pierre Bourgault, *Écrits polémiques 1960-1981.* Tome 1: *La politique,* Montréal, VLB, 1982, p. 22.
19. 5 avril 1961.
20. *Le temps des choix, 1960-1968,* Montréal, Stanké, 1983, p. 80.
21. *Le Manuscrit, op. cit.* BAC, vol. II, p. 218.
22. *Ibid.,* p. 219.
23. *Trudeau. L'homme, l'utopie, l'histoire, op. cit.,* p. 84.
24. Notes relatives à une allocution en hommage à Thérèse Casgrain, *op. cit.,* p. 17 et 18.
25. Italiques dans le texte.
26. PAC, CCF Papers, vol. 427, 14 janvier 1963. Notes gracieusement prêtées par Susan Mann.
27. Entrevue avec Gilles Duguay, mercredi 29 juillet 2009. Sauf indication contraire, toutes les citations de Gilles Duguay proviennent de cette entrevue.
28. Candace Loewen, «La Voix des femmes de 1960 à 1963», dans *Thérèse Casgrain. Une femme tenace et engagée, op. cit.,* p. 263.
29. *Le Petit Journal,* semaine du 19 février 1967, p. 14 et 15.
30. Propos rapportés par Stephen Clarkson et Christina McCall dans *Trudeau. L'homme, l'utopie, l'histoire, op. cit.,* tome 1, p. 84.
31. John English, *Trudeau, citoyen du monde, op. cit.,* p. 292.
32. *Les Québécoises et le mouvement pacifiste, op. cit.,* p. 85.
33. *Le temps des choix, 1960-1968, op. cit.,* p. 49.
34. Citée par Simonne Monet-Chartrand, *Les Québécoises et le mouvement pacifiste, op. cit.,* p. 77.
35. Sur papier à en-tête de Voice of Women/La Voix des Femmes, 4 octobre 1962. BAC, vol. 1.
36. *L'Action catholique,* 26 octobre 1962.
37. 3 novembre 1962. BAC, vol. 1.
38. 16 novembre 1962. BAC, vol. 8. Les soulignés sont dans le texte.
39. Candace Loewen, «La Voix des femmes 1960-1963», dans *Thérèse Casgrain. Une femme tenace et engagée, op. cit.,* p. 259.
40. *Le Devoir,* lundi 14 janvier 1963.
41. *Ibid.*

42. *Le Devoir,* mardi 5 mars 1963.
43. Numéro d'avril 1963.
44. Entrevue avec Mme Thomson, *op. cit.* BAC, vol. 9, p. 12.
45. Simonne Monet-Chartrand, *Les Québécoises et le mouvement pacifiste, op. cit.,* p. 95.
46. BAC, vol. 8.
47. Lettre du 18 mai 1963, sur papier à en-tête de la résidence du gouverneur général du Canada. BAC, vol. 1.
48. T. C. Douglas, sur papier à en-tête de la Chambre des communes. Il est alors chef du NPD. BAC, 25, vol. 1.
49. Lucie Laurin, *Des luttes et des droits. Antécédents et histoire de la Ligue des droits de l'Homme de 1936 à 1975,* Montréal, Éditions du Méridien, 1985, p. 59.
50. « Pour assurer la Paix, les femmes peuvent lever le rideau de fer », 14 novembre 1963.
51. Ottawa, 11 février 1964. Paul Martin est le père de Paul Martin qui sera premier ministre du Canada du 12 décembre 2003 au 6 février 2006.
52. Vendredi, 7 février 1964. Les signataires de la déclaration sont : La ligue des droits de l'homme ; la Confédération des syndicats nationaux ; la Fédération des travailleurs du Québec ; le Comité ouvrier sur les droits de l'homme ; le Conseil du travail de Montréal ; le Jewish Labour Committee ; la Voix des femmes ; l'Association des femmes diplômées d'université ; l'Association générale des étudiants de l'Université de Montréal.
53. Entrevue avec Me Alice Desjardins, 16 mars 2011. Sauf indication contraire, toutes les citations de Me Desjardins proviennent de cette entrevue.
54. *La femme et la loi, op. cit.,* BAC, vol. 8, p. 6.
55. « L'incapacité de la femme mariée », p. 576.
56. BAC, vol. 1. Le tronc basilaire est l'artère unique qui chemine par la fosse postérieure de la boîte crânienne et qui se divise en deux artères cérébrales.
57. Scott papers, PAC, vol. 24, 24 novembre 1947. Notes gracieusement prêtées par Susan Mann.
58. 25 août 1964. BAC, vol. 1.
59. BAC, vol. 10.
60. *Le Devoir,* mardi 29 décembre 1964, p. 8.
61. *Le Devoir,* samedi 19 décembre 1964.

CHAPITRE 13

Encore et toujours les droits

1. Renée Rowan, *Le Devoir,* vendredi 19 mars 1965.
2. Discours d'ouverture, 24 avril 1965. BAC, vol. 8.
3. *Le Devoir,* lundi 14 avril 1986.
4. Virginie Bélanger, semaine du 8 août 1965.
5. 6 décembre 1965. BAC, vol. 1.
6. Mme J.-T. Legendre, samedi 27 novembre 1965.
7. Jean-Louis Gagnon, *op. cit.,* tome 3, p. 77.
8. 5 avril 1970, p. 5. Document préparatoire à la rédaction des mémoires de Thérèse, BAC, vol. 9.
9. *Le Manuscrit, op. cit.,* p. 299. BAC, vol. 11.
10. *Canadian Socialism. Essays on the CCF-NPD,* Toronto, Oxford University Press, 1992, p. 167.

11. Maurice Blain, «Les trois colombes et le pouvoir politique», *Cité libre,* n° 82, décembre 1965, p. 7.
12. *Lettres et colères,* Montréal, Éditions Parti pris, 1969, p. 190.
13. *Le temps de choix, op. cit.,* p. 161 et ss.
14. «Hommage à Rita Cadieux 1926-2010», texte non paginé, non daté, reçu par courrier électronique au printemps 2011.
15. Entrevue avec Rita Cadieux, le 25 janvier 2008. Sauf indication contraire, toutes les références proviennent de cette entrevue.
16. «Hommage à Rita Cadieux», *op. cit.*
17. *Pionnières québécoises et regroupements de femmes, d'hier à aujourd'hui,* Montréal, Éditions du remue-ménage, 1990, p. 380-381.
18. Paul-André Linteau, René Durocher et Jean-Claude Robert, *Histoire du Québec contemporain, op. cit.,* p. 612.
19. 14 septembre 2009. Thème de l'émission : accès à l'égalité des femmes et disparition de l'influence de l'Église catholique.
20. Coupure de presse non identifiée et non datée, mais d'après le contenu, publiée en 1991.
21. 9 août 1966. BAC, vol. 1.
22. 9 septembre 1966. BAC, vol. 1.
23. Lettre à McEachen, 15 août 1966. BAC, vol. 1.
24. BAC, vol. 10, p. 1.
25. Lucie Laurin, *Des luttes et des droits…, op. cit.,* p. 88.
26. *La femme et la loi,* BAC, vol. 8.
27. Mᵉ Denys Pelletier, 10 novembre 1966. BAC, vol. 8.
28. Archives de l'auteure. Le comité du «mémoire» était composé de Monique Bégin, de Marie Gingras, d'Yvonne Raymond, de Mᵉ Monique Coupal, de Mᵉ Louise Lamarre, de Mᵉ Réjane Colas et de Nicolle Forget.
29. Solange Chaput-Rolland, *Le Devoir,* 17 mars 1967.
30. 27 mars 1967. BAC, vol. 8.
31. 29 mars 1967. BAC, vol. 8.
32. 3 avril 1967. BAC, vol. 8.
33. Mᵉ J. Cohen, *Le Devoir,* mardi 2 mai 1967.
34. Lundi 1ᵉʳ mai 1967. BAC, vol. 10.
35. *Photo-Journal,* mercredi 7 juin 1967.
36. Simonne Monet-Chartrand, *Les Québécoises et le mouvement pacifiste, op. cit.,* p. 152-156.
37. Jean-Luc Barré, *François Mauriac. Biographie intime 1940-1970,* Paris, Fayard, 2010, p. 436.
38. BAC, vol. 8, p. 4 et 5. Je ne sais s'il s'agit d'un exposé ou d'un article. Le texte est daté du 14 décembre 1967.
39. Notes relatives à l'allocution de Philippe Casgrain en hommage à Thérèse Casgrain, *op. cit.,* p. 21 et 22.
40. 7 mai 1968. Robert L'Herbier est alors directeur des programmes à CFTM-TV.
41. Florence Bird à Thérèse, 29 janvier 1968. Réponse de Thérèse, 1ᵉʳ février 1968. BAC, vol. 1.
42. *Les droits de la femme au Canada,* BAC, vol. 10.
43. *La Presse,* mercredi 24 janvier 1968.
44. 15 février 1968. BAC, vol. 8.

45. Rapporté par Simonne Monet-Chartrand, *Ma vie comme rivière, op. cit.,* tome 4, p. 145.
46. Guy Lessonini, semaine du 29 décembre 1969 au 4 janvier 1970, p. 8.
47. Pour une description de l'événement faite par un organisateur du défilé qui était sur l'estrade, voir René Charette, *Laissez-moi vous dire,* Joliette, [à compte d'auteur] 2007, p. 187-188.
48. 29 juin 1968. BAC, vol. 1.
49. Jean-Louis Gagnon, *op. cit.,* tome 3, p. 140.
50. D. C. Thomson, *Jean Lesage et la révolution tranquille,* Saint-Laurent, Éditions du Trécarré, 1984, p. 432.
51. Entrevue avec Sherley Thomson en préparation de ses mémoires. BAC, vol. 8, p. 9.
52. *Le Manuscrit, op. cit.,* p. 229. BAC, vol. 11.
53. « *Thérèse Casgrain progressiste et pacifiste* », dans *Thérèse Casgrain. Une femme tenace et engagée, op. cit.,* p. 364.
54. Ranjif S. Hall à Thérèse, 19 décembre 1968. BAC, vol. 1.
55. *Ibid.,* 14 juin 1969. BAC, vol. 8.
56. Lettre à Muriel Duckworth, 5 avril 1969. BAC, vol. 8.
57. 12 avril 1969. BAC, vol. 8.
58. Courriel à l'auteure, 17 octobre 2009.
59. Lettre du 31 mars 1969. BAC, vol. 8.
60. Lettre du 5 mai 1969. BAC, vol. 8.
61. Lettre du 30 avril 1969. BAC vol. 8.
62. Lettre du 19 septembre 1969. BAC, vol. 8.
63. Jean-Philippe Warren cité par Clairandré Cauchy, *Le Devoir,* samedi 28 et dimanche 29 mars 2009.

CHAPITRE 14

Madame le Sénateur

1. Convention annuelle, 23 janvier 1970. BAC, vol. 10.
2. Mario Beaulieu et Christian Gagnon, *Le Devoir,* jeudi 29 avril 2010, p. A7.
3. Le seul représentant des médias à avoir assisté au chargement des camions, le photographe Tedd Church, ne verra jamais ses photos publiées "à cause d'une entente en ce sens avec le premier ministre fédéral" — selon ce qu'il a révélé dans le numéro d'avril 2010 de la revue *L'Action Nationale.*
4. 5 mai 1970, BAC, vol. 1.
5. *The Montreal Star,* 8 octobre 1970, p. 51.
6. Hilda Kearns, *Star,* vendredi 3 juillet 1970, p. 18.
7. Samedi 1er août 1970, p. 8.
8. Vendredi 9 octobre 1970.
9. *Remembering,* Toronto, Stoddart, 2001, p. 184.
10. BAC, vol. 5.
11. *Bréviaire des politiciens,* Paris, Arléa, 1997. Paru en latin en 1684.
12. Éric Kierans, *op. cit.,* p. 178 à 184.
13. *Le pays légitime,* Montréal, Leméac, 1979, p. 45 et 46.
14. http://www.fondationtheresecasgrain.org
15. Mathieu Denis, *Jacques-Victor Morin, op. cit.,* p. 75 et 76.
16. UQAM, SAGD, Fonds Ligue des droits et libertés, P-V, 19 octobre 1970, 24P1/6.
17. *Le Devoir,* lundi 1er février 1971, p. 3.

18. BAC, vol. 2.

19. BAC, vol. 2.

20. 6 juillet 1971. BAC, vol. 2.

21. Jeudi 9 juillet 1971.

22. Jeudi 23 septembre 1971.

23. 11 novembre 1969. Entrevue préparatoire aux mémoires de Thérèse. BAC, vol. 9, p. 1.

24. Paul Lachance, 20 juillet 1971.

25. *Des luttes et des droits, op. cit.,* p. 94.

26. Coupure de presse non autrement identifiée que par la date : 17 octobre 1970.

27. *Le Soleil,* lundi 27 septembre 1971.

28. BAC, *What is happening in Quebec,* 4 octobre 1971.

29. Vendredi 8 octobre 1971.

30. 28 avril 1972.

31. Ottawa, 18 mars 1971. BAC, vol. 2.

32. BAC, vol. 10.

33. BAC, vol. 8. Signé Thérèse Casgrain avec copyright 1972. Mais je ne sais dans quel périodique cet article a été publié.

34. *The Gauntlet,* mercredi 7 février 1973, p. 5, et *Victoria Times,* samedi 10 février 1973, p. 10.

35. Les Éditions du Jour, pour la version française. La traduction anglaise de Joyce Marshall sera publiée chez McClelland & Stewart.

36. Zoe Bieler, *The Montreal Star,* mercredi 29 novembre 1972.

37. *Joies et deuils d'une famille bourgeoise, op. cit.,* p. 252.

38. Samedi 9 décembre 1972, p. 32.

39. 24 septembre 1973. BAC, vol. 8.

40. 8 novembre 1973. BAC, vol. 8.

41. *A Quebec Woman in a Man's World,* BAC, vol. 10, p. 4, 5.

42. Gilles Sabourin, « La fondation d'Amnestie internationale Canada à Saint-Lambert en 1973 », document qui m'a été transmis par Béatrice Vaugrante, directrice générale d'Amnesty International (Québec).

43. Courriel du 30 janvier 2011.

44. Mᵉ Bernard Chagnon à Thérèse, 9 octobre 1974. BAC, vol. 3.

45. L.-Émery Beaulieu, avocat, 15 juillet 1948. Musée McCord, P683/C.3.

46. Mᵉ Joseph Blain, c.r., au juge Roger Ouimet, 26 novembre 1964. Musée McCord, P683/C.3.

47. Lettre à Paul Casgrain, 17 mai 1977, Musée McCord, P683/C.3.

48. Ottawa, 11 février 1971. BAC, vol. 2.

49. *La Presse,* samedi 7 novembre 1981.

50. Joseph MacSween, *The Citizen,* jeudi 19 décembre 1974.

51. Lettre d'invitation de Chang Wen-chin, ambassadeur de la République populaire de Chine au Canada à Thérèse, 24 janvier 1975.

52. Lettre de M.-O. Faure à Thérèse, 21 avril 1975.

53. Musée McCord, P683/D2,3 (3).

54. Musée McCord, P683/D2,3 (3).

55. « Hommage à une grande dame », texte rédigé à l'occasion du décès de Thérèse, novembre 1981.

56. *The Gazette,* lundi 27 octobre 1975 rapportant une conférence de Thérèse au Collège Marianopolis.

57. Clive Linklater, vice-président, 30 octobre 1975. Musée McCord, P683/D2,3 (3).
58. *La Presse,* 19 décembre 2006.
59. Musée McCord, P683/D2,5.
60. 29 juin 1976, Musée McCord, P683/D2,5 (1 de 2).
61. Rapporté par Jean Basile, *Le Devoir,* 6 novembre 1981, p. 19.
62. Musée McCord, P683/D2,3(2), septembre 1976.
63. Rapporté par Pierre-Henri Tavaillot, dans *Le Magazine littéraire,* n° 417, janvier 2008, p. 64. Voir aussi Simone de Beauvoir, *La vieillesse,* Paris, Gallimard, 1970.
64. *Le Devoir,* 6 juillet 1996.
65. 29 septembre, Musée McCord, P683/D2,3 (2).
66. Cité par Thérèse dans *Le Manuscrit, op. cit.,* p. 111. BAC, vol. 11.
67. Voir, entre autres, Musée McCord, P683/D2,4.
68. Albert M. Johnson, 2 février 1977. Musée McCord, P683/D2,3 (9).
69. Harry J. Boyle, 3 mai 1977. Musée McCord, P683/D2,3 (9).
70. Lettre à Camille Laurin, 29 juin 1977. Musée McCord, P683/D2,3 (9).
71. Musée McCord, P683/D2,7 (1 de 4).
72. Musée McCord, 683/D2,4 (2 de 2).
73. Texte sans titre. Musée McCord, P683/D2,7 (1 de 4).
74. *Le Confident,* mercredi 6 juin 1979, p. 3.
75. Texte de la courte allocution livrée par Thérèse, Musée McCord, P683/D2,3 (1), p. 4.
76. 19 octobre 1979. Musée McCord, P683/D2,4 (1 de 2).
77. Tiré de Yolande Cohen, *Femmes et politique,* Montréal, Le Jour éditeur, 1981, p. 21.
78. Bertrand Tremblay, *Le Quotidien,* 10 avril 1980.
79. *La Presse,* 10 avril 1980.
80. *Hommage à une grande dame,* Madeleine Gariépy-Dubuc, novembre 1981.
81. Texte de deux pages, dactylographié, avec notes manuscrites de Thérèse, 7 avril 1980. Musée McCord, P683/D2,4.
82. T. R. Burger, 23 mai 1980. Musée McCord, P683/D2,8 (1 de 8).
83. Avril 1980. Musée McCord, P683/D2,5.
84. 21 octobre 1980. Musée McCord, P683/D2,8 (1 de 8).
85. Musée McCord, P683/2,7 (2 de 8).
86. *Montréal: la prochaine décennie. Les Grands Montréalais et les enjeux de la vie urbaine,* Montréal, Éditions La Presse, 1980, p. 27-32.
87. *Thérèse Casgrain, op. cit.,* p. 3.
88. Sans titre, Musée McCord, P683/D2,7 (4 de 4).
89. Allocution prononcée lors de la présentation de Thérèse à cette soirée. Musée McCord, P683/D2,8 (1 de 8). Le souligné est dans le texte.
90. 6 mars 2008. Lucie est la fille de Gilles Forget, le frère de Thérèse.
91. Musée McCord, P683/D2,8 (1 de 8), p. 1.
92. *La Presse,* samedi 7 novembre 1981.
93. Notes gracieusement prêtées par Susan Mann. Notes prises le 10 novembre 1984.
94. Entrevue du 12 novembre 2007. À moins qu'autrement indiqué, toutes les citations proviennent de cette entrevue.

SIGLES UTILISÉS

ACFAS	Association canadienne-française pour l'avancement des sciences
ACJC	Action catholique de la jeunesse canadienne
ALCM	Association des libertés civiles de Montréal
ALN	Action libérale nationale
BAC	Bibliothèque et archives du Canada
BAnQ	Bibliothèque et archives nationales du Québec
BPC	Bloc populaire canadien
BRH	Bulletin de recherche en histoire
CCF	Co-operative Commonwealth Federation
CCT	Congrès canadien du travail
CECM	Commission des écoles catholiques de Montréal
CEQ	Corporation des enseignants du Québec
CHR	Canadian Historical Review
CMQ	Comité de moralité publique
CMTC	Congrès des métiers et du travail du Canada
CPSF	Comité provincial pour le suffrage féminin
CSN	Confédération des syndicats nationaux
CTCC	Confédération des travailleurs catholiques du Canada
CRLG	Centre de recherche Lionel-Groulx
CRTC	Conseil de la radio et de la télévision canadienne
CWAC	Canadian Women Army Corps

ESP	École sociale populaire
FAT	Fédération américaine du travail
FIR	Fédération des institutrices rurales
FFQ	Fédération des femmes du Québec
FLQ	Front de libération du Québec
FNSJB	Fédération nationale Saint-Jean-Baptiste
FTQ	Fédération des travailleurs du Québec
FUIQ	Fédération des unions industrielles du Québec
HEC	Hautes Études Commerciales
IQRC	Institut québécois de recherche sur la culture
LAS	Ligue d'action socialiste
LDC	Ligue pour la défense du Canada
LSR	League for Social Reconstruction
MSA	Mouvement Souveraineté-association
NPD	Nouveau Parti démocratique
ONU	Organisation des Nations Unies
OTAN	Organisation du traité de l'Atlantique Nord
PLC	Parti libéral du Canada
PLQ	Parti libéral du Québec
PQ	Parti québécois
PSD	Parti social-démocratique
PUL	Presses de l'Université Laval
PVBAHND	Procès-verbal, Bureau administratif, Hôpital Notre-Dame
RAHND	Rapport annuel, Hôpital Notre-Dame
RIN	Rassemblement pour l'indépendance nationale
SAGD	Service des archives et de gestion des documents
SDN	Société des nations
SSJB	Société Saint-Jean-Baptiste
UCC	Union catholique des cultivateurs
UILCF	Union internationale des ligues catholiques féministes
UN	Union nationale
UNESCO	Organisation des Nations Unies pour l'éducation, la science et la culture

REPÈRES CHRONOLOGIQUES

1853 10 décembre, naissance de Rodolphe Forget, père de Thérèse.

1871 19 août, naissance de Blanche MacDonald, mère de Thérèse.

1873 Louis-Joseph Forget, oncle de Rodolphe, fonde L. J. Forget & Co.

1885 12 octobre, Rodolphe épouse Alexandra Tourville.

1886 4 août, naissance de Pierre-François Casgrain, époux de Thérèse.

1890 Octobre, Rodolphe Forget devient associé chez son oncle.

1893 Fondation du chapitre de Montréal du National Council of Women.

Rodolphe épouse Blanche MacDonald.

1896 10 juillet, naissance de Marie-Thérèse.

Les femmes obtiennent le droit de vote en Nouvelle-Zélande.

1897 25 décembre, naissance de Gilles Forget.

1899 28 mars, naissance de Maurice Forget.

1901 Rodolphe achète une propriété à Saint-Irénée-les-Bains.

1904 Rodolphe élu député conservateur-indépendant dans Charlevoix.

1905 9 janvier, Marie-Thérèse entre comme pensionnaire au Sault-au-Récollet. Rodolphe fonde Québec Charlevoix & Saguenay.

1906 Rodolphe fonde Murray Bay Lumber & Pulp.

1907 Louis-Joseph et Rodolphe mettent fin à leur association.

1908 Rodolphe président de la Bourse de Montréal et réélu dans Charlevoix.

Fondation de l'Hôpital Sainte-Justine

Fondation de la Fédération nationale Saint-Jean-Baptiste (FNSB).

1909 Rodolphe achète la Compagnie de gaz de Québec.

1911 Rodolphe fonde la Banque Internationale du Canada.

7 avril, décès de Louis-Joseph Forget, à Nice.

Rodolphe élu député dans Montmorency et réélu dans Charlevoix.

1912 Rodolphe devient «Sir».

Fondation de la Montreal Suffrage Association.

1913 Décès de Bernard Panet-Raymond.

1916 10 janvier, Thérèse épouse Pierre-François Casgrain.

Les femmes obtiennent le droit de vote et d'éligibilité au Manitoba et en Saskatchewan.

1917 Décembre, Pierre-François Casgrain élu député libéral dans le comté de Charlevoix.

Les femmes obtiennent le droit de vote et d'éligibilité en Colombie-Britannique. Certaines peuvent aussi voter au fédéral.

1918 Les femmes obtiennent le droit de vote et d'éligibilité en Nouvelle-Écosse.

1919 19 février, décès de Rodolphe.

1921 Agnes Macphail, première femme élue député au fédéral.

Thérèse fait campagne pour son mari, malade.

Thérèse devient vice-présidente du Comité provincial pour le suffrage féminin (CPSF).

1922 9 février. Délégation de femmes à Québec pour demander le droit de vote et présentation du premier "Bill" sur le suffrage féminin.

1925 Thérèse participe à la création de la Fédération des œuvres de charité canadienne-française.

1926 Thérèse fonde la Ligue de la jeunesse féminine.

1927 Idola Saint-Jean fonde l'Alliance canadienne pour le vote des femmes au Québec.

19 février, des femmes se rendent à Québec pour demander le droit de voter.

1928 Thérèse préside la Fédération libérale nationale féminine pour le Québec.

24 avril, la Cour suprême du Canada décide qu'une femme n'est pas une personne au sens de l'Acte de l'Amérique du Nord britannique.

1929 Le Comité provincial pour le suffrage féminin devient la Ligue pour les droits de la femme que Thérèse présidera durant de nombreuses années.

18 octobre, le Comité judiciaire du Conseil privé (Londres) décide que «personne» englobe les deux sexes : une femme peut donc devenir sénateur.

Novembre, la Commission Dorion est nommée pour enquêter sur les droits civils des femmes.

1931 Thérèse est membre du Comité de mise sur pied de l'Association libérale du Canada.

1932 Les femmes mariées en séparation de biens, et propriétaires, obtiennent le droit de vote à la Ville de Montréal.

1934 Les femmes mariées obtiennent le droit d'avoir un compte de banque à leur nom.

1936 Pierre-François Casgrain nommé Orateur de la Chambre.

Thérèse participe à la Conférence sur les relations avec le Pacific.

1937 Le Parti libéral du Québec met à son programme électoral le droit de vote des femmes.

Thérèse, son mari et leur fille Hélène à Londres pour le couronnement de George VI.

Thérèse à Paris. Elle intervient, au nom du Canada, au congrès du Conseil international des femmes.

1940 Pierre-François Casgrain devient secrétaire d'État et président du Conseil privé.

25 avril, les femmes du Québec obtiennent le droit de vote et d'éligibilité.

15 décembre, Thérèse intervient à l'émission *Wartime Radio Broadcast.*

1941 Thérèse laisse la présidence de la Ligue des droits de la femme.

1942 Pierre-François Casgrain démissionne en tant que député et devient juge à la Cour supérieure.

Thérèse se présente comme libérale-indépendante dans Charlevoix-Saguenay. Elle sera défaite le 30 novembre.

1944 6 avril, décès d'Idola Saint-Jean.

Les Françaises obtiennent le droit de vote et d'éligibilité.

15 août, le gouvernement fédéral décide de verser des allocations familiales.

1er novembre, décès de Marie Gérin-Lajoie.

Fondation de l'Union catholique des femmes rurales.

1945 Thérèse obtient que les allocations familiales soient versées aux mères du Québec.

1946 Thérèse adhère à la Co-operative Commonwealth Federation (CCF).

Thérèse reçoit l'Ordre de l'Empire britannique.

1948 Thérèse élue vice-président national CCF.

1950 26 août, décès de Pierre-François Casgrain.

1951 Thérèse devient chef du CCF au Québec; elle est la première femme à exercer une telle fonction dans la province et au Canada.

1952 Thérèse défaite dans Outremont-Saint-Jean.

1953 Thérèse défaite dans Jacques-Cartier-Lasalle.

1955 Le CCF prend le nom de PSD, au Québec.

1956 Thérèse représente le CCF à Bombay, à la Conférence des Nations socialistes d'Asie.

1957 Thérèse défaite dans Villeneuve. Elle quitte la présidence du PSD/CCF.

1958 Thérèse défaite dans Jacques-Cartier-Lasalle.

1960 Avril, Thérèse à Haïfa pour la Conférence de l'Internationale socialiste.

1961 Thérèse fonde la section québécoise de Voice of Women : la Voix des femmes.

14 décembre, Claire Kirkland-Casgrain, première femme élue député au Québec.

1961 Thérèse préside la Voix des femmes.

18 juin, elle est défaite dans Outremont-Saint-Jean.

Thérèse se rend en Europe et en Asie avec une délégation américaine de femmes pour la paix.

1963 8 avril, Thérèse défaite dans Outremont-Saint-Jean.

Thérèse est à Rome pour le pèlerinage mondial des femmes pour la paix.

Thérèse participe à la fondation de la Ligue des droits de l'homme.

1964 Février, Thérèse est à Moscou.

1er juillet, le Bill 16 met fin à l'incapacité juridique de la femme mariée.

16 décembre, Thérèse est arrêtée à Paris pour avoir manifesté sans permis.

1965 Thérèse nommée au Comité consultatif de l'administration de la justice, au Québec.

10 au 15 juillet, Thérèse est au Congrès mondial pour la paix.

20 novembre, un incendie détruit le «château» de Saint-Irénée.

1966 Octobre, Thérèse est à Rome pour le Séminaire international sur la participation des femmes à la vie publique.

Fondation de la Fédération des femmes du Québec (FFQ).

1967 Thérèse est membre du Comité national des femmes pour Expo 67.
Inauguration de l'Exposition universelle de Montréal.

Thérèse reçoit la médaille d'or de la Société de criminologie et la médaille du Centenaire du Canada.

Thérèse est nommée «Femme du siècle».

Juin, Thérèse organise le Congrès international de Voice of Women à Montréal.

Mise sur pied de la Commission royale d'enquête sur le statut de la femme au Canada.

Thérèse reçoit la médaille du National Council of Jewish Women of Canada.

1968 Thérèse reçoit un doctorat de l'Université de Montréal et est décorée de l'Ordre du Canada.

Thérèse préside la Ligue des droits de l'Homme.

1970 8 octobre, Thérèse devient sénateur.

Loi des mesures de guerre.

1971 Thérèse doit prendre sa retraite du Sénat.

Thérèse publie ses mémoires, *Une femme chez les hommes*.

1972 Thérèse reçoit un doctorat de l'Université Trent.

1973 Thérèse, vice-présidente francophone de Amnesty International.

1974 Thérèse est en Chine, invitée par le Chinese People's Institute of Foreign Affairs.

Thérèse reçoit un doctorat de l'Université Queen's.

Thérèse devient Compagnon de l'Ordre du Canada.

1975 Thérèse reçoit un doctorat de l'Université McGill.

1976 Le Parti québécois au pouvoir.

Thérèse prend fait et cause pour les droits des Amérindiennes.

1977 Thérèse reçoit un doctorat de l'Université York et prononce l'«adresse» aux diplômés.

1979 Thérèse reçoit un doctorat des universités Waterloo, Bishop, Notre Dame (C.-B.), Mount St. Vincent (N.-É.) et Ottawa.

Thérèse reçoit le prix du Gouverneur général pour sa lutte pour l'égalité des hommes et des femmes.

1980 Référendum. Thérèse participe à la campagne pour le NON et à la bataille des «Yvettes».

Thérèse nommée Grande Montréalaise.

Thérèse reçoit un doctorat des universités Windsor et Concordia.

1981 3 novembre, décès de Marie-Thérèse Forget, Casgrain par alliance.

PERSONNES RESSOURCES*

Monique Bégin	Ann Leonard (Sœur)
Rita Cadieux	Claire l'Heureux-Dubé
Claire Casgrain	Claude Loranger-Casgain
Philippe Casgrain	Robert MacDonald
Pierre Casgrain	Louise MacDonald-Provost
Marc Comby	Normande Mailloux-Casgrain
Robert Comeau	Susan Mann
Jocelyn Coulon	Jacques-Yvan Morin
Fernand Daoust	Michèle Nadeau
Alice Desjardins	Francine Panet-Raymond
Aimé Despatis	Pierre Panet-Raymond
Gilles Duguay	Robert Panet-Raymond
Lorraine Duguay	Jacques Parizeau
Irénée Forget	Robert Parizeau
Lucie Forget	Hélène Pelletier-Baillargeon
Rodolphe Forget	Guy Rocher
Michel Girard	Pauline Tailleur
Francine Laurendeau	Béatrice Vaugrante

* Les personnes que j'ai rencontrées ou avec qui j'ai correspondu pour la rédaction de ce livre.

BIBLIOGRAPHIE GÉNÉRALE

LES SOURCES

Archives de la Ville de Montréal, Fonds Ligue des droits de la femme.

Archives de l'Université du Québec à Montréal, Fonds Ligue des droits et libertés.

Archives du Musée canadien du chemin de fer.

Archives nationales du Québec, Fonds Famille Laurendeau et Perrault, Fonds Z. J. Léon Patenaude, Fonds François-Albert Angers, Fonds Henri Bourassa, Fonds Georges-Henri Lévesque. (Ces fonds étaient autrefois détenus par le Centre de recherche Lionel-Groulx.)

Archives nationales du Canada, Fonds Thérèse F. Casgrain. (Aujourd'hui Bibliothèque et archives du Canada.)

Archives, Society of the Sacred Heart.

Bibliothèque nationale du Québec, *Le droit de vote des femmes au Québec*, bibliographie sélective, 1990.

Commission des droits civils de la femme, *Rapports* des 6 février et 15 mars 1930 et du 15 janvier 1931.

Musée McCord, Fonds des familles Casgrain, Forget et Berthelot.

Registres de l'état civil du Québec.

Registres des sociétés, district de Montréal.

ATLAS, DICTIONNAIRES, ENCYCLOPÉDIES

ROBERT, Jean-Claude, *Atlas historique de Montréal*, Montréal, Libre Expression/Art Global, 1994.

TRUDEL, Marcel, *Atlas de la Nouvelle-France*, Québec, PUL, 1973.

TRUDEL, Marcel, *Catalogue des Immigrants, 1632-1662*, Montréal, Hurtubise, 1983.

Lowel Directory of Montreal

Le Mémorial du Québec. Tome III : *1832-1889*, Société des éditions du Mémorial 1980.

Commission industrielle de Montréal, *Montréal, La Métropole du Canada*, 1931.

OUIMET, Raphaël, *Biographies canadiennes-françaises*, Montréal, 1922.

LES DOCUMENTS

ALZON, Claude, *Femme mythifiée, femme mystifiée*, Paris, PUF, 1978.

ANDERSEN, Marguerite et Christine KLEIN-LATAUD, *Paroles rebelles*, Montréal, Éditions du remue-ménage, Montréal 1992.

ANGERS, François-Albert, « Pour servir la personne humaine », *L'Action nationale*, vol. XXIV, oct. 1944.

AVAKUMOVIC, Yvan, *Socialism in Canada. A study of the CCF-NDP in Federal and Provincial Politics*, Toronto, McClelland and Stewart, 1978.

BADINTER, Élisabeth, *Fausse route*, Paris, Odile Jacob, 2001.

BAUDOIN, Marthe, r.s.c.j., *En avant quand même*, Montréal, Éditions Les religieuses du Sacré-Cœur, 1992.

BARBEAU, Victor, *La tentation du passé. Ressouvenirs*, Montréal, La Presse, 1977.

BARRÉ, Jean-Luc, *François Mauriac. Biographie intime 1940-1970*, Paris, Fayard, 2010.

BEAUDET, Gérard, *Terrebonne*. « Portrait d'un patrimoine », *Continuité*, 60, printemps 1994, p. 41-44.

BÉÏQUE, Mme F.-L., *Quatre-vingts ans de souvenirs. Histoire d'une famille*, Montréal, Éditions Bernard Valiquette/Éditions de l'Action canadienne-française de Montréal, 1939.

BÉLANGER, Diane et Lucie CARON, *Les religieuses au Québec*, Montréal, Libre Expression, 1982.

BÉLANGER, Y., R., COMEAU et C. MÉTIVIER, *La Révolution tranquille, 40 ans plus tard. Un bilan*, Montréal, VLB, 2000.

BÉLISLE, Ève, *La petite maison du Bord-de-l'Eau*, Montréal, Libre Expression, 1981.

BENOÎT, Réal, *La Bolduc*, Montréal, Éditions de l'Homme, 1959.

BERGERON, Gérard, *Du duplessisme à Trudeau et Bourassa*, Montréal, Parti pris, 1971.

BERNARD, Jean-Paul, *Les Rébellions de 1837-1838*, Montréal, Boréal Express, 1983.

BERTHELOT, Hector, *Le bon vieux temps*, Montréal, Librairie Beauchemin Ltée, 1924.

BERTRAND, Réal, *Thérèse Casgrain*, Montréal, Lidec, 1981.

BETCHERMAN, Lita-Rose, *Ernest Lapointe, Mackenzie King's Great Quebec Lieutenant,* Toronto, University of Toronto Press, 2002.

BILODEAU, Rosaire, Robert COMEAU, André GOSSELIN et Denise JULIEN, *Histoire des Canadas,* Montréal, Hurtubise HMH, 1971.

BINNS, Richard M., *Montreal Electric Street Cars Era, 1892-1959,* A Railfare Book.

BIZIER, Hélène-Andrée et Philippe CASGRAIN, *Édouard Lacroix,* Montréal, Québec/Amérique, 2004.

BIZIER, Hélène-Andrée, *Une histoire du Québec en photos,* Montréal, Fides, 2006.

BIZIER, Hélène-Andrée, *Une histoire des Québécoises en photos,* Montréal, Fides, 2007.

BLAIS, Neatby, *La Grande Dépression des années 1930. La décennie des naufragés,* Montréal, La Presse, 1975.

BOUCHARD, T. D., *Mémoires,* tomes I, II et III, Montréal, Beauchemin, 1960.

BOURASSA, Henri, *Femmes-Hommes ou Hommes-Femmes?,* Montréal, Imprimerie du Devoir, 1925.

BOURGAULT, Pierre, *La politique,* Montréal, VLB, 1982.

BOURGAULT, Pierre, *La culture,* Montréal, VLB, 1983.

BOURQUE, Gilles, Jules DUCHASTEL et Jacques BEAUCHEMIN, *La Société libérale duplessiste,* Montréal, Boréal, 1994.

BORDEN, Robert Laird, *His Memoirs,* Toronto, Macmillan, tomes I et II, University of Toronto Press, 2002.

BRISSON, Marcelle et Suzanne CÔTÉ-GAUTHIER, *Montréal de vive mémoire 1900-1939,* Montréal, Triptyque, 1994.

BROADFOOT, Barry, *La grande dépression,* Montréal, Québec/Amérique, 1978.

BROWN, Craig et P.-A. LINTEAU, *Histoire générale du Canada,* Montréal, Boréal, 1990.

BUIES, Arthur, *Chroniques I,* Montréal, PUM, 1986.

BUIES, Arthur, *Chroniques II,* Montréal, PUM, 1991.

CAMBRON, Micheline, *La vie culturelle à Montréal, vers 1900,* Montréal, Fides, 2005.

CARON, Anita et Lorraine ARCHAMBAULT, *Thérèse Casgrain. Une femme tenace et engagée,* Montréal, PUQ, 1993.

CARON, Louis, *La vie d'artiste. Le cinquantenaire de l'Union des Artistes,* Montréal, Boréal, 1987.

CASGRAIN, Thérèse-F., *Une femme chez les hommes,* Montréal, Éditions du Jour, 1971.

CASTONGUAY, Claude, *Mémoires d'un révolutionnaire tranquille,* Montréal, Boréal, 2005.

CASTONGUAY, Jacques, *C'était la guerre à Québec,* Montréal, Art Global, 2003.

CHARRETTE, René, *Laissez-moi vous dire,* Joliette, 2007. À compte d'auteur.

CHARTRAND, Roger, *Le Vieux-Montréal. Une tout autre histoire,* Sillery, Septentrion, 2007.

CLARKSON, Gérald, *Montréal, ses citoyens, son establishment,* Montréal, Éditions de l'Homme, 1982.

CLARKSON, Stephen et Christine McCALL, *Trudeau. L'homme, l'utopie, l'histoire,* Montréal, Boréal, 1990.

CLEVERDON, Catherine L., *The Women Suffrage Movement in Canada,* Toronto, University of Toronto Press, 1974.

COHEN, Yolande, « L'histoire des femmes au Québec 1900-1950 », *Recherches sociographiques,* 21, 3, septembre-décembre 1980, p. 339-345.

COHEN, Yolande, *Femmes et politique,* Montréal, Éditions du Jour, 1981.

COLLARD, Andrew Edgar, *Call Back Yesterdays,* Don Mills, Longmans Canadian, 1965.

COLLARD, Andrew Edgar, *Du tableau noir à l'électronique. L'histoire de la Bourse de Montréal,* Montréal, Bourse de Montréal, 1974.

COLLARD, Andrew Edgar, *Montréal du temps jadis,* Saint-Lambert, Éditions Héritage 1981.

COLLARD, Andrew Edgar, *Passage to the Sea. The Story of Canada Steamship Lines,* Toronto, Doubleday Canada, 1991.

Collectif Clio, *L'histoire des femmes au Québec depuis quatre siècles,* Montréal, Éditions Quinze, 1982.

COMEAU, Paul-André, *Le Bloc populaire 1942-1948,* Montréal, Éditions Boréal, 1998.

COMEAU, Robert et Bernard DIONNE, *Les communistes au Québec, 1936-1956,* Montréal, Les Presses de l'Unité, 1981.

COMEAU, Robert et Lucille BEAUDRY, *André Laurendeau. Un intellectuel d'ici,* Québec, PUQ, 1990.

COMTE-SPONVILLE, André, *Petit traité des grandes vertus,* Paris, PUF, 1995.

CONAN, Laure, *J'ai tant de sujets de désespoir. Correspondance 1878-1924,* Montréal, Éditions Varia, 2002.

DANSEREAU, Pierre, *Projets inachevés, La lancée 1911-1936,* Montréal, Éditions Multi Mondes, 2005.

DARSIGNY, Maryse, *L'épopée du suffrage féminin au Québec (1920-1940),* Montréal, UQAM, 1990.

DARSIGNY, Maryse, *Les femmes qui ont bâti Montréal. Thérèse F. Casgrain, l'infatigable militante, Montréal,* Éditions du remue-ménage, 1994.

DAVID, Laurent-Olivier, *Les patriotes de 1837-38,* nouvelle édition revue et corrigée, Montréal, Lux, 2007.

DENIS, Mathieu, *Jacques-Victor Morin, syndicaliste et éducateur populaire*, Montréal, VLB, 2003.

DENIS, Roch, *Luttes de classes et question nationale au Québec, 1948-1968*, Montréal/Paris, Presses socialistes internationales, 1979.

DEMCHINSKY, Bryan, *Montréal, hier et aujourd'hui*, Montréal, The Gazette, 1985.

DE ROCHEMONTEIX, *Les Jésuites et la Nouvelle-France au XVIIIe siècle*, tome second, Paris, Letouzey et Ave Éditeurs, 1896.

DES GAGNIERS, Jean, *Charlevoix, pays enchanté*, Québec, PUL, 1994.

DESJARDINS, Marguerite, « Les Masson, une famille de bâtisseurs », *Continuité*, 60, printemps 1994, p. 49-51.

DESJARDINS, Sergine, *Robertine Barry, La femme nouvelle*, tome I, Trois-Pistoles, Éditions Trois-Pistoles, 2010.

DES ORMES, Renée, *Robertine Barry en littérature. Françoise, Pionnière du journalisme féminin au Canada 1863-1910*, Québec, L'Action sociale limitée, 1949.

DESROCHERS, Lucie, *Œuvres de femmes, 1860-1961*, Québec, Publications du Québec, 2003.

DICKINSON, John A. et Brian YOUNG, *Brève histoire socio-économique du Québec*, Sillery, Septentrion, 1995.

DION, Léon, *Québec 1945-2000. Les intellectuels et le temps de Duplessis*, tome II, Québec, PUL, 1993.

DJWA, Sandra, *Francis Reginald Scott. Une vie*, Montréal, Boréal, 2001.

DOLMENT, Marcelle et Marcelle BARTHE, *La femme au Québec*, Montréal, Les Presses libres, 1973.

DOUGLAS, Helen Gahagen, *The Eleanor Rosevelt We Remember*, New York, Hill & Wang, 1963.

DROUILLY, Pierre et Jocelyne DORION, *Candidates, députées et ministres. Les femmes et les élections*, Québec, Bibliothèque de l'Assemblée nationale, 1988.

DUBÉ, Philippe, *Deux cents ans de villégiature dans Charlevoix*, Québec, PUL, 1986.

DUBY, Georges, *Histoire des femmes*. Tome 5 : *Le 20e siècle*, Paris Librairie académique Perrin, 2002.

DUMAIS, Monique, *La mère dans la société québécoise*, Ottawa, Les documents de l'ICREF, 1983.

DUMAS, Alain et Yves OUELLET, *Charlevoix. Joyau du Québec*, Saint-Laurent, Éditions du Trécarré, 1997.

DUMESNIL, Thérèse, *Pierre Dansereau. L'écologiste aux pieds nus*, Montréal, Nouvelle Optique, 1981.

DUMONT, Fernand, *La vigile du Québec*, Montréal, Hurtubise HMH, 1974.

DUMONT, Fernand, Jean HAMELIN, Fernand HARVEY et Jean-Paul MONT-
MINY, *Idéologies au Canada français, 1900-1929,* Québec, PUL, 1974.

DUMONT, Fernand, Jean HAMELIN et Jean-Paul MONTMINY, *Idéologies au
Canada français, 1930-1939,* Québec, PUL, 1978.

DUMONT, Fernand, Jean HAMELIN et Jean-Paul MONTMINY, *Idéologies au
Canada français, 1940-1976,* Québec, PUL, 1981.

DUMONT, Micheline, *Le féminisme québécois raconté à Camille,* Montréal,
Éditions du remue-ménage, 2008.

DUMONT, Micheline et Louise TOUPIN, *La pensée féministe au Québec.
Anthologie (1900-1985),* Montréal, Éditions du remue-ménage, 2003.

DUPONT, Antonin, *Les relations entre l'Église et l'État sous Louis-Alexandre
Taschereau, 1920-1936,* Montréal, Guérin, 1972.

DUROCHER, René et Paul-André LINTEAU, *Le retard du Québec et l'infériorité
économique des Canadiens français,* Montréal, Éditions du Boréal Express,
1971.

DUVAL, André, *Québec romantique,* Montréal, Éditions du Boréal Express,
1978.

ENGLISH, John, *Borden. His Life and World,* Toronto, McGraw-Hill, 1977.

ENGLISH, John, *Trudeau. Citoyen du monde.* Tome 1: *1919-1968,* Montréal,
Éditions de l'Homme, 2006.

ENGLISH, John, *Trudeau. Regardez-moi bien aller!* Tome 2: *1968-2000,*
Montréal, Éditions de l'Homme, 2009.

FABRE, Hector, *Chroniques,* Montréal, Boréal, 2007.

FALARDEAU, Jean-Charles, *L'évolution juridique,* dans *Essais sur le Québec
contemporain,* Québec, PUL, 1953.

FALLACI, Oriana, *Entretiens avec l'histoire,* Paris, Flammarion, 1975.

FAUTEUX, Aegidius, *Patriotes de 1837-1838,* Montréal, Éditions des Dix, 1950.

FERLAND, Philippe, *Paul Gouin,* Montréal, Guérin, 1991.

FERRON, Jacques, *Escarmouches,* tome 1, Montréal, Leméac, 1975.

FERRON, Jacques, *Les lettres aux journaux,* Montréal, VLB, 1985.

FERRON, Jacques, Madeleine FERRON, Robert CLICHE, *Une famille extraordinaire, Correspondances, 1/1946-1960,* Édition préparée par Marcel
OLSCAMP et Lucie JOUBERT, Montréal, Leméac, 2012.

FILION, Gérard, *Fais ce que peux, En guise de mémoires,* Montréal, Boréal,
1989.

FILTEAU, Gérard, *Histoire des Patriotes,* Sillery, Septentrion, 2003.

FOISY, Fernand, *Michel Chartrand. Les voies d'un homme de parole,* Montréal,
Lanctôt éditeur, 1999.

FOISY, Fernand, *Michel Chartrand. La colère du juste,* Montréal, Lanctôt
éditeur, 2003.

FORGET, Louis, «Les Forget et les Patriotes de 1937», *Cahiers d'histoire des Pays d'en Haut,* 34, été 1987, p. 51-55.

FORGET, Nicolle, *Chiriaeff. Danser pour ne pas mourir,* Montréal, Québec/Amérique, 2006.

FORTIER, Denis, «Histoire du chemin de fer de Charlevoix», *Revue d'histoire de Charlevoix,* n° 52, mars 2006.

FOUQUE, Antoinette, *Cher Voltaire,* Paris, Éditions des Femmes, 1987.

GAGNON, Alain et Michel SARRA-BOURNET, *Duplessis. Entre la grande noirceur et la société libérale,* Montréal, Québec/Amérique, 1997.

GAGNON, Jean-Louis, *Les apostasies.* Tome I: *Les coqs de village,* Montréal, La Presse, 1985.

GAGNON, Jean-Louis, *Les apostasies.* Tome II: *Les dangers de la vertu,* Montréal, La Presse, 1988.

GAGNON, Jean-Louis, *Les apostasies.* Tome III: *Les palais de glace,* Montréal, La Presse, 1990.

GAGNON-PRATTE, France, *Fairmont, le Manoir Richelieu,* Québec, Éditions Continuité, 2003.

GALLICHAN, Gilles, *Les Québécoises et le barreau. L'histoire d'une difficile conquête, 1914-1941,* Sillery, Septentrion, 1999.

GAUVREAU, Michael, *Les origines catholiques de la Révolution tranquille,* Montréal, Fides, 2008.

GAUTHIER, Raymonde, *Les manoirs du Québec,* Québec, Éditeur officiel du Québec/Fides, 1976.

GAUTHIER, Serge, *Malbaie. Le chemin de fer dans la lune,* Trois-Pistoles, Éditions Trois-Pistoles, 2011.

GAUTHIER, Serge et Normand PERRON, *Charlevoix,* Québec, PUL, 2002.

GENEST, Jean-Guy, *Godbout,* Sillery, Septentrion, 1996.

GERMAIN, Jean-Claude, *Le feuilleton de Montréal, 1893-1992,* tome 3, Montréal, Stanké, 1997.

GÉRIN-LAJOIE, Paul, *Combats d'un révolutionnaire tranquille,* Montréal, CEC, 1989.

GLOBENSKY, Maximilien, *La Rébellion de 1837 à Saint-Eustache,* Montréal, Éditions du Jour, 1974.

GODBOUT, Jacques, *Le Réformiste. Textes tranquilles,* Montréal, Éditions Quinze, 1975.

GOULET, Denis, François HUDON et Othmar KEEL, *Histoire de l'Hôpital Notre-Dame, 1880-1980,* Montréal, VLB, 1993.

GRANATSTEIN, J. L., *Mackenzie King. His life and World,* Toronto, McGraw Hill Ryerson, 1977.

GRAY, Charlotte, *Canada. A Portrait in Letters 1800-2000,* Doubleday Canada, 2003.

GRAY, Clayton, *Montréal qui disparaît*, Montréal, Librairie J.-A. Pony, 1952.

GRENON, Hector, *Chroniques vécues des modestes origines d'une élite urbaine*, Montréal, Éditions de l'Homme, 1966.

GRENON, Hector, *Au temps des «patronneux»*, Montréal, Éditions Internationales Stanké, 1967.

GRENON, Hector, *Us et coutumes du Québec*, Montréal, La Presse, 1974.

GRENON, Hector, *Au temps des «petits chars»*, Montréal, Éditions internationales Stanké, 1975.

GRENON, Hector, *Les belles heures de Montréal*, Montréal, Stanké, 1986.

GROULT, Benoîte, *Le féminisme au masculin*, Paris, Denoël/Gonthier, 1977.

HAMELIN, Jean, *Les mœurs électorales dans le Québec de 1791 à nos jours*, Montréal, Éditions du Jour, 1962.

HAMELIN, Jean et Yves ROBY, *Histoire économique du Québec, 1851-1896*, Montréal, Fides, 1971.

HARDY, Reginald, *Mackenzie King of Canada*, Toronto, Oxford University Press, 1949.

HEROLD, J.-Christophe, *Germaine Necker de Staël*, Paris, Plon, 1962.

HOGUE, Clarence, André BOLDUC et Daniel LAROUCHE, *Québec. Un siècle d'électricité*, Montréal, Libre Expression, 1984.

HORNE, Michiel, *The League for Social Reconstruction. Intellectual Origins of the Democratic Life in Canada, 1930-1942*, Toronto, University of Toronto Press, 1980.

HORTON, Donald, *André Laurendeau. La vie d'un nationaliste, 1912-1968*, Montréal, Bellarmin, 1995.

HUDON, Raymond et Réjean PELLETIER, *L'engagement intellectuel. Mélanges en l'honneur de Léon Dion*, Québec, PUL, 1991.

HUGO, Victor, *Œuvres complètes. Politique*, Paris, Robert Laffont, 2002.

JAYAKAR, Pupul, *Indira Gandhi*, Paris, Plon, 1994.

JEAN, Michèle, *Québécoises du 20ᵉ siècle*, Montréal, Éditions Quinze, 1974.

KELLERMAN, Barbara et Deborah L. RODE, *Women and Leadership. The State of Play Strategy for Change*, San Francisco, Warren Bennis Bood, 2007.

KIERANS, Eric, *Remembering*, Toronto, Stoddard, 2001.

KNOWLES, Stanley, *Le Nouveau Parti*, Montréal, Éditions du Jour, 1961.

LABONNE, Paul, *Paul Sauvé. Désormais l'avenir (1907-1960)*, Montréal, Éditions Point de fuite, 2003.

LACELLE, Élisabeth J., *La femme et la religion au Canada français. Un fait socio-culturel*, Montréal, Bellarmin, 1979.

LACELLE, Nicole, *Entretiens avec Madeleine Parent et Léa Roback*, Montréal, Éditions du remue-ménage, 2005.

LACOURSIÈRE, Jacques, *Histoire populaire du Québec*. Tome 4: *1869-1960*, Sillery, Septentrion, 1997.

LAFERTÉ, Hector, *Derrière le trône. Mémoires d'un parlementaire québécois 1936-1958*, Sillery, Septentrion, 1998.

LAHAISE, Robert, *La fin d'un Québec traditionnel, 1914-1939*, Montréal, Éditions de l'Hexagone, 1994.

LAMBERT, Serge et Jean-Claude DUPONT, *Les voies du passé, 1870-1965*, Québec, Les Publications du Québec, 1994.

LAMBERT, Serge et Caroline ROY, *Une histoire d'appartenance, Charlevoix*, Québec, Éditions GIR, 2001.

LAMONDE, Yvan, *Une histoire sociale des idées au Québec, 1760-1896*, Montréal, Fides, 2000.

LAMONDE, Yvan, en collaboration avec Gérard PELLETIER, *Cité Libre. Une anthologie*, Montréal, Stanké, 1991.

LAMONDE, Yvan et Caude CORBO, *Le rouge et le bleu. Une anthologie de la pensée politique au Québec de la Conquête à la Révolution tranquille*, Montréal, PUM, 1999.

LAMOUREUX, André, *Le NPD et le Québec 1958-1985*, Montréal, Éditions du Parc, 1985.

LAMOUREUX, Diane, « Idola Saint-Jean et le radicalisme féministe de l'entre-deux-guerres », *Recherches féministes*, vol. 4, n° 2 (1991), p. 45-60.

LANCTÔT, Gustave, *L'administration de la Nouvelle-France*, Montréal, Librairie Beauchemin, 1959.

LANCTÔT, Gustave, *Histoire du Canada*. Tome I : *Des origines au régime royal*, Montréal, Librairie Beauchemin, 1964.

LANGLOIS, Simon *et al.*, *La société québécoise en tendances 1960-1990*, Québec, IQRC, 1990.

LAPALME, Georges-Émile, *Mémoires*. Tome 1 : *Le bruit des choses réveillées*, Montréal, Leméac, 1969.

LAPALME, Georges-Émile, *Mémoires*. Tome 2 : *Le vent de l'oubli*, Montréal, Leméac, 1970.

LAPALME, Georges-Émile, *Mémoires*. Tome 3 : *Le paradis du pouvoir*, Montréal, Leméac, 1973.

LARIVIÈRE, Claude, *Crise économique et contrôle social. Le cas de Montréal (1929-1937)*, Montréal, Éditions coopératives Albert Saint-Martin, 1977.

LARIVIÈRE, Claude, *Albert Saint-Martin, militant d'avant-garde (1865-1947)*, Montréal, Éditions coopératives Albert Saint-Martin, 1979.

LARRUE, Jean-Marc, *Le monument inattendu. le Monument national 1893-1993*, Montréal, HMH, 1993.

LAURENDEAU, André, *Voyages au pays de l'enfance*, Montréal, Éditions Beauchemin, 1960.

LAURENDEAU, André, *La crise de la conscription 1942*, Montréal, Éditions du Jour, 1962.

LAURENDEAU, André, *Ces choses qui nous arrivent. Chroniques des années 1961-66,* Montréal, HMH, 1970.

LAURIN, Lucie, *Des luttes et des droits. Antécédents et historique de la Ligue des droits de l'Homme de 1936 à 1975,* Montréal, Éditions du Méridien, 1985.

LAVIGNE, Marie et Yolande PINARD, *Travailleuses et féministes. Les femmes dans la société québécoise,* Montréal, Boréal Express, 1983.

LEACOCK, Stephen, *Leacock's Montreal,* Toronto-Montréal, McClelland & Stewart, 1963.

LEDOUX, A.-H., «Abraham Martin. Français ou Écossais», *BRH,* 27, 3, p. 162-164.

LEMIEUX, Denise et Lucie MERCIER, *Les femmes au tournant du siècle, 1880-1940,* Québec, IQRC, 1990.

LE MOYNE, Jean, *Convergences,* Montréal, Éditions HMH, 1961.

LEROUX, Éric, *Gustave Francq. Figure marquante du syndicalisme et précurseur de la FTQ,* Montréal, VLB, 2001.

LÉVESQUE, Andrée, *Virage à gauche interdit. Les communistes, les socialistes et leurs ennemis au Québec, 1929-1939,* Montréal, Boréal Express, 1984.

LÉVESQUE, Andrée (dir.), *Madeleine Parent militante,* Montréal, Éditions du remue-ménage, 2003.

LÉVESQUE, Andrée, *La norme et les déviantes. Des femmes au Québec pendant l'entre-deux-guerres,* Montréal, Éditions du remue-ménage, 1989.

LÉVESQUE, Andrée, *Éva Circé-Côté. Libre-penseuse 1871-1949,* Montréal, Éditions du remue-ménage, 2010.

LÉVESQUE, Georges-Henri, *Souvenances I, et Souvenances II,* Montréal, La Presse, 1983 et 1988.

LINTEAU, Paul-André, «Quelques réflexions autour de la bourgeoisie québécoise 1850-1914», *RHAF,* vol. 30, n° 1, juin 1976, p. 55-66.

LINTEAU, Paul-André, *Maisonneuve ou comment les promoteurs fabriquent une ville, 1883-1918,* Montréal Boréal Express, 1981.

LINTEAU, Paul-André, *Histoire de Montréal depuis la Confédération,* Montréal, Boréal, 2000.

LINTEAU, Paul-André et Robert DUROCHER, *Histoire du Québec contemporain. De la Confédération à la crise,* Montréal, Boréal, 1989.

LINTEAU, Paul-André, Robert DUROCHER et François RICARD, *Histoire du Québec contemporain. Le Québec depuis 1930,* Montréal, Boréal, 1989.

MACFARLANE, John, *Ernest Lapointe and Quebec's Influence on Foreign Policy,* Toronto, University of Toronto Press, 1999.

MACLEOD, D. Peter, *La vérité sur la bataille des plaines d'Abraham,* Montréal, Éditions de l'Homme, 2008.

McLEOD, Thomas H. et Jane McLEOD, *Tommy Douglas. The Road to Jerusalem,* Edmonton, Hurtig Publishers, 1987.

MAILLÉ, Chantal, *Les Québécoises et la conquête du pouvoir politique. Enquête sur l'émergence d'une élite politique féminine au Québec,* Montréal, Éditions Saint-Martin, 1990.

MAILLÉ, Chantal, «Le mouvement des femmes au Québec: histoire, défis et contributions à la société québécoise», dans *Le Québec aujourd'hui. Identité, société et culture,* Québec, PUL, 2003.

MANN-TROFIMENKOFF, Susan, «Thérèse Casgrain and the CCF in Québec», dans, Linda KEALY (dir.) *Beyond the Vote. Canadian Women and Politics,* Toronto, University of Toronto Press, 1989.

MANN-TROFIMENKOFF, Susan, «Henri Bourassa and the Woman Question», *Journal of Canadian Studies,* vol. 10, n° 4, 1975, p. 3-11.

MANN-TROFIMENKOFF, Susan, *Stanley Knowles. The Man from Winnipeg North Centre,* Saskatoon, Western Producer Prairie Books, 1982.

MARELLI, Nancy, *Montréal. Un album de photos,* Montréal, Véhicule Press, 1993.

MARCHAND, Joséphine, *Journal intime 1879-1900,* Montréal, Éditions de la Pleine Lune, 2000.

MARTIN, Claire, *Dans un gant de fer,* Montréal, PUM, 2005.

MASSICOTTE, É.-Z., «Deux personnages du comté de Terrebonne», *BRH,* vol. 38 n° 11, 1931, p. 703-704.

MASSON, Henri, *Joseph Masson, dernier seigneur de Terrebonne,* Montréal, chez l'auteur, 1972.

MASSON, Raymond, *Généalogie des familles de Terrebonne depuis le 19 août 1727 au 31 décembre 1872,* vol. 2, Montréal, Therrien Frères, 1930.

MAZARIN, *Bréviaire des politiciens,* Paris, Arléa, 1997 (paru en latin en 1684 et attribué au cardinal).

MEIR, Golda, *Ma vie,* Paris, Robert Laffont, 1975.

MEUNIER, E.-Martin et J. P. WARREN, *Sortir de la «Grande noirceur». L'horizon «personnaliste» de la Révolution tranquille,* Sillery, Septentrion, 2002.

MILL, John Stuart, *L'asservissement des femmes,* Paris, Éditions Payot et Rivages, 2005.

MINVILLE, Esdras, *La vie économique. Propos sur la conjoncture des années 1925-1938. De la grande prospérité à la grande crise,* Montréal, Presses HEC/Fides, 1984.

MINVILLE, Esdras, *Étapes d'une carrière. Causeries autobiographiques et textes connus,* tome 2, Montréal, Presses HEC/Fides, 1988.

MONET-CHARTRAND, Simonne, *Les Québécoises et le mouvement pacifiste (1939-1967),* Montréal, Éditions Écosociété, 1993.

MONET-CHARTRAND, Simonne, *Pionnières québécoises et regroupement de femmes d'hier à aujourd'hui,* Montréal, Éditions du remue-ménage, 1994.

MONET-CHARTRAND, Simonne, *Ma vie comme rivière. Récit autobiographique,* tomes 1 à 4, Montréal, Éditions du remue-ménage, 2008.

MORIN, Jacques-Victor, «L'intermède socialiste de Thérèse Casgrain», dans Anita CARON (dir.) *Thérèse Casgrain, Une femme tenace et engagée,* Québec, PUQ, 1993.

MORIN, Renée, *Un bourgeois d'une époque révolue. Victor Morin, notaire 1865-1960,* Montréal, Éditions du Jour, 1967.

MORIN, Victor, *La légende dorée de Montréal,* Montréal, Éditions des Dix, 1949.

NADEAU, Jean-François, *Robert Rumilly. L'homme de Duplessis,* Montréal, Lux, 2009.

NADEAU, Jean-François, *Adrien Arcand. Führer canadien,* Montréal, Lux, 2010.

NADEAU, Jean-Marie, *Les carnets politiques,* Montréal, Éditions Parti pris, 1966.

NEATBY, H. Blair, *La grande dépression des années 30. La décennie des naufragés,* Montréal, La Presse, 1975.

NEATBY, H. Blair, *William Lyon Mackenzie King. The Prism of Unity.* Vol 3 : *1932-1939,* Toronto, University of Toronto Press, 1976.

OUELLET, Fernand, «La question sociale au Québec, 1880-1930 : la condition féminine et le mouvement des femmes dans l'historiographie», *Histoire sociale/Social History,* vol. 21, n° 42, novembre 1988, p. 319-345.

PARIZEAU, Gérard, *Joies et deuils d'une famille bourgeoise, 1867-1961,* Trois-Rivières, Éditions du Bien public, 1973.

PARIZEAU, Gérard, *La société canadienne-française au XIXe siècle. Essai sur le milieu,* Montréal, Fides, 1975.

PAYETTE, Lise, *Le pouvoir? Connais pas!* Montréal, Québec/Amérique, 1982.

PAYETTE, Lise, *Des femmes d'honneur. Une vie privée 1931-1968,* Montréal, Libre Expression, 1997.

PELLETIER, Gérard, *Les années d'impatience, 1950-1960,* Montréal, Stanké, 1983.

PELLETIER, Gérard, *Le temps des choix, 1960-1968,* Montréal, Stanké, 1983.

PELLETIER, Gérard, *L'aventure du pouvoir, 1968-1975,* Montréal, Stanké, 1983.

PELLETIER-BAILLARGEON, Hélène, *Le pays légitime,* Montréal, Leméac, 1979.

PELLETIER-BAILLARGEON, Hélène, *Marie Gérin-Lajoie. De mère en fille, la cause des femmes,* Montréal, Boréal Express, 1985.

PELLETIER-BAILLARGEON, Hélène, «Québécoises d'hier et d'aujourd'hui», *Critères,* n° 27, printemps 1980, p. 73-89.

PELLETIER-BAILLARGEON, Hélène, *Olivar Asselin et son temps. Le militant,* Montréal, Fides, 1996.

PELLETIER-BAILLARGEON, Hélène, *Olivar Asselin et son temps. Le maître,* Montréal, Fides, 2010.

PICKERSGILL, J. W., *The Mackenzie King Record*. Vol. 1 : *1939-1944,* Toronto, University of Toronto Press, 1960.

PIEDALUE, Gilles, « Les groupes financiers au Canada 1900-1930 », *RHAF,* vol. 30, n° 1, juin 1976, p. 3-34.

PINARD, Guy, *Montréal. Son histoire, son architecture,* tomes 1 à 5, Montréal, La Presse, 1986 et 1992.

PINARD, Guy, *Les circuits pédestres de Montréal,* Montréal, Éditions du Méridien, 1994.

PLEAU, Jean-Christian, *La Révolution québécoise. Hubert Aquin et Gaston Miron au tournant des années soixante,* Montréal, Fides, 2002.

POISSANT, Charles-Albert, *L'histoire d'un grand succès québécois,* Montréal, Québec/Amérique, 1998.

POWER, Chubby, *A Party Politician. The Memoirs of Chubby Power,* Toronto, Macmillan, 1996.

PRENTICE, Alison *et al. Canadian Women : A History,* Toronto, HBJ, 1988.

PRÉVOST, Robert, *Québécoises d'hier et d'aujourd'hui. Profils de 275 femmes hors du commun,* Montréal, Stanké, 1985.

PRÉVOST, Robert, *Montréal. La folle entreprise. Chronique d'une ville,* Montréal, Stanké, 1991.

PROVENCHER, Jean, *C'était l'hiver. La vie rurale traditionnelle dans la vallée du Saint-Laurent,* Montréal, Boréal, 1986.

REDFORD, Alexander, *Des jardins oubliés 1860-1960,* Québec, Jardins de Métis, Association des jardins du Québec, Publications du Québec, 1999.

RÉMILLARD, François, *Demeures bourgeoises de Montréal. Le Mille carré doré 1850-1930,* Montréal, Éditions du Méridien, 1987.

RICARD, François, *La génération lyrique. Essai sur la vie et l'œuvre des premiers-nés du baby-boom,* Montréal, Boréal, 1992.

RICCI, Nino, *Pierre Elliott Trudeau,* Montréal, Boréal, 2009.

RIVARD, François et Yves OUELLET, *Les saisons de Charlevoix,* Montréal, Éditions de l'Homme, 2006.

ROBICHAUD, Léon, « Terrebonne, d'hier à aujourd'hui », *Continuité,* n° 60, printemps 1994, p. 39-40.

ROCHER, François, *Entretiens avec Guy Rocher,* Montréal, Boréal, 2010.

ROSS, Alexander et Herbert DOUGLAS, *Ottawa Past and Present,* Toronto, The Museum Book, 1927.

ROUY, Maryse, *Une jeune femme en guerre,* tome 4, Montréal, Québec/Amérique, 2010.

ROY, Fernande, *Progrès, harmonie, liberté. Le libéralisme des milieux d'affaires francophones à Montréal au tournant du siècle,* Montréal, Boréal, 1988.

ROY, Jean-Louis, *La marche des Québécoises. Le temps des ruptures (1945-1960),* Montréal, Leméac, 1970.

RUDIN, Ronald, *Banking en français. Les banques canadiennes-françaises, 1835-1925*, Montréal, Boréal, 1988.

RUMILLY, Robert, *Chefs de file*, Montréal, Éditions du Zodiaque, 1934.

RUMILLY, Robert, *La tactique des gauchistes démasquée*, Montréal, 1937. À compte d'auteur.

RUMILLY, Robert, *Histoire de la province de Québec*, Montréal, Éditions Bernard Valiquette, 1940 à 1969.

RUMILLY, Robert, *Histoire de Montréal, 1939-1967*, tomes 2 à 5, Montréal, Fides, 1970 à 1974.

RYERSON, B. Stanley, *The Birth of Canadian Democracy*, Toronto, Francis White, 1937.

SAINT-AUBIN, Bernard, *King et son époque*, Montréal, La Presse, 1982.

SAUVALLE, Madame M., *Mille questions d'étiquette, discutées, résolues et classées*, Montréal, Librairie Beauchemin, 1907.

SARRA-BOURNET, Michel, *L'affaire Roncarelli. Duplessis contre les Témoins de Jéhovah*, Québec, IQRC, 1986.

SICOTTE, Anne-Marie, *Quartiers ouvriers d'autrefois 1850-1950*, Québec, Les Publications du Québec, 2004.

SIMARD, Léo, *La petite histoire de Charlevoix*, Club Lions Clermont–La Malbaie–Pointe-au-Pic, 1987.

SIMARD, Louise, *La romancière aux rubans*, Montréal, XYZ, 1995.

SMITH, Cameron, *Unfinished Journey. The Lewis Family*, Toronto, Summerhill Press, 1989.

SPEAIGHT, Robert, *Georges P. Vanier. Soldat, diplomate, gouverneur général*, Montréal, Fides, 1972.

TESSIER, Mgr Albert, *Souvenirs en vrac*, Montréal, Boréal Express, 1974.

TESSIER, Marcel, *Chroniques d'histoire*, tomes 1 et 2, Montréal, Éditions de l'Homme, 2004.

THOMSON, D. C., *Jean Lesage et la révolution tranquille*, Saint-Laurent, Éditions du Trécarré, 1984.

TOCQUEVILLE, Alexis de, *De la démocratie en Amérique*, Paris, Gallimard, 1968.

TRÉPANIER, Léon, *Les rues de Montréal au fil du temps*, Montréal, Fides, 1968.

TRUDEAU, Pierre Elliott, *La grève de l'amiante*, Montréal, Éditions Cité libre, 1956 (ouvrage en collaboration.)

TRUDEL, Marcel, *Histoire de la Nouvelle-France. La Seigneurie des Cent-Associés*, Montréal, Fides, 1963.

TRUDEL, Marcel, *Montréal. La formation d'une société, 1642-1663*, Montréal, Fides, 1976.

TRUDEL, Marcel, *Mythes et réalités dans l'histoire du Québec*, tomes 1 à 4, Montréal, Hurtubise, 2004 à 2009.

TRIFINO, Luigi, «La crise de 1922 dans la lutte pour le suffrage féminin au Québec», *RHAF*, vol. 32, n° 1, juin 1978, p. 3-18.

VADEBONCOEUR, Pierre, *La ligne du risque*, Montréal, HMH, 1963.

VADEBONCOEUR, Pierre, *Lettres et colères*, Montréal, Éditions Parti pris, 1969.

VADEBONCOEUR, Pierre, *Un génocide en douce*, Montréal, L'Hexagone/Parti pris, 1976.

VADEBONCOEUR, Pierre, *Une tradition d'emportements. Écrits (1945-1965)*, Québec, PUL, 2007.

WALLACE, W. S., «The First Scots Settlers in Canada», *BRH*, vol. 56, n° 1, p. 4.

WEIDMANNKOOP, M.-Christine, *Le Québec aujourd'hui. Identité, société et culture*, Québec, PUL, 2003.

WEINMANN, André, *Du Canada au Québec. Généalogie d'une histoire*, Montréal, L'Hexagone, 1987.

WESTLEY, Margaret W., *Grandeur et déclin. L'élite anglo-protestante de Montréal, 1900-1950*, Montréal, Libre Expression, 1990.

WHITEHORN, Alain, *Canadian Socialism. Essays in the CCF-NPD*, Toronto, Oxford University Press, 1992.

INDEX DES NOMS PROPRES

TABLE DES MATIÈRES

Ce livre a été imprimé au Québec en février 2013
sur les presses de Marquis imprimeur.